303sll Foto: sk

Friedrich Köthe, Daniela Schetar

Slowenien mit Triest

Es leben alle Völker, die sehnend warten auf den Tag,
dass unter dieser Sonne die Welt dem alten Streit entsag!
Frei sei dann
jedermann,
nicht Feind, nur Nachbar mehr fortan!

Auf uns zuletzt, ihr Freunde, erhebt das Glas gefüllt aufs neu,
die wir als Brüder fühlen, weil wir im Herzen gut und treu.
Gott bewahr
unsre Schar
und alle Guten immerdar!

Trinklied von *France Prešeren* (1800–1849)

306 sl Foto: sk

Impressum

Friedrich Köthe, Daniela Schetar
Slowenien mit Triest

erschienen im
Reise Know-How Verlag Peter Rump GmbH
Osnabrücker Str. 79
33649 Bielefeld

2., komplett aktualisierte Auflage 2004

Gestaltung
Umschlag: M. Schömann, P. Rump (Layout);
Günter Pawlak (Realisierung)
Inhalt: Günter Pawlak (Layout);
Angelika Schneidewind (Realisierung)
Fotos: die Autoren (sk), TIC Kranjska Gora (S. 163), Alessandro Savella (S. 414, 431, 432), Keramik Kili, Celje (S. 319, 328)
Titelfoto: die Autoren
Karten: Catherine Raisin (Atlas), Thomas Buri
Bildbearbeitung: Becker Reproservice

Lektorat: Caroline Tiemann
Lektorat (Aktualisierung): Sandra Wanning

Druck und Bindung
Fuldaer Verlagsagentur

ISBN 3-8317-1245-X
Printed in Germany

Dieses Buch ist erhältlich in jeder Buchhandlung der BRD, der Schweiz, Österreichs, Belgiens und der Niederlande. Bitte informieren Sie Ihren Buchhändler über folgende Bezugsadressen:

BRD
Prolit GmbH, Postfach 9, 35461 Fernwald (Annerod) sowie alle Barsortimente
Schweiz
AVA-buch 2000, Postfach, CH-8910 Affoltern
Österreich
Mohr Morawa Buchvertrieb GmbH
Sulzengasse 2, A-1230 Wien
Niederlande, Belgien
Willems Adventure
Postbus 403, NL- 3140 AK Maassluis

Wer im Buchhandel trotzdem kein Glück hat, bekommt unsere Bücher auch direkt bei:
Rump Direktversand Heidekampstraße 18, D-49809 Lingen (Ems) oder über unseren **Büchershop im Internet:**
www.reise-know-how.de

Wir freuen uns über Kritik, Kommentare und Verbesserungsvorschläge.

Alle Informationen in diesem Buch sind von den Autoren mit größter Sorgfalt gesammelt und vom Lektorat des Verlages gewissenhaft bearbeitet und überprüft worden.

Friedrich Köthe, Daniela Schetar

Slowenien

mit Triest

Vorwort

Slowenien – nicht Slawonien und nicht Slowakei, auch nicht Jugoslawien – einfach Slowenien. Seit 1991 unabhängig, tritt der junge Staat im Mai 2004 der EU bei, so vorbildlich haben seine Reformen funktioniert, so erfolgversprechend ist seine Wirtschaftsentwicklung und so angenehm unkorrupt ist seine Administration und setzt damit so mancher mitteleuropäischen Nation ein Vorbild. Slowenien ist ein kleiner Staat im Herzen Europas – doch so klein er sein mag, sein Herz ist groß und die Freundlichkeit der Bewohner sprichwörtlich. Aus seiner Kulturgeschichte heraus – mit dem „Herzogthum Crain" und dessen Ehre reicht diese weit ins Mittelalter zurück – verstanden die Slowenen sich immer mehr der Mitte des Kontinents zugehörig denn dem Südosten und dem Balkan mit seinen streitbaren Völkern. Nicht umsonst ist ihre Nationalhymne ein friedliches Trinklied.

Ob man ans Meer fährt oder ins Landesinnere, Slowenien ist nichts für Stubenhocker. Es heißt hinausziehen in die felsigen Höhen der Alpen, die Tiefen der weltschönsten Tropfsteinhöhlen erkunden, mit dem Drachen an grün bewaldeten Hängen entlanggleiten, Abkühlung in den blauen Fluten der Adria suchen oder heilsame Wärme in den Thermalbädern genießen. Klettern, wandern, Rad fahren, Rafting, mit dem Kajak, der Kutsche mit vorgespannten Lipizzanern oder im dampfgezogenen Waggon das Land entdecken – ungezählt sind die Möglichkeiten für diejenigen, die ihren Urlaub aktiv verbringen und ihr Gastland tatkräftig erleben wollen.

Und nach getanem Tageswerk laden die ausgezeichneten Gasthäuser – die *gostilne* und *gostišči* – zum reich gedeckten Tisch mit Strudel, Fisch, Wild und Naschereien, begleitet von vorzüglichen Tropfen. Wer auf den Weinstraßen durchs Land reist, wird immer wieder auf gekelterte Spezialitäten treffen, die nicht nur vor Ort munden, sondern geradezu einladen, ein gehöriges Quantum davon in den Kofferraum zu laden, um zu Hause bei der Erinnerung an einen durch und durch gelungenen Urlaub einen Tropfen im Glas schwenken zu können.

So begeistert sind die Besucher Sloweniens, dass sie nicht an sich halten können und hinter vorgehaltener Hand jedem vorschwärmen. Entsprechend sind die Touristenzahlen gestiegen. Trotzdem gibt es in Slowenien immer noch Gegenden unberührter, ja unwegsamer Natur zu entdecken, sei es der wilde Südosten mit seinen Bären oder die Landschaft an der Grenze zu Ungarn. So bietet das kleine Land am Rande Mitteleuropas mitteleuropäischen Komfort und Sicherheit und doch eine Idee von Natur, wie es sie in Deutschland, Österreich oder der Schweiz nicht mehr gibt.

Dobrodošli prijatelji!
Seid Willkommen Freunde!

Daniela Schetar und Friedrich Köthe

Inhalt

Vor der Reise

Praktische Reisetipps A–Z

Land und Leute

Exkurse

Murska Sobota und die pannonische Tiefebene

Triest

Ein bisschen Slowenisch

Ein Wörterverzeichnis rund ums Restaurant findet sich auf S. 44/45

Ortsbezeichnungen

mesto	Stadt
trg	Platz
ulica, cesta	Straße
most	Brücke
grad	Burg, Schloss
cerkev	Kirche
samostan	Kloster
stolp	Turm
hiša	Haus
muzej	Museum
galerija	Galerie
gostilna, gostišče	Gasthaus
jezero	See
reka	Fluss
otok	Insel
obala	Strand
zaliv	Bucht
vrh	Gipfel
gora	Berg
jama	Höhle
planinska koča, planinski dom	Berghütte
polje	Feld
dolina	Tal

Wichtige Wörter

dober dan	Guten Tag
na svidenje	Auf Wiedersehen
dobro jutro	Guten Morgen
dober večer	Guten Abend
hvala lepa	Danke schön
oprostite	Entschuldigen Sie
da (ja)	ja
ne	nein
prosim	bitte
malo/veliko	klein/groß
staro/novo	alt/neu
levo/desno	links/rechts

Zahlen

0	*nič*
1	*ena*
2	*dva*
3	*tri*
4	*štiri*
5	*pet*
6	*šest*
7	*sedem*
8	*osem*
9	*devet*
10	*deset*
11	*enajst*
12	*dvanajst*
13	*trinajst*
14	*štirinajst*
15	*petnajst*
16	*šestnajst*
17	*sedemnajst*
18	*osemnajst*
19	*devetnajst*
20	*dvajset*
100	*sto*
1000	*tisoč*
1 Mio.	*milijon*

Kartenverzeichnis

001 sl Foto: sk

Vor der Reise

002 sl Foto: sk

003 sl Foto: sk

Kanal liegt an der Soča im südlichen Teil der Julischen Alpen – ein verträumtes Örtchen mit italienischem Flair

Fast überall finden sich geeignete Felsen für die trainierten Finger der Freeclimber

Die Wanderwege im Land sind vorzüglich markiert und unterhalten

Informationsstellen

Fremdenverkehrsamt

Slowenien unterhält in ganz Europa Fremdenverkehrsämter, die hilfsbereit informatives Material in großen Mengen versenden oder aushändigen. Fast jede Ortschaft ist per Farbkatalog vertreten, diverse Sportaktivitäten werden in speziellen Broschüren mit Anlaufadressen vorgestellt, Ferienhausvermieter- und Hotellisten verteilt. Die Zentrale befindet sich in Ljubljana.

- **Slovenska turistična organizacija,**
Dunajska 156, 1000 Ljubljana,
Tel. 00386-1-589 18 40,
Fax 00386-1-589 18 41,
info@slovenia-tourism.si,
www.slovenia-tourism.si

In Deutschland

- **Slowenisches Fremdenverkehrsamt,**
Maximiliansplatz 12 a, D-80333 München,
Tel. 089-29 16 12 02, Fax 089-29 16 12 73,
slowenien.fva@t-online.de

In Österreich

- **Slowenisches Tourismusbüro,**
Hilton Center, Landstrasser Hauptstraße 2,
A-1030 Wien,
Tel. 01-715 40 10, Fax 01-713 81 77,
slowenien.info@xpoint.at

In der Schweiz

- **Slowenisches Verkehrsbüro,**
Löwenstraße 54, CH-8001 Zürich,
Tel. 01-212 63 94, Fax 01-212 52 66,
adria.slo@bluewin.ch

In den Niederlanden

- **Verkeersburo Slovenië,**
Benthuizerstraat 29 ben,
NL-3036 CB Rotterdam,
Tel. 010-465 30 03, Fax 010-465 75 14,
kompasnl@euronet.nl

In den slowenischen Nachbarländern

- **Ufficio del Turismo Sloveno,**
Galleria Buenos Aires 1, I-20124 Milano,
Tel. 02-29 51 11 87, Fax 02-29 51 40 71,
slovenia@tin.it
- **Szlovén Idegenforgalmi Hivatal,**
Rákóczi út 14, H-1074 Budapest,
Tel. 01-269 6879, Fax 01-268 1454,
tourism.and.travel@kompas.hu
- **Slovenski turistički ured,**
Hotel Esplanade, Mihanovićeva 1,
HR-10000 Zagreb,
Tel. 01-457 21 18, Fax 01-457 79 21,
kompas-zagreb@zg.tel.hr

Informationen aus dem Internet

- **www.slovenia-tourism.si**
Die Seite des slowenischen Fremdenverkehrsamtes in Ljubljana, die auf Slowenisch, Deutsch und Englisch abgerufen werden kann. Detaillierte Informationen zu Übernachtung und Aktivitäten.
- **www.gov.si/zrs**
Eine Seite des Statistischen Büros der Slowenischen Regierung für den Zahlenfreak mit allen Informationen, die auch nur irgendwie in Tabellen gefasst werden können.
- **http://rzs-hm.si**
Seite des Hydrometeorologischen Institutes in Slowenien mit sehr detaillierter Wetterauskunft.
- **www.matkurja.com**
Kulturelle und touristische Informationen und Links.
- **www.reise-know-how.de**
Aktuellste Infos und Tipps zur Ergänzung dieser Auflage sowie weiterführende Links finden sich auf der Verlags-Homepage unter den Stichwörtern „Latest News" und „Travellinks". Diesen Service bietet der Verlag zu allen Reiseführern von Reise Know-How.

Diplomatische Vertretungen

Slowenische Vertretungen

In Deutschland

- **Botschaft von Slowenien,** Hausvogteiplatz 3-4, D-10117 Berlin, Tel. 030-206 145-0, Fax 030-206 145-70, VBO@mzz-dkp.sigov.si
- **Konsulate** gibt es in München (Tel. 089-543 98 19), Hamburg (Tel. 040-4 132 90 33), Bremerhaven (Tel. 0471-954 90320), Neunkirchen (Tel. 068-213 61 163) und Potsdam (Tel. 033-600 49 43).

In Österreich

- **Botschaft von Slowenien,** Nibelungengasse 13, 1010 Dunaj - Wien, Tel. 01-586 13 09, Fax 01-586 12 65, VDU@mzz-dkp.sigov.si
- **Generalkonsulat von Slowenien,** Radetzkystraße 26, 9020 Celovec - Klagenfurt, Tel. 0463-54 6 05, Fax 0463-50 95 62, KCE@mzz-dkp.sigov.si
- **Konsulate** gibt es in Wagrain (Tel. 06-413 85 75 0), Graz (Tel. 0316-80 76 50) und Wörgl - Innsbruck (Tel. 05332-719 47).

In der Schweiz

- **Botschaft von Slowenien,** Schwanengasse 9/II, 3011 Bern, Tel. 031-312 90 09, Fax 031-312 44 14, VBE@mzz-dkp.sigov.si

In den Niederlanden

- **Botschaft von Slowenien,** Anna Paulownastraat 11, 2518 BA Den Haag, Tel. 070-310 86 90, Fax 070-362 66 08, VHG@mzz-dkp.sigov.si
- Ein **Konsulat** gibt es in Den Haag, Tel. 070-363 99 07.

Vertretungen in Slowenien

- **Botschaft der Bundesrepublik Deutschland,** Prešernova cesta 27, 1000 Ljubljana, Tel. 01-251 61 66, Fax 01-425 08 99
- **Botschaft der Republik Österreich,** Prešernova cesta 23, 1000 Ljubljana, Tel. 01-479 07-00, Fax 01-252 17 17, laibach-ob@bmaa.gv.at, www.austriantrade.si
- **Konsulat der Republik Österreich,** Vita Kraigherja 4/I, 2000 Maribor, Tel. 02-229 22 57, Fax 02-229 20 30
- **Botschaft der Schweiz,** Trg republike 3/VI, 1000 Ljubljana, Tel. 01-200 86 40, Fax 01-200 86 69
- **Botschaft des Niederländischen Königreiches,** Grand Hotel Union, Miklošičeva 1, 1000 Ljubljana, Tel. 01-308 12 34, Fax 01–308 10 15

Ein- und Ausreisebestimmungen

Dokumente

Da Slowenien an der ersten Partie der EU-Osterweiterung teilhat, sind die Grenzformalitäten an EU-Recht angepasst. Bürger der EU-Mitgliedsstaaten benötigen für einen Aufenthalt bis zu maximal 30 Tagen einen **Personalausweis.** Für Aufenthalte darüber (bis maximal drei Monate) wird ein Pass verlangt. Kinder unter 16 Jahren müssen im Besitz eines Kinderausweises oder im Pass der Eltern eingetragen sein.

Wer mit dem **Kfz** einreist, benötigt den Führerschein und den nationalen Fahrzeugschein. Die grüne Versicherungskarte ist nicht zwingend vorgeschrieben, doch ihre Mitnahme mag bei Unfällen hilfreich sein. Da die slowenischen Deckungssummen der Haftpflichtversicherer nicht deutschem Standard entsprechen, ist der Abschluss einer Vollkaskoversicherung (monatsweise möglich) empfehlenswert.

Hunde und Katzen benötigen neben einem tierärztlichen Gesundheitszeugnis (nicht älter als 10 Tage) einen Internationalen Impfpass, in dem die folgenden Impfungen festgehalten sein müssen: Tollwut (für Katzen und Hunde ab 4 Monate Lebensalter; mind. 30 Tage, max. 12 Monate), Staupe (für Hunde, mind. 15 Tage, max. 6 Monate).

Zoll und Steuer

Solange Slowenien noch nicht Vollmitglied der EU ist (und die Duty-free-Läden an den Grenzübergängen noch bestehen), gelten die **international üblichen Freimengen** (1 l hochprozentiger Alkohol, 200 Zigaretten). Gegenstände des persönlichen Bedarfs dürfen Touristen praktisch unbeschränkt mit sich führen, theoretisch sind Geschenke auf einen Handelswert von 75 € beschränkt.

Ausländer können beim Verlassen des Landes an den Grenzübergängen bei der Ausfuhr von in Slowenien gekauften Waren die **Mehrwertsteuer** (die immerhin 19 % beträgt) zurückerstattet bekommen. Dafür gelten folgende Bedingungen: Der in einem Laden ausgegebene Betrag muss 15.000 SIT übersteigen; der Ausführende muss im Besitz des ausgefüllten Formblattes „Rückerstattung der Mehrwertsteuer" sein und dieses bei der Ausfuhr von der Zollstelle abstempeln lassen. Die Mehrwertsteuer erhält man dann bei den „Global Refund"-Büros der Firma Kompas MTS an den Grenzübergangsstellen bzw. bei slowenischen Postämtern zurück.

Impfungen

Besondere Impfungen sind nicht vorgeschrieben und bei normalem Reiseverhalten auch nicht notwendig. Wer wandern will, sollte sich bei seinem Hausarzt über eine eventuell empfohlene Impfung gegen die von **Zecken** übertragene **Hirnhautentzündung** informieren.

Buchung

Ob man pauschal unter den Fittichen eines Reiseveranstalters oder privatim Slowenien besucht, ist Geschmackssache. Auf alle Fälle ist Slowenien aber ein Reiseland, das individuelle Urlaubsgestaltung geradezu herausfordert. Fast überall kommt man mit Deutsch durch, die Standards von Unterkünften und Gaststätten sind mitteleuropäisch. Möglichkeiten sportlicher Aktivitäten sind zahllos und werden im ganzen Land angeboten.

Die wenigsten Besucher reisen mit dem Flugzeug an und haben einen mehrwöchigen Aufenthalt an der (zugegeben mit 46,6 km nicht besonders langen) Riviera gebucht. Bustouristen sind da schon zahlreicher – die meisten Slowenien-Reisenden kommen aber mit dem eigenen Wagen und haben sich ihr Hotel oder die Ferienwohnung selbst ausgesucht und gebucht.

Pauschalreiseanbieter

Hier eine Auswahl aus der großen Zahl von Pauschalreiseanbietern, die Slowenien im Programm haben.

In Deutschland

- **Alpetour,** 82319 Starnberg, Tel. 08151-77 50, Fax 08151-775 66, alpetour@aol.com
- **Euromed,** 10117 Berlin, Tel. 030-20 31 60, Fax 030-20 31 61 00, www.euromed-berlin.de
- **Hamburger Studienfahrten,** 20457 Hamburg, Tel. 040-37 87 91 90, Fax 040-378 79 19 19, info@hamburger-studienfahrten.de, www.hamburger-studienfahrten.de
- **Scheibner Reisen,** 04107 Leipzig, Tel. 0341-213 14 41, Fax 0341-213 14 43
- **Touristik Slowenien Reiseservice,** 65232 Taunusstein, Tel. 06128-418 35, Fax 06128-94 51 34, sloreisen@aol.com, http://members.aol.com/sloreisen

In Österreich

- **Bahntours Reiseservice,** 1070 Wien, Tel. 01-526 14 01, Fax 01-526 14 02, bahntours@columbus.co.at, www.bahntours.at
- **Gruberwalter Reisebüro KG,** 8020 Graz, Tel. 0316-70 89 92, Fax 0316-70 8972, office@gr.co.at, www.gr.at
- **Lüftner Reisen,** 6020 Innsbruck, Tel. 0512-598 45, Fax 0512-58 93 71, office@lueftner.at, www.lueftner.at
- **Raml,** 4020 Linz, Tel. 0732-66 38 77, Fax 0732-66 59 37, raml-ohg@ping.at, www.raml-reisen.at/raml
- **Springer Helios,** 9024 Klagenfurt, Tel. 0463-38 70, Fax 0463-38 70 33, gfspringer@springerreisen.co.at, www.springerreisen.co.at
- **Terra Reisen International,** 5024 Salzburg, Tel. 0662-80 41 12, Fax 0662-80 41 50, office@tui.at, www.tui.co.at

In der Schweiz

- **Kompas Travel,** 6004 Luzern, Tel. 041-418 80 30, Fax 041-418 80 36, mail@kompastravel.ch, www.kompastravel.ch
- **SLOWtravel,** 8048 Zürich, Tel. 076-339 01-06, Fax 01-431 92 76, slowtravel@bluewin.ch
- **Walliser Reisen,** 8409 Winterthur, Tel. 052-245 17 77, Fax 052-245 17 79
- **Wellness & Slovenia,** 8302 Kloten, Tel. 01-803-22 20, Fax 01-803-22 85, wellness@slowenien.ch, www.slowenien.ch

Anreise

Anreise mit dem Linienbus

Eurolines der Deutschen Touring Gesellschaft in der Deutschen Bahn Gruppe verbinden Deutschland direkt mit Slowenien. Man sollte aber bedenken, dass die Busse in der Hauptreisezeit auf Gedeih und Verderb mit allen anderen Kfz im Stau stehen können.

- **Deutsche Touring Gesellschaft,** Servicecenter, Tel. 069-79 03 50, Fax 069-790 32 19, service@deutsche-touring.com, www.deutsche-touring.com

Von **Stuttgart** über Ulm und München geht es mit der Linie T425 nach Maribor und über Ptuj und Dornava weiter nach Ormož (zweimal in der Woche, Hin- und Rückfahrt etwa 100 €). Von **München** aus bedient die Linie T426 Ljubljana und Novo Mesto und endet in Brežice (dreimal die Woche, Hin- und Rückfahrt etwa 45 €). Von **Frankfurt** (und weiteren deutschen Städten) startet die Linie T400 und fährt über Ljubljana weiter nach Zagreb (täglich, bis Ljubljana ab Frankfurt 113 € für Hin- und Rückfahrt). Die Abfahrtsstädte sind mit fast allen deutschen Städten über ein dichtes Anschlussnetz verbunden. Die Reservierung für die Rückfahrt muss am Zielort vorgenommen werden.

Buchung in Deutschland

- **Düsseldorf,** Tel. 0211-649 97 64, Fax 0211-36 22 81, duesseldorf@touring.de
- **Dortmund,** Tel. 0231-729 82 60, Fax 0231-14 72 99, dortmund@touring.de
- **Frankfurt/Main,** Tel. 069-23 03 31, Fax 069-23 44 43
- **Hamburg,** Tel. 040-20 90 99 97, Fax 040-280 48 38, hamburg@touring.de
- **Hannover,** Tel. 0511-32 94 19, Fax 0511-368 13 57
- **Köln,** Tel. 0221-759 86 66, Fax 0221-12 07 17 89
- **Leipzig,** Tel. 0341-46 34-7 87
- **München,** Tel. 089-88 98 95 13, Fax 089-54 58 70 21, dtg-muenchen@t-online.de
- **Stuttgart,** Tel. 0711-273 09 62, Fax 0711-224 70 25, stuttgart@touring.de

oder über 069-79 03-50 (Servicenummer)

Reservierung der Rückfahrt

- **Brežice,** Tel. 07-624 28
- **Ljubljana,** Tel. 01-32 21 64
- **Maribor,** Tel. 02-21 12 69
- **Ormož,** Tel. 02-70 15 05
- **Ptuj,** Tel. 02-77 11 49

Anreise mit der Bahn

Sowohl von München als auch von Zürich und Wien gibt es **Direktverbindungen** nach Ljubljana. Es verkehren von München aus Euro-City-Züge, die ca. 6½ Stunden benötigen (um 7.25 und 11.25 Uhr mit Kurswagen und 23.44 Uhr mit Liege- und Schlafwagen). Die Fahrt von Wien dauert ebenfalls 6½ Stunden (7.58 Uhr und 15.58 Uhr mit Kurswagen, Nachtverbindungen mit Schlaf- und Liegewagen erfordern umsteigen in Villach oder Salzburg). Von Zürich ist man mit der einzigen Direktverbindung im Euro Night Express 11 Stunden unterwegs, Tagverbindungen dauern mit Umsteigen zwischen 12 und 15 Stunden.

Preisauskünfte sollte man im sich dauernd verändernden Tarifdschungel der Bahn genau prüfen; vielleicht gibt es ja doch günstigere Angebote. Zur Zeit kostet die Hin- und Rückfahrt (jeweils ohne IC-Zuschlag und Bahncard) Frankfurt/Main – Ljubljana regulär 226 €, der **Sparpreis** für die Hin- und Rückfahrt liegt bei 152 € (ein Preis, der nicht an Bedingungen geknüpft ist, wobei die Bahnschalterbeamten äußerst verunsichert sind, wenn man sie fragt, wer denn dann so blöd sei, den regulären Preis zu zahlen). Zwei Erwachsene – noch was anderes – zahlen als Sparpreis 228 € (wieder ohne Bedingungen, außer dass man zu zweit ist).

Wer mit dem eigenen Wagen reisen will, kann dies auch mit der Bahn tun, ab vielen deutschen Bahnhöfen ist eine Verfrachtung des Kfz möglich (siehe unten: „Anreise mit dem eigenen Fahrzeug").

Anreise mit dem Schiff

Von **Venedig** aus ist es während der Saison möglich, mit dem Schiff (nur

Passagiere auf einem Großkatamaran) in 2½ Stunden nach Izola an der slowenischen Riviera zu gelangen und natürlich umgekehrt von Izola nach Venedig (als Tagesausflug zu buchen). Von Izola geht es von März bis Juni und September bis November Freitag, Samstag und Sonntag um 8 Uhr los, die Rückfahrt ist um 17 Uhr. Im Juli und August verkehrt das Schiff am Dienstag und Samstag.

- **Kompas Turizem,** Obala 41, 6320 Portorož, Tel. 05-617 80 00, Fax 05-674 72 58, portoroz@kompas.si
- **Kompas Italia,** San Marco 1497, 30124 Venezia, Tel. 0039-041-240 56 00, Fax 0039-041-520 61 48, kompas-ve@shineline.it

Anreise mit der Yacht

Die Riviera Sloweniens hat trotz ihrer geringen Ausdehnung immerhin **drei Yachthäfen** anzubieten: Portorož, Koper und Izola.

- **Marina Portorož dd.,** Cesta solinarjev 8, 6320 Portorož, Tel. 05-676 11 00, Fax 05-676 12 10, VHF-Kanal 17, marina.portoroz@marinap.si, www.marinap.si
- **Marina Koper doo.,** Kopališko nabrežje 5, 6000 Koper, Tel. 05-662 61 00, Fax 05-662 61 61, VHF-Kanal 17, info@marina-koper.si, www.marina-koper.si
- **Porting doo.,** Tomažičeva 10, 6310 Izola, Tel. 05-640 02-50, Fax 05-641 83 46, VHF-Kanal 17, info@marinaizola.com, www.marinaizola.com

Sobald der Skipper auf dem Seeweg slowenisches Gewässer erreicht, hat er auf direktem Weg einen der Häfen mit **internationalen Abfertigungseinrichtungen** anzulaufen: Piran, Izola oder Koper. An Papieren benötigt er neben den persönlichen Dokumenten der Personen auf dem Boot eine Schiffsregistration und er muss die Berechtigung zum Führen eines Schiffes nachweisen können.

- Ganzjährig geöffnet sind die Seegrenzübergänge **Koper,** Ukmarjev trg 2, MID: 002780200, Tel. 05-663 21 00, Fax 05-663 21 20, VHF-Kanal 16 und **Piran,** Dantejeva 2, MID: 278007048, Tel. 05-671 01-92, Fax 05-671 01-93, VHF-Kanal 16.
- Von Mai bis Oktober geöffnet ist **Izola,** Veliki trg 12, MID: 278007046, Tel. 05-663 21 50, Fax 05-663 21 53, VHF-Kanal 16.

Als **Sicherheitsausrüstung** schreibt die slowenische Administration für Boote einen hinreichend schweren Anker mit mindestens 30 m Kette oder Leine, eine mindestens 10 m lange Anlegeleine, zwei Hilfsruder, die international vorgeschriebene Beleuchtung, eine Bilge, Erste-Hilfe-Ausrüstung, sechs Handfackeln oder Signalraketen und bei für den Wasserskisport benutzten Booten einen Rückspiegel vor.

Auf dem **Landweg** die Boote einzuführen ist ebenfalls ohne Probleme möglich. Eine mündliche Anmeldung genügt; sobald das Boot ins Wasser gelangt ist, zeigt man dies einem Hafenamt an. Bis zu sechs Monaten kann das Boot zollfrei im Land verbleiben. Eine Überwinterung in einer der Marinas und dafür zugelassenen Firmen und Clubs wird als Ausfuhr betrachtet und führt ebenfalls nicht zur Verzollung.

UKW-Funkgeräte können, sofern fest eingebaut, eingeführt werden, die Benutzung erfordert allerdings ein international gültiges Sprechfunkzeugnis. Die Küstenfunkstellen Radio Venezia, Trieste Radio und Radio Rijeka sind ganzjährig 24 Stunden empfangs- und sprechbereit. Notrufe können auch über das Hafenamt Koper abgesetzt werden (Kanal 70 DSC).

Die slowenischen Küstengewässer haben drei **Naturschutzzonen,** das Ankern und die Nutzung mechanischer Antriebe ist in diesen verboten: Rt Madona rund um die Spitze Pirans, das Reservat Strunjan und Debeli rtič.

An deutschen **Seekarten** gibt es nur Hafenpläne von Koper (1:20.000, Nr. 1068 Plan C), Piran und Portorož (1:25.000, Nr. 1068 Plan D) und Izola (1:10.000, Nr. 1068 Plan L). An slowenischen Seekarten existiert bislang das Blatt 01, Bucht von Koper, 1:12.000. Eine Karte des restlichen Gebietes ist in Vorbereitung.

Weitere Informationen erhält man bei den Fremdenverkehrsämtern (Broschüre „Infos für Wassersportler").

Anreise mit dem Flugzeug

Die staatliche Fluggesellschaft Sloweniens ist Adria Airways mit Sitz in **Ljubljana.** Ljubljana ist auch der größte Flughafen – die beiden anderen internationalen Flughäfen Maribor und Portorož werden nur selten angeflogen. In Ljubljana landen neben Adria Airways Austrian Airlines, Aeroflot, Avioimpex, British Airways, Croatia Airlines, Montenegro Airlines, Sabena und Swiss und verbinden Slowenien mit Frankfurt (mehrmals täglich), München (mehrmals täglich), Wien (täglich), Zürich (mehrmals täglich), Brüssel, Paris, London, Dublin, Istanbul, Kopenhagen, Manchester, Tel Aviv, Amsterdam, Kopenhagen, Barcelona, Moskau, Tirana, Sarajevo, Skopje, Ohrid und Split.

Ein Ticket von München nach Ljubljana kostet mit Adria Airways etwa zwischen 200 und 450 €, von Zürich nach Ljubljana zwischen 250 und 500 € und von Wien nach Ljubljana zwischen 350 und 450 € (jeweils hin und zurück). Die Flugpreise schwanken je nach Saison und Vorausbuchungszeit. Auch spielt es eine Rolle, ob ein Wochenende zwischen An- und Abflug liegt.

Adria Airways

- **Adria Airways Zentralverwaltung,** Kuzmičeva 7, 1000 Ljubljana, Tel. 01-369 10 00, Fax 01-436 92 33 info@adria.si, www.adria.si
- **Adria Airways Frankfurt/Main,** Große Eschenheimer Straße 43, 60313 Frankfurt/Main, Tel. 069-29 02-74, Fax 29 19 64, drago.veber@adria.si
- **Adria Airways München,** Terminal B/ Erdgeschoss 04/Zimmer B4 364, 85356 Flughafen München, Tel. 089-97 59 11 91, Fax 97 59 11 96, damir.danilovic@adria.si
- **Adria Airways Wien,** 1300 Flughafen Schwechat, Tel. 01-700 73 69 13, Fax 01-700 73 69 14
- **Adria Airways Zürich,** Löwenstraße 54/II., 8001 Zürich, Tel. 01-212 63 93, Fax 01-212 52 66, adria.slo@bluewin.ch
- **Adria Airways Amsterdam,** Triport III/Westlijke Randweg 59, 118 CR Amsterdam Schipol, Tel. 020-316 42 20, Fax 020-316 42 43

Sloweniens Flughäfen

- **Flughafen Ljubljana,** Tel. 04-206 19 81, Fax 04-202 12 20, info@lju-airport.si, www.lju-airport.si
- **Flughafen Maribor,** Tel.02-629 11 75, Fax 02-629 12 53, aerodrom.mb@siol.net
- **Flughafen Portorož,** Tel. 05-672 25 25, Fax 05-672 25 30

Anreise mit dem eigenen Fahrzeug

Alpentransit

Die schnellste Straßenverbindung von Deutschland nach Slowenien führt über die **österreichischen Autobahnen** und über die Orte Salzburg und Villach durch den **Karawankentunnel.** Einige Autofahrer (die ans Meer bei Koper wollen) schwören auch auf die Strecke über Villach und Italien über die Orte Tarvisio, Udine und Triest. Ab München beträgt die Strecke über Villach nach Ljubljana 450 km (ab Salzburg 310 km).

In der Hauptreisezeit sind die zu passierenden **Tunnel der Tauern** nur noch äußerst selten nicht überlastet – die Abfertigung geschieht bei hohem Verkehrsaufkommen blockweise, das heißt im Einbahnstraßenverkehr, so dass immer nur eine Richtung, allerdings zweispurig, durch den Tunnel darf. Dann kann es durchaus schneller sein, die jeweiligen **Pässe** (Tauern und Katschberg, nicht für Gespannfahrer) zu benutzen, weil man sich auch die – zusätzlich zur Autobahnvignette eingeforderte – Maut spart. Allerdings ist die Fahrt sehr kurvenreich.

Alternativ zu Passquerung und Tunnelfahrt kann man bei Bischofshofen hinter Salzburg die Autobahn verlassen, über Badgastein fahren, sein Fahrzeug zwischen Böckstein und Mallnitz auf die **Bahn verladen** (Tauernschleuse), in 12 Minuten die Tauern unterfahren und bei Spittal auf die Autobahn zurückkehren (zwischen 5.40 und 22.40 Uhr alle 60 Min., in der Hauptsaison auch Abfahrten nachts und bei starkem Andrang alle 30 Min.).

Wer Passfahrten und herrliche Aussichten liebt, ist gut beraten, nicht den Karawankentunnel anzusteuern, sondern bei Villach Richtung **Italien** und Tarvisio abzubiegen und die nächste Autobahnausfahrt Richtung Podkoren und Wurzenpass zu nehmen. Man erreicht nach kurvenreicher Strecke **Kranjska Gora** und weiter auf dem Weg nach Süden den **Triglav-Nationalpark** mit all seinen Naturschönheiten.

Um in den **Osten Sloweniens** zu gelangen, bleibt man auf der österreichischen Autobahn, fährt über Klagenfurt bis St. Andrä, verlässt die Autobahn Richtung Lavamünd und slowenische Grenze und erreicht nach 90 km Landstraße Maribor (180 km ab Villach, 360 km ab Salzburg).

Von Wien aus ist Maribor über die A2 und die A9 erreichbar (250 km, Ljubljana 380 km). **Aus der Schweiz** kommend, fährt man am besten durch den St. Gotthard oder den San Bernardino und weiter über Como, Milano, Verona, Venezia nach Triest und Koper (Zürich – Milano 280 km, Milano – Triest 450 km).

Maut- und Kraftstoffpreise

Die Preise für Treibstoff sind innerhalb der EU mehr oder weniger vereinheitlicht worden und auch Slowenien passt seine Spritpreise dem Niveau Mitteleuropas an.

Die Mautkosten für die Anfahrt mit dem eigenen Wagen betragen für die Jahresvignette für die **österreichischen Autobahnen** 72,60 € (Zweimonatsvignette 21,80 €, Wochenvignette 7,60 €), für die Maut auf der **Tauernautobahn** 10 € (einfache Fahrt) und für den **Karawankentunnel** 7 €. Die **Tauernschleuse** kostet in eine Richtung ca. 15 €.

Von Tarvisio über Udine nach Triest verlangen die **italienischen Autobahnbetreiber** ca. 8 €, für die Strecke Como- Triest etwa 20 €. Die noch nicht ganz durchgängige **Autobahn in Slowenien** zwischen Karawankentunnel und Ljubljana kostet etwa 1 € (alle Preise für Pkw ohne Anhänger). An allen Mautstationen kann man auch mit Kreditkarten zahlen; an den italienischen Stationen ist darauf zu achten, dass man sich in die richtigen Reihen einordnet.

Autoreisezug

Ab folgenden Orten kann man sein Kfz auch mit der Bahn verfrachten und die Fahrt im Liege- oder Schlafwagen gemütlich zubringen: von Hamburg, Düsseldorf, Berlin, Hildesheim, und Frankfurt von Mai bis Oktober zum Slowenien nächstgelegenen **Zielbahnhof Villach.** Preisbeispiel einfache Fahrt im Pkw (je nach Abfahrtstermin und -ort): 150–250 € für den Pkw, Liegewagenabteil 200–350 € (max. 5 Pers.), Schlafwagenabteil 235–415 € (max. 3 Pers.).

Motorrad spezial

Die Gebirgsstrecken Sloweniens und die Anfahrt über die Alpenpässe sind bei Motorradfahrern sehr beliebt. Man sollte aber bedenken, dass die Kurvenfahrerei auf Dauer sehr anstrengend ist, folglich die Tagesetappen darauf abstimmen und öfters von der Maschine steigen und sich die Beine vertreten.

- **Buchtipp:** Im Bruckmann Verlag ist 2002 der ausführliche Motorrad-Reiseführer „Die schönsten Routen in Slowenien und Istrien" von Frank Klose erschienen.

Mietwagen

Neben den international auftretenden Autovermietern gibt es auch einige, die nur national tätig sind. Die Fahrzeuge sind bei allen Vermietern im Allgemeinen gut in Schuss, trotzdem sollte man alle Vorschäden akribisch protokollieren lassen und das Bordwerkzeug auf Vorhandensein und Vollständigkeit prüfen. Auch das Ersatzrad verdient auf jeden Fall Begutachtung.

Häufig erhält man günstigere Konditionen, wenn man noch von seinem Heimatland aus bucht, auch Pakete wie Fly & Drive sind billiger, als wenn man vor Ort die Vermieter kontaktiert. Als Preisrichtlinie können **etwa 45 € pro Tag** bei einwöchiger Anmietung der einfachsten Wagengruppe (Opel Corsa oder Ähnliches) gelten – alles

004 sl Foto: sk

inklusive (Vollkasko ohne Selbstbeteiligung, freie Kilometer, Steuer und Flughafengebühr).

- **ABC,** Flughafen Ljubljana, 4210 Brnik, Tel. 04-236 79 90, Fax 04-206 16 69, infoabc@siol.net
- **Avis,** Brničičeva ulica 13, 1231 Ljubljana, Tel. 01-561 06-60, Fax 01-561 06-61, hq@avis-alpe.si, www.avis-alpe.si
- **Budget,** Delavska 24, 4208 Šenčur, Tel. 04-251 60 00, Fax 04-251 60 10, budget.car@siol.net, www.budget-slovenia.com
- **F,** Na trati 11, 1000 Ljubljana, Tel. 01-512 68 47, Fax 01-512 15 45, f-rac@f-rent-a-car.si
- **Kompas,** Zaloška cesta, 1000 Ljubljana, info@k-hertz-rac.si, www.k-hertz-rac.si
- **National,** Baragova 5, 1000 Ljubljana, Tel. 01-588 44 50, Fax 01-588 44 52, national@emona-globtour.si, www.emona-globtour.si

Klima und Reisezeit

In Slowenien sind – trotz der geringen Größe des Landes – mehrere Klimazonen zu finden, so dass sich für jede Jahreszeit ein Grund für einen Besuch findet – oder anders, ein Besuch hat zu jeder Jahreszeit Vor- und Nachteile.

Skifahrer bevorzugen – natürlich – die Monate Januar bis März, um in den **Gebirgen des Nordens** den weißen Sportarten zu frönen. Hier herrscht alpines Klima, ähnlich wie überall an den Südflanken der Alpen. Niederschläge sind in den Übergangszeiten nicht selten, die Winter sind beißend kalt und die Sommer nicht zu heiß – sie können eine willkommene Alternative zu den möglicherweise stickigen Küstenstrichen sein. Im Frühling erblüht es in den Bergen, sattgrün kommen Almen unter der Schneedecke hervor und Bächlein springen zu Tale. Im Herbst, wenn es in den Tälern schon kühl wird und Nebelschleier von der dunklen Jahreszeit künden, spannt sich ein stahlblauer Himmel über den Gipfeln der slowenischen Alpenwelt – die Jahreszeit der Wanderer.

An der **Adriaküste** ist das Klima mediterran mit heißen Sommern und kühlen, doch nicht kalten, aber feuchten Wintern. Ab März beginnt der Frühling und schon im Mai steigen die Temperaturen auf sommerliches Niveau – die Jahreszeit der Wasserratten ist damit eingeläutet. Der Herbst ist lang und mit Stürmen durchsetzt.

Mild kontinentaleuropäisch ist das Klima des **Karst** zwischen Adria und Gebirge. Von März bis weit in den November hinein kann man im Karst urlauben und an den vielen sportlichen Aktivitäten teilnehmen, die angeboten werden. Das Frühjahr ist beispielsweise die Jahreszeit der ausgebufften Kanuten und Kajakfahrer, wenn die Schneeschmelze die Bäche reißend werden lässt. Im Sommer sind die Abseiler und Wagemutigen unterwegs, die im Canyoning ihre Erfüllung finden. Im Herbst geht es für die Wanderer durch die festlich und herbstlich eingefärbten Wälder.

- Weitere Klimadaten können vom **Deutschen Wetterdienst,** Abteilung Regionales Gutachtenbüro, Frahnredder 95, 22393 Hamburg, Tel. 040-60173251, Fax 040-60173299, http://dwd.de, angefordert werden.
- Auch das **Hydrometeorologische Institut** in Ljubljana bietet Daten und aktuelle Wetterübersichten: www.rzs-hm.si.

Durchschnittlicher Regenfall in mm

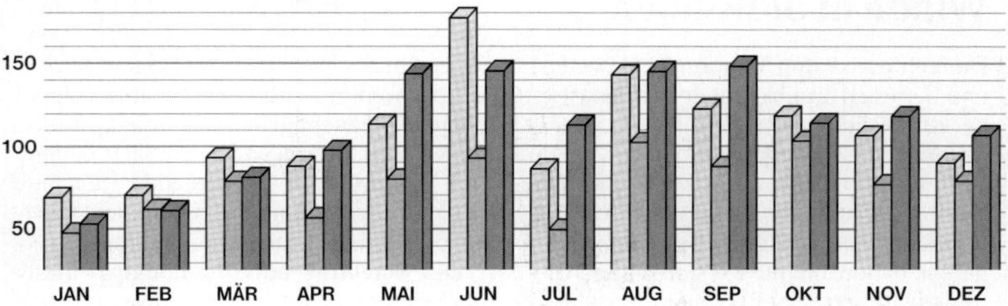

Ljubljana 300 m ü. NN.
Portorož 0 m ü. NN.
Planica 864 m ü. NN.

Durchschnittliche Temperatur in °C

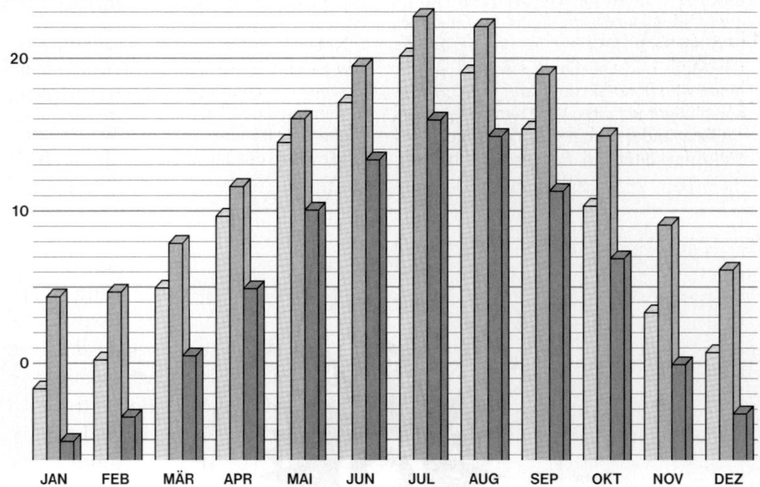

Durchschnittliche Wassertemperatur in °C Meer bei Koper Bleder See

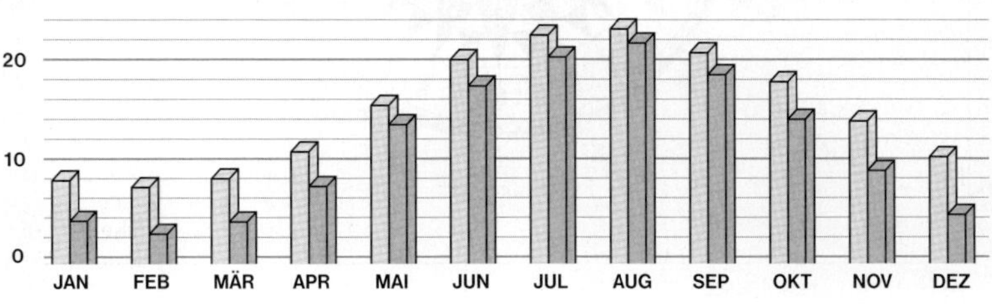

Winde in Slowenien

Die Lehre von den Winden in Slowenien und dem sich anschließenden Istrien ist eine komplizierte Wissenschaft – ein Geheimnis, das jeder Einheimische kennt, doch nicht in der Lage ist weiterzugeben. Wohl muss man von Kindesbeinen an die Winde an den Wangen und auf der Stirn gefühlt haben, um die feinsten Differenzierungen treffen, einen Ponent von einem Garbin, einen Oštro von einem Küsten-Maestral unterscheiden zu können.

Grob gesagt macht die **Burja** (auf kroatisch *Bura* oder *Bora*) die Landstriche eher unwirtlich, wenn sie von Nordosten kommend als wilder Sturm durch die Täler und über die Berge des Karst fegt und schließlich das Meer peitscht. Doch klar und aufgeräumt wird durch sie der Himmel, die Sonne findet ungetrübt ihren Weg nach unten.

Ganz anders hingegen der **Jugo:** Von Südosten kommend, trägt er heiße Luft mit sich, die viel Feuchtigkeit aufnehmen kann. Die Menschen sollen dann verrückt spielen und unter der Last ihrer Tage – seien es viele oder wenige – stöhnend zusammenbrechen. Die Feuchtigkeit macht die Luft trübe, es wird stickig und schließlich bilden sich Wolken und es kann regnen – ein Segen, da sich damit das Ende des Jugo ankündigt (meist nach zwei Tagen).

Der **Maestral** (auch *Tramontana*) bläst im Winterhalbjahr aus Nordwesten, im Sommer ändert sich seine Richtung und er kommt mehr aus westlicher Richtung. Meist bringt er schönes Wetter mit sich, weht nicht stark, aber konstant und sorgt abends für ein wenig Abkühlung nach der Hitze des Tages.

Neben den Namen dieser Hauptwinde gibt es eine ganze Menge an Unter- und Doppelbezeichnungen, die fast scherzend in den täglichen Fachsimpeleien über die Wetterentwicklung (auch in Slowenien die große Frage des Tages) verwendet werden.

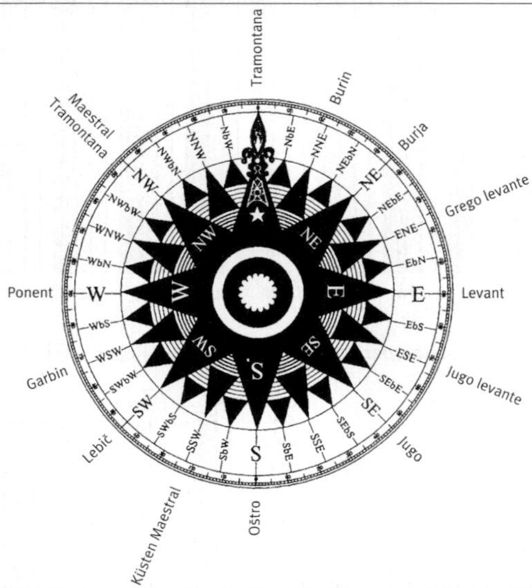

006 sl Foto: sk

Ausrüstung und Reisegepäck

All das, was in Deutschland, Österreich und der Schweiz für den täglichen Lebensbedarf gekauft werden kann, ist auch in Slowenien erhältlich.

Reiseapotheke

Das Reisegepäck richtet sich nach den Aktivitäten, denen man in Slowenien nachgehen will. Bei normalem Urlaub ist weder eine umfangreiche Reiseapotheke vonnöten (außer persönliche Medikamente, die der Hausarzt verschreibt), noch besonderes Augenmerk auf spezielle Kleidung zu richten. Da die Sonne jenseits des Hauptkammes der Alpen schon südlich streng scheint, ist generell **Sonnenschutz** (Creme, Hut, Brille) angeraten.

Seite 23:
Mit der Seilbahn geht es nördlich von Kamnik auf die Hochalm Velika planina

Die Alpenvereine organisieren geführte Touren für all jene, denen das Hochgebirge nicht vertraut ist, die aber dennoch die einmalige Erinnerung an eine Tour im Fels oberhalb der Waldgrenze mit nach Hause nehmen wollen

Leichtgewichte: Wanderausrüstung

Wer in den slowenischen Alpen wandert, muss sich bewusst sein, dass er im **Hochgebirge** unterwegs ist. Auch wenn die Infrastruktur vorzüglich ist und die Hütten zahlreich am Wegesrand liegen, sollte man seine Ausrüstung dennoch am schlechtesten Fall orientieren. Üblich ist im Triglav-Nationalpark die Hüttenübernachtung (Zelten in freier Natur ist verboten).

Einen **leichten Schlafsack** mitzuführen (von Yeti-Exner Design gibt es z.B. ein 500-Gramm-Leichtgewicht mit Daune und vorzüglicher Verarbeitung), ist dennoch angeraten, da zum einen die Hütten überfüllt sein und die Decken ausgehen können, zum anderen Wetterschläge vielleicht doch eine Übernachtung im Freien erzwingen (wobei dann ein zusätzlicher Biwaksack hilfreich ist).

Sehr gute **Funktionswäsche** stellt Craft/-Scandinavia her. Professionelle Wanderer sind schon lange von der Baumwolle als das „A und O" abgekommen. Moderne synthetische Fasern transportieren Feuchtigkeit viel schneller vom Körper weg und hinterlassen deshalb kein unangenehmes Frösteln.

Bei plötzlichen Wolkenbrüchen sind **wasserfeste Überhose und -jacke** etwas, das die Stimmung nicht auf den Tiefpunkt sinken lässt, weil man relativ trocken weiterkommt. Eine wasserdichte **Rucksackhülle** ist ebenfalls wichtig.

Ein kleiner gasgespeister **Kocher** von Coleman und ein Töpfchen aus Titan von Relags erlauben ein warmes Mittagessen auf dem Gipfel, ohne den Rücken allzu sehr zu belasten.

Feste **Bergstiefel,** je nach Jahreszeit steigeisenfest (z.B. von Hanwag), sind ein absolutes Muss und wer schwierigere Kletterpassagen oder exponierte Stellen bewältigen will, benötigt zumindest einen Beckengurt, eine Klettersteigsicherung und auf alle Fälle einen Helm gegen Steinschlag (Bergausrüster wie Salewa bieten eine ganze Palette an solcher **Spezialausrüstung** auch in Leichtgewichtsausführung an).

Wer auf **Insektenstiche** sensibel reagiert, kann an der Küste und im Karst mit einem vorbeugenden Schutz wie Autan und einer Tube Soventol oder Systral für die Nachbehandlung seine Nächte wesentlich zum Positiven hin beeinflussen, ohne mit einer zusammengerollten Zeitung über den Betten turnen zu müssen.

Kartenmaterial

Die Slowenische Geodätische Anstalt in Ljubljana bietet über den Buchhandel hervorragendes Kartenmaterial des Landes an (in Slowenien erhältlich oder über GeoBuch/München). Eine Serie von **topografischen Karten** im Maßstab 1:50.000 besteht aus 64 Blättern (ca. 3 € pro Blatt). Das gleiche Institut verlegt **Freizeitkarten** ebenfalls im Maßstab 1:50.000, auf denen alle touristisch wichtigen Angebote eingetragen sind (19 Blätter, ca. 7 € pro Blatt). Von weiteren touristischen Gebieten gibt es auch Karten im Maßstab 1:10.000, 1:25.000 oder 1:30.000 (vom Institut für Geodäsie und Fotometrie, ebenfalls über den Buchhandel). Die meistgekaufte Karte im großen Maßstab (1:50.000) ist wahrscheinlich die vom Triglav-Nationalpark, in der alle Wege genau verzeichnet wurden. Von der Geodätischen Anstalt ist auch die beste **Straßenkarte** von Gesamtslowenien auf dem Markt (Maßstab 1:270.000).

Rund ums Geld

Slowenien besitzt ein leicht unter dem mitteleuropäischen Durchschnitt liegendes Preisniveau, die Inflation liegt mit knapp 7,5 % weit über der der Länder im Euroraum.

Währung

Die nationale Währung ist der **Slovenski Tolar (SIT),** mehr oder weniger fest gebunden an den Euro. Der Tolar ist in der Banknotenstückelung 10, 20, 50, 100, 200, 500, 1000, 5000 und 10.000 im Umlauf. Als Münzen existieren 10, 20 und 50 Stotine-Stücke (die Entsprechung zum Cent) und 1-, 2- und 5-Tolar-Stücke.

Wechselkurse (Stand: Nov. 03)

- 1 € = 240 SIT, 100 SIT = 0,42 €
- 1 Schw. Fr. = 154 SIT, 100 SIT = 0,65 SFr

Zahlungsmittel

Der Eurocheque existiert nicht mehr. Am einfachsten ist es, seine Reisedevisen vor Ort mit der **EC-Karte** an den weit verbreiteten **Automaten** der Banken abzuheben, die fast alle an das Maestro-System angeschlossen sind (Symbol: zwei ineinander übergehende Kreise, einer blau, einer rot, verbunden mit dem Schriftzug „Maestro"). Ansonsten kann man natürlich in den Banken wechseln, aber auch jedes Hotel hilft Touristen mit kleineren Wechselbeträgen aus der Patsche, wenngleich zu einem eher ungünstigen Kurs.

In Hotels und Restaurants kann man allerdings nicht oft mit der EC-Karte zahlen, dafür werden weithin **Kreditkarten** akzeptiert. Die gängigsten sind Visa, Mastercard, Diners und Eurocard. American Express wird eher selten benutzt. Auch mit der Kreditkarte (sofern man dazu eine Geheimnummer besitzt) kann man an einigen Bankomaten Bargeld erhalten.

Bei **Verlust** der EC- oder Kreditkarte ist diese sofort zu sperren. Die Notfallnummern für eine Sperrung sind:

- **Mastercard, Visa:** 069-79 33 19 10
- **Diners:** 059-21861234
- **American Express:** 069-97 97 10 00
- **EC-Karte:** 069-74 09 87

307sl Foto: sk

Die Soča ist der ideale Fluss für Kajak-Fahrer und lässt mit seiner Bandbreite an Schwierigkeitsgraden keine Wünsche offen

Die Notfallnummer für Mastercard und Visa deckt nur Karten bestimmter Ausgabebanken und -sparkassen ab, das Personal versucht aber, etwaige andere zuständige Nummern herauszusuchen. Bei American Express erfreut man sich nach der Kommunikation mit automatischen Ansagesystemen längerer Zeit der Ruhe einer Warteschleife, besonders bei Kreditkartenverlusten ein extrem stimmungshebender Dienst am Kunden. Bei Diners erzählt eine Ansagestimme bis zu zehn Minuten lang, dass man jetzt gleich verbunden werde - ebenfalls überaus erheiternd, wenn der Anrufer sich vorstellt, dass jemand mit seiner Kreditkarte auf Shopping-Tour ist.

Versicherungen

Bevor man Reiseversicherungen abschließt, sollte man zuerst prüfen, inwieweit schon bestehende Versicherungen bestimmte Risiken abdecken. Häufig haben zum Beispiel Reisende unwissentlich bereits eine Reisekrankenversicherung über ihren Automobilclub, schließen aber noch eine bei einem anderen Versicherer ab. Bei Pauschalreisen ist darauf zu achten, dass das Reiseunternehmen einen offiziellen Sicherungsschein aushändigt, mit dem gewährleistet ist, dass bei etwaiger Insolvenz des Veranstalters das bereits bezahlte Geld nicht verloren ist.

Reiserücktrittskostenversicherung

Bei einer pauschal gebuchten Reise ist eine Rücktrittskostenversicherung meist im Preis inbegriffen (zur Sicherheit sollte man nachfragen). Wer individuell plant, muss sich um die Absicherung dieses Risikos selbst kümmern. Reisebüros verteilen Anmeldeunterlagen. Bei Krankheit oder Tod eines Familienmitglieds oder Reisepartners zum Beispiel ersetzt die Versicherung die Stornokosten der Reise.

Reisegepäckversicherung

Viele Versicherungen bieten die Absicherung des Verlustes von Gepäck an, einige haben sich darauf spezialisiert (z.B. Elvia). Allen Versicherungen ist gemein, dass die Bedingungen, unter denen das Gepäck abhanden kommen „darf", sehr eng gefasst sind. Deshalb ist es wichtig, die Versicherungsbedingungen genau zu studieren und sich entsprechend zu verhalten. Bei vielen Versicherungen ist das Gepäck in unbewacht abgestellten Kraftfahrzeugen zu keinem Zeitpunkt versichert, andere verweigern eine Zahlung, wenn das Fahrzeug mehr als zwei Stunden unbewacht war. Nachts ist häufig der Inhalt des Pkws nicht versichert, auch wenn er auf einem bewachten Parkplatz steht. Foto- und videotechnische Geräte sind entweder nur bis zu einer bestimmten Höhe oder zu einem bestimmten Prozentsatz des Neuwertes versichert, auch Schmuck unterliegt Einschränkungen, ebenso wie Bargeld.

Fotoversicherung

Um hochwertige Fotoausrüstungen voll abzusichern, ist es sinnvoll, eine zusätzliche Fotoapparate-Versicherung abzuschließen. Die ist zwar relativ teuer, aber die Geräte sind so gegen alle möglichen Risiken versichert. Reelle Versicherungsangebote macht der Gerling-Konzern, der in fast allen Städten mit Filialen vertreten ist.

Reisekrankenversicherung

Auf alle Fälle ist es sinnvoll, eine Auslandskrankenversicherung abzuschließen. Man begleicht die Rechnung vor Ort und bekommt seine Ausgaben bei Vorlage der **Quittung** im Heimatland zurückerstattet.

Eine wenig ratsame Alternative ist die Abrechnung über die gesetzlichen Krankenkassen in Deutschland. Dazu benötigt man einen **Auslandskrankenschein** (Formular E111), der im Zuge eines Abkommens Sloweniens mit Deutschland vielleicht anerkannt wird, vielleicht aber auch nicht. Praktisch müsste er bei einer Krankenkasse Sloweniens gegen einen ortsüblichen Krankenschein eingetauscht werden, was diese aber meistens nicht machen, da der E111 ja laut Abkommen ein Krankenschein ist. Die slowenischen Krankenkassen verlangen also, den E111 direkt beim Arzt abzugeben, der ihn wiederum nicht akzeptieren muss und auch nicht akzeptiert. Das Ergebnis: der Arzt behandelt nur gegen bar und rechnet den Patienten als privaten ab, davon ersetzt die Krankenkasse aber nur um die 60 %. Also lachen Sie Ihre Krankenkasse aus, wenn diese Ihnen einen E111 zur Mitnahme empfiehlt, und schließen Sie eine Zusatzversicherung ab. In jedem Fall heißt es, im Ausland in Vorleistung zu gehen, den Arzt direkt zu bezahlen und nachträglich gegen Vorlage der Arztrechnung die Kosten bei der Krankenkasse bzw. der Zusatzversicherung geltend zu machen.

Versicherungspakete

Versicherungspakete werden z.B. von der Europäischen Reiseversicherung und von Elvia angeboten, die neben der Reisekrankenversicherung eine Gepäck-, Haftpflicht-, Unfall- und Rat & Tat-Versicherung einschließen. Mit der **Rat & Tat-Versicherung** erhält man über eine Notrufnummer Soforthilfe während der Reise. Krankenhauskosten werden sofort von der Versicherung beglichen und bei ernsthaften Erkrankungen übernimmt sie den Rücktransport. Ist der Versicherte nicht transportfähig und muss länger als zehn Tage im Krankenhaus bleiben, kann eine nahe stehende Person auf Kosten der Versicherung einfliegen. Auch beim Verlust der Reisekasse erhält man über den Notruf einen Vorschuss.

- **Elvia Reiseversicherung,** Ludmillastraße 26, 81543 München, Tel. 089-624240, Fax 089-62424222, swww.elvia.de
- **Europäische Reiseversicherungs AG,** Vogelweidestraße 5, 81677 München, Tel. 089-416600, Fax 089-41661855

008 sl Foto: sk

Praktische Reisetipps von A bis Z

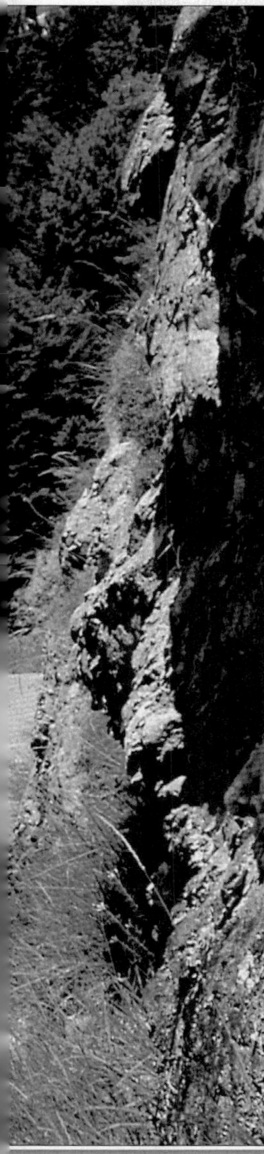

009 sl Foto: sk

010 sl Foto: sk

Auf dem Sattel und mit allem Notwendigen für eine längere Reise ausgerüstet, geht es frischauf zum Vršič-Pass

Nobel geht die Welt zugrunde – bequemer ist es sicherlich, einen Lipizzaner für sich marschieren zu lassen

Wenn man sie auch noch nicht in den Regalen mitteleuropäischer Supermärkte findet – die Weine Sloweniens haben mittlerweile Weltgeltung

Auto fahren

Die **Unfallraten** in Slowenien sind im europäischen Vergleich außerordentlich hoch. Die Polizei versucht mit rigorosen Kontrollen und Radarüberwachungen gegenzusteuern, was aber nur teilweise gelingt. Riskante Überholmanöver gehören weiterhin zum täglichen Brot des slowenischen Fahrers und Schilder zur Geschwindigkeitsbeschränkung gelten als mehr oder weniger farbenfrohe Auflockerung des Wegesrandes.

Wie bei uns herrscht Anschnall- und bei Motorradfahrern Helmpflicht.

Verkehrsregeln

Wichtigste Besonderheit im Straßenverkehr Sloweniens ist die Verpflichtung, auch tags mit **Abblendlicht** zu fahren. Ob durch diese nach der Unabhängigkeit eingeführte Regel die Zahl der Verkehrstoten tatsächlich zurückgegangen ist, blieb strittig. Auf alle Fälle achtet die Polizei sehr genau darauf und Touristen müssen bei Verstoß löhnen wie jeder Einheimische.

Als **Höchstgeschwindigkeiten** sind außerhalb geschlossener Ortschaften für Pkw und Motorräder 90 km/h, auf Schnellstraßen 100 km/h und auf Autobahnen 130 km/h festgelegt. Gespanne und Wohnmobile über 3,5 t dürfen außerorts maximal 80 km/h fahren, Wohnmobile unter 3,5 t auf Schnellstraßen und Autobahnen maximal 100 km/h. Innerorts gilt 50 km/h als Höchstgeschwindigkeit, wenn nicht anders ausgeschildert.

011 sl Foto: sk

Sobald ein Fahrzeug **rückwärts** fährt, muss die Warnblinkanlage eingeschaltet werden.

Während des gesamten **Überholvorganges** muss der Blinker eingeschaltet bleiben. Kolonnenspringen ist verboten. Schulbusse und Busse mit Kindern dürfen nicht überholt werden, wenn sie an einer Haltestelle stehen.

Wird ein Fahrzeug **abgeschleppt,** muss das Zugfahrzeug frontseitig, das abgeschleppte Auto am Heck mit einem Warndreieck gekennzeichnet werden.

Als **Ersatzteile** sind Glühlampen mitzuführen. Im Winter (15.11. bis 15.03.) müssen die Fahrzeuge an der Antriebsachse **Winterreifen** oder auf allen vier Rädern Radialreifen mit mindestens 4 mm Profiltiefe montiert haben.

Als **Promillegrenze** gilt 0,5‰, Berufsfahrer müssen am Steuer prinzipiell „trocken" sein.

Unfälle

Bei Unfällen mit Personenschäden oder mit höherem Sachschaden ist in jedem Fall die Polizei hinzuzuziehen. Sie stellt dann ein *potrdilo* (Bestätigung) aus, ein Papier, das zum Beispiel bei auffälligen Karosserieschäden bei eventuellen Schwierigkeiten an der Grenze hilft.

● **Buchtipp:** Das „Bordbuch Südeuropa für Unfall, Panne und Verkehr" von RA Michael Nissen und Friedrich Köthe informiert über alles, was bei einem Unfall zu beachten ist (Reise Know-How Verlag, Praxisreihe).

Ein Tor, wer sich nicht an die Verkehrsregeln hält – bei Verstößen werden Touristen nicht verschont

● **Polizei:** Tel. 113
● **Unfallrettung:** Tel. 112
● **AMZS:** Der Straßenhilfsdienst des slowenischen Automobilklubs ist 24 Stunden unter den Nummern 19 87 und 01-589 08 00 erreichbar. An den Notrufsäulen der Autobahnen kann er ebenfalls kontaktiert werden.

Die Deckungssummen der **slowenischen Haftpflichtversicherer** liegen weit unter mitteleuropäischem Durchschnitt (deshalb ist auch eine Vollkaskoversicherung für die Reise angeraten). An Sachschäden werden deutsche Werkstattkosten nur ersetzt, wenn der reparierte Schaden mit der polizeilichen Bestätigung übereinstimmt bzw. eine Versicherung den Schaden entsprechend geschätzt hat. Mietwagenkosten werden nur ersetzt, wenn man den Nachweis der beruflichen Erfordernis beibringt (u.U. wird ein Abzug wegen Eigenersparnis vorgenommen). Kosten der ärztlichen Behandlung werden übernommen, wenn sie nicht durch die Krankenkasse abgedeckt sind, Verdienstausfälle und Schmerzensgeld liegen niedriger als im deutschsprachigen Mitteleuropa.

Hilfreich sind die Mitgliedschaften in den **Automobilklubs,** da sie u.a. eine kostenfreie Beratung durch den slowenischen Partnerklub AMZS ermöglichen.

● **ADAC** – Allgemeiner Deutscher Automobilclub, Am Westpark 8, 81373 München, Tel. 089-767 60, www.adac.de, Notrufnummer: 00385-1-363 65 00 (deutschsprachige Mitarbeiter in Kroatien, die auch Slowenien betreuen)
● **ÖAMTC** – Österreichischer Automobil- und Touringclub, Schubertring 1-3, A-1010 Wien, Tel. 01-71 19 90,

Reisetipps A–Z

www.oeamtc.at, zuständig sind die Landesstellen in den Landeshauptstädten, Notfallstation in Ljubljana: Tel. 01-53 05-30

- **TCS** - Touring Club Schweiz, Chemin de Blandonnet 4, Postfach 820, CH-1214 Vernier, Tel. 022 417 27 27, Fax 022 417 20 20, webmaster@tcs.ch, www.tcs.ch, TCS-Mitglieder kontaktieren in Notfällen den AMZS
- Der Partner der Automobilklubs in Slowenien ist **AMZS** - Auto-Moto Zveva Slovenije, Dunajska 128, 1000 Ljubljana, Tel. 01-530 53 00, Fax 01-586 53 17, info.center@amzs.si

Straßennetz

Das slowenische Straßennetz gilt als sehr gut und wird vorbildlich unterhalten. Auch Nebenstraßen haben so gut wie keine Schlaglöcher (doch sollte man nichtsdestotrotz seine Fahrweise auf Unvorhergesehenes abstimmen). In ländlichen Gebieten ist immer mit Verkehrsteilnehmern zu rechnen, die nicht dem Hochgeschwindigkeitsbereich angehören: Leiterwagen, Traktoren, Kühe, Esel. Schmale Straßen bieten dann kein Durchkommen mehr oder zumindest nur in einer Fahrtrichtung - fatal, wenn man schnell in eine Kurve fährt und dahinter eine Kuh genüsslich am Wegesrand Grün zupft.

Zwei internationale Hauptachsen durchziehen Slowenien. Die **Slovenika (E57)** verläuft von Graz über Maribor, Celje und Ljubljana nach Koper und weiter nach Triest, die **Ilirica (E61)** kommt von Salzburg über Jesenice nach Ljubljana und führt weiter nach Zagreb. Beide Strecken werden nach und nach zur Autobahn ausgebaut, jedes Jahr werden neue Teilstücke der Öffentlichkeit übergeben.

Als Fernverkehrsstraßen gelten 1400 km, das regionale - meist zweispurige - Straßennetz besteht aus 3400 km (davon ca. 500 km Schotter) und an Nebenstraßen gibt es etwa 10.000 km (zur Hälfte unbefestigt).

Verkehrsfunk

Der staatliche Rundfunk verbreitet auf seinem Verkehrssender auf UKW während der Hauptreisezeit Verkehrsmeldungen auch in deutscher, englischer und italienischer Sprache. Die Sendefrequenzen wechseln je nach Gebiet, sind aber am Wegesrand auf Schildern angegeben. Gemeldet werden Straßenzustand, Staus, Wartezeiten an Grenzen und Tunnels und das Wetter.

Einkaufen

In Slowenien hat sich wenig originäres Kunsthandwerk erhalten können; in der jugoslawisch-sozialistischen Ära war Fortschrittlichkeit gefragt und die Besinnung auf den Wert alter Handwerkstechniken und Traditionen setzte erst nach der Unabhängigkeit ein - nicht zuletzt, weil sie touristisch wichtig sind. So gibt es in den Souvenirläden wenig, was über den reinen Touristenkitsch hinausgeht, zu kaufen. Was man in Slowenien aber in bester Qualität und zu sehr günstigen Preisen erwerben kann, sind **Naturprodukte** wie Öl, Honig, Obstsäfte, Wein und Schnaps und dies meist direkt vom Erzeuger. Aber auch auf Märkten werden all diese Dinge verkauft.

Die Geschäfte sind in der Regel werktags von 8 bis 12.30 und 14.30 bis 19 Uhr geöffnet, samstags oft nur bis 13 Uhr. Größere Läden, Supermärkte und die Geschäfte in touristischen Regionen verzichten zumeist auf die Mittagspause und bleiben auch abends länger (bis 20 Uhr) und am Samstag den ganzen Tag geöffnet. Einige arbeiten auch am Sonntag Vormittag.

Einen **Obst-, Gemüse- und Blumenmarkt** hat jedes Städtchen; die beste Besuchszeit ist der Vormittag, denn nachmittags bauen viele Händler ihre Stände wieder ab und fahren nach Hause. Samstagvormittag sind die Märkte besonders lebhaft, weil dann die Berufstätigen zum Shopping kommen. Weder auf den Märkten noch in den Geschäften wird gehandelt.

Mit **Duty-Free-Shops** in den grenznahen Orten und direkt an den Grenzstationen haben die Slowenen die längste Zeit Geschäfte gemacht; der Beitritt zur EU sieht vor, dass der zollfreie Verkauf von Waren eingestellt werden muss. Das Schild „Duty Free" bedeutet heute nur noch, dass Kunden die Möglichkeit der Mehrwertsteuerrückerstattung (⇨„Vor der Reise: Ein- und Ausreisebestimmungen") wahrnehmen können – und dies können sie zumindest theoretisch überall, wo sie einkaufen. Billiger ist es in diesen Läden nicht.

Handarbeiten

Berühmt sind die **Klöppelspitzen,** die vor allem in der **Region um Idrija** von den Frauen und Mädchen in akribischer Handarbeit hergestellt werden. Die Spitzentradition in der Region ist sehr alt und es gibt eine eigene Klöppelschule, in der die Frauen ausgebildet werden. Die filigranen Deckchen, Kissenhüllen, Spitzenkragen, Bettwäsche und sogar Vorhänge gibt es in gut sortierten Souvenirläden zu kaufen; die Preise sind überall gleich hoch, denn die Klöppelspitzen sind sehr begehrt.

Schmiedeeisen

Im Eisendorf **Kropa** in der Nähe von Bled pflegen die Menschen seit Jahrhunderten die Tradition der Eisenverarbeitung. Auch heute noch leben hier einige **Kunstschmiede,** die schmiedeeiserne Gitter, aber auch handlichere Dinge wie Schlüsselbrettchen, Blumentopfhalter etc. herstellen.

Kristall

Tržišče in der Nähe des Kurbads Rogaška Slatina ist die Heimat des slowenischen Bleikristalls, das man geschliffen oder glatt in dem fabrikeigenen Geschäft kaufen kann. Geschäfte mit Kristall aus Rogaška findet man in jedem größeren Ort, es gibt klassisches, aber auch modernes Dekor und die Preise sind recht günstig.

Keramik

Traditionelle Keramik wird kaum noch produziert, nur auf den Märkten des **Prekmurje** kann man mit etwas Glück **schwarz lasierte Schalen und Teller** bekommen, die typisch sind für diese Region und das angrenzende Ungarn.

012 sl Foto: sk

In den 90er Jahren haben in vielen Städten Kunsthandwerksläden aufgemacht, die hübsche naturbelassene oder auch farbig lasierte Keramik verkaufen, die zu allem nur Erdenklichen verarbeitet ist: Vom Weihnachtsschmuck über Halsketten bis hin zu Tontöpfen ist alles vertreten. Vieles ist kitschig, aber man kann durchaus interessante Entdeckungen machen.

Die Kunst des Klöppelns wird noch heute in einer Schule in Idrija gelehrt

Imkereiprodukte

Die **Bienenkorbbrettchen** mit ihren naiven, bäuerlichen Motiven sind schon fast ein Wahrzeichen Sloweniens. Reproduktionen gibt es in den meisten Souvenirläden zu kaufen. Aber die Imkerei wirft mehr ab als nur Honig (s.u.) und so kann man beispielsweise im Imkermuseum von Radovlica preiswerte **Kerzen** aus echtem Bienenwachs und **Propolis** erwerben.

Naturalien

Wenn Bauern etwas zu verkaufen haben, hängen sie einfach ein Schild an die Hauseinfahrt, so dass man im Vorbeifahren darauf aufmerksam wird. *Med* steht häufig darauf, Honig, manchmal aber auch *vino* (Wein), *šnops* (Schnaps), *olje* (Öl) oder *krompir* (Kartoffeln). **Honig** zu kaufen lohnt sich auf jeden Fall, denn er ist völlig naturbelassen und im Vergleich zu Mitteleuropa sehr preiswert. Auch **Öl,** vor allem das schwarze Kürbiskernöl, und der selbst gebrannte **Obstschnaps** sind preiswerte und gute Souvenirs. **Wein** sollte man jedoch lieber bei einem richtigen Winzer erwerben, auch wenn viele Slowenen auf den „Wein vom Nachbarn" schwören.

Klosterläden

Die Klosterbrüder von **Stična** und **Pleterje** haben aus den Produkten ihrer Gärten ein einträgliches Geschäft gemacht. Die Fratres von Stična setzten auf die Heilkraft der Natur und verkaufen **Kräutertees und Tinkturen** gegen alle möglichen Leiden. Ihre Brüder aus Pleterje sind etwas weltlicher gestimmt und den leiblichen Genüssen gegenüber aufgeschlossener: Hinter den hohen Mauern wird ein ganz besonderer **Birnenschnaps** produziert, die *Pleterska hruška,* deren Markenzeichen eine in der Flasche gewachsene Birne ist. Außerdem keltern die Herren einen ganz ausgezeichneten *Cviček,* einen säuerlichen **Rotwein,** mit dem sie sogar schon Preise gewonnen haben.

Literatur und Landkarten

Gemessen an der Einwohnerzahl und damit am Käuferpotential gibt es in Slowenien eine erstaunlich breite und qualitativ hochwertige Buchproduktion. Einige **Bildbände und Reiseführer** werden gleich mehrsprachig produziert. Besonders aktiv ist in diesem Bereich der Verlag Mladinska knjiga, der mit seinem fast 1000-seitigen deutschen „Slowenien-Reiseführer" noch das kleinste Kirchlein und das winzigste Dorf auflistet und beschreibt. Wunderbar fotografiert und sehr lesenswert ist der im gleichen Verlag erschienene Bildband „Slowenien aus der Luft" von *Matjaž Kmecl.*

Wer in Slowenien wandern oder Rad fahren möchte, kann auf ein ausgezeichnetes **Kartenwerk** des Landesvermessungsamtes zurückgreifen. Es gibt Messtischblätter im Maßstab 1:50.000, teils sogar 1:20.000, sowie „Touristische Karten" im gleichen Maßstab. Erschienen sind sie beim Verlag Geodetski zavod Slovenije. Man kann sie in den meisten Touristenämtern und Reisebüros sowie in den Buchhandlungen kaufen. Auf Karten spezialisiert ist in Ljubljana die Buchhandlung „Kod & Kam".

Für den täglichen Bedarf

Der Reisende bekommt in Slowenien alles zu kaufen, die **Supermärkte** sind ausgezeichnet sortiert und auch in kleineren Tante-Emma-Läden gibt es die wichtigsten Nahrungsmittel und Kosmetikartikel. Das **Preisniveau** ist gemessen am Einkommen der Slowenen ziemlich hoch; man zahlt für Wurst, Käse oder auch Brot nur geringfügig niedrigere Preise als in Deutschland oder Österreich. **Zigaretten** gibt's ähnlich wie in Italien nur in besonderen Tabak- bzw. Zeitschriftenläden, die *trafika* heißen, und am Automaten.

Essen und Trinken

Slowenien ist eine Reise wert, allein schon des Essens wegen. Das Gastronomieangebot ist äußerst reichhaltig und man kann von der Pizzeria bis zum Gourmet-Restaurant alles finden, wonach einem der Sinn steht. Nur eines sollte man bedenken: *Čevapčiči* hat mit Slowenien so viel zu tun wie ein Fisch mit einem Fahrrad – nämlich gar nichts. Auch wenn es manchmal auf der Speisekarte steht: Die Fleischröllchen haben ihre Heimat in Bosnien.

Die slowenische Küche ist eine **bäuerliche Küche,** so wie es auch die österreichische ist. Man kocht mit viel Mehl, Fett, Schmalz und Butter, die Speisen sind wie die *štruklji* (Strudel) oder die Speck-Potica (ein Hefeteigkuchen) gehaltvoll und die Portionen groß. So wie man die Küche des nördlichen Nachbarlandes beeinflusst hat, wurde man auch von dieser angeregt. Aber nicht nur die K&K-Monarchie hat ihre Spuren hinterlassen, auch Italienisches findet sich immer wieder auf den Karten, sei es als Gerichte oder über die Zubereitungsart. Ein gutes Beispiel ist die Maispolenta.

Ein weiteres Standbein der Küche Sloweniens ist die Kost der Gebirgsbewohner. Fett und nahrhaft musste das Essen sein, um ein Überleben in Schnee und Eis zu erlauben – für mitteleuropäische Zungen mag daher als Vorspeise eine Handvoll *zaseka,* durch den Fleischwolf getriebener, fettester Schweinespeck, gewöhnungsbedürftig sein – nach einem langen Tag des Bergsteigens ist es willkommene Aufbaukost.

Typische Gerichte

Vorspeisen

Pršut, roher **Schinken,** ist die konventionelle Vorspeise Sloweniens. Bäuerlich in dicke Scheiben geschnitten oder elegant papierfein aufgetan, wird das mehrere Monate im Wind des slowenischen Karstes getrocknete schweinerne Stück am besten mit selbst gebackenem Brot genossen. Eine Essigfrucht oder eingelegte Oliven lockern die Speise auf. Neben dem Schinken liegt auch oft Salami oder andere hausgemachte Wurst.

Wer großen Hunger hat, wird sich vor den Hauptgerichten noch eine **Suppe** bestellen. Suppen haben Tradition in der slowenischen Küche. Kartoffeln, Karotten und Kohl werden z.B. mit Rauchfleisch zu einem nahrhaften Gericht verbunden. Fast vergessen ist in Mitteleuropa die Graupe *(ješpren).* In Slowenien zog sie wieder in die Küchen ein. Suppen gibt sie das sättigende Rückgrat. Saure Suppe ist in der Gegend des Pohorje-Gebirges eine Spezialität. Suppen sind also allgegenwärtig, besonders in der kalten Jahreszeit. Sie können durchaus auch als Hauptgericht aufgetafelt werden – man muss aber keine Angst haben, nicht satt zu werden, die Ingredienzen füllen jeden Magen zur Genüge. Um das sicherzustellen, wird häufig mit Mehlschwitze die Grundlage geschaffen, Sahne kommt zur Verfeinerung hinzu.

Hauptspeisen

Große Ereignisse werden im Kreise der Familie mit einem opulenten Mahl gefeiert. Zwanglos sitzt man zusammen und tut sich auf, dabei können Zwischengericht und Hauptgericht durchaus zeitgleich auf den Tisch kommen.

Als Zwischengericht im Landesinneren kommen natürlich die **Süßwasserfische** zu Ehren, hauptsächlich die Bachforelle *(postrvin),* weniger, aber auch Karpfen, Hechte und Welse. Gegrillt, nach Müllerin-Art oder blau – die Forellen aus der Soča gelten als Delikatesse. Karpfen werden gezüchtet oder in den Seen am Alpenrand gefangen.

Am Meer finden **Langusten, Muscheln und Kalamari** den Weg auf die

013 sl Foto: sk

Teller. Einfach gebacken oder gegrillt kann der Tintenfisch sein, aber auch gefüllt mit Schinken und/oder Käse. Die Muscheln sind nach „buzara"-Art angerichtet (gedünstet in Knoblauch-/Zwiebel-/Wein-/Ölsud) oder nach einer der vielen anderen aus Italien bekannten Methoden.

Das Hauptgericht besteht schließlich aus Fleisch (wenn man nicht schon nach der Forelle oder dem Meeresgetier satt ist). Da Slowenien viele Wälder besitzt und Pilzsammeln sich im Herbst zum Nationalsport entwickelt, werden die **Schnitzel** oft von einer **Pilzsauce** begleitet. Steinpilze sind dabei gar nicht selten (vielleicht hat man sie ja in der Menüabfolge auch schon als Suppe – *gobova juha* – genossen).

Auch **Rot- und Niederwild** kann man in der Jagdsaison häufig bestellen – als Filet, Gulasch oder Braten. Besonders Hirsch *(jelen)* hat es den Slowenen angetan. Auch **Bär** – man höre und staune – steht auf der Karte. Slowenien hat noch eine gar nicht kleine Population dieser sonst fast verschwundenen Tiere und sie dürfen reglementiert gejagt werden. Wenn es auf der

Suppe wird nicht immer in Porzellan serviert, exklusiver noch ist die Schale aus Brotteig

Karte steht, bestelle man also *medved v omaki* – Bärenfleisch mit Sauce.

Gewöhnungsbedürftig mag das Hauptgericht aus **Fohlenfleisch** sein – als Steak *(žrebičkov steak)* oder als Braten. Doch ist seine Ablehnung meist rein psychologischer Natur – es mundet köstlich und die Verwendung von Pferdefleisch hatte einst auch in Mitteleuropa Tradition. „Lungenbraten" hat übrigens nichts mit dem Blasebalg zu tun – es ist die österreichische Bezeichnung für Lende.

Wer am Meer als Hauptgang **Fisch** wählt, hat die Qual der Wahl: Seewolf, Drachenkopf, Seeteufel, Goldbrasse, Seebarsch, Schwertfisch, Seezunge werden gegrillt, in Pergament oder Alufolie in den verschiedensten Saucen gedünstet oder im Salzmantel im Ofen gebacken und dann am Tisch aufgehämmert, filetiert und serviert. In Weiß- und Rotwein, mit Knoblauch, Zwiebeln, Tomaten oder Zucchini gekocht, mit Estragon, Thymian oder Oregano gewürzt – so viele Köche es gibt, so unterschiedlich sind auch die Rezepte der Fischzubereitung.

Die klassische Beilage ist der **Sterz aus Buchweizen** *(ajdovi žganci)*. Polentaähnlich hat er früher jedes Gericht begleitet bzw. war das Gericht selbst. Mit Sauce oder Schmalz konnte man Geschmack reinbringen. Heute wird der Buchweizensterz (auch Heidensterz) in kleineren Portionen als „Begleitmusik" und Erinnerung an vergangene Zeiten neben dem Fleisch oder der Wurst gereicht – von Lokalen, die sich auf die Traditionen der Landesküche besinnen.

Nachspeisen

Gibanica ist ein mit Nüssen, Quark und Früchten gefüllter **Strudel.** Auch Mohn gehört traditionell zu den Ingredienzen der slowenischen Zuckerbäckerei und kommt manchmal in die *Gibanica*. Die *Potica* besteht aus Hefeteig (ebenfalls mit Nüssen und Quark). Der bei uns bekannte Strudelteig wird mit Quark oder Äpfeln gefüllt.

Überall ist auf den Karten der **Palatschinken** anzutreffen – Pfannkuchen, die mit Schokolade oder Nüssen und von Schlagsahne begleitet den Magen abschließend sättigen. **Eis** ist an der Küste die bevorzugte Nachspeise und als Erfrischung zwischendurch an Straßenständen zu kaufen.

Reich und bunt sind auch die **Torten und Schnitten** in den Auslagen der Konditoreien und Vitrinen der Restaurants gestaltet. Buttercreme ist der bevorzugte Bestandteil und ein Tortenstück ist durchaus in der Lage, für mehrere Stunden jede weitere Nahrungsaufnahme zu verunmöglichen. *Kremšnita* heißt in Erinnerung an kaiserliche Zeiten das Schnittchen aus Blätterteig und – wer hätt's gedacht – viel Creme.

Weitere Spezialitäten

Krainer Würste sind eine Spezialität aus Kranj (Krain), die im ganzen Land serviert wird. Man isst die geräucherten Schweinewürste nicht gebraten, sondern gekocht mit Brot und Senf oder auch mit Sauerkraut.

Beim Schlachten wird auf den Höfen **Blutwurst** hergestellt. Fleisch, Innereien und Blut werden dazu traditionellerweise mit Graupen (heute auch mit Reis) gestockt und in Därme gepresst. Gebraten gelangt Blutwurst mit Kartoffeln und Sauerkraut auf den Tisch.

Čevapčiči wurden bereits angesprochen. Mit *ražniči* und *pljeskavica* gehören sie zu dem, was einst die Besucher des sozialistischen Jugoslawien für den Standard der Küche des Vielvölkerstaates hielten. Auch heute noch werden die Fleischröllchen (als bosnisches Gericht original aus einem Drittel Hammel-, einem Drittel Schweine- und einem Drittel Rindfleisch mit viel Knoblauch hergestellt), ihre platt gedrückte Version *pljeskavica* und *ražniči,* die Fleischsstückchen am Metallspieß, in vielen Orten angeboten – mit Pommes eine Alternative (nicht weniger und nicht mehr) zu Fastfood à la McDonalds, dessen Filialen auch hier überall aus dem Boden schießen.

Die Nähe zu Istrien bedeutet eine weitere Köstlichkeit – die **Trüffel** wächst in den Wäldern des Inlandes der kroatischen Halbinsel und findet natürlich ihren Weg ins Nachbarland. Nudelgerichte werden damit verfeinert, Fleischpasteten gewürzt und auch über Fisch raspelt man den sündhaft teuren, seltenen Pilz.

Getränke

Wasser

Eine Unzahl an Quellen und Thermen besitzt Slowenien – ein Wunder wäre es, wenn diese Wasser nicht auch heilkräftige Wirkung besäßen. Fast jeder Thermalbadeort hat sein eigenes Wässerchen, das bei geruhsamen Rundgängen in Parks schluckweise dem Körper zugeführt wird. Doch die berühmteste Marke ist „Radenska". Das Mineralwasser wird in die ganze Welt exportiert und die meisten Bewohner Radencis leben von dem kostbaren Nass aus den Tiefen der Felsen. Eine weitere, aber nicht so bekannte Marke ist „Rogaška slatina".

Bier

Das slowenische Bier *(pivo)* ist ausgesprochen süffig. Die drei landesweit verkauften Marken sind „Union", „Zlatorog" und „Laško", wobei ersteres in Ljubljana, die beiden letzteren in Laško gebraut werden. Alle drei Marken gibt es in den Lokalen auch als frisch gezapfte Fassbiere. Ansonsten haben auch deutsche Brauspezialitäten wie Weißbier Einzug gehalten.

Wein

Noblesse oblige: die älteste Weinrebe der Welt wächst in Maribor an einer Hauswand (und ihr Ertrag wird in kleinen Phiolen an verdiente Bürger der Stadt und auch an berühmte Besucher mit einer Urkunde ausgereicht).

Im Land werden fast alle Rebsorten angebaut und gekeltert, so dass man vom Chardonnay über Riesling, Tokajer, Muskateller, Merlot, Zweigelt bis zum Cabernet Sauvignon alles erhält. Doch zwei Sorten sind besonders typisch. Der **Cviček** ist ein Rosé, der in Doljenska entsteht. Die Traube wächst auf harten Kalkböden mit Hornblende aus der Kreidezeit. Er ist trocken, aber keinesfalls herb, mit niedrigem Alko-

Gastronomisches Glossar

Slowenisch – Deutsch

ajda – Buchweizen
beluš – Spargel
biftek – Beefsteak
borovnice – Heidelbeeren
brancin – Seebarsch
bučka – Kürbis
česen – Knoblauch
dagnje – Miesmuscheln
datlji – Meeresdatteln
divja svinja – Wildschwein
divjačina – Wild
domači zajec – Stallhase
gibanica – Strudel
glavna jed – Hauptspeise
goba – Pilz
gos – Gans
govedo – Rind
grah – Erbsen
jagode – Erdbeeren
jastog – Hummer
Jedilnik – Speisekarte
jelen – Hirsch
jelenjad – Rotwild
juha – Suppe
jurčki – Steinpilze
kalamare – Kalamari
kava – Kaffee
kis – Essig
kislo zelje – Sauerkraut
klobasa – Wurst
koline – Schlachtplatte
korenje – Karotten
kreditna karta – Kreditkarte
kremšnita – Cremeschnitte
krompir – Kartoffeln
kruh – Brot
krvavica – Blutwurst
lisička – Pfifferling
morski list – Seezunge
morski vrag – Seeteufel
njoki – Gnocchi
odojek – Spanferkel
olje – Öl
palačinke – Pfannkuchen
pečenka – Braten
pečica – Backofen
pire – Püree
piščanec – Hühnchen
pivo – Bier
pomfri – Pommes frites
poper – Pfeffer
postrv – Forelle
potica – Hefeteigstrudel
predjed – Vorspeise
priloga – Beilage
pršut – roher Schinken
pura – Pute
puran – Truthahn
raca – Ente
račun – Rechnung
rezanci – Nudeln
riba – Fisch
riž – Reis
robide – Brombeeren
romb – Steinbutt
rulada – Roulade
sipa – Tintenfisch
sir – Käse
škarpen – Drachenkopf
školjke – Muscheln
skuta – Quark/Topfen
sladica – Nachspeise
sladoled – Eis
šnops – Schnaps
sol – Salz
solata – Salat
srna – Reh
štrocji fižol – Grüne Bohnen
štruklji – Strudel
svinja – Schwein
tartufi – Trüffel
tele – Kalb
testenine – Nudeln
torta – Kuchen
vino – Wein
voda – Wasser
zajec – Hase
žar – Grill
zelje – Kraut
žganci – Sterz (Polenta)
žganje – Schnaps
žlikrovi – Maultaschen/Ravioli
zrezek – Schnitzel

Deutsch – Slowenisch

Backofen – pečica
Beefsteak – biftiki
Beilage – priloga
Bier – pivo
Blutwurst – krvavica
Braten – pečenka
Brombeeren – robide
Brot – kruh
Buchweizen – ajda
Cremeschnitte – kremšnita
Drachenkopf – škarpen
Eis – sladoled
Ente – raca
Erbsen – grah
Erdbeeren – jagode
Essig – kis
Fisch – riba
Forelle – postrv
Gans – gos
Gnocchi – njoki
Grill – žar
Grüne Bohnen – štrocji fižol
Hase – zajec
Hauptspeise – glavna jed
Hefeteigstrudel – potica
Heidelbeeren – borovnice
Hirsch – jelen
Hühnchen – piščanec
Hummer – jastog
Kaffee – kava
Kalamari – kalamare
Kalb – tele
Karotten – korenje
Kartoffeln – krompir
Käse – sir
Knoblauch – česen
Kraut – zelje
Kreditkarte – kreditna karta
Kuchen – torta
Kürbis – bučka
Maultaschen/Ravioli – žlikrovi
Meeresdatteln – datlji
Miesmuscheln – dagnje
Muscheln – školjke
Nachspeise – sladica
Nudeln – testenine, rezanci
Öl – olje
Pfannkuchen – palačinke
Pfeffer – poper
Pfifferlinge – lisičke
Pilz – goba
Polenta/Sterz – žganci
Pommes frites – pomfri
Püree – pire
Pute – pura
Quark/Topfen – skuta
Ravioli/Maultaschen – žlikrovi
Rechnung – račun
Reh – srna
Reis – riž
Rind – govedo
Rotwild – jelenjad
Roulade – rulada
Salat – solata
Salz – sol
Sauerkraut – kislo zelje
Schinken (roh) – pršut
Schlachtplatte – koline
Schnaps – šnops, žganje
Schnitzel – zrezek
Schwein – svinja
Seebarsch – brancin
Seeteufel – morski vrag
Seezunge – morski list
Spanferkel – odojek
Spargel – beluš
Speisekarte – jedilnik
Stallhase – domači zajec
Steinbutt – romb
Steinpilze – jurčki
Sterz/Polenta – žganci
Strudel – gibanica, štruklji
Suppe – juha
Tintenfisch – sipa
Topfen/Quark – skuta
Trüffel – tartufi
Truthahn – puran
Vorspeise – predjed
Wasser – voda
Wein – vino
Wild – divjačina
Wildschwein – divja svinja
Wurst – klobasa

014 sl Foto: sk

holgehalt und angenehmer Säure. Im Unterschied zu sonstigen Roséweinen, die vollständig aus roten Trauben entstehen und ihre helle Farbe durch das Herstellungsverfahren erhalten, wird der Cviček aus roten und weißen Trauben gekeltert.

Der **Teran** vom Karst entsteht aus der Rebsorte Refosco, die ebenfalls auf harten Kalkböden wächst. Allerdings gehört zu ihr das strenge Klima des Karst, die Durchschnittstemperaturen müssen relativ niedrig sein. Der Milchsäuregehalt ist recht hoch, ebenso der Anteil an Eisen. So attestiert man dem rubinroten Wein heilkräftige Wirkung. **Portugalka** entspricht dem Beaujolais nouveau und muss jung getrunken werden.

Die ältesten Flaschen des Zlata trta im Weinkeller von Ptuj stammen von 1917

Die köstlichen Tropfen slowenischer Erde zu verkosten ist immer eine gute und angenehme Beschäftigung, nicht zuletzt, weil man sie häufig mit dem Besuch auch anderweitig kulturell interessanter Orte verbinden kann. Achten sollte man auf den Termin. Im Oktober und Anfang November ist häufig der Zutritt zu den Weinkellern nicht

Rebsorten

Beli pinot (Weißer Burgunder)
Barbera (Blauer Barbera)
Cabernet franc
Cabernet sauvignon
Chardonnay
Frankinja (Blaufränkisch)
Furlanski tokaj (Friauler Tokajer)
Gamay
Kerner
Kraljevina
Maločrn
Malvazija (Malvasier)
Merlot
Modra frankinja (Blaufränkisch)
Modri pinot (Blauer Burgunder)
Muškat ottonel
Pinela
Portugalka (Portugieser)
Prosecco
Ranfol
Ranina
Rebula
Refošk (Refosco)
Renski rizling (Rheinriesling)
Rizvanec (Risvaner)
Rumeni muškat (Gelber Muskateller)
Sauvignon
Šentlovrenka (Roter Saint Laurent)
Sivi pinot (Grauer Burgunder)
Šipon (Mosler)
Traminec (Traminer)
Žametovka
Zelen
Zeleni silvanec (Grüner Silvaner)
Žlahtnina (Gutedel)
Zweigelt

möglich. Wo noch in Fässern gegärt wird, muss nämlich auf die Entwicklung von Kohlendioxid geachtet werden, das den Sauerstoff aus den Kellern verdrängt und einen Besuch zu einem tödlichen Ereignis machen kann. Die Gärung ist am 11. November beendet, wenn im ganzen Land am St.-Martins-Tag das Weinfest begangen wird.

Man unterscheidet zwischen drei Weinanbaugebieten, die in weitere Anbaugegenden unterteilt sind und in denen jeweils weißer und roter Wein gekeltert wird. Eine ganze Reihe von Weinstraßen durch diese Gebiete sind ausgewiesen.

Anbaugebiet Primorska: Es herrscht mediterranes Klima vor, wenn auch kontinentaleuropäische Witterungseinflüsse zu spüren sind. Die Weine sind vollmundig, besonders die roten sind auch schwer und haben einen hohen Alkoholgehalt.

Anbaugebiet Podravje: Kontinentaleuropäisches Klima, das sich besonders positiv auf die weißen Weine auswirkt, die mit vollem Aroma und angenehmer Säure zu Prädikatsweinen ausgebaut werden.

Anbaugebiet Posavje: Kontinentaleuropäisches Klima mit mediterranen Einflüssen; frische, fruchtige Weine auch mit niedrigerem Alkoholgehalt.

015 sl Foto: sk

Reine Touristenlokale sind in Slowenien äußerst selten, fast immer verkehren auch Einheimische. Die richten sich meist nicht nach der Karte, sondern fragen Wirt oder Koch, was sie gerade empfehlen

Die Lokale

Als **Restaurant** *(restavracija)* bezeichnen sich die Lokale, die meist internationale Küche anbieten. Das *gostišče* oder *gostilna* entspricht dem **Gasthaus.** Es kann sehr einfach sein und durchschnittliche Kost bieten, aber zunehmend nennen sich Lokale so, um zu zeigen, dass sie die Traditionen der slowenischen Küche pflegen, so dass es also auch Gasthäuser in der oberen Preisklasse gibt. Der **Buschenschank** *(pušenšank)* ist in der Saison der Weinlese geöffnet und hat provisorischen Charakter. Sein Angebot besteht aus jungem Wein und einigen einfachen, bäuerlichen Gerichten, um die rechte Grundlage im Magen zu schaffen.

Zunehmend entstehen **Schnellimbiss-Lokale.** Diese können nach italienischem Vorbild *paninoteci* (für belegte Brötchen) oder *pizzerie* mit Straßenverkauf seien, aber auch das Neon-„M" mit den runden, angeblich mütterlichen Formen bietet immer häufiger seine genormten Buletten an. Die slowenische Variation dieses Themas sind die Fleischröllchen, die aber nicht wirklich im Straßenverkauf zu haben sind. Man setzt sich zu ihrer Vertilgung kurz an einen Tisch. Eine ebenfalls schnelle (aber nicht unbedingt die billigste) Möglichkeit, an Essen zu kommen, bieten die Läden mit der Bezeichnung *delicatesa,* die neben den üblichen Supermarktwaren auch Salate und belegte Brötchen im Sortiment haben.

Im **Kaffeehaus,** der *kavarna,* lässt sich gemütlich beim kleinen oder großen Braunen, beim Verlängerten, der Melange oder gar bei einem Pharisäer der Nachmittag mit Zeitunglesen verdösen – so, wie es im einstigen Mutterland Brauchtum war und ist.

FKK

Slowenien besitzt am Meer keine ausgewiesenen FKK-Reviere – wenn es jemanden nicht hält, muss er sich sozusagen wild seiner Kleidung entledigen. Mit ihrer jugoslawischen Vergangenheit und der damit verbundenen **Tradition der Freikörperkultur** an der gesamten jugoslawischen Küste lehnen die Bürger Sloweniens FKK nicht ab. Dass es keine Plätze gibt, liegt nicht an einer speziellen Politik des Landes, sondern einfach daran, dass an der Küste nicht genügend Raum für ein FKK-Camp existiert. Teilweise besitzen Thermalbäder Bereiche, die den Nudisten vorbehalten sind (so z.B. die Therme von Banovci bei Murska Sobota).

Fotografieren

Wer nicht gerade passionierter Fotograf ist, dem reicht eine Kamera mit einem Zoom zwischen leichtem Weitwinkel und leichtem Tele (etwa 28–135 mm). Eine Makroausführung ist nicht falsch, insbesondere, wenn man die Pflanzenwelt zum Beispiel im Gebirge auf Film bannen will. Ein Polarisationsfilter lässt die Farben satter werden (und schützt das Objektiv vor etwaigen Kratzern). Wer in den Museen und Ausstellungen fotografieren will (was nicht überall erlaubt ist!), sollte ein Stativ mit sich führen. Erstens tut der Blitz zum Beispiel Fresken und Gemälden nicht gut, zweitens wird das Motiv sehr hart und drittens ist es vielerorts in den Museen und Galerien verboten, einen Blitz zu verwenden.

In Slowenien sind die gängigen **Filme** und Kamerabatterien erhältlich, günstiger sind sie aber wahrscheinlich als Sonderangebote in den großen Supermärkten zu Hause (mit 200 ASA erwirbt man einen Allroundfilm, mit dem man fast überall gut durchkommt). Wer Spezialfilme verwendet, sollte diese ebenfalls aus der Heimat mitbringen. Wie überall auf der Welt kann man auch in Slowenien in guter Qualität und kurzfristig seine Filme entwickeln und Abzüge machen lassen.

Ebenso weltweit sollten die Benimmregeln des Fotografierens angewandt werden. Wer **Menschen fotografiert,** muss vorher um Erlaubnis fragen, wenn ersichtlich ist, dass man eine spezielle Person oder eine bestimmte

Gruppe als Motiv gewählt hat (große Menschenansammlungen fallen natürlich nicht darunter). Wenn die Erlaubnis verweigert wird, muss man sich des Fotografierens enthalten. Menschen sollten prinzipiell nicht in Situationen, die als entwürdigend zu verstehen sind, abgelichtet werden.

Generell ist in Slowenien das Fotografieren nicht mit besonderen Verhaltensmaßregeln verbunden, doch sollte man zum Beispiel vor Kasernen nicht unbedingt mit der Kamera herumfuchteln.

- **Buchtipp:** „Praxis: Reisefotografie" und „Praxis: Reisefotografie digital", Reise Know-How Verlag, Bielefeld.

Frauen allein unterwegs

Slowenien ist Mitteleuropa und unterscheidet sich bezüglich der Gefahren und Unannehmlichkeiten für Frauen, die allein unterwegs sind, in keiner Weise von Deutschland, Österreich oder der Schweiz. Es ist sogar eher noch unproblematischer, weil die „Großstädte" des Landes sehr überschaubar geblieben sind. Der männliche Slowene ist vom Temperament her eher dem nördlichen Nachbarn, dem Steiermärker, zuzurechnen, als dem heißblütigen südeuropäischen Mittelmeerbewohner aus der Kinowelt, dessen Tagesbeschäftigung sich schon mal auf die Nachstellung einer hübschen Touristin reduzieren soll.

- **Buchtipp:** „Praxis: Als Frau allein unterwegs", Reise Know-How Verlag, Bielefeld.

Gesundheit und Hygiene

Die **medizinische Versorgung** in Slowenien ist **ausgezeichnet.** Ärzte sind überall zu finden, eine Notstation ist fast immer in kurzer Zeit erreichbar, sei es Arzt *(zdravnik),* Ambulanz *(zdravstveni dom)* oder Krankenhaus *(bolnišnica/bolnica).* Ärzte und Pflegepersonal sprechen sehr häufig Deutsch; zumindest wird fast immer jemand in der Nähe sein, der dolmetschen kann, so dass es nicht zu Verständigungsproblemen kommen dürfte. Die Abrechnung einer notwendigen ärztlichen Behandlung oder eines stationären Aufenthaltes erfolgt über die jeweilige Krankenkasse oder eine etwaige Auslandskrankenversicherung (⇨„Vor der Reise: Versicherungen").

Notfallhilfe

Krankenhäuser in den größeren Orten haben einen 24-Stunden-Notdienst. Die Hotels und Pensionen verweisen auf auch in den Nachtstunden erreichbare Ärzte. **Apotheken** *(lekarna)* sind tagsüber geöffnet; in den größeren Städten gibt es auch bei Apotheken einen Notdienst.

- **Unfallrettung** *(reševalna služba):* Tel. 112
- **Polizei:** Tel. 113

Schutzmaßnahmen

In Slowenien sind keine besonderen Schutzmaßnahmen erforderlich, es sei denn, man geht einem Extremsport nach wie Klettern, Freeclimbing, Drachensegeln, Kanufahren etc. Allgemein ist auf die **starke Sonneneinstrahlung** südlich der Alpen zu achten, besonders, wenn man im Hochgebirge unterwegs ist. Für ausreichenden Sonnenschutz ist dann unbedingt zu sorgen (Brille, UV-Schutz, Hut). Dies gilt auch für Aufenthalte am Meer und ganz besonders für Kleinkinder, deren Sonnenbrand in späteren Jahren zu bösartigen Hautveränderungen führen kann.

Bei hohem **Algenaufkommen** im Meer können Allergien auftreten. Starke Allergiker sollten dann vor dem Sprung ins Wasser ihre Reaktion testen.

In manchen Jahren ist an der ganzen Adria mit einem verstärkten Auftreten von **Quallen** zu rechnen. Eine Berührung kann sehr schmerzhaft sein, bei Allergikern kann es zu nicht kalkulierbaren Reaktionen kommen. Entsprechende Medikamente sind in solchen Fällen mitzuführen. Werden Kinder von Quallen berührt (oder auch von Moskitos gestochen), hilft normalerweise ein Mittel wie Soventol (als Gel oder Creme) gegen den Juckreiz.

Eine Plage der Adria sind die **Seeigel,** die praktisch überall, wo es Felsen gibt, leben. Ein fester Tritt mit ungeschützter Fußsohle hat schon so manchen Urlaub beendet. Die Stacheln sind unglaublich spitz, dringen tief ein und brechen dann unweigerlich ab. Um Vereiterungen zu vermeiden, müssen sie aus dem Fuß geschnitten werden. Einziges Gegenmittel: Badeschuhe und beim ins Wasser gehen aufpassen, dass man die Seeigel auch nicht mit der Fußseite berührt.

Hygiene

Es sind keine besonderen Hygienemaßnahmen zu beachten. **Leitungswasser** ist im Allgemeinen trinkbar. In den Sommermonaten am Meer kann es aber schon mal sein, dass man davon Abstand nehmen und auf Mineralwasser ausweichen sollte. Im Gebirge und im Karst ist normalerweise das ganze Jahr über das Leitungswasser von guter Qualität.

Informationsstellen in Slowenien

In jedem größeren Ort, aber auch in vielen kleineren Ortschaften und in Gegenden, die touristisch von besonderem Interesse sind, unterhält die slowenische **Tourismusbehörde** ein Informationsbüro oder hat zumindest vor Ort jemanden beauftragt, die Informationstätigkeit zu übernehmen. Man erhält eine Vielzahl an Broschüren, unterschieden nach Regionen, aber auch zu bestimmten Themen wie Wandern, Rad fahren, Weinstraßen usw. In den Ortsbeschreibungen sind die jeweiligen Stellen aufgeführt. Die Zentrale der Tourismusbehörde liegt in Ljubljana unweit der Haupteinfallsstraße (vom Karawankentunnel kommend).

- **Slovenska turistična organizacija,**
Dunajska 156, 1000 Ljubljana,
Tel. 01-589 18 40, Fax 01-589 18 41,
info@slovenia-tourism.si,
www.slovenia-tourism.si

Mit Kindern unterwegs

Kinder sind in Slowenien gern gesehen. Die Slowenen sind ausgesprochen **kinderfreundlich** und unterscheiden sich zumindest in dieser Hinsicht in keinster Weise von den Italienern - Kinder sind das Wichtigste!

Zwar ist Slowenien nicht das klassische Badeurlaubsland mit breiten Sandstränden, dafür hat es anderes (und vielleicht Besseres) zu bieten. Wessen Kinder aufs **Baden** nicht verzichten möchten - auch die Seen des Inlands bieten herrliche Gelegenheiten und sind vielleicht sauberer als das Meer. Die familienfreundlichen Spazierwege laden besonders im Frühjahr und Herbst zu ausgedehnten Naturentdeckungen ein und der **Urlaub auf dem Bauernhof** mit angeschlossenem Streichelzoo wird Kindern aller Altersgruppen die Trennung vom Ferienort schwer machen.

Auch mag das relativ ausgeglichene Klima Eltern mit **Kleinkindern** dazu verleiten, den Urlaub in Slowenien zu verbringen. Die Süßen zu versorgen wird keinerlei Probleme aufwerfen, die Supermärkte sind in puncto Windelhöschen, Milchfertigprodukte und Gläsernahrung so gut sortiert wie zu Hause.

Medien

Zeitungen und Zeitschriften

Vier Tageszeitungen berichten in Slowenien und eine Unzahl an Magazinen, die wöchentlich, zweiwöchentlich oder monatlich erscheinen. Die einzige Zeitschrift in einer Fremdsprache ist das der Regierung nahestehende englischsprachige Wochenmagazin **„Slovenia weekly"** mit aktuellen Informationen zu Wirtschaft und Politik. In fast allen Orten sind ganzjährig **deutschsprachige Zeitungen** aus der Heimat an den Kiosken erhältlich (u.U. nur die österreichischen Tageszeitungen und Magazine).

016 sl Foto: sk

Slowenen sind kinderfreundlich - so wird jedes Lokal die schwierigen Kostvorlieben mancher Mädels mit individuell zugeschnittenen Gerichten aushebeln

Radio

Der staatliche Rundfunk sendet am Wochenende auf seinem 2. Pogramm ganzjährig Freitagnachmittag bis Sonntagabend und im Juli/August täglich nach den Nachrichten zur vollen Stunde **Verkehrsinformationen** in Englisch, Deutsch und Italienisch. **Wetterberichte** sind im Juli/August auf dem 1. Programm um 7.15 Uhr in Englisch, Deutsch und Italienisch zu hören. **Nachrichten** kommen täglich um 22.30 Uhr im 1. Programm auf Englisch, Deutsch und Italienisch über den Äther.

STR ist das **touristische Radio** Sloweniens, es sendet in slowenischer Sprache und einigen Fremdsprachen, darunter Deutsch. Internationale Nachrichten werden verbreitet, es gibt einen Veranstaltungskalender, Verkehrsnachrichten und Sendungen über interessante Ziele in Slowenien. Dicht gedrängt sind die Privatsender auf den Frequenzbändern, die mit viel Musik unterhalten.

- **1. Programm:** MW 918 KHz, UKW 88,5/90,0/91,8/92,0/92,9/94,1/96,4 MHz
- **2. Programm:** UKW 87,8/92,4/93,5/94,1/95,3/96,9/97,6/98,9/99,9 MHz.
- **STR:** UKW 102,8 MHz

Fernsehen

Drei staatliche Fernsehsender sind zu empfangen: Televiija Slovenija, Kanal A und TV3, daneben gibt es noch einige Privatsender, die bis auf einen in Koper ansässigen (italienischsprachig) nur auf Slowenisch senden. Doch kann man hin und wieder deutsche Spielfilme sehen, die nicht synchronisiert, sondern mit slowenischen Untertiteln ausgestrahlt werden. Aber da **alle deutschen Sender über Satellit** zu empfangen sind und von den Slowenen auch gern geguckt werden, sollte die Abendunterhaltung für Fernsehverrückte kein Problem sein.

Öffnungszeiten

Die üblichen Bürozeiten (Montag bis Freitag) fangen um 7 Uhr morgens an und enden um 15 Uhr. Damit liegt auch der Berufsverkehr in den Städten und um sie herum früher als bei uns. **Behörden und Ämter** öffnen meist um 8 Uhr, manchmal auch erst um 9 Uhr, geschlossen wird um 15 Uhr. Mittwoch ist Behördentag, so dass die Besuchszeiten erst um 17 oder gar 19 Uhr enden. **Postämter** öffnen Montag bis Freitag von 8 bis 18 Uhr, Samstag von 8 bis 12 Uhr.

Geschäfte öffnen zwischen 8 und 9 Uhr und schließen zwischen 19 und 20 Uhr. Einige wenige größere Läden (und kleinere während der Hauptsaison) sind auch am Wochenende geöffnet. Einige Lebensmittelläden öffnen schon um 6 Uhr morgens und in den großen Städten gibt es welche mit 24-stündiger Öffnungszeit. Märkte werden um 6 Uhr morgens aufgebaut, abgeräumt wird zwischen 12 und 15 Uhr.

Banken arbeiten Montag bis Freitag zwischen 8.30 und 12.30 Uhr und 14 und 17 Uhr, am Samstag zwischen 8.30 und 11/12 Uhr.

Gaststätten sind ab 11 Uhr offen, abends schließen die Pforten meist um 23 Uhr. Manche Wirtschaften haben zwischen 15 und 18 Uhr zu. Fast jedes Lokal hat einen Ruhetag (häufig Montag oder Dienstag). Man richtet sich generell nicht nach festen Essenszeiten, so dass es durchaus kein Fauxpas ist, um 18 Uhr ein Abendessen zu bestellen. Auf der anderen Seite ist es auch nicht unüblich, erst um 14 Uhr zum Mittagessen zu gehen und dann bis 18 Uhr durchzutafeln.

Galerien und Museen (8/9–16/17 Uhr) sind meist am Montag geschlossen, aber dafür sonntags offen. Wichtige Sehenswürdigkeiten (8/9–16/17 Uhr) haben keinen Ruhetag.

Post

Postämter (*pošta,* gekennzeichnet mit dem üblichen schwarzen Horn auf gelbem Grund) öffnen Montag bis Freitag von 8 bis 18 Uhr, Samstag 8 bis 12 Uhr. **Briefmarken** erhält man auch in den Trafika- (Tabak-) und in Souvenirläden. Bei der Post und den Trafika-Läden bekommt man **Telefonkarten** für die öffentlichen Telefone. Eine Ansichtskarte zu versenden kostet 83 SIT, ein Brief 95 SIT **Porto.**

Fernab von den Hütten können Wetterschläge recht unangenehm werden – entsprechende Ausrüstung hebt dann die Stimmung ganz beträchtlich

Sicherheit

Neben den üblichen sind keine weiteren Vorsichtsmaßnahmen zu treffen: Geld, Schmuck und Dokumente in den Hotels nicht frei herumliegen lassen, sondern in den **Safe** auf dem Zimmer oder an der Rezeption sperren; fährt man zum Baden, ist es nicht klug, den Wagen voll beladen abzustellen. Im Sommer mag sich in den Touristenhochburgen mancher Kleinkriminelle von potentieller Beute angezogen fühlen, deshalb ist in dieser Zeit ein wenig Achtsamkeit vonnöten.

- **Unfallrettung:** Tel. 112
- **Polizei:** Tel. 113
- **Buchtipp:** „Praxis: Schutz vor Gewalt und Kriminalität unterwegs“, Reise Know-How Verlag, Bielefeld.

Sport und Erholung

Einzelne Adressen und Tipps zu den diversen sportlichen Aktivitäten finden sich in den Ortsbeschreibungen.

Fahrrad fahren

Viele kleine Straßen durch eine bäuerliche Landschaft ziehen immer mehr Fahrradfahrer an, die ihren ganzen Urlaub auf dem Drahtesel verbringen und so durchs Land kommen. Man kann mit dem Treckingrad Slowenien entdecken, aber auch mit dem Mountainbike über die vielen Waldwege brettern bzw. das Hochgebirge erklimmen. Den Individualisten unter den Radlern wird das Buch „Slowenien per Rad“ mit 73 von *Eberhard Schmitt-Burk* detailliert bechriebenen Etappen

(Verlag Wolfgang Kettler, Neuenhagen 1996) gute Dienste tun. Wer nicht wild durch die Gegend fahren möchte, sondern organisierte oder ausgearbeitete Radtouren vorzieht, kann sich im ganzen Land über Veranstalter einer Unternehmung anschließen. Räder werden in vielen Orten verliehen.

Wandern und Bergsteigen

Wandern, Trecking, Spazierengehen, Klettern, Bergsteigen – alles ist in Slowenien möglich. Ob man in 30 Tagen die slowenische Transversale marschieren will oder nur mal eine halbe Stunde zu einem Wasserfall laufen: Slowenien ist *das* Land für den von Schusters Rappen Begeisterten.

Durch Slowenien verlaufen an internationalen Routen die beiden Europawanderwege E6 und E7 und der **Dreiländerweg,** der Slowenien mit Kärnten und Italien verbindet. Der **Slowenische Bergwanderweg Nr. 1** verbindet die Julischen Alpen mit dem Vogel und der Kobla, passiert Postojna und endet in Koper. Von Maribor geht es auf einem **Fernwanderweg** über das Pohorje-Gebirge, die Kamniker und Sanntaler Alpen, die Karawanken, die Julischen Alpen mit dem Triglav und den Sieben Seen und über Bohinj hinunter ans Meer nach Ankaran. Der **Europawanderweg 7** führt auf slowenischem Gebiet von Westen nach Osten, von der Soča zur Sotla. Der **Europawanderweg 6** führt von Norden nach Süden. Eine Unzahl an ausgewiesenen Wanderungen (häufig perfekt markiert) summieren sich auf insgesamt 7000 km Wege im Land.

017 sl Foto: sk

160 Alpenvereinshütten (Schutz- und Berghütten, Biwaks) stehen den Wanderern und Bergsteigern zur Verfügung, der Großteil von Ihnen perfekt unterhalten und äußerst sauber. Fast alle haben Bettwäsche im Preis für die Übernachtung inbegriffen (ca. 5–15 €), teils gibt es auch Zwei- und Vier-Bett-Zimmer. Mitglieder der nationalen Alpenvereine erhalten einen nicht unbeträchtlichen Rabatt auf die Übernachtung (ca. 50%), so dass es zu überlegen ist, eine Mitgliedschaft anzunehmen. Unter der Webseite www.pzs.si des Slowenischen Alpenvereins kann man auch die festgelegten Preise für Übernachtung, Essen und Trinken auf den Hütten abfragen. Dies ist wichtig, da bei Ausländern ab und an versucht wird, Fantasiepreise abzugreifen (bis zum Doppelten der verbindlich festgelegten!).

Die Wege in den Alpen gehen weit über die Baumgrenze hinaus in die Welt der Felsen-Hochgebirge. Teilweise müssen **Klettersteige** benutzt werden, entsprechendes **Sicherungsmaterial** ist mitzuführen, ebenso ein Helm gegen Steinschlag (Informationen vor Ort einholen!). Nur Trittsicheren und Schwindelfreien ist die Benutzung der häufig ausgesetzt verlaufenden Steige im Hochgebirge angeraten. Wer sich nicht sicher ist, sollte die unzähligen familienfreundlichen Wanderwege in den Tälern und an den Hängen der karstigen Hügelwelt vorziehen. Zu Ausrüstung und **Kartenmaterial** siehe auch „Vor der Reise: Ausrüstung und Reisegepäck".

Fast jede Ortschaft hat ein Informationsbüro, das gern und hilfsbereit Vorschläge zur Routenführung eines Wandertages macht. Informationen erhält man beim **Slowenischen Alpenverein:**

- **Planinska zveva Slovenije,**
Dvoržakova 9, 1000 Ljubljana,
Tel. 01-231 25 53, Fax 01-432 21 40,
indo@pzs.si, www.pzs.si

Bergführer vermittelt der Verband slowenischer Bergführer:

- **Združtvo gorskih vodnikov Slovenije,**
Dvoržakova 9, 1000 Ljubljana,
Tel. 01-231 25 53, Fax 01-432 21 40
- **Buchtipp:** 35 Wanderungen aller Schwierigkeitsgrade durch die slowenische Gebirgs- und Karstwelt beschreiben die Autoren dieses Buches in „Wandern in Slowenien" (DuMont Aktiv, 2003).

Angeln

Angeln ist im Landesinneren fast ein Nationalsport. An den vielen kleinen Bächen und größeren Flüssen sind immer wieder auf Brücken und an den Ufern Hobbyisten zu sehen, die ihre Würmer baden. Doch auch anspruchsvoller wird geangelt, mitten im Gewässer sich gegen die Strömung stemmend und mit Fliegen als Köder. Zu den Leckerbissen gehören sicherlich die **wilden Forellen,** die in der Soča, der Sava Bohinjka, der Radovna, der Krka oder dem Unec zu finden sind.

Wer dem geruhsamen Sport frönen will, benötigt einen **Angelschein,** der vor Ort erhältlich ist. Man wendet sich entweder an die Gasthöfe an den Ufern (die teilweise die Scheine ausstellen) oder an den örtlichen Angelverein. Informationen über:

- **Zavod za ribištvo Ljubljana**
(Fischereianstalt Ljubljana),
Župančičeva 9, 1000 Ljubljana,
Tel. 01-426 20 19, Fax 01-426 51 85,
zzrs-info@siol.net, www.zzrs.si

Reiten

Mit seinen vielen Gestüten und dem dichten Netz an Wald- und Feldwegen ist Slowenien ein **Paradies für den Pferdefreund,** nicht zuletzt, weil hier auch die Heimat der berühmten **Lipizzaner** liegt, die einst die Hofreitschule der K&K-Monarchie belieferte. Allgemeine Informationen erhält man beim Pferdesportverband von Slowenien:

- **Konjeniška zveza Slovenije,**
Celovška 25, 1000 Ljubljana,
Tel./Fax 01-434 72 65,
www.slovenia-tourism.si/riding

Wassersport

Die **Küste** bietet natürlich allerlei, was man von jeder Riviera her gewohnt ist:

018 sl Foto: sk

Slowenien besitzt mehrere Gewässer, auf denen mit dem Kajak oder Kanu gefahren werden kann, auch die Palette an Schwierigkeitsgraden lässt keine Wünsche offen

Tretboote, Bananafahrten, Wasserski, Rutschbahnen usw. Doch etwas Besonderes ist der Wassersport auf den reißenden **Gebirgsflüssen** im Landesinneren - wobei die Entfernungen durchaus erträglich sind und man vormittags raften oder Kajak fahren und sich nachmittags wieder am Meer aalen kann.

- **Buchtipp:** *Rainer Höh,* „Handbuch Kanu", und Thomas Gut, „Canyoning", Praxis-Reihe, Reise Know-How Verlag, Bielefeld.

Tauchen

Tauchen in den **Seen und Höhlen** (nur unter fachkundiger Leitung, die die Tauchklubs zur Verfügung stellen) ist möglich, wobei es einige Sperrzonen zu beachten gilt (z.B. Fischschutzzonen, Häfen etc.).

- **Slovenska potapljaška zveza** (slowen. Tauchervereinigung), Celovška 25, 1000 Ljubljana, Tel. 01-433 93 08, Fax 01-433 93 08, igor.urh@quantum.si, www.spz.si
- **Buchtipp:** *Klaus Becker,* „Tauchen in kalten Gewässern", Praxis-Reihe, Reise Know-How Verlag, Bielefeld.

Speläologie (Höhlenforschung)

Schon Kaiser *Franz Josef* war sich der Schönheit der Höhlen in (damals noch) seinem Reich bewusst. Heute sind die Tropfsteingebilde in den weitgestreckten Höhlensystemen des Landes zum **Weltnaturerbe** erklärt und viele Höhlen sind touristisch aufbereitet. Doch gibt es im Karst eine Unmenge an Gangsystemen unter der Erde, die nur professionelle Forscher beschreiten, durchschwimmen oder durchklettern können. Fast allen ist gemein, dass der Kalk des Karstes unter der Wirkung des Wassers in Jahrmillionen bizarre und wunderschöne Kunstwerke geschaffen hat. Höhlen wie Postojna oder Škocjan nicht zu besuchen, ist ein Verbrechen gegen jeglichen naturästhetischen Verstand.

Im Anhang sind die wichtigsten Höhlen mit Kontaktadressen für Erkundungen aufgeführt.

- **Vereinigung für Höhlenkunde SPEGU,** Premančan 28, 6280 Ankaran, Tel. 05-652 60 36, Fax 05-652 60 36, franc.maleckar@guest.arnes.si.
  Die Vereinigung organisiert auch geführtes Höhlen-Trekking und weitere Aktivitäten im Karst.
- **Geschäftsverband für touristische Höhlen Slowenien,** Postojnska jama turizem, Jamska cesta 30, 6230 Postojna, Tel. 05-700 01-00, Fax 05-700 01-30, postojnska.jama@siol.net, www.postojnska-jama.si

Fliegen und Fliegenlernen

In Slowenien gibt es eine Vielzahl an Flughäfen und Flugfeldern, auf denen privat gelandet und gestartet wird. Viele besitzen Flugschulen, praktisch alle bieten **Rundflüge** in die nähere Umgebung an. Ausbildungen werden an **Motormaschinen, Segelflugzeugen** und **Ultraleichtflugzeugen** vorgenommen.

- **Letalska zveza Slovenije** (Flugvereinigung Slowenien), Tržaška c.2, 1001 Ljubljana, Tel. 01-422 33 33, Fax 01-422 33 30, lzs@guest.arnes.si, www.lzs-zveva.si

Ballonfahrten

Wer sich mit dem Wind bewegen und die Ruhe der Hauchlosigkeit am Himmel spüren will, wird den Heißluftballon für eine Höhenfahrt wählen.

- **Baloni in zračne ladje,** Bratovževa ploščad 28, 1000 Ljubljana, Tel. 01-568 61 88, Fax 01-568 61 88, slavkosorn@hotmail.com
- **Balonarski center Barje,** Flandrova ulica 1, 1000 Ljubljana, Tel. 01-512 92 20, Fax 01-512 92 24, balon@siol.net

Golfplätze

Acht Golfplätze laden zum Spielen ein, für ein so kleines Land eine ganz beachtliche Zahl. Zentrale Informationen bekommt man von der Golfvereinigung Sloweniens:

- **Golf zveza Slovenije,** Dunajska 51, 1000 Ljubljana, Tel. 01-236 11 89, Fax 236 11 91, golfzveza@golfzveza-slovenije.si, www.golfportal.info

Kuraufenthalte in Thermalbädern

Bereits die Römer haben die slowenischen Thermalquellen entdeckt und genossen. Aus dem Jahr 1147 stammen die ältesten Urkunden, die auf die Möglichkeit verweisen, in den Thermalquellen Sloweniens Heilung von den verschiedensten Krankheiten zu finden. Einen Höhepunkt erlebten die Thermalbäder in der „Zeit der bunten Uniformen". Wer etwas auf sich hielt und Rang und Namen hatte, verlebte seinen Urlaub oder auch eine ganze Saison in den K&K-Heilbädern des Karstgebietes.

Die Quellen haben Temperaturen **zwischen 32 und 73°C** und unterschiedliche Salzzusammensetzungen und -gehalte, so dass sich für jegliches Leiden ein Wässerchen finden lässt. Auch getrunken wird das bergklare Wasser, eine der weltberühmtesten Marken unter den **Mineralwässern** ist sicherlich Radenska.

Fast alle Thermalbäder sind mit Vier- oder gar Fünf-Sterne-Hotels ausgestattet; man kann in der Umgebung aber auch günstiger, zum Beispiel in Pensionen oder privat, unterkommen.

Heilbäder

Zentrale Informationsstelle ist der Verband slowenischer Heilbäder:

- **Skupnost slovenskih naravnih zdravilišč,** Ljubljanska 14, 3000 Celje, Tel. 03-544 21 11, Fax 544 28 19, ssnz@siol.net, www.terme-giz.si

Wintersport

Langlaufen und Alpinski stehen neben begleitenden Aktivitäten wie Schlittentouren auf dem Programm. Der weiße Sport Sloweniens ist nicht von Pappe. Internationale Weltcuprennen werden abgehalten (bei Maribor und Kranjska Gora) und die Sprungschanzen von Kranjska Gora genießen ebenfalls Weltgeltung. Bei Pokljuka finden Langlauf und Biathlon-Wettbewerbe statt.

Sprache und Verständigung

Die Nationalsprache ist **Slowenisch,** eine südslawische Sprache, die mit dem Kroatischen eng verwandt ist. Als Muttersprache nur von zwei Millionen Menschen gesprochen, war es für die Bewohner dieses Landstriches immer notwendig, Fremdsprachenkenntnisse zu besitzen. Einst war der Favorit Deutsch, nach dem Zweiten Weltkrieg musste natürlich das Serbokroatische die erste Fremdsprache sein. Seit der Unabhängigkeit teilen sich **Englisch, Deutsch und Italienisch** die Favoritenstellung.

Es gibt praktisch keinen Slowenen und keine Slowenin, der/die nicht wenigstens eine Fremdsprache (und zwar ziemlich gut) beherrscht. Trotzdem mag es dem einen oder anderen Reisenden als höflich erscheinen, einige Worte der Sprache des Gastlandes zu benutzen – und seien es nur „Danke", „Bitte" oder „Guten Tag". Ein **gastronomisches Glossar,** das im Restaurant weiterhilft, findet sich unter „Essen und Trinken". Entwicklungen und Besonderheiten der slowenischen Sprache werden im Kapitel „Land und Leute: Die Sprache der Diener" beschrieben.

- **Buchtipp: „Slowenisch – Wort für Wort",** *Alois Wiesler,* Kauderwelsch Band 69, Reise Know-How Verlag, Bielefeld. Hilfreicher Sprechführer für den Reisealltag, ermöglicht schnelles und effektives Lernen. Begleitendes Tonmaterial erhältlich.

Strom

Mit einem Atomkraftwerk produziert Slowenien eigenen Strom, er wird mit 220 Volt als Wechselstrom ins Haushaltsnetz eingespeist. Adapter für die Steckdosen sind nicht notwendig.

Telefonieren

Telefonkarten für die öffentlichen Telefone gibt es bei der Post oder in den Trafika-Läden zu kaufen. Doch immer mehr der öffentlichen Apparate verschwinden. Mit der bevölkerungsdeckenden Verbreitung der kleinen, ewig und überall piepsenden Höllenmaschinen werden die Apparate am Wegesrand nach und nach sinnlos und lohnen nicht mehr die Investition. Das slowenische **Funktelefonnetz** funktioniert nach dem GSM-Standard wie die deutschen D1-, E- und Viag-Interkom-Netze. Praktisch alle Netzbetreiber Deutschlands, Österreichs und der Schweiz haben Abkommen (Roaming-Verträge) mit den slowenischen Netzbetreibern getroffen, so dass sich die Mobiltelefone automatisch auf die slowenischen Netze schalten, sobald man die Grenze überschritten hat.

Die Kosten für die Nutzung des Funktelefons im Ausland erfrage man am besten bei seinem heimischen Provider. Da es Unterschiede gibt, erkundige man sich auch nach dem günstigsten Anbieter im Urlaubsland und stelle sein Mobiltelefon so ein, dass es sich nur auf dessen Netz schaltet. Um weitere Kosten zu sparen, sollte man eventuell die Mailbox ausstellen. Die Netze schalten nämlich hin und her und man muss doppelte Auslandsgebühren zahlen.

In Kranjska Gora gibt es etliche Hotels, die im Winter Skifahrer und im Sommer Wanderer aufnehmen

Vorwahlnummern

Nach der Ländervorwahl wird in jedem Fall die Städtevorwahl ohne die Null, dann die Teilnehmernummer gewählt.

- **Slowenien:** 00386
- **Deutschland:** 0049
- **Österreich:** 0043
- **Schweiz:** 0041

Trinkgeld

Absurderweise hat sich die Vorstellung eingebürgert, man gäbe generell 10 % Trinkgeld. Bei wirklich außerordentlichen Dienstleistungen mag es durchaus üblich sein, auch bei hohen Rechnungsbeträgen 10 % zu geben, doch ab einer bestimmten Summe wird man normalerweise den Prozentsatz heruntersetzen.

Unterkunft

Zu sozialistischen Zeiten wurden die **Hotels** in die Kategorien A und B mit Unterkategorien eingeteilt. Dies ist vorbei. Heute katalogisiert man nach

019 sl Foto: sk

dem international üblichen Standard mit Sternen von sehr einfachen Häusern mit einem Stern bis zu absoluten Luxusherbergen mit fünf Sternen. Hotels sind im ganzen Land in allen Kategorien zu finden: moderne Häuser, aber auch sanierte Schlösser.

Pensionen sind einfache Häuser, die zwischen Privatzimmern und Hotels angesiedelt und häufig mit einer Gaststätte verbunden sind.

Privatzimmer sind immer und überall in ganz Slowenien zu finden – kein Ort, bei dem nicht Schilder mit der Aufschrift „Sobe" an den Fassaden hingen. Streitig gemacht wird ihnen die Spitzenstellung im slowenischen Vermietermarkt nur durch diejenigen, die mit der gleichen Methode auf „Apartma" hinweisen – **Ferienwohnungen.** Sehr oft ist den Ferienwohnungen in Zweifamilienhäusern eine ganze Etage gewidmet, im anderen Stockwerk wohnt der Vermieter. Apartmas sind eine sehr vernünftige Art der Einmietung für die Ferien. Man hat seine Ruhe, Unabhängigkeit, kann Essen gehen oder selbst kochen und die Standards der Einrichtung sind mitteleuropäisch, häufig sogar mit Spül- und Waschmaschine.

Informationen über Hotels, Pensionen, Privatzimmer und Ferienwohnungen erhält man über die Tourismusbüros Sloweniens und auf deren Web-Seite www.slovenia-tourism.si.

Jugendherbergen

Jugendherbergen gibt es in Ljubljana, Bled, Koper, Maribor, Murska Sobota, Ptuj, Piran, Kranjska Gora, Šmartno ob, Paki, Podčetrtek, Ruše. Ein Internationaler Mitgliedsausweis ist nützlich, notfalls kann man aber auch eine Gastkarte oder „welcome-stamps" vor Ort gegen Gebühr erwerben, falls die Jugendherberge nicht ausgebucht ist (Mitglieder haben Vorrang). Maximale Übernachtungskosten mit Frühstück: 13,50 €. Manche Jugendherbergen (meist mit „Dijaški dom" gekennzeichnet) sind nur während der Sommermonate offen, da es sich um Studentenwohnheime handelt. Informationen darüber erhält man bei:

- **PZS – Hostelling International Slovenia,** Gosposvetska 84, 2000 Maribor, Tel. 02-234 21 37, Fax 02-234 21 36, pzs@gaudeamus.si, www.gaudeamus.si/hostelling

Bauernhof-Ferien

Wer es gerne gemütlich und beschaulich hat und nicht auf den Luxus eines großen Hotels angewiesen ist, kann in Slowenien fantastische Ferien auf dem Bauernhof verbringen. Nicht nur genießt man die Ruhe und die Stresslosigkeit, man lernt das Land auch aus einem ganz anderen Blickwinkel kennen, wenn man seinen Urlaub auf einem voll funktionierenden Hof verlebt. Besonders Kinder sind begeistert. Informationen über die mehr als 150 über das ganze Land verteilten Höfe gibt der **Verband der touristischen Bauernhöfe Sloweniens:**

- **Združenje turističnih kmetij slovenije,** Trnoveljska 1, 3000 Celje, Tel. 00386-3-491 64 80, 491 64 81, Fax 00386-3-491 64 80, ztks@siol.net, www.slovenia-tourism.si/touristfarms

Camping

Campingplätze gibt es in ganz Slowenien, so dass man im Lande herumreisen kann und überall eine Übernachtungsmöglichkeit findet. Die Standards können als sehr gut bezeichnet werden. Informationen über Campingplätze erhält man über die Tourismusbüros Sloweniens und auf deren Web-Seite www.slovenia-tourism.si.

Verhaltenstipps

Tabuthemen gibt es in Slowenien nicht. Die frühere **gemeinsame Vergangenheit mit Jugoslawien** sehen die Slowenen in der Rückschau eher entspannt. Nun gut, man war der wirtschaftliche Motor und viel Geld wurde aus dem Norden abgezogen und als Strukturausgleich in den Süden gepumpt - doch das ist vergessen und vorbei, sollen die da unten doch gucken, wie sie jetzt zurechtkommen.

Slowenien besitzt mit seinen Schutzgebieten wunderschöne **Naturreservate,** die so zu erhalten das Hauptanliegen der Naturschutzbehörde ist. Darin ist sie allemal unterstützenswert und die **strengen Regelungen** für Aufenthalte zum Beispiel im Triglav-Massiv sollten bis aufs I-Tüpfelchen eingehalten werden.

Verkehrsmittel im Land

Wer innerhalb Sloweniens ohne eigenes Fahrzeug reist, wird dies vornehmlich mit der Bahn oder dem Bus tun. Zwar gibt es auch die Möglichkeit zu fliegen, doch nur mit gecharterten Kleinmaschinen des Typs Piper.

Bus

Das Busnetz Sloweniens ist sehr fein verzweigt, so dass man praktisch überall hinkommt, wenn vielleicht auch nicht gerade zu den Zeiten, die einem Urlauber genehm sind (die Busse werden von der arbeitenden Bevölkerung genutzt, dementsprechend sind die Abfahrten auf die Arbeitszeiten ausgerichtet). Auch werden unter Umständen an den Wochenenden ganze Linien eingestellt. Informationen über die Busverbindungen erhält man in den Kompas-Reisebüros, bei den lokalen Tourismusbüros und an den Busstationen. Im Internet findet man Infos zum Busverkehr ab und nach Ljubljana unter www.ap-ljubljana.si, die auf Gorenjska beschränkte Linie Alpetour unter www.alpetour.si. Hier die wichtigsten **Busbahnhöfe,** die zugleich auch als Verwaltungszentren der lokalen Linien fungieren:

- **Avtobusna postaja Ljubljana,** Trg osvobodilne fronte 4, 1000 Ljubljana, Fahrplanauskunft Tel. 090-4230
- **I & I,** Kolodvorska cesta 11, 6000 Koper, Fahrplanauskunft Tel. 05-639 52 69
- **Certus,** Linhartova ul. 22, 2000 Maribor, Fahrplanauskunft Tel. 080 11 16, www.certus.si
- **Avtobusna postaja Murska Sobota,** Slomškova ulica 40, Murska Sobota, Fahrplanauskunft Tel. 02-530 16 66
- **Avrigo,** Kidričeva ulica 20, 5000 Nova Gorica, Fahrplanauskunft Tel. 05-330 31 33, www.avrigo.si
- **Alpetour,** Mirka Vadnova 8, 4220 Kranj, Fahrplanauskunft Tel. 04-201 32 10, info@alpetour.si, www.alpetour.si

Bahn

Das slowenische Eisenbahnnetz ist aus der K&K-Tradition heraus entstanden (älteste Linie war die Verbindung Triest – Wien über Ljubljana) und ist sehr gut ausgebaut. Über den Fahrplan informieren Bahnhöfe, Reisebüros (⇨Bus) und die Homepage der slowenischen Eisenbahnen unter www.sigov.si/mpz/6/4red.html. Sowohl Bus- als auch Bahnfahrpläne sind bislang im Netz nur auf Slowenisch vertreten, um die Fahrpläne zu finden klicke man auf „vozni red".

Mitfahrzentrale

Mitfahrzentralen gibt es in den Groß- und Universitätsstädten; über das genaue Prozedere und die Anlaufstellen informieren die lokalen Tourismusbüros. Im Netz kann man bei www.borzaprevoz.net nach Mitfahrgelegenheiten suchen bzw. welche anbieten.

Charterflüge

Charterflüge führt die Firma Aviotaxi (eine Tochter der nationalen Fluggesellschaft Adria) durch. **Rundflüge** ab dem Sitz **Brnik** kosten zwischen 60 € (Flug über Ljubljana) und 220 € (Brnik – Maribor – Brnik). Maximal drei Passagiere haben Platz. Will man zwischendurch landen, kostet dies pro Landung 30 €, für die erste halbe Stunde Wartezeit 15 € und für jede weitere Stunde 15 €. Will man sich eine eigene Flugroute zusammenstellen, ist mit einem Preis von ca. 1,10–1,25 € pro Flugminute zu rechnen (abhängig von der Flugdauer).

- **Adria Airways Aviotaxi,** 4000 Brnik, Tel. 04-236 34 60, www.adria.si

Zeitzone

Slowenien liegt, wie Deutschland, Österreich und die Schweiz, in der Mitteleuropäischen Zeitzone, MEZ. Die Uhren werden am letzten Sonntag im März auf Sommerzeit (MESZ), am letzten Sonntag im Oktober auf Winterzeit umgestellt. Im März verliert man eine Stunde, Im Oktober darf eine Stunde länger geschlafen werden.

020 sl Foto: sk

021 sl Foto: sk

Land und Leute

022 sl Foto: sk

Über Kamnik thront die Alte Burg, eine Ruine, die die Jugendlichen des Ortes gern zum Sonnenuntergang aufsuchen

Die Mariensäule in Škofja Loka steht vor einer prachtvollen, restaurierten Fassade

Der Fasching von Ptuj lockt ganze Heerscharen von Zuschauern an – bei Glühwein lässt man die Kostümträger defilieren

Ein Zwerg zwischen Alpen, Pannonien und Adria

Slowenien liegt geografisch mitten im **Herzen Europas** und leitet über von den alpinen Regionen Österreichs zu den Karstlandschaften der Dinarischen Alpen und von den Tiefebenen Pannoniens an die Adria. Die Vegetation wechselt von den Lärchen des Hochgebirges über dichte Laub- und Mischwälder zu den mediterranen Symbolpflanzen, dem Oleander und den eleganten Zypressen. Im Norden und Osten pflanzen die Bauern Kartoffeln und Mais, zum Südwesten hin recken Olivenbäume ihre knorrigen Äste in den Himmel und Weinreben klettern die Hügel empor.

Auch kulturell stehen die Slowenen „zwischen den Blöcken". Venedigs Löwe prunkt auf den Loggien der Küstenorte, habsburgisches Gelb schmückt den verspielten Barock der Kirchen und Klöster im Binnenland und die jugoslawische Ära artikuliert sich in den vielen Partisanendenkmälern im Stil des sozialistischen Realismus. Kurzum – Slowenien ist ein klassisches „Mittlerland" und vielleicht wurde es deshalb auch 2001 als Bühne für das erste Treffen des amerikanischen Präsidenten *G.W. Bush* mit seinem russischen Kollegen *W. Putin* ausgewählt.

In der Geschichte stets von Fremdherren bedrängt, lange gezwungen, die eigene, slawische Sprache zu verleugnen, tun sich die Slowenen bis heute etwas schwer mit ihrer nationalen Identität. Das macht sie vielleicht auch so sympathisch. Sie können gemütlicher sein als ihre nördlichen Nachbarn in Österreich, temperamentvoller als die italienischen Kollegen im Westen und melancholischer als die wehmütigsten Ungarn im Osten. Nur von den ehemaligen Bundesbrüdern im Süden setzt man sich deutlich ab – so deutlich, dass man gelegentlich trotzig vorgibt, deren Sprache, das Kroatische, nicht zu verstehen – dabei sind sich Slowenisch und Kroatisch doch sehr ähnlich. Geschichte und Geografie haben die Slowenen zu sehr herzlichen Menschen geformt, die Fremde mit offenen Armen aufnehmen, für ihr Leben gern feiern, sehr naturverbunden sind und den lieben Gott einen guten Mann sein lassen – und als Gast sollte man sich von dieser Lässigkeit und Offenheit anstecken lassen.

Geografie

Slowenien ist mit 20.273 km^2 Fläche und knapp zwei Millionen Einwohnern ein Zwerg im europäischen Vergleich. Umso überraschender ist es, wie vielfältig die Landschaften und Vegetationszonen sind.

Bergauf, bergab

Etwa ein Drittel der Landesfläche sind von den **Südalpen** bedeckt, die in Slowenien von West nach Ost in den Gebirgszügen der Julischen Alpen, *Julske* *alpe,* der Karawanken, *Karawanke,* und der sich südlich anschließenden Steiner Alpen, *Kamniške alpe,* noch Höhen bis 2863 m (Triglav in den Julischen Alpen) erreichen. Kalkstein ist hier vorherrschend und so findet man in den slowenischen Alpenregionen viele Verwitterungsphänomene, die typisch sind für den Karst, so Dolinen, Karrenfelder und natürlich auch zahlreiche Höhlen.

Südlich und östlich schließen sich **Mittelgebirge** an wie das Pohorje in der Region Štajerska südlich von Maribor, die Slowenske gorice nordöstlich davon und die Gorjanci ganz im Süden, die einen Teil des Grenzverlaufes zum Nachbarn Kroatien bilden. Nach Westen zu bedecken die **Karstflächen** des Dinarischen Gebirges die Regionen Notranjska und Dolenjska.

Sloweniens Regionen

Slowenien wird in sieben Regionen unterteilt, die geografische, historische und kulturelle Unterschiede aufweisen, in der politischen Verwaltung des Landes aber keine Rolle spielen. Die Regionen sind von West nach Ost und von Norden nach Süden:

- **Gorenjska (Oberkrain),** die gesamte hochalpine Region im Nordwesten mit den Julischen und Steiner Alpen und den Karawanken
- **Koroška (slowenisches Kärnten)**
- **Štajerska (Untersteiermark)** mit dem Pohorje-Gebirge
- **Prekmurje,** ein Dreieck östlich des Flusses Mur
- **Primorska,** die an Gorenjska nach Süden anschließende Region entlang der italienischen Grenze und die slowenische Küste
- **Notranjska,** östlich von Primorska, geprägt vom Karst
- **Dolenjska,** die Region südlich Ljubljanas bis zur kroatischen Grenze

Die Julischen Alpen

Allein 17 der 20 höchsten Gipfel Sloweniens befinden sich in den Julischen Alpen, darunter der „König", der 2863 m hohe **Triglav.** Der teils zum Nationalpark erklärte Hochgebirgsstock drängt im nördlichen Bereich mit nahezu senkrechten, schroffen Felswänden nach oben und läuft nach Süden hin in teils karge, teils dicht bewaldete Hochplateaus aus. Täler fressen sich tief in die Julier hinein: im Norden das **Sava-Tal,** von dem aus in der berühmten Dolina Vrata, dem „Tür-Tal", ein möglicher Aufstieg zum Triglav beginnt, im Westen das **Soča-Tal,** in dem im Ersten Weltkrieg die berüchtigte Isonzo-Front verlief, und im Südosten das **Tal von Bohinj** (Wocheiner-Tal), dessen Abschluss der glasklare See **Bohinjsko jezero** bildet.

Die meisten Hochplateaus sind von dichten Wäldern bestanden und werden als schneesichere **Wintersportgebiete** geschätzt, so die Pokljuka im Osten und das Komna-Plateau südlich des Bohinjsko jezero mit dem Ski-Berg Vogel.

Die Julischen Alpen bilden eine wichtige Wasserscheide: Die bei Kranjska Gora entspringende Sava Dolinka vereint sich in der Nähe von Radovlica mit der aus dem Bohinjsko jezero nach Osten fließenden Sava Bohinjka und mündet als **Sava** schließlich in die Donau und letztendlich im Schwarzen Meer. Die nicht weit von der Sava Dolinka entspringende **Soča** (Isonzo) wendet sich dagegen nach Süden und beendet ihren temperamentvollen Weg durch die Gebirgsschluchten als träge fließender Fluss in der italienischen Adria.

Kamniške Alpe (Steiner Alpen)

Die drei nicht zu den Juliern gehörenden höchsten slowenischen Gipfel befinden sich in den Steiner Alpen nordöstlich der Hauptstadt Ljubljana. Wie die Julier sind sie unzugänglich und schroff und fordern Wanderern gute Kondition und Klettergeschick ab. Eines der schönsten slowenischen Alpentäler liegt in diesem herrischen Gebirgsstock, die **Logarska dolina** (Logar-Tal).

Karawanken

Anders als die beiden Kalkgebirge sind die Karawanken aus weicheren Gesteinen aufgebaut und zeigen folglich auch sanftere Verwitterungsformen. Über die Karawanken führen die beiden wichtigsten Gebirgswege von Österreich nach Slowenien, der **Wurzen-Pass** (Korensko sedlo) und der **Loibl-Pass** (Ljubel); heute nehmen allerdings die meisten Reisenden den bequemeren Weg durch den **Karawanken-Tunnel.**

Die Mittelgebirge

Das größte Mittelgebirge Sloweniens, das **Pohorje,** ist eigentlich ein Ausläufer der Alpen, zeigt aber mit seinen sanften, rund abgeschliffenen

022 sl Foto: sk

Kuppen, den Hochmooren und Tälern, dass es nicht aus Kalkgestein aufgebaut ist. Höchster Gipfel des Pohorje ist der „schwarze Gipfel" **Črni vrh** mit 1543 m. Die Hochflächen sind dicht mit Nadelwald bestanden und gut bewässert, denn der Regen kann wegen des wasserundurchlässigen Gesteinssockels nicht wie im Karst versickern, sondern muss sich in Bächen und Flüssen seinen Weg von den Hochebenen in die Täler bahnen. **Torfmoore und Seen** sind deshalb typisch für die Landschaften des Pohorje. Da das Gebirge jahrhundertelang intensiv beweidet wurde, gibt es in der fast nordisch anmutenden Moor- und Seenlandschaft auch viele Grasflächen, die *planje,* die von den Hirten gerodet wurden und über die heute idyllische Wanderwege führen.

Wild und unzugänglich sind hingegen die aus Kalkgestein aufgebauten **Gorjanci,** das Grenzgebirge nach Kroatien. Dichter Buchenwald bedeckt die Berge noch heute, es stehen sogar zwei mit Urwald bewachsene Areale unter Naturschutz und wie in Notranjska leben hier auch Bären.

Eine eigenwillige Hügellandschaft bilden die nordöstlich der Gorjanci ebenfalls an der kroatischen Grenze verlaufenden **Haloze.** Steil wachsen die Kegel bis auf etwa 600 m Höhe empor, an ihren Ostflanken gedeiht Wein, die Westhänge sind zumeist bewaldet. Die insgesamt nur 250 km² große Hügellandschaft war bis weit ins 20. Jahrhundert hinein völlig isoliert und noch heute prägen einsam liegende Höfe das Bild.

Der Karst

Die Karstregion im Südwesten und Süden Sloweniens ist ein vornehmlich von Hochflächen geprägtes Gebiet mit Höhen um 1000 m, das zur Küste hin mit einem Steilabfall endet. Markante Plateaus sind beispielsweise der 1200 m hohe Bergklotz des **Nanos** am Eingang zum Vipava-Tal und der mit Urwäldern bestandene **Kočevski rog** bei Novo Mesto, wo früher Partisanen Unterschlupf fanden.

Entgegen den Vorstellungen von unfruchtbaren und kargen Karstregionen ist der innerslowenische Karst von **dichten Laubwäldern** bestanden und wird von unzähligen Wasseradern durchflossen, die ihren Weg teils ober-, teils unterirdisch nehmen. Versiegende Flüsse wie die Ljubljanica, die ein paar Kilometer weiter als Quelle wieder ans Tageslicht kommen, Seen wie der **Cerkniško jezero,** die nur in den Wintermonaten die *polje* bedecken und im Sommer als Ackerland dienen, und nicht zuletzt gigantische **Höhlensysteme,** die durch Erdbewegungen und das stetig durch den porösen Kalkstein sickernde Wasser gebildet wurden und weiter ausgeformt werden, sind typische Merkmale des Karstes. Sloweniens berühmteste Schauhöhlen, die **Postonjska jama** (Adels-

Jahrzehntausende benötigt die Natur zur „Herstellung" eines Tropfsteins

berger Grotte) und die **Škocjanske jame** (Höhlen von St. Kazian) sind nur die Spitze des „Eisbergs" von angeblich über tausend Höhlen im Karst.

● **Buchtipp:** „Europa erlesen" heißt eine Buchreihe des Wieser Verlag, Klagenfurt, in der der Themenband „Karst" erschienen ist. Texte historischer Reisender, Dichter, Literaten und Journalisten zum Thema Karst vermitteln ein stimmungsvolles Bild dieser wundersamen Landschaft.

Glossar Karst

● **Kras:** Das slowenische Wort für Karst ist sozusagen die Urmutter aller Bezeichnungen, die weltweit für dieses geologische Phänomen verwendet werden.

● **Vrtac:** Eine Höhle stürzt ein und bildet eine Art Kreisel. Ein *vrtac* kann landwirtschaftlich nicht genutzt werden, aber wie bei der Doline (s.u.) sammelt sich in der Vertiefung angewehte Erde und schon bald wurzeln Bäume und Pflanzen darin.

● **Dolina:** Slowenisch für „Tal", bezeichnet einen etwas größeren Einbruchtrichter, der entsteht, wenn die Höhlendecke einstürzt. In den Dolinen sammelt sich fruchtbare Erde und die Bauern legen darin kleinere Felder oder Gemüsegärten an.

● **Polje:** Eine tief gelegene, weitgehend ebene Fläche („Feld"), die nach starken Regenfällen durch überlaufende Karstquellen überschwemmt wird. Ein besonders markantes Beispiel ist das Cerkniško Polje südlich von Postojna, das sich im Herbst so mit Wasser füllt, dass man darin Fische fangen kann. Im Frühjahr fließt das Wasser ab und die Bauern pflanzen Getreide.

● **Jama:** Höhle, Grotte. Über tausend soll es allein in Slowenien geben.

Seen und Flüsse

Slowenien ist ein sehr wasserreiches Land mit vielen Seen, wobei die Hochgebirgsseen in den Julischen Alpen sicherlich zu den schönsten gehören. Wer durchs Sieben-Seen-Tal auf den Triglav wandert, sieht die **Triglav-Seen** wie funkelnde Edelsteine im grauweißen Kalkstein schimmern, und der fast runde See von Bled, **Blejsko jezero,** sieht mit seinem Inselchen in der Mitte aus, als hätte ihn der Tourismusverband extra so malerisch bestellt. Sloweniens größter Gletschersee ist der **See von Bohinj.**

Die Gewässer bekommen durch die Besonderheiten des Karstes eine eigene Note, so wie die oben beschriebenen, periodisch austrocknenden und sich dann wieder füllenden „Sickerseen" bei Cerknica und Planina oder die vielen Flüsse, die als **Karstquellen** ihren oberirdischen Anfang nehmen, nachdem sie unter der Erde bereits beträchtliche Wegstrecken hinter sich gebracht haben. Sowohl die Soča als auch die Sava Bohinjka und viele kleinere slowenische Flüsse entspringen als Karstquellen.

Sloweniens größte Flüsse sind die **Sava** (Save) und die **Drava** (Drau). Ers-

Vor gigantischer Kulisse lädt der See von Bohinj zum Bade

024 sl Foto: sk

tere nimmt ihren Weg von den Julischen Alpen nach Südosten und mündet bei Belgrad in die Donau, letztere entspringt in Italien, durchquert Österreich, erreicht bei Maribor slowenisches Staatsgebiet und vereint sich in der Nähe des kroatischen Osijek mit der Donau.

Flusswanderer, Rafter, Kanuten – sie alle lieben die slowenischen Flüsse, weil sie noch völlig naturbelassen sind und mit glasklarem Wasser durch herrliche Landschaften führen. Könner drängt es besonders an die wilde **Soča,** Anfänger fühlen sich an der Sava Bohinjka und der Sava Dolinka besser aufgehoben. Auch die beiden südslowenischen Flüsse **Krka** und **Kolpa** sind mit ihren Stufen und Stromschnellen ein herrliches Wassersportrevier.

Sloweniens Adriaküste

Exakt 46,6 km beträgt die Länge der Küstenlinie, die Slowenien für sich beanspruchen kann. Die **Primorska** genannte Region ist dicht besiedelt, ihre Kapitale **Koper** (Capodistria) eine wichtige Hafenstadt, in deren Umkreis sich verarbeitende Industrie niedergelassen hat. Traditionell spielte jahrhundertelang die **Salzgewinnung** in den tief eingeschnittenen, flachen Buchten eine wichtige Rolle.

Flora und Fauna

Unter den dreitausend in Slowenien vorkommenden Pflanzenarten – eine unerhörte Zahl für ein so kleines Land – gibt es etwa sechzig endemische, also nur hier anzutreffende, Vertreter. Die Fauna kann mit dieser Vielfalt in der Pflanzenwelt nicht mithalten, besitzt aber auch Eigentümlichkeiten wie den Grottenolm, die durchaus bemerkenswert sind. Verantwortlich für den Pflanzenreichtum ist die geografische Lage mit ihren vier Einflusszonen: dem alpinen Raum, der mediterranen Küste, dem pannonischen Tiefland im Osten und dem Karst.

Alpine Pflanzen und Tiere

Wenn die Bergwiesen zwischen Mai und September in Blüte stehen, kann man eine Vielzahl seltener und endemischer Pflanzen entdecken, so den **Triglav-Enzian** und die **Triglav-Rose,** die Zois-Glockenblume, den Julischen

025 sl Foto: sk

Mohn und die zierlichen Dolomit-Nelken. In höheren Berglagen herrschen Lärchen und Latschenkiefern vor, darunter breitet sich Nadelwald aus, der in den Tälern allmählich in **Buchenwälder** übergeht. Farndschungel und samtene Moospolster bedecken die Kalkböden, die hier und da mit ihrem weißen Gestein zwischen dem tiefen Grün hervorblitzen und eine ganz besondere „Waldstimmung" schaffen.

Sturmgepeitschte Lärchen und geduckte Hütten sind auf den Hochalmen zu finden

Sloweniens berühmtestes Tier ziert die Flagge des Landes: *zlatorog*, der

Steinbock mit den goldenen Hörnern. Steinböcke wurden im 17. Jahrhundert ausgerottet, in den letzten Jahren aber wieder erfolgreich angesiedelt. Auch Mufflon-Schafe wurden in den Bergregionen ausgewildert, gehören aber nicht zum traditionellen Bestand in Slowenien. **Gemsen** kann man auf den Wanderungen durch die Julier immer wieder sehen, aber ihre Zahl sinkt stetig. Steinmarder und Murmeltiere sind scheu, man wird sie ebenso schwer zu Gesicht bekommen wie den Schneehasen oder das Schneehuhn. Gelegentlich dringen auch **Bären** aus ihrem Lebensraum in den Karstwäldern von Notranjska bis in die alpinen Regionen der Julier vor; sie werden aber meist schnell abgefangen und zurückgebracht.

Neben dem hübsch gezeichneten Alpensalamander gibt es in den Alpen zwei giftige Bergbewohner, die Kreuzotter und die Sandotter. Beide **Schlangenarten** fliehen vor dem Menschen; dennoch sollte man bei Wanderungen festes Schuhwerk tragen.

Eine endemische Fischart ist die **Soča-Forelle** *(Salmo trutta fario),* auch Marmorata genannt. Im Ersten Weltkrieg war sie wichtiger Nahrungsbestandteil der im Isonzo-Tal verschanzten Armeen und wurde so nahezu ausgerottet. Der Versuch, die Soča-Forellen wieder in der Soča anzusiedeln, misslang, denn die fremden, aggressiveren Regenbogenforellen ließen ihnen keinen Lebensraum. Erst seit einigen Jahren werden Soča-Forellen in einer eigenen Station gezüchtet und wieder ausgewildert.

Flora und Fauna im Karst

Die Karstregion ist die Übergangszone vom alpinen zum mediterranen bzw. kontinentalen Klimabereich. **Buchen** und **Steineichen** wurzeln in den Kalkböden, **Kastanien** breiten ihre Kronen aus, Krainer Primeln und Aurikeln wachsen im Dunkel der Wälder, auf

Die Zlatorog-Legende

In fernen Zeiten, so erzählen die Alten, lebte ein wundersamer **Steinbock** auf den höchsten Gipfeln der Julier. Er trug **goldene Hörner** und wurde deshalb *zlatorog,* goldenes Horn, genannt. Zlatorog war unsterblich und wenn er sich verletzte, dann wuchs aus seinen Blutstropfen eine Blume, die **Triglav-Rose,** die alle Leiden kurieren konnte. Eines Tages aber trieb die Gier zwei Jäger auf die Spur des Steinbocks, sie stellten ihn, schossen und trafen. Das schwer verwundete Tier zertrampelte in seinem Zorn über die undankbaren Menschen all die blühende Natur rundherum. Zurück blieben unfruchtbare Felsen, und von Zlatorog hat man nie wieder eine Spur gesehen.

026 sl Foto: sk

Bei Kranjska Gora ist dem Steinbock ein Denkmal gewidmet

den Wiesen stehen Pfingstrosenbüsche und Gladiolen. Je weiter man im Karst nach Südwesten kommt, desto stärker treten die mediterranen Pflanzen hervor und Kräuter wie Salbei, wilder Fenchel und Rosmarin bedecken den Boden

Das eigenartigste und das größte Tier Sloweniens sind im Karst beheimatet. Ersteres ist der **Grottenolm,** der *Proteus anguinus,* den die Slowenen „Menschenfisch", *človeška riba,* nennen. Er lebt in den feuchten, dunklen Regionen der Höhlenwelt und man bekommt ihn nur zu Gesicht, wenn er in Schauhöhlen eigens für die Besucher in Wasserbecken präsentiert wird. Sloweniens berühmter Universalgelehrter *Johann Weichard Valvasor* beschrieb den Olm Ende des 17. Jahrhunderts als „Drachenbrut" und bis heute stehen ihm die Menschen misstrauisch und mit einer gewissen Scheu gegenüber.

Scheu empfiehlt sich auch angesichts des **Braunbären** *Ursus arctor,* dem größten in Slowenien lebenden Säugetier. Bären schätzen ebenso wie Wölfe und Luchse die großen, zusammenhängenden Waldgebiete, die es in Slowenien beispielsweise am Kočevski rog (Region Dolenjska) und auch im nördlichen Karst (Notranjska) noch gibt. Da Bauern sowie Pilze- und Beerensammler und natürlich auch Wanderer Meister Petz nicht gerade lieben, ist der Schutz der Braunbärenpopulation ein beständig heiß diskutiertes Thema. Etwa 400 Braunbären leben auf slowenischem Territorium; ihre Wanderungen führen sie manchmal weit nach Norden und ins benachbarte Österreich. Einmal wurde sogar an der Adria-Küste ein Bär gesichtet.

Bei der Soča-Quelle zeigt sich alle Lieblichkeit der Alpenlandschaft

Die Pannonische Tiefebene

Prekmurje, das „Land jenseits der Mura", zeigt landschaftlich und botanisch, dass es dem **ungarischen Pannonien** näher steht als der slowenischen Štajerska. Das Land ist nahezu eben, die Mura (Mur) bildet seine natürliche Grenze und seit Jahrhunderten wird die Region intensiv landwirtschaftlich genutzt. Natürliche Vegetationsinseln gibt es im Prekmurje kaum noch, dafür aber haben die Dörfer und besonders die Kirchtürme treue Sommergäste, die jedes Jahr wiederkommen, denn in dieser gut bewässerten und mit Fröschen reich gesegneten Gegend nisten **Weißstörche.**

Slowenien mediterran

Zypressen, Steineichen, Pinien und Kiefern, Oleander, Rhododendron und Palmen säumen die Küste Sloweniens. Im heißen Klima wachsen schwere **Weine** und aromatische **Oliven** und im Frühjahr und Herbst machen **Zugvogelschwärme** in den Salinen von Sečovlje und Strunjan Station. Das Leben unter Wasser ist allerdings wegen der Verschmutzung durch die beiden großen Häfen Koper und Triest fast völlig zum erliegen gekommen.

Naturschutz

Slowenien besitzt im europäischen Vergleich einen außerordentlich **hohen Waldanteil** und mit dem Kočevski rog Mitteleuropas größtes zusammenhängendes Waldgebiet; über die Hälfte des Landes ist mit Wäldern bedeckt. Dies ist eine jüngere Errungenschaft, denn solange sich die Menschen durch Landwirtschaft ernährten, haben sie natürlich auch Wälder gerodet, um Weiden und Äcker zu gewinnen. Mit der Industrialisierung, vor allem in der sozialistischen Ära, setzte eine sehr starke Landflucht ein; Agrargebiete wurden aufgegeben und die Natur eroberte das verlorene Terrain zurück.

Etwa 8% des Landes stehen unter Naturschutz. Größter und einziger Nationalpark ist der **Triglav-Nationalpark** im Kerngebiet der Julischen Alpen (84.805 ha), weitere **Landschaftsparks** schützen geologische Phänomene wie den periodischen Karstsee am Planinsko polje (bei Postojna), historische **Kulturlandschaften** wie die Salinen von Sečovlje bei Piran oder **Schlösser und Parks,** so Schloss Snežnik am Cerknica-See. Mit dem Ausbau so genannter **Regionalparks** sollen Landschaften wie die Kamniške Alpe (Steiner Alpen) oder das Pohorje unter Naturschutz gestellt werden. Die Unterschiede zwischen National-, Regional- und Landschaftspark beziehen sich auf die zulässige Nutzung der Region.

027 sl Foto: sk

Wie in vielen anderen sozialistischen Ländern galt im ehemaligen Jugoslawien die Priorität der industriellen/wirtschaftlichen Entwicklung vor Fragen des Umweltschutzes. **Industrieanlagen** haben besonders Jesenice, Celje und Maribor mit „Krakenarmen" umfasst und die Natur und Gewässer belastet. Der Zusammenbruch vieler Industriebetriebe vor allem um Maribor und Jesenice ist zwar dramatisch für die dort beschäftigten Menschen, bringt der Natur aber spürbare Erholung. Die Drava (Drau), früher stark durch Abwässer und Chemikalien belastet, hat sich erholt. Problematisch ist der **Wasserzustand** zur Zeit noch bei der Sava (Save) und an der Adriaküste. Industrieemissionen und saurer Regen bedrohen vor allem die Baumbestände im küstennahen Bereich.

028 sl Foto: sk

War die kirchliche Trauung über Jahrzehnte eher unüblich – heute wird wieder mit Begeisterung der ewige Bund in den Kirchen geschlossen

Bevölkerung

Um das 6. Jahrhundert setzte die **Einwanderung westslawischer Völker** aus dem Gebiet Weißrusslands und der Ukraine in die Region zwischen Alpen und Adria ein. Die alten illyrischen und romanischen Bewohner des heutigen Slowenien wurden von den in großer Zahl eindringenden Slowenen assimiliert. Das Siedlungsgebiet dieser „Urslowenen" reichte im Norden weit ins heutige Österreich bzw. Kärnten hinein. In diese erste Zeit bäuerlicher Besiedlung fiel auch die Ära des legendären **Fürstentums Karantanien,** der einzigen zumindest zeitweise autonomen slowenischen Staatsgründung bis zur Unabhängigkeit 1991 (⇦„Geschichte"). Bis zum Untergang des Habsburger Reiches waren die Slowenen stets Diener fremder Herren und es gibt viele, die auch die jugoslawische Ära unter „Fremdherrschaft" verbuchen. Kein Wunder also, dass heute alle nur möglichen Geschichten und Symbole dafür herhalten müssen, die Nation Slowenien zu beschwören.

Slowenen und Minderheiten

Knapp **zwei Millionen Menschen** leben heute in Slowenien, 98 Einwohner kommen auf einen Quadratkilometer und damit ist das Land ähnlich dünn besiedelt wie die Nachbarn Kroatien und Österreich (im Vergleich: in Deutschland kommen etwa 230 Menschen auf 1 km^2). Im Gegensatz zu den anderen ex-jugoslawischen Republiken hat Slowenien kaum etwas vom schwierigen Erbe ethnischer Minoritäten mitbekommen: **88% sind Slowenen,** außerdem leben 3% Kroaten, 2% Serben, 1% Bosnier und 1% aus dem jetzigen Restjugoslawien stammende Menschen in Slowenien. Als nationale Minderheiten anerkannt sind die **Ungarn,** die 0,4% der Bevölkerung stellen und in den östlichen Landesteilen leben, die **Italiener** (1,6%) und die **Roma** (0,1%).

Dass die geschätzten 1600 **deutschstämmigen Slowenen** keine Sonderrechte wie zweisprachigen Unterricht, zweisprachige Ausschilderung, direkt gewählte Vertreter im Parlament etc. genießen, wie die als nationale Minderheiten anerkannten, ist ein permanenter Streitpunkt zwischen Österreich und Slowenien. So sind Ortsschilder und Straßennamen sowohl im italienischen wie im ungarischen Grenzgebiet zweisprachig, im österreichischen sind sie es nicht (aber

Slowenische Minderheiten in Österreich und Italien

Die beiden Weltkriege des 20. Jahrhunderts hatten für die Slowenen eine besonders bittere Konsequenz. Regionen, die traditionell slowenisch besiedelt waren wie das **südliche Kärnten,** das italienische **Ost-Friaul** und die **Region um Triest,** wurden vom „Kernland" abgespalten und gerieten unter österreichische bzw. italienische Oberhoheit.

Die **Kärntner Slowenen** – am Ende des Ersten Weltkriegs wohl um die 60.000 – entschieden sich bei einem Plebiszit 1920 für den Verbleib bei Österreich. Die damalige Kultur- und Sprachenpolitik, besonders aber der Anschluss an Hitler-Deutschland, taten das ihre, die slowenische Minderheit in Kärnten zum „Verstummen" zu bringen. In den Schulen war zwar zweisprachiger Unterricht vorgesehen, doch es wurde meist nur auf Deutsch gelehrt, und ebenso sah es in den Amtsstuben und Kulturzirkeln aus. 1934 wurden nur noch 25.000 Slowenen in Kärnten registriert, unter Hitler wurden viele deportiert. Anfang der 1990er Jahre betrug die Zahl der Kärntner Slowenen noch etwa 15.000. Sie genießen zwar Minderheitenrechte, nehmen diese aber selbst kaum wahr, denn noch heute scheuen viele das öffentliche Bekenntnis, ein „Tschuschen" zu sein. Das Verhältnis zu den Brüdern jenseits der Grenze ist nicht unproblematisch. Mit Sozialismus hatten die österreichischen Slowenen nichts am Hut und diese unterschiedliche Bewertung der historischen Entwicklung erschwert einen unvoreingenommenen Umgang.

Weitaus größer ist die Zahl der Slowenen, die in den **italienischen Grenzprovinzen** leben. Hier wurde die Zugehörigkeit zu Italien nicht durch Volksabstimmung, sondern durch politische Verhandlungen entschieden. Triest und Gorizia wurden am Ende des Ersten Weltkriegs Italien zugesprochen und damit wohl etwa 100.000 Slowenen. Ähnlich wie in Kärnten wurden die slawischen Mitbürger mehr oder weniger unter Druck italisiert; es galten und gelten je nach Provinz ganz unterschiedliche Bedingungen bezüglich der Minderheitenrechte, die aber nun vereinheitlicht werden sollen.

auch die Österreicher mit ihrem feschen Landeshauptmann *Haider* in Kärnten kaprizieren sich, die EU-Vorschriften zur zweisprachigen Beschilderung zu exekutieren).

Bevölkerungsdaten

- **Einwohner:** 1.964.036 (2002)
- **Bevölkerungswachstum:** 1,8%
- **Lebenserwartung:** 75 Jahre
- **Religion:** 70,8% römisch-katholisch, 2,4% serbisch-orthodox, 1% protestantisch, 1,5% muslimisch, 1% atheistisch, Rest ohne Angabe

Die Sprache der Diener

Das Slowenische zählt zu den **südslawischen Sprachen** und galt bis zur Geburt eines nationalen Selbstbewusstseins im 19. Jahrhundert als Sprache der mindergebildeten Schichten und der Bauern. Adel und Bürgertum sprachen je nach Einflussgebiet Italienisch, Deutsch oder Ungarisch. Da das Slowenische also nur im kleinen, regionalen Rahmen individuell gepflegt wurde und eine „Vereinheitlichung" zur Hochsprache bis Mitte des 19. Jahrhunderts nicht stattfand, haben sich für ein so kleines Land erstaunlich viele **Dialekte** entwickelt: Innerhalb der sieben großen Regionaldialekte, die mit der geografischen Untergliederung zusammenfallen (Koroška, Gorenjska, Štajerska, Dolenjska, Primorska, Notranjska und Prekmurje) soll es mindestens 40 Unterdialekte geben, die sich in isoliert liegenden Tälern und Dörfern entwickelt und bis heute erhalten haben. Zudem wurde in den grenznahen Gebieten so manches Lehnwort und auch die Sprachmelodie der Nachbarn integriert. Das Slowenische in Primorska hört sich deutlich italienisch an, während man in Štajerska und Koroška das Österreichische durchklingen hört.

Wie die anderen slawischen Sprachen auch besitzt das Slowenische so genannte **diakritische Zeichen,** nämlich das **č,** das **š** und das **ž,** die im Deutschen meist mit tsch, sch und dsch transkribiert werden. Ein Überbleibsel alter Zeiten ist im Slowenischen der **Dual** genannte Numerus. Die Slowenen verwenden neben Einzahl (Singular) und Mehrzahl (Plural) auch die Zweizahl (Dual): Ist von zwei Personen die Rede, nimmt das Verb die Endung bzw. Form des Duals an.

Christentum mit Hindernissen

Das slowenische Territorium wurde zweimal christianisiert: Das erste Mal setzte christliche Missionierung noch unter **römischer Herrschaft** ein und im 3. Jahrhundert hatten Emona (Ljubljana) und Poetovium (Ptuj) bereits einen Bischof. Dann folgten die Jahrhunderte der Völkerwanderung, in denen auch Slowenien von Westgoten, Hunnen, Ostgoten, Langobarden und schließlich auch von den westslawischen Völkern durchquert und besetzt wurde. Das Christentum wurde dadurch weitestgehend verdrängt, und zu Beginn des 8. Jahrhunderts war es im Fürstentum Karantanien kaum mehr existent. An seine Stelle waren **slawische Gottheiten** getreten wie der mächtige Triglav, der dreiköpfige Gott und Regent von Himmel, Erde und Unterwelt.

Mitte des 8. Jahrhunderts aber suchte Karantanien Schutz bei den bayerischen Nachbarn, die sogleich Missionare zu den neuen Vasallen schickten. Unter bayerischer Herrschaft übernahm das **Erzbistum Salzburg** die Ägide und als das Herzogtum Bayern dem Frankenreich einverleibt wurde, teilte man unter *Karl dem Großen* Karantanien in zwei Einflusssphären, die Salzburg bzw. dem Patriarchat von Aquileia unterstanden. Die zweite Missionswelle traf auf heftigen Widerstand der heidnischen Slawen, war letztendlich aber doch erfolgreich.

Katholisch oder protestantisch

Zwei Drittel der Slowenen gehören der katholischen Kirche an, der Anteil der Protestanten ist mit 1% kaum zu messen. Dies könnte allerdings auch ganz anders aussehen, denn die **Reformation** fiel gerade in Slowenien auf fruchtbaren Boden, versprach sie den im feudalen Joch stehenden und von einer zumeist deutschen Adelsschicht ausgebeuteten Menschen doch so etwas wie ein Recht auf nationale Identität. Protagonist des Protestantismus auf slowenischem Boden war **Primož Trubar** (1508–86), ein evangelischer Geistlicher, der zwei Katechismen in slowenischer Sprache verfasste und das Neue Testament ins Slowenische übersetzte. Die ersten Grundschulen mit slowenischem Unterricht wurden in dieser Zeit gegründet – bis dahin war Bildung eine Domäne der Klöster –, es wurde eine slowenische Grammatik publiziert und schließlich die ganze Bibel übersetzt.

Ab 1600 schlug die **Gegenreformation** zurück und die katholischen Könige bereiteten den protestantischen „Umtrieben" ein Ende. Die Schulen wurden geschlossen, slowenische Bücher verbrannt. Für Slowenien bedeutete dies nicht nur Unterdrückung der religiösen Überzeugung, sondern auch des keimenden nationalen Bewusstseins.

Glaube und Sozialismus

Mit dem Eintritt Sloweniens in die Sozialistische Bundesrepublik Jugoslawien nach Ende des Zweiten Weltkriegs wurde der christliche Glaube auf eine neue Probe gestellt. Zwar vermied es die sozialistische Regierung in Belgrad, kirchliche Aktivitäten zu verbieten, aber wie in den meisten anderen sozialistischen Ländern auch war **Frömmigkeit nicht gern gesehen,** der Religionsunterricht in den Schulen wurde abgeschafft und viele Mönche und Nonnen mussten ihre schützenden Klöster verlassen. Wer sich offen zu seinem Glauben bekannte, konnte mit Schikanen in Schule und Beruf rechnen. Der **Volksfrömmigkeit** tat dies allerdings nur wenig Abbruch und nach der Unabhängigkeit wurden die alten kirchlichen Feiertage flugs wieder eingeführt. Übrigens ist Slowenien eines der wenigen Länder mit überwiegend katholischer Bevölkerung, die den 31. Oktober, den Reformationstag, zum Feiertag erhoben haben.

Auch wenn der Katholizismus nun wieder in die prächtigen Barockkirchen zurückgekehrt ist, auch wenn viel Geld in die Sanierung von Kirchen und Klöstern gesteckt wird und kirchliche Festtage und Wallfahrten mit großem Prunk begangen werden, hat die sozialistische Ära bei den Slowenen doch eine gewisse **Distanz zur Kirche** hinterlassen. Seit der Unabhängigkeit wird um die Wiedereinführung des Religionsunterrichtes in den Schulen gestritten und bisher konnten sich die Befürworter nicht durchsetzen.

Volkskultur und Traditionen

Inzwischen ist es still geworden um die **„Original Oberkrainer"**, die berühmtesten kulturellen Botschafter Sloweniens im Ausland. Die Gründerväter haben sich zur Ruhe gesetzt und die Tuba und Ziehharmonika den Söhnen übergeben. Jahrzehntelang haben die in Slowenien unter dem Namen „Avseniki" bekannten Musikanten das **internationale Bild von slowenischer Kultur** geprägt. Abgesehen davon, dass sich diese stark kommerzialisierte Volksmusik weit von ihren slowenischen Wurzeln entfernt hat, repräsentiert sie nur einen Aspekt slowenischer Kultur, nämlich den alpenländischen. Wie in der Geografie gibt es auch in den Traditionen verschiedene Einflusssphären und dementsprechend unterschiedliches Brauchtum.

Jodler und Heuharfen

Slavko und *Vilko Avsenik,* die Begründer der „Original Oberkrainer", starteten ihre Karriere dort, wo sie heute deren Früchte ernten: in einer Dorfkneipe im Weiler Begunje nicht weit von Bled, die inzwischen ein Oberkrainer-Pilgerort und eine Großgaststätte ist. Die Brüder variierten die traditionellen alpenländischen Lieder ihrer Heimat, indem sie den herkömmlichen Instrumenten wie der Ziehharmonika „moderne" wie die Klarinette zugesellten. In Slowenien durften sie im Rundfunk auftreten und da hörte sie der bayerische Moderator *Fred Rauch.* Unter seinen Fittichen wurden aus den „Avseniki" die „Original Oberkrainer" und aus slowenischem Liedgut Hitparadenschlager wie „Unsere Tante Mizzi", die noch heute in der Gaststätte „Pri Jožovcu" in Begunje das Publikum von den Stühlen reißen.

Wenn Musikanten im Alpendorf Stara Fužina aufspielen oder beim Heurigen im Weindorf Jeruzalem, dann klingt dies heute alles nach „Avsenik"-Sound. Ähnlich wie auch in Österreich und Deutschland hat der **Volksmusik-Boom** die traditionellen Lieder und Instrumente aus dem Repertoire und der Erinnerung gedrängt.

Anders als in der Musik ist es in der Architektur: Sinnbild des alpenländischen Bauens ist die **Heuharfe,** *kozolec,* ein überdachtes Gestell, auf dessen Querstreben das Gras getrocknet wird. Besonders in der Region um den

See von Bohinj sieht man diese *kozolci* noch oft in doppelter Ausführung als *toplar.* Zwei Harfen sind dabei durch einen Zwischenboden und kunstvoll geschnitzte Seitenteile verbunden. Ein Dach schützt das auf dem Boden gelagerte Heu. Früher wurden *kozolci* ausschließlich aus Holz gearbeitet, aber in neuerer Zeit ersetzte man die Seitenpfosten gern durch gemauerte oder Betonpfeiler. In den letzten Jahren hat eine Rückbesinnung eingesetzt und man sieht immer häufiger wieder aus frischem Holz gearbeitete Pfosten und Streben.

Die alten alpenländischen **Bauernhäuser** mit gemauertem Erdgeschoss, aus Holz gebauter erster Etage und einer Küche mit offener Feuerstelle (*„črna kuhinja"*) sind heute vielerorts in Museen umgewandelt.

Die **alpenländische Tracht** ist uns mit einigen Modernismen versehen ebenfalls von den „Original Oberkrainern" bekannt. Die Frauen tragen Bluse und Dirndl und darüber ein mit Fransen geschmücktes Schultertuch sowie eine Haube mit bunten Bändern, die Männer Bundhosen und Weste mit deutlicher Vorliebe für die Farbe Blau.

Das Klappern des Klopotec

Im Osten Sloweniens, im Prekmurje, aber auch bis nach Štajerska hinein macht sich der **Einfluss ungarischer Kultur** bemerkbar. Unübersehbar ist er in der Architektur der alten Holzbauernhäuser in Prekmurje, die mit Stroh gedeckt sind und von den Bauern in strahlend-bunten Farben angemalt werden. Hier gibt es, anders als beim alpenländischen Bauernhof, keine erste Etage, dafür aber stets ein häufig von den Menschen vorbereitetes Nest oder eine Plattform für die Störche, denn wo die sich niederlassen, dorthin kommt angeblich das Glück. Auch die Tracht ist von der ungarischen inspiriert: hohe Lederstiefel, weißleinenes Hemd und Fellweste tragen die Männer, ebenfalls weißes, zu unzähligen Falten gebügeltes und gerüschtes Leinen die Frauen, dazu bunt bestickte Hauben. Im Alltag sieht man die Trachten natürlich nicht mehr, sie werden bestenfalls zu einem großen Kirchenfest oder einer Folkloredarbietung herausgeholt.

304 sl Foto: sk

Ein Klopotec dient der lautstarken Abschreckung gefräßiger Vögel, die es auf die Früchte der Weinberge abgesehen haben

Unüberhörbar ist das Wahrzeichen der Weinbauregionen im Osten, der *klopotec.* Er besteht aus einer Stange, die ein hölzernes **Windrad** trägt. Dieses bewegt einen Schlegel, der gegen die Stange schlägt und so ein **beständiges Geklapper** von sich gibt. Die *klopotci* werden aufgestellt, wenn die Trauben heranreifen und gierige Vögel anziehen. Der Lärm über den Weinbergen soll die ungeladenen Gäste vom gedeckten Tisch vertreiben.

Campanile und Espresso

Mediterranes Klima, venezianisches Erbe und das nahe Italien prägen die dritte kulturelle Region Sloweniens im Westen. In der Architektur hat Venedig deutliche Spuren hinterlassen, so dass die Hafenstädtchen aussehen wie kleine Kopien der Serenissima. Aber auch in küstenferneren Regionen wird der **romanische Einfluss** deutlich. Man baut aus Stein, schmal und hoch drängen sich die Häuser nicht nur in der Altstadt von Koper, sondern auch in Kanal aneinander, im Vipava-Tal sieht man vielerorts flache, mit schweren Steinbrocken gegen die Bora-Winde gesicherte Dächer, in den istrischen Bergstädten stehen Loggien am Eingang zur Altstadt, in denen früher Recht gesprochen wurde.

Die Tracht der Primorska wird man nur noch in Museen zu Gesicht bekommen; schicke italienische Mode hat sie abgelöst, denn die Westslowenen konnten sich bequem bei den Nachbarn mit allem eindecken, was es in den sozialistischen Auslagen nicht gab.

Feste und Wallfahrten

Fasching und Kurentenlauf

Tausend Jahre unter Obhut der Katholischen Kirche haben prächristliche Vorstellungen vollständig aus dem Brauchtum der Menschen verdrängt, allerdings haben sich einige Traditionen im christlichen Gewand bis heute erhalten. Dazu gehört die Austreibung des Winters durch **furchterregende Masken und Figuren,** die je nach Region unterschiedliche Namen haben: In und um Ptuj, das Sloweniens berühmtesten Fasching feiert, sind dies die *kurenti,* am See von Bohinj heißen die Geister *šeme* und in Cerkno *laufarji.* Allen gemeinsam ist ein furchterregendes Äußeres, denn sie sind dazu da, die **Geister des Winters** zu vertreiben. Zugleich wird aber mit den Figuren auch Bezug auf lokales Brauchtum oder aktuelle Ereignisse genommen. Traditionell sind die Faschingsgesellschaften nach Dörfern organisiert und die Figuren streng ritualisiert. Früher gehörten zu einem Faschingsumzug ein „Zigeuner mit Tanzbär“, ein „Greisenpaar“, vier „Rösser“ und die *kurenti,* mit Kuhglocken behangene, furchterregende Fellgestalten. Sie zogen von Haus zu Haus und bestreuten die Schwellen mit Körnern – dem Symbol für eine gute Ernte. Als Gegenleistung erhielten sie Würste, Brot und Wein.

Die Tradition des Kurentenlaufens war im sozialistischen Jugoslawien fast ausgestorben, hat sich inzwischen in der **Region Ptuj** aber zu einem wichtigen Touristenmagneten entwickelt. Anders als früher laufen die *kurenti* nicht durch die Dörfer, sondern durch die Altstadt von Ptuj, begleitet von Fernsehteams und Fotografen. In den kleinen Dörfern des Dravsko polje, des Draufeldes, kann man mit etwas Glück aber auch noch einen traditionellen und nicht kommerzialisierten Kurentenlauf erleben.

Wallfahrten

Slowenien besitzt viele Wallfahrtsziele, die meisten sind der Jungfrau Maria geweiht. Eines der bedeutendsten liegt nicht weit von der Faschingshochburg Ptuj entfernt, es ist die Kirche in **Ptujska gora,** die eine wertvolle und hoch verehrte Schutzmantelmadonna hütet. Besonders an den Marienfesten kommen die Wallfahrer zu dieser Muttergottes, spenden Geld und Kerzen und bitten um ihre Hilfe.

Die Jungfrau Maria wird auch in **Sveta Gora,** auf dem Berg Skalnica in der Nähe von Nova Gorica, verehrt. Ihr höchster Festtag ist der dritte Sonntag nach Pfingsten. Eine weitere Marienstätte, die eigentlich dem St. Veit geweiht ist, findet man in **Brezje** in der Nähe von Kranj. Sie wurde 1988 von Papst *Johannes Paul II.* als bedeutendste slowenische Wallfahrtskirche besucht. Hier feiert man neben allen anderen Marientagen besonders den ersten Sonntag im September, den „Engelssonntag".

Traditionsmärkte

Auch die *sejem* genannten Märkte gehören eigentlich zum Kirchenjahr, denn traditionell wurden sie am Festtag des Kirchenpatrons um das Gotteshaus abgehalten. Heute spielt der Anlass keine Rolle mehr, Märkte gibt es immer und überall auf dem Land, es werden Kleider, Geschirr, Spielzeug und allerlei Tand verkauft.

Wein- und Schlachtfeste

Der Herbst bildet einen Festhöhepunkt für sich: In den Weinbaugebieten sind die Reben reif und die Lese kann beginnen. Die anstrengende Arbeit wird mit abendlicher Feststimmung belohnt: Es gibt deftiges Essen für alle, der Wein fließt in Strömen und jemand hat sicher eine Ziehharmonika oder eine Gitarre dabei, um die trunken-fröhlichen Gesänge zu begleiten. Auf den Bauernhöfen beginnt zur selben Zeit das Schlachten, es gibt frische Würste und Innereien – kurzum alles, was dabei abfällt und von den Slowenen *koline* genannt wird. *Koline* sind natürlich nur dann wirklich gut, wenn sie von einem Hof und nicht aus einem Restaurant stammen, nämlich *domače koline* sind (*domače* heißt häuslich und gilt als Edelprädikat für alle Naturprodukte vom heimischen Herd). Bauernhöfe, die geschlachtet haben, eröffnen in dieser Zeit kleine, **private Gaststuben,** in denen man sich *domače koline* munden lassen kann.

Festivals und Aufführungen

Festivals klassischer oder moderner Musik, Pop-Contests und Tage der Volksmusik werden von den einzelnen Tourismusregionen veranstaltet; besonders zahlreich sind sie in den Küstenstädtchen, die in der Hochsaison im Juli und August fast täglich etwas

301 sl Foto: sk

Die furchterregenden Gestalten, Kurenten genannt, sind eine Besonderheit des Faschings von Ptuj

organisieren, um ihre Gäste zu unterhalten. Dabei treten durchaus **hochkarätige Künstler** auf, oft im historischen Rahmen eines Klosters oder eines Palazzo, so dass das Musikerlebnis wirklich unvergesslich wird. Über die genauen Termine und das Programm kann man sich bei den jeweiligen Fremdenverkehrsverbänden informieren.

Im Zuge des wachsenden Fremdenverkehrs wurden Traditionen wieder ausgegraben und andere neu initiiert. In Maribor, der alten Flößerstadt, findet beispielsweise zum Auftakt des **Musikfestivals LENT** Ende Juni eine traditionelle Flößertaufe auf der Drava statt, in Bohinj wird Anfang August eine volkstümliche **„Bauernhochzeit"** zelebriert, im Schloss Predjamski grad nahe Postojna gehen beim **Erasmus-Turnier** Ende August Ritter mit Lanzen aufeinander los und der Almabtrieb in der Region Bohinj wird Mitte September mit einem **„Kuhball"** gefeiert.

Kunst und Kultur

Slowenen sind im Ausland besonders zahlreich im Kulturleben vertreten, Kärntner wie Friauler Slowenen führen überdurchschnittlich viele Verlage, Zeitungen, Kulturclubs etc. und auch im Land selbst ist die künstlerische Produktion, gemessen an der geringen Bevölkerungszahl, erstaunlich. Wahrscheinlich liegt die Ursache für dieses rege Kulturschaffen in den Jahrhunderten, die die Slowenen ohne die Möglichkeit gelebt haben, eine eigene kulturelle Identität zu dokumentieren, vielleicht auch in dem Drang, die geringe Größe durch einen besonders umfangreichen kulturellen Ausstoß zu kompensieren. Ganz gleich, welche Gründe dafür ausschlaggebend sind – die Ergebnisse sind spannend.

Musik gestern und heute

Zwischen den Kompositionen und Auftritten von *Giuseppe Tartini* und den Selbstinszenierungen der Gruppe „Laibach" liegen drei Jahrhunderte und doch gibt es bei den beiden so gegensätzlichen Vertretern der slowenischen Musik einen gemeinsamen Zug, nämlich den der Exzentrik.

Tartini, 1692 in Piran geboren, war so besessen von dem Gedanken, Musiker und Komponist zu werden, dass er von zu Hause ausriss und sich in Ancona als Geiger in einem Orchester verdingte. Er besaß eine so große Fingerfertigkeit auf der Violine, dass ihm das abergläubische Publikum unterstellte, er hätte einen Pakt mit dem Teufel geschlossen – eine Idee, die Tartini als PR-Gag dankbar aufnahm und ausbaute. Er entwickelte einen „Teufelstriller", den nur er spielen konnte, und behauptete, viele seiner Kompositionen stammten nicht von ihm, sondern von seinem Vertragspartner, dem Beelzebub. Als Musiktheoretiker forschte Tartini über das Phänomen des „Differenztons", also des dritten Tones, der beim Spielen zweier Töne entsteht, als Komponist hinterließ er ein umfangreiches Werk, darunter allein 130 Violinkonzerte.

Exzentrizität kann man durchaus auch der Gruppe **Laibach** attestieren, die man heute wohl als Vorläufer der Elektro-Pop-, vielleicht auch der Techno-Bewegung ansehen darf. Laibach waren allerdings nie nur eine Musikband, sondern stets darauf bedacht, ihre Arbeit in ein Gesamtkunstwerk einzubinden – daher auch die Intitiative zur Gründung der slowenischen Kunstbewegung NSK (s. unten). Musik wie Auftritte von Laibach waren stets auch Provokationen; ungeniert bedienen sich die Musiker aller nur erdenklichen Symbole, wobei sie den Hang zur faschistischen Formensprache damit begründen, eben diese Symbolik bloßstellen zu wollen. Auch Exorzismen und Satanismus finden sich besonders in den jüngeren Werken, *Satanic Techno* nennen sie neuerdings ihre Musik. 2000 konnten Laibach ihr zwanzigjähriges Bühnenjubiläum mit einem Auftritt bei der Expo in Hannover feiern, außerdem lieferten sie die Musik zu einer viel diskutierten Shakespeare-Inszenierung am Hamburger Schauspielhaus. Auf der jüngsten „WAT" zeigt sich die Band für ihre Verhältnisse schon fast „verspielt". Infos zu Laibach findet man unter www.laibach.nsk.si.

Slowenischer Film

Wirklich spektakuläre Erfolge hat die kleine Nation im Bereich der Filmkunst nicht vorzuweisen, aber durchaus respektable Arbeiten, die über den engen Rahmen Sloweniens hinweg auch international Beachtung fanden, so das Road-Movie „Express, Express" von *Igor Sterk,* der von einer Bahnfahrt quer durch Slowenien erzählt, bei der sich zwei Passagiere ineinander verlieben (1997). Viele Filmschaffende setzen sich in ihren Werken noch mit der jugoslawischen Ära auseinander, so *Maja Weiss* mit „Adrian", einem Film, der von einem Sommer am Meer und der Eifersucht eines Sohnes auf seine attraktive Mutter erzählt. Andere Filme wiederum nehmen das Thema Balkan-Krieg auf, wie der experimentelle Kurzfilm „Balkan-Roulette" von *Zdravko Barisič,* in dem sechs Männer mit einer Pistole (und einer Kugel) an einem Roulettetisch die ausweglose Situation repräsentieren. Igor Sterks neuer, abendfüllender Spielfilm heißt „Ljubljana" und kam 2002 in die Kinos. Er hat die slowenische Jugend zum Thema und präsentiert die Geschichte seines Protagonisten vor dem Hintergrund der Ljubljaner „Szene". 2003 wurde erstmals ein slowenischer Film für den Oscar als bester fremdsprachiger Film nominiert: „Rezervni deli" (Ersatzteile) von *Damjan Kozole* erzählt von zwei Menschenschmugglern in der südslowenischen Industriestadt Krško und von ihrer „Ware", den Flüchtlingen aus Asien und Afrika. Wer sich für slowenische Filme interessiert, findet unter www.film-sklad.si Informationen.

Von der Bauernsprache zur Literatur

Der älteste überlieferte Text in slowenischer Sprache sind die **„Freisinger Denkmäler"**, *Brižinski spomeniki,* Beichtanweisungen aus dem 10. Jahrhundert. Fast ein halbes Jahrtausend musste vergehen, bis sich wieder jemand fand, der das Slowenische als Schriftsprache benutzte: *Primož Trubar* mit seinen in Wittenberg gedruckten slowenischen Katechismen und *Jurij Dalmatin* mit der ersten Bibelübersetzung, die 1584 erschien. Als Grundlage verwendeten Trubar wie Dalmatin den in Ljubljana und Gorenjska gesprochenen Dialekt des Slowenischen, der daraufhin zum Hochslowenischen avancierte.

Das literarische Schaffen in slowenischer Sprache setzte aber erst ein, als auch die Idee einer unverwechselbaren nationalen Identität begann, Fuß zu fassen, und dies war erst Ende des 18. Jahrhunderts der Fall. Der Komödiendichter **Tomaž Linhart** (1756–95) war einer der ersten, die gefördert durch den Kunstmäzen *Baron Sigmund (žiga) Zois* in der Muttersprache publizierten und Erfolg hatten. Auf ihn folgte der slowenische Nationaldichter schlechthin, **France Prešeren** (1800–49). Seine Gedichte spiegelten den erwachenden Nationalismus, in der „Taufe an der Savica" nahm er die Verdrängung des alten, slawischen Glaubens durch das Christentum zum Thema, und mit dem berühmten, patriotischen Trinklied, der „Zdravljica", verfasste er die Verse, die heute als slowenische Nationalhymne gesungen werden. Von seinem Erfolg hatte Prešeren, der aus einfachsten Verhältnissen stammte, zu Lebzeiten so gut wie nichts. Erst nach seinem Tod wurde er „entdeckt" und zum nationalen Literatur-Heros stilisiert.

Zwischen 1804 und 1813 stand Slowenien mit den Nachbarn Kroatien und Dalmatien unter französischer Oberhoheit, von *Napoleon* „Illyrische Provinzen" genannt. Um 1840 griff die **„Illyrische Bewegung"** den Begriff illyrisch wieder auf und formulierte die Idee, alle südslawischen Sprachen zu einer gemeinsamen Lingua Franca zu vereinen und dieser sprachlichen auch eine kulturelle und politische Einheit folgen zu lassen. Den Slowenen, die gerade erst damit begonnen hatten, ihr eigenes linguistisches Erbe auszugraben, war die Illyrische Bewegung eine Bedrohung ihrer neu gewonnenen nationalen Identität und sie lehnten sie massiv ab. Ausdruck dieser Ablehnung war u.a. auch das vermehrte literarische Schaffen in slowenischer

Sprache wie bei Prešeren (der aber teils auch auf Deutsch publizierte).

Ähnlich wie Prešeren kam auch **Ivan Cankar** (1876–1918) aus einer einfachen Familie, die ihm keine literarischen Studien ermöglichen konnte, auch er starb jung. In den Mitteln der Dichtkunst sind sich die beiden aber überhaupt nicht ähnlich. Prešeren war ein Romantiker, Cankar dagegen Wegbereiter der Moderne und in gewissem Sinne auch ein Kind der Illyrischen Bewegung, denn sein Thema ist nicht mehr Slowenien, sondern Jugoslawien, dessen Geburt als Königreich der Serben, Kroaten und Slowenen er allerdings nicht mehr erlebte. Helden seiner sozialkritischen Romane sind die einfachen Menschen und ihr Leiden und so wurden Cankars Schriften denn im sozialistischen Jugoslawien zur Pflichtlektüre. In der Tradition von Ivan Cankar schrieb auch **Oton Župancič** (1878–1949), der als einer der prominentesten Fürsprecher des Partisanenkampfes auftrat.

Aus der Karstregion und Triest, das Anfang des 20. Jahrhunderts noch überwiegend slowenisch war, stammen gleich mehrere berühmte Schriftsteller: *Fulvio Tolmizza* (1935–99), *Scipio Slataper* (1888–1915) und der Lyriker **Srečko Kosovel** (1904–26), dessen Gedichte über den Karst wie kaum ein anderer Text die Schönheit und Härte dieser Landschaft spiegeln.

Auch die Kärntner Slowenen haben einige berühmte Autoren hervorgebracht, darunter **Florjan Lipuš** (geb. 1937). Er war Herausgeber der Literaturzeitschrift „mladje" und erhielt zahlreiche österreichische und slowenische Literaturpreise. Mit dem 1997 erschienenen Roman „Die Beseitigung meines Dorfes" zeichnet er ein bissighumorvolles Portrait des dörflichen Lebens. Der berühmteste Kärntner (Halb-)Slowene ist in Slowenien in Ungnade gefallen: **Peter Handke.** Er setzte seiner mütterlichen Heimat wunderbare literarische Denkmäler, verprellte seine Landsleute aber mit dem Eintreten für *Milosevics* Serbien.

Kein Literat, sondern ein universelles Talent ist der 1916 in Novi Kloŝter geborene Ethno-Psychoanalytiker **Paul Parin.** Zusammen mit seiner Frau und einem Kollegen verfasste er bahnbrechende ethno-psychoanalytische Studien über so genannte Naturvölker wie die Dogon in Mali. Mit seiner slowenischen Heimat und der Zeit des Partisanenkampfes, an dem der deutschstämmige Slowene aktiv teilgenommen hat, beschäftigt sich sein autobiografisches Werk „Untrügliche Zeichen der Veränderung".

Literaturtipps Slowenien

Junge slowenische Autoren in deutscher Übersetzung publizieren vor allem die in Klagenfurt ansässigen Verlage Hermagoras und Drava.

- **Cankar, Ivan:** „Aus fremden Leben", Drava Verlag, Klagenfurt 1997
- **Lipuš, Florjan:** „Die Beseitigung meines Dorfes", Wieser Verlag, Klagenfurt 1997
- **Parin, Paul:** „Untrügliche Zeichen von Veränderung", Europäische Verlagsanstalt, Hamburg 1992
- **Prešeren, France:** „Gedichte / Pesmi", zweisprachige Ausgabe Deutsch/Slowenisch, Hermagoras Verlag, Klagenfurt 1998
- **Tomizza, Fulvio:** „Franziska", Zsolnay Verlag, Wien 2001

Bildende Kunst

International hervorgetan haben sich nur wenige bildende Künstler aus Slowenien, was aber nicht zu dem Rückschluss führen sollte, dass es keine talentierten Kreativen gäbe – vielmehr ist die Kunstszene groß und sehr aktiv, was man allein schon an den **Forma-Viva-Projekten** in Kostanjevica, bei Portorož und bei Maribor sehen kann. Dazu werden Bildhauer aus Slowenien und anderen Ländern eingeladen, im Rahmen eines Workshops mit den Materialien zu arbeiten, die von der Natur (oder der Industrie) am Veranstaltungsort bereitgestellt werden – bei Portorož ist es weißer Marmor, bei Maribor Stahlbeton. Die Werke bleiben in der freien Natur stehen und bilden so ein spannendes Lehrstück zum Thema Bildhauerei.

Kulturhauptstadt Ljubljana

Ljubljana ist auch kulturelle Hauptstadt und mit ihrer **Architektur** selbst ein Kunstwerk, denn hier konnte Sloweniens berühmtester Baumeister **Jože Plečnik** (1872–1957) seine Visionen realisieren. Plečnik war eigentlich Schreiner, geriet in Wien aber durch Zufall in den Dunstkreis des großen Architekten und Stadtplaners *Otto Wagner* und wurde dessen Schüler. Sein erstes großes Projekt war der Umbau der Prager Stadtburg Hradschin. Dadurch wurde man auch in Ljubljana auf ihn aufmerksam und schließlich durfte er in seiner Heimat bauen. Plečnik entwarf die Markthallen und die Tromostovje genannten Brücken über die Ljubljanica, er errichtete die Universitätsbibliothek und den Friedhof Žale, baute mehrere Kirchen um und setzte den Grünanlagen des Tivoli seinen Stempel auf. Charakteristisch für seinen Stil sind willkürliche Anleihen und Zitate aus allen Epochen der Stilgeschichte und eine große Liebe zur klassischen Säule, die an keinem seiner Ensembles fehlen darf. Ljubljana ist eine einzige Plečnik-Stadt, aber er hat auch in der Provinz gearbeitet und beispielsweise die gotische Kirche von Bogojina (Prekmurje) in ein ungewöhnliches Gotteshaus verwandelt.

Ljubljana ist auch eine inzwischen weltweit anerkannte Grafik-Hauptstadt. Seit 1955 wird hier die **Grafik-Biennale** abgehalten, die international hohes Ansehen genießt. Über die Qualität der Arbeiten der „Ljublanska šola", der Ljubljaner Schule, kann man sich im Ausstellungspavillon der Biennale im Tivoli-Park informieren.

„Neue Slowenische Kunst"

In Ljubljana wurde auch die **NSK** gegründet, die Neue Slowenische Kunst, die tatsächlich den deutschen Namen trägt. Die NSK ist ein lockerer Zusammenschluss von Künstlern unterschiedlicher Provenienz, so beispielsweise der Musikgruppe Laibach (s.o.), der Theatergruppe Noordung und IRWIN, einer Vereinigung junger Maler-Talente. Programm von NSK ist die Provokation, es gibt einen NSK-State, Pässe und eigenes Geld. Bei den Aktionen der Künstler wird teilweise in deutscher Sprache agiert – was ebenso wie die dem Faschismus entlehnten Symbole von Laibach aufrütteln und irritieren soll.

Theater

Die NSK führt mit ihren Performances von der bildenden Kunst zum Theater und hier hat Slowenien ebenfalls einen großen, zu düsteren Bildern und Bombast neigenden Künstler hervorgebracht: **Tomaž Pandur** (*1963). Seinen kometenhaften Aufstieg begann er in Maribor, wo die Inszenierung von *Dantes* „Divina Comedia" nicht nur slowenische, sondern auch internationale Kritiker in höchsten Aufruhr versetzte. Das kleine Mariborer Theater wurde sogar in die Salzburger Festspiele einbezogen: Weil die Inszenierung nicht andernorts gespielt werden konnte, wurden die Festspielgäste nach Maribor geflogen, um sie zu sehen. Die Ära war allerdings schnell vorbei, denn Maribor konnte sich seine immer aufwändiger werdenden Arbeiten nicht leisten. 1996 ging Pandur ins Ausland, wo er nach wie vor mit seinen Regiearbeiten für Aufsehen und Irritation sorgt.

Die kulturelle Provinz

Slowenischer Kulturbetrieb findet auch außerhalb Ljubljanas statt. Wichtige Museen gibt es überall im Land, so beispielsweise im **Kloster Kostanjevica** mit einer Ausstellung slowenischer Malerei und den Forma-Viva-Skulpturen im Hof und im Park des Klosters. In der Burg des mittelalterlichen Karstdörfchens **Štanjel** werden die Arbeiten des Malers und Grafikers *Lojze Spacal* gezeigt, der wie kein anderer die Farben und Formen des Karstes einzufangen weiß, und daneben sieht man die architektonischen Visionen von *Maks Fabiani,* eines Kollegen und Zeitgenossen von *Plečnik,* der sich besonders um den Erhalt der alten Baustruktur von Štanjel verdient gemacht hat. Nicht weit von Sežana findet in der **Tropfsteinhöhle Vilenica** jedes Jahr ein viel beachtetes Treffen von Literaten statt, dann gibt es die **Forma-Viva-Workshops und -ausstellungen** – man könnte die Liste kleiner, exklusiver Museen und Events außerhalb Ljubljanas beliebig fortsetzen. Es lohnt sich auf jeden Fall, die Ausstellungen auf sich wirken zu lassen, auch wenn man zunächst mit dem Namen des Künstlers nichts anzufangen weiß.

Eine kleine Sportnation

Baron Sigmund Zois wurde bereits im Literaturkapitel als Förderer erwähnt, hier nun kommt er als Initiator der ersten Triglav-Besteigung zu Ehren. Auf seine Anregung hin erstiegen die „Vier Beherzten", wie sie auf einem Denkmal in Bohinj genannt werden, am 26.8.1778 den Triglav-Gipfel. Der Jäger *Luka Korošec* und seine Gefährten sind damit die ältesten Supersportler in der slowenischen Chronik von Siegen und Medaillen.

Natürlich haben es den Slowenen besonders jene Sportarten angetan, die sie in den Bergen ausüben können: **Bergsteigen, Klettern** und **Ski fahren.** Vor allem unter den Skispringern und Alpin-Skifahrern sind Slowenen bei jeder Meisterschaft auf den vorderen Rängen dabei und zwei wichtige Weltcup-Abfahrten werden in Maribor und Kranjska Gora abgehalten, während die Skispringer regelmäßig auf den Schanzen von Planica fliegen. Und wenn es irgendwo auf der Welt einen Sieben- oder Achttausender zu besteigen gilt – eine Mannschaft aus Slowenien ist mit Sicherheit unter den konkurrierenden Seilschaften zu finden.

Politik und Wirtschaft

„Vorbildlich" lautet das wohl am häufigsten verwendete Attribut, wenn es darum geht, Sloweniens Weg von der sozialistischen in die kapitalistische Ära zu beschreiben. Weil das Land mit der Umgestaltung von Recht, Politik und Wirtschaft so erfolgreich ist, zählt es auch zur ersten Gruppe der EU-Beitrittskandidaten in Osteuropa.

Politik nach der Unabhängigkeit

Dass die Slowenen große Individualisten sind, zeigt sich allein in der Parteienlandschaft, denn wie kommen knapp zwei Millionen Slowenen sonst dazu, sich **über 30 Parteien** zu leisten, die tatsächlich dann auch um Wählerstimmen buhlen dürfen? Darunter sind so eigenwillige Vereinigungen wie die Partei der slowenischen Rentner, DeSUS, die an der augenblicklichen Regierung beteiligt ist, oder die Vertretung der istrischen Slowenen, die wohl kaum mehr als die per Gesetz geforderten 200 Mitglieder haben dürfte.

Im Jahre 1994 wurde das Parteiengesetz erlassen und es ist erstaunlich, dass man darin dem damals schon herrschenden Wildwuchs keinen Riegel vorgeschoben hat (dies wurde schließlich 2000 geregelt, als man eine Vier-Prozent-Hürde einführte). Denn die Konsequenzen für die Regierungsarbeit sind erheblich: Durch die Aufsplitterung der Stimmen gibt es keine kommoden Mehrheiten; stets müssen Koalitionspartner gesucht werden und weil es dann häufig Unstimmigkeiten gibt, brechen diese fragilen Gebilde aus oft bis zu fünf Parteien auch schnell auseinander.

Das letzte Mal passierte dies im Frühsommer 2000, als die Volkspartei SLS die Regierung verließ und mit den oppositionellen Christdemokraten der SKD fusionierte. Ministerpräsident *Janez Drnovšek* hatte keine Mehrheit mehr und statt seiner wurde flugs ein Exil-Slowene, der aus Argentinien angereiste *Andrej Bajuk,* aufs Schild gehoben. Bajuk war allerdings nur ein kurzes Intermezzo vergönnt, denn die Bevölkerung strafte das offensichtlich inszenierte Ränkespiel ab und wählte im Oktober wieder Drnovšeks Partei LDS in die Regierungsverantwortung. Dieser wiederum sah ganz offensichtlich keine Probleme darin, erneut mit den ehemaligen „Königsmördern", der SLS, zu koalieren.

Im Hintergrund der meisten politischen Scharaden in Slowenien steht die Auseinandersetzung zwischen denjenigen, die das Land auch personell erneuern und von jugoslawischen Altlasten befreien wollen, und jenen, denen zuviel „Aufräumen" nicht so recht ist. Viele politische Köpfe waren bereits in der jugoslawischen Bundesregierung aktiv und gelten daher als belastet oder alten Seilschaften verpflichtet: Dies gilt für den ehemaligen Staatspräsidenten *Milan Kučan* (ehemals Vorsitzender der slowenischen Kommunisten) ebenso wie für seinen Nachfolger und vormaligen Ministerpräsidenten Janez Drnovšek, der Vorsitzender des jugoslawischen Staatspräsidiums war, als Slowenien unabhängig wurde. Umso erstaunlicher ist, dass es beide nun schon ein Jahrzehnt lang geschafft haben, immer wieder gewählt zu werden. Die Slowenen scheinen sich auf die neuen Gesichter nicht gerne verlassen zu wollen, wie ja auch der herbe Sturz von Andrej Bajuk (s.o.) beweist. Und vielleicht fließt in den Adern auch noch ein bisschen sozialistisches Blut, denn vor kapitalistischem Wirtschaftswildwuchs haben die meisten Menschen etwas Angst.

Regierung und Verwaltung

Slowenien ist in 148 Gemeinden unterteilt, über eine Straffung der Verwaltungsstruktur durch Schaffung von größeren, regionalen Verwaltungseinheiten wird derzeit nachgedacht. Gesetzgebende Versammlung ist der *Državni zbor*, ein **Parlament** mit 88 gewählten und zwei von der italienischen und der ungarischen Minderheit gestellten Abgeordneten. Seit der Verfassungsänderung 2000 gilt eine Vier-Prozent-Klausel bei den Wahlen zum Parlament. Beigestellt ist dem *Državni zbor* eine Art **Staatsrat,** *Državni svet,* in dem 40 Vertreter von Berufsgruppen, regionalen Verbänden und kulturellen Vereinigungen sitzen. Sie haben zwar kein Stimmrecht, greifen aber beratend in die Regierungsarbeit ein.

Präsident der Republik ist seit 2002 **Janez Drnovšek.** Er wird in direkter Wahl auf jeweils fünf Jahre von der Bevölkerung bestimmt, ist Oberbefehlshaber der Armee, hat aber sonst nur wenig Möglichkeiten, auf das politische Geschehen Einfluss zu nehmen. Dies obliegt dem **Ministerpräsidenten,** der vom Staatsoberhaupt (formell) vorgeschlagen und vom Parlament gewählt wird. Seit 2002 ist dies **Anton Rop** von der LDS (Liberaldemokraten Sloweniens).

Im Parlament vertreten sind die Liberaldemokraten LDS (36%), die für eine soziale Marktwirtschaft und sozial verträgliche Privatisierung der Wirtschaft eintreten, die national-sozialdemokratische SDS (16%), die ZLSD (12%) der ehemaligen Reformkommunisten, die vereinigte christlich-konservative Volkspartei SLS/SKD (10%), die Neue Slowenische Partei von Andrej Bajuk NSI (9%), die Partei der Jugend

Flagge und Hymne

Die **slowenische Flagge** zeigt drei Querstreifen in Rot, Blau und Weiß, die auf der linken, oberen Hälfte das Staatswappen tragen. Es besteht aus der dreizackigen Silhouette des Triglav in Weiß vor dunkelblauem Hintergrund. Unter dem Berg deuten zwei Wellenlinien die Flüsse, Seen und das Meer an, über den Zacken stehen drei gelbe Sterne, die dem Wappen der Grafen von Celje entlehnt sind.

Die überaus friedliche Nationalhymne ist das von *France Prešeren* gedichtete Trinklied, die **Zdravlica;** gesungen wird der zweite Vers:

Ein Lebehoch den Völkern,
die sehnend nach dem Tage schaun,
an welchem aus dem Weltall
verjaget wird der Zwietracht Graun,
wo dem Freund
Freiheit scheint,
und wo zum Nachbarn wird der Feind.

SMS (4%), die Nationale Partei Sloweniens SNS (4%) und die bereits erwähnten Pensionäre von der DeSUS (5%) sowie die beiden Minderheitendelegierten. Die **Regierungskoalition** setzt sich aus vier Parteien zusammen, neben der LDS sind dies ZLSD, SLS/SKD und DeSUS.

Imageprobleme

Sloweniens Politik seit der Unabhängigkeit ist geprägt von einer relativ scharfen Abgrenzung von den ehemaligen Bundesbrüdern – mit dem Nachbarn Kroatien streitet man sich sogar über den Grenzverlauf – und einem Schmusekurs gegenüber der Europäischen Union und allem voran Österreich. Besonders was sein Image in der Welt angeht, leidet Slowenien unter seiner „Kleinheit". Erstens wird es ständig **mit Slawonien und der Slowakei verwechselt** und zweitens (und noch schlimmer) mit dem **Krisenherd Jugoslawien** in einen Topf geworfen. Vielleicht sind slowenische Politiker und Tourismusstrategen deshalb ständig so darauf erpicht, der Öffentlichkeit klar zu machen, dass Slowenien Mitteleuropa „im Kleinen" sei – ein bisserl Österreich, etwas Ungarn und ein Schuss Italien.

Ein ganz anderes Imageproblem lässt sich nicht so leicht wegreden: Zwölf Jahre Unabhängigkeit haben in Slowenien zwar viel bewegt, aber nach wie vor scheint man am Prinzip festzuhalten, das Land wie einen Familienbetrieb zu führen. Wirtschaft und Politik sind eng verzahnt, die Führungselite wechselt beliebig zwischen Regierungs- und Managementposten hin und her und bedient die jeweiligen Verpflichtungen und Gefälligkeiten aus der Vergangenheit auf den neuen Posten. Die EU-Kommission zur Osterweiterung monierte, so ein Bericht in der Süddeutschen Zeitung vom Dezember 2000, dass ausländische Investoren durch dieses Beziehungsgeflecht bewusst fern gehalten würden. Und den einheimischen Investoren geht es nicht viel besser: ohne Freunde kein Moos.

Klingende Tolar

Auch wenn das Geflecht gegenseitiger Verpflichtungen und Gefälligkeiten beklagt und die eher abweisende Haltung gegenüber ausländischen Investoren moniert wird, findet die EU-Kommission zur **Osterweiterung** vorwiegend freundliche Worte für den **Beitrittskandidaten.** Slowenien, das 2004 der EU beitritt, ist es gelungen, den Wegfall seiner wichtigsten Märkte, nämlich der ehemaligen Bruderrepubliken, aufzufangen, den Niedergang der Schwerindustrie zu verkraften und das Bruttoinlandsprodukt innerhalb von zehn Jahren auf stolze 11.700 US$/Einwohner zu steigern, eine Rate, die den EU-Mitgliedern Griechenland und Portugal entspricht. Das **Wachstum** war mit 2% über die ersten sieben Jahre Unabhängigkeit stabil und stieg 2002 auf 3,2%; die **Inflation** konnte von durchschnittlich 15% in den ersten Jahren der Unabhängigkeit auf 7,5% gedrückt werden, die **Arbeitslosigkeit** betrug um 6%.

Slowenien war in jugoslawischer Zeit die am stärksten industrialisierte Republik und obwohl einige Betriebe wie beispielsweise die Stahlwerke bei Jesenice und die Textilindustrie bei Maribor zunächst einen drastischen Niedergang erlebten, kommt **industriellen Erzeugnissen** nach wie vor eine wichtige Rolle im Wirtschaftsleben zu: Aluminium, Blei und Zink werden verarbeitet, in der elektronischen Ausrüstung, auch für militärische Zwecke, liefert man hohe Qualität, Haushaltsgeräte der Marke Gorenje werden in ganz Europa unter eigenem und „fremdem" Label verkauft, chemische und Pharmaindustrie des Unternehmens Krka verzeichnen ebenfalls Zugewinne. Zusammen erreicht die industrielle Produktion 38% des BIP. Wesentlich mehr, nämlich 58%, entfallen auf den Dienstleistungssektor und nur jämmerliche 3% erwirtschaftet die Landwirtschaft. Wichtigste Handelspartner in Import und Export sind Deutschland und Italien.

Die Medienlandschaft

In der Medienvielfalt zeigt sich die **erfolgreiche Demokratisierung** der Gesellschaft. Slowenien hat zwei staatliche und drei private Fernsehprogramme. Die Regionalstationen Koper und Maribor senden ihr Programm teils in italienischer bzw. ungarischer Sprache, wie dies im Minderheitengesetz geregelt ist. Wie im Fernsehen gibt es auch im Rundfunk einige private Radiostationen. Bei den Printmedien ist die linke Tradition noch stark verankert, die wichtigsten Tageszeitungen „DELO" und „Dnevnik" sind linksliberal, „Večer" aus Maribor fährt einen unabhängigen Kurs. Einzige rechtskonservative Wochenzeitschrift ist „MAG" mit einer Auflage von 30.000 Exemplaren; „Mladina", das links angesiedelte Pendant, kommt auf ähnliche Zahlen.

Geschichte und Geschichten

Sloweniens Geschichte ist eine Geschichte beständiger **Fremdherrschaft.** In ihr spielen Slowenen fast durchgängig nur eine Statistenrolle, während Römer, Franken, Habsburger und Venezianer ihren großen Auftritt haben. Vor diesem Hintergrund ist es nur zu verständlich, dass die Historiker seit der Unabhängigkeit bemüht sind, jeden Ansatz von **Nationalbewusstsein** oder gar Eigenstaatlichkeit besonders herauszustellen. Ein Mittelweg zwischen der von den ehemaligen Herren geprägten Geschichtsschreibung und der nun in trotziger Reaktion national überhöhten, wie man sie in Slowenien oft antrifft, ist schwer zu finden.

Prähistorisches Slowenien

Ein Land mit so vielen **Höhlen** muss den Menschen schon immer perfekten Schutz geboten haben. Man hat in Sloweniens Höhlen auch allerlei **Werkzeuge** gefunden: 250.000 Jahre alt sind die ältesten von **Hominiden** stammenden Werkzeuge in Slowenien, entdeckt in einer Grotte unterhalb des Höhlensystems von Postojna. Das älteste Musikinstrument der Welt, eine aus einem Bärenknochen gefertigte **Flöte** bzw. ein Teil davon, wurde in einer Höhle im Tal der Idrijca gefunden. Analysen ergaben, dass das Instrument vor etwa 45.000 Jahren gespielt wurde, folglich in der Altsteinzeit und von der Spezies des **Neandertalers**, dem die Forscher bislang jede künstlerische Ader abgesprochen hatten. Zehntausend Jahre jünger ist eine aus Knochen gefertigte Nadel mit Öhr, die in einer Höhle in den Karawanken entdeckt wurde.

In der **Eisen- und Bronzezeit** können in Slowenien die ersten Siedlungen nachgewiesen werden. Im Ljubljansko barje, der Moorlandschaft um Ljubljana, entstehen um das 2. Jahrtausend v.u.Z. **Pfahlbaudörfer,** die Landwirtschaft hält Einzug. 1300 v.u.Z. wird diese Epoche wahrscheinlich durch den Einfall fremder Völker beendet. Man nimmt an, dass ungefähr zu dieser Zeit die Illyrer auf den Plan treten, das erste ethnisch fassbare Volk auf slowenischem Boden.

Illyrer, Kelten und Römer

Die Illyrer waren ein indoeuropäisches Volk, das von Nordosten kommend allmählich den Balkanraum unterwarf und um das 4. Jahrhundert v.u.Z. im Gebiet des heutigen Albanien ein Reich gründete. In Slowenien beginnt mit den Illyrern die Epoche der **Wehrsiedlungen** auf Hügelkuppen, die mit Ringwällen gesichert waren. Einige der istrischen Bergstädte, die ähnlich angelegt sind, gehen wahrscheinlich auf frühe illyrische Gründungen zurück. Schmuck, Haushaltsgegenstände und Waffen dieser der **Hallstatt-Kultur** zugeordneten Zeit wurden vor allem in fürstlichen Grabstätten in der Region um Novo Mesto gefunden. Das schönste Zeugnis der Hallstatt-Zeit in Slowenien ist die **Situla von Vače,** die am Rande des Beckens von Ljubljana entdeckt wurde. Der bronzene Behälter ist mit kunstvollen Reliefs geschmückt und stammt aus dem 6./5. Jahrhundert v.u.Z.

Um das 3. Jahrhundert v.u.Z. dringen keltische Völker ein und gründen auf slowenischem Territorium das **Reich Norikum,** das durch Abbau und Verhüttung von Eisen zu Wohlstand kommt. Wichtige Handelsstraßen durchqueren das Reich: die **Bernsteinstraße** von der Ostsee nach Griechenland und in das aufstrebende Rom führt mitten hindurch. Ab dem ersten vorchristlichen Jahrhundert beginnt Rom mit Eroberungszügen an die östliche Adria, 35 v.u.Z. gelingt der Durchbruch von der Küste ins Hinterland und die Unterwerfung Norikums, wenngleich Aufstände immer wieder für Unruhe sorgen. Das heutige slowenische Territorium ist an die römischen Provinzen **Histria, Noricum** und **Pannonia** aufgeteilt.

Die römische Epoche bringt Slowenien einen intensiven Ausbau der Infrastruktur. **Straßen** durchziehen die Provinzen, **Städte** wie Emona (Ljubljana), Poetovio (Ptuj) und Claudia Celeia (Celje) werden gegründet, **Was-**

serleitungen gebaut und eine neue **Sprache** hält Einzug. Die keltisch-illyrische Bevölkerung wird romanisiert und kommt um das 2./3. Jahrhundert mit dem **Christentum** in Kontakt. Auf slowenischem Boden wird die entscheidende Schlacht zwischen dem römisch-christlichen Kaiser *Theodosius* und dem fränkischen Heerführer *Arbogast* bei einem Weiler namens Ad Frigidum geschlagen, in der angeblich der gefürchtete Nordwind Burja den Heiden die Waffen entriss.

Völkerwanderung

Im 5. Jahrhundert tritt ein neuer Herrscher auf den Plan: *Attila,* Geißel Gottes. Der König der **Hunnen** überrennt mit seinen Heerscharen die römischen Provinzen und zerstört die Siedlungen. Wenig später machen **Germanen** dem Römischen Reich endgültig den Garaus und in dem Machtvakuum strömen weitere Völker im Zuge der großen Wanderungen in die ehemals römischen Territorien. So verschlägt es im 6. Jahrhundert die **südslawischen Vorfahren der heutigen Slowenen** von ihren Siedlungsgebieten in der heutigen **Ukraine** über die Bernsteinstraße in die Ostalpen und an die Sava und Drava. Um 630 gründen sie das **Fürstentum Karantanija,** das heute als erste genuin slowenische Staatenbildung gefeiert wird, denn sie sollte bis zur Unabhängigkeit 1991 auch die einzige bleiben.

Kurze Unabhängigkeit

Ob Karantanija nun tatsächlich ein slowenisches, besser gesagt südslawisches Fürstentum war, darüber sind sich die Historiker nicht einig. Tatsache ist, dass die Fürsten von Karantanija gar nicht lange selbständig bleiben konnten, denn sie wurden von allen Seiten bedrängt. Im Westen saßen die Langobarden, von Osten drängten die Awaren heran, mit denen die Südslawen zeitweise politisch verbündet waren, im Norden lauerten die bayerischen Herzöge und drohend über ihnen bereits das Fränkische Reich. Im Jahre 745 bietet man den **Bayern** Vasallentreue an und beendet das knappe Jahrhundert politischer Autonomie. Zugleich werden die Tore für eine zweite Missionierung geöffnet. Als Bayern 788 von *Karl dem Großen* „geschluckt“ wird, gerät Karantanija als Vasall ins **Fränkische Reich** und nachdem es sich an einem gescheiterten Aufstand beteiligt, wird es in die **Ostmark** eingebunden und verliert den letzten Rest Selbständigkeit. Die Slowenen gewinnen dabei ein neues Wort: König, *kralj.* Sie leiten es aus dem Namen des einzigen Königs ab, den sie kennen, Karls des Großen.

Im Heiligen Römischen Reich

Mit der Eingliederung ins Fränkische Reich beginnt eine Umschichtung der Gesellschaft: **deutsche Siedler** werden angehalten, die neuen Gebiete zu kolonisieren und die slawische Führungsschicht wird durch **fränkische Adelige** ersetzt. Für Karantanija bedeutet dies, dass es durch die von Norden kommenden Siedler stetig eingeschränkt wird. Der ursprüngliche Lebensraum der Südslawen, das heutige Österreich, schrumpft auf etwa die jetzige Ausdehnung Sloweniens zusammen. Wie Keile trennen die Siedlungsgebiete deutscher Kolonisatoren den ursprünglich einheitlichen südslawischen Lebensraum in die Regionen der heutigen Slowakei, Tschechiens und Sloweniens.

Im Jahre 976 wird Karantanija **Herzogtum** des inzwischen „Heiligen Römischen Reiches", im Zuge der Kolonisierung werden zahlreiche **Klöster und Städte** gegründet. Viele Orte entstehen neben oder auf römischen Siedlungsresten, so Laibach/Ljubljana (1243), Pettau/Ptuj (1250) und Cilli/

Mythos Karantanija

Das Thema **Karantanija/Corinthia/Karantanien** spielt in Slowenien erst seit der Unabhängigkeit eine wichtige Rolle, denn mit der Behauptung, dass es bereits einmal einen **eigenständigen „slowenischen" Staat** gegeben habe, bekommt die kurze Geschichte des unabhängigen Slowenien historische Tiefe. Nun lag das Fürstentum Karantanija aber nicht auf heutigem slowenischen Staatsgebiet, sondern weiter nördlich: Krnski grad, die Karnburg mit dem **„Fürstenstein",** auf dem die Herrscher gekrönt wurden, befindet sich in der Nähe Klagenfurts in **Kärnten.** Bis ins 15. Jahrhundert hinein wurden an dieser Stelle die lokalen Fürsten vor dem Volk öffentlich in ihr Amt eingesetzt und dies galt nicht nur für die einheimischen Fürsten, sondern später auch für die Herzöge, die Karantanien als Teil der Ostmark des Heiligen Römischen Reiches regierten.

Traditionell wurde der Anführer oder Fürst unter den slawischen Völkern von den lokalen Gruppen gewählt und auch nach Ausbildung eines erblichen Fürstentums in Karantanien musste jeder neue Thronerbe durch das Volk in offener Wahl bestätigt werden. Historische Berichte beschreiben die **Inthronisation** als eine Vereinbarung über die gegenseitigen Verpflichtungen von Herrscher und Beherrschten. Der Fürst betrat in Bauernkleidern den Krönungsplatz am Fürstenstein und brachte eine Stute und einen Stier mit. Hier stellte er sich einem Vertreter der Bauernschaft, der ihn ermahnte, stets gerecht und weise zu herrschen und ihm zum Abschluss eine symbolische Ohrfeige versetzte. Schließlich durfte der neue Herrscher den Fürstenstein besteigen und, nachdem die Krönungsmesse gelesen war, seine herzögliche Kleidung anlegen.

Interessant an diesem Akt ist, dass er stets **in slowenischer Sprache** vollzogen wurde, und als schon längst nicht mehr slawische, sondern deutsche Fürsten inthronisiert wurden, behielt man das Ritual bei und stellte dem Herzog einen Dolmetscher zur Seite. Bis 1414 wurden die karantanischen Herzöge so in ihr Amt eingeführt.

Über den Symbolwert und darüber, was Karantanija tatsächlich war, wird besonders zwischen slowenischen und österreichischen Historikern lebhaft diskutiert. Die Slowenen brüskierten ihre Nachbarn gleich nach der Unabhängigkeit, indem sie den Fürstenstein auf ihren neuen Geldscheinen abbildeten – und der befindet sich ja immerhin auf österreichischem Territorium. Kärntner Publizisten stellten wiederum in Frage, dass Karantanien überhaupt mit Slowenen in Verbindung gebracht werden könnte. Kurzum, hinter dem Namen Karantanija schwingt das ganze Spannungsfeld um die Situation der **Kärntner Slowenen** mit ihren Rechten und Ansprüchen und die **Angst vor Territorialforderungen** mit und umgekehrt das überzogene Bedürfnis slowenischer Politiker, dem kleinen Land mit historischen, heute völlig irrelevanten Symbolen Größe zu geben.

Celje (1444). Lokale Feudalfürsten konkurrieren miteinander um Einflussbereiche, so die Spanheimer und die Babenberger, die schließlich 1156 mit der Herzogwürde für die Ostmark beliehen werden.

Eine kometenhafte Karriere erleben 300 Jahre später die **Grafen von Cilli/Celje,** deren geschickte Heiratspolitik sie mit allen Königshäusern Europas verbindet. 1436 werden sie zu Reichsfürsten ernannt und somit direkt dem deutschen Kaiser *Sigismund* unterstellt. Eigenmächtigkeit macht sich in Celje breit, die Fürsten prägen eigenes Geld und fühlen sich berufen, auch außenpolitisch selbständig zu agieren. Dann wird Fürst *Ulrich II.* in Belgrad ermordet und seine Witwe von den Habsburgern ausgebootet. Celje fällt ans **Heilige Römische Reich Deutscher Nation** und an **Habsburger Lehnsherren,** die zweite pseudoselbständige Ära auf slowenischem Boden ist damit beendet.

Slowenien unter den Habsburgern

Osmanen und Bauern

Mit Beginn des 15. Jahrhunderts sind die Slowenen mit einer neuen Bedrohung konfrontiert: Die Osmanen dehnen ihre Eroberungszüge aus und fallen immer wieder in Slowenien ein. Burgen werden befestigt und die Bauern flüchten sich bei diesen Einfällen in die *tabor* genannten **Wehrkirchen,** die sie mit hohen Mauern umgeben.

Die Wut darüber, dass die Feudalherren kaum etwas für den Schutz ihrer Untertanen unternehmen und stattdessen die Abgabenlast erhöhen, um den Krieg zu finanzieren, macht sich in mehreren **Bauernaufständen** Luft. 1478 breitet sich eine erste Erhebung von Kärnten übers Drautal auf Slowenien aus und wird blutig niedergeschlagen. 1515 ist ganz Slowenien betroffen. Inzwischen wird nicht nur gegen die Osmanen, sondern auch gegen die **Seerepublik Venedig** Krieg geführt, was den Menschen weitere Sondersteuern abverlangt.

Berühmt und im sozialistischen Jugoslawien gern als Lehrstück zitiert wird der **slowenisch-kroatische Aufstand** 1573 unter Führung des *Matija Gubec,* bei dem 12.000 Bauern gegen die Truppen antraten, die eigentlich die Militärgrenze gegen die Türken sichern sollten. Die Aufständischen wurden vernichtend geschlagen und Gubec nach öffentlicher Folter in Zagreb gevierteilt. In Kroatien ist er heute noch ein Volksheld; das unabhängige Slowenien dagegen führt ihn, der auf der falschen, nämlich kroatischen Seite der Grenze geboren wurde, nicht mehr unter den lokalen Heroen, wenngleich ihn Legenden mit dem „schlafenden" König *Matjaž* verschmelzen lassen.

Die Reformation

Gleichzeitig mit dem Kampf gegen die Türken und gegen aufsässige Bauern fassen die ersten protestantischen Glaubensinhalte Fuß. Vor allem der Adel und die gebildeten Bürger sind von den neuen Ideen angetan, nehmen sie auf und verbreiten sie. Mit der

029 sl Foto: sk

Reformation wird erstmalig **das Slowenische** in größerem Umfang als Schriftsprache anerkannt und verwendet. *Primož Trubar* (1508–86) fertigt 1550 die erste Übersetzung des Katechismus ins Slowenische an und vermerkt, er widme ihn dem „armen, schlichten, gutherzigen slowenischen Volk, auf dass auch seine Sprache geschrieben und gelesen werde." *Jurij Dalmatin* legt 1584 eine slowenische **Bibelübertragung** vor, eine slowenische **Grammatik** erscheint und in neu gegründeten Grundschulen wird nun Slowenisch unterrichtet.

Das Priesterseminar in Ljubljana besitzt eine der schönsten Bibliotheken des Landes

Den **katholischen Königen und Kaisern** sind diese „Umtriebe" ein Dorn im Auge und obwohl im Augsburger Religionsfrieden Mitte des 16. Jahrhunderts Religionsfreiheit im Heiligen Römischen Reich vereinbart wird, unterbinden und behindern die Habsburger Herrscher die Ausbreitung des Protestantismus.

1595 besteigt *Ferdinand II.* den Thron und beendet die kurze kulturelle Blüte des Slowenischen, indem er alle, die dem Protestantismus nicht abschwören wollen, des Landes verweist. Viele, vor allem Adel und gebildete Leute, gehen tatsächlich. Slowenische Bücher werden verbrannt und das, was noch an Kulturleben stattfindet, tut dies wieder in deutscher Sprache. Fast eineinhalb Jahrhunderte lang versinkt Slowenien in kultureller Agonie.

Aufklärung und Reformen

Ende des 17. Jahrhunderts sind die Türken endlich geschlagen; 1683 brechen sie die Belagerung von Wien ab und ziehen sich zurück. Die neu gewonnene Sicherheit manifestiert sich in der Architektur, im Handel und im künstlerischen Schaffen. Nicht mehr Burgen, sondern **Schlösser** werden gebaut, üppiger **Barock** verdrängt die gotische Strenge und der in Laibach geborene Universalgelehrte **Johann Weichard Valvasor** schreibt ein vierbändiges Werk über seine Heimat, die „Ehre des Herzogthums Crain".

Zwei Gesellschaften werden um die Wende vom 17. zum 18. Jahrhundert gegründet und ihr Wirken prägt das Geistesleben vor allem in Ljubljana:

die **Academia Operosorum Labacensium** setzt sich aus Theologen, Juristen und Medizinern zusammen und reformiert Lehre und Forschung. Neben der Wissenschaft nehmen sich die Akademiemitglieder der Architektur an und verordnen Ljubljana eine grundlegende Barockisierung. Die zur gleichen Zeit gegründete **Academia Philharmonicorum** widmet sich der Musik und besteht als Slowenische Philharmonie bis heute.

Mitte des 18. Jahrhunderts schlägt auch die Stunde der ersten Versuche,

Johann Weichard Valvasor

Sloweniens berühmtester **Wissenschaftler** ist ohne Zweifel der 1641 in Laibach/Ljubljana geborene und 1693 in Krško, unweit der heutigen kroatischen Grenze, gestorbene Johann Weichard Valvasor, in Slowenien *Janez Vajkard Valvasor* gerufen. Im **Geiste der Aufklärung** interessierte sich der Universalgelehrte für sämtliche Bereiche kulturellen Lebens, er sammelte, was ihm unter die Finger kam, betätigte sich als Historiker, Linguist, Geograf, Meteorologe und Ethnograf, erlernte selbst das Kupferstechen und Drucken, um seine Publikationen unabhängig herstellen zu können.

Am 27. September 1672 kaufte Valvasor Burg Bogenšperk, östlich von Ljubljana, und richtete darin Sloweniens erste **Druckerei** ein. Hier entstand auch die vierbändige Beschreibung slowenischer Städte, Klöster, Burgen und Landschaften mit dem Titel **„Die Ehre des Herzogthums Crain"**. Valvasor verdankt die Nachwelt eine akribische Beschreibung des Karstsees von Cerknica, dessen Wasser im Sommer versickert, eine etwas abergläubisch geprägte Darstellung der „Drachenbrut" in den Höhlen von Postojna (gemeint ist der Grottenolm, „Menschenfisch" genannt), aber auch slowenischen Brauchtums wie der Hochzeitszeremonielle im Karst. Das Projekt „Bogenšperk" wuchs dem Gelehrten schließlich finanziell über den Kopf, er musste die Burg wieder verkaufen und starb angesehen, aber arm.

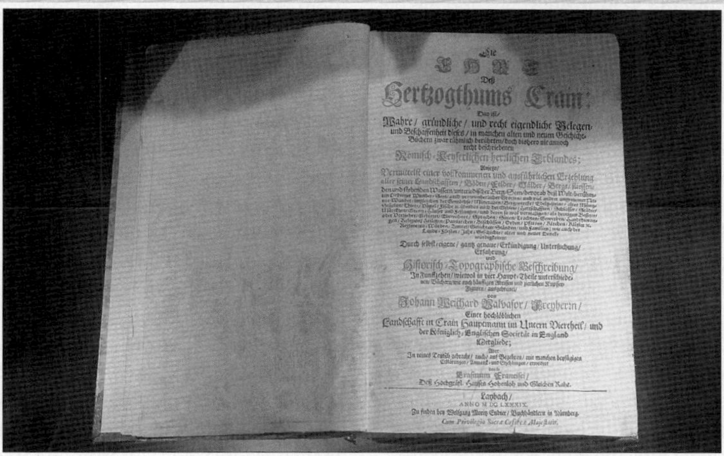

302 sl Foto: sk

Slowenisch als Sprache der Literatur zu etablieren, und es ist die Stunde der **Mäzene.** Baron *Sigismund Zois* empfängt in seinem Stadtpalais in Ljubljana Schriftsteller wie *Anton Tomaž Linhart,* aber auch Wissenschaftler, Philosophen und Theologen. Er finanziert die erste Expedition auf den Berg Triglav und die Aufführung slowenischer Lustspiele.

Vor dem Hintergrund des liberalen Absolutismus Kaiserin *Maria Theresias* und danach ihres Sohnes *Joseph II.* wird auch in Slowenien neugierig geforscht und relativ unabhängig gelehrt. Der Komödiendichter Linhart verfasst nicht nur Unterhaltsames, sondern auch die erste Geschichte Sloweniens, die nicht wie bis dahin üblich einzelne Fürstentümer (Krain, Steiermark, Görz ...) behandelt, sondern die darin lebenden slowenischsprachigen Menschen als nationale Einheit definiert. 1774 führt ein Gesetz die **allgemeine Schulpflicht** ein und die Unterrichtssprache ist Slowenisch.

Illyrisches Intermezzo

Aber der nächste Krieg braut sich bereits zusammen und 1797 marschiert **Napoleon** das erste Mal mit Truppen auf slowenisches Territorium. 1809 hat der kleine Franzose es dann endlich geschafft. Neben Istrien und Dalmatien werden ihm im Schönbrunner Friedensschluss auch die slowenischen Kronländer, wie die Herzogtümer zwischenzeitlich genannt wurden, und Teile Kroatiens zugesprochen. Er vereint sie zu den **Illyrischen Provinzen** und wählt Ljubljana zu deren Hauptstadt.

Im sozialen Gefüge ändern die von der Französischen Revolution inspirierten neuen Besatzer wenig; man ist auf die Mithilfe der Gutsherren angewiesen und möchte sie nicht verärgern. Kulturell tut sich in den Illyrischen Provinzen doch einiges, es werden neue Grundschulen und Gymnasien gegründet, in denen in der jeweiligen Landessprache unterrichtet werden darf. Die illyrische Ära währt nicht lange, Napoleon wird bei Leipzig in der Völkerschlacht vernichtend geschlagen und sein Illyrien geht 1815 an die **Habsburger** zurück, die nun noch unerbittlicher jeden Versuch nationaler Äußerung unterdrücken.

Industrialisierung und Nationalstolz

Wirtschaftlich erlebt Slowenien in der ersten Hälfte des 19. Jahrhunderts einen starken Entwicklungsschub: Auf der wichtigen Handelsachse zwischen dem Hafen Triest und der Habsburger Hauptstadt Wien gelegen, profitiert es schon länger vom **Handel und Warenverkehr;** nun aber wird die **Südeisenbahn** gebaut, sie erreicht 1846 Cilli/Celje, drei Jahre später Ljubljana und 1857 Triest.

Zugleich lässt sich das **Aufbegehren der slowenischen Intellektuellen** nicht mehr unterdrücken und 1848 publizieren sie im Geiste der Revolution ein erstes politisches Programm, „Zedinjena Slovenija“. Darin werden folgende Forderungen aufgestellt: Alle von Slowenen bewohnten Regionen sollten zu einem vereinten „Kronland“ unter Habsburger Ägide zusammengefasst werden, das politisch autonom von einer gewählten Volksvertretung regiert wird, und Slowenisch sollte Deutsch als Unterrichts- und Amtssprache ablösen. 1861 reagiert Habsburg auf den immer lauter geäußerten Unmut mit ersten Zugeständnissen, slowenische Vereine dürfen nun gegründet werden, was die Slowenen mit einer wahren Flut von Kultur-, Sport- und Turnvereinen beantworten.

1867 gewinnen slowenische Abgeordnete die Wahlen in Krain, man fordert, nach dem Vorbild Ungarns als drittes Königreich in die K&K-Monarchie eintreten zu dürfen, zusammen mit den Kroaten oder gar mit den Serben. Dies alles wird den Slowenen natürlich nicht gewährt und am Ende des 19. Jahrhunderts steht die nationale Bewegung in drei Strömungen gespalten – Sozialdemokraten, Jungslowenen und nationale Katholiken – recht hilflos da.

Königreich und Republik

Mit Ende des Ersten Weltkriegs beginnt für die Slowenen eine neue Ära. Das erste Mal stehen sie vor der Möglichkeit, in einem eigenständigen Reich zu leben. Die Idee des Illyrismus, der Vereinigung der südslawischen Völker unter einem politischen Dach, beflügelt die politischen Kräfte und die Intellektuellen. Am 29. Oktober 1918 wird die Gründung eines unabhängigen **Staates der Slowenen, Kroaten und Serben, SHS** (Slovencev, Hrvatov in Srbov), verkündet, Hauptstadt ist Zagreb.

Gleiche unter Gleichen

Man weiß zwar nicht viel über das traditionelle Gesellschaftssystem der Slawen, aber das Wenige legt nahe, dass es eine Art Basisdemokratie war. Demokratische Grundsätze sollten nun auch im neuen, südslawischen Staat SHS herrschen, aber da hatten die Slowenen die Rechnung ohne den Wirt gemacht. Einen Monat nach Ausrufung des Staates sehen sie sich durch den Einmarsch Italiens gedrängt, Schutz beim Königreich Serbien und Montenegro zu suchen. Man vereinigt sich erneut und heraus kommt das **Königreich SHS,** in dem aber nun nicht mehr die Slowenen, sondern die Serben an erster Stelle stehen. Hauptstadt ist Belgrad, und 1929 wandelt der serbische König *Aleksandar Karadjordjevic* das Gebilde in ein **Königreich Jugoslawien** um.

In Ljubljana bekämpfen sich in dieser Zeit zwei Strömungen: jene, die für eine politische Autonomie Sloweniens eintreten (katholisch-konservative Volkspartei) und die serbische Dominanz nun als ebenso belastend empfinden wie zuvor die der Habsburger und die Gegenspieler von der Liberalen Partei, die Sloweniens Zukunft im südslawischen Verbund sehen. Immerhin sind die Slowenen das erste Mal in ihrer Geschichte territorial vereint, sieht man von den Kärntnern ab, die in einer Volksabstimmung für den Verbleib bei Österreich votieren, und von jenen in Venetien/Friaul, die nicht gefragt werden.

Mit Ausrufung des Königreichs Jugoslawien zeigt der serbische König allerdings sein wahres Gesicht und stattet sich mit diktatorischen Vollmachten aus. Noch 1920 war in Ljubljana eine eigene slowenische Universität gegründet worden, nun versucht man, sie wieder zu schließen und verbietet die Verwendung des Begriffes „Nation". Zugleich fällt in diese Epoche eine umfassende **Industrialisierung** Sloweniens. Bereits im Königreich übernimmt Slowenien als kleinste, damals als „Banschaft" bezeichnete politische Einheit Jugoslawiens die Rolle, die anderen mit seiner Wirtschaftskraft zu stützen.

Der Zweite Weltkrieg

Zunächst Frankreich politisch nahestehend, wendet sich das Königreich Jugoslawien immer stärker Nazi-Deutschland zu und tritt 1941 schließlich dem **Dreimächtepakt** bei. Das Volk rebelliert, am 6. April 1941 beginnt das deutsche Bombardement Belgrads und 14 Tage später kapituliert das Königreich Jugoslawien. **Slo-**

Domobranci – die Weißgardisten

Solange man in Slowenien nicht in der Frage der politischen und moralischen Bewertung der Rolle der Weißgardisten oder *domobranci* einig ist, wird diese „offene Wunde" immer wieder den inneren Frieden im Land stören. Die Weißgardisten wurden als eine Art **Bürgerwehr gegen die Attacken der Partisanen** gegründet; ideologisch steckten sie in dem Dilemma, gegen die Kommunisten und damit automatisch für Hitler-Deutschland zu sein. Sie rekrutierten ihre Aktivisten aber nicht nur aus Hitler-freundlichen Gruppierungen, sondern wurden auch **von konservativ-liberalen Kräften unterstützt.** Diese sahen wohl, eingeklemmt zwischen den beiden Blöcken Faschismus und Kommunismus, im Zweiten Weltkrieg keinen Spielraum für einen dritten Weg und unterstützten das „kleinere Übel".

Das sollte den Domobranci zum Verhängnis werden. Nachdem die Partisanen mit Hilfe der Alliierten 1945 das zukünftige Jugoslawien und damit auch slowenisches Territorium befreiten, flüchteten die Domobranci-Kämpfer nach Norden ins heutige Kärnten. Dort standen englische Truppen, nahmen die Fliehenden gefangen und lieferten sie an *Titos* Partisanen aus. Etwa 11.000 Weißgardisten wurden daraufhin in das Waldgebiet des Kočevski rog (Gotscheer Wald) gebracht und exekutiert. Dieses **Massaker** wurde lange verschwiegen und durfte in jugoslawischer Ära auch nicht öffentlich angesprochen werden. Heute wird zwar darüber berichtet und man kann im Kočevski rog neben den Partisanenbasen auch die Hinrichtungsstätten sehen, doch zu einer **politischen Rehabilitation** konnte sich auch das unabhängige Slowenien nicht durchringen. Eine neutrale Beurteilung der Domobranci ist ja auch tatsächlich problematisch, da sie sich de facto der Kollaboration mit dem Faschismus schuldig gemacht haben, was das pauschale Todesurteil für 11.000 Menschen aber keinesfalls rechtfertigen kann. Die Angehörigen jedenfalls warten bis heute vergebens auf eine Entschuldigung oder gar eine Entschädigungszahlung.

wenien wird aufgeteilt: Die Westhälfte bis Ljubljana gerät unter italienische, der Osten unter deutsche Besatzung, die Region nordöstlich der Mura, das heutige Prekmurje, fällt an Ungarn.

Während im italienischen Teil eine relative Freiheit herrscht, wird im Osten systematische **Eindeutschungspolitik** betrieben. Ziel der Maßnahmen ist es, die Slowenen binnen weniger Jahre aus der Steiermark zu vertreiben. In Schulen und auf Ämtern wird wieder Deutsch gesprochen, slowenische Bücher verschwinden aus den Bibliotheken und als Hort slowenischer Umtriebe geraten vor allem Kirchen und Priester ins Visier. Intellektuelle und Geistliche werden deportiert und entweder nach Kroatien und Serbien umgesiedelt oder gleich in KZs gebracht oder ermordet. 50–60.000 Menschen, so schätzt man, müssen ihre Heimat verlassen oder werden umgebracht. So verwundert es nicht, dass sich im deutsch besetzten Slowenien die ersten Widerstandsgruppen bilden, Monate, bevor sich auch im restlichen Jugoslawien Opposition regt, worauf die Slowenen sehr stolz sind.

Die OP genannte **Befreiungsfront** ist zunächst pluralistisch zusammengesetzt, gerät aber sehr bald unter Kontrolle kommunistischer Kämpfer und schließt sich letztendlich den von *Josip Broz* kommandierten **jugoslawischen Partisanen** an. Antikommunistische Kräfte geraten dadurch in eine Zwickmühle, denn sie stehen sozusagen gegen zwei Seiten, gegen die Partisanen und die Besatzer. Einen dritten Weg aber gibt es nicht und so liegt es nahe, dass gegenüber dem kommunistenfeindlichen Lager schon bald der Verdacht der Kollaboration mit den Deutschen bzw. Italienern laut wird.

1943 kapituliert Italien, Deutsche rücken nun in den Westteil Sloweniens vor, aber es gelingt ihnen nicht, die Region ganz unter Kontrolle zu bringen. Phasenweise kommt es besonders in der Gegend um Ljubljana zu Kämpfen zwischen Partisanen und den **Weißgardisten,** die als Heimwehr gegen die Partisanen gegründet worden waren. Im Mai 1945 wird Slowenien von den Partisanen befreit. Die Alliierten verzichten darauf, Slowenien oder Jugoslawien zu besetzen und *Titos* Partisanen haben freie Hand.

Sozialismus und Vielvölkerstaat

Am 29. November 1945 wird Slowenien Volksrepublik der **Föderativen Republik Jugoslawien.** Kroatien, Serbien, Bosnien-Herzegowina, Montenegro und Mazedonien heißen die anderen Volksrepubliken, das staatliche Gebilde reicht nun vom Alpenraum bis an die griechische und albanische Grenze. Es vereint eine Vielzahl von Völkern, die sich zwar grob den Südslawen zurechnen lassen, aber allein schon durch die unterschiedliche historische Prägung wenig Gemeinsamkeiten besitzen: Dalmatien und Istrien waren stets italienisch dominiert, Serbien, Bosnien, Montenegro und Teile Kroatiens standen lange unter türkischer Oberhoheit, während der Rest fränkische Ostmark und Habsburger Kronland war. Der Stand der gesellschaftlichen wie industriellen Entwicklung ist uneinheitlich, **drei große Religionsgemeinschaften** – Serbisch-Orthodoxe, Muslime und Katholiken – hatten für ganz unterschiedliche Sozialisation und Wertesysteme gesorgt und nicht einmal sprachlich kann man sich wirklich verständigen. Mit der

Zeittafel

- **250.000 Jahre v.u.Z.:** Hominiden hinterlassen Werkzeuge im Höhlensystem von Postojna
- **45.000 Jahre v.u.Z.:** Eine aus einem Bärenknochen gefertigte Flöte wird in einer Höhle im Tal der Idrijca hinterlassen
- **35.000 Jahre v.u.Z.:** Eine aus Knochen gefertigte Nadel mit Öhr wird in einer Höhle in den Karawanken zurückgelassen
- **2. Jtsd. v.u.Z.:** Erste Nachweise für Siedlungen in der Moorlandschaft um Ljubljana (Pfahlbaudörfer)
- **1300 v.u.Z.:** Illyrer treten auf, Wehrsiedlungen auf Hügelkuppen; der Hallstatt-Kultur zugeordnete fürstliche Grabstätten in der Region um Novo Mesto entstehen
- **6./5. Jh. v.u.Z.:** Die Situla von Vače wird am Rande des Beckens von Ljubljana hinterlassen, der bronzene Behälter ist mit kunstvollen Reliefs geschmückt
- **3. Jh. v.u.Z.:** Keltische Völker dringen ein und gründen das Reich Norikum (Eisenverarbeitung); Handelsstraßen kreuzen das Reich (z.B. die Bernsteinstraße)
- **1. Jh. v.u.Z.:** Rom beginnt mit Eroberungszügen
- **35 v.u.Z.:** Rom bricht ins Hinterland und unterwirft Norikum
- **2./3. Jh.:** Das Christentum tritt auf slowenischem Boden auf
- **5. Jh.:** *Attila* überrennt die römischen Provinzen und zerstört die Siedlungen
- **6. Jh.:** Südslawische Vorfahren der heutigen Slowenen wandern ein
- **630:** Das Fürstentum Karantanija wird gegründet
- **745:** Das Fürstentum gerät unter bayerische Herrschaft
- **788:** Karantanija kommt mit Bayern zusammen zum Fränkischen Reich
- **976:** Karantanija wird Herzogtum des Heiligen Römischen Reiches Deutscher Nation
- **1243:** Gründung von Laibach/Ljublana
- **1250:** Gründung von Pettau/Ptuj
- **1436:** Die Grafen von Celje erhalten die Reichsfürstenwürde
- **1444:** Gründung von Cilli/Celje
- **15. Jh.:** Osmanen fallen immer wieder in Slowenien ein
- **1478:** Erster Bauernaufstand, ihm folgen weitere 1515 und 1573
- **1550:** Erste slowenische Übersetzung des Katechismus
- **1584:** Slowenische Bibelübertragung
- **1595:** *Ferdinand II.* besteigt den Thron und beendet die kulturelle Eigenständigkeit
- **1683:** Türken brechen die Belagerung Wiens ab und ziehen sich zurück
- **Mitte 18. Jh.:** Erste Versuche, Slowenisch als Sprache der Literatur zu etablieren
- **1774:** Einführung der allgemeinen Schulpflicht mit Slowenisch als Unterrichtssprache
- **1797:** *Napoleon* betritt slowenisches Territorium
- **1809:** Im Schönbrunner Friedensschluss werden die slowenischen Kronländer mit Teilen Kroatiens zu den „Illyrischen Provinzen"
- **1815:** Nach der Niederlage Napoleons bei der Völkerschlacht von Leipzig fällt Slowenien wieder an die Habsburger
- **1840–57:** Die Südeisenbahn wird gebaut und erreicht 1846 Cilli/Celje, 1857 Triest
- **1848:** Slowenische Intellektuelle publizieren ein politisches Programm: „Zedinjena Slovenija"
- **1861:** Habsburg erlaubt die Gründung slowenischer Vereine

Wahl des **Serbokroatischen** zur jugoslawischen Staatssprache setzt sich die Dominanz Belgrads (und ein bisschen auch Zagrebs) linguistisch und politisch fort wie in den besten Zeiten des Königreichs SHS.

- **29. Oktober 1918:** Gründung des unabhängigen Staates der Slowenen, Kroaten und Serben, SHS (Slovencev, Hrvatov in Srbov), dem sogleich das Königreich SHS folgt
- **1929:** König *Aleksandar Karadjordjevic* verwandelt das SHS zum Königreich Jugoslawien
- **1941:** Das Königreich Jugoslawien tritt dem Dreimächtepakt bei, Slowenien wird unter Deutschen und Italienern aufgeteilt
- **1941–45:** 50–60.000 Slowenen müssen ihre Heimat verlassen oder werden umgebracht
- **1945:** Ende des Weltkrieges; die mit den deutschen Besatzern kollaborierenden Domobranci-Kämpfer werden im Waldgebiet des Kočevski rog exekutiert
- **29. November 1945:** Slowenien wird Volksrepublik der Föderativen Republik Jugoslawien
- **1945–47:** Alle Unternehmen werden verstaatlicht
- **1948:** Tito bricht mit Moskau, Jugoslawien wird blockfrei
- **4. Mai 1980:** Tito stirbt
- **Februar 1987:** In einer slowenischen Zeitschrift erscheinen Beiträge zum Thema größerer nationaler Souveränität für Slowenien
- **Januar 1988:** Gründung der ersten nicht-kommunistischen Partei
- **April 1990:** Das Oppositionsbündnis DEMOS ist Wahlsieger der ersten freien Wahlen, Kučan wird Staatspräsient
- **Dezember 1990:** Plebiszit für die Unabhängigkeit
- **25. Juni 1991:** Unabhängigkeitserklärung
- **26. Juni 1991:** Die jugoslawische Volksarmee besetzt die Grenzübergänge
- **4. Juli 1991:** Sloweniens Unabhängigkeit wird von Jugoslawien akzeptiert

Die ersten Jahre nach dem Zweiten Weltkrieg stehen ganz im Zeichen der **„Säuberungen" und Racheaktionen.** Vermeintlichen und wirklichen Kollaborateuren wird der Prozess gemacht oder sie werden gleich hingerichtet. Politische Gegner verschwinden in KZ-ähnlichen Lagern, Deutschstämmige, Adelsfamilien und Industrielle werden enteignet und vertrieben. Die Erschießung von etwa 11.000 von den Briten ausgelieferten Domobranci in den Wäldern des Kočevski rog ist nur der entsetzliche Höhepunkt eines systematischen Rachefeldzuges, der insgesamt wahrscheinlich allein in Slowenien 25.000 Todesopfer kostet.

Zugleich geht die jugoslawische Regierung unter **Josip Broz Tito** daran, das sowjetische System auf Jugoslawien zu übertragen. 1947 sind alle **Unternehmen verstaatlicht,** man gründet Genossenschaften und Kolchosen, gegen die sich die Bauern erbittert wehren und die 1953 wieder abgeschafft werden. 1948 bricht Tito mit der uneingeschränkten Loyalität gegenüber Moskau und beginnt seinen „dritten Weg". Ein Element dieses Weges ist die **Arbeiterselbstverwaltung,** die, so meint jedenfalls der slowenische Journalist *Stane Stanič,* ein Erbe der egalitären Gesellschaftsordnung der Urslowenen in Karantanija gewesen sei.

Was sich bereits wirtschaftlich im Königreich Jugoslawien abgezeichnet hatte, tritt nun immer stärker hervor. Die beiden nördlichen Republiken Slowenien und Kroatien müssen die armen Brüder im Süden finanzieren und auch zwischen den beiden ist Slowenien der ungleich stärkere Partner. Das ewige Ärgernis, für die „Drückeberger" im Süden arbeiten zu müssen – ein Viertel des gesamtjugoslawischen BIP kommt Ende der 1980er Jahre aus Slowenien – macht die Slowenen von Anfang an **unzufrieden mit dem Modell Jugoslawien.** Zu Titos Lebzeiten beugt man sich seinem Charisma, mit seinem Tod 1980 beginnt der nicht aufzuhaltende Zerfall Jugoslawiens und Sloweniens Weg, nach tausend Jahren „Fremdherrschaft" – inzwischen empfindet man auch Jugoslawien als eine Art serbische Okkupation – endlich auf eigenen Füßen zu stehen.

Unabhängigkeit und Gegenwart

Nach slowenischer Lesart waren die zehn Jahre zwischen Titos Tod und den ersten Schritten in die Unabhängigkeit geprägt von den stetig stärker werdenden Bestrebungen der **Republik Serbien,** die Vorherrschaft im Staatenbund an sich zu reißen. So sollte beispielsweise das Schulrecht refor-

Josip Broz Tito

Jugoslawiens große Integrationsgestalt wurde am 25.5.1892 im kroatischen Kumrovec geboren. 1937 wurde er zum Generalsekretär der KP gewählt und ab 1941 beanspruchte er den Oberbefehl über die verschiedenen **Widerstandsgruppen gegen die deutsche Besatzung,** die sich seinen kommunistisch orientierten Partisanen unterordnen sollten. Ab 1943 stand Josip Broz als Präsident dem „Antifaschistischen Rat der Nationalen Befreiung" vor, der ab dem Jahreswechsel 1944/45 die provisorische Regierung in den befreiten Gebieten stellte. 1945 wurde er unter seinem Kampfnamen „Tito" Ministerpräsident und Verteidigungsminister der Föderativen Republik Jugoslawien, 1953 übernahm er das Amt des **Staatspräsidenten,** in dem er ab 1963 auf Lebenszeit bestätigt wurde.

Titos Skrupellosigkeit im Umgang mit konkurrierenden Partisanengruppen wie auch später mit politischen Weggefährten, die ihm unbequem wurden, und seine „Säuberungsaktionen" nach der Befreiung Jugoslawiens werfen dunkle Schatten auf das Bild des strahlenden Partisanenmarschalls. Sein Verdienst um den besonderen Weg, den Jugoslawien ab 1948 zwischen den Blöcken ging, ist aber unbestritten. Als sich Tito 1948 weigerte, die Dominanz der UdSSR und *Stalins* anzuerkennen und auf seine eigenen Vorstellungen pochte, erwartete man eigentlich den Einmarsch der Sowjettruppen in Jugoslawien. Die UdSSR und die anderen Ostblockländer versuchten, Jugoslawien wirtschaftlich und politisch zu isolieren, was nicht gelang, da die westlichen Länder mit Krediten und Unterstützung einsprangen.

Tito beschritt einen unabhängigen Weg, der **marktwirtschaftliche Strukturen** zum Teil zuließ, den **Privatbesitz** nicht völlig verdammte und den Arbeitnehmern in den Betrieben ein größeres Mitspracherecht zugestand (**„Arbeiterselbstverwaltung"**). Durch sein geschicktes Lavieren zwischen Ost und West wurde er zum Wortführer und zur Symbolfigur der **Blockfreien,** durch seine Persönlichkeit war er als einziger in der Lage, die nationalistischen Bestrebungen der einzelnen Republiken zu bändigen. Am 4.5.1980 starb Tito im Alter von 88 Jahren in Ljubljana.

miert und vereinheitlicht werden – nach dem in Belgrad geltenden Vorbild. Auch was wirtschaftlich von Slowenien gefordert wurde, überstieg die Toleranzgrenze: Die Kluft zwischen den „entwickelten" und den „unterentwickelten" Republiken wurde immer tiefer und Belgrad brauchte immer mehr Geld, um den Süden damit zu subventionieren.

Trotzdem war der erste offene Versuch, über Änderungen zu diskutieren, nicht vom Gedanken des Austritts aus der Föderativen Republik Jugoslawien, sondern von der Idee einer neuen Ordnung innerhalb des Bundes geprägt. Heft Nr. 57 der katholisch-liberalen slowenischen Zeitschrift „Nova Revija" erschien im Februar 1987 mit Beiträgen bekannter slowenischer Persönlichkeiten, die alle um das Thema möglicher Veränderungen kreisten. Zentrale Anliegen waren mehr Demokratie, eine größere nationale Souveränität für die Republiken und natürlich eine gerechtere Verteilung des erwirtschafteten Geldes. Belgrad reagierte mit Drohungen, Verhaftungen und Militärgerichtsprozessen.

Dass die Situation nicht wirklich eskalierte, ist möglicherweise ein Verdienst des heutigen Staatspräsidenten **Milan Kučan,** damals Parteivorsitzender der slowenischen Kommunisten und in dieser Funktion eine Art Mittler zwischen den aufmüpfigen Slowenen (auch unter den Kommunisten gärte es) und der Belgrader Zentrale. Im Mai 1988 wurden regimekritische Journalisten in einem **Militärgerichtsverfahren** wegen konterrevolutionärer Tätigkeit verurteilt, was eine parteienübergreifende **Welle von Protesten** in Slowenien auslöste. Im Januar 1988 wurde mit dem Slowenischen Bauernverband die erste nicht-kommunistische Partei gegründet, weitere folgten, und im April 1990 ging das **Oppositionsbündnis DEMOS** als Wahlsieger aus den ersten freien Wahlen in der Noch-Republik Slowenien hervor. Zum Staatspräsidenten wählte man Kučan, Regierungschef wurde der konservative *Lojze Peterle.*

Den nächsten Schritt zur staatlichen Souveränität tat Slowenien mit einem Plebiszit im Dezember 1990, bei dem knapp 90% der Slowenen für die Unabhängigkeit votierten. Ein halbes Jahr später folgte am 25. Juni 1991 die **Unabhängigkeitserklärung.** Einen Tag danach besetzte die jugoslawische Volksarmee die Grenzübergänge zu den Nachbarländern und andere wichtige strategische Punkte, während in Ljubljana Fliegeralarm ausgelöst wurde.

Der **Krieg** dauerte zehn Tage, den jugoslawischen Soldaten standen vorsorglich seit einem Jahr trainierte territoriale Ordnungskräfte sowie die Angehörigen der Polizei gegenüber und wer keine Waffe besaß, behalf sich mit der Mistgabel. Dank der Einsatzbereitschaft der Slowenen und dem schnellen diplomatischen Eingreifen der EU verlor Belgrad ziemlich schnell die „Lust" an dem Krieg. Die Slowenen hatten 13 Tote zu beklagen, die Armee zählte 39. Am 4. Juli 1991 war der Spuk vorbei.

030 sl Foto: sk

Ljubljana – die Hauptstadt

031 sl Foto: sk

Über der Altstadt Ljubljanas wacht die Burg

Wochentags wird an der Ljubljanica Markt abgehalten, schon früh am Morgen kommen die Städter und versorgen sich mit frischem Obst und Gemüse

Schaltzentrale der Macht

- **Meereshöhe:** 298 m
- **PLZ:** 1000
- **Vorwahl:** 01
- **Einwohner:** 270.000
- **Dt. Name:** Laibach

Wer schon einmal in der Urlaubszeit von den Karawanken kommend die Universitätsstadt Ljubljana passiert hat, kennt die gefürchtete Strecke. Abrupt endet die Autobahn, mündet in einen Tunnel und hinter einer Linkskurve geht es im Schneckentempo eine endlos scheinende Straße entlang Richtung Zentrum. Doch kurz vorher biegt das Gros rechts ab, erreicht den Autobahnanschluss und fährt den Badefreuden am Meer entgegen. Wie falsch!

Ljubljana hat einiges zu bieten. Wie jede Hauptstadt hat es natürlich sein gesundes Maß an Museen, doch welche Stadt kann schon von sich sagen, dass einer ihrer berühmtesten Söhne einen ganz beträchtlichen Teil auch gestalten und aufbauen durfte. So verbinden sich die Rosinen österreichischer **Architektur aus der Kaiserzeit** mit einem **Art Deco,** der sich gewaschen hat in seiner Reinheit. Friedhof, Brücken, Hochhäuser, Markthallen und Kaufhäuser ergeben ein Ensemble, das durch seine Intaktheit ein wunderschönes Bild vergangener Zeiten entwirft.

Ein Stadtbummel führt vorbei an großbürgerlichen Häusern, prachtvollen Villen, Schlössern und Burgen, durch enge, mittelalterliche Gassen und blumengeschmückte Innenhöfe, um schließlich in einem Kaffeehaus kaiserlicher Zeit, einer kleinen italienischen Espressobar oder einer gemütlichen Studentenkneipe zu enden.

Orientierung

Der Großraum Ljubljana wird von einem **Autobahnring** umschlossen, nur ein Teilstück harrt noch seiner Vollendung – der Abschnitt, der die Autobahn nach Kranj mit dem Ring verbindet und damit den direkten Anschluss für die Weiterfahrt nach Koper ans Meer erlaubt. Die Abfahrten nach Koper, Novo Mesto und Celje/Maribor sind schon vierspurig (wenn auch noch nicht die ganzen Strecken fertig gestellt sind).

Um Altstadt und Neustadt – das eigentliche Zentrum – herum existiert so etwas wie ein **mittlerer Ring** (Tivolska, Aškerčeva, Kopitarjeva, Osvobodilne fronte), der im Bereich der Altstadt in einem **Tunnel unter dem Burgberg** durchgeführt wird. Von ihm gehen die vier Hauptausfallstraßen zum Autobahnring ab – die Tržaška cesta nach Koper, die Ceslovška cesta nach Kranj, die Dunajska cesta nach Celje und die Dolenjska cesta nach Novo Mesto.

Wer aus einer dieser Richtungen kommt, gerät unweigerlich an den mittleren Ring, innerhalb dessen die Situation etwas unübersichtlich wird, da der Fluss Ljubljanica einen Halbkreis beschreibt und ein Seitenkanal die Altstadt zur **Insel** werden lässt, um die herum ein Einbahnstraßengewirr und zu wenige Stellflächen das Fahren und Parken zur Last werden lassen. Die Insel wird vom Burgberg dominiert, zwischen dessen westliche Flanken und das Flussufer sich die Altstadt bogenförmig schmiegt. Die der Altstadt am nächsten gelegenen **Parkflächen** sind am Kongresni trg (Neustadt, linkes Ufer) und am Metodov trg (Altstadt, rechtes Ufer, über die Dreifachbrücke erreichbar).

Geschichte

Jason, der Argonaut, soll der Sage nach die Siedlung **Emona** gegründet haben, als er mit dem geraubten Goldenen Vlies zur Adria reiste, um das Schiff nach Thessalien zu nehmen. Tatsächlich war die Region um Ljubljana bereits um 1200 v.u.Z. von der so genannten Brandgräberkultur besiedelt (Menschen, die ihre Toten verbrannten und die Asche beisetzten). Ihnen folgten die Pfahlbaubewohner und schließlich die Römer, die ihr Heerlager im Jahr 15 errichteten und den Ort bald **Julia Emona** tauften. Im 6. Jahrhundert überzogen die Hunnen

032 sl Foto: sk

Die dreispännige Brücke verbindet Neu- und Altstadt miteinander

die Gegend mit Krieg, man flüchtete nach Istrien und kehrte erst nach geraumer Zeit zurück. Allerdings hatten sich nun schon **Slawen** niedergelassen.

1144 tauchte die Siedlung zum ersten Mal in Schriften auf – **Laibach.** Zu Beginn des 13. Jahrhunderts wird Laibach Stadt, gelangt gegen Ende des Jahrhunderts zum **Herzogtum Krain** und wird dessen Hauptstadt. 1335 erlangen die **Habsburger** die Rechte über Herzogtum und Stadt und geben sie 600 Jahre lang nicht mehr aus der Hand. Laibach prosperiert, wird **Diözese** und wichtiger Marktplatz.

1511 zerstört ein Erdbeben weite Teile und mit dem Neuaufbau hält die **Renaissance** Einzug. Wie andere Städte ist auch Laibach von Reformation und Gegenreformation betroffen und mit der Rückkehr der Bischöfe ist auch der **Barock** als Stilrichtung nicht mehr zu übersehen. Ende des 17. Jahrhunderts profitiert Laibach immer mehr vom zunehmenden Handel in Europa, man kann nun in **Kunst und Kultur** investieren, da Wien und der Hafen Triest über die Stadt an der Ljubljanica verbunden sind. Die Welt wird friedlicher, die Stadtmauer abgetragen, Parks entstehen.

Die Habsburger müssen zwischen 1809 und 1813 das Zepter kurz an *Napoleon* abtreten, Laibach ist in dieser Zeit **Hauptstadt der Illyrischen Provinzen** Frankreichs. Der Freiheitsgedanke der französischen Revolution schlägt sich nieder - Slowenisch wird zur Verkehrssprache der ganzen Bevölkerung, die Parks der Schlösser, dem Adel vorbehalten, sind nun allen zugänglich.

In der zweiten Hälfte des 19. Jahrhunderts erreicht die industrielle Revolution die Stadt, **Fabriken** entstehen, die **Eisenbahn** kommt und rege Bautätigkeit beginnt. 1895 zerstört ein weiteres Mal ein Erdbeben die Stadt. So tragisch das Ereignis, so chancenreich ist dies für die Stadtanlage. Nun kann man auf dem Papier planen, Laibach erhält ein neues Gesicht.

Der Erste Weltkrieg allerdings macht Laibach zur Etappenstadt der Isonzo-(Soča-)front und viele Pläne können nicht mehr realisiert werden. Erst der berühmte Architekt *Plečnik* kann in den 1920er und 1930er Jahren diese Pläne ausbauen und verwirklichen – nun aber nicht mehr in Laibach, sondern in **Ljubljana,** der Hauptstadt der Slowenen im **Königreich Jugoslawien.**

Im Zweiten Weltkrieg sieht sich Ljubljana erst italienisch, dann deutsch besetzt - ein gefährliches Pflaster für Besatzer. Man muss die Stadt mit einem 30 km langen Ring aus Stacheldraht und Bunkern sichern. Am 9. Mai 1945 kommt Ljubljana frei und wird Hauptstadt der **Teilrepublik Slowenien** der Jugoslawischen Bundesrepublik unter *Tito.*

Sehenswertes

Die Parkplatzsituation Ljubljanas zu Geschäftszeiten ist nicht einfach, man sollte soweit wie möglich alles zu Fuß unternehmen. Um die Burg zu erklimmen, steht im Sommer eine Touristenbahn zur Verfügung, die am Prešernov trg abfährt (eine Zahnradbahn ist projektiert). Ebenfalls im Sommer (tgl. 17.30 Uhr, Sa/So auch 11.30 Uhr) kann man an einer Stadtführung mit dem Boot teilnehmen (Liegeplatz am Ribji trg Cankarjevo nabrežje nahe der Dreifachbrücke). Im Sommer finden täglich Stadtführungen auf Schusters Rappen statt (Treffpunkt ist das Rathaus, Mestni trg 1; im Winter wird die Führung nur sonntags um 11 Uhr durchgeführt, Sprachen: Slowenisch, Englisch, Italienisch). Die Touristeninformation organisiert nach Bedarf auch individuelle deutschsprachige Führungen.

Highlights Ljubljana

- **Prešernov trg** mit Denkmal, Kirche und Kaufhaus, S. 113
- **Plečniks drei Brücken** über die Ljubljanica und die **Kolonnaden,** S. 113
- **Altstadt** mit Mestni trg und Stari trg, S. 113
- Schloss **Ljubljanski grad,** S. 117
- **Nationalbibliothek,** S. 118
- Trg francoske revolucije mit **Palais Auersperg** und **Deutschherrenkloster,** S. 119
- **Nationalmuseum,** S. 121
- **Moderne Galerie,** S. 121
- **Nationalgalerie,** S. 121
- **Ethnografisches Museum,** S. 123
- **Friedhof Žale,** S. 124

Rund um den Prešernov trg

Der zentrale Platz Ljubljanas ist der Prešernov trg. Sein Namenspatron ist der berühmte Landesdichter *Prešeren.* An ihn erinnert auch das **Denkmal** in der Mitte, ein beliebter Treffpunkt der Jugend des Landes, die sich gern mit dem Bronzemann im Hintergrund ablichten lässt. Der Prešernov trg befindet sich am Schnittpunkt der alten Landstraßen. Im Süden des Platzes, eingerahmt von der Straße Wolfova und dem Ufer, steht das **Šmalc-Haus,** reich geschmückt im Sezessionsstil. Dominiert wird die Anlage von der **Franziskanerkirche** Mariä Verkündung (Cerkev Marijinega oznanjenja) aus den Jahren 1646 bis 1660. Die Treppe stammt aus dem 19. Jahrhundert.

Etwas zurückversetzt befindet sich das viel fotografierte **Kaufhaus** (Urbanc-Haus) mit einem eleganten Jugendstileingang, der allerdings mehr verspricht, als innen gehalten werden kann. Das Sortiment ist etwas kärglich. Die dreispännige **Tromostovje-Brücke** über die Ljubljanica wurde in der heutigen Form von *Plečnik* geschaffen. 1842 errichtete man den mittleren Teil, Plečnik fügte die Nebenbrücken 1929 und 1930 hinzu und sorgte für die Gerbertreppen (Gerberjevo stopnišče) zum Wasser hinunter.

033 sl Foto: sk

Plečnik schuf auch die Lampenkonsolen der Brücken über die Ljubljanica

In der Altstadt

Rund ums Rathaus

Auf den Brücken herrscht immer reger Verkehr, die Menschen eilen von der Neustadt in die Altstadt. Schließt man sich ihnen an, sieht man linker Hand die Marktstände und **Kolonnaden,** ebenfalls ein Werk Plečniks. Am Ende der Tromostovje-Brücke befindet sich im **Palais Kresija** die **Touristeninformation TIC,** gegenüber das Palais Filip. Zwischen beiden hindurchgehend, nimmt man eine Zeitreise ins barocke Ljubljana vor: Am **Mestni trg,** dem Stadtplatz (eigentlich mehr eine Straße und Beginn der Fußgängerzone), steht vor dem Rathaus mit seinem Uhrturm und der Loggia aus dem Beginn des 18. Jahrhunderts der üppige **Brunnen** der drei Krainer Flüsse (Vod-

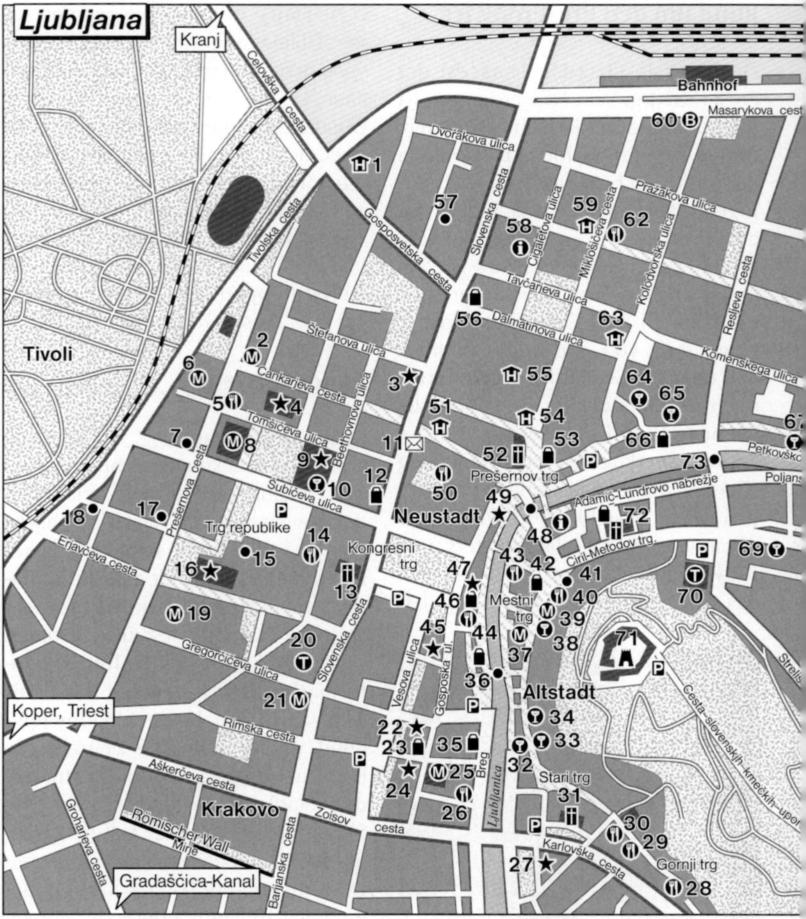

- 1 Hotel Lev Inter-Continental
- 2 Nationalgalerie
- 3 Nebotičnik
- 4 Landesoper
- 5 Restaurant Pen Club
- 6 Moderne Galerie
- 7 Deutsche Botschaft
- 8 Nationalmuseum
- 9 Parlamentsgebäude
- 10 Gajo Jazz Klub
- 11 Hauptpost
- 12 Buchhandl. Mladinska Knjiga
- 13 Ursulinenkirche
- 14 Maxim
- 15 Schweizer Botschaft
- 16 Cankarjev Dom
- 17 Österreichische Botschaft
- 18 Internet-Café E-LIFE

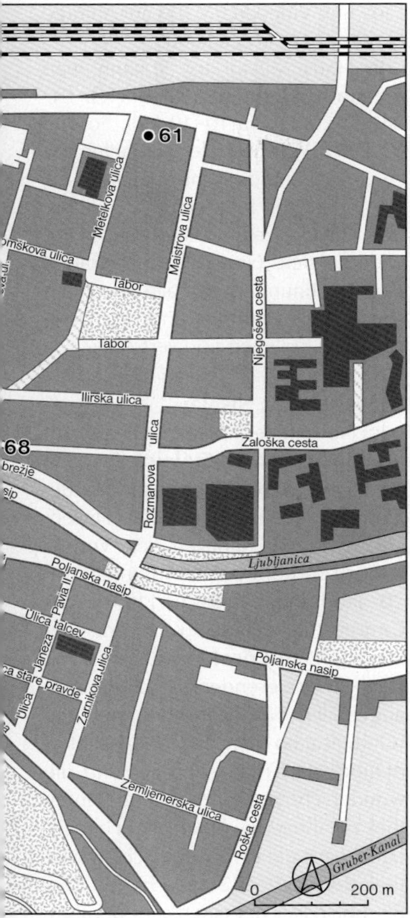

19 Archäologisches Freilichtmuseum
20 Nationaltheater für Dramen
21 Jakopič-Galerie
★ 22 Universitätsbibliothek
23 Kartenhandlung Kod & Kom
★ 24 Križanke
25 Stadtmuseum
26 Restaurant Pri Vitezu

★ 27 Gruber-Palais
28 Restaurant Taverna
29 Restaurants Pri Sv. Florijanu, Moro
30 Restaurant Špajza
31 Sv. Jakob
32 Bar Romeo
33 Bar Julija
34 Bar Nostalgija
35 Souvenirs Skrina
36 Boutique Cliché,
• Schusterbrücke
37 Slowenisches Theatermuseum
38 Bar Minimal
39 Stadtgalerie
40 Rotovž
• 41 Rathaus
42 Antiquariat Trubarjev
43 Zlata ribica
44 Dvor
★ 45 Universität
46 Boutique Vodeb
★ 47 Philharmonie
48 Palais Kresija/Informationsbüro
★ 49 Šmalc-Haus,
• Tromostovje-Brücke
50 Restaurant As
51 Hotel Slon
52 Franziskanerkirche
53 Kaufhaus
54 Hotel Union
55 Hotel Holyday Inn
56 Weinhandlung Vino boutique
• 57 Internet-Café Klub K4
58 Alpenverein
59 Hotel Astra
60 Busstation
• 61 Ehemalies Kasernengelände, Jugendherberge Celiva, Discos
62 Monroe
63 Hotel City
64 Patrick's Irish Pub
65 Salon
66 Boutique Boben
67 Birdland Jazzclub
• 68 Internet-Café Čerin
69 Alamut
70 Marionettentheater
71 Schloss
72 Markt, Sv. Nikolaja
• 73 Drachenbrücke

034 sl Foto: sk

In die Renovierung der Kirchen ist seit der Unabhängigkeit viel Geld geflossen

njak treh kranjskih rek) von 1752 - Symbol der Ljubljanica, Sava (ehemals Save) und Krka (ehemals Gurk), ein Meisterwerk von *Francisco Robba*. Ein Blick in den **Innenhof des Rathauses** lohnt sich. In einer Ecke steht ein Brunnen, der Narziss darstellt. Meist ist der Arkadenhof mit Blumen reich geschmückt.

Dem Rathaus gegenüber, Mestni trg 17, im Rakovec-Haus (in dem einst *Prešeren* ein paar Jahre lebte) ist das **Slowenische Theatermuseum** untergebracht (Tel. 01-241 58 00, Mo–Fr 10–13 Uhr). Es dokumentiert die Geschichte des slowenischen Theaters und verfügt über ein umfangreiches Film- und Videoarchiv, das auf Anfrage eingesehen werden kann.

In Haus Mestni trg 5 kann man die **Stadtgalerie** besuchen (Tel. 01-241 17 70, Di–Sa 10–19 Uhr, So 10–13 Uhr). Wechselnde Ausstellungen zeigen zeitgenössische Arbeiten slowenischer und internationaler bildender Künstler, eine Dauerausstellung widmet sich Grafiken, Lithografien und Zeichnungen; fast alle wichtigen slowenischen Künstler und viele internationale Kollegen sind vertreten.

Domkirche Sv. Nikolaj

Im Norden des Mestni trg liegen der **Marktplatz** und die **Stolnica** (Domkirche) **Sveti Nikolaj.** Sie entstand zu Beginn des 18. Jahrhunderts als Hallenkriche mit zwei Kapellen, dem Vorbild Il Gesù in Rom nachempfunden. Im 20. Jahrhundert entwarf Plečnik das Chorgestühl und die Kathedra. Der Eingang zum **Priesterseminar** ist mit seinen flankierenden Giganten sehr augenfällig. Nur nach Voranmeldung (Organisation über die Touristeninformation) darf man eintreten und die wunderschöne, holzgetäfelte Bibliothek mit ihrer Gewölbemalerei besichtigen, einst die erste öffentliche Bibliothek der Stadt, 1721 geschaffen. Das Bischofspalais hat einen sehr berühmten Arkadenhof und beherbergte gekrönte Häupter aus ganz Europa.

Rund um Sv. Jakob

Der Mestni trg ist eher eine Straße denn ein Platz und geht in den **Stari trg** (Alten Platz) über, ebenfalls sehr langgezogen und mit Läden und Kneipen reich gesegnet. Der Stari trg endet an der Kirche Sv. Jakob, wo der **Gornji trg** beginnt, eine der ersten Adressen für gutes Speisen in der Stadt. In der Kirche beachte man die Deckenmedaillons und die achteckige Kapelle von 1721.

Gegenüber der Hauptstraße dominiert das **Gruber-Palais,** das heutige Staatsarchiv, die Szenerie. Das Treppenhaus des ausklingenden 18. Jahrhunderts ist reich mit Stuck verziert und besitzt eine bemalte Kuppel. Vom Gornji trg aus kann man zu Fuß den Schlossberg erklimmen.

Schlossberg

Die Anfahrt zum **Schloss** geschieht im Norden über Poljanska cesta und Streliška ulica oder mit der Touristenbahn vom Prešeren-Platz aus. Ein Besuch lohnt sich besonders am Morgen, wenn man beim Blick über Ljubljana die Sonne im Rücken hat. Ein Spaziergang durch die ausgedehnten wehrtechnischen Anlagen ist empfehlenswert, ebenso der Besuch der restaurierten Kapelle. Das **Schlossmuseum** (tgl. 10–19 Uhr im Winter, sonst 10–21 Uhr, Tel. 01-232 99 94, www.e-ljubljana.si) zeigt einen virtuellen Rundgang durch verschiedene historische Epochen Ljubljanas. Man kann sich alleine vergnügen oder bei einer Führung kenntnisreich durch Ljubljanas Geschichte leiten lassen.

Das Schloss ist das dritte Bauwerk, das auf dem Berg entstand. Jedes Mal wurde der Vorläufer vollständig abgetragen. Der heutige Bau wurde im 16. und 17. Jahrhundert errichtet, erst 1848 kam der Turm hinzu. Wegen der zunehmenden Bedeutungslosigkeit solcher Festungsbauwerke wandelte man die Anlage im 19. Jahrhundert zur Strafanstalt um. 1905 übernahm sie die Stadtverwaltung.

Verlässt man den Schlossberg auf der nördlichen Seite, kommt man zur **Drachenbrücke** (Zmajski most), ebenfalls ein Bauwerk Plečniks und eines der schönsten. Der Drache (vier schmücken die Brücke) ist das inoffizielle Wahrzeichen Ljubljanas.

Vor der Brücke, am Krekov trg 2, befindet sich das **Marionettentheater** (Tel. 01-300 09 70, Mo–Fr 10–12 Uhr nach Voranmeldung). Neben der Besichtigung der Puppen kann man auch Vorstellungen besuchen (z.B. Doctor Faustus). Theater und Ausstellung gehen vornehmlich auf *Milan Klemenčič* zurück, den Doyen der slowenischen Kinderverzauberer.

In der Neustadt

Am Kongresni trg

Von Plečnik stammt auch die **Schusterbrücke** (Čevljarski most) stromaufwärts. Bereits im 13. Jahrhundert verband hier die **Metzgerbrücke** das Zentrum der Stadt mit dem Umland. Heute gelangt man über sie zur **Philharmonie,** errichtet zwischen 1888 und 1891 am Kongresni trg. Das früher an dieser Stelle errichtete Theater aus dem 18. Jahrhundert war ein Opfer der Flammen geworden. Ljubljanas musikalische Tradition reicht weit zurück und die philharmonische Gesellschaft gehört zu den ältesten der Welt mit Mitgliedern wie *Haydn, Beethoven* und *Brahms. Gustav Mahler* dirigierte 1881/82 in Laibach.

Mitten auf dem Kongresni trg leuchtet eine goldene Figur von ihrem Sockel hinunter - der römische **„Bürger von Emona"**, eine Replik, das Original befindet sich im Museum. Auf der anderen Seite dominiert die **Ursulinenkirche zur Heiligen Dreifaltigkeit** von 1718 mit ihrer venezianisch beeinflussten barocken Pracht (Cerkev Svete Trojice). Der Treppenaufgang wurde von Plečnik neu geschaffen und der Meister veranlasste auch, dass die Dreifaltigkeitssäule (die ursprünglich in Ajdovščina stand) vor der Kirche aufgestellt wurde.

Neben der Kirche informiert das **Slowenische Schulmuseum** (Plečnikov trg 1, Tel. 01-251 30 24, Mo-Fr 9-13 Uhr, 15.7.-15.8. geschl.) in den ehemaligen Räumlichkeiten der historischen Ursulinenschule über das Schulwesen des Landes, das über Jahrhunderte hinweg von deutscher Sprache und deutschen Lehrern geprägt war.

Universitätsviertel

Südlich des Kongresni trg residiert die **Universität** (1896 nach dem großen Erbeben im Neo-Renaissance-Stil als Sitz des Landeshauptmannes erbaut) mit heute fast 40.000 Studenten.

035 sl Foto: sk

Die Universitätsbibliothek gilt als eines der Meisterwerke Plečniks

Noch ein Stück weiter ist die **Nationale und Universitätsbibliothek** (1936-41) unbedingt einen Besuch wert. Schon die Fassade dieses wichtigsten Werkes von Plečnik beeindruckt - erklärtermaßen wurden nur heimische Materialien wie der gräuliche Kalkstein aus dem Karst verwendet und anders als sonst arbeitete Plecnik hier nicht verspielt, sondern mit der strengen Eleganz klarer Linien. Der Treppenaufgang im Inneren ist wuchtig in schwarzem Stein gehalten, das Peristyl schmückt sich mit den geliebten Säulen, 32 an der Zahl, und führt zum Lesesaal, der zum Studium der Bücher geradezu einlädt. Eineinhalbmillionen Schriften finden sich im Fundus, neben Periodika auch Handschriften, Notenblätter und Karten in jeweils eigenen Sammlungen. An das Gebäude schließt sich ein kleiner Gedenkpark an den Dichter *S. Gregorčič* mit Pergola und Denkmal an.

Im östlich angrenzenden Block steht das Gebäude der 1938 gegründeten **Akademie der Kunst und Wissenschaften.** Interessant ist der Hof des Spätbarockbaus. In ihm wurden 323 Gräber mit Urnen aus der Hallstatt-Periode ausgegraben (12./11. Jahrhundert v.u.Z.).

Südlich der Universitätsbibliothek liegt der Trg francoske revolucije, der Platz der Französischen Revolution. Hier ist das **Križanke** zu finden, das **Kloster der Deutschordensritter,** das auf das Jahr 1200 zurückgeht, in seiner Geschichte aber mehrfach umgebaut wurde. Renaissance und Barock hatten ihre Finger im Spiel und schließlich natürlich Plečnik, der einen Teil des Klosters in ein Sommertheater verwandelte (Tel. 01-2526544, Mo–Fr 9–16 Uhr). Von dem Stararchitekten stammt auch die **Illyrische Säule** (1929) am Platz, die die Illyrischen Provinzen Napoleons und damit das Erwachen einer nationalen slowenischen Idee im Bewusstsein der Slowenen halten soll.

Ein Stück östlich steht an der nächsten Ecke das **Stadtmuseum** im Palais Auersperg (Gosposka ulica 15, Tel. 01-426 35 74, zurzeit wg. Renovierung geschlossen, ab Ende 2002 Mo–Fr 9–18 Uhr, Sa/So 9–15 Uhr). Die Geschichte des Palais reicht bis ins Jahr 1524 zurück. Es kam bereits 1575 in Besitz derer *von Auersperg* und blieb bis zum Verkauf an die Stadt Ljubljana 1927 in ihren Händen. 1935 öffnete das Museum seine Pforten und zeigt seitdem alles Erdenkliche zur Stadtgeschichte.

Krakovo-Viertel

Südwestlich des Platzes der Französischen Revolution und durch das alte Fischerviertel Krakovo mit seinen niedrigen, dörfliche Atmosphäre verströmenden Häuschen hindurch erreicht man den **Römischen Wall,** der ein gutes Stück dem Verlauf der Mirje ulica folgt und von einem Park gesäumt ist. An der Verlängerung der Mauer nach Osten liegt der **Jakopič-Garten,** ein Freilichtmuseum mit Ausgrabungen des römisch-antiken Emona (Mirje 4, Tel. 01-251 40 25, April bis Oktober bei Tageslicht geöffnet, Eintritt frei). Hausfundamente und Mosaike künden von hehrer Zeit, Haustechnik wie Fußbodenheizungen wurde ebenso ausgegraben.

Südlich des Gradaščica-Kanals

Einen Block weiter südlich durchzieht der pittoreske Gradaščica-Kanal die Stadt und trennt das Krakovo- vom Trnovo-Viertel. Die **Trnovo-Brücke** von Plečnik verbindet die weidenbestandenen Ufer. In Trnovo steht die **Kirche St. Johannes der Täufer** von 1855 im historisierenden Stil, 1895 nach dem Erdbeben mit neoromanischen Stilmerkmalen versehen.

Hinter der Kirche liegt versteckt eine Nebenstelle des **Architekturmuseums.** Es residiert in dem Haus, in dem Plečnik von 1921 bis 1957 lebte und arbeitete und beherbergt die **Plečnik-Sammlung** (Karunova ulica 4, Tel. 01-

280 16 00, Di/Do 10–14 Uhr oder nach Absprache; das Haus hat auch ein Archiv, das die restlichen Wochentage 10–14 Uhr offen steht). Von besonderem Interesse sind natürlich die Arbeitsräume, die original erhalten sind.

Folgt man dem nördlichen Ufer des Kanals Gradaščica Richtung Westen bis zum Freibad Kopališče und biegt in die Langusova ulica ein, erreicht man bei Haus Nummer 9 das in Privatbesitz befindliche **Straßenbahnmuseum** (Tel. 01-252 75 40, nur nach vorheriger Anmeldung, Eintritt frei) mit zwei Triebwagen aus der Mitte des 20. Jahrhunderts.

Ein weiteres sehr spezielles Museum lockt nicht nur Raucher, sondern auch an Industriearchitektur Interessierte nördlich auf das Gelände der Tabakfabrik Tobačna Ljubljana d.d. an der Tržaška cesta (Ecke Tivolska cesta): das städtische **Tabakmuseum** (Tobačna ulica 5, Tel. 01-425 52 17, jeden 1. Mittwoch und 3. Donnerstag im Monat 10–18 Uhr, Eintritt frei). Thema sind die Verarbeitung und Verwendung des Tabaks von den Anfängen bis heute, die Geschichte der Fabrik und die Arbeits- und Lebensbedingungen der Arbeiterinnen. Spannend ist aber nicht nur die Dokumentation frühindustrieller Produktion in Slowenien, sondern auch die Architektur der zwischen Eisenbahntrassen gesetzten Fabrik aus der zweiten Hälfte des 19. Jahrhunderts.

Südlich des Kanals Gradaščica zweigt von der Ljubljanica der Gruber-Kanal ab und macht die Altstadt mit dem Burgberg zur Insel. Östlich des Abzweigs am jenseitigen Ufer erstreckt sich der **Botanische Garten** (Ižanska cesta 15, Tel. 01-427 12 80, 1.4.–31.10. 7–19 Uhr, 1.11.–30.3. 7–17 Uhr, Eintritt frei). Er wurde 1810 gegründet und in ihm wachsen heute mehr als 4500 Arten. Ein Drittel sind slowenische Pflanzen, der Rest Gewächse aus aller Welt.

Rund um den Trg republike

Die Hauptverkehrsstraße des Zentrums ist die **Slovenska cesta** und wer einen Parklatz sucht, wird diese Achse unweigerlich mehrmals befahren. Auf ihr verlässt man die Stadt nach Norden, Osten und Westen, ins Gebirge und ans Meer und um sie herum liegen ältere und neuere sehenswerte Gebäude und Einrichtungen. Das **Nationaltheater für Dramen** wurde 1909 bis 1911 von *Alexander Graf* geschaffen. Unweit davon kann man in der **Jakopič-Galerie** (Slovenska cesta 9, Tel. 01-425 23 93, Mo–Sa 10–18 Uhr, So 10–13 Uhr, Eintritt frei), einer weiteren Außenstelle des Architekturmuseums, allerlei zur grafischen Gestaltung von Druckerzeugnissen sehen.

Nordwestlich vom Nationaltheater liegt am Platz der Republik (dem größten der Stadt) hinter der Ursulinenkirche das moderne **Kultur- und Kongresszentrum** von Ljubljana **Cankarjev Dom** mit diversen Veranstaltungssälen und zwei Galerien (Prešernova cesta 10, Tel. 01-241 71 00, Di–Sa 10–19 Uhr, So 10–14 Uhr, Eintritt frei).

Hinter dem Zentrum jenseits der Erjačeva cesta sieht man bei der Grundschule OŠ Majde Vrhovnik ein **Archäologisches Freilichtmuseum** mit altchristlichen Ruinen aus dem 5. Jahrhundert - unter anderem einem achteckigen Taufbecken (Erjačeva 15, Tel. 01-251 40 25, April bis Oktober täglich bei Tageslicht, Eintritt frei). Am trg republike findet sich auch das **Parlamentsgebäude** von 1959 mit seinem wuchtigen, von Steinmetzen geschaffenem Portal.

Nationalmuseum

Jenseits des Parks der Nationalhelden (mit einer Gruft und einem Denkmal des Universalgelehrten *Valvasor*) öffnet das Nationalmuseum seine Tore (Prešernova cesta 20, Tel. 01-241 44 00, Di–So 10–18 Uhr, Do 10–20 Uhr). Das Gebäude entstand zwischen 1883 und 1885 im Neorenaissancestil bereits als Museumsbau und beherbergte das Landesmuseum Krain. Ab 1921 wurde es Nationalmuseum. Die Sammlung umfasst **Exponate aus allen Epochen** auf slowenischem Gebiet - von der Urgeschichte bis zur Jetztzeit. Eines ihrer Prunkstücke ist die berühmte „Situal von Vače", ein Bronzegefäß der Hallstatt-Periode, das mit interessanten Reliefs geschmückt ist. Sehenswert sind auch die bronzezeitlichen Funde aus dem Ljubljansko barje, dem Moorgebiet, in dem man Pfahlbaudörfer ausgegraben hat, sowie Münzen und Schmuck aus dem römischen Emona.

Im Gebäude sind auch eine Bibliothek (Mo–Fr 8–18 Uhr), eine grafische Abteilung (nach Voranmeldung), eine Münzsammlung und das **Naturkundemuseum** (Tel. 01-241 09 40, Di–So 10–18 Uhr, Do 10–20 Uhr) mit Dauerausstellungen zu Geologie, Paläontologie, diversen Tiersammlungen, einer Mineralienabteilung und einem kompletten Mammutskelett untergebracht.

Rund um das Hochhaus Nebotičnik

In dem nördlich sich anschließenden Straßenblock steht die **Landesoper** im Neorenaissancestil aus den Jahren 1890–92. Das Gebäude war bis 1911 Sitz des Deutschen und des Slowenischen Theaters; dann zog das Slowenische Theater in seine heutigen Räumlichkeiten, das Nationaltheater, um.

Westlich der Landesoper steht die **Moderne Galerie** (Tomiščeva ulica 14, Tel. 01-251 41 01, Di–Sa 10–18 Uhr, So 10–13 Uhr). Erbaut wurde sie zwischen 1939 und 1947 (mit kriegsbedingten Verzögerungen), um der aus allen Nähten platzenden Nationalgalerie Erleichterung zu verschaffen. Die Dauerausstellung widmet sich der slowenischen Kunst seit den Anfängen der Moderne, beginnend bei Impressionismus, Expressionismus und Symbolismus.

Die **Nationalgalerie** nördlich der Oper (Purharjeva ulica 9, Tel. 01-241 54 34, Di–So 10–18 Uhr) zeigt in ihrer Dauerausstellung slowenische Kunst vom Hochmittelalter bis zum Beginn der Moderne und allgemein Werke europäischer Maler. Besonders eindrucksvoll ist die mittelalterliche Sammlung mit ihren gotischen Skulpturen.

Kleinere Galerien in Ljubljana

- **Galerie Bežigrad,** Dunajska cesta 31, Tel. 01-436 69 57, Di–Sa 10–18 Uhr, Eintritt frei. Außenstelle der Stadtgalerie, die sich dem Unbekannteren widmet: Junge Künstler stellen aus, weniger bekannte Werke berühmterer Künstler kommen in die Räume und als drittes Standbein Installationskunst.
- **Dessa – Architekturzentrum,** Židovska steza 4, Tel. 01-251 60 10, Mo–Fr 10–15 Uhr, Eintritt frei. Architektonisch Herausragendes aus der ganzen Welt wird präsentiert.
- **Galerie Alu,** Erjačeva cesta 23, Tel. 01-251 27 26, geöffnet, wenn die Studenten ihre Examensarbeiten ausstellen oder nach Vereinbarung, Eintritt frei. Galerie der Akademie der bildenden Kunst mit einer Dauerausstellung.
- **Galerie Dic,** Poljanska cesta 26, Tel. 01-474 86 00, Mo–Fr 10–17 Uhr, Eintritt frei. Bekannte slowenische Künstler haben der Galerie eines Jugendheimes mehrere Werke vermacht.
- **Galerie Equrna,** Gregorčičeva ulica 3, Tel. 01-25 71 23, Mo–Fr 10–14 und 17–19 Uhr, Sa 10–13 Uhr, Eintritt frei. Die Galerie eines Zusammenschlusses slowenischer freischaffender Künstler.
- **Galerie Kapelica,** Kersnikova ulica 4, Tel. 01-431 70 10, Mo–Fr 10–17 Uhr, Eintritt frei. Ein Forum für Studenten und andere avantgardistische Künstler.
- **Galerie Škuc,** Stari trg 21, Tel. 01-421 31 40, Di–So 12–20 Uhr, Eintritt frei. Eine der ältesten unabhängigen Galerien des Landes.
- **Galerie Zdslu,** Komenskega ulica 8, Tel. 01-433 03 80, Mo–Fr 10–18 Uhr, Eintritt frei. Galerie des Verbandes slowenischer Künstler, der sehr stark den Nachwuchs fördert.
- **Galerie Stane Kregar,** Zadov sv. Stanislava Štula 23, Tel. 01-582 22 00, Mo–Fr 9–15 Uhr, Sa/So 9–18 Uhr, Eintritt frei. Dem Maler *Kregar* gewidmete Galerie, die sein Schaffen als Vorreiter der slowenischen Kunst dokumentiert.

Direkt an der Slovenska ulica Ecke Štefanova ulica steht das älteste **Hochhaus** Ljubljanas – **Nebotičnik,** „Wolkenkratzer", genannt und 1933 von *Vladimir Šubic* geplant. Ein Blick hinein auf das Treppenhaus lohnt, wo sich die Stufen einfach-elegant den Turm hinaufkreiseln. Oben angekommen, konnte man einst Kaffee trinken und den Blick über die Stadt und auf das Schloss, am späten Abend in der Disco auf die Damen der Nacht genießen. Zur Zeit ist im Nebotičnik alles geschlossen und keiner weiß, wie es dem Himmel nahe weiter geht.

Im Tivoli-Park

Westlich an das Zentrum schließen die großzügigen Flächen des Tivoli Parks an, durchaus noch zu Fuß zu erreichen. Man geht, das **Tivoli-Schloss** vor Augen, die Cankarjeva cesta entlang (Verlängerung der Čopova ulica vom Prešernov trg), kreuzt die Ringstraße des Parks und die Eisenbahn durch eine Unterführung und folgt der Jakopič-Promenade, geschmückt mit Kandelabern von Plečnik. Das Schloss geht auf den Beginn des 17. Jahrhunderts zurück, wurde aber immer wieder verändert und dem Zeitgeschmack angepasst. Es beherbergt das **Internationale Zentrum für Kunstgrafik** (Pod turnom 3, Tel. 01-241 38 00, Di–So 11–18 Uhr) mit Ausstellungen einheimischer und ausländischer Grafiker (mit dem Auto gelangt man über den Parkplatz der Sporthalle Tivoli zum Schloss).

Im nordöstlichen Teil des Parks steht das **Cekin-Schloss** mit dem **Museum für Neuere Geschichte** (Celovška cesta 23, Tel. 01-300 96 10, Di–So 10–18 Uhr). Die Dauerausstellung umfasst Wissens- und Sehenswertes zu bedeutenden Slowenen des 20. Jahrhunderts.

Im südwestlichen Teil des Parks erstreckt sich auf 45 Hektar der **Zoo** (Večna pot, Tel. 01-256 67 66, Di–So 9–19 Uhr im Sommer, 9–16 Uhr im Winter). In ihm leben über 100 Arten (etwa 750 Tiere).

Östlich des Tivoli-Parks an der Celovška cesta stehen unübersehbar die Gebäude der Union Brauerei. In der ehemaligen Salzdarre öffnet jeden ersten Dienstag im Monat (8–13 Uhr) das **Brauerei-Museum** seine Pforten (Pivovarniška ulica 2, Tel. 01-471 73 40). Neben dem Rundgang durch die Produktion und einer Videovorführung darf man auch verschiedene Biersorten probieren und sich von der Qualität slowenischer Biere überzeugen.

Außerhalb des Zentrums

Schloss Fužine

Weit außerhalb an der **Ljubljanica** im Osten liegt im gleichnamigen Stadtteil das Schloss Fužine. Es ist der zentrale Standort des **Architekturmuseums** (zu dem auch die Außenstelle in dem einstigen Wohnhaus Plečniks gehört). Das Schloss (Studenec 2a, Tel. 01-540 97 98, Mo–Fr 10–14 Uhr) stammt aus den Jahren zwischen 1528 und 1557. Fast rechteckig, besitzt das Gebäude im italienischen Renaissancestil vier Ecktürme und einen Turm am Eingang. Wechselnde Ausstellungen behandeln Themen wie Industriedesign im 20. Jahrhundert oder Slowenische Architektur des 17. Jahrhunderts.

Gaswerk-Museum und Sv. Frančišek

Über die Celovška cesta und die Litostrojska cesta kommt man im Stadtteil **Šiška** zu den Stadtwerken mit ihrem kleinen Gaswerk-Museum zur stadtgeschichtlichen Entwicklung all dessen, was mit diesem Energieträger zu tun hat (Verovškova ulica 70, Tel. 01-588 90 00, nur nach Voranmeldung, Eintritt frei).

Ebenfalls in Šiška steht die **Kirche St. Franziskus** von Plečnik (über die Celovška cesta, Dronikova ulica und Verovškova ulica erreichbar). Am weithin sichtbaren klassizistischen Glockenturm – der erst fünf Jahre nach der Kirche fertig wurde – kann man sich gut orientieren.

Eisenbahnmuseum

Eisenbahnfans finden gleich nordwestlich des Bahnhofs zehn der wertvollsten **Lokomotiven** der Slowenischen Staatsbahnen und eine Menge anderer Exponate im Eisenbahnmuseum an der Parmova ulica 35 (Tel. 01-291 26 41, Mo–Do 9–13 Uhr, im Winter Do 9–16 Uhr).

Ethnografisches Museum

Im Stadtteil **Šempeter** an der Metelkova ulica 2 befindet sich das Slowenische Ethnografische Museum (Tel. 01-241 09 40, Di–So 10–18 Uhr). Die Dauerausstellung umfasst hauptsächlich in den 1950er Jahren in Feldstudien gesammelte Exponate über das **bäuerliche Leben** in Slowenien und wirft einen interessanten Blick auf die slowenische Alltagskultur und auf bäuerlichen Hausrat und Kleidung, die heute von der Moderne fast völlig verdrängt sind. Der Fundus enthält auch von Missionaren und Reisenden gesammelte Gegenstände aus aller Welt.

Friedhof Žale

Im Nordosten des Zentrums über die Dunajska cesta und Linhartova cesta erreicht man einen der absoluten Höhepunkte für Jünger des Architekten **Plečnik,** den Friedhof Žale, vollständig und in sich stimmig 1938–40 vom Meister konzipiert. Durch einen Triumphbogen betritt man das Reich des Jenseits und befindet sich zwischen reich geschmückten Totenkapellen aus in der Sonne gleißendem Gestein.

036 sl Foto: sk

In der Umgebung

Ausflugsziele im Norden der Stadt

XII/A-B1

Unweit der Stadt im Norden Richtung Kranj kommt man bei der zweiten Autobahnabfahrt nach Šmartno und **Tacen.** Die Kirche auf dem 669 m hohen Hügel **Šmarna Gora** lädt schon von Weitem zu einer kleinen Wanderung ein. 30 bis 60 Minuten je nach Weg dauert es zur Wallfahrtskirche von 1711/12 mit Fresken von 1846/47. Jedes Jahr in der ersten Oktoberwoche findet hier ein vom ganzen Land begeistert besuchter Marathonlauf den Hügel hinauf statt (damit sich die Kleinen nicht benachteiligt fühlen, gibt es eine eigene Strecke für Kinder).

Zu Füßen der Šmarna Gora befindet sich in Tacen ein polizeiliches Ausbildungszentrum. Dort wird im **Kriminal- und Polizeimuseum** über die neuesten Entwicklungen im Bereich der Vermögens- und Kapitalverbrechen informiert (Rocenska ulica 56, Tel. 01-519 36 99, Mo–Fr 8–15 Uhr nur nach Voranmeldung, Eintritt frei).

Folgt man der Straße weiter an den Ufern der Sava flussaufwärts, verbreitert sich der Fluss zum **See Zbilje.** Campingplatz (⇦Praktische Tipps), Hotel, Bootsverleih und viele Möglichkeit zum Wandern machen aus der Gegend ein lohnendes Urlaubsziel.

Beim nahen **Smlednik** lohnt es sich, einen Waldweg zur Alten Burgruine hinaufzufahren (2 km) und von dort aus Wanderungen zu unternehmen (u.a. zu diversen Partisanenverstecken). Erfrischungen und kleine Mahlzeiten verkauft im Sommer der Kiosk an der Burg. Wer das Auto stehen lassen will, nimmt bei Smlednik den Kreuzweg den Berg hinauf.

Hält man sich nach der Abfahrt von der Autobahn Richtung Osten, kommt man gleich nach Gameljne. Im Ort geht es nach **Rašica** ab. In den Wäldern lässt es sich gut wandern (was viele Ljubljaner am Wochenende auch ausgiebig wahrnehmen). Auf dem Berg **Vrh S. Kosca** (641 m) steht zum Gedenken an das Kamniker Partisanenbataillon im Zweiten Weltkrieg ein Aussichtsturm.

Moorgebiete

↖ XII/A-B2

Südlich der Stadt in dem Moorgebiet Ljubljansko barje im Dorf **Črna vas** (wo man noch heute die Häuser auf lange Pfähle gründen muss) ließ Plečnik 1936–39 die **Kirche St. Michael** (Cerkev sv. Mihaela) errichten, ein seltsames Bauwerk, das unter Zuhilfenahme von Betonröhren der gleichen Art erbaut wurde, die auch die städtische Kanalisationsbehörde benutzt.

Das Moor ist bekannt für seine seltenen Pflanzenarten, im Frühling sprießen beiderseits der Straßen auf den **Feuchtwiesen** Sumpftulpen, und Vogelbeobachter finden ein Eldorado vor. Die Moorgebiete im Süden Ljubljanas sind nicht zuletzt dafür verantwortlich, dass die Stadt nur Richtung Norden und Osten wächst (im Westen setzt die Hügelwelt dem Expansionsdrang Grenzen).

Schloss Krumperk und Železna-Höhle

↖ XII/B1

Nimmt man auf der Autobahn Richtung Celje die Abfahrt **Domžale** und folgt den Schildern zum Schloss Krumperk, kommt man zu der Burg aus dem 16. Jahrhundert. Sie ist heute wieder in Privatbesitz und nicht zugänglich, doch in der Meierei ist eine Pferdezucht und ein Pferdeverleih ansässig. Nur 500 m weiter liegen bei einer Gaststätte die Železna-Höhle und ein kleines Museum. Die Höhle ist 60 m lang, Führungen finden sonntags um 14 und 15 Uhr statt.

- **Železna jama,** Gorjuša Dob, Domžale, Tel. 01-724 15 77, 040-64 63 63.

Karthäuserkloster Bistra

↖ XII/A2

22 km von Ljubljana über die Autobahn Richtung Postojna erreicht man bei Vrhnika abfahrend beim Ort Bistra das gleichnamige ehemalige Karthäuserkloster. Hier entspringen mehrere Quellen der Ljubljanica. In den Klostergebäuden befindet sich heute das **Technische Museum** des Landes. Das Kloster geht auf den Beginn des 13. Jahrhunderts zurück. 1782 löste man es auf und endgültig säkularisiert baute es 1826 ein Kaufmann zum Schloss um. 1947 übernahm der Staat

Den Friedhof Žale kann man durchaus als Gesamtkunstwerk bezeichnen

das Schloss und bei Gründung des Technischen Museums 1951 wurde es dessen Hauptsitz. Das Museum thematisiert diverse technische Bereiche, u.a. **Forst- und Landwirtschaft, Verkehr** und **Elektrotechnik.** Dioramen, Modelle und echte Werkstätten, in denen Kunsthandwerker alte Traditionen pflegen, machen einen Besuch interessant.

• **Tehniški muzej slovenije,** Bistra, 1353 Borovnica, Tel. 01-750 66 70, www.tms.si, Di–Fr 8–16 Uhr, Sa 9–17 Uhr, So 10–18 Uhr.

Praktische Tipps

Informationen

• **TIC Ljubljana,** Stritarjeva, 1000 Ljubljana, Tel. 01-306 12 15, Fax 01-306 12 04, tic@ljubljana-tourism.si, www.ljubljana-tourism.si, 1.6.–30.9. Mo–Fr 8–20 Uhr, Sa/So 10–18 Uhr, 1.10.–31.5. Mo–Fr 8–19 Uhr, Sa/So 10–18 Uhr.

• **Touristeninformation Bahnhof,** Trg Osvobodilne fronte 6, Tel. 01-433 94 75, 1.6.–30.9. täglich 8–22 Uhr, 1.10.–31.5. Mo–Fr 10–19 Uhr.

• **Slovenska turistična organizacija** (Slowenische Zentrale für Tourismus), Dunajska 156, 1000 Ljubljana, Tel. 01-589 18 40, Fax 01-589 18 41, info@slovenia-tourism.si, www.slovenia-tourism.si.

Service

Post

• **Hauptpost** für postlagernde Sendungen: Slovenska cesta 32, Tel. 01-243 19 93, Mo–Fr 7–20 Uhr, Sa 7–13 Uhr.

• **Post** für Warenversand ins Ausland: Trg Osvobodilne fronte 5, Tel. 01-239 10 34. 24 Stunden offen für Telegramme, Briefe und Telefongespräche bzw. Faxe.

Telefonieren

Telefonzellen verschwinden auch in den großen Städten Sloweniens immer mehr – man trägt sein Funktelefon am Körper. Telefonate sind in der **Hauptpost** und 24 Stunden in der **Post** am Trg Osvobodilne fronte (s.o.) möglich. Die verbliebenen Telefonzellen funktionieren nicht mit Münzen, sondern mit Karten (in der Post und den Tabakläden erhältlich).

Geldwechsel

Umtausch von Valuta ist in allen **Banken** zu den üblichen Geschäftszeiten möglich. Eine **Wechselstube** ist am Bahnhof bei der Informationsstelle zu finden (tgl. 6–22 Uhr). Eine weitere Wechselstelle ist am Busbahnhof.

Kreditkarten

• **American Express,** Trubarjeva 50, Tel. 01-438 08 50.

• **Diners,** World Trade Center, Dunajska 129, Tel. 01-589 61 11.

• **Mastercard,** Nova Ljubljanska banka, Trg republike 2, Tel. 01-425 01 55.

• **VISA,** A banka, Slovenska 58, Tel. 01-471 81 51.

Zeitungen

In der Saison findet man an fast allen **Kiosken** deutschsprachige Zeitungen, außerhalb der Reisezeit jedoch meist nur am **Bahnhof** und in den Läden der großen **Hotels.**

Internet-Cafés

• **E-LIFE,** Rimska cesta 14, Tel. 01-425 67 86, http://elifeinternetcafe.iscool.net/. Ljubljanas schnellste Location für den Weg ins Netz.

• **Čerin Café,** Trubarjeva 52, Tel. 01-232 09 90, täglich 9–19 Uhr.

• **Klub K4,** Kersnikova 4, Tel. 01-431 70 10, Mo–Fr 9–21 Uhr während des Semesters.

• **Pr'semaforju,** Slovenska 5, Tel. 01-426 52 45, Mo–Fr 7–24 Uhr.

Gepäckaufbewahrungen

• **Busbahnhof,** 5.30–20.30 Uhr; **Bahnhof,** 0–24 Uhr; Preis: etwa 1 € pro Gepäckstück und 24 Stunden.

Virtueller Museumsbesuch in Ljubljana

- **Brauereimuseum:** www.pivo-union.si
- **Cankarjev Dom/Kultur- und Kongresszentrum:** www.cd-cc.si
- **Dessa-Architekturzentrum:** www2.arnes.si/~ljdessa1/index.html
- **Ethnografisches Museum:** www.etno-muzej.si
- **Galerie Kapelica:** www.kapelica.org
- **Internationales Zentrum für Kunstgrafik:** www.mglc-lj.org
- **Moderne Galerie:** www.mg-lj.si
- **Museum für Neuere Geschichte:** www.muzej-nz.si
- **Nationalgalerie:** www.ng-slo.si
- **Nationalmuseum:** www.narmuz-lj.si
- **Naturkundemuseum:** www2.pms-lj.si
- **Schulmuseum:** www.ssolski-muzej.si
- **Stadtgalerie:** www.mestna-galerija.si
- **Architekturmuseum:** www.arhmuz.com

Nützliche Adressen

- **Alpenverein/Planinska zveva,** Dvoržakova 9, Tel. 01-434 56 80, Fax 01-434 56 91, indo@pzs.si, www.pzs.si.
- **Alpenverein Ljubljana-Matica,** Miklošičeva 17, Tel. 01-231 26 45, Mo–Fr 8–13 Uhr, Mi auch 14–17 Uhr.
- **Fischereianstalt/Zavod za ribištvo,** Županičičeva 9, Tel. 01-424 34 00, Fax 01-244 34 05, miha.ivanc@guest.arnes.si, www2.arnes.si/guest/ljzavodrib6.
- **Flugvereinigung/Letalska zveva,** Tržaška cesta 2, Tel. 01-422 33 33, Fax 01-422 33 30, lzs@guest.arnes.si, www.lzs-zveva.si.
- **Pferdesportverband/Konjeniška zveva,** Celovška cesta 25, Tel. 01-434 72 65, Fax 01-433 32 28, www.slovenia-tourism.si/riding.
- **Tauchvereinigung/Potapljaška zveva,** Celovška cesta 25, Tel. 01-433 93 08, Fax 01-433 93 08, spz@uni-mb.si, www.spz.si/.

Parken

- **Zentrumsnahe Parkhäuser** gibt es in der Metelkova ulica Ecke Masarykova cesta, Trdinova ulica Ecke Miklošičeva cesta, Šubičeva ulica Ecke Valvasojeva cesta und Poljanski nasip Ecke Kopitarjeva ulica.
- **Parkflächen** sind in der Altstadt und im Zentrum vorhanden, aber bereits um 9 Uhr mehr oder weniger vollgestellt und man muss warten. Parkflächen haben meist eine Einfahrtsschranke, an der man automatisch ein Ticket erhält, bezahlt wird vor der Ausfahrt beim Parkwächter (der in seinem Häuschen sitzt).
- An mit einem **blauen Strich** gekennzeichneten Flächen muss man im Wagen von außen sichtbar einen Parkschein anbringen, auf den man die Ankunftszeit geschrieben hat (diese Scheine sind in Tabakläden, an Kiosken und Tankstellen erhältlich).

Tankstellen (24 Std.)

- Dunajska cesta 70, Dunajska cesta 130, Tivolska ulica 43, Celovška cesta 226, Tržaška cesta 130.

Notfälle

- **Polizei:** Tel. 113 (landesweit)
- **Unfallrettung:** Tel. 112 (landesweit)
- **Klinikcenter/Klinični center:** Zaloška 2-7, Tel. 01-522 50 50.
- **Zahnklinik/Stomatološka klinika:** Zaloška 2, Tel. 01-522 50 50, Mo–Sa 7–11 Uhr. Sonntags an das Zdravstveni dom center wenden, Metelkova 9, Tel. 01-472 37 00 (9–19 Uhr).
- **Apotheke:** Lekarna Miklošič, Miklošičeva ulica 24, Tel. 01-231 45 58, Notfallapotheke, 0–24 Uhr.
- **Fundstellen:** Städtische Verkehrsbetriebe, Celovška 160, Tel. 01-582 24 60; Bahnhof, Tel. 01-291 21 00.

Botschaften

- **Deutsche Botschaft:** Prešernova cesta 27, 1000 Ljubljana, Tel. 01-479 03 00, Fax 01-425 08 99, www.ljubljana.diplo.de.
- **Österreichische Botschaft:** Prešernova cesta 23, 1000 Ljubljana, Tel. 01-479 07 00, Fax 01-252 17 17, laibach-ob@bmaa.gv.at, www.austriantrade.si.
- **Schweizer Botschaft:** Trg republike 3/VI, 1000 Ljubljana, Tel. 01-200 86 40, Fax 01-200 86 69.

Autowerkstätten

- **Alfa Romeo, Fiat,** A-Cosmos, Celovška 182, Tel. 01-583 35 00.
- **Audi, Volkswagen, Seat, Porsche,** Bravničarjeva 5, Tel. 01-582 51 00.
- **BMW,** Celovška 258, Tel. 01-581 90 00.
- **Citroën, Hyundai, Lada, Škoda,** Avtomerkur, Samova 14, Tel. 01-432 21 12.
- **Ford,** Trzin, Ljubljanska 24, Trzin, Tel. 01-560 58 00.
- **Honda, Mercedes,** Vodovodna cesta 99, Tel. 01-530 94 95.
- **Nissan, Opel, Suzuki,** Avtotehna, Celovška 228, Tel. 01-581 85 10.
- **Peugeot,** Avtohiša, Tbilisijska 49, Tel. 01-200 73 20.
- **Renault,** Avtohiša, Tržaška 108, Tel. 01-200 05 50.
- **Subaru,** Pod hruševco 17, Vrhnika, Tel. 01-755 21 29.

Verkehr

Flüge

- **Charterflüge** führt die Firma Adria Airways Aviotaxi durch, 4000 Brnik, Tel. 04-236 34 60, www.adria.si. Wegen der geringen Größe des Landes gibt es praktisch keine regulären Inlandsflüge (Auslandsflüge ⇦„Vor der Reise"). Büros von **Adria Airways:** Gosposvetska cesta 6, Tel. 01-239 19 10, u. Trg republike 3, Tel. 01-244 19 40. Der Adria Airways Stadtterminal ist am Trg Osvobodilne fronte beim Busbahnhof.
- **Lufthansa,** Gosposvetska cesta 6, Tel. 01-434 72 46.
- **Austrian Airlines,** Dunajska cesta 156, Tel. 01-436 67 74.
- **Swiss/Crossair,** World Trade Center, Dunajska cesta 156, Tel. 01-569 10 10.
- **Flughafen:** Brnik, Tel. 04-206 19 81, Fax 04-202 12 20, info@lju-airport.si, www.lju-airport.si. Brnik befindet sich 23 km im Norden der Stadt und ist gut über die Autobahn erreichbar (Hinweisschilder Kranj). Der **Flughafenbus der Städt. Verkehrsbetriebe** braucht ca. 40 Min. (2,50 €) und fährt am Busbahnhof ab, Platz 28 am Trg Osvobodilne fronte (Mo–Fr 5.20 Uhr und dann ab 6.10 Uhr alle 60 Min., letzter Bus 20.10 Uhr, Sa/So erster Bus 6.10 Uhr, nächster 9.10 Uhr und dann alle 120 Min. bis 19.31 Uhr). Das **Adria Airways Shuttle** fährt vom Stadtterminal um 6.15, 8, 10, 12.15, 15.30, 16.30 und 22.30 Uhr ab (5 €); ein privat betriebenes **Supershuttle** klappert die Vier- und Fünf-Sterne Hotels ab (Abfahrten 6–22 Uhr auf den Flugplan abgestimmt, 12 €, Voranmeldung notwendig unter Tel. 040-88 77 66 oder 01-541 66 34). Mit dem **Taxi** kostet die Anfahrt etwa 25 €. Die Busse in die Stadt fahren abgestimmt auf den Flugplan.

Züge

Der **Bahnhof** befindet sich in zentrumsnaher Lage am Trg Osvobodilne fronte. Hier verkehren nationale und internationale Züge. Informationen erhält man vor Ort oder unter Tel. 01-291 33 32.

Fernbusse

Nationale und internationale Fernbuslinien fahren am **Busbahnhof** gegenüber dem Bahnhof am Trg Osvobodilne fronte 4 ab. Ticketverkauf und Information sind von 5.30 bis 21 Uhr geöffnet. Informationen Tel. 090-42 30.

Stadtbusse

Die zuständige Gesellschaft heißt **LPP** (Ljubljanski potniški promet) und hat ihren Sitz an der Celovška cesta 160 (wo man auch Dauerfahrkarten erhält). Eine einfache Fahrt kostet 160 SIT, die man exakt bereit halten muss, oder 115 SIT mit Jetons *(žeton),* die an Kiosken und bei Postämtern verkauft werden. Fünf Buslinien (1, 2, 3, 6, 11) verkehren durchgängig (im 5–20-Minuten-Takt werktags) bis auf die Zeit zwischen 0 und 3.15 Uhr. Die anderen Linien beginnen um 5 Uhr und beenden den Dienst um 22.30 Uhr (die Abstände zwischen den Bussen sind länger). Am Wochenende ist die Frequenz der Fahrten reduziert. Die von den Touristenbüros ausgegebenen Stadtpläne haben auf der Rückseite ein Wegstreckennetz.

Taxis

Im Zentrum gibt es mehrere **Standplätze:** vor den großen Hotels, am Rathaus, an der Dreifachbrücke und am Bahnhof. Bei der Zentrale kann man Fahrzeuge unter Tel. 01-9700 bis 9709 bestellen.

Mietwagen

Wer sich vor Ort ein Fahrzeug ausleiht, muss bedenken, dass er wesentlich mehr zahlen muss, als wenn er es schon von zu Hause aus zu speziellen Konditionen reserviert. Üblicherweise mieten nur Geschäftsleute kurzfristig Fahrzeuge – entsprechend wird zugelangt. Die international tätigen Firmen (Avis, Budget, Europcar, Hertz, National) sind gemeinhin teurer als nur national anbietende Unternehmen.

- **Avis,** Čufarjeva cesta 2, Tel. 01-430 80 10, Fax 01-430 80 14.
- **Europcar/ABC,** Flughafen Brnik, Tel. 04-236 79 90, Fax 04-206 16 69; Zentrum, Jožeta jame 16, Tel. 01-510 43 20, Fax 01-519 98 76.
- **Budget,** Miklošičeva 3, Tel. 01-421 73 40, Fax 01-421 73 44.
- **Golfturist,** Trdinova 3, Tel. 01-433 71 73, Fax 01-433 62 05.
- **Ines,** Mestni trg 9, Tel. 01-422 29 60, Fax 01-422 29 65.
- **Hertz/Kompas,** Dunajska 122, Tel. 01-530 53 80, Fax 01-530 54 08.
- **National,** Baragova 5, Tel. 01-588 44 50, Fax 01-588 44 52.
- **Unis,** Igriška 5, Tel. 01-425 00 08, Fax 01-425 93 00.

Fahrradverleih

Wer schnell vorankommen und keine Parkplatzsorgen haben will, kann im Sommer vor dem Café Maček und dem Pub Cutty Sark Fahrräder ausleihen (2,50 €/Std., 12 €/Tag), Informationen unter Tel. 041-69 65 15.

2003 startete die Stadtverwaltung ein Pilotprojekt mit zunächst kostenlosem Fahrradverleih. Verleihstationen sind Trubarjeva cesta vor dem Kaufhaus Centromerkur, Plečnikov trg vor dem Maximarket und der Bahnhof; die Kaution beträgt 1000 SIT, Personalausweis erforderlich.

Einkaufen

Lebensmittel

- Der **Hauptmarkt** befindet sich in der nördlichen Altstadt am Ufer der Ljubljanica am Vodnikov trg östlich der Kathedrale. Um 6 Uhr werden die Stände bestückt und einige Marktfrauen harren bis 17 Uhr aus (Schlusszeit ist offiziell 18 Uhr, im Winter 16 Uhr). Fisch wird in einem eigenen Bereich unterhalb der Plečnik-Kolonnaden verkauft, ebenso wie in der **Markthalle** am Pogarčarjev trg (dort auch Fleisch und Geflügel). Die kleinen Imbissläden und Cafés in den Kolonnaden sind empfehlenswert und werden auch von den Marktleuten gern genutzt.

Mode

In Ljubljana ist eine ausgeprägte Modeszene ansässig und entsprechend gibt es natürlich auch Designer, die in ihren Läden selbst Entworfenes anbieten.

- *Marta Vodeb* verkauft in der **Boutique Vodeb,** Jurčičev trg, Tel. 041-68 37 51.
- **Cliché,** Novi trg 6, Tel. 01-426 31 52.
- *Tanja Devetak* bietet ihre Stofferzeugnisse an in der Boutique **„9"**, Petkovškovo nabrežje 23.
- Gebrauchtkleider und auch mal ein modisches Schnäppchen bekommt man bei **Boben,** Petkovškovo nabrežje 31, Tel. 01-433 70 89.

Bergausrüstung

- Alles für die Berge erhält man bei **Anappurna,** Krakovski nasip 4, im Krakovo-Viertel, Tel. 01-426 34 28.
- **Promontana,** Poljanski nasip, Tel. 01-280 05 90. Ausrüstungsladen und Agentur der Outdoor-Spezialisten aus Bled.

Bücher

- **Mladinska Knjiga,** Slovenska cesta 29 (zwischen Šubičeva und Tomšičeva ulica), Tel. 01-241 06 50 bis 59, ist die größte Buchhandlung der Stadt und gehört zum gleichnamigen Verlagskomplex.

Karten

- **KOD & KAM,** Geografische Buchhandlung, Trg francoske revolucije 7, Tel. 01-200 27 32, Fax 01-200 27 33.

Antiquariat

- **Trubarjev,** Mestni trg 25, Tel. 01-244 26 83, Fax 01-244 26 82, antikvariat@cankarjeva-z.si, hat auch Fremdsprachiges im Angebot.

Antiquitäten

- Auf dem Cankarjevo nabrežje findet jeden Sonntag 8–13 Uhr ein **Flohmarkt** statt; man findet keine wertvollen Stücke zum Spottpreis, aber Sachen zu vernünftigen Preisen. Jeden zweiten Samstag im Monat wird hier auch Keramik verkauft.

Wein

- **Vino Boutique,** Slovenska cesta 38, Tel. 01-425 26 80, Weinverkauf an der Hauptverkehrsstraße.
- **Vinoteka,** Messegelände, Pavillon Jurček, Dunajska 18, Tel. 01-431 50 15, Weinverkostung und -verkauf, fast alle Weine Sloweniens, gutes Restaurant.

Souvenirs

- In den Hotellobbys erhält man zu leicht überhöhten Preisen fast alles, was nur Slowenien zugeschrieben wird. Eine schönere Auswahl zu günstigeren Preisen hat **Skrina,** Breg 8, Tel. 01-425 51 61. Alles ist in Handarbeit hergestellt aus Glas, Holz und Ton; auch Künstler stellen ihre Werke hier aus.
- **Rustika,** Ljubljanski Grad, Tel. 01-251 77 33. Das Souvenirgeschäft in der Burg verkauft sehr schönes Kunsthandwerk.

Unterkunft

Hotels und Pensionen

- **Vila Podrožnik** (*****), Cesta 27. Avril 59, Tel. 01-251 80 67, Fax 01-251 81 14. Der protokollarischen Abteilung des Staates zugehörig, können auch Normalsterbliche sich in der Villa mit großzügigem Garten nur 2 km vom Zentrum unterhalb des Rožnik-Hügels nahe dem Zoo einmieten; nur vier Apartments für je zwei Gäste, ein Apartment kostet 170 €.
- Hotel **Lev Inter-Continental** (*****), Vošnjakova 1, Tel. 01-433 21 55, Fax 01-434 33 50, ljubljana@interconti.com, www.interconti.com. Mehr als 20 Stockwerke, eine der ersten Adressen für die Weitsicht, die in der Geschäftswelt wie im Urlaub gefragt ist (Einzelzimmer 200 €).

037 sl Foto: sk

● Hotel **Union** (****), Miklošičeva 1, Tel. 01-308 12 70, Fax 01-308 10 15, hotel.union@gh-union.si, www.gh-union.si. Wohnen umgeben von Art Nouveau, was seinen Preis hat (Einzelzimmer 130 €).

● Hotel **Holiday Inn** (****), Miklošičeva 3, Tel. 01-308 11 70, Fax 01-308 19 13, holiday.inn@gh-union.si, www.gh-union.si. Verlässlicher und von Amerikanern begeistert aufgenommener Standard (Einzelzimmer 115 €).

● Hotel **Slon Best Western** (****), Slovenska 34, Tel. 01-470 11 00, Fax 01-251 71 64, sales@hotelslon.com, www.hotelslon.com. Zentral an der Slovenska cesta mit allem, was das Herz von einem Hotel erwartet (Einzelzimmer 90–110 €).

● Hotel **Astra** (****), Miklošičeva 9, Tel. 01-308 43 00, Fax 01-230 11 81, austrotel@magistrat.kompas.si, www.austrotel.net. Modernes Hotel im Zentrum (Einzelz. 120 €).

● Hotel **City** (***), Dalmatinova 15, Tel. 01-234 91 30, Fax 01-234 91 40, info@hotelturist.si, www.hotelturist.si. Renoviertes Haus im Zentrum (Einzelzimmer 70 €).

● Pension **Pri Mraku** (***), Rimska cesta 4, Tel. 01-421 96 00, Fax 01-421 96 55, mrak@daj-dam.si, www.daj-dam.si. Nahe dem Trg francoske revolucije (Einzelzimmer € 55), gute Küche.

● **Hotel M** (***), Derčeva ulica 4, Tel. 01-513 70 00, Fax 01-519 30 48, info@m-hotel.si, www.m-hotel.si. Modernes Geschäftshotel an der Peripherie 2 km vom Zentrum, viele Tagungen, gutes Essen, freundliches Personal (Einzelzimmer 60 €).

● Hotel **Park** (*/**), Tabor 9, Tel. 01-232 13 98, Fax 01 433 05 46, hotelpark@siol.net. Unweit des Zentrums im Stadtteil Tabor nahe dem Bahnhof, einfache Zimmer mit WC (Einzelzimmer 45 €), Studenten mit intern. Ausweis erhalten einen 20-Prozent-Rabatt.

● Pension **Lieber** (***), Sr. Gameljne 32e, Tel. 01-537 40 80, Fax 01-537 28 62, aleksander lieber@siol.net. Bei der Autobahnabfahrt Gameljne unterhalb des Berges Šmarna gora, bekannte Küche (Einzelzimmer 30 €).

● Pension **Tavčar** (***), C. v. Šmartno 7, Tel. 01-541 11 33, Fax 01-541 16 00, andreja.tavcar@siol.net. Jenseits des Autobahnrings nahe der Sava, Garten (Einzelzimmer 35 €).

● Hotel **Bit Center** (*), Litijska 57, Tel. 01-548 00 55, Fax 01-548 00 56, hotel@bit-center.net, www.bit-center.net. Kettenhotel mit günstigen Preisen (Einzelzimmer 30 €), im Osten des Zentrums an der Ausfallstraße.

In der Umgebung:

● Hotel **Kanu Smlednik** (***), Valburga 7, 1216 Smlednik, Tel. 01-362 70 11, Fax 01-362 70 09, hotel.kanu@siol.net. Modernes Haus 17 km außerhalb an der Sava mit Kanuverleih und Reitmöglichkeit (Einzelz. 45 €).

Jugendherbergen

Einige Jugendherbergen Ljubljanas sind nur in der Hauptsaison offen (meist Juli/August), da sie Studentenwohnheime nutzen, die während der Semesterferien frei stehen. Als Übernachtungsentgelt muss man mit mind. 10 € rechnen, Mitglieder des Jugendherbergswerkes erhalten Rabatt. Einzelzimmer sind teilweise verfügbar.

● **Youth Hostel,** Litijska 57, Tel. 01-548 00 55, Fax 548 00 56, www.yh-ljubljana.com, Bus Nr. 9, Štepanjsko naselje (Taxi ca. 1000 SIT vom Zentrum), Übernachtung im Mehrbettzimmer 11 €, Frühstücksbuffet 3,50 €.

● **Youth Hostel Celica,** Metelkova 9, Tel. 01-430 18 90, www.souhostel.gmx. Ein hippes Jugendhotel in ehem. Gefängnisräumen; die Event-Hallen des Metelkova Mesto sind gleich nebenan.

Folgende Jugendherbergen sind nur vom 25. Juni bis 25. August geöffnet:

● **Bežigrad,** Kardeljeva ploščad 28, Tel. 01-534 00 61, Fax 01-534 28 64. 2 km nördlich des Bahnhofs; Bus 21 Richtung Berničevo, Bus 6 Richtung Črnuče, Bus 8 Richtung Ježica - Haltestelle „Mercator".

● **Tabor,** Vidovdanska 7, Tel. 01-234 88 40, Fax 01-234 88 55. Östlich und unweit des Zentrums, Bus 5 Richtung Štepansko naselje - Haltestelle „Ilirska".

● **Ivana Cankarja,** Poljanska cesta 26/28, Tel. 01-474 86 00, Fax 432 03 69. Östlich des Zentrums, 200 m vom Ambrožev trg, Bus 13 - Haltestelle „Roška".

Das Kaufhaus im Urbanc-Haus bewahrt innen und außen den Jugendstil

Privatzimmer/Ferienwohnungen

• **Tour Da-La** (***), Reboljeva 39, 1236 Trzin, Tel. 01-721 59 57, Fax 01-72163 84.
• **Jovan-Stonič Mojca** (**), Tacenska c. 80, 1210 Ljubljana - Sentvid, Tel. 01-512 20 60, mj_rooms@hotmail.com.

Camping

Wer auf einem der beiden Campingplätze wohnt, muss mit 4 € für die Übernachtung rechnen, Autos kosten etwa 2 € p.P. extra.
• **Ježica** (**), Dunajska 270, Tel. 01-568 39 13, Fax 01-568 39 12, ac.jezica@gp-ljubljana.si, www.gp-ljubljana.si, ganzjährig, 300 Plätze. An der Ausfallstraße 6 km Richtung Norden und am Ufer der Sava gelegen, Pool, Radverleih, auch Bungalows.
• **Smlednik** (**), Dragočajna 14a, 1216 Smlednik, Tel. 01-362 70 02, camp@dm-campsmlednik.si, www.dm-campsmlednik.si, 1.5.–15.10, 100 Plätze. Am See Zbilje 17 km nördlich von Ljubljana mit einer ganzen Reihe an Wassersportmöglichkeiten, FKK-Bereich.

Essen und Trinken

• **Zlata Ribica,** Cankarjevo nabrežje 5, Tel. 01-241 06 90, www.zlataribica.com. Das „Goldene Fischchen" ist eines der Traditionslokale der Hauptstadt. An lauen Sommerabenden sitzt man hübsch im Innenhof oder an der Ljubljanica. Unbedingt Njoki probieren (mit Rucola und Steinpilzen), 6000 SIT.
• **Pri Škofu,** Rečna cesta 8, Tel. 01-426 45 08. Im Stadtteil Trnovo, originelle slowenische Küche wie z.B. Risotto aus braunem Reis mit Steinpilzen, 5500 SIT.
• **Vrbinc,** Peruzzijeva 105, Tel. 01-427 43 33. Spezialität ist die Zubereitung „unter der Glocke" – die Keramik wird in die Glut gelegt, wo das Gericht Stunden vor sich hin dünstet (z.B. Tintenfisch mit Kartoffeln in einem Sud aus Olivenöl und Wein); 6000 SIT.
• **Pri Vitezu,** Breg 20, Tel. 01-426 60 58. Alles, was die Küche und die Weinberge Italiens an Köstlichkeiten hervorgebracht haben; direkt an der Ljubljanica gelegen. Man speist im Keller oder im Garten mit Blick auf die Burg, 8000 SIT.
• **AS,** Čopova 5a, Tel. 01-125 88 22. Wahlweise speisen im Bistro (vornehmlich Pasta) oder im Restaurant (ausgefeilte mediterrane Gerichte), 4000–7000 SIT.
• **Špazja,** Gornji trg 28, Tel. 01-425 30 94. In der Altstadt wird italienisch und österreichisch inspirierte einheimische Kost gereicht. Neben Fisch steht auch Wild auf der Karte, der Weinkeller gibt einen guten Überblick über die slowenischen Sorten, 5500 SIT.
• **Hana,** Tbilisijaka 85, Tel. 01-256 14 02. Eine erstklassige *gostilna* mit Landesspezialitäten, die aber fantasiereich verfremdet werden, 5000 SIT.
• **Pri sv. Florijanu,** Gornji trg 20, Tel. 01-251 22 14. Ausgefeilte Karte und vorbildliches Personal in französisch gehobenem Ambiente, 6000 SIT.
• **Moro,** Gornji trg 20, Tel. 01-251 22 14. Im Keller des vorgenannten Lokals kann man sich auf Diwans räkeln und mit Marokkanischem einen festlichen Abend verbringen, 4000–6000 SIT.
• **Casa Del Papa,** Celovška 54a, Tel. 01-434 31 58. Stilsammelsurium, zusammengehalten von der Erinnerung an *Hemingway;* im Keller die kubanische, im 1. Stock die Key West Bar. Parterre wird in der „cuisine del papa" spanisch-mexikanisch (oder so ähnlich) gespeist. Man sollte sich nicht über „Komu zvoni" („Wem die Stunde schlägt") wundern – ein Auberginengericht, 6000 SIT.
• **Breskvar,** Cesta na Loko 28, Tel. 01-283 88 33. Gasthaus, dessen Spezialitäten Süßwasserfische und Fleischiges vom Pferde sind – als Schinken oder auch als Braten, 4500 SIT.
• **Taverna,** Gornji trg 38, Tel. 01-426 03 19. Vornehmlich Fisch in angenehmer Einrichtung, 4000–5000 SIT.
• **Pen Club,** Tomšičeva 12, Tel. 01-251 41 60. Neben den üblichen Fleischgerichten auch Vegetarisches und eine große Salatbar, das Restaurant ist schon zur Institution geworden, 4500 SIT.
• **Maxim,** Trg republike 1, Tel. 01-476 69 80. Gourmet-Küche im Keller eines Kaufhauses, französisch beeinflusste Speisen aus der Heimat, 4000 SIT.
• **Monroe,** Miklošičeva 28, Tel. 01-432 61 23. Auf der Karte steht viel Fisch aus dem Meer, die Weinauswahl ist ausgezeichnet, 5000 SIT.

● **Rotovž,** Mestni trg 3, Tel. 01-251 28 39. Im Rathaus verbindet man das Schwere slowenischer Kochkunst mit der Leichtigkeit italienischer Zubereitungsart; im Sommer kann man draußen essen, 5000 SIT.

● **Dvor,** Dvorni trg 1, Tel. 01-251 65 55. Fisch, Wild, Lamm stehen auf der Karte, aber wer nur Pizza will, kann ebenfalls kommen, 4000 SIT.

● **Fortunat,** Eipprova 1a, Tel. 041-78 78 07. Italienisches mit Slowenischem gemischt, besonders die Pasta genießt einen guten Ruf, 3000 SIT.

● **Vinoteka,** Dunajska 18, Tel. 01-431 50 15. Im rustikal gestalteten Keller der Messe gelegen, gilt das Restaurant nicht nur wegen seiner Weinkarte mit über 900 Sorten aus der ganzen Welt als eine der ersten Adressen, 3000 SIT.

● **Pod Kostanji,** Tomačevska 9, Tel. 01-237 31 74. Muslimisch geprägte Küche aus Sarajevo (ohne die Verwendung von Schweinefleisch), 2500 SIT.

● **Napoli,** Prečna 7, Tel. 01-231 29 49. Pizzeria, die besonders bei jungen Leuten und Studenten beliebt ist, 2000 SIT.

● **Čerin Café,** Trubarjeva 52, Tel. 01-232 09 90. Internetcafé, das auch Lunch serviert und von Studenten (die das Essen auf Koupon billiger bekommen), aber auch von den Angestellten im Zentrum besucht wird, 1500 SIT.

Kaffeehäuser

● Das **Grand Hotel Union** besitzt mit seinem integrierten Kaffeehaus eine der ersten Adressen für einen Nachmittag in der Gesellschaft von Zeitungen. Die Einrichtung lässt alte Zeiten aufleben und mit der Melange und einer *kremšnita* (Cremeschnitte) beruhigen sich auch aufgeregte Mägen.

● An der Slovenska cesta (Ecke Gosposvetska cesta) verdämmert man den Nachmittag in Wiener Tradition im Kaffeehaus **Evropa.**

● Im **Art Café** des Hotel Slon ist man auch über mehrere Stunden hinweg ein gern gesehener Gast.

Abends unterwegs

Das Nachtleben Ljubljanas wird hauptsächlich von Studenten bestimmt. Im Wechsel der Zeit sind immer mal wieder andere Lokale angesagt, bis sich der Kreis schließt und man dort aufhört, wo man einst begonnen hat. Das Allerneueste in punkto ausgehen ist auf den Webseiten www.ravespace.net/clubbing.htm oder www.metelkova.org abzufragen.

● Der zur Zeit heißeste Platz ist das **ehemalige Kasernengelände** an der Metelkova ulica, das man von dort oder der Masarykova cesta aus betritt. Auf dem ziemlich dunklen Gelände haben sich eine ganze Reihe unabhängiger Klubs angesiedelt (die auch häufig ihren Namen wechseln). Wer es nicht so kommerziell liebt, ist dort genau richtig, kann tanzen, hat Events und wird immer wieder auf eine Ausstellung berufener Künstler treffen.

● **K4,** Kersnikova 4, Tel. 01-431 70 10, viele Studenten, die der bunten Musikmischung lauschen, häufig Techno – eine Institution in der Stadt, an manchen Abenden wird am Eingang streng gesiebt.

● **Central,** Dalmatinova 15, Tel. 01-430 37 00, House, die Nächte durch.

● **Propaganda,** Grabolićeva ulica 1, Tel. 01-231 93 79, House, Techno und manchmal Rock, je nach Abend.

● **Hound Dog** beim Hotel „M" widmet sich einer bunten Mischung aus Rock und Reggae (Trg prekomorskih brigad 4, Tel. 01-513 70 21).

● Ebenfalls nicht auf einen Stil festgelegt ist man in der **Orto Bar,** wo die verschiedenen Richtungen des Härteren aus den Lautsprechern blasen, u.a. Punk (Grabolićeva ulica 1, Tel. 01-232 16 74).

● **Gromki,** Metelkova ulica, für die Gothic People und ihre Musik.

● **Tiffany,** Metelkova ulica, Schwulenclub, die ganze Woche durch, richtig los geht es erst ab 23 Uhr. Im Keller des Gebäudes ist der **Klub Monokel** – nur für Lesben.

Bars, Pubs und Szenecafés

Wer sehen und gesehen werden will, muss sich zum Mestni trg begeben. Hier sind die Cafés, Bars und Pubs zu finden, die die Szene anziehen wie Licht die Motten.

● Fast beim Rathaus (Mestni trg 4, Tel. 01-426 01 40) findet sich das **Minimal** mit Drinks und Sushi am Mittwoch. Länger halten es in den klar-weiß (und nichts als weiß) gehaltenen Räumlichkeiten nur gefestigte

Charaktere aus. Zur Erholung kann man an die Straßentische ausweichen.

- Bei **Nostalgija** ist der Name Programm – allerdings beginnt die Vergangenheit in den 1950er Jahren. Die Sandwiches sind gut (Stari trg 9, Tel. 01-252 26 82).
- Direkt daneben öffnet **Julija** ihre Pforten (Stari trg 9, Tel. 01-425 64 63) – zwar nicht ganz im Stil der Borgia, doch dafür mit Romeo gegenüber (auch nicht im italienischen, sondern im postsozialistischen Plastikstil). Alle diese Lokale sind bis spät abends offen.
- **Salon,** Trubarjeva 23, 01-433 20 06; früher als TrueBar eher konventionell lockt der „Salon" nun im Leoparden-Look; snobbish und sehr kühl.
- **Alamut,** Poljanska 7, tgl. 7–22 Uhr, So geschlossen. Libanesische Snacks, gute Tees, mittelmäßige Drinks; gelegentlich musik- und Kulturprogramm mit Schwerpunkt „Orient".
- **Café Galerija,** Mestni trg 5. Das Café der Städtischen Galerie hat sich zu einem verruchten, mit Fackeln und Kerzen beleuchteten Ort voller tiefer Sessel und Sofas in türkischem Ambiente gewandelt. Man braucht etwas Geld, um hier zu sehen und gesehen zu werden.
- Wer es lieber im Pub-Stil möchte, besucht **Patrick's Irish Pub** (Prečna ulica 6) gleich um die Ecke, natürlich mit pubtypischer Bierauswahl.
- Für Jazz-Liebhaber ist der **Gajo Jazz Club** mit vielen Live-Auftritten die erste Adresse (Beethovnova ulica 8, Tel. 01-425 32 06).
- **Birdland** ist noch nicht so eine Institution wie vorgenannter Club , aber auf dem besten Wege dazu (Trubarjeva cesta 50, Tel. 01-433 85 31).

Feste und Veranstaltungen

- Das **Festival Ljubljana** ist das wichtigste kulturelle Ereignis der Stadt, vielleicht sogar des Landes. In vier Monaten von Juni bis September folgt eine Veranstaltung auf die andere – Opern, Operetten, Dramen, Konzerte, Ballette, Ausstellungen, Straßentheater und Workshops. Im Sommertheater Križanke werden unter freiem Himmel Opern gegeben und auf der Burg Schauspiele aufgeführt. Das Programm ist so weit gefächert, dass für jeden etwas dabei ist – ein Kessel Buntes eben.
- Im Januar/Februar 2004 und alle weiteren drei Jahre zeigen zeitgenössische slowenische Künstler im Rahmen der **Triennale** ihre Werke.
- Im April kann man bei der **Vino Ljubljana** Wein verkosten, parallel dazu gibt die **Kulinaria** einen Überblick über slowenische Köstlichkeiten.
- Im Mai ist Ljubljana Etappenziel des **Radrennens** „Große Slowenientour" und die **Slovenian Open** im Tennis sowie ein **Volkslauf** um die Stadt herum finden statt.
- Der Verband der „Vereine Bildender Künstler" macht im Mai seinen **Maisalon.**
- Im Späten Mai und frühen Juni treffen sich zur **Exodos** internationale Bühnenkünstler.
- Anfang Juni findet die **Druga Godba** statt, ein Festival alternativer und Ethno-Musik.
- Im Juni spielen im Rahmen des **Jazz-Festival Ljubljana** nationale und internationale Combos Cooles und Heißes.
- Ende Juni/Anfang Juli kommen **Straßentheater** zur Ana Desetnica in die Stadt.
- Wichtig ist auch das **Trn-Fest** im Stadtteil Trnovo mit Theater und Musik im August.
- In ungeraden Jahren findet im Sommer (Juni bis September) die **Internationale Grafische Biennale** statt.
- Die **Nacht der Altstadt** ist ein traditionelles Straßenfest zum Monatswechsel August/September.
- Ende September kommen die **Ballonfahrer** in den Tivoli-Park.
- Anfang Oktober gehört die Stadt den Frauen: **Künstlerinnen und Forscherinnen** kommen aus der ganzen Welt und tauschen sich aus.
- Ende Oktober/Anfang November kommen Langstreckenläufer zum **Internationalen Marathon** von Ljubljana (drei Klassen: 42 km, 21 km, 7 km; Info Tel. 01-413 62 85).
- Im November findet im Cankarjev dom das **Internationale Filmfest** von Ljubljana statt.
- **Sylvester** bebt schließlich die ganze Altstadt von den Böllern und die Dächer glitzern im Schein der Raketenexplosionen – die Bewohner tanzen in den Gassen und auf den Plätzen.

Kinos

- Das angesagte Lichtspielhaus ist an der Šartinska ulica 152 mit nicht weniger als 12 Leinwänden und 3500 Plätzen zu finden – der Kinokomplex **Kolosej** (www.kolosej.si). Dort läuft alles, was neu auf den Markt kommt.

- Ebenfalls Premierenkinos sind **Šiška** (Trg prekomorskih brigad 3, Tel. 01-519 32 84) und **Komuna** (Cakarjeva ulica 1, Tel. 01-421 24 60).
- **Kinoteka** (Miklošičeva cesta 28, Tel. 01-439 64 45) ist ein Programmkino mit vielen alten Filmen und Avantgarde-Spielplan.

Theater

- Das **Staatsschauspiel** (Slovensko Narodno Gledališče Drama, SNG), Erjačeva cesta 1, Tel. 01-252 15 11, www.sngdrama-lj.si, bringt nur Dramen auf seiner Bühne. Die **Staatsoper,** Župančičeca 1, Tel. 01-425 48 40, ist für Singspiele und Ballet zuständig. Vorstellungen sind jeweils mehrmals pro Woche abends, Karten zu durchaus günstigen Preisen erhält man beim Vorverkauf des SNG-Drama, 14–17 Uhr (Tel. 01-252 15 11).
- Weitere Bühnen sind das Gledališče (Theater) **Glej** mit vornehmlich experimentellen Wagnissen (Gregorčičeva ulica 3, Tel. 01-421 92 40), das staatliche **Jugendtheater** (Mlandinsko Gledališče, Vilharjeva ulica 11, Tel. 01-231 06 10, www.mladinsko-gl.si), das **Städtische Theater** (Čopova 14, Tel. 01-251 08 52, www.kabi.si/si21/gled/mgl), das **Šentjakobsko Gledališče** (Krekov trg, Tel. 01-433 30 12) und im Hotel Union das **Café Theater** (Tel. 01-251 63 90) mit kleineren Produktionen.
- Im **Kongresszentrum Cankarjev dom** finden immer wieder große Aufführungen von heimischen Bühnen und Gastspiele statt.
- Für die Kleinen sind die Aufführungen des **Marionettentheaters** (Krekov trg 2, Tel. 01-300 09 70, www.lgl.si) sicherlich ein Erlebnis; der Gründer wurde stark von der Münchner Marionettenbühne beeinflusst und die Stücke sind auch für Erwachsene sehenswert.

Aktivitäten

Reiten

- **Rider's Ranč,** Hraše 18, 1216 Smlednik, Tel. 041-73 06 08, skip.no@siol.net, www.geocities.com/riders_ranch/. Von Zbilje, 17 km nördlich von Ljubljana, Richtung Vodice passiert man den Ort Hraše. Die Raider's Ranč vermietet stundenweise Pferde und bietet einwöchige Touren auf dem Pferderücken durch die Wälder des Nordens bis nach Bled (mit 5 Übernachtungen inklusive Essen 1200 €).
- **Reitzentrum Ig,** Brest 47, Tel. 041-77 32 42. Im Ort Ig, ca. 10 km südlich von Ljubljana, in dessen Umgebung mehrere Pfahlbausiedlungen entdeckt wurden, verleiht das Reitzentrum Ig Pferde.
- **Konjeniški Center Krumperk,** Burg Krumperk bei Domžale, Tel. 01-724 15 76.

Rudern

- Der **Ruderclub** von Ljubljana (Veslaški klub, Velika čolnarska 20, Tel. 01-238 87 12) vermietet im Sommer Boote, 10–19 Uhr; am linken Ufer der Ljubljanica zwischen den Kanälen Gruber und Gradaščica.

Ballonfahrten

Zwei Firmen bieten Ballonfahrten in der Umgebung an (1 Std. ca. 60–80 €):

- **Balonarski center barje,** Breg 2, Tel. 01-512 92 20 oder 041-66 45 45.
- **Baloni avi šorn,** Bratovževa ploščad 28, Tel. 01-568 61 88.

Fitness-Studios

Ljubljana hat eine ganze Reihe Studios, z.B.:

- **Burin** Rojčeva 25, Tel. 01-540 33 14; 7–20 Uhr, Sa 8–14 Uhr, So geschl.
- **Millenium,** Šmartinska 152, Tel. 01-585 24 00 mit Badminton und Tennis, 10–13 und 15–22 Uhr, Sa/So 16–21 Uhr.
- Das exklusivste ist **Sunny,** Bodutiška cesta 146, Tel. 01-519 73 96.

Sportzentrum

- Im **Zavod Športno Rekreacijski Center Tivoli,** Celovška cesta 25, Tel. 01-431 51 55, kann man im Hallenschwimmbad toben, saunen, dampfbaden, Tennis spielen, im Studio fit werden, schlittschuhlaufen und bowlen. Wem das noch nicht genügt, der marschiert in die angeschlossene Disco.

043sl Foto: sk

Kranj und die Julischen Alpen

306 sl Foto: sk

An schönen Tagen begeben sich Hunderte zum Gipfelsturm auf den Triglav

Heuharfen finden sich im ganzen Land als traditionelle Methode der Trocknung und Aufbewahrung

Liebliche Täler, schroffe Höhen

Die für slowenische Verhältnisse großen Städte Kranj und Škofja Loka liegen am **Übergang vom Karst ins Hochgebirge** – Juliske alpe, Karavanke und Kamniške alpe (Julische Alpen, Karawanken, Steiner Alpen). Diese Bergkette (fortgesetzt in der slowenischen Steiermark – Štajerska – mit den Sanntaler Alpen – Savinjske alpe) bildet eine natürliche Sperre, über die bekannte Alpenpässe wie der Wurzenpass (Korensko sedlo), der Loiblpass (Ljubelj) und der Seebergsattel (Jezersko sedlo) führen.

Heiß umkämpft war die Gegend im Ersten Weltkrieg: In den Julischen Alpen und dem Gebirgsgebiet weiter westlich starben so viele Soldaten wie vor Verdun im Grabenkampf – nur war an der **Isonzo-Front,** den Ufern der Soča, das Ringen in Schnee und Eis vielleicht ein noch erbärmlicherer Krieg.

Highlights Gorenjska

- Altstadt von **Škofja Loka,** S. 148
- Besteigung des **Triglav,** S. 162
- Fahrt durch den **Triglav-Nationalpark** über den **Vršič-Pass,** S. 165
- Spaziergänge in den **Tälern um Kranjska Gora,** S. 166
- **Bleder See** und **Villa Bled** (wo einst *Tito* urlaubte), S. 174
- Drachenfliegen am **Bohinj-See,** S. 190
- Sportliche Aktivitäten in den **Fluten der Soča,** S. 191, 196

Heute erinnern Mahnmale in den Tälern und hoch in den Bergen, Beinhäuser, halb verfallene Schützengräben in den Wäldern und verlassene Kasernen im Stein an den tausendfachen Tod – und vorzügliche Steige zu den Gipfeln, vor fast 90 Jahren in den Fels gehauen, um das Füttern der Mörser zu ermöglichen. Beste **Wander- und Klettermöglichkeiten** bieten sich dem Besucher, auf einfachem oder schwierigem Weg kann er sich in das strahlende Blau der Gipfel über den Wolken schwingen. Und zur Erholung nach tagelanger Wanderung über Kämme und Sättel im Kalkgestein locken die **Seen** an der Südseite, Bohinj und Bled, zum erfrischenden Bad.

Aktivurlaub wird groß geschrieben in **Gorenjska** – dem Oberkrain. Mit dem Gummifloß geht es reißende Gebirgsflüsse hinunter, mit dem Kajak durch Wildwasser und Parcours, im Neopren-Anzug zu Fuß durch Canyons, mit der bloßen Hand in den Fels gekrallt hinauf und auf dem Fahrrad über atemraubende Pässe oder gemütlich am Seeufer entlang. Wer will, spielt Golf und genießt Kultur für alle Sinne, für Kopf und Bauch, erfreut sich an Museen, an den bildenden Künsten und an der vorzüglichen Küche Sloweniens.

Wer im Winter kommt, frönt dem **weißen Sport** – Langlauf, Alpinski, Skiwanderungen und für den, der's kann, Skispringen – allerdings darf man auch einfach nur zusehen, das Panorama der Julischen Alpen gibt den Hintergrund für die Weltmeisterschaften der Skiflieger.

Kranj

↗ IV/A3

- **Meereshöhe:** 388 m
- **PLZ:** 4000
- **Vorwahl:** 04
- **Einwohner:** 37.000
- **Dt. Name:** Krainburg

Kranj ist die viertgrößte Stadt des Landes und eine der am stärksten industrialisierten. Sie liegt als Landzunge am Zusammenfluss von Sava und Kokra. Die Stadt ist das **wirtschaftliche Zentrum** der Landschaft Gorenjska, die sich von Ljubljana über den Nordwesten des Landes hinzieht und den Triglav-Nationalpark einschließt. Die Nähe zum wichtigsten **Flughafen** Sloweniens Brnik (der weit weniger entfernt ist von Kranj als von Ljubljana, als dessen Flughafen er gilt) macht Kranj auch zu einem beliebten Standort für Messen, die über die nationalen Grenzen hinausgehen. Kranj ist **Universitätsstadt,** wenngleich Maribor nur eine einzige Fakultät abgegeben hat – die betriebswirtschaftliche.

Die geringe Größe von Kranj macht ein Zurechtfinden in der **Altstadt** nicht schwierig. Die interessanten Sehenswürdigkeiten befinden sich dort zwischen den aus Richtung Norden anfließenden Flüssen Sava und Kokra. Die Landstraße aus Ljubljana folgt dem Lauf der Sava flussaufwärts und ein Abzweig im Stadtgebiet führt über eine Brücke ins Zentrum. Da die Altstadt zu einem Gutteil für Autos gesperrt ist, sollte man seinen Wagen beizeiten abstellen. Drei Fußgängerzonen durchziehen die Altstadt von Süd nach Nord, westlich die Tomčičeva ulica, in der Mitte Cankarjeva ulica und Prešernova ulica und im Osten die Tavčarjeva ulica.

Archäologische Funde in der Umgebung deuten an, dass bereits in der Jungsteinzeit die Menschen sich hier wohlgefühlt haben. Seit Beginn der Eisenzeit ist die Landzunge mit dem heutigen Zentrum ständiges Siedlungsgebiet. In altrömischer Zeit gab es hier, zwischen Emona (Ljubljana) und Virunum in Kärnten, eine Poststation. Das Hin und Her in der Zeit der Völkerwanderung sah Kranj schon als wichtigen Ort und als **Festung der Langobarden** (6. Jahrhundert).

Eine erste schriftliche Erwähnung erfährt der Ort 1060 als Festung des Bischofssitzes Brixen, zu einer Zeit, als die Stadt auch zum Amtssitz des **Markgrafen zu Krain** wurde. 1256 erhält Krain Stadtrechte und in der Folge wechseln seine Besitzer mehrfach, bis es schließlich an die Habsburger fällt, die Krain an Feudalherren weiterreichen, im 14. Jahrhundert schließlich an die **Grafen von Cilli.** Kaiser *Friedrich III.* höchstselbst verlieh der Stadt die Rechte als Messeplatz – schon zu damaliger Zeit eine Garantie für Reichtum und Unabhängigkeit.

Im Laufe seiner Geschichte wüteten in Krain mehrmals schwere Feuersbrünste und so wurde immer wieder neu gebaut und zunehmend Holz als Material durch Stein ersetzt. Durch seine verkehrstechnisch günstige Lage kam dafür genügend Geld in die Stadt. Die eigentliche Industrialisierung fand aber erst nach dem Ersten Weltkrieg statt, eine Zeit, in der Kranj berühmt wurde für seine wehrhafte Arbeiterschaft – das slowenische Nationalbewusstsein drückte sich zwischen den Kriegen in vielen Streiks aus. 1941 wurde Kranj von den Achsenmächten besetzt und viele Arbeiter schlossen sich der Partisanenbewegung an. Am 9. Mai 1945 kapitulierten die Verbände der Deutschen Wehrmacht.

Von der **Industrie** abhängig, war Kranj von der Unabhängigkeit Sloweniens stärker als andere Städte wirtschaftlich betroffen, da der gesamte Abnehmermarkt der übrigen ex-jugoslawischen Republiken wegbrach. Entsprechend hoch waren (und sind noch) die Arbeitslosenzahlen.

Sehenswertes

Stadtmauer

Am **Maistrov trg** gleich südlich des Parkplatzes an der Gregorčičeva ulica stand einst das obere Stadttor. Am südlichen Ende führt die Reginčeva ulica nach Westen und zu Resten der Stadtmauer.

Prešeren-Museum

Nach Süden gehen die Prešeren ulica und die Tavčarjeva ulica ab. Das Gebäude Prešernova ulica Nr. 7 be-

040 sl Foto: sk

wohnte ab 1847 für zwei Jahre bis zu seinem Tod der Namensgeber der Straße, **France Prešeren.** Heute ist hier das Prešeren muzej untergebracht. Zu sehen sind das originale Arbeitszimmer, das Schlafzimmer und Manuskripte des Dichters. Häufig finden Ausstellungen statt, die sein Lebenswerk zum Thema haben, aber auch Raum für junge Künstler geben. Das Gebäude selbst entstand im 18. Jahrhundert, als zwei ältere Einzelhäuser mit einer Arkade verbunden wurden. Sie sind ein gutes Beispiel für die spätgotische Steinarchitektur der Region.

• **Prešeren muzej,** Tel. 04-201 39 50, Fax 04-201 39 51, www.gorenjski-muzej.si, Di–So 10–18 Uhr.

Prešeren-Grabmal

Wer ein Fan des Dichters France Prešeren ist, sollte nicht versäumen, sein Grabmal zu besuchen. Es liegt nördlich des Maistrov trg in einem **Gedenkpark** an der Gregorčičeva ulica zusammen mit Erinnerungsmalen weiterer Künstler und Denker.

Rathaus und Schlösschen

Folgt man vom Museum der Prešernova ulica weiter, kommt man zum Herzstück von Kranj, dem **Glavni trg.** Östlich und an der Ecke Poštna ulica steht das ehemalige Rathaus (16. Jahrhundert), das 1921 mit dem angrenzenden Schlösschen (17. Jahrhundert) zu einem Ensemble verbunden wurde. Im Rathaus gilt es, im Parterre die **Säulenhalle** anzuschauen. Im Schlossteil sind im 1. Stock eine herrliche Renaissance-Deckentäfelung und Intarsienportale zu besichtigen. Im Erdgeschoss entdeckte man 1965 bei Renovierungsarbeiten am Fundament **altslawische Grabstellen,** die durch Glas geschützt sich dem Betrachter im Originalzustand zeigen. Das Rathaus wird als Museum geführt.

• **Rathaus,** Glavni trg 4, Tel. 04-201 39 50, Fax 04-201 39 51, www.gorenjski-muzej.si, Di–So 10–18 Uhr.

Häuser am Glavni trg

Am Glavni trg stehen noch einige Gebäude im gotischen und im Renaissance-Stil und lassen den ganzen Platz mittelalterliche Atmosphäre verströmen (weswegen die gesamte Altstadt unter Denkmalschutz gestellt wurde). Beachtenswert sind besonders das **Petrček-Haus** von 1495 und das **Pavšlar-Haus** am Nordrand, das im 16. Jahrhundert durch eine Verbindung dreier Häuser entstand, in dem noch Fresken von 1526 erhalten sind und dessen Hofarkaden ein gutes Bild damaliger Lebensweise erzeugen.

Sv. Kancijan

Zur Perfektion des Ensembles am Glavni trg trägt nicht zuletzt die Kirche Sv. Kancijan bei. Sie geht auf das frühe 14. Jahrhundert zurück, wobei die heute noch erhaltenen ältesten Bauteile wie der Lange Chor auf das Ende des 14. Jahrhunderts datieren. Die Ge-

Kranj war Sitz der Markgrafen zu Krain – ein Name, der die Herzen der Slowenen höher schlagen lässt

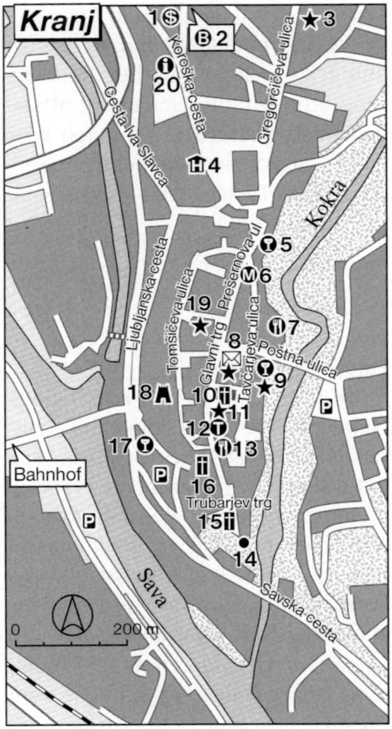

- ★ 1 Bank
- 2 Busstation
- ★ 3 Prešernov-Grabmal
- 4 Hotel Creina
- 5 Kavka
- 6 Prešeren-Museum
- 7 Pizzeria Romano
- ★✉ 8 Post, Rathaus
- ★ 9 Mitničar-Haus, Bar Mitnica
- 10 Sv. Kancijan
- ★ 11 Lapidarium
- 12 Prešeren-Theater
- 13 Restaurant Yasmin
- • 14 Pungert
- 15 Pestkirche
- 16 Rosenkranzkirche
- 17 No ordinary Club
- 18 Burg Khislstein
- ★ 19 Pavšlar-Haus
- 20 Touristinformation, Alpenverein
- P Parken

wölbefresken sollen von 1460 stammen. Nach dem Zweiten Weltkrieg fand man auf dem Friedhofsgelände der seit 1880 aufgelassenen Kirche weitere altslawische Gräber. An der Nordseite sind Überreste eines **spätantiken Presbyteriums** und der Gräber ausgestellt (Besichtigung nach Voranmeldung beim Museum in der Burg Khislstein), an der Südseite in einem **Lapidarium** Römisches und Mittelalterliches.

Südlich der Kirche versteckt sich hinter einem Denkmal (von Plečnik) und Arkaden das **Prešeren-Theater.**

Mitničar-Haus

Östlich des Platzes Glavni trg steht Ecke Poštna und Tavčarjeva ulica das Mitničar-Haus von 1526, wo einst der Mautner Zoll kassierte. Heute kann man hier Kaffee und anderes trinken.

Burg Khislstein

Westlich des Glavni trg steht in der Tomšičeva ulica die Burg Khislstein. Ihre Grundsteine wurden vielleicht schon im 10. Jahrhundert gelegt, um den Sava-Übergang zu sichern. Das heutige Bauwerk entstand zwischen dem 15. und 19. Jahrhundert. Heute arbeiten in der Burg **Kulturinstitutionen,** und einige Künstler haben ihre Ateliers in den historischen Gemäuern.

Südlich der Burg an der Tomšičeva ulica sind wieder Reste der **Stadtbefestigung** zu sehen.

●**Burg Khislstein,** Tomšičeva ulica Nr. 44, Tel. 04-201 39 50, Fax 04-201 39 51, www.gorenjski-muzej.si, tgl. 7–15 Uhr, Eintritt frei.

Rosenkranzkirche

Wo Tomšičeva ulica und Cankarjeva ulica aufeinandertreffen, steht die Rosenkranzkirche (Roženvenska cerkev). Sie entstand zu Beginn des 16. Jahrhunderts. Von hier führen arkadengesäumte Treppen, die von *Plečnik* gestaltet wurden, zur Sava hinunter.

Pestkirche und Wachturm

Am äußersten Ende der Landzunge der Altstadt stehen am Pungert die Pestkirche und ein Wachturm. Man blickt in die Schluchten von Sava und Kokra und die weniger pittoresken Viertel der Stadt. Die 1478 errichtete Kirche wurde den Helfern bei der Pest – den Heiligen *Sebastian, Fabian* und *Rochus* – geweiht.

In der Umgebung

Zarica-Schlucht ⇗ XII/A1

Die **Sava** hat sich flussabwärts von Kranj tief in das Gestein eingefressen und die Schlucht Zarica gebildet. Von beiden Uferseiten kann man zu Fuß hinunter zum Wasser gelangen. 1986 wurde durch das **Stauwehr bei Mavčiče** der Schlucht einiges an Idylle genommen, doch für einen kleinen Spaziergang lohnt sich der Abstecher (Anfahrt über Hrastje oder Praše).

Schloss Brdo ⇗ IV/A3

Auf den Spuren bekannter Politiker wie *Putin* wandelt man bei einem Besuch des Schlosses Brdo, denn hier fand das spektakuläre erste Treffen zwischen *G.W. Bush* und *W. Putin* im Frühjahr 2001 statt. Einst wurde das Schloss nur als Protokollunterkunft des jugoslawischen, dann des slowenischen Staates genutzt. Heute können es Normalsterbliche mit dem entsprechend gut gefüllten Säckel besuchen und gar darin wohnen. Es liegt 5 km im Norden Kranjs hinter der Ortschaft Kokrica.

Das Schloss entstand in der Renaissance 1510 für den Landeshauptmann *Ecker* – alter Krainer Adel -, sah mehrere Besitzerfamilien und kam schließlich im 18. Jahrhundert in den Besitz der Familie *Zois,* die sich als Kulturmäzene betätigten und als begeisterte Botaniker mehr als 10.000 Pflanzen aus allen Teilen der Welt pflegten. 1929 verkaufte die Familie das Schloss und die umgebenden Parkanlagen und wanderte nach Österreich aus. Nach dem Zweiten Weltkrieg wurde es Staatsbesitz und **Titos bevorzugte Sommerresidenz.**

Wie es sich für eine protokollarische Residenz gehört, gibt es allerlei Zeitvertreib für die Gäste wie Reiten, Tennis, Angeln, Schwimmen, Jagen oder einfach nur in der Bibliothek abhängen. Wem es langweilig wird, der kann mit Freunden in der Jezero-Hütte kreativ tätig werden oder seine Mahlzeiten auf der Enteninsel in der kleinen Seenlandschaft des Parks einnehmen.

Šmarjetna gora

Šmarjetna gora ist ein Berg westlich der Stadt. Auf seinem Gipfel in 646 m Höhe stehen ein Hotel mit dem berechtigten Namen „Bellevue", die restaurierte Kirche **Sv. Marjeta** aus dem Jahr 1342 und Fundamente der **Burg Wartenberg** aus dem 12. Jahrhundert (Anfahrt 3 km, der Fahrweg beginnt westlich des Bahnhofs, zu Fuß 40 Min.).

Wanderung zum Veliki Zvoh ⇗ IV/A3

Krvavec liegt 17 km nordöstlich von Kranj noch hinter der Burg Strmol auf 1490 m Höhe. Es ist ein beliebtes **Skigebiet** (⇨ „Aktivitäten"), im Sommer kommen die Leute zum Wandern. Von 565 m Höhe geht es mit einer **Kabinenbahn** auf 1450 m. Von dort sind schöne Ausflüge möglich. Einer führt auf den Gipfel des Veliki Zvoh mit 1971 m. Die **Wanderung** ist einfach, nur auf einem Teilstück muss man etwas aufpassen, es ist aber mit einem Geländer gesichert. Wanderzeit ist April bis November, der Aufstieg von der Bergstation der Kabinenbahn dauert zwei Stunden, der Abstieg eine. Einkehrmöglichkeit: Planinski dom na Gospincu auf 1491 m und Dom na Krvavcu auf 1690 m.

- Dom **na Krvavcu,** an der Bergstation der Seilbahn, Tel. 04-202 53 00, 34 Betten, im Winter täglich, im Sommer nur an den Wochenenden.
- Auf der Alm Kriška planina (ca. 1 Std. Fußmarsch von der Bergstation) werden **Apartments** vermietet, Informationen unter Tel. 04-252 59 30, Fax 04-252 59 31, tajnistvo@rtc-krvavec.si.

Zgornje Jezersko ⇗ IV/A2

Zgornje Jezersko, direkt an der österreichischen Grenze kurz vor dem Pass Seebergsattel, knapp 30 km nördlich von Kranj, war zur Zeit der Donaumonarchie ein beliebter **Kurort** und bis in die 1980er Jahre gab es ein Hospital für Lungenkranke. Heute kann man hier herrlich wandern. Man parkt nahe des Ortes auf 1100 m Höhe und steigt 450 Höhenmeter bis zur **Hütte Češka koča** (1543 m) auf. Für Auf- und Abstieg kann man drei Wegstunden rechnen (bis auf einen kurzen Abschnitt vor der Hütte anspruchslose Wanderung). Die Hütte ist von Juni bis Ende September offen (Tel. 04-177 71 88, 35 Betten). Wer weiter will, kann zur **Hütte Kranjska koča** wandern (Tel. 04-236 78 50, 25 Betten).

- Dom **Češka koča,** oberhalb Zgornje Jezersko, Tel. 04-177 71 88, 35 Betten, Juni bis Ende September.
- Dom **Kranjska koča,** oberhalb Zgornje Jezersko, Tel. 04-236 78 50, 25 Betten, Juni bis Ende September.

Praktische Tipps

Informationen

- **TIC Kranj,** Koroška cesta 29, 4000 Kranj, Tel. 04-236 30 30, Fax 04-236 30 31, td.kranj@siol.net, www.turisticno.drustvo-kranj.si.
- **TIC Jezersko,** Zgornje Jezersko 57, 4206 Zgornje Jezersko, Tel. 04-254 53 50, www.jezersko.de.
- **Alpenverein Kranj** (Planinsko društvo Kranj), Koroška cesta 27, Tel. 04-236 78 50, Fax 04-236 78 51.

Service

- **Post:** Postlagernde Sendungen an der Hauptpost, Dražgoška ulica 8, in der Neustadt im Norden, Postamt im Zentrum Poštna ulica 4.

- **Telefonieren:** auf den Postämtern
- **Geldwechsel:** Die Gorenjska banka hat einen Geldautomaten an ihrer Hauptfiliale an der Bleiweisova cesta beim Informationsbüro.
- **Parken:** Die dem Zentrum nächstgelegene Parkfläche befindet sich nördlich der Altstadt auf der Landzunge am Anfang der Gregorčičeva ulica. Ein großer Parkplatz ist auf der Insel in der Sava gelegen, auf die auch die Überlandstraße weiter nach Bled führt. Weitere Parkflächen stehen jenseits der Altstadt am linken Ufer der Kokra zur Verfügung.

Notfälle

- **Krankenhaus:** Gosposvetska ulica 10, Tel. 04-208 20 00
- **Zahnklinik:** Gosposvetska ulica 8a, Tel. 04-208 24 18
- **Apotheke:** Gosposvetska ulica 12, Tel. 04-201 61 00

Verkehr

- **Flughafen:** Brnik, ca. 10 km im Osten der Stadt, Tel. 04-206 19 81, Fax 04-202 12 20, info@lju-airport.si, www.lju-airport.si.
- **Züge:** Verbindungen gibt es mehrmals am Tag nach Ljubljana sowie Richtung Norden zur österreichischen Grenze und weiter (die Züge passieren dabei Bled), Informationen am Bahnhof, Kolodvorska cesta 11, Tel. 04-294 41 34.
- **Fernbusse:** Stošiceva ulica 2, Tel. 04-201 32 10.
- **Taxis:** Stošiceva ulica nn, Tel. 04-202 61 00.
- **Mietwagen:** Mietwagenfirmen sind am Flughafen Brnik zu finden.
- **Fahrradverleih:** Die Firma Valy in Kokrica auf dem Weg nach Brdo, Cesta na Brdo 52, Tel. 04-204 50 07, vermietet Fahrräder.

Einkaufen

- **Lebensmittel:** Der Lebensmittelmarkt befindet sich bei der Kirche Sv. Kancijan und ist im Sommer wochentags ab 6 Uhr, sonst ab 7 Uhr auf.
- **Bücher und Karten:** Mladinska Knjiga, Maistrov trg 1, Tel. 04-201 58 30.
- **Souvenirs:** Die im Touristenbüro verkauften Erinnerungsstücke beschränken sich auf T-Shirts und einige Bilder von Prešeren.

Unterkunft

- Hotel **Creina** (***), Koroška cesta 5, Tel. 04-202 45 50, Fax 04-202 24 83, hotel.creina@siol.net, www.hotel-creina.si. Zentral gelegen und gut geführt, Einzelzimmer 45 €.
- Hotel **Bellevue** (***), Šmarjetna gora 6, Tel. 04-270 00 00 oder 270 00 74, Fax 04-270 00 20, bellevue@bellevue.si, www.bellevue.si. Wunderschön auf dem Berg neben der Stadt auf 646 m Höhe gelegen (Anfahrt aus Stražišče 2 km), Fernsicht und gutes Restaurant, Einzelzimmer 42 €.

In der Umgebung:

- Schloss **Brdo** (*****), Brdo, Buchungen über Protokolarni servis Brdo, Predoslje 39, 4000 Kranj, Tel. 04-260 10 00, Fax 04-202 15 51, brdo@gov.si, www. sigov.si/brdo. Protokollarunterkunft des Staates, die auch Leuten mit viel Geld zur Verfügung gestellt wird (um die 1000 € muss man für eine Suite schon rechnen; wer jedoch weniger ausgeben will, kann im benachbarten Hotel Kokra nächtigen).
- Burg **Strmol** (*****), Buchungen über Protokolarni servis Brdo, s. Schloss Brdo. Ebenfalls eine Unterkunft des Staates, die man buchen kann (ca. 15 km nordöstlich von Kranj zwischen Visoko und Cerklje). In Burgen ist das Wohnen günstiger als in Schlössern (nur 200 € p. Person), wenn auch nicht weniger luxuriös.
- Hotel **Kokra** (****), Buchungen über Protokolarni servis Brdo, s. Schloss Brdo. Modernes Hotel, dem Schloss Brdo benachbart, ab 60 €, in der Dependance **Zoisova** (**) ab 35 € (nur offen, wenn das Hotel Kokra ausgebucht ist).
- In Zgornje Jezersko liegt das Hotel **Planinka** (***), Zgornje Jezersko 67, 4206 Zgornje Jezersko, Tel. 04-254 10 60, Fax 04-254 11 51; Einzelzimmer 30 €.

Ferien auf dem Bauernhof:

- Der Bauernhof **Makek** liegt etwas außerhalb unter dem Berg Javornik. Zgornje Jezersko 77, 4206 Zgornje Jezersko, Tel. 04-254 50 80, Fax 04-254 50 81, luka_skuber@siol.net.

- **Ancelj** liegt gänzlich abgeschieden 2 km östlich des Ortes und der Hauptstraße. Zgornje Jezersko 151, 4206 Zgornje Jezersko, Tel. 04-254 11 46.

Privatzimmer/Ferienwohnungen:

- **Kriška planina,** Tel. 04-252 59 30, Fax 04-252 59 31, tajnistvo@rtc-krvavec.si. Apartments, ca. 1 Std. Fußmarsch von der Bergstation.

Essen und Trinken

- In Zbilje (9 km südlich von Kranj abseits der Hauptstraße im Osten) öffnet **Le Cordon Bleu** betuchten Gästen seine Pforten; Zbilje 47, Tel. 01-361 33 91. Feinste Küche, z.B. importierte Muscheln aus Belgien (wo man auch sein Handwerk gelernt hat) schlagen mit 7500 SIT zu Buche.
- Die Gostilna **Pr' bizjak** ist im Weiler Zgornja-Bela bei Preddvor nordöstlich von Kranj zu finden, Nr. 20, Tel. 04-255 56 00. Es ist eines der ältesten Gasthäuser in der Gorenjska und es werden - noblesse oblige - Strudel, Sterze, Pilze und Braten gereicht; 3500 SIT.
- Der nächste Ort südlich von Zgornja-Bela ist Srednja-Bela, wo die **Vila Bella,** Nr. 1b, Tel. 04-255 91 00, italienische Küche anbietet; 3500 SIT.
- Restaurant **Zois** in Schloss Brdo, 5 km im Norden von Kranj, Tel. 04-260 10 00, täglich geöffnet. Gleiche Speisekarte wie das angeschlossene Hotel Kokra - aber ins Schloss geht man wegen des Ambientes; ab 3000 SIT.
- Das Café-Restaurant **Yasmin** in der Cankarjeva ulica 1, Tel. 04-202 15 67, serviert auch vegetarische Gerichte; 1500 SIT.
- Wem der Sinn nach Pizza steht, der geht zu **Romano,** Tavčarjeva ulica 31, Tel. 04-236 39 00, wo man auch Pferdefleisch auf der Karte findet; 1500 SIT.
- Verlässt man Kranj über die Nebenstraße durch den Vorort Breg nach Süden, kommt man nach 5 km nach Praše und zur Hütte **Ribiška koča Pri krivi ščuki,** wo mit Blick auf die Sava auf Papptellern Forellen serviert werden, ein billiges und leckeres Vergnügen, das es nur Mi, Fr, Sa und So gibt; kein Telefon; 1000 SIT.

Abends unterwegs

- **Kavka,** Maistrov trg 8, Tel. 04-202 29 10, ist eine Mischung aus Kaffeehaus, Bar und Galerie und immer gut besucht.
- Im historischen Zollhaus **Mitnica,** Tavčarjeva ulica 35, befindet sich die gleichnamige Bar.
- Die Disco **No ordinary Club** spielt am Wochenende viel Jugo-Pop, aber auch anderes, unter der Woche Clubleben; So–Do 17–24 Uhr, Fr/Sa bis 2 Uhr morgens, Sejmišče nn bei der Vodopivčeva ulica.

Feste und Veranstaltungen

- **Musik:** Im Sommer finden klassische Konzerte im Innenhof von Burg Khislstein statt, aber auch Popmusik kommt dort ab und an zur Geltung.

Aktivitäten

- **Reiten:** Auf Schloss Brdo (⇨„Umgebung") kann man im angeschlossenen Gestüt (das einzige Sloweniens, das auch Trabrennpferde züchtet) ins Gelände ausreiten oder auch einfach nur Reitstunden nehmen (ab 8 €/Stunde, Tel. 04-260 10 00).
- **Wintersport:** Der Krvavec (17 km nordöstlich von Kranj) ist der Hausberg der Stadt und eines der beliebtesten Wintersportgebiete Sloweniens (⇨„Umgebung"). Informationen: Rekreacijsko-turistični center, Rad 76, 4207 Cerklje na Gorenjskem, Tel. 04-252 59 30, Fax 04-252 59 31, info@rtc-krvavec.si, www.rtc-krvavec.si, Schneetelefon 040-94 01 04, Meereshöhe 1450–1971 m, 1 Kabinenbahn, 7 Sessellifte, 5 Schlepplifte, 33 km Pisten, 3 km Loipen, Halfpipe, Boarder cross.

Ein winziges Wintersportgebiet (Schlepplift auf den Mali vrh) ist bei **Zgornje Jezersko** zu finden.

- **Fitness-Studio:** Irena, Ljubljanska cesta 29a, Tel. 04-233 20 18.

Škofja Loka

↗ XII/A1

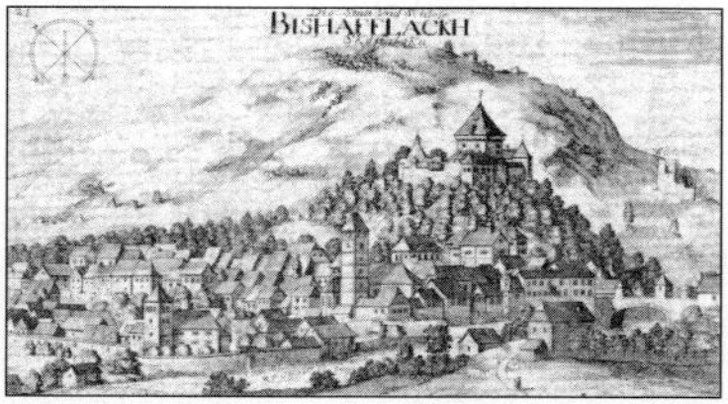

- **Meereshöhe:** 348 m
- **PLZ:** 4220
- **Vorwahl:** 04
- **Einwohner:** 12.500
- **Dt. Name:** Bischofslack

In Škofja Loka vereinigen sich die Flüsse Poljanščica und Selščica und werden zur Sora, der aber nur ein kurzes Leben gegönnt ist. Ein paar Kilometer hinter der Stadt mündet sie schon in die Sava. Škofja Loka ist die slowenische Stadt mit dem am besten erhaltenen **mittelalterlichen Stadtkern.** Errichtet wurde sie auf den Schotterterrassen, die die Flüsse hinterlassen haben, und eine trutzige Burg, die einst die wichtige Handelsstraße nach Italien sicherte, überragt sie.

Die fast **rechteckige Altstadt** befindet sich südlich der Selščica, die Neustadt nördlich, beide Teile sind über mehrere Brücken miteinander verbunden. Der zentrale Platz der Altstadt ist der Cankarjev trg, von dem die Fußgängerzone Mestni trg nach Süden abgeht. Hier stehen die schönsten Häuser und bilden ein sehenswertes Ensemble. Dominiert wird die Altstadt vom **Burgberg** und dem Schloss, das über eine Gasse gegenüber der Touristeninformation am Mestni trg erreicht werden kann.

Um in die Altstadt zu gelangen, nimmt man von der Hauptstraße Kranj – Ljubljana die Kidričeva cesta nach Westen und gelangt zum Kapucinski trg. Um südlich des Mestni trg zu parken, biegt man an der Kreuzung bei der Tankstelle ein Stück vor dem Hotel Transturist links ab, fährt durch den Spodnji trg und danach rechts. Der Bahnhof liegt 3 km von der Altstadt entfernt in den nordöstlichen Stadtausläufern.

Von Freising bei München reichte im 10. Jahrhundert ein langer Arm bis ins Poljane-Tal und zur Sora-Ebene. Kaiser *Otto II.* stiftete 973 die Gegend den **bayerischen Bischöfen.** Sein Sohn verlieh ihnen das Maut- und Münzrecht, 1248 wurde Škofja Loka Markt, 1274 Stadt. Im 14. Jahrhundert umgab man die Stadt mit einer starken Mauer, die die Burg mit einband. Die Wasserkraft der Flüsse beflügelte das Gewerbe, Mühlen entstanden, Leder wurde gegerbt, Schuster siedelten sich an und Schmiede, die Spitzen der Stadt waren weithin berühmt.

Trotz der starken Befestigungen drangen mehrfach Feinde ein (so im Erbfolgekrieg der Grafenfamilie *Cilli* und bei Angriffen der Türken). 1511 zerstörte ein Erdbeben große Teile der Stadt, 1660 und 1698 ließen Feuersbrünste nicht viel übrig. Seitdem blieb das Stadtbild Škofja Lokas von Veränderungen im Guten wie im Bösen verschont. Bis 1803 dauerte die Regierung der Bischöfe zu Freising, dann enteignete sie die Donaumonarchie. Die

Macht des mittelalterlichen Gewerbes und Handels zeigte sich bis weit ins 20. Jahrhundert hinein. Die Zünfte – Träger dieser Macht – blieben als **Bruderschaften** in Škofja Loka noch über den Ersten Weltkrieg hinaus erhalten.

Sehenswertes in der Altstadt

Kapuzinerbrücke und -kloster

Wer den Altstadtkern von Norden über den Fluss betritt, tut dies über die steinerne Kapuzinerbrücke aus dem 14. Jahrhundert (erst im 19. Jahrhundert erhielt sie ein Geländer, weshalb der Stifter Bischof *Leopold* mitsamt Pferd von der Brücke stürzte und ertrank). Das Bauwerk gehört zu den **ältesten Bogenbrücken Europas** und verdankt seinen Namen dem Kapuzinerkloster am linken Ufer (von 1707). Die Brücke verband eine der ältesten Siedlungen Sloweniens – Stara Loka – mit der mittelalterlichen „Neustadt". Das Kapuzinerkloster besitzt eine wertvolle **Bibliothek,** deren einzigartiger Mittelpunkt eine **Handschrift** mit dem ältesten erhaltenen dramaturgischen Text auf Slowenisch ist (die Passionsspiele der Stadt aus dem Jahr 1721).

● **Klosterbibiothek:** Besichtigung nur nach Voranmeldung bei der Touristeninformation oder im Kloster, Tel. 04-512 09 70.

Klarissenkloster und Schloss

In der Altstadt ist die **Nonnenkirche** (Nunska cerkev) an der Blaževa ulica Teil des Klarissenklosters, das auf das Jahr 1358 zurückgeht. Die Kirche entstand 1660 nach dem Stadtbrand.

041sl Foto: sk

Auch die Altäre datieren aus dieser Zeit, die beachtenswerten Malereien stammen allerdings aus dem 19. Jahrhundert.

Das nicht zu übersehende Schloss wurde 1511 bei einem Erdbeben stark in Mitleidenschaft gezogen und neu aufgebaut. Auf 1215 geht der älteste Teil zurück, der aber nur noch als Schema erkennbar ist – das Fundament eines mächtigen quadratischen Turmes. Die **Schlosskapelle** mit ihrem Turm wurde 1526 errichtet (die vier Altäre stammen aus dem Dorf Dražgoše, das von den deutschen Truppen 1942 niedergebrannt wurde). Ende des 19. Jahrhunderts und Mitte des 20. griff man vehement in die Bausubstanz ein, um die jeweiligen Nutzungen zu erleichtern, einmal als Mädchenschule (wofür das Schloss mit dem unterhalb liegenden Klarissenkloster verbunden wurde) und schließlich als Museum.

Loka-Museum

Das Museum besitzt eine der wichtigsten **ethnografischen Sammlungen** Sloweniens. Die Stadtgeschichte wird hervorragend dokumentiert. Kulturgeschichtlich besonders interessant sind **Handschriften,** eine davon, mit slowenischen Monatsnamen, stammt aus dem Jahr 1466. Besonderes Augenmerk wird auf den Schriftsteller *Ivan Tavčar* gelegt (1851–1923) und auf eines seiner Werke, das das dörfliche Leben einer Familie und damit das historische Loka in prallen Bildern beschreibt (*Visoška kronika* – „Die Chronik von Visoko", ins Deutsche übertragen von *Werner Engel,* erschienen 1998 bei Königshausen & Neumann, Würzburg). In der Abteilung für bildende Kunst finden sich mehrere Kopien von Fresken aus Kirchen der Umgebung (besonders sehenswert eine von der Mitte des 15. Jahrhunderts, auf der Christus und Szenen aus dem Alltag abgebildet sind).

Leckermäuler finden ihr Eldorado in der Lebzeltabteilung. In Škofja Loka werden diese Honigkuchen traditionell hergestellt.

- **Loka-Museum,** Grajska pot 13, Tel. 04-512 70 10, Fax 04-512 71 60, loski.muzej@guest.arnes.si, www.arnes.si/~krlmuz1s, vom 1.4. bis 31.10. Di–So 9–18 Uhr, im Winter 9–17 Uhr.

Homan-Haus

Nach Verlassen des Schlosses quert man die Klobovsova ulica und nimmt die enge Gasse zum Mestni trg. Linker Hand versperrt das Homan-Haus den Blick auf den Cankarjev trg. Es entstand 1524 als **Bürgerschloss** im gotischen Stil mit Elementen der Renaissance (Bemalung mit St. Christophorus), der Ostteil mit den Erkern datiert vom Ende des 16. Jahrhunderts. Das Homan-Haus beherbergt ein Gasthaus/Café.

Pfarrkirche

Hinter dem Homan-Haus steht an dem von Bürgerhäusern aus der Zeit der Türkeneinfälle flankierten Platz die Pfarrkirche (Župnijska cerkev) des St. Jakob. Erste Zeugnisse dieser Kirche

Fein herausgeputzt präsentiert sich die Altstadt von Škofja Loka dem Betrachter

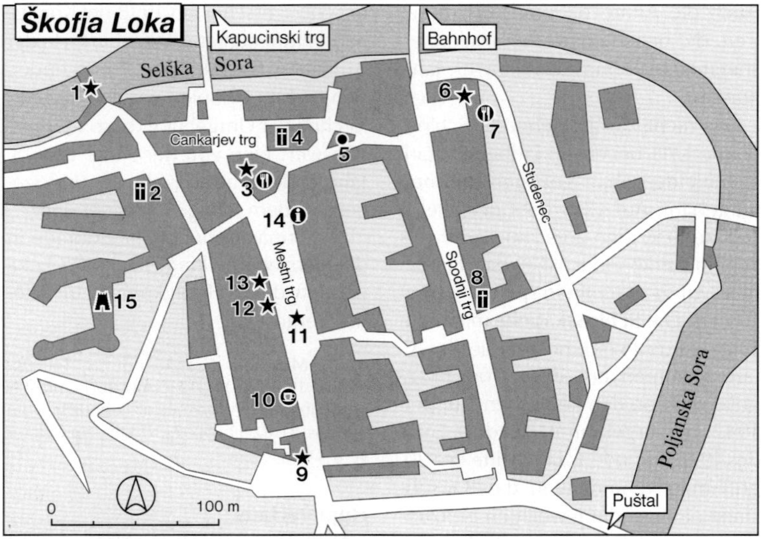

- ★ 1 Kapuzinerbrücke
- 2 Nonnenkirche
- ★ 3 Homan-Haus, Restaurant Homan
- 4 Pfarrkirche
- ● 5 Schule
- ★ 6 Getreidespeicher
- 7 Restaurant Kašča
- 8 Spitalkirche
- ★ 9 Martin-Haus
- 10 Café Vahtnica
- ★ 11 Mariensäule
- ★ 12 Rathaus
- ★ 13 Altes Pfarrhaus
- 14 Touristinformation
- 15 Schloss

stammen aus dem Jahr 1271. 1471 entstand das heutige Kirchenschiff. Beim Sterngewölbe achte man besonders auf die Schlusssteine, die Zunftzeichen und den Schutzpatron der Zünfte zeigen. Die Freskenreste sind ebenfalls noch aus dieser Zeit. Weitere Fresken stammen aus dem 20. Jahrhundert, ebenso wie die Glasfenster. Taufbecken und Lüster sind ein Werk *Plečniks.*

Östlich der Kirche steht unscheinbar geduckt die **Schule,** die ein Privatmann 1627 stiftete.

Getreidespeicher

Passiert man die Schule, kommt man zum Getreidespeicher *(Kašča)* am Spodnji trg. Sein Entstehungsjahr ist nicht bekannt, renoviert wurde er aber 1511 auf Veranlassung des Bischofs, wie die Tafel an der Fassade bezeugt.

Der Speicher war neben den Verteidigungsanlagen das wichtigste Bauwerk einer mittelalterlichen Stadt. Hier wurden alle **Naturalabgaben** gesammelt – ohne Stadtspeicher überlebte man Jahre schlechter Ernte nicht. Aus diesem Grund war auch der Verwalter des Speichers – der *kaščar* – eine reputierliche Person im Standesgefüge.

Im Gebäude befinden sich heute eine Vinothek, eine Bierschänke, eine Bank und die **Galerie France Mihelič.** Die Ausstellung widmet sich der surrealistischen Periode des gleichnamigen Malers (1907–98).

- **Galerie France Mihelič,** Spodnji trg 1, Tel. 04-512 70 10, Fax 04-512 71 60, Di–So 12–17 Uhr, Eintritt frei.

Spitalkirche

In der Mitte des Spodnji trg steht neben dem Spital die Špitalska cerkev, die Spitalkirche (1710). 1547 richtete die Pfarrei ein **Armen- und Krüppelhaus** ein, das 1698 abbrannte. Erst 20 Jahre später fanden die Bettler und Versehrten wieder eine Heimat. Als Kontrapunkt zur Armut nebenan ist die Kirche keineswegs ärmlich eingerichtet.

Mariensäule und Rathaus

Nimmt man die Gasse gegenüber der Spitalkirche zurück zum Mestni trg, sieht man rechter Hand die Mariensäule von 1791, aus Dankbarkeit von der Stadt errichtet, da der Schwarze Tod sie verschonte. Die prächtigen Bürgerhäuser in gotischem Stil unter barockem Einfluss mit ihren Portalen und Arkadenhöfen zeigen den Reichtum der Bürgerlichen, der Händler und Handwerker. Gegenüber der Mariensäule steht das Rathaus aus dem 16. Jahrhundert. Der untere Bereich ist typisch spätgotisch gehalten, darüber herrscht die Malerei barocker Säulen- und Blütenpracht vor. Der Arkadenhof zeigt sich der Renaissance verschrieben.

Altes Pfarrhaus und Martin-Haus

Das dritte Haus nördlich ist das Alte Pfarrhaus *(Staro župnišče).* In seiner heutigen Form entstand es Mitte des 18. Jahrhunderts, als man zwei Gebäude zusammenfasste (heute noch an den Wandpfeilern und der Zweifarbigkeit erkennbar). Am südlichen Ende des Mestni trg steht das Martin-Haus *(Martinova hiša)* – das letzte Gebäude im spätgotischen, für die Stadt früher so typischen Baustil.

Sehenswertes außerhalb des Zentrums

Post- und Telekommunikationsmuseum

Im Ortsteil Stara Loka befindet sich im **Strahl-Schloss** (Starološki grad) – dem ehemaligen Bischofsschloss mit runden Wachtürmen – das Post- und Telekommunikationsmuseum. Als Außenstelle des Slowenischen Technischen Museums zeigt man alles, was mit dem Fernmeldewesen im Land zu tun hat, vom altrömischen Beginn bis zu modernster Kommunikation. Besonders für Kinder interessant: Man darf viele Ausstellungsstücke selbst bedienen.

• **Muzej pošte in telekomunikacji,** Stara Loka 3, Tel. 04-512 11 49, Di/Do 9–13 Uhr, Sa/So 10.30–17 Uhr.

Nace-Haus

Im Stadtteil Puštal südöstlich der Altstadt und jenseits der Poljanščica steht das Nace-Haus (Nacetova hiša), zu Fuß auf malerischem Weg über den hölzernen Teufelssteg erreichbar. Dazu muss man sich hinter der Brücke rechts halten (erst am Poličarjev-Haus, das man an der Wasserstandsanzeige der großen Überschwemmung von 1926 erkennt, dann am Schwimmbad vorbei). Seit 250 Jahren unverändert geblieben, zeigt das Nace-Haus dem heutigen Besucher, wie einst ein **slowenisches Gehöft und Gasthaus** aussah.

• **Nace-Haus,** Pri polencu 74, Tel. 04-202 18 71, www.nacetovahisa.com. Besichtigung nur Sa und jedes 1. Wochenende im Monat 10–18 Uhr.

Kirchen und Kapellen

Die Kirche auf dem Hügel **Hribec** ist dem Heiligkreuz geweiht *(Sveti križ)*. Der Kreuzweg hinauf wird von zwölf Kapellen gesäumt.

In der Schlosskapelle von **Puštalski grad** gilt es, ein Werk des Künstlers *Quaglio* aus dem Jahr 1706 zu bewundern, die „Kreuzabnahme".

Gehöfte und Kirche in Suha

Der Vorort Suha im Osten am linken Ufer der Sora hat im Dorfkern einige schöne alte Gehöfte im Bestand, unter ihnen **Španova domačija.** Man erkennt es am davor stehenden Bildstock von 1794. Der Hof war Vorbild für ein Anschauungsobjekt zur Baukunst des Mittelalters im Stadtmuseum. Nordöstlich des Hofes (an der Straßengabelung nach links Richtung Trata/Virmaše) brilliert in der **Kirche Johannes des Täufers** (Sv. J. krstnik) das Sterngewölbe des Sanktuariums, dessen Fresko auf das 15. Jahrhundert zurückgeht.

In der Umgebung

Visoko ↗X/D1

Das Dorf Visoko (9 km südwestlich Richtung Gorenja vas) erlangte im 20. Jahrhundert literarische Berühmtheit. Der Schriftsteller *Ivan Tavčar* erzählt in seinem Werk **„Die Chronik von Visoko"** die tragische Familiengeschichte der Sippe der Kalan, deren Höfe, auf denen sie 230 Jahre lang gelebt hatten, er dann später kaufte und selbst bewirtschaftete. Vor den Gebäuden ist eine **Bronzestatue von Tavčar** aufgestellt.

Crngrob ↗XII/A1

Im Norden von Škofja Loka steht in 4 km Entfernung beim Weiler Crngrob (35 Bewohner) die **Wallfahrtskirche Mariä Verkündung** (cerkev Marijinega oznanjenja) mitten in den Wäldern. Die Wanderung nach Crngrob auf markiertem Weg dauert eine Stunde; falls die Kirche abgesperrt ist: Der Schlüssel ist im Haus Nr. 10.

Romanischen Ursprungs, wurde sie in den Jahrhunderten immer wieder verändert und erweitert. Die Kirche ist sowohl außen als auch innen reich bemalt. Die ältesten Fresken sind der

Marienzyklus im Nordschiff aus dem 14. Jahrhundert. Am Martinsaltar - einer der vier Altäre am Übergang zum Sanktuarium - hängt ein **Knochen,** über Jahrhunderte als „Rippe eines Heidenmädchens" angesehen, heute dem Skelett eines Wales zugeordnet.

Beim Gostišče Crngrob kann man einkehren, beim Bauernhof Pri Marku Pferde mieten und schlafen (s.u.).

Križna gora

Križna gora im Nordwesten von Škofja Loka, mit dem Auto über das Stadtviertel Binkelj erreichbar (4 km), ist ein gern besuchtes Nahziel. Vom 678 m hohen Gipfel genießt man Weitblicke über die Alpen und Ljubljana, Drachenflieger tanzen auf der Thermik, „Pri Boštjanu" lädt zur Vesper ein und ein Kammweg endet an der Kreuzkirche (Sv. Križ). Vom Stadtviertel Trnje in Škofja Loka führt ein Wanderweg über das Dorf Cavrn in einer Stunde nach Križna gora.

Wanderung zum Lubnik ⇗ XII/A1

Höher hinaus (auf 1025 m) geht es am Lubnik im Westen der Stadt. Im Zentrum am Schloss beginnt der Weg und geht über das Viertel Vincarje (insgesamt zwei Stunden). Eine Variante führt an den **Ruinen eines Wachturmes** aus dem 12. Jahrhundert auf dem 475 m hohen Krancelj vorbei und weiter an den Resten der **Raubritterburg Wildenlack** auf 501 m Höhe. In der Hütte „Dom na Lubniku" erhält man Speisen und Getränke und kann nächtigen (Tel. 04-512 05 01, nur am Wochenende, 2.1.–18.3. geschlossen).

Praktische Tipps

Informationen

- **TIC,** Mestni trg 5, 4220 Škofja Loka, Tel. 04-512 02 68, Fax 04-512 02 68, obcina@skofjaloka.si, www.lto-blegos.si, www.skofjaloka.si.
- **Alpenverein Škofja Loka** (Planinsko društvo Škofja Loka), Kapucinski trg 13, Tel. 04-512 06 67.

Service

- **Post:** Kapucinski trg 9 bei der Fußgängerbrücke
- **Telefonieren:** im Postamt
- **Geldwechsel:** Geldautomaten gibt es am Kapucinski trg.
- **Parken:** Am besten stellt man seinen Wagen auf einer der Parkflächen um den Kapucinski trg in der Neustadt ab oder parkt südlich des Mestni trg.

Notfälle

- **Klinik:** Sorška cesta 3a, Tel. 04-515 35 50
- **Apotheke:** Spodnji trg 8, Tel. 04-512 25 88

Verkehr

- **Bahnhof:** Kidričeva cesta 61, 3 km außerhalb im Industrievorort Trata (Stadtbushaltestelle), Verbindungen nach Ljubljana und Kranj (und weiter zur Grenze) mehrmals am Tag, Informationen Tel. 04-294 41 74.
- **Fernbusse:** Kapucinski trg 20, Informationen Tel. 04-506 15 11.
- **Taxis:** Jože Šubic, Tel. 050-62 58 75.
- **Mietwagen:** Alpetour, Kapucinski trg 20, Tel. 04-506 15 30.
- **Fahrradverleih:** Velo Sport, Poljanska cesta 4, Tel. 04-515 58 20.

Einkaufen

- **Bücher und Karten:** Papirnica in knjigarna TOPS, Šolska ulica 4, Tel. 04-512 33 05. Karten erhält man auch bei der Touristeninformation.
- **Wein:** Kašča Pivica/Vinoteka, Spodnji trg 1, Tel. 04-512 43 00.
- **Souvenirs:** Der Touristeninformation ist ein Laden angeschlossen, wo es Typisches aus

Škofja Loka gibt, z.B. Spitzen und auch das Honigbrot.

- In Gorenja vas, 15 km westlich der Stadt, stellt die **Galerie Krivna** Arbeiten heimischer Maler, Bildhauer und Schnitzer aus, die auch gekauft werden können (Poljanska cesta 7, Tel. 04-510 73 00).

Unterkunft

- Hotel **Transturist** (***), Kapucinski trg 9, Tel. 04-512 40 26, Fax 04-512 40 96. Moderner Betonbau, zentral gelegen, Einzelzimmer 35 €.
- Pension **Mini Hotel,** Vincarje 55, Tel. 04-515 05 40, Fax 04-515 05 42. 8 Zimmer mit 16 Betten, nicht größer, aber mit Schwimmbad und nur 1 km westlich des Zentrums in der Natur, Einzelzimmer 20 €.

Privatzimmer/Ferienwohnungen:

- **Premetovc,** Log 15, Tel. 04-518 60 00, premetovc@siol.net.
- **Na Vidmu,** Poljane 27, 4223 Poljane, Tel. 04-510 96 10.
- Appartement **Pri Boštjanovcu,** Hotavlje 34, 4224 Gorenja vas, Tel. 04-518 22 39.

Camping:

- **Smlednik** (**), Dragočajna 14a, 1216 Smlednik, Tel. 01-362 70 02, camp@dm-camp smlednik.si, www.dm-campsmlednik.si, Öffnungszeiten: 1.5.–15.10, 100 Plätze. Am See Zbilje 11 km östlich von Škofja Loka, mit einer ganzen Reihe an Wassersportmöglichkeiten, FKK-Bereich.

Ferien auf dem Bauernhof:

- **Pri Marku,** Crngrob 5, 4209 Žabnica, Tel. 04-513 16 26, Fax 04-513 16 26.

Übernachtung im Skigebiet Stari vrh

Ferienwohnung:

- Appartements **Gornik,** Četena ravan 3, 4223 Poljane, Tel. 04-518 81 88, Fax 01-362 81 08, iresi@siol.net.

Ferien auf dem Bauernhof:

- **Davčen,** Četena ravan 7, 4223 Poljane, Tel. 04-518 80 08, Fax 04-518 80 08, davcen@ sid.net.
- **Ožbet,** Četena ravan 6, 4223 Poljane, Tel. 04-518 90 40.

Berghütte:

- Dom **Stari vrh,** Zapreval 5, 4223 Poljane, Tel. 04-518 90 07 und 04-168 20 82.

Essen und Trinken

- Gostilna **Pri Danilu,** Reteče 48 (südöstlich Richtung Medvode), Tel. 04-515 34 44, www.pridanilu.com. Eine Feinschmeckeradresse, wo Zutaten und Zubereitung den vielleicht etwas hohen Preis rechtfertigen, 4000 SIT.
- Café/Gostišče **Homan,** Mestni trg 2, Tel. 04-512 30 47, Café ab 8 Uhr offen. Essen in historischer Umgebung, Sommerterrasse, auch Pizza, aber man sollte lieber Gerichte wie Kohlsuppe mit Scampi oder gefüllten Kürbis mit Ziegenkäse bestellen, 3500 SIT.
- In Log auf dem Weg nach Visoko lockt das Gostišče **Premetovc,** Log 15, Tel. 04-518 60 00. Eine der Spezialitäten ist Forelle mit Eingetropftem und Traubensauce, 3500 SIT.
- In Križna gora ist die Gostilna **Pri Boštjanu** in der ganzen Gegend bekannt, Križna gora 89, Tel. 04-510 33 20; Spezialitätenküche, die einen Umweg verdient, 3000 SIT.
- Gostilna **Kašča,** Spodnji trg 1, Tel. 04-512 43 00. Vinothek und Gaststätte in historischen Räumlichkeiten, slowenische Gerichte und internationale Küche, 2500 SIT.
- **Klementina,** Pungert 20, Tel. 04-513 20 98. Eine beliebte Pizzeria, 1500 SIT.
- Wer nur schnell etwas essen will, kann in eines der Kaufhäuser gehen und in den Imbissabteilungen günstig satt werden (viel mehr aber auch nicht), z.B. im **Nama,** Kapucinski trg 1 im 2. Stock., 500 SIT.
- Kaffee und Kuchen nimmt man gern im **Homan-Haus** ein (s.o.).
- **Gostilna Blegoš,** Javorje 5, 4223 Poljane, Tel. 04-518 91 00. Am Hang mit schönem Bergblick werden Riesenportionen zu guten Preisen serviert. Pilzgerichte um 1000 SIT.

Abends unterwegs

- **Kašča** (s.o.) ist bei den Einheimischen beliebt für Bier.

- Im Galerie-Café **Vahtnica** treffen sich die Jüngeren und sitzen im Atrium herum, Mestni trg 31, Tel. 04-512 33 80.
- Wer seinen australischen Pub von zu Hause vermisst, geht ins **Uluru,** Šolska ulica.

Feste und Veranstaltungen

- Das größte Ereignis in Škofja Loka sind die **Passionsspiele,** die aber nicht jedes Jahr abgehalten werden (das nächste Mal voraussichtlich 2004 im März/April).
- Im Januar wird bei Stari vrh gezeigt, wie man **in früheren Jahren Ski fuhr,** ein amüsantes Spektakel, zu dem man aus ganz Slowenien anreist.
- Im März wird der **Frühling begrüßt** und dazu lässt man Lampions auf dem Fluss schwimmen.
- Das **Venusfest** ist ein Tag im Juni, der mittelalterlich begangen wird; Händler, Herolde und Handwerker tummeln sich dann in Kostümen auf den Straßen.

Aktivitäten

- **Reiten:** Pri Marku, Crngrob 5, 4209 Žabnica, Tel. 04-513 16 26, Fax 04-513 16 26.
- **Wintersport:** Stari Vrh, 10 km westlich von Škofja Loka, Anfahrt über Praprotino, Poljane und Javorje 20 km (letztere Strecke im Winter u.U. gesperrt). Informationen: Smučarski turistični center, Zapreval 3, 4223 Poljane, Tel. 04-518 80 39, Fax 04-518 81 36, Schneetelefon 040-94 01 11, Meereshöhe 580–1210 m; 1 Sessellift, 5 Schlepplifte, 10 km Pisten, Flutlichtanlage, Snowboardpark, Rodelbahn, Beschneiungsanlage.
- **Angeln:** Angelkarten verkauft das Hotel Transturist.
- **Tennis** kann man im Sportni Park Trata spielen, Frankovo Naselje 69, Trata, Tel. 04-513 11 83.

Der Nationalpark Triglav

Der Triglav-Nationalpark umfasst knapp 85.000 ha bzw. 850 km^2, die gesamten slowenischen oder **östlichen Julischen Alpen.** Im Nordwesten grenzt er an Italien, seine Verwaltung teilen sich die Gemeinden Jesenice im Norden, Radovljica im Osten und Tolmin im Süden. Die wichtigsten Urlaubsorte in seiner Sphäre sind Krajnska Gora, Bled, Bohinjska Bistrica, Tolmin, Kobarid und Bovec. Eine einzige Fahrstraße duchquert den Park – sie führt über den Pass Vršič. Nur zu Fuß kann das Schutzgebiet durchstreift werden und wer sich in die teilweise bedrohlich-steinerne Natur des Hochgebirges begibt, muss sich den **strengen Regeln des Naturschutzes** unterwerfen, befindet sich dafür aber in einem der schönsten Alpenabschnitte überhaupt.

Das Herz des Nationalparks ist das Triglav-Massiv mit dem **2864 m hohen Triglav,** dem Schicksalsberg der Einheimischen – wer ihn nicht bestiegen hat, darf sich eigentlich nicht als Slowene bezeichnen. Im Massiv entspringen die drei Flüsse **Sava Bohinjka, Sava Dolinka** und **Soča (Isonzo).** Man kann den Park in drei Bereiche gliedern. Der südliche oder **Bohinjer Teil** war von jeher der bevorzugte Siedlungsbereich, die starke Sonneneinstrahlung machte die Winter kürzer. Dieser Teil ist von hohen Almen geprägt, die Landschaft von den Gletschern und ihrer Schmelze bestimmt, die die (glazialen) Seen entstehen ließen: Bohinj und Bled unten und die Triglav-Seen in den Hochtälern. Der **Sava-Teil** ist von den relativ schmalen

042sl Foto: sk

Tälern geprägt, deren Wasser sich über Zehntausende von Jahren in die steil und unwirklich hoch ragenden Wände der Nordmassive des Parks eingeschnitten haben (Planica, Pišnica, Vrata). Der **Soča-Teil** schließlich ist ebenfalls von engen Tälern geprägt, von denen immer wieder seitlich kleinere Gletschertäler abzweigen. Die Fahrt über den Vršič-Pass folgt auf der Südseite dem Lauf der Soča.

Geschichte des Parks

Die Ursprünge des Nationalparks liegen bereits im Jahr 1908, als ein Professor dem Oberkrainer Forstamt vorschlug, die seinerzeit dem Staat durch Enteignung kirchlicher Waldgebiete zugefallenen Liegenschaften in einem Schutzgebiet zusammenzufassen. Doch gab es zu jener Zeit noch keine entsprechende Gesetzgebung, so dass der Plan fallen gelassen werden musste. 1920 tauchte das Schutzgebiet wieder als Idee auf – diesmal als Alpiner Hochgebirgspark im Tal der Triglav-Seen. 1924 schließlich unterzeichneten die Forstverwaltung Ljubljana und der Slowenische Alpenverein einen langjährigen Pacht- und Schutzvertrag über das Gebiet der Triglav-Seen – die Geburtsstunde des Nationalparks. Die Wirren des Zweiten Weltkriegs und der Nachfolgejahre nahmen der Region wieder

Der Triglav – zwischen Himmel und Slowenien! Erst wer den höchsten Gipfel des Landes erklommen hat, darf sich Slowene nennen

ihren offiziellen Schutzstatus, doch war man sich einig, dass er neu definiert werden müsse; man schuf entsprechende Gesetze und am 26. Juni 1961 war der Triglav-Nationalpark endgültig Wirklichkeit geworden. 1981 wurde der Park erweitert und die Schutzformeln für bestimmte Bereiche wurden modernisiert; damit erhielt er seine heutige Form.

Ein wenig Geologie

Die Julischen Alpen bestehen aus reinem **Kalkstein** und dessen Unterform **Dolomit** (mit Magnesium-Beimengung) und sind deshalb stärker der Verwitterung ausgesetzt als z.B. Granit-Gebirge. Einmal hat dies zu **bizarren Verformungen** der Gebirgswelt geführt, zum anderen zu ausgeprägter **Höhlenbildung** im Untergrund. Bei weitem nicht alle Höhlen sind schon erforscht, schon gar nicht im unwegsamen Hochgebirge. Die Zentralalpen im westlichen Europa haben als Leitgestein dagegen Granit und Schiefer und damit sind deren Landschaftsformen bei weitem nicht so vielfältig wie die der Julier – die Erosion in den Zentralalpen findet viel gleichmäßiger statt.

Krieg in den Julischen Alpen – die Isonzo-Front im Ersten Weltkrieg

Zwölf Schlachten wurden am Fluss Isonzo, slowenisch Soča, zwischen den **Italienern** auf der einen und **Österreich/Ungarn und dem Deutschen Heer** auf der anderen Seite geschlagen. Schlachten ist zu viel gesagt. Verzweifelt krallten sich die Soldaten in den Fels und das Eis, warfen den Feind von irgendeinem Gipfel, der strategisch als wichtig angesehen wurde, um nur Stunden später selbst im Grabenkampf vertrieben zu werden oder das Leben zu verlieren.

Unbefriedigend schien diese Art des Kampfes den Generälen, so verlegte man sich auf **Sprengungen** der feindlichen Stellungen. Kilometer um Kilometer wurden immer wieder Stollen in den Fels gehauen und schließlich nach monatelanger Arbeit gesprengt. Ganze Gipfel und mit ihnen Besatzungen Hunderter von Männern fuhren auf einen Schlag pulverisiert in den Himmel. Schon Wochen vorher wusste man von seinem Schicksal; Horchtrupps verfolgten den Fortgang der Arbeiten des Feindes. Doch wann würde der Feind zünden? In den meisten Fällen wurden die Stellungen nicht geräumt!

Lawinen erschlugen die Menschen, rissen sie in den Tod, komplette Kompanien meldeten sich plötzlich nicht mehr – erfroren in einem Schneesturm. Erst gegen Ende des Ersten Weltkriegs schafften es die Achsenmächte, aus dem Gebirge auszubrechen und die italienischen Truppen in der elften Schlacht das Isonzo-Tal hinunterzutreiben – doch versagten bald die Kräfte, die zwölfte Schlacht brachte keine Ergebnisse mehr, die Kaiserreiche Mitteleuropas waren ausgeblutet, der Krieg zu Ende.

Aus den Alpen kehrten ebenso viele Soldaten nicht mehr nach Hause zurück, wie aus den Schützengräben vor Verdun, allein die Front am Isonzo schlug mit weit **über 500.000 Toten** zu Buche.

● **Buchtipp:** *Heinz von Lichem,* „Krieg in den Alpen 1915–1918", Augsburg 1993.

Ihren Ursprung nahmen die Berge im Park vor vielleicht 250 Millionen Jahren im frühen oder unteren Trias, dem Beginn des Erdmittelalters. Das Gestein des Triglav geht auf eine Zeit vor etwa 230 Millionen Jahren zurück – dem oberkarnischen Zeitalter, das Cordevolkalkstein hervorgebracht hat. Dieser ist relativ resistent gegen Erosion und so sind die Wände des Massivs ziemlich glatt und ungegliedert. Dies kann natürlich nur so sein, weil durch Aufschiebungen und Faltungen das ältere Gestein über dem jüngeren und weicheren zu liegen kam. Senkungen wiederum führten zu Landschaftsformen wie dem Talkessel von Bohinj mit seinem See, so dass das Pannonische Meer (das die Fläche ganz Ungarns, Rumäniens und Jugoslawiens bedeckte) vor 25 Millionen Jahren seine Ufer bis an die Flanken der heutigen Bergwelt ausdehnen konnte.

Für die Julischen Alpen sind die **Karren** eine typische Erosions- oder Verkarstungsform. Als Karren bezeichnet man alle durch Erosion erweiterten Spalten im Kalkstein. Spezielle Ausformungen sind Trittkarren, die Stufen ähneln und durch auf der Oberfläche fließendes Wasser entstanden sind. Rinnenkarren können streng parallel zueinander laufen oder wild mäandernd sich kreuzen. Karrentische sind eine Besonderheit. Als solche bezeichnet man eratische Geschiebe, die darunter liegende Flächen vor der Erosion speziell der Eiszeit schützen, so dass sich Tische bilden, die 20 bis 30 cm aus der Umgebung hervorragen können. Man muss sich vorstellen, dass mit jeder Eiszeit – und die letzte liegt erst 10.000 Jahre zurück – die verkarsteten Felsen durch die Gletscher (glaziale Erosion) großteils glatt abgeschliffen wurden – nur teilweise kann man noch Karren aus der Zeit vor der letzten Eiszeit sehen, deren Gesteinsoberflächen wie von einem Riesen poliert aussehen. Immer wieder aufs Neue begann nach jeder Eiszeit die Erosion, ausgelöst durch Wind und Wetter, durch winterliche Vereisung und die damit einhergehende Sprengung des Gesteins und durch das Wasser der Schneeschmelze.

Pflanzenwelt

Die Waldgrenze verläuft in den Juliern im Osten auf 1900 m, im Westen auf 1600 m, die Baumgrenze auf 1700 und 2000 m. An den südlichen, dem Meer zugewandten Flanken mit relativ feuchtem Klima und in niedrigeren Lagen wachsen **Buchen,** doch weiter drinnen im Gebirge mit trockenerem Klima überwiegen **Lärchen** und **Fichten.** Interessant sind natürlich vor allem die in den Julischen Alpen endemischen, d.h. nur hier vorkommenden Pflanzen. Dazu gehört der **schmalblättrige Eisenhut** *(Aconitum angustifolium Bernh.),* der gern in den Schutthalden der montanen und subalpinen Stufe im südlichen Teil der Julier wächst. Der **Felsenaugenwurz** *(Athamantha turbith L. Brot.)* bevorzugt Felsspalten an den Südflanken. Die **Zois-Glockenblume** (Campanula zoysii Wulf.), benannt nach dem berühmten slowenischen Universalwissenschaftler und Förderer des Alpinismus und der schönen Künste, ist in den ganzen Julischen Alpen und ihren Randgebieten verbreitet und relativ häufig in Felsspalten zu sehen.

Neben diesen Pflanzen sind noch eine ganze Reihe anderer zu finden, die ebenfalls nur in den Juliern und in einigen benachbarten Gebieten vorkommen – Julische Flockenblume, Soča-Hornkraut, verschiedene Schwingel- und Bärenklauarten, die Kurzhaarige Nabelmiere, Julischer Mohn, Julisches Läusekraut, Wulfens Schlüsselblume, Traunfellners Hahnenfuß und diverse Steinbrecharten.

Das **Tal der Triglav-Seen** ist für seine **Blütenpracht im Frühling** berühmt und ein absolutes Muss für Besucher. Es gilt als so einzigartig, dass es innerhalb des Parks einen besonderen Schutzstatus genießt. Zwischen Gelbem Enzian, Knotenfuß, Kleinem Zweiblatt und der Krainer Lilie wandern nach Regenfällen langsam, aber zielsicher Feuersalamander in großer Zahl. Auf einer Wanderung durch dieses Tal lernt man auch die verschiedenen Pflanzengesellschaften kennen, die sich abhängig von der Höhe und dem Boden zu Gemeinschaften zusammengeschlossen haben.

Tierwelt

So vielfältig die Pflanzenwelt der Julier sein mag, die Tierwelt muss sich vor ihr nicht verstecken. Schwämme, Muscheln, Krebse, Würmer und Schnecken bevölkern die Ufer der Seen, aber auch um die Waldgrenze und oberhalb davon ist einiges an Kriechendem und Krabbelndem zu finden. **Skorpione** *(Euscorpius germanus)* tragen dort ihre lebend geborenen Jungen auf dem Rücken, die **Kreuzspinne** *(Araneus diadematus)* zeigt ihre typische Rückenzeichnung und die **Schwarze Wolfsspinne** *(Pardosa nigra)* versteckt sich im Geröll. Weiter unter tummeln sich Käfer und taumeln Schmetterlinge um die Blüten. Wunderschön sieht der **Feuersalamander** *(Salamandra salamadra)* aus, wenn er sein Versteck verlässt – sein tiefschwarzer Körper ist quietschgelb gefleckt. Unter den Schlangen sei die **Kreuzotter** *(Vipera berus)* erwähnt, die bis in einer Höhe von 2000 m gefunden wird.

In den Gewässern ist noch die **Bachforelle** *(Salmo trutta fario)* zu finden, die aber zunehmend von der im 19. Jahrhundert aus Nordamerika importierten **Regenbogenforelle** *(Salmo irideus)* verdrängt wird bzw. sich mit ihr mischt. Nur in der Soča kommt die **Soča-Forelle** *(Salmo marmoratus)* vor. Sie erreicht eine Länge von einem Meter und ein Gewicht von 15 kg.

Hoch im Himmel fliegen **Steinadler** *(Aquila chrysaetos),* **Mäusebussard** *(Buteo buteo),* **Turmfalke** *(Falco tinunculus),* **Habicht** *(Accipiter gentilis)* und **Sperber** *(Accipiter nisus).* Der **Auerhahn** *(Tetrao urogallus),* der größte Hühnervogel, lässt seinen Balzruf ertönen, Uhus schauen rückwärts, Spechte klopfen – „Birder“ finden ein reiches Betätigungsfeld.

Zu den nettesten und vielleicht auch eindrucksvollsten Begegnungen gehören die Treffen mit den **Alpenmurmeltieren** *(Marmota marmota),* deren schrille Warnpfiffe die Wanderer genauso erschrecken, wie die possierlichen Tierchen bei deren Anblick zusammenfahren. Siebenschläfer, Dachse, Gemsen und Marder leben im Park, Füchse und Otter – doch das typischste Tier, verewigt als „Zlatorog" in Denkmalen, auf Bildern und Postern, ist der **Steinbock** *(Capra hircus ibex)*. Er wurde im 18. Jahrhundert ausgerottet, aber 1964 und 1975 im Gebiet des Parks wieder ausgesetzt. Der Bock wird bis zu 100 kg schwer, seine Hörner, bis zu einem Meter lang und säbelartig nach hinten gebogen, wiegen dann allein schon 15 kg.

Wandern im Nationalpark

Berghütten

Die Berghütten des Slowenischen Alpenvereins sind sowohl von der Versorgung des Parks wie von ihrem Standard her ausgezeichnet. Auch in den **Schlafsälen** – wobei viele Hütten **2- und 4-Bett- Zimmer** vermieten – erhält man frische Bettwäsche, die Toiletten sind supersauber und das Essen (hochgebirgstechnisch eingeschränkt) ist gut. In der Saison kommt zu den abgelegenen Hütten, die nicht ökonomisch über Materiallifte oder kürzere Anstiege aus dem Tal zu versorgen sind, einmal die Woche ein Hubschrauber. Die meisten Hütten öffnen am 1.6. und schließen am 30.9., danach nur Wochenendbetrieb bei schönem Wetter.

Im Nationalpark gibt es zur Zeit um die **35 Hütten,** die bewirtschaftet sind. In der Saison, speziell in den slowenischen Ferien und an Wochenenden, können besonders die Hütten um den Triglav herum aus allen Nähten platzen. Dann heißt es spätestens um 19 Uhr und mit Glück sein Essen aus der überlasteten und belagerten Küche zu ergattern und schnell zu verspeisen, da die Bänke und Stühle, der Platz unter den Tischen und in den Gängen von den übermüdeten Wanderern und Kletterern benötigt wird: Matratzen werden dann auf jeder kleinsten Fläche ausgelegt und bald ist der Weg von und zu allem versperrt.

Die **Winterbetten** sind in gesonderten, auch bei Nichtbewirtschaftung der Hütte zugänglichen Zimmern zu finden.

Regeln zum Schutz des Parks

Die universelle Basisregel für Besuche geschützter Gebiete auf der ganzen Welt lautet: Was Du mit hinein genommen hast, nimmst Du wieder mit heraus, was Du nicht mit hinein genommen hast, lässt Du jungfräulich und unzerstört drinnen.

1. Im gesamten Gebiet des Parks ist es untersagt, **Abfälle** zu hinterlassen. Auch in den Berghütten ist der Müll nicht abzulegen.
2. Parkbesucher dürfen **kein offenes Feuer** entfachen, außer an den dafür besonders gekennzeichneten Stellen, auch Müll darf nicht verbrannt werden.
3. Außerhalb der besonders gekennzeichneten Stellen darf nicht **geparkt oder gecampt** werden.
4. Die Benutzung von **Kraftfahrzeugen** ist untersagt, außer auf der asphaltierten Strecke über den Vršič-Pass.
5. **Zelten** im Park ist verboten, außer man hat eine Ausnahmegenehmigung der Parkverwaltung eingeholt.
6. Im gesamten Gebiet des Parks dürfen **keine Ferienhäuser oder -wohnungen** gebaut werden, Ställe und Almhütten dürfen nicht in solche umgewandelt werden.
7. Das Pflücken von geschützten und ungeschützten **Pflanzen** ist untersagt.

• **Alježev dom v Vratih,** 1015 m, Tel. 031-38 40 11, 031-38 40 13, 21.4.–21.10., Betten in Zimmern: 115, Schlafsaal: 90.

• **Blejska koča na Lipanci,** 1633 m, Tel. 050-63 37 69, 050-61 19 03, Betten in Zimmern: 12, Schlafsaal: 36.

• **Dom dr. Klementa Juga,** 680 m, Tel. 050-62 27 19; Mai bis September, Betten: 38.

• **Dom na Komni,** 1520 m, Tel. 050-61 12 21, ganzjährig offen, Betten: 90.

• **Dom Planika,** 2401 m, Tel. 050-61 47 73, Betten in Zimmern: 82, Schlafsaal: 41.

• **Dom na Tamarju,** 1108 m, Tel. 04-587 60 55, ganzjährig offen, Betten in Zimmern: 10, Schlafsaal: 12.

• **Dom Valentina Staniča pod Triglavom,** 2332 m, Tel. 050-61 47 72, Betten in Zimmern: 111, Schlafsaal: 25, Winterbetten: 2.

• **Dom Zorka Jelinčiča na Črniprsti,** 1835 m, Tel. 031-58 54 68, Mai bis Oktober an Wochenenden (wetterabhängig), Betten in Zimmern: 10, Schlafsaal: 40, Winterbetten: 2.

• **Erjačeva koča na Vršiču,** 1525 m, Tel. 050-61 00 31, ganzjährig offen, Betten in Zimmern: 70, Schlafsaal: 29.

• **Gomiščkovo zavetišče na Krnu,** 2182 m, Tel. 050-61 13 63, Mai bis September, im Oktober am Wochenende, Betten im Schlafsaal: 50.

• **Koča na gozdu,** 1226 m, Tel. 050-62 66 41, ganzjährig offen (nur im November unregelmäßig), Betten in Zimmern: 18, Schlafssal: 25.

• **Koča na Mangartskem sedlu,** 1906 m, Tel. 050-63 08 63, Betten in Z.: 28, Schlafsaal: 24.

• **Koča na planini Kuhinja,** 991 m, Tel. 050-33 19 16, nur an Wochenenden, Schlafsaal: 16.

• **Koča na planini pri jezeru,** 1453 m, Tel. 050-63 27 38, Betten in Zimmern: 79, Schlafsaal: 50, Winterbetten: 9.

• **Koča na planini Razor,** 1315 m, wetterabhängig geöffnet (unter Tel. 05-388 22 52 erfragen), Tel. 050-63 27 20, Betten in Zimmern: 86, Schlafsaal: 10, Winterbetten: 10.

• **Koča pod Bogatinum,** 1513 m, Tel. 050-62 19 43, offen nur nach Vereinbarung, Betten in Zimmern: 42, Schlafsaal: 14.

• **Koča pri izviru Soče,** 886 m, Tel. 04-586 60 70, Mai bis Oktober, Betten in Zimmern: 14, Schlafsaal: 20.

• **Koča pri Savici,** 653 m, Tel. 050-62 26 95, ganzjährig offen, Betten in Zimmern: 15, Schlafsaal: 25.

• **Koča pri Triglavskih jezerih,** 1685 m, Tel. 050-61 52 35, Betten in Zimmern: 30, Schlafsaal: 150, Winterbetten: 18.

• **Koča v Krnici,** 1113 m, Tel. 041-65 43 39, Mai bis Oktober, sonst am Wochenende, Betten in Zimmern: 8, Schlafsaal:10.

• **Kosijev dom na Vogarju,** 1054 m, Tel. 050-613 67, offen an Wochenenden, wenn der Zugang möglich ist, Betten in Zimmern: 45, Schlafsaal: 18.

• **Kovinarska koča v Krmi,** 870 m, Tel. 050-63 19 89, Betten in Z.: 15, Schlafsaal: 12.

• **Mihov dom na Vršiču,** 1085 m, Tel. 041-71 73 96, Mai bis Oktober, sonst an Wochenenden, Betten in Z.: 10, Schlafsaal: 12.

• **Planinska koča na Uskovnici,** 1154 m, Tel. 050-64 52 58, Betten in Zimmern: 46.

• **Planinski dom pri Krnskih jezerih,** 1385 m, Tel. 05-302 30 30, Juni bis September, Betten in Z.: 77, Schlafsaal: 93, Winterbetten: 20.

• **Pogačnikov dom na kriških podih,** 2050 m, Tel. 031-75 50 01, Betten in Zimmern: 37, Schlafsaal: 30, Winterbetten: 16.

• **Poštarski dom na Vršiču,** 1688 m, Tel. 050-61 00 29, Mai bis September, Betten in Zimmern: 45, Schlafsaal: 20.

• **Tičarjev dom na Vršiču,** 1620 m, Tel. 050-63 45 71, Mai bis Oktober, Betten in Zimmern: 36, Schlafsaal: 55.

• **Triglavski dom na Kredarici,** 2515 m, Tel. 04-202 31 81, Betten in Zimmern: 140, Schlafssal: 160.

• **Tržaška koča na Doliču,** 2151 m, Tel. 050-61 47 80, Betten in Zimmern: 93, Schlafsaal: 51, Winterbetten: 16.

• **Vodnikov dom na velem polju,** 1817 m, Tel. 050-61 56 21, Betten in Zimern: 22, Schlafsaal: 22, Winterbetten: 31.

• **Zasavska koča na Prehodavcih,** 2071 m, Tel. 050-61 47 81, Betten in Zimmern: 39, Schlafsaal: 16, Winterbetten: 16.

• **Zavetišče pod Špičkom,** 2064 m, Tel. 050-61 22 81, Schlafsaal: 30, Winterbetten: 4.

Alpenvereine

Informationen erhält man von den Alpenvereinen der Umgebung. An diese wende man sich auch, wenn man Wintertouren unternehmen will, da man für die Winterübernachtung in einzelnen Hütten einen bei den Alpenvereinen erhältlichen Schlüssel benötigt:

044sl Foto: kg

Die Berghütten Sloweniens sind in gutem Zustand

- Planinsko društvo **Jesenice,** Cesta železarjev 1, Tel. 04-586 60 70, Fax 04-586 60 71.
- Planinsko društvo **Mojstrana,** Savska cesta 1, Tel. 04-589 51 00 und 04-589 10 35.
- Planinsko društvo **Radovljica,** Gorenjska cesta 31, Tel. 04-531 55 44.
- Planinsko društvo **Bohinj,** Srednja vas v Bohinju 79, Tel. 04-572 36 01.
- Planinsko društvo **Bled,** Tel. 050-63 37 69.
- Planinsko društvo **Tolmin,** Trg Maršala Tita 16a, Tel. 05-388 32 11.
- Planinsko društvo **Krn/Kobarid,** Krn BŠ, Tel. 050-33 19 16.

Viertägige Wanderung mit Triglav-Besteigung

⇗ II/B2-3

Im Triglav-Nationalpark erreicht man **hochalpine Bereiche,** so dass die Ausrüstung dementsprechend gewählt werden muss. Im Frühjahr gehören – abhängig von der Wegstrecke – fast immer auch **Steigeisen** in den Rucksack. **Sicherungen** (Becken- und Brustgurt mit Seilsicherung) und **Helm** sollten auf Klettersteigen eine Selbstverständlichkeit sein. Mit Turnschuhen begibt man sich nie in Eis und Fels. **Sonnenschutz** und ausreichend **Flüssigkeit** sind ebenfalls mitzuführen (s. auch „Ausrüstung" im Kapitel „Vor der Reise").

Eine der schönsten Strecken durch den Park, über vier Tage mit drei Übernachtungen auf den Hütten (Schwierigkeitsgrad ++ und +++), beginnt westlich des Sees von Bohinj an der Hütte **Koča pri Savici** auf 653 m Höhe und folgt dem Tal der Triglav-Seen. Über eine Brücke erreicht man den Anstieg, steil geht es durch die Laubwälder hinauf und am Ursprung der Savica, dem **Wasserfall Slap Savica,** vorbei (ein Abstecher von zehn Minuten, ⇨Bohinjska Bistrica). Auf 1294 m erreicht man den ersten See – **Črno jezero** – in karger, felsiger Umgebung. Nun geht es gemächlicher ins Tal hinein zur idyllisch gelegenen Hütte **Koča pri Triglavskih jezerih** auf 1685 m an drei kleinen Seen, wo der schönste Streckenabschnitt des Tages beginnt. Durch üppige Farne und Grase mit bunter Blumenvielfalt und auf engem Steig wandert man durch das immer schmaler werdende Tal. Schließlich erreicht man die **Zasavska Koča** – die Übernachtungsstelle auf 2071 m Höhe.

Am nächsten Morgen ersteigt man über die Hribarice den **Dolič** (2164 m) und genießt den herrlichen Blick auf den Triglav und die ihn umgebenden Hütten, steigt hinunter zur **Tržaška koča na Doliču** auf 2151 m und beginnt mit dem Anstieg auf den Triglav über die ehemalige italienische Kaserne, die einen malerischen Vordergrund für die Triglav-Wände abgibt. Auf 2500 m erreicht man endlich den **Einstieg am Triglav.** Nun muss man sich eine Stunde lang an Eisen in die Höhe hangeln, durch kaminartige Felsabschnitte klettern und sich auf ausgesetzten, glatt geschliffenen Gesteinsplatten an Drahtsicherungen entlang schieben. Auf 2864 m ist der Lohn der Mühe erreicht – der **Gipfel** unter stahlblau aufgespanntem Himmelszelt. Über einen schmalen (gesicherten) Grat geht es in Richtung der Hütte **Dom Planika** und weiter zur am Morgen passierten **Tržaška koča na Doliču,** wo man sich zur Ruhe bettet.

Am nächsten Tag geht es auf breitem Weg hinunter Richtung Trenta-Tal und auf 1495 m, um dann wieder aufzusteigen. Auf 1758 m erreicht man den Übergang Luknja und schlägt sich nun kletternd steil nach oben über einige malerische Wiesenabschnitte bis zum **Bovški Gamsovec** auf 2392 m. Auf 2050 m kommt man schließlich zur dritten Übernachtungshütte **Pogačnikov dom,** eine belebte Hütte, die über eine Materialseilbahn mit dem Tal verbunden ist und gern für Tagesausflüge aufgesucht wird. Nun geht es teilweise stark ausgesetzt und immer wieder über Kletterabschnitte an den Gipfeln **Razor** und **Prisank** vorbei hinunter zum **Vršič-Pass** und zurück in die Zivilisation.

Kranjska Gora

↗ II/B2

- **Meereshöhe:** 810 m
- **PLZ:** 4280
- **Vorwahl:** 04
- **Einwohner:** 2800
- **Dt. Name:** Kronau

Kranjska Gora liegt im **Tal der Sava Dolinka** am Beginn des Seitentals der Velika Pišnica (durch das die Straße hinauf zum Vršič-Pass führt) eingeklemmt zwischen diese beiden Flüssen. Aus kulturbeflissenen Gründen wird man nicht nach Kranjska Gora reisen. Hier will man wandern, baden, klettern oder Ski fahren. Es ist ein Gebirgsort mit einer sich schlängelnden Hauptstraße, der Borovška cesta. Die meisten Hotels befinden sich direkt im Ort, einige Pensionen, Restaurants und die Vila Triglav liegen aber am **See Jasna,** 2 km Richtung Vršič, wo auch das auf vielen Bildern zu findende Denkmal des Zlatorog malerisch vor einer Hochgebirgskulisse steht.

Um den Ortskern herum sind moderne Hotels entstanden und die **Skilifte** beginnen direkt am Ortsrand. Die Straße über den Vršič-Pass (während des Ersten Weltkriegs von russischen Kriegsgefangenen erbaut), das Tor in den Süden, ist den größten Teil des

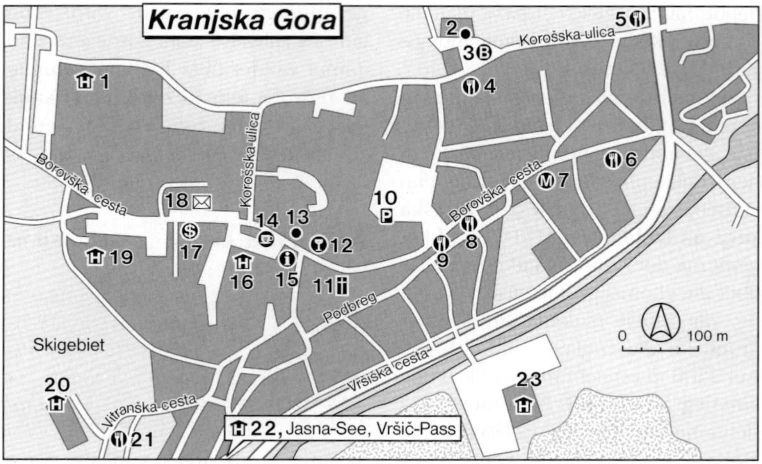

- 1 Hotel Kompas
- 2 Internet-Café Gostilna Frida
- 3 Busstation
- 4 Restaurant Maestro Martin
- 5 Penzion Livada
- 6 Restaurant Pri Martinu
- 7 Museum Liznjekova hiša
- 8 Restaurant Kotnik
- 9 Restaurant Cvitar
- 10 Parkhaus
- 11 Kirche Mariä Himmelfahrt
- 12 Pub Papa Joe Razor
- 13 Skiverleih Šport Bernik
- 14 Pinki
- 15 Touristinformation
- 16 Hotel Prisank
- 17 Bank
- 18 Post
- 19 Hotel Larix
- 20 Hotel Alpina
- 21 Restaurant Vila Romana
- 22 Hotel Lek
- 23 Hotel Hit

Jahres befahrbar, nur nach heftigen Schneefällen kann sie gesperrt sein.

Der erste schriftliche Vermerk über die Siedlung stammt von 1326. Traditionell waren die Bewohner des Tals der Sava Dolinka Schafzüchter, da sich der Boden nicht für Getreideanbau eignete. Später stellte man von der Schafzucht auf Rinderhaltung um. Der dörfliche Charakter des Ortes hat sich mehr oder weniger bewahrt, obwohl die meisten Häuser modernisiert wurden, woran man erkennt, dass Kranjska Gora sowohl als Wintersportort wie auch als Sommerfrische in den Julischen Alpen von zentraler Bedeutung ist. Dies nahm zwischen den Weltkriegen seinen Anfang, als die Eisenbahnlinie von Tarvisio nach Jesenice noch durch das Tal verlief. Heute verbindet die parallel zum Karnischen Gebirgszug und südlich davon verlaufende Straße verkehrsgünstig die beiden Orte und die Autobahnen, die von diesen nach Norden führen.

Liznjekova hiša

In der Liznjekova hiša kann man begutachten, wie eine reichere Bauernfamilie im 18. Jahrhundert gelebt hat. Das Gebäude stammt auch aus dieser Zeit und ist ein **typisches slowenisches Alpenbauernhaus.**

- **Liznjekova hiša,** Borovska cesta 63, Tel. 04-588 19 99, Fax 04-586 41 59, Di–Fr 10–17 Uhr, Sa/So 10–16 Uhr.

Kirche Mariä Himmelfahrt

Die Kirche Mariä Himmelfahrt (cerkev Device Marije Vnebovzete) im Zentrum ist ein schönes Beispiel für den spätgotischen Stil. Das Gewölbe stammt von 1560 und besteht aus einem Rippennetz, das auf Säulen ruht – der Kärntner Bauweise der damaligen Zeit nachempfunden.

In der Umgebung

Sprungschanzen ↗II/B2

7 km nach Westen (davon knapp 2 km ins Planica-Tal hinein) fahrend, gelangt man zu drei Sprungschanzen, wo immer wieder **Weltcup-Wettbewerbe** abgehalten werden. Sie gehen auf das Jahr 1934 zurück, als man die natürlichen Gegebenheiten für den Schanzenbau nutzte. 1936 wurde hier das erste Mal auf der Welt die 100-m-Distanz übersprungen (von dem Österreicher *Bradl*). Im März 1972 wurden zum ersten Mal überhaupt die Weltmeisterschaften ausgetragen.

Alpinismus-Museum ↗III/C2

In **Dovje Mojstrana,** 14 km östlich von Kranjska Gora, steht das Museum Triglavska muzejska zbirka, das im Besitz des Alpenvereins ist und die Geschichte des slowenischen Alpinismus darstellt.

- **Triglavska muzejska zbirka,** Triglavska cesta 50, 4281 Mojstrana, Tel. 04-589 10 35, Di–So 10–17 Uhr.

Route über den Vršič-Pass ↗II/B2

Die Straße über den Vršič-Pass nach Bovec ist eine Sehenswürdigkeit für sich. In steilen Spitzkehren klettert sie von Kranjska Gora zur Passhöhe auf 1611 m und stürzt sich dahinter ebenso dramatisch wieder hinab. Motorradfahrer lieben die Strecke und rasen im Konvoi hinauf und hinunter; wenn Wohnwagengespanne unterwegs sind, ist man zu Fuß schneller als in der dahinter klebenden Kolonne. Auf der Passhöhe ist man eingerahmt von einer faszinierenden Bergkulisse.

Auf der Route von Kranjska Gora Richtung Pass kommt man nach 6 km zur kleinen **Russischen Kapelle** etwas abseits unter den Bäumen. Russische Kriegsgefangene bauten sie 1917 am Wegesrand der Straße, die sie in die Berge schlugen. Die Kapelle erinnert an 110 Gefangene und Wachpersonal, die von einer Schneelawine erschlagen wurden, und an wohl mehrere Tausend, die beim Bau der Straße durch Unfälle, Naturkatastrophen und Hunger umkamen. Eine kleine Steinpyramide zeigt die Lage der Gruft.

Bleibt man auf der Straße, wird schließlich der **Vršič-Pass** erreicht, wo

045sl Foto: sk

Steil und felsig sind die Klettersteige im Hochgebirge – eine Rast ist immer willkommen

eine ganze Reihe an Kiosken und Berghütten, die eigentlich Hotels und Gasthöfe sind, ihre Dienste anbieten.

Von hier aus kann man ohne langen Anmarsch herrliche **Tageswanderungen ins Hochgebirge** unternehmen (allerdings sollte man entsprechend ausgerüstet sein). Anbieten tut sich die Mala Mojstrovka mit 2332 m oder als kürzerer Ausflug eine Wanderung über die Vratica (1807 m) zur Slemenova špica auf 1911 m, von der man einen herrlichen Blick auf die Gipfel im Süden hat. Für den Anstieg ist mit zwei Stunden zu rechnen, insgesamt ist man ohne Pause drei Stunden unterwegs. Vom Vršič-Pass aus erreicht man auf einer Mehrtageswanderung mit Kletterabschnitten am Prisank und am Razor vorbei den Triglav-Gipfel.

Martuljek-Wasserfälle

↗ II/B2

Von **Gozd Martuljek,** 4 km östlich von Kranjska Gora, führt ein Spaziergang auf einem breiten Waldweg am Bach Martuljek entlang nach Süden ins Gebirge. Nach 30 Minuten ist man am unteren Martuljek-Wasserfall, nach zwei Stunden am oberen und bald darauf an den Steilwänden des Gletscher-Kar **Za Akom** auf über 1300 m.

Wanderung nach Gozd Martuljek

Eine lieblichere Wanderung verläuft an den nach Süden ausgerichteten Grashängen der Karawanken entlang von Kranjska Gora über **Galerše** (1 Std.) nach **Sredhji vrh** (1 Std.) und in 30 Min. hinunter nach Gozd Martuljek. Der Weg verläuft in einer Höhe von 900 bis 1000 m.

Praktische Tipps

Informationen

- **TIC Kranjska Gora,** Tičarjeva 2, 4280 Kranjska Gora, Tel. 04-588 17 68, Fax 04-588 11 25, turisticno.drustvo.kg@siol.net, www.kranjska-gora.si
- **Turistično društvo,** Savska cesta 1, 4281 Dovje-Mojstrana, Tel. 04-589 13 20, Fax 04-589 13 20, td.mojstrana@g-kabel.si, www.mojstrana.com.
- **Turistično društvo,** 4283 Rateče, Rateče 22, Tel. 04-587 60 41, Fax 04-587 40 61.
- **Alpenverein:** Planinsko društvo Mojstrana, Savska cesta 1, Tel. 04-589 51 00 und 04-589 10 35; Planinsko društvo Jesenice, Cesta železarjev 1, Tel. 04-586 60 70, Fax 04-586 60 71.

Service

- **Post:** Borovška cesta 92, Tel. 04-588 17 70.
- **Geldwechsel:** SKB, Borovška cesta 99a.
- **Internet-Café:** Gostilna Frida, Koroška ulica 14a, Tel. 04-588 19 31, info@gostilnafrida. com.
- **Parken:** Beim Rathaus in der Ortsmitte gibt es ein Parkhaus.

Notfälle

- **Ambulanz:** Koroška ulica 2, Tel. 04-588 46 04.
- **Zahnarztpraxis:** Im Gebäude der Pension Miklič, Vitranška cesta 13, Tel. 04-588 16 35.
- **Apotheke:** Gorenjska lekarna, Naselje Slavka černeta 34, Tel. 04-588 47 60.

Verkehr

- **Fernbusse:** Kranjska Gora ist mit Villach/ Österreich, Tarvisio/Italien und Zagreb/ Kroatien verbunden. Ein Bus verkehrt in den Sommermonaten über den Vršič-Pass nach Bovec und weiter nach Ljubljana (Juni und September nur am Wochenende je ein Bus in jeder Richtung, Juli und August täglich bis zu fünf Busse in jeder Richtung).
- **Öffentl. Nahverkehr:** Regelmäßigen Busverkehr gibt es Richtung italienische Grenze nach Rateče und nach Jesenice im Osten. Im Winter fährt ein Skibus die Hotels ab.
- **Taxi:** Pehta, Tel. 041-70 97 50
- **Fahrradverleih:** Šport Bernik, Borovška cesta 88, Tel. 04-588 14 70, Fax 04-588 16 82, sport@s5.net und bei den Hotels Špik, Kompas und Alpina; Brudar, Rateče 121, Tel. 04-587 61 12 vermietet Fahrräder in der Ortschaft Rateče; in Mojstrana wendet man sich an Kamp Kamne, Dovje 9, Tel. 04-589 11 05.

Unterkunft

- Hotel **Vila Triglav** (****), Naselje Ivana Krivca 6, Tel. 04-588 14 87, Fax 04-588 12 25, vilatriglav@g-kabel.si. Beste Wahl am Ort, am See Jasna gelegen, nur wenige Zimmer und Suiten, Hallenbad, Fitnessraum, kein Restaurant; Einzelzimmer 55–60 €.
- Hotel **Hit** (****), Vršiška 23, Tel. 04-587 82 00, Fax 04-588 11 84, hotel.kg@hit.si, www.hit.si. Hotel mit Kasino; Einzelzimmer 60–90 €.
- Hotel **Lek** (****), Vršiška 38, Tel. 04-588 15 20, Fax 04-588 13 43, hotel@lek.si, www.hotel-lek.si. Modernes Hotel am Ortsrand gelegen; Einzelzimmer 70–100 €.
- Hotel **Kotnik** (****), Borovška 75, Tel. 04-588 15 64, Fax 04-588 18 59, kotnik@siol.net. Pensionsähnliches, kleines, renoviertes Hotel im Ort, gute Küche; Einzelzimmer 45–50 €.
- Hotel **Kompas** (****), Borovška 100, Tel. 04-588 16 61, Fax 04-588 11 76, info@hoteli-kompas.si, www.hoteli-kompas.si. Großhotel mit 350 Betten; Einzelzimmer 80–100 €.
- Hotel **Prisank** (***), Borovška 93, Tel. 04-588 14 70, Fax 04-588 44 82, info@htpgorenjka.si. Mittelklassehotel im Ort, Teestube; Einzelzimmer 60 €, wegen Renovierung geschlossen.
- Hotel **Larix** (***), Borovška 99, Tel. 04-588 41 00, Fax 04-588 44 70, info@htp-gorenjka.si. Direkt an den Skiliften gelegen, 250 Betten; Einzelzimmer 65–90 €.
- Hotel **Alpina** (***), Vitranška 12, Tel. 04-588 17 61, Fax 04-588 13 41, info@hotel-alpina.si, www.hotel.alpina.si. Direkt an den Skiliften, über 200 Betten in einem Gebäude im futuristisch-ländlichen Stil; Einzelzimmer 65–80 €.
- Pension **Livada** (****), Koroška cesta 24, Tel. 04-588 10 92, Fax 04-588 12 22, 20– 25 € p.P.
- Gostilna **Pri Martinu** (****), Borovška 61, Tel. 04-582 03 00, Fax 582 03 18, darja.hrovat@siol.net, www.sednjek.si; 20–30 €.
- Pension **Langerholz** (***), Naselje Ivana Krivca 22, Tel. 04-582 04 00, Fax 04-582 04 18, 20–30 € p.P.
- **Vila Romana** (***), Vitranška 14, Tel. 04-588 16 47, Fax 04-588 16 47, vila.romana@g-kabel.si; 20–35 € p.P.
- Gostilna **Cvitar** (***), Borovška 83, Tel. 04-588 36 00, Fax 04-588 36 00, 17–35 € p.P.
- Gostišče **Erika** (*), Vršiška cesta 76, Tel. 04-588 14 75, Fax 04-588 14 75, 15–22 € p.P.

In der Umgebung:

- Hotel **Špik** (***), Jezerci 21, 4282 Gozd Martuljek, Tel. 04-588 01 20, Fax 04-588 01 15. 180 Betten und alle notwendigen Einrichtungen, im Sommer Schwimmbad, EZ 30–40 €.

Privatzimmer/Ferienwohnungen:

- Appartement **Garni** (***), Borovška 95, Tel. 04-588 41 00, Fax 04-588 44 79, www.htpgoenjka.si.

● **Apartmaji Rožle,** Ulica Dr. Josip Tičarja 14, Tel. 04-588 13 74, Fax 04-588 12 25, gm@g-kabel.si.
● **Apartmaji Triglav,** Dovje 98, 4281 Mojstrana, Tel. 041-74 35 43, Fax 04-589 50 02, marko.oasis@siol.net.
● Weitere Ferienwohnungen und Privatzimmer vermittelt das Touristenbüro (s.o.), mit ca. 20 € pro Bett muss gerechnet werden.

Camping:
● **Špik** (***), Jezerci 21, 4282 Gozd Martuljek, Tel. 04-588 01 20, Fax 04-588 01 15, hotel.spik@petrol.si, ganzjährig 200 Plätze.
● **Kamne** (*), Dovje 9, 4281 Mojstrana, Tel. 04-589 11 05, Fax 04-589 11 05, www.mojstrana.com, ganzjährig offen, 60 Plätze.

Wintersport bei Kranjska Gora

Kranjska Gora liegt auf 810 m, Lifte führen hoch bis 1623 m, Abfahrten sind allerdings nur ab 1215 m möglich. Mit **5 Sesselliften** und **18 Schleppliften** erreicht man **30 km Pisten,** die mit Beschneiungsanlagen schneesicher gemacht werden. Das Skigebiet beginnt unmittelbar am Ortsrand, so dass man mehr oder weniger von den Hotels in die Lifte hineinfällt. Eine Tageskarte für alle Lifte in der Hochsaison kostet 21 €, ein 5-Tages-Pass 95 € (Kinder bis 14 Jahre zahlen etwa 30 % weniger). Eine Familienkarte kostet für Eltern mit zwei Kindern unter 14 Jahren 60 € am Tag.

40 km Loipen und eine **Rodelbahn** stehen den Gemächlicheren zur Verfügung. Eine 20 km lange Loipe beginnt im Ort, führt an den Schleppliften vorbei nach Westen und ins Planica-Tal hinein, kehrt an den Sprungschanzen um und endet im Ort Rateče nahe der italienischen Grenze. Eine zweite mit 16 km führt bei den Sprungschanzen beginnend tief ins Planica-Tal hinein bis nach Tamar und kehrt von dort auf anderer Strecke zum Ausgangspunkt zurück (diese Route ist wegen zweier längerer Abfahrten nur für geübtere Langläufer empfehlenswert).

● **Geführte Skitouren** abseits der Hauptwege macht Pehta, Podkoren 73, 4280 Kranjska Gora, Tel. 04-588 16 55, Fax 04-588 16 55, mitja.mertel@g-kabel.si.
● **Eisklettern** an Wasserfällen lehrt *Pavel Skumavc* in Mojstrana, Tel. 04-589 18 89.
● Per **Motorschlitten** unterwegs ist man mit Julijana turizem, Borovška cesta 61, 4260 Kranjska Gora, Tel. 04-582 03 00, Fax 04-582 03 18, julijana@siol.net, www.sednjek.si.
● **Skischulen:** Smučarska šola Kranjska Gora, Borovška c. 99a, Tel. 04-588 53 02, Fax 04-588 13 85, ask@kranjska-gora.si, www.kranjska-gora.si/ask/sola.html; Smučarska šola Gorenjka, Borovška cesta 99, Tel. 04-588 44 78, Fax 04-588 44 79, info@htp-gorenjka.si, www.htp-gorenjka.si.
● **Snowboardschule:** Fun Sports, Tel. 01-510 49 40, Fax 01-519 95 80, funsports@siol.net.
● **Skiverleih:** Šport Bernik, Borovška cesta 88, Tel. 04-588 14 70, Fax 04-588 16 82, sport@s5.net.

Der Urlaubsort an den Juliern ist im Winter äußerst beliebt und nur bei **rechtzeitiger Buchung** wird man ein Zimmer ergattern. Wohltuend ist, dass die kreischende Discobeschallung mittels überdimensionierter und übersteuernder Lautsprecherboxen wie in Tiroler Skigebieten in Slowenien nicht Einzug gehalten hat.

Informationen über den Wintersport erhält man beim **Rekreacijsko turistični center,** Borovška cesta 103, 4280 Kranjska Gora, Tel. 04-588 14 14, Fax 04-588 11 81, rtc-zicnice@rtc-zicnice-kranjskagora.si, www.rtc-zicnice-kranjskagora.si.

Das **Schneetelefon** ist unter 040-940 102 erreichbar.

Essen und Trinken

- Gostišče **Milka,** Vrišiška 45, Tel. 04-588 17 82, außerhalb am Jasna-See neben dem Hotel Vila Triglav. Ausgezeichnete Küche mit viel Wild auf der Karte, 5000 SIT.
- **Domačija Šerc,** Podkoren 18, Tel. 04-588 56 30. Wer wirklich traditionelle slowenische Alpenküche genießen will, kommt an diesem Hof in Podkoren westlich von Kranjska Gora nicht vorbei. Auf Bestellung wird auch in der uralten Schwarzküche das Essen zubereitet; 3500 SIT.
- **Maestro Martin,** Koroška ulica 16, Tel. 04-588 11 02. Vorne gibt es gute Pizza und hinten wird elegant Fisch serviert, 1500–4000 SIT.
- Gostilna **Pri Žerjavu,** 4283 Rateče-Planica 39, Tel. 04-587 60 26. Dorfwirtshaus; slowenische Gerichte und Backhendel als Spezialität; 3000 SIT.
- Taverna **Kotnik,** Borovška cesta 75, Tel. 04-588 15 64. Großes Restaurant mit allem, was Touristen auf der slowenischen Speisekarte lieben; 2500 SIT.

Abends unterwegs

- Im Pub **Papa Joe Razor** (was nichts mit Klingen, sondern mit dem gleichnamigen Berg zu tun hat), Borovška cesta 83, Tel. 04-588 15 26, kann man bis in den frühen Morgen abhängen.
- Man trifft sich auch im **Caffe Pinki,** Borovška cesta 91, Tel. 04-588 17 66, und im **Caffe Grill Panter,** Naselje Slavka Černeta 34, Tel. 04-588 20 21.
- Wer seiner Sucht nachgeben muss, geht ins **Kasino** des Hotels Hit und versetzt am Roulettetisch den Wochenskipass.

Aktivitäten

- **Angeln:** Angelkarten verkaufen der Angelclub - Ribiška družina - in Jesenice, Gornji plavž 12 a, das TIC in Kranjska Gora, der Campingplatz Kamne in Dovje-Mojstrane und das Hotel Špik in Gozd Martuljek.
- **Radeln:** Das TIC hat eine gute Radkarte mit 12 Tourenvorschlägen zwischen 12 und 45 km mit genauen Höhendiagrammen.
- **Reiten:** Razinger, Podkoren 63, Vitranška cesta 12, Tel. 04-588 31 00. In Mojstrana kann man beim Gasthof Psnak reiten, Zgornja Radovna 18, Tel. 04-589 11 51.
- **Golf:** Golfclub Kranjska Gora, Borovška 99a, Tel. 04-588 53 00, Fax 04-588 13 85, golfclub.kg@s5.net.
- Geführte ein- und mehrtägige **Wanderungen** unternimmt Koren Sports, c/o Kompas Hotel, Tel. 040-27 87 84. Die Firma bietet auch ein ganzes Potpourri an Aktivitäten an wie **Canoeing, Canyoning, Kajaking, Paragliding** und **Rafting.** Rafting, Canyoning und Kajaking organisiert auch Julijana turizem, Borovška cesta 61, 4260 Kranjska Gora, Tel. 04-582 03 00, Fax 04-582 03 18, julijana@siol.net, www.sednjek.si. Wer **Bergsteigerführer** für individuelle Ausflüge sucht, wende sich an das TIC.

Jesenice

↗ III/C, D2

- **Meereshöhe:** 514-574 m
- **PLZ:** 4270
- **Vorwahl:** 04
- **Einwohner:** 1800
- **Dt. Name:** Aßling

Niederschmetternder könnte sich das schöne Slowenien nicht präsentieren: Kaum hat der Reisende von Österreich kommend den Karawankentunnel verlassen und auf der Autobahn in Richtung Ljubljana eingeschwenkt, da taucht in dem schmalen Gebirgstal der Sava ein Horrorszenario auf: verrostete Fabrikanlagen, graue Platten-Wohnblocks, qualmende Schlote. Die erste Stadt auf slowenischem Boden, Jesenice, ist wahrlich keine attraktive Visitenkarte und wird dies auch nicht bei näherer Erkundung. Trotzdem lohnt es sich, einen Stopp einzulegen und einen Blick in die **Geschichte der Eisenverhüttung** und **Industrialisierung** Sloweniens zu wagen.

Bereits die Römer bauten die Eisenadern an den Südhängen der Karawanken ab. Unter den Grafen von Ortenburg ist 1381 urkundlich eine **Eisenschmelze** bezeugt; später übernahmen die Grafen von Cilli und diverse andere Geschlechter, bis Mitte des 18. Jh. die Familie von Zois zum Eigentümer avancierte. Ende des 19. Jh. wurden Abbau und Verhüttung modernisiert, doch waren die Lagerstätten für eine industrielle Nutzung nicht ertragreich genug. Jesenice blieb aber Standort der Verhüttung, das Erz kam schließlich aus allen Teilen der Welt. Noch zwei Jahre vor dem Auseinanderbrechen Jugoslawiens wurde in umweltfreundlichere Hochöfen für die Stahlproduktion investiert. Heute ist Jesenice Sloweniens wichtigstes Zentrum der Schwerindustrie.

Sehenswertes

Siedlung Stara Sava

Die teils noch hervorragend erhaltene, teils renovierte Siedlung führt zurück in die **Geschichte der Eisenverhüttung** im Sava-Tal. Zu sehen sind ein Arbeiterwohnhaus *(kaserna),* ein zu Teilen erhaltener Hochofen mit Schlot, eine Mühle, die Kirche Maria Himmelfahrt sowie das Schloss Bucelleni-Ruard, in dem heute das **technische Museum** des oberen Savatals residiert. Die Bauten stammen aus dem 15./16.Jh.

Technisches Museum

Das Museum im **Schloss Bucenelli-Ruard** dokumentiert die Geschichte der Eisengewinnung und -verhüttung von römischen Zeiten bis heute. Eine nachgebaute Schmiedewerkstatt sowie interaktive Modelle machen die Sammlung anregend und verständlich.

- **Gornjesavski muzej Jesenice,** Prešernova 45, 4270 Jesenice, Tel./Fax 04-583 35 00, Mo–Fr 10–13 und 17–19 Uhr, Sa 10–13 Uhr.

Schloss Kos

Im 16./17. Jh. ließen die Eigentümer der Schmelzhütten Schlösschen im Sava-Tal errichten; das älteste davon ist das 1521 erbaute Schloss Kos, benannt nach einem späteren Besitzer. Im 19./20. Jh. wechselte es mehrmals seine Bestimmung, diente als Schule, Gefängnis und Wohnraum für höhere Beamte, bis schließlich die Gemeinde Jesenice nach dem 2. Weltkrieg ein **Museum** einrichtete, das die **Geschichte** der **Arbeiterbewegung** zum Thema hat. Da dies alleine heute kaum jemanden begeistert, werden in den Räumen gelegentlich **Ausstellungen moderner Kunst** organisiert.

- **Kosova graščina,** Titova 64, 4270 Jesenice, Di–Fr 10–12 und 16–19 Uhr, Sa 10–12 Uhr.

Praktische Tipps

Informationen

- **TIC,** Titova 18, Tel. 04-58 63 178, www.tic-tdjesenice.si, Mo–Fr 8–14 Uhr.

Verkehr

- **Bahnhof:** Titova 19, Tel. 04-294 23 29.
- **Fernbusse** halten am Bahnhof.

Unterkunft

- **Kmečki turizem Betel,** Planina pod Golico 39, 4270 Jesenice, Tel. 04-580 04 63. Ferien auf dem Bauernhof.

Bled

↗ III/D2

- **Meereshöhe:** 501 m
- **PLZ:** 4260
- **Vorwahl:** 04
- **Einwohner:** 5700
- **Dt. Name:** Veldes

Bled, das 2004 sein 1000-jähriges Jubiläum feiert, liegt am gleichnamigen **See** in einem Becken, das einst die Gletscher aushöhlten, wenige Kilometer entfernt von der Verbindungsachse Ljubljana – Salzburg/München. Die Hauptsiedlung befindet sich am Ostufer, wo auch die meisten Hotels liegen. Der See misst 2 x 1,5 km, sein Umfang beträgt 6 km. Er lässt sich auf einer Uferstraße umfahren. Hält man sich an der Südseite südwestlich, kommt man zum See von Bohinj.

Vor 14.000 Jahren entstand der See von Bled. Die Gletscher zogen sich zurück und Wasser strömte in das Becken. Bis zu 24°C warm wird das Wasser im Sommer und verführt dann zu einem kühlenden Sprung ins Nass. Und auch im Winter kann man es nutzen. An einer Stelle sprudeln **Thermalquellen,** die die Hotelschwimmbäder speisen.

Berühmt ist die Ansicht von Bled mit den gemütlich geruderten Passagierbooten im Vordergrund und der Burg auf der hochragenden Felswand im Hintergrund. Die bewaldeten Ufer und Rasenflächen sind ein perfekter Ort der Entspannung nach einer anstrengenden Wanderung in den umgebenden Bergen. Wie ein gefasstes Kleinod strahlt das Weiß der Kirche auf der kleinen Insel im grünblauen Wasser und die blanken Felsgipfel machen die Idylle noch einmal so wirkungsvoll.

Bled war bereits in der Eisenzeit besiedelt, Brandgräberfunde werden auf 800 v.u.Z. datiert. In den Südausläufern der Berge liegend, bot das relativ milde Winterklima eine gute Rückzugsmöglichkeit für die Alpenslawen.

Von dem deutschen Kaiser *Heinrich II.* erhielten die **Bischöfe von Brixen** das Gebiet zwischen Sava Bohinjka und Sava Dolinka als Geschenk und setzten Ritter als ihre Stellvertreter ein. 1515 wurden die Umtriebe der Verwalter so schlimm, dass die Bauern sich wehrten und die **Burg** zerstörten. 1558 ging die Festung zur Pacht an derer von *Auersperg* und blieb friedlich in Brixener Besitz bis zum Jahr 1803, als sie in das Portefeuille des österreichischen Kaisers überging. Nach nur sechs Jahren fiel sie als Teil der napoleonischen Provinzen an den französischen Staat und kam 1813 schließlich wieder nach Brixen. 1823 wurde die Untertanenschaft beendet – doch nicht Freiheit allein war das Ergebnis. Eine allgemeine Armut kam über die Region. Zwischen 1858 und 1919 wechselten Burg und Grund (darunter auch der See) mehrfach den Besitzer. Nach dem Zweiten Weltkrieg wurde der Staat Eigentümer.

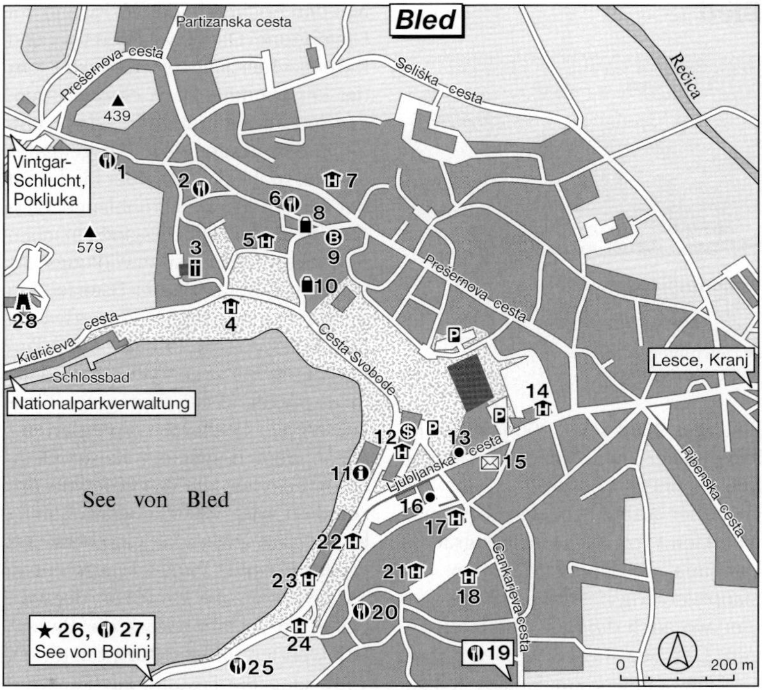

1	Pension Bledec	Restaurant
2	Restaurant Okarina	Restaurant
3	Pfarrkirche Sv. Martin	Kirche
4	Pension Vila Prešeren	Hotel
5	Hotel Jelovica	Hotel
6	Restaurant Pri Planincu	Restaurant
7	Hotel Astoria	Hotel
8	Souvenir Keser	Einkaufen
9	Busstation	Bus
10	Souvenir Bon Ami	Einkaufen
11	Touristinformation	Information
12	Hotel Park, Bank	Hotel, Bank
13	Pro Montana	•
14	Hotel Krim	Hotel
15	Post	Post
16	Diskothek Brooklyn	•
17	Hotel Kompas	Hotel
18	Apartments Golf	Hotel
19	Pension Alp	Restaurant
20	Restaurant Mayer	Restaurant
21	Hotel Golf	Hotel
22	Hotel Trst	Hotel
23	Hotel Toplice	Hotel
24	Hotel Jadran	Hotel
25	Restaurant Ribič	Restaurant
26	Vila Bled	★
27	Pension Mlino	Restaurant
28	Burg	Burg
P	Parken	

Sehenswertes

Burg und Museum

Von der Uferpromenade unterhalb der Burgwand führt ein **Spazierweg** in 20 Minuten zur Burg hinauf. Wer es bequemer liebt, nimmt das Auto, muss allerdings einen größeren Umweg in Kauf nehmen. Romantisch stilecht kann man auch mit der Kutsche den Burgberg „erklimmen". Oben befindet man sich 139 m über dem See (Eintritt 700 SIT).

Die Burg wurde 1951–61 renoviert. Nicht alles ist original, große Teile gehen auf das 16. und 17. Jahrhundert zurück, als die Burg nach einem Erdbeben Veränderungen erfuhr. Von den ursprünglichen Bauten sind der romanische Mauerring und der östliche Turm erhalten, die Wehrgänge wurden rekonstruiert. Bereits 1004 soll hier schon ein Bergfried gestanden haben.

Das Museum Grad Bled ist in den historischen Gebäuden untergebracht. Die Ausstellung widmet sich der **Wohnkultur** von der Gotik bis zum Historismus der zweiten Hälfte des 19. Jahrhunderts. Eine eigene Abteilung hat die **Geschichte** der Burg und der Stadt Bled zum Thema.

Die **Kapelle** der Burg, den Brixener Bischöfen *Alboin* und *Ingenuin* gewidmet, wurde Anfang des 18. Jahrhunderts barockisiert, das ehemals gotische Kreuzrippengewölbe hat man in Fragmenten in den Mauern des Museums verarbeitet.

● **Museum Grad Bled,** Grajska cesta 61, 4260 Bled, Tel. 04-574 12 30, tgl. 9–20 Uhr, im Winter bis 17 Uhr.

Insel Blejski Otok

Im See liegt das Inselchen Blejski Otok mit seiner **Mariä-Himmelfahrts-Kirche.** Mit Ruder- und Elektrobooten kann man sich von allen Seeseiten hinausfahren lassen. 99 Stufen aus Stein führen von der Anlegestelle steil bergan – zum Glück. Die Kirche ist eine der beliebtesten Hochzeitsadressen des Landes, wohl weil nach eigenhändigem Läuten der „Wunschglocke" ein Traum wahr wird – „bis dass der Tod uns trennt". Die Glocke wurde 1534 gegossen, hat also schon einiges an Scheidungen erlebt.

Lange vor den Christen, die den Ort ab dem 9. Jahrhundert als Kultstätte nutzten, begingen auch schon die Altslawen auf der Insel ihre Riten. **Spuren einer vorromanischen Kapelle** wurden gefunden, der im 12. Jahrhundert eine Basilika folgte. Die gotische Kirche entstand um 1465. Man ersetzte sie Mitte des 17. Jahrhunderts durch die heutige frühbarocke Kirche.

Seeumrundung

Schön ist eine Seeumrundung zu Fuß besonders am Morgen (Dauer etwa 1 Std.). Man kann sie unterhalb der **Pfarrkirche** beginnen. 1905 im neugotischen Stil errichtet, ist sie dem Heiligen *Martin* geweiht. Das Denkmal davor stammt von *Plečnik.* Unterhalb der Pfarrkirche steht im Park seit 1883 ein Denkmal zu Ehren von *Prešeren.*

Es geht vorbei an der **Kongresshalle,** dem **Kasino** und diversen **Cafés** an der Uferpromenade, wo man zu späterer Stunde Kaffee und die berühmten (und wegen ihres Wohlgeschmacks

0465l Foto: sk

vehement gewichtsunterstützend wirkenden und daher berüchtigten) Cremeschnitten serviert bekommt. Nun folgt man der Uferstraße, passiert durch einen kurzen Tunnel ein fantastisch liegendes Privathaus und nimmt an der kleinen Bucht von Mlino den Fußweg am Ufer entlang.

Es geht vorbei am exklusiven Strandbad des noch exklusiveren **Hotels Vila Bled,** dem einstigen Wohnsitz von Marschall *Tito* in der klaren und dem Auge überaus angenehmen Linienführung im Stil der frühen 1930er Jahre. Ursprünglich gehörte die Villa den Fürsten *Windisch-Grätz* und wurde auch als Sommersitz der jugoslawischen Königsfamilie genutzt. Die Garage für Titos Cadillac ist heute eine Bar, auf der Terrasse wird Vorzügliches zu Mittag und Abend serviert und der Park lädt zu einem Spaziergang hinunter zum See oder hinüber zum Belvedere Café, dessen Entwurf von *Jože Plečnik* stammt.

Die Insel Blejski Otok im See von Bled lässt bei Besuchern keine Wünsche offen – sofern man die „Wunschglocke" der Kirche eigenhändig betätigt

Die Uferpromenade stößt bald wieder auf die Straße und folgt ihr nach Norden. Links geht es ab und hinauf zum Berg Osojnica. Das **Ruderzentrum** kündigt sich mit betonierten Zuschauerreihen an – der weniger schöne Uferabschnitt des Sees. Unterhalb des Schlossberges passiert man schließlich den beliebtesten Badeplatz, das

Schlossbad, und kommt zurück zum Ausgangspunkt, der Kirche Sv. Martin.

In der Umgebung

Prešeren-Geburtshaus ⇗ III/D2

In **Vrba,** 3 km nordöstlich über Lesce zu erreichen, steht das Geburtshaus von Dr. France Prešeren. Es wurde als erstes nationales Denkmal 1939 als Museum gegründet. Das Haus, in dem der Dichter im Jahr 1800 das Licht der Welt erblickte, stammt aus dem 16. Jahrhundert und zeigt inzwischen eine ganze Reihe unterschiedlicher Baustile, entbehrt aber nicht einer harmonischen Stimmigkeit.

● **Geburtshaus France Prešeren,** Vrba 2, 4274 Žirovnica, Tel. 04-580 15 03, Di–Fr 9–16 Uhr, Sa/So 10–16 Uhr.

Aussichtspunkte

Um schöne Rundblicke zu genießen, kann man vom Hotel Toplice in 30 Minuten auf die 646 m hohe **Straža** wandern. Ebenso schön ist die Sicht von der **Osojnica** mit 756 m. Ein Stück westlich vom Hotel Vila Bled geht es durch den Wald hinauf und man passiert die Stelle, an der die schönsten Aufnahmen der Insel Blejski Otok und der Burg im Hintergrund gelingen (ca. 1 Std.).

Vintgar-Schlucht ⇗ III/C2

In die Vintgar-Schlucht kommt man mit dem Auto über Spodje Gorje und Podhom nordwestlich von Bled (4 km). Die Schlucht – oder besser Klamm – gehört zum **Nationalpark Triglav** und wurde schon Ende des 19. Jahrhunderts als Sehenswürdigkeit ausgebaut (Eintritt 600 SIT). 30 Minuten geht man über Brücken, Holzstege und Galerien durch die bis zu **300 m tiefe und 1,6 km lange Schlucht** die Radovna flussabwärts. Der Wasserfall Šum ist 13 m hoch. Farne und das goldgrüne Blätterdach lassen auch im Hochsommer die Köpfe kühl.

Am Ausgang verkauft ein Kiosk Erfrischungen. Von dort kann man auch zu Fuß nach Bled zurückkehren (vorbei an der Kirche Sveta Katarina und durch Zasip). Von der Kirche kann man einem Weg über den 834 m hohen Hom zum Beginn der Schlucht folgen und so einen 3–4-stündigen Rundweg ab und bis Bled gehen. Die Schlucht ist von 8 bis 20 Uhr geöffnet.

Pokljuka-Klamm ⇗ III/C2

Die Pokljuka-Klamm liegt 7,5 km von Bled Richtung Westen und ist über Spodje Gorje, Krnica und Hotunje erreichbar. Sie ist 2 km lang, verläuft entlang der Ribščica und gehört ebenfalls zum Nationalpark. Ihre Breite variiert sehr stark, teilweise verengt sie sich auf wenige Meter. Am nördlichen Klammrand befindet sich eine **Schauhöhle,** die durch mehrere natürliche Durchbrüche Licht erhält.

Rudno polje ⇗ III/C2

Das ausgedehnte **Hochplateau Pokljuka** westlich vom Bleder See vermittelt zwischen den Gletscherauswaschungen der Seen und dem Hochgebirge. Auf 21 km kurvenreicher Straße kommt man durch weite Wälder bis auf 1340 m Höhe nach Rudno polje.

Hier starten viele Wanderungen in die Massive rund um den Triglav. Bei Studenec, 6 km vor Rudno Polje, kann man südlich zum Bohinjsko jezero – dem Wocheiner See – hinunterfahren.

Auf der Pokljuka gibt es mehrere **Schlepplifte,** teils sehr kurz, direkt am Hotel und für Anfänger vorzüglich geeignet. Pokljuka taucht auch immer wieder in den Sportnachrichten auf. Einige der berühmtesten **Skilanglauf- und Biathlonwettkämpfe** werden in dem schneesicheren Gebiet ausgetragen.

Eine einfache **Wanderung auf der Pokljuka** beginnt oberhalb des Šport Hotel beim Dorf Goreljek an der Hauptstraße Bled – Rudno polje, wenige Meter westlich der Abzweigung zum Dorf auf 1250 m. Über die Alm Javornik (1292 m, 45 Min.) wandert man hoch zur Hütte **Blejska koča** (⇨„Nationalpark Triglav") auf 1630 m (weitere 90 Min.). Für den Rückweg kalkuliert man 90 Min.

Um einiges höher hinaus geht es auf der **Wanderung zum Viševnik** von Rudno polje aus. Man beginnt am Parkplatz auf 1340 m und folgt dem markierten Waldweg erst nach Westen und dann nach Norden und schließlich dem Weg des Baches Zlata voda die Hänge hinauf auf 2050 m. Von hier hat man den Triglav im Blickfeld. Für den Anstieg ist mit 2½ Stunden, für den Abstieg mit 1½ Stunden zu rechnen.

Wintersport bei Bled

Auf den **Straža Bled** führen ein Sessellift und ein Schlepplift, die Abfahrt geschieht auf der einen Kilometer langen Piste. Informationen über Infrastruktura Bled, Rečiška 2, 4260 Bled, Tel. 04-578 05 12, Fax 04-578 05 11, info@dzt.bled.si, www.bled.si, Schneetelefon 040-940 119.

Um Bled herum gibt es 15 km gespurte **Loipen** zu entdecken. Oben auf der **Pokljuka** sind die Langlaufmöglichkeiten fast unbegrenzt und man kann Tage verbringen, ohne die gleiche Strecke benutzen zu müssen. Es gibt dort auch mehrere sehr kurze Schlepplifte, die wohl lediglich absoluten Anfängern ungetrübte Freude bereiten. Nur an den Hängen der Pokljuka bei Krnica (8 km westlich von Bled, südlich der Pokljuka-Klamm) ist ein wenig Skifahren für Geübtere möglich: **Zatrnik Hotunjski vrh,** Informationen über Seti, Krnica 85, 4247 Zgornje Gorje, Tel. 04-572 54 44, Schneetelefon 040-940 128, Meereshöhe 900–1100 m, 1 Schlepplift, 15 km Pisten.

Wanderung durchs Tal der Seen

⇗ II/III/B-C2

In Rudno polje startet auch die klassische **Triglav-Route,** die durch das Tal der Seen geht und am Bohinjsko jezero endet. Bis zur Hütte **Vodnikov dom** dauert es 4 Stunden (1817 m), weiter zur Hütte **Planika** (2401 m) 2½ Stunden. Von Planika auf den **Triglav** (2864 m) muss man 2 bis 2½ Stunden rechnen (Klettersteigsicherung und Helm sind angeraten). Der Abstieg auf dem nicht besonders einfachen (aber auch nicht extrem schweren) Klettersteig zur Hütte beim **Dolič** (2151 m) dauert 1½ bis 2 Stunden. Nun geht es noch einmal hinauf auf den **Kanjavec** (2553 m) und schließlich durch die Hribarice (1 Std.) hinunter zu den **Seen** und zur Hütte **Triglavskih jezerih** (1685 m, 2 Std.). Von dort sind es noch 3 Stunden bis zur Hütte **Koča pri Savici** westlich des **Sees von Bohinj** auf 653 m. Die Gesamtwegezeit dieser Tour beträgt zwischen 16 und 18 Stunden, Hochgebirgsausrüstung ist definitiv erforderlich. (Angaben zu den Hütten ⇨„Nationalpark Triglav")

Praktische Tipps

Informationen

- **TIC,** Cesta svobode 15, 4260 Bled, Tel. 04-574 11 22, Fax 04-574 15 55, td-bled@g-kabel.si, www.bled.si.
- **Alpenverein/Planinsko društvo,** Tel. 050-63 37 69.
- **Triglav Nationalparkverwaltung,** Kidričeva 2, Bled, Tel. 04-578 02 00, Fax 04-578 0201.

Service

- **Post:** Ljubljanska 4, Tel. 04-578 09 04, Mo-Fr 7–19 Uhr, Sa 7–12 Uhr, Juli/August jeweils 1 Std. länger.
- **Geldwechsel:** Gorenjska banka Bled, Cesta Svobode 15, im Komplex beim Park Hotel, Mo–Fr 9–11.30 und 14–17 Uhr, Sa 8–11 Uhr, Juli/August Mo–Fr durchgängig 8–18 Uhr; alle Banken besitzen Geldautomaten.
- **Internet-Cafés:** In der Touristeninformation erhält man gegen Gebühr Zutritt zum Internet.
- **Parken:** Über die Prešernova cesta erreicht man mehrere Parkflächen (wenn man von Lesce in den Ort hineinfährt, die zweite Straße nach der Tankstelle rechts abbiegen).

Notfälle

- **Klinik/Klinični center:** Mladinska cesta 1, Tel. 04-574 40 00.
- **Zahnambulanz/Stomatološka klinika:** Mladinska cesta 1, Tel. 04-574 14 00.
- **Apotheke:** Lekarna Zlatorog, Prešernova cesta 36, Tel. 04-574 15 22, Mo–Fr 7–19.30 Uhr, Sa 7–13 Uhr.

Verkehr

- **Züge:** Bled wird von zwei Bahnhöfen versorgt, Bled-Jezero im Westen des Sees (Kolodvorska cesta 50, Informationen über Tel. 04-294 23 63) und Lesce-Bled in Lesce im Osten (Železniška ulica 12, Tel. 04-294 41 54). Von Lesce fast stündlich Verbindungen nach Ljubljana (50 km) und nach Jesenice (15 km, einige Züge fahren weiter nach Österreich); von Bled-Jezero erreicht man Jesenice und über Bohinjska Bistrica Nova Gorica (80 km).
- **Fernbusse:** Fast stündliche Verbindungen nach Bohinj, Kranj und Ljubljana (am Wochenende stark eingeschränkter Verkehr); Informationen unter Tel. 04-578 04 20; Busbahnhof: Cesta Svobode 4.
- **Nahverkehr:** Busverbindungen in die nähere Umgebung führen nach Begunje, Radovljica, Podhom Zasip und Krnica; von Mitte Juni bis Ende September fährt ein Bus die Hotels Jelovica, Krim und Toplice ab und weiter

047sl Foto: sk

In der Vintgar-Schlucht kann man im Hochsommer eine erfrischend kühle Wanderung unternehmen

nach Mlino, Zaka und über das Schloss nach Vintgar. Im Winter verbindet ein Skibus die Hotels mit den Skigebieten der Umgebung: Kobla (hin 9, 12, 15 Uhr, zurück 10, 13, 16 Uhr), Straža (hin 9.15, 12.45 Uhr, zurück 12.15, 16 Uhr) und Kranjska Gora (hin 8.30 Uhr, zurück 15, 15.30 Uhr)

- **Kutschen:** Pferdedroschken sind in Bled ein allseits beliebtes Fortbewegungsmittel. Mit ihnen erreicht man die Burg über dem Ort und den Bahnhof und kann auch den See umrunden (zur Burg je nach Saison 15–20 € für die Kutsche, um den See ca. 25 €, nach Vintgar ca. 45 €). Kutschen kann man bestellen unter Tel. 041-71 09 70, 04-574 16 24.
- In den Sommermonaten fährt ein- bis zweimal die Woche ein **historischer Dampfzug** in Jesenice ab und passiert Bled, Bohinj, den Eisenbahntunnel, Podbrdo und kehrt in Most na Soči um. Die Hinfahrt geschieht morgens, die Rückfahrt abends. Die einfache Fahrt dauert ca. 90 Minuten, eine Fahrkarte (hin und zurück) kostet 45 €.
- **Taxis:** Naglič, Gozdardska ulica 7, Tel. 050-631 629; Rabo, Ribenska cesta 8b, Tel. 041-697 405.
- **Mietwagen:** Hertz/Kompas, Ljubljanska cesta 7, Tel. 04-574 15 19, Fax 04-574 21 20; Budget, Ljubljanska cesta 4, Tel. 04-578 03 20, Fax 04-578 03 21.
- **Fahrradverleih:** ATS, Kajuhova cesta 1, Tel. 04-574 17 36; Mountainbikes bei Pro Montana, Ljubljanska cesta 1, Tel. 04-578 06 60. Ein Rad kostet 8–9 € Tagesmiete.

Einkaufen

- **Bergausrüstung:** Pro Montana, Ljubljanska cesta 1, Tel. 04-578 06 62, Fax 04-578 06 61, bled@promontana.si, www.promontana.si
- **Karten:** Pro Montana, s.o.
- **Bücher und Karten:** DZS, Cesta Svobode 19, Tel. 04-574 56 51.
- **Souvenirs:** Keser, Cesta Svobode 4a, Tel. 04-574 20 11; Bon Ami, Cesta Svobode 7, Tel. 04-574 32 20. Im Renaissance-Schlösschen Grimšče (Koroška cesta 11) im gleichnamigen Vorort nordwestlich von Bled, dem ehemaligen Sitz der Barone von Grimschitz, kann man von Bäuerinnen der Umgebung Handgestricktes aus Wolle erwerben.

Unterkunft

- Hotel **Vila Bled** (****), Cesta Svobode 26, Tel. 04-579 15 00, Fax 04-574 13 20, hotel@vila-bledcom, www.vila-bled.com. Eines der besten Hotels des Landes im ehemaligen Feriensitz von *Josip Tito,* Privatbadeplattform am Seeufer, Boote, Park, vorzügliche Küche und ausnehmend zuvorkommendes Personal; Einzelzimmer 135 €.
- Grand **Hotel Toplice** (****), Cesta Svobode 12, Tel. 04-579 10 00, Fax 04-574 18 41, info@hotel-toplice.si, www.hotel-toplice.si. Hotel mit Grandezza am Seeufer aus der Zeit der bunten Uniformen; im Mai 2002 nach Renovierung wiedereröffnet; Einzelzimmer 110 €.
- Hotel **Golf** (****), Cankarjeva 4, Tel. 04-579 20 00, Fax 04-574 17 68, info@gp-hoteli-bled.si, www.gp-hoteli-bled.si; modernes Haus mit Thermalwasser (Hallen- und Freibad); Einzelzimmer 90 €.
- Hotel **Trst** (***), Cesta Svobode 19, Tel. 04-579 10 00, Fax 04-574 18 41, info@hotel-toplice.si, www.hotel-toplice.si. Mit dem Jadran zusammen zur gleichen Hotelgruppe wie das Grand Hotel Toplice gehörig; Einzelzimmer 50 €.
- Hotel **Jadran** (***), Cesta Svobode 23, Tel. 04-579 10 00, Fax 04-574 18 41, info@hotel-toplice.si, www.hotel-toplice.si. Dem Hotel Trst benachbart; Einzelzimmer 50 €.
- Hotel **Jelovica** (***), Cesta Svobode 8, Tel. 04-579 60 00, Fax 04-574 15 50, jelovica@hotel-jelovica.si, www.hotel-jelovica.si. Mittelklasse unterhalb des Burgbergs am Park; Einzelzimmer um 50 €.
- Hotel **Krim** (***), Ljubljanska cesta 7, Tel. 04-579 70 00, Fax 04-574 37 29, hotelkrim@hotel-krim.si. Im Zentrum gelegen, 100 m vom See, auch Bustourismus; Einzelzimmer 45 €.
- Hotel **Astoria** (***), Prešernova 44, Tel. 04-574 11 44, Fax 04-574 39 29, www.vgs-bled.si. 300 m vom See, ehemals zur B-Kategorie gehörig; Einzelzimmer ab 50 €.
- Pension **Vila Prešeren** (****), Kidičeva 1, Tel. 04-574 16 08, Fax 04-576 73 11, vila.preseren@siol.net. Unterhalb des Burgbergs ist die Vila eine der traditionellen Urlaubsadressen des Ortes, klein und fein mit nur 16 Betten; Einzelzimmer 50 €.

●Pension **Alp** (****), Cankarjeva 20a, Tel. 04-534 16 16, Fax 04-574 16 14. In ruhiger Lage südlich des Ortes; Einzelzimmer 33 €.

●Pension **Mlino** (***), Cesta Svobode 45, Tel. 04-574 14 04, Fax 04-574 15 06. An der gleichnamigen Bucht jenseits der Uferstraße, im Sommer viel Betrieb, gute Küche, Einzelzimmer 35 €.

●**Garni penzion Berc,** Železka c. 15, Tel./Fax 04-574 18 38, www.berc-sp.si. Freundliche Familienpension neben dem Gostišče Mayer, große Zimmer, Riesenfrühstück, Einzelzimmer um 25 €.

In der Umgebung:

●Hotel **Ribno** (****), Izletniška 44, Ribno, Tel. 04-578 31 00, Fax 04-578 32 00, info@hotel-ribno.si, www.hotel-ribno.si. Im Wald gelegenes, ruhiges, modernes 120-Betten-Hotel für Aktivurlauber (Reiten, Mountainbiking, Tennis); Einzelzimmer 90 €.

●Pension **Krek** (**), Savska cesta 35, Ribno, Tel. 04-574 17 01, Fax 04-574 54 05, krek@krek.si. 15 Zimmer mit Bad, ruhig in Ribno gelegen; Einzelzimmer ab 28 €.

Jugendherberge:

●**Penzion Bledec,** Grajska 17, Tel. 04-574 52 50, Fax 04-574 52 51, www.mlino.si, ganzjährig geöffnet.

Berghütten:

●**Promontana** (s. Praktische Tipps Ljubljana) vermittelt Berghütten für 2 bis 6 Personen im Triglav-Nationalpark. Preis 35-50 €.

Privatzimmer/Ferienwohnungen:

●Apartments **Golf** (***), Cankarjeva 6, Tel. 04-579 20 00, Fax 04-574 17 68, info@gp-hoteli-bled.si, www.gp-hoteli-bled.si.

●**Marija Sušnik** (****), Železka cesta 3, Tel./Fax 04-574 17 31.

●**Špecjana** (****), Levstikova 10, Tel./Fax 04-574 14 77, specg@g-kabel.si, www.apartma-spec.com.

●**Ivanka Janjuševic** (****), Izletniška 33, 4260 Bled-Ribno, Tel.04-574 48 35.

●**Anka Dolzan** (***), Jarška 1, Tel./Fax 04-574 23 46.

●**Margareta Podjed** (***), Jarška cesta 12, Tel. 04-574 33 86, podjed@vila-margareta.bled.net, www.vila-margareta.bled.net.

●**Marjeta Smolej** (***), Jermanka 35, Tel. 04-574 34 41.

●**Anica Marolt** (***), Jarška cesta 4, Tel./Fax 04-574 36 00, damijan.marolt@email.si.

●**Melita Stankovsky** (**), Cankarjeva 32, Tel. 04-576 52 70, Fax 04-576 52 71, melita.ogorevc@siol.net.

●**Milena Čelik** (**), Gregorčičeva 8, Tel. 04-574 42 00.

Camping:

●**Bled/Zaka** (***), Kidričeva 10c, Tel. 04-575 20 00, Fax 04-575 50 02, außerhalb der Saison: Tel. 04-537 77 14, Fax 04-531 82 25, www.camping.bled.com; geöffnet 1.4.–15.10., 350 Plätze.

●**Šobec** (***), Šobceva cesta 25, 4248 Lesce, Tel. 04-535 37 00, Fax 04-535 37 01, sobec@siol.net, www.sobec.si; 15.4.–30.9., 450 Plätze.

Ferien auf dem Bauernhof:

In Selo hinter dem Berg Straža befinden sich mehrere Bauernhöfe, die Zimmer, Essen und Aktivitäten anbieten:

●**Damjana Mulej,** Selo 20, Tel. 04-574 46 17.

●**Jože Soklič,** Selo 22, Tel. 04-576 76 30, povsin@siol.net.

●**Ana Šmit,** Selo 25, Tel. 04-574 35 40.

●**Boštjan Lukanc,** Selo 27, Tel. 04-574 17 02, Fax 04-574 17 02, gtz@siol.net.

Weitere Bauernhöfe:

●**Iva Globevnik,** Rebr 1 in Zasip, nördlich von Bled-Ort, Tel. 04-574 01 28, Fax 04-574 00 20, pri.biscu@siol.net.

●**Nataša Rimahazi,** Spodnje Gorje 12, nordwestlich von Bled-Ort, Tel. 04-572 56 56, repecnik@siol.net.

●**Anton Zupan,** Zgornje Gorje 42, westlich von Bled-Ort, Tel. 04-576 92 20, Fax 04-576 92 22, www.frcej.com.

Essen und Trinken

●**Okarina,** Riklijeva 9, Tel. 04-574 14 58. Gilt schon mehrere Jahre als die Adresse in Bled, wobei sicherlich ein wenig Dünkel mitspielt; 5000 SIT.

●**Krajelva klubska hiša,** Cesta Svobode 13, Tel. 04-537 83 27. Das Klubhaus des Golfplatzes besitzt ein gutes Restaurant mit vornehmlich internationaler Küche, 3500 SIT.

- **Ribič,** Cesta Svobode 27, Tel. 04-574 39 38. Am Seeufer am südlichen Ortsende, ausgezeichnete Fischküche, 3000 SIT.
- **Gostišče Mayer,** Železka cesta 7, Tel. 04-576 57 40. Blitzblank in hellem Holz, slowenische Köstlichkeiten, 3000 SIT.
- **Pri Planincu,** Grajska cesta 8, Tel. 04-574 16 13. Hier wird man günstig satt und es ist nicht schlecht, 2000 SIT.
- **Pizzeria Gallus,** im Einkaufszentrum, gute Riesenpizzen um 900 SIT.

Abends unterwegs

Das Nachtleben Bleds ist nicht sonderlich ausgeprägt. Mit Diskotheken sieht es bis auf eine schlecht aus:

- **Brooklyn,** Tel. 04-574 15 93, Ljubljanska cesta 4, ganzjährig geöffnet.
- Wer es nicht lassen kann, geht ins **Kasino,** Cesta svobode 15, Tel. 04-574 11 50, erholt sich bei Blackjack und Baccarat oder hebelt sich einen an den Banditen ab.
- **Bars und Cafés** finden sich im Bled Shopping Center, Ljubljanska cesta 4, in großer Zahl: Café Apropos, Latino Bar, Čajnica, Café Asko, Tropical Bar und Muzik Bar.

Feste und Veranstaltungen

Naturgemäß finden die meisten Veranstaltungen statt, wenn die 4000 Betten um den See herum ausgebucht sind – im Sommer.

- Ende Juni, Anfang Juli kommen die **Violinen-Meister** nach Bled und messen sich bei Konzerten.
- Ende Juli werden bei den **„Fröhlichen Tagen"** Kerzen in Eierschalen auf dem See ausgesetzt und bilden einen romantischen Hintergrund für Wanderungen am Ufer.
- Beim **No Borders Music Festival** im August sind internationale Gruppen zu Gast.
- Seit 1930 werden auf dem See internationale **Ruderwettkämpfe** ausgetragen.
- Auf der Pokljuka finden **Biathlon-Weltcups** statt und auch dann sind die Hotels ausgebucht.
- Neben den traditionellen Festen im Winter wie der **Neujahrsgala** oder der **„Legende der versunkenen Glocke"** zu Weihnachten haben diverse **Weltmeisterschaften** und Olympiaden Bled als Austragungsort gewählt.

Aktivitäten

- **Golfen:** Golf & Country Club Bled, Kidričeva cesta 10, 4260 Bled, Tel. 04-537 77 00, Fax 04-571 82 25, golf-bled@s5.net, www.s5.net/golf-bled; 18-Loch-Platz (Länge 1-18: 6339 m, Par: 73), 9-Loch-Platz (Länge 1-9: 3084 m, Par: 36); der Platz gilt als schönster Sloweniens und einer der schönsten Europas.
- **Minigolf:** Neben dem Hotel Lovec an der Ljubljanska cesta befindet sich ein Platz mit 290 m Spiellänge und 18 Feldern. Er wird auch für Meisterschaften benutzt.
- **Tauchen:** Tauchklub Bled, Ribenska 8a, 4260 Bled, Tel. 04-583 51 10, grega.prezelj@siol.net, www.dpdbled-drustvo.si.
- **Rafting:** Bled Rafting führt Touren auf der Sava Bohinjka (9 km, Schwierigkeitsgrad 2–4), der Sava Dolinka (10 km, Grad 2–3) und der Sava (10 km , Grad 1–2) durch; April bis Juni u. Sept./Okt. an den Wochenenden, Juli/August tägl., 10 u. 14 Uhr, 20–25 €, Tel. 041-67 80 08, info@bled-rafting.si, www.bled-rafting.si.
- **Baden:** Der beliebteste Uferabschnitt ist das Schlossbad unterhalb des Burgbergs mit Rasen, Sanitär- und Gastronomieeinrichtungen (auch Bootsverleih), Tel. 04-574 15 12.
- **Angeln:** Angelscheine für den See und die Sava Bohinjka stellt der Fremdenverkehrsverein aus, Cesta Svobode 15, Tel. 04-574 11 22, Fax 04-574 15 55, td-bled@g-kabel.si.
- **Reiten:** Im Hotel Ribno im gleichnamigen Ort kann man Reitkurse buchen.
- **Rudern:** An mehreren Stellen am See sind Ruderboote auszuleihen, so unterhalb der Burg, bei Mlino, am Strand des Zeltplatzes Camping Zaka Bled und beim Ruderzentrum. Man muss mit 5–8 €/Stunde rechnen.
- **Flugschule, Fallschirmspringen, Rundflüge** und kleine Chartermaschinen**:** Alpine Flying Center Lesce/Bled, Begunjska cesta 10, 4248 Lesce, Tel. 04-532 01 00, Fax 04-532 01 05, alc.lesce@siol.net, www.alc-lesce.si.
- **Wanderungen:** Wer Informationen über Wandermöglichkeiten oder einen Führer sucht, wende sich an Pro Montana, Ljubljanska cesta 1, Tel. 04-578 06 60, Fax 04-201 48 78, info@promontana.si, www.pro montana.si.
- **Freeclimbing** und **speläologische Ausflüge** (Höhlenerkundung) werden von Promontana organisiert (s.o.), ebenso **Kajaking, Hydrospeed** und **Canyoning.**

Radovljica

↗ III/D2

- **Meereshöhe:** 496 m
- **PLZ:** 4240
- **Vorwahl:** 04
- **Einwohner:** 6200
- **Dt. Name:** Radmannsdorf

Radovljica steht im Schatten des nahen Bled und tatsächlich ist das Ortsbild recht uneinheitlich. Ein wenig stiefmütterlich liegt die Stadt an der Hauptverkehrsstraße von Österreich nach Ljubljana und wenn die Autobahn schließlich durchgängig gebaut ist, wird das Örtchen noch unscheinbarer. Man fährt von der Schnellstraße ab und befindet sich nach 500 m am Hauptplatz, wo sich Post, Banken und die Touristeninformation befinden. Südöstlich davon, über die Gorenjska cesta erreichbar, liegt der mittelalterliche Stadtkern. Bahnlinie und Sava Dolinka trennen Radovljica vom Westen ab und man muss den Ort nach Norden Richtung Lesce verlassen, um nach Bled zu gelangen.

Die Stadt liegt auf einer Schwemmterrasse der Eiszeit und unterhalb des Abbruches fließen die beiden „Saven" zusammen. Zusammenflüsse gaben immer einen beliebten Siedlungsgrund und so geht auch Radovljica auf das erste Jahrtausend zurück, urkundlich erwähnt zum ersten Mal um 1050. 1333 wurden die Marktrechte verliehen, 1470 die Stadtrechte. Im 11. Jahrhundert gehörte Radovljica den Grafen von Brixen, ab dem 15. Jahrhundert geriet es in den Besitz der Habsburger und die Zolleinnahmen aus den Furten sowie der Handel mit Wein und Salz machten die Bewohner wohlhabend. Schließlich war Radovljica der Verwaltungssitz für das obere Gorenjska. Als die Eisenbahn Mitte des 19. Jahrhunderts nach Lesce kam, verpasste Radovljica den Anschluss an das industrielle Zeitalter, man verarmte.

Heute bieten sich dem wachsamen Auge noch allerlei Details aus vergangenen Zeiten dar. Wer genau hinsieht, trifft immer wieder auf Elemente der Spätgotik und Renaissance an Portalen und Fensterrahmen, findet Arkadenflure und Konsolenerker.

Šivec-Haus

Im mittelalterlichen Zentrum ist das Šivčeva hiša das bekannteste Haus. Es entstammt dem 16. Jahrhundert und zählt zu den bedeutendsten weltlichen Bauten der **Spätgotik** in Slowenien. Die Fassadenmalereien wurden restauriert, ebenso das Eingangsgewölbe. Im ersten Stock liegen die Küche, der Speicher und der Wohnraum, der heute vom Standesamt für Trauungen genutzt wird. Im Eingangsbereich stellt eine Galerie aus.

- **Šivčeva hiša,** Linhartov trg 22, Tel. 04-532 05 20, Di–So 10–12 Uhr und 16/18–19/20 Uhr.

Stadtmuseum und Bienenzuchtmuseum

Das Stadtmuseum liegt im ersten Stock des **Schlosses Thurn** in der Altstadt. Die reiche Barockfassade ver-

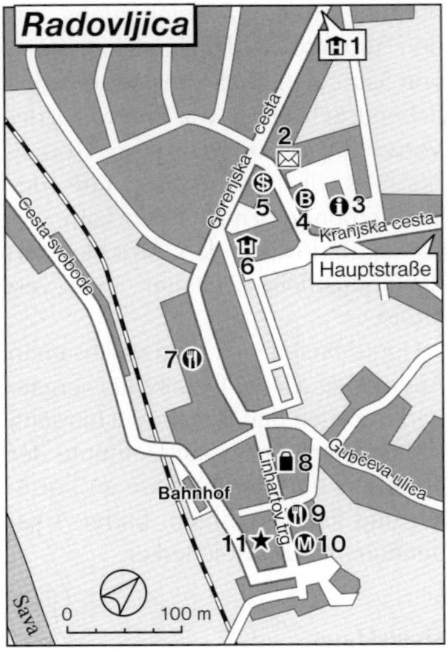

- 1 Pension Manca
- 2 Post
- 3 Touristinformation
- 4 Busstation
- 5 Bank
- 6 Hotel Grajski Dvor
- 7 Restaurant Kunstelji
- 8 Vinoteka Sodček
- 9 Restaurant Lectar
- 10 Stadtmuseum, Bienenzuchtmuseum
- ★ 11 Šivec-Haus

birgt auch das Bienenzuchtmuseum. Das Stadtmuseum besteht aus dem **Linhart-Zimmer,** das sich diesem ersten slowenischen Dramatiker widmet.

Das Bienenzuchtmuseum, Čebelarski muzej, zeigt diesen für die Region wichtigen Wirtschaftszweig im Wandel der Zeit. Die berühmten **Bienenstockvorsatztäfelchen** - bunt bemalt - sind im Museumsladen zu kaufen. Die Tafeln sind aus den Souvenirshops ganz Sloweniens nicht mehr wegzudenken. Das Museum hat eine schöne Sammlung sehr alter und auch aus fernen Ländern (wie Südafrika) kommender Brettchen - die *kranjiči.* Die Bienen sind auch für Licht und Schleck verantwortlich - wie die Kerzen und Lebkuchen des Museums zeigen.

- **Stadtmuseum,** Linhartov trg 1, Tel. 04-532 05 20, zurzeit wg. Restaurierung geschlossen; **Bienenzuchtmuseum,** gleiche Adresse, Mai bis Oktober Di–So 10–13 und 15–18 Uhr, März/April und November/Dezember Mi/Sa/So 10–12 und 15–17 Uhr, Januar/Februar geschlossen.

In der Umgebung

Muzej talcev ↗ III/D2

In **Begunje na Gorenjskem,** 3 km nördlich von Radovljica, steht Schloss Katzenstein mit dem Muzej talcev, dem Geiselmuseum. Das Schloss war im Zweiten Weltkrieg ein **Gestapo-Gefängnis** der deutschen Besatzer und beherbergte über die Zeit 12.000 Gefangene, darunter auch Kinder, aus aller Herren Länder. 849 wurden im

Schloss erschossen oder kamen durch Folter zu Tode.

● **Muzej talcev,** 4275 Begunje, Tel. 04-533 37 90, Juli/August Di–So 13–17 Uhr, Mai/Juni/September/Oktober Di–Fr 9–14 Uhr und Sa/So 13–17 Uhr, März/April/November/Dezember Mi und Sa 9–13 Uhr und So 14–17 Uhr, Januar/Februar geschlossen.

Galerija Avsenik ⇗ III/D2

Die Galerija Avsenik befindet sich ebenfalls in Begunje und zeigt vornehmlich Wissenswertes und Bildhaftes zur Kapelle der Musikantenbrüder Avsenik – den berühmten und einzigen **Oberkrainern** (⇨„Abends unterwegs" und „Land und Leute: Volkskultur und Traditionen").

● **Galerija Avsenik,** Haus Nr. 21, Begunje, Tel. 04-530 73 00, Di–So 11–13 und 15–18 Uhr.

Schmiedemuseum ⇗ III/D3

Verlässt man Radovljica über die Sava-Brücke und den Stadtteil Lancovo, kommt man nach 8 km zum Örtchen **Kropa.** Es liegt zu Füßen der Hochebene Jelovica, die sich zwischen den beiden Saven erstreckt. Hier lag das eherne Rückgrat von Gorenjska, man schürfte und verhüttete Eisenerz. Das dafür notwendige Holz gab es auf der Jelovica zuhauf. In Kropa schwang sich das **Schmiedehandwerk** zur höchsten Blüte, das Kovaški muzej zeugt davon.

● **Kovaški muzej,** Kropa 10, Tel. 04-533 72 00, Mai bis Oktober Di–So 10–13 und 15–18 Uhr, März/April und November/Dezember Mi/Sa/So 10–12 und 15–17 Uhr, Januar/Februar geschlossen.

Praktische Tipps

Informationen

● **TIC,** Kranjska cesta 13, Tel. 04-531 53 00, Fax 04-531 53 00, tdradovljica@s5.net.
● **Alpenverein/Planinsko društvo Radovljica,** Gorenjska cesta 31, Tel. 04-531 55 44.

Service

● **Post:** Kranjska cesta 1, Tel. 04-533 44 00.
● **Geldwechsel:** SKB Banka, Kranjska cesta 4, Tel. 04-537 08 11.

Notfälle

● **Ambulanz/Zdravstveni dom:** Kopališka cesta 7, Tel. 04-537 03 00.
● **Apotheke/Lekarna:** Kopališka cesta 7, Tel. 04-532 07 00.

Verkehr

● **Bahnhof:** Lesce-Bled, ⇨Bled.
● **Fernbusse:** Kranjska cesta 9, Tel. 04-532 04 40.
● **Taxi:** Orel Aleš, Tel. 04-530 47 77 oder 041-71 07 47.
● **Mietwagen:** Alpetour Rent-a-Car, Kranjska cesta 9, Tel. 04-532 04 45, Fax 04-532 04 46.

Einkaufen

● **Wein:** Vinoteka Sodček, Linhartov trg 8, Tel. 04-531 50 71; gute Auswahl an slowenischen Spitzenweinen.
● **Souvenirs:** Im Museumsladen des Bienenzuchtmuseums am Linhartov trg wird allerlei rund um die Bienen verkauft – unter anderem die bunt bemalten, dekorativen Vorsatzbrettchen, jedes ein Unikat.

Unterkunft

● Sport Penzion **Manca** (****), Gradnikova cesta 2, Tel. 04-531 41 20, Fax 04-531 41 40, info@manca-sp.si, www.manca-sp.si. Beste Wahl am Ort, das familiär geführte Haus hat 42 Betten und bietet eine Menge an Aktivitäten an; Einzelzimmer 50 €.

●Hotel **Grad Podvin** (****), Mošnje 1, im Dorf Mošnje, 2 km südlich Richtung Ljubljana, Tel. 04-532 52 00, Fax 04-532 52 50. Schlosshotel in einem Park mit Tennis, Schwimmbad und Minigolf, angeschlossener Reiterhof; Einzelzimmer 55 €.

●Hotel **Grajski Dvor** (***), Kranjska cesta 2, Tel. 04-531 15 85, Fax 04-531 58 78, info@hotel-grajski-dvor.si. Privatisiertes Hotel der Kategorie „B", teilrenoviert; Einzelzimmer 32 €.

Privatzimmer/Ferienwohnungen:

●Das Touristenbüro macht Reservierungen für die Privatzimmer und Ferienwohnungen in der Stadt und der Umgebung.

Camping:

●**Kopališče Radovljica** (**), Kopališka ulica 9, 4240 Radovljica, Tel. 04-531 57 70, Fax 04-531 57 70, außerhalb der Saison Tel. 04-531 24 57, pkrad@plavalniklub-radovljica.si, 1.6.–15.9., 150 Plätze.

Ferien auf dem Bauernhof:

●Antonija **Pogačnik,** Otoče 21, 4244 Podnart, Tel. 04-533 12 86, uros.pogancnik@kiss.uni-lj.si. In dem kleinen Ort Otoče südöstlich von Mošnje, westlich von Ljubno.

●Ivanka **Frelih,** Brezje 21, 4243 Brezje, Tel. 04-533 88 18. In Brezje östlich von Mošnje auf der anderen Seite der Schnellstraße.

Essen und Trinken

●**Lectar,** Linhartov trg 3, Tel. 04-537 48 00. Lectar ist seiner slowenischen Gerichte wegen weit über den Ort hinaus bekannt, entsprechend gut ist der Besuch des alten Bürgerhauses in der Altstadt, große Terrasse im Sommer; 3000 SIT.

●Gostišče **Pr Kovač,** Kropa 30, Tel. 04-533 63 20. In dem Schmiededorf Kropa stehen vor einem alten Haus schwere, schwarze Bänke und Tische und laden zu einer Erfrischung, drinnen in den niedrigen Zimmerchen wird das Köstlichste serviert, was die slowenische Küche traditionell hervorbringt. Wer hier nicht isst, ist selber schuld; 3000 SIT.

●**Kunstelji,** Gorenjska c. 9, Tel. 04-531 51 78, www.kunstelj.com. Landgasthof mit österreichisch-slowenischer Küche, 2500 SIT.

300 sl Foto: sk

Abends unterwegs

●In der **Gostilna Avsenik** in Begunje na Gorenjskem 21, Tel. 04-530 70 30, geht es mittwochs und freitags hoch her. Dann spielen Musiker im Stil der Gaststättenbesitzer, der berühmten Avsenik-Brüder, die auch als die Original Oberkrainer berühmt waren. In einer riesigen Laube unter freiem Himmel schwingen dann Einheimische und Touristen den ganzen Abend das Tanzbein und alle Altersgruppen wirbeln in schwindelerregenden Kreisbewegungen über die Tanzfläche, genießen Schweinebraten auf großen Platten und Bier aus tiefen Krügen.

Feste und Veranstaltungen

●Mitte August beginnt in Radovljica das **Musikfestival** mit Beteiligung internationaler klassischer Musikgruppen.

Aktivitäten

●**Reiten:** Klub Jahalni Center Podvin, Mošnje 2b, Tel. 04-533 81 11, in dem Ort Mošnje, 2 km auf der Hauptstraße Richtung Ljubljana.

●**Rafting:** Tinaraft, Prešernova ulica 4, Tel. 04-531 50 05, unternimmt Ausflüge auf den beiden Saven (1–5 Stunden).

In der Gaststätte der Avsenik-Brüder lebt die Tradition der „Original Oberkrainer"

Bohinjska Bistrica und der See von Bohinj ↗ III/C3

- **Meereshöhe:** 512 m
- **PLZ:** 4264
- **Vorwahl:** 04
- **Einwohner:** 2000
- **Dt. Name:** Wochein

Bohinj ist eingelagert zwischen den Hochebenen von Jelovica im Osten, Pokljuka im Nordosten und Komna im Westen und liegt zu Füßen der sich nach Norden erstreckenden Julischen Alpen. Der **Bohinjer See** ist ein wunderschöner Ausgangspunkt für Wanderungen im Sommer, sei es auf den **Vogel,** die **Kobla** (die beide Bohinj nach Süden hin abschotten) oder in die Julier. Die Gegend bietet im Winter hervorragende Abfahrtsski- und Langlaufmöglichkeiten.

Fährt man von Bled zum Bohinjer See, gelangt man nicht zum Hauptort – Bohinjska Bistrica –, sondern zum See und zu den dort liegenden Streusiedlungen **Stara Fužina** und **Ribčev Laz.** Bohinjska Bistrica liegt 3 km östlich des Sees an einer südlich der Seenverbindungsstraße verlaufenden Straße.

Früher war die Gegend vornehmlich der Landwirtschaft verschrieben, doch haben sich die Zeiten geändert. Wohl werden die Felder immer noch bestellt und das Heu trocknet weiterhin traditionell auf den gedeckten Heuharfen – den *kozolci* –, doch das eigentliche Geld wird mit dem **Fremdenverkehr** verdient. So ist es nicht verwunderlich, dass fast jedes Haus am und um den See Zimmer oder Ferienwohnungen vermietet. Die touristische Tradition geht im Übrigen auf den Vorabend des Ersten Weltkriegs zurück. 1914 wurde hier der erste Skikurs eingerichtet.

Urkundlich erwähnt wird Bohinjska Bistrica das erste Mal im Jahr 1253. Im späten Mittelalter brachte die Hüttenindustrie Aufschwung, wenngleich schon in der frühen Eisenzeit kräftig verhüttet wurde und man die Erzeugnisse gegen Salz und Wein handelte. Im letzten Hochofen ging erst 1891 das Feuer aus.

Im späten 19. Jahrhundert verschuf die **Eisenbahn** dem Ort als Beginn des wichtigsten Streckenabschnittes der Verbindung Österreich – Soča-Raum Geltung. Ein 6,3 km langer **Tunnel** unter der 1498 m hohen Kobla musste nach Podbrdo in den Fels gemeisselt und gesprengt werden – für die damalige Zeit ein technisches Meisterwerk. Mehrmals am Tag und ganzjährig kann man seit 1999 per **Autozugverladung** von Bohinjska Bistrica nach Podbrdo gelangen. Im Sommer befährt die Strecke ein **historischer Dampfzug** (⇨Bled/Verkehr).

Sehenswertes

Muzej Tomaža Godca

In Bohinjska Bistrica ist das Museum zu Ehren von *Tomaž Godca* sehenswert. Es besteht aus vier Abteilungen: die Archäologische zeigt die Besiedlung der Gegend bis ins 8. Jahrhundert v.u.Z. – die **Hallstatt-Periode;** eine Lederwerkstatt vermittelt das **Gerberei-Handwerk** der ersten Hälfte des 20. Jahrhunderts, die Gedenksammlung zum Namensgeber stellt ihn als Bergführer, Skifahrer und Politiker dar und ein kleines **Kriegsmuseum** erinnert an den Zweiten Weltkrieg, in dem er fiel.

- **Muzej Tomaža Godca,** Zoisova ulica 15, Tel. 04-573 17 63, www.gorenjski-muzej.si, Januar bis April Mi/Sa/So, Mai bis Oktober Di–So jeweils 10–12 und 16–18 Uhr, November/Dezember geschlossen.

See von Bohinj

Der See von Bohinj misst 4,3 x 1,2 km (3,2 km^2) und ist bis zu 45 m tief. Er liegt herrlich zwischen den hinter sanften, grünen Bergflanken sich auftürmenden Gipfeln und ist ein Freizeitparadies, das zum Baden, Wandern und Gleitschirmfliegen einlädt. An seinem Ostufer, dort wo die Sava Bohinjka den See verlässt, verbindet eine kleine und sehr alte **Steinbrücke** die beiden Orte Stara Fužina und Ribčev Laz.

An der Brücke steht die Kirche **Sv. Janez Krstnik** (Johannes der Täufer). Bereits zu Beginn des 14. Jahrhunderts war hier schon eine romanische Kirche, deren halbrunde Apsis man in ein polygonales Presbyterium mit Kreuzrippengewölbe verwandelte. Die Malereien sind mehrfach übereinander geschichtet, die unterste Schicht konnte auf das 14. Jahrhundert datiert werden. Die beiden Seitenaltäre stammen aus der ersten, der Hauptaltar aus der zweiten Hälfte des 17. Jahrhunderts.

049sl Foto: sk

Ein **Seeumwanderung** dauert knappe drei Stunden (ca. 13 km) und ist auch im Sommer schön, da die dichten Wälder immer wieder Schatten spenden und das Wasser zur Ganzkörpererfrischung einlädt.

Bergsteiger-Denkmal

Das Denkmal an der Brücke, **„Vier beherzte Männer"**, ist den vier Erstbesteigern des **Triglav** gewidmet: *Luka Korošec, Matevž Kos, Štefan Rožič* und *Lovrenc Willomitzer* machten sich von Bohinj aus auf den Weg und standen am 26. August 1778 auf dem höchsten Berg des Landes.

Oplen-Haus

In Studor v Bohinju gilt es, das Oplen-Haus zu besichtigen, heute ein Museum. Es handelt sich um eine **Keusche,** ein Haus, das Wohn- und Wirtschaftsgebäude miteinander vereint, typisch ist für Bohinj und mit Möbeln der Wende vom 19. auf das 20. Jahrhundert eingerichtet wurde. Man kann die Wohnstube, die Schwarzküche und den Altenteil besichtigen, ebenso Scheune, Stall und Streuspeicher. Die **Schwarzküche** ist ein immer wiederkehrendes Detail in den alten Bauernhäusern. In ihr wurde auf einer offenen Feuerstelle gekocht, einen Abzug wie einen Kamin gab es nicht, der Raum wurde nur über die Tür belüftet. Der Effekt – und daher auch der Name – waren tiefschwarz gerußte Wände und Decken.

In Studor stehen auch noch einige der „doppelten" *kozolci – toplar.* So werden zwei parallel zueinander und

Radeln, wandern, baden, fliegen, klettern – alles ist am See von Bohinj möglich

Wintersport beim See von Bohinj

Um den See herum gibt es drei Wintersportgebiete und die Möglichkeit, auf der Pokljuka ausgedehnte Langlaufausflüge zu unternehmen.

- **Vogel,** Informationen über Žičnice Vogel, Ukanc 6, 4265 Bohinjska Bistrica, Tel. 04-572 34 66, Fax 04-572 37 80, vogel@bohinj.si, www.bohinj.si; Schneetelefon 040 940 106, Meereshöhe 570–1800 m, 1 Kabinenbahn, 4 Sessellifte, 4 Schlepplifte, 18 km Pisten, 8 km Loipen, Piste mit Flutlichtanlage, Halfpipe. An der Bergstation der Kabinenbahn steht das Hotel Ski – zur Saison bekommt man dort kurzfristig kein Zimmer. Ein Wochenskipass kostet 90 € (Kinder 30% weniger).
- **Kobla,** Informationen über Smučarski center, Cesta na Ravne 7, 4264 Bohinjska Bistrica, Tel. 04-574 71 00, Fax 04-574 71 01, kobla@siol.net, www.bohinj.si/kobla; Schneetelefon 040 940 109, Meereshöhe 540–1480 m, 3 Sessellifte, 3 Schlepplifte, 23 km Pisten, 13 km Loipen, Rodelbahn.
- **Soriška planina,** Informationen über TC Soriška planina, Podlubnik 1c, 4220 Škofja Loka, Tel. 04-270 10 50, Fax 04-270 10 55, tc.soriska.planina@siol.net; Schneetelefon 040-940 115, Meereshöhe 1300–1550 m, 3 Schlepplifte, 6 km Pisten, 6 km Loipen, Rodelbahn.

eng aufgestellte **Heuharfen** genannt, die mittels eines Daches verbunden sind und der Unterstellung landwirtschaftlicher Gerätschaften dienen.

● **Oplen-Haus,** Studor v Bohinju 16, Tel. 04-201 39 50, www.gorenjski-muzej.si, Juli/August Di–So 11–19 Uhr, sonst Di–So 10–12 und 16–18 Uhr, November/Dezember geschlossen.

Almwirtschaftsmuseum

Das Almwirtschaftsmuseum in der ehemaligen Käserei von Stara Fužina stellt die für die Region so wichtige Almwirtschaft vor. Im ersten Stock wurde eine komplette **Sennhütte** eingerichtet. Sie stammt von der Alm Zajamnik.

● **Almwirtschaftsmuseum,** Stara Fužina 181, Tel. 04-201 39 50, www.gorenjski-muzej.si, Juli/August Di–So 11–19 Uhr, sonst Di–So 10–12 und 16–18 Uhr, November/Dezember geschlossen.

In der Umgebung

Wasserfall der Savica ⇗ II/B3

Ein sehr lohnender Nahausflug vom See ist der Besuch des Savica-Falls. Dazu nimmt man den Fußweg an der Nordwestecke des Sees zur **Hütte Koča pri Savici** oder fährt mit dem Auto zum Parkplatz an der Hütte. Über eine Steinbrücke (Eintrittsgebühr) erreicht man nach 25 Minuten Anstieg einen kleinen Holzpavillon an einem Sattel mit Blick auf den schmalen, 51 m hohen Wasserfall. Auf einem Steig geht es leicht bergab zum Becken. Bevor die Savica sich in den freien Fall begibt, plätschert sie 40 m schräg die Felswand entlang, nachdem sie aus ihrer Felsenhöhle gehüpft ist.

Einen schönen Blick auf den Wasserfall hat man auf dem Weg zu den **Triglav-Seen,** der auch bei der Hütte Koča pri Savici beginnt. Den Črno jezero auf 1330 m Höhe erreicht man in etwa zwei Stunden. Nach weiteren zwei Stunden ist man an der idyllisch gelegenen **Hütte Koča pri Triglavskih jezerih** auf 1685 m. Für den Rückweg muss man 2½ Stunden kalkulieren (Beschreibung der Wanderung und Information zu den Hütten ⇨ „Nationalpark Triglav“).

Übrigens spielt hier am Savica-Fall eines der berühmtesten Gedichte von *France Prešeren:* In der „Taufe an der Savica“ („Kerst per Savici“) schildert er den Kampf zwischen den alten slawischen Göttern und dem vordringenden Christentum. Der Held lässt sich schließlich in der Savica taufen.

Bergwanderungen ⇗ II/B3

Auf die Flanken des **Vogel** kommt man mit der **Seilbahn** (täglich ab 7.30 Uhr, im Sommer bis 20 Uhr, sonst bis 18 Uhr halbstündlich, 5 € hin und zurück, Kinder 30% Ermäßigung) und findet viele schöne – leichte und schwerere – Wandermöglichkeiten vor. Eine ist der Weg auf den Gipfel der **Sija** im Süden des Vogel. Von der Bergstation auf 1540 m heißt es auf 1800 m anzusteigen, über einen Sattel hinunterzugehen und schließlich die 1880 m hohe Sija zu erklimmen. Der Rundblick ist fantastisch. Gemütlich ist dies in zwei Stunden zu bewältigen, wer Zeit sparen muss, kann auch mit den beiden **Sesselliften** bis zum Visoki Orlov rob auf 1800 m Höhe fahren. Wer von ganz unten, von **Ukanc,** losgehen will, muss drei bis vier Stunden zur Wegezeit hinzu rechnen.

Von der Sija können geübetere Bergsteiger über die **Vratca** (1725 m, ½ Std.), den **Vogel** (1922 m, 1 Std.) und den **Žabiški Kuk** (1844 m, 1 Std.) auf die andere Seite des Massivs wandern bis **Kneške Ravne** (2 Stunden) oder hinüber zur Hütte Koča na Pl. Razor. Man bewegt sich dabei auf der Slowenischen Bergtransversale.

Praktische Tipps

Informationen

- **TIC Bohinj,** Ribčev Laz 48, 4265 Bohinjsko jezero, Tel. 04-572 33 70, Fax 04-572 33 30, tdbohinj@bohinj.si, www.bohinj.si
- **Alpenverein Planinsko društvo Bohinj,** Srednja vas v Bohinj 79, Tel. 04-572 36 01.

Service

- **Post:** Bohinjska Bistrica, Triglavska cesta 35, Tel. 04-572 96 44; Ribčev Laz 47, Tel. 04-572 37 71.
- **Geldwechsel:** Im TIC Ribčev Laz (s.o.); Bank in Bohinjska Bistrica, Trg Svobode 2b, Tel. 04-572 16 10.
- **Zeitungen:** Im TIC Ribčev Laz.

Notfälle

- **Ambulanz/Zdravstveni dom:** Bohinjska Bistrica, Triglavska cesta 15, Tel. 04-572 71 00.
- **Apotheke/Lekarna:** Bohinjska Bistrica, Triglavska cesta 15, Tel. 04-572 77 40.

Verkehr

- **Bahnhof:** Bohinjska Bistrica, Triglavska cesta 1, Tel. 04-572 12 90.
- **Fernbusse:** Ribčev Laz, Tel. 04-572 34 86.
- **Öffentl. Nahverkehr:** Von Juni bis September gibt es eine Busverbindung von Bohinjska Bistrica über Ribčev Laz bis zur Hütte Koča pri Savici.
- **Fahrradverleih:** Alpinsport, Ribčev Laz 53, Tel. 041-65 00 36.
- Während des Sommers kann man mit einem **historischen Dampfzug** zwischen Jesenice und Most na Soči fahren (⇨Bled/Verkehr).
- **Schiff:** Zwischen April und Oktober fährt mehrmals täglich ein Ausflugschiff zwischen Ribčev Laz und dem Hotel Zlatorog. Abfahrtszeiten sind tgl. um 10, 12, 14, 16, 18 Uhr ab Ribčev Laz, eine halbe Stunde später ab Zlatorog; die Hin- und Rückfahrt kostet 1400 SIT.

Einkaufen

- **Karten:** im TIC Ribčev Laz (s.o.).
- **Skiausrüstung:** Podlipnik, Savica 4, Bohinjska Bistrica, Tel. 041-72 41 05, www.bohinj.si/skiservis.

Unterkunft

- Hotel **Zlatorog** (****), Ukanc 64, Tel. 04-572 33 81, Fax 04-572 33 84, hotel.zlatorog@bohinj.si, www.bohinj.si/alpinum. Überdachtes Schwimmbad, Strand, viele Aktivitäten, Einzelzimmer 50–60 €.
- Hotel **Jezero** (****), Ribčev Laz 51, Tel. 04-572 33 75, Fax 04-572 33 75, hotel.jezero@cc-line.si, www.bohinj.si/alpinum/. Älteres Hotel unweit des Einkaufszentrums, Einzelzimmer 50–60 €.
- Hotel **Ski** (***), Ukanc, Tel. 04-572 16 91, Fax 04-572 16 91, alipnum.bohinj@eunet.si, www.bohinj.si/alpinum. Weit oben an den Flanken des Vogel an der Bergstation; Einzelzimmer 45–50 €.
- Hotel **Bellevue** (***), Ribčev Laz 65, Tel. 04-572 33 31, Fax 04-572 36 84, hotel.bellevue@bohinj.si, www.bohinj.si/alpinum/. Auf einem Hügel etwas ab vom See, aber mit Weitsicht, Einzelzimmer 35–40 €.
- Hotel **Pod Voglom** (**), Ribčev Laz 60, Tel. 04-572 34 61, Fax 04-572 34 46, alpinum.bohinj@eunet.si, www.bohinj.si/alpinum/. Teils mit Etagenduschen, Einzelzimmer um 30 €.

- Pension **Tripič** (****), Triglavska 13, Tel. 04-572 12 82, Fax 04-572 12 82, pension.tripic@bohinj.si, www.bohinj.si/tripic/. Familienpension im Zentrum von Bohinjska Bistrica, Einzelzimmer um 30 €.
- Pension **Stare** (**), Ukanc 128, Tel. 04-574 64 00, Fax 04-574 64 01, impel.bohinj@siol.net, www.impel-bohinj.si. Kleine Pension mit 20 Betten, Einzelzimmer 35 €.

Privatzimmer/Ferienwohnungen:

- Apartments **Triglav** (***), Stara Fužina 23, Tel. 04-572 33 71, Fax 04-572 33 71, alpinum.bohinj@eunet.si, www.bohinj.si/alpinum.
- **Mavrica** (***), Stara Fužina 251, Tel. 04-574 65 55, Fax 04-574 65 50, app.mavrica@eunet.si, www.bohinj.si/mavrica.
- **Poniž Arh** (**), Ulica Toneta Mateja 4, 4264 Bohinjska Bistrica, Tel. 04-572 17 40, lili@zipp.nu, http//bohinj.si/lili.
- **Sorč Cilka** (**), Triglavska cesta 19, 4264 Bohinjska Bistrica, Tel.04-572 10 12.
- **Žvan Slavka** (**), Zoisova ulica 21, 4264 Bohinjska Bistrica, Tel. 04-574 70 90, doris zvan@hotmail.com.
- **Repinc Zlata** (**), Stara Fužina 60, Tel. 04-572 34 07.
- **Planica,** Stara Fužina 250, Tel. 04-572 36 10, bohinj.planika@siol.net. Schöne, moderne Appartements mit Balkon und Bergblick.

Camping:

- **Zlatorog** (**), Ukanc 5, Tel. 04-572 34 82, Fax 04-572 34 83, außerhalb der Saison Tel. 04-577 80 00, Fax 04-572 34 46, alpinum.bohinj@eunet.si, www.bohinj.si/alpinum; 1.5.–30.09., 170 Plätze.
- **Danica** (**), Triglavska cesta 60, 4264 Bohinjska Bistrica, Tel. 04-572 10 55, Fax 04-572 17 02, außerhalb der Saison Tel. 04-574 60 10, td.bohinj@bohinj.si, www.bohinj.si/camping-danica; Ostern bis 30.9. offen, 150 Plätze.

Ferien auf dem Bauernhof:

- **Marjeta Ažman,** Koprivnik 17, 4264 Bohinjska Bistrica, Tel. 04-572 10 75, azman.tomaz@siol.net.
- **Ivan Logar,** Studor 31, 4267 Srednja vas, Tel. 04-572 35 09, priandreju-sp.si.

Essen und Trinken

- **Rupa,** Srednja vas 89, Tel. 04-572 34 01; Forellen, Spanferkel und Strudel, 3000 SIT.
- **Rožič,** Ribčev Laz 42, Tel. 04-572 33 93; in der Pension wird heimische Küche serviert, u.a. Wild und Süßwasserfisch, 2500 SIT.
- **Zoisov grad,** Grajska 14, Bohinjska Bistrica, Tel. 04-572 16 86; einfache Landgaststätte im ehemaligen Wohnsitz des Barons *Zois* (der die „Vier Aufrechten" auf den Triglav schickte), 2000 SIT.
- **Planšar,** Stara Fužina 179, Tel. 041-76 72 54; mit dem gegenüberliegenden Landwirtschaftsmuseum personell verwoben, bietet allerlei aus dem Bereich der Sennerei an (Käse, Sauermilchprodukte), aber auch hausgemachte Schnäpse, Strudel usw.; 1000–1500 SIT.

Feste und Veranstaltungen

- In der **Mittsommernacht** rudert man mit Booten auf den See hinaus und illuminiert ihn mit Kerzen.
- Anfang August wird eine volkstümliche **Bauernhochzeit** zelebriert.
- Ende September wird der **Almabtrieb** mit Musik, Tanz und Bier oder Wein gefeiert.

Aktivitäten

- **Angeln:** Angelscheine sind erhältlich bei Alpinum, Ribčev Laz 50, Tel. 04-577 80 00.
- **Reiten:** Ranč Mrcina, Studor, Tel. 041-79 02 97, Reitschule mit Islandponys.
- **Tandemflüge:** Tandemflüge mit dem Paraglider kann man unter Tel. 041-71 83 17 oder 041-83 27 74 buchen, die Hänge am See eignen sich vorzüglich und es geht wie mit dem Fahrstuhl hoch.
- Pac Sports, Ribčev Laz 50, Tel. 041-69 85 23, unternimmt **Canyoning, Kajaking, Canoeing** und **Freeclimbing** und hat geführte **Mountainbike-Touren** im Programm (Material wird im Kiosk verliehen).
- Alpinum ist der Platzhirsch und bietet neben vielen anderen Aktivitäten **Hydrospeed-Ausflüge** in den Stromschnellen der Savica, Ribčev Laz 50, Tel. 04-577 80 00.

Bovec

↗ II/A2

- **Meereshöhe:** 460 m
- **PLZ:** 5230
- **Vorwahl:** 05
- **Einwohner:** 1700
- **Dt. Name:** Flitsch

Bovec liegt an den Flanken der Alpen auf niedriger Höhe am Westrand des Triglav-Nationalparks. Der Ort ist das erste größere Dorf, das die Soča auf ihrem Weg zur Adria durchfließt. Nächste Stationen sind Kobarid, Tolmin, Kanal und schließlich Nova Gorica, wo die Soča slowenischen Boden verlässt, ihr Geschlecht wandelt und zum Isonzo wird. In Bovec teilt sich auch die Straße, geht nach Osten zum 1611 m hohen Vršič-Pass und nach Norden zum 1156 m hohen Predel-Pass und dort nach Italien. Der älteste Ortsteil ist um den Markt unterhalb der Kirche Sv. Urh zu finden.

Bovec liegt in einem weiten Talbecken, dessen Bodenkrume zur Bestreitung des Lebensunterhaltes seit jeher vorzüglich geeignet war. So weisen Funde aus der Hallstatt-Zeit auf eine Besiedlung hin und die Römer wussten die verkehrstechnisch günstige Lage zwischen Meer und Binnenland an der großen Schranke der Alpen zu schätzen. 1174 taucht Bovec in den Schriften auf, erst als Lehen der Kirche von Aquileia, dann diverser Grafen. 1509 kam es zu den Habsburgern und bei Napoleons europäischer Gastspieltour erhielt es den Status eines Kantons. Im **Ersten Weltkrieg** wurde Bovec **Frontstadt,** alle Bürger mussten es verlassen, Militärs übernahmen das Regime und der Ort war 1918 vollständig zerstört. In den Bergen rundherum spielten sich mit die härtesten und grausamsten Kämpfe des ganzen Krieges ab. Mit dem Frieden bekam Italien die Regierungsgewalt, nach dem nächsten Krieg schließlich 1947 Jugoslawien.

Wegen der Zerstörungen im Ersten Weltkrieg gibt es Historisches nicht zu entdecken. Allein in der Pfarrkirche Sv. Urh sind einige Reste der alten Kirche zu sehen. Die eigentliche Attraktion von Bovec aber ist seine Lage an den Felstürmen der Julischen Alpen. Der Ort ist eine ideale Basis für **Spaziergänge und Wanderungen** in der Umgebung bzw. für sportliche Aktivitäten an den **reißenden Fluten der Soča.** Das Angebot an Übernachtungsmöglichkeiten ist reichhaltig, ebenso das an Canyoning, Rafting, Canoeing, Abseiling und was es sonst noch so gibt. In der Touristeninformation erhält man Dokumentationen zu den Ausflügen *per pedes.*

In der Umgebung

Festung Kluže

↗ II/B2

Der Klub Društvo 13-13 zeigt als militärhistorische Einrichtung **Uniformen aus dem Ersten Weltkrieg** in „lebensnaher Gestaltung" auf der Festung Kluže, Richtung Predel-Pass.

- **Klub Društvo 13-13,** Brdo 37, 5230 Bovec, Tel. 05-388 65 65, jeden Sonntag im August, sonst nach Vereinbarung, Eintritt frei.

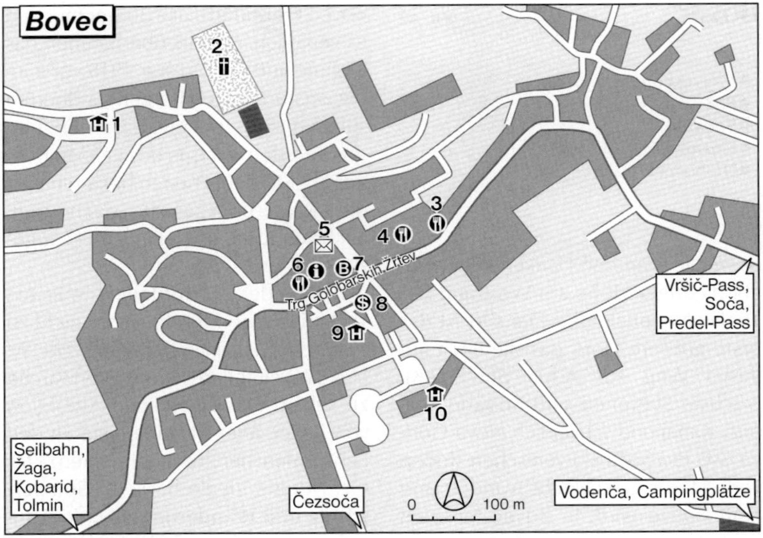

H	1	Apartments Kaninska vas
i	2	Sv. Urh
R	3	Restaurant Martinov hram
R	4	Restaurant Sovdat
✉	5	Post
i	6	Informationsbüro,
R		Restaurant Letni vrt
B	7	Busstation
$	8	Bank
H	9	Hotel Alp
H	10	Hotel Kanin

Trenta ↗ II/B2

Die Ortschaft Trenta zwischen Bovec und Vršič-Pass besitzt mit dem Dom Trenta das größte **Informationszentrum zum Triglav-Nationalpark.** Außerdem kann man das Alpinum Juliana besichtigen. Auf 2600 m² wachsen liebevoll gepflegt fast 1000 **Pflanzen** der Julischen und Steiner Alpen, des Karstes und der Voralpen.

- **Dom Trenta,** Na Logu v Trenti, 5232 Soča, Tel./Fax 05-388 93 30, dom.tnp.trenta@tnp.gov.si, www.sogov.si/tnp.
- **Alpinum Juliana,** Trenta 40, Tel. 05-388 93 66, Eintritt 500 SIT.

Pri Cerkvi

Fährt man noch ein Stück weiter Richtung Vršič-Pass, erreicht man den Flecken Pri Cerkvi auf 730 m. Hier steht die Kirche **Lavretanske Matere Božje** – eine **barocke Bergmannskapelle** aus der Zeit um 1650, als in der Gegend die Erzvorkommen abgebaut und verhüttet wurden. An Mariä Himmelfahrt glänzt der zu Beginn des 20. Jahrhunderts umgestaltete Bau mit seiner schwarzen Madonna.

Auf den Kanin ↗ II/A2

Von Bovec aus muss man für die einfache Wegstrecke auf den 2587 m hohen Kanin acht Stunden rechnen, von der Bergstation der **Seilbahn** etwa drei Stunden. Der Weg ist steil, schwierig und ausgesetzt. Man steigt auf das Hochkar **Kaninski podi** und folgt dem Hauptgrat über diffizile Scharten (nur für geübte Bergsteiger mit entsprechender Ausrüstung). Nur äußerst erfahrene Höhlenforscher sollten in die **Schächte und Höhlen** des Massivs eindringen, die zu den tiefsten der Welt zählen und in denen die **tiefste Steilwand der Welt** vermessen wurde (640 m im Schacht Vrtiglavica).

Auf den Prestreljenik

⇗ II/A2

In einer Stunde von der Bergstation der Seilbahn aus erreicht man den Prestreljenik (2500 m). Man passiert dabei das **Naturfenster** von Prestreljenik, einen fotogenen Felsdurchbruch, sechs Meter breit und sieben Meter hoch.

Auf den Rombon

⇗ II/A2

Der 2208 m hohe Rombon wird in vier Stunden von Bovec aus über die Alm Goričica erstiegen, für den Rückweg muss man zwei bis drei Stunden rechnen. Der große Höhenunterschied macht die Wanderung anstrengend, auch wenn sie nicht schwierig ist. Wer an den Alpenkrieg erinnert werden will, ist hier richtig, es geht an vielen ehemaligen Kriegsstellungen vorbei.

Weiler Jablenca

⇗ II/A2-3

Eine Wanderung von Bovec über **Čezsoča** am Ufer der Soča entlang nach Jablenca und zurück nach Bovec ist auch mit Kindern gut machbar, sie dauert zwei bis drei Stunden. Wenn die Kinder nicht allzu müde sind, kann man ab Jablenca noch einen Abstecher in die **Schlucht von Kršovec** unternehmen.

Boka-Wasserfall

⇗ II/A2-3

Verlässt man Bovec Richtung Westen, kommt man nach etwa 5 km und noch vor **Žaga** zu einem Parkplatz an einer Brücke. Von dort geht ein markierter Pfad zur Quelle der Boka (insgesamt zwei Stunden). Man sollte an der Südwestseite der Brücke starten, der Weg auf der anderen Seite der Boka ist ungleich schwieriger und teilweise sehr ausgesetzt. Der Wasserfall ist 106 m hoch, zuzüglich 25 m schräger Fall.

Krn-See

⇗ II/B3

Man verlässt Bovec mit dem Wagen Richtung Vršič-Pass und biegt bei Podklanec nach Süden ins Gebirge ab. Nach ca. 7 km kommt man zum Parkplatz bei der Schutzhütte **Dom dr. Klementa Juga** (⇨Nationalpark Triglav) auf 700 m. Von hier geht es zu Fuß in drei Stunden erst auf einem Ziehweg durch Wald relativ steil nach oben, an der Bergstation der Lastenseilbahn wird es dann flacher. Die Schutzhütte **Planinski dom pri Krnskih jezerih** liegt auf 1385 m auf der Duplija-Alm, wie auch der Krn-See (Krnsko jezero) als größter Hochgebirgssee der Julier mit 4,6 ha und einer Tiefe von 17 m. Seine Oberfläche erwärmt sich im Sommer auf knappe 17°C, ansonsten liegt er sechs Monate im Jahr unter Eis verborgen.

Auf den Mangart ⇗II/B3

Der Mangart gehört mit 2679 m zu den höchsten Bergen des Landes. Mit dem Auto kann man ihm auf einer schwindelerregenden Straße mit unendlichen Serpentinen und vielen Tunnels sehr nahe kommen. Dazu nimmt man die Straße zum **Predel-Pass** für 15 km und biegt 1 km vor dem **Grenzübergang nach Italien** nach rechts in den Norden ab. Das erste Stück ist asphaltiert, danach wechseln sich unbefestigte und geteerte Abschnitte ab. Es geht 12 km aufwärts bis zum Mangart-Sattel und der **Hütte am Mangart** (Koča na Mangartskem sedlu, ⇨Nationalpark Triglav) auf 1906 m. Im Winter ist zumeist der erste Teil der Straße einigermaßen befahrbar und man kann nach ca. 4 km bei Belvedere gut Schlitten fahren.

Der Aufstieg zum Gipfel beginnt bei der Hütte und dauert knappe zwei Stunden. Die slowenische Variante ist definitv nur für Schwindelfreie und für den Abstieg weniger geeignet, der Weg auf italienischer Seite ist nicht so ausgesetzt, dauert aber 15 Minuten länger und bei Schnee ist eine Spitzhacke Voraussetzung (durch bilaterale Abkommen dürfen Bergsteiger die Grenze zur Besteigung überschreiten).

Die **Pflanzenwelt** am Mangart ist auch für den Nationalpark relativ einzigartig und kommt in dieser Form normalerweise nicht vor. Dies liegt am Gestein, das hier besonders säurehaltig und für den üblicherweise stark kalkhaltigen Felsen der Südostalpen untypisch ist.

Wintersport bei Bovec

Westlich von Bovec ragt das Massiv des **Kanin** hoch auf und endet erst bei 2600 m. Bis auf 2200 m reicht eine Seilbahn in drei Stufen (Talstation 436 m, Čela 980 m, Skripi 1649 m). Oben gibt es Schlepp- und Sessellifte in einem äußerst schneesicheren Gebiet. Die Pisten sind von leicht bis äußerst anspruchsvoll klassifiziert, letztere sollte man nur mit Führer befahren. Ein Skipass schlägt mit 15 € proTag, 60 € pro Woche zu Buche.

Informationen über **ATC Kanin,** Dvor 43, 5230 Bovec, Tel. 05-389 63 10, Fax 05-388 69 30, www.kanin.si; Schneetelefon 040 940 108, Meereshöhe 1600–2300 m; 1 Kabinenbahn, 3 Sessellifte, 3 Schlepplifte, 15 km Pisten, 15 km Loipen, Beschneiungsanlage, Rodelbahn. Skiverleih im Alp Hotel.

Praktische Tipps

Informationen

- **TIC Bovec,** Trg Golobarskih žrtev 8, 5230 Bovec, Tel. 05-384 19 19, Fax 05-384 19 15, info.lto@bovec.si, www.bovec.si.

Service

- **Post:** Trg Golobarskih žrtev 9, Tel. 05-384 14 00.
- **Geldwechsel:** Trg Golobarskih žrtev 18, Tel. 05-388 64 70.

Notfälle

- **Ambulanz/Zdravstveni dom:** Šolska Zobna Ambulanta, Tel. 05-388 60 61.
- **Apotheke/Lekarna:** Kot 86, Tel. 05-389 61 80.

Verkehr

- **Taxis:** Milan Štulc, Mala Vas 71, Tel. 041-71 40 80.
- **Fahrradverleih:** Soča Rafting, pp 31, 5230 Bovec, Tel. 05-389 62 00, Fax 05-389 62 02, soca.rafting@arctur.si, www.arctur.si/soca_rafting.

Unterkunft

- Hotel **Kanin** (***), Ledina 9, Tel. 05-388 60 21, Fax 05-388 60 21, hoteli.bovec@siol.net, www.bovec.si. Gehört zur gleichen Gruppe wie das Alp, ruhig gelegen, Hallenbad; Einzelzimmer ab 50 €.
- Hotel **Alp** (***), Trg 48, Tel. 05-538 60 40, Fax 05-538 63 87, hotelalp1@siol.net, www.alp-chandler.si. Fast so groß wie Kanin, Einzelzimmer ab 45 €.
- Motel **Encijan,** Log pod Mangrtom 31, 5231 Log pod Mangrtom, Tel./Fax 05-388 62 60, penzion.encijan@email.si. An der Straße zum Predel-Pass, modern und zweckmäßig eingerichtet; Einzelzimmer ab 30 €.

Privatzimmer/Ferienwohnungen:

- Apartma **Mrakic** (***), Dvor 53, 5230 Bovec, Tel. 05-389 63 60, Fax 05-389 63 61.
- Apartma **Kenda** (**), Dvor 56, 5230 Bovec, Tel. 05-388 67 50.
- Apartma **Flajs,** Mala vas 6a, 5230 Bovec, Tel. 05-388 61 17.
- Apartma **Jager,** Rupa 5, 5230 Bovec, Tel. 05-388 62 83.
- Apartma **Makuc,** Klanc 15, 5230 Bovec, Tel. 05-388 67 80.
- Apartmaji **Wojčicky,** Klanc 17, 5230 Bovec, Tel. 05-389 61 20, Fax 05-389 61 21, premiera@siol.net.
- Apartments **Kaninska vas,** Kaninska vas 7, Tel. 05-388 68 11, Fax 05-389 55 88, tusi@siol.net, www.tusi.si.
- Tatjana Baraga **Wojčicki** (**), Dvor 410, 5230 Bovec, Tel. 05-388 67 37.
- Vera **Mihelic** (*), Brdo 26, 5230 Bovec, Tel. 05-388 65 74.
- Rozika **Kravanja** (*), Brdo 40, 5230 Bovec, Tel. 05-388 65 67.
- Antonija **Klavora** (*), Dvor 41, 5230 Bovec, Tel. 05-388 66 93.
- Skok **Bojan,** Mala vas 111, 5230 Bovec, Tel. 05-389 63 00, Fax 05-389 63 01, bojan.skok@siol.net.
- Branko **Hoznar,** Kot 57, 5230 Bovec, Tel. 05-388 62 87.
- Andrej **Zorč,** Dvor 50, 5230 Bovec, Tel. 05-388 66 78.
- **Oaza miru,** Podklopca 15, 5230 Bovec, Tel. 05-388 61 74, Fax 05-388 37 18.

In der Umgebung:

- Apartments **Pristava Lepena,** Lepena 2, 5232 Soča, Tel. 05-388 99 00, Fax 05-388 99 01, pristava.lepena@siol.net, www.levant.si.
- **Pansion Lovec,** 5232 Soča, Tel. 05-388 93 05. Freundliche Pension an der Straße nach Soča; einige Zimmer renoviert.

Camping:

- **Kajak Toni** (*), Vodenca 1, 5230 Bovec, Tel. 05-388 64 54, Fax 05-388 64 54; außerhalb der Saison Tel. 05-389 63 37, kajakkamptoni@siol.net; 1.4.–31.10. offen, 70 Plätze.
- **Liza** (*), Vodenca 4, 5230 Bovec, Tel. 05-389 63 70, Fax 05-389 63 70; außerhalb der Saison Tel. 05-388 60 73, campliza@siol.net, www.slotravel.net/kamp-liza; 1.4.–31.10. offen, 45 Plätze.
- **Kovač** (*), Vodenca 7, 5230 Bovec, Tel. 05-388 68 31, 1.4.–15.10. offen, 20 Plätze.
- **Soča** (**), Soča 8, 5232 Soča, Tel./Fax 05-388 93 18; außerhalb der Saison Tel./Fax 05-388 14 09, kamp.soca@siol.net; 1.4.–31.10. offen, 160 Plätze.
- **Klin** (*), Lepena 1, 5232 Soča, Tel. 05-388 95 13, ganzjährig offen, 50 Plätze.
- **Trenta** (*), Trenta 60, 5232 Soča, Tel. 041-61 59 66; 1.5.–31.10. offen, 50 Plätze.
- **Korita** (*), Soča 38, 5232 Soča, Tel. 05-388 93 38; 1.5.–31.10. offen, 50 Plätze.

Ferien auf dem Bauernhof:

- Dora **Jelinčič,** Soča 50, 5232 Soča, Tel. 05-388 95 10, Fax 05-388 95 11, kmecki.turizem.jelincic@siol.net.
- **Pri Plajerju,** Trenta 8, 5232 Soča, Tel. 05-388 93 64, Fax 05-388 92 09.

Essen und Trinken

- **Hedwig,** an der Straße nach Soča, gutbürgerliche Küche, Riesenportionen und danach ein Schnaps aufs Haus.
- **Sovdat,** Trg Golobarskih žrtev 28, Tel. 05-388 60 27; internationale und slowenische Gerichte in gemütlicher Atmosphäre; 2500 SIT.
- **Julius,** Soča 31, 5232 Soča, Tel. 05-388 93 55, Fax 05-388 93 22; auf der Terrasse an der Straße gibt es Forellen und Salami aus den Bergen, auch Zimmervermietung, 2000 SIT.

Abends unterwegs

- Im Sommer gibt es in der Pizzeria Letni vrt die **Disko Elvis,** Letni vrt, Trg Golobarskih žrtev 8, Tel. 05-389 63 83.

Aktivitäten

- **Radtouren:** Der Fremdenverkehrsverband gibt eine kleine Broschüre aus, die 17 Radtouren vorschlägt, von kurzen mit nur geringer Höhenbewältigung bis hin zu einer herausfordernden 7-stündigen und 60 km langen Route mit insgesamten 1000 Höhenmetern.
- **Skischule:** Ten Ski, Ledina 4, 5230 Bovec, Tel. 05-388 60 42.
- **Reiten:** Pristava Lepena, Lepena 2, 5232 Soča, Tel. 05-388 90 00, Fax 05-388 99 01, pristava.lepena@siol.net, www.levant.si.
- **Flugschule/Segelflüge:** Posoški Aeroklub Tolmin/Bovec, 5230 Bovec, p.p. 15, Tel. 05-389 61 45.
- **Bungee jumping:** Top, Trg Golobarskih žrtev 19, 5230 Bovec, Tel./Fax 05-330 00 90, info@top.si, www.top.si.
- **Tandemflüge:** Der Club von Bovec organisiert „Passagierflüge" mit dem Paraglider, Tel. 041-71 83 17.

Aktivitäten auf der Soča

Für die Unternehmungen auf der Soča gelten bestimmte Verhaltensmaßregeln. Der Fluss darf nur **vom 15. März bis 31. Oktober** befahren werden. Alle Aktivitäten geschehen auf eigene Gefahr. Nur an den Zu- und Ausgangsstellen dürfen die Boote zu Wasser gebracht werden, dazu benötigt man einen **Erlaubnisschein,** der bei der Gemeinde, der Touristeninformation oder den Veranstaltern erhältlich ist. Das Campen abseits der dafür ausgewiesenen Plätze ist untersagt.

Wer beim **Raften, Canoeing** oder **Kajaking** Neuling ist, sollte sich vielleicht besser in die Obhut eines professionellen Veranstalters begeben. Bei allen Unternehmungen sollte man entsprechende Sicherheitsausrüstung mit sich führen: Helm, Schwimmweste, Anzug aus Neopren (3 mm Minimum), Anorak, Neopren-Schuhe, ein mindestens 15 m langes Rettungsseil pro Boot, Erste-Hilfe-Ausrüstung, Messer und Ersatzruder.

Zwischen Trenta und Tolmin gibt es drei ganzjährig nicht befahrbare Abschnitte. Der Schwierigkeitsgrad deckt die gesamte Bandbreite ab (I–VI). Zwischen Kobarid und Tolmin fährt man I–II, im oberen Teil zwischen Soča und Srpenica ist die Schwierigkeit bis auf einen Abschnitt mit maximal III angegeben. Am schwierigsten sind die Abschnitte um Trnovo ob Soči (bis VI).

- **Soča Rafting,** pp 31, 5230 Bovec, Tel. 05-389 62 00, Fax 05-389 62 02, soca.rafting@arctur.si, www.arctur.si/soca_rafting
- **Sport Activ,** Brdo 44, 5230 Bovec, Tel. 05-388 65 85, Fax 05-388 63 80, sport-activ@.siol.net, www.trackx-sp.si
- **Bovec Rafting Team,** Mala vas 106, 5230 Bovec, Tel. 05-388 61 28, Fax 05-389 63 74, bovec.rafting.team.@siol.net, www.brt-ha.si
- **Top,** Trg Golobarskih žrtev 19, 5230 Bovec, Tel./Fax 05-330 00 90, info@top.si, www.top.si
- **Alpe šport Vancar,** Čezsoča 10, 5230 Bovec, Tel. 05-389 63 60, Fax 05-389 63 51, www.bovecsport.com
- **Sport Mix,** Trg Golobarskih žrtev 18, 5230 Bovec, Tel. 05-389 61 60, traft@siol.net
- **Sport extreme,** Brdo 72, 5230 Bovec, Tel. 05-389 61 96, Fax 05-389 61 97, sport-extreme@siol.net
- **Prijon Kajak Center,** Čezsoča 12b, 5230 Bovec, Tel./Fax 05-388 67 20
- **Avantura,** Kot 19, 5230 Bovec, Tel. 041-71 83 17, www.bovec.net/avantura

Kobarid

↗ II/A3

- **Meereshöhe:** 234 m
- **PLZ:** 5222
- **Vorwahl:** 05
- **Einwohner:** 1500
- **Dt. Name:** Karfreit

Kobarid liegt an der Soča und unweit der Nadiža (die bei Matajur slowenischen Boden Richtung Italien verlässt) an der Straße von Triest über die Alpen nach Norden, eine Gabelung führt hinüber ins italienische Friaul. Die Gegend vermittelt zwischen Alpen und Vorgebirge. 21 km nördlich erreicht man Bovec, im Osten des Ortes ragen die Gesteinsmassen des Krn (2244 m) in den Himmel. Unter dem Namen Karfreit spielte der Ort im Ersten Weltkrieg als Frontstadt eine zentrale Rolle.

050sl Foto: sk

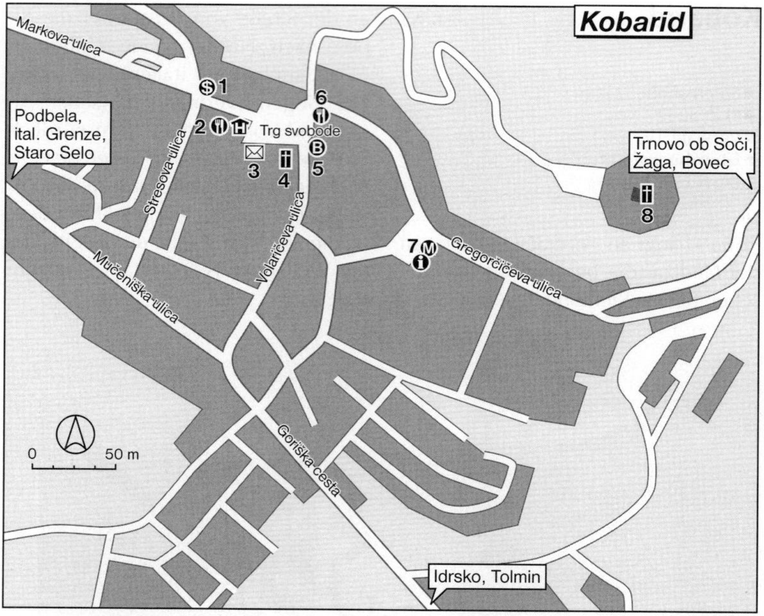

- 1 Bank
- 2 Hotel Hvala, Restaurant Topli val
- 3 Post
- 4 Pfarrkirche
- 5 Busstation
- 6 Restaurant Kotlar
- 7 Museum von Kobarid, Touristinformation
- 8 Sv. Anton

Das Zentrum von Kobarid drängt sich um den Trg Svobode, den Platz, an dem die Ausfallstraßen nach Italien, Bovec und Tolmin abgehen. Ebenfalls vom Trg Svobode führt nördlich eine Straße zur Kirche Sv. Anton, einem Beinhaus italienischer Soldaten.

Die Besiedlung der Region geht auf die Hallstatt-Zeit zurück. Die Römer nutzten Kobarid als Streckenposten der wichtigen Verbindungsstraße von Aquileia am Meer über den Predel-Pass nach Noricum. Urkundlich erwähnt wird Kobarid das erste Mal um 1184 als Canoretum. Im Mittelalter teilten sich die Patriarchen von Aquileia und Adelige aus dem Friaul den Ort.

Internationale, literarische und traurige Berühmtheit erlangte Kobarid als **Schauplatz der größten Gebirgsschlacht** der Moderne, als Italiener und die Mittelmächte am 24.10.1917 hier zusammenprallten – der Beginn der 12. Isonzo-Offensive. Die Soldaten der Kaiserreiche brachen durch und schlossen die Alpini, die italienische Gebirgsjägertruppe, im Krn-Massiv ein. *Ernest Hemingway,* nicht nur im Spanischen Bürgerkrieg Berichterstatter vom Kampfplatz, beschrieb das Schlachten in dem Roman „In einem anderen Land“. Allerdings war er nicht als Reporter vor Ort, sondern als Sanitätsfreiwilliger italienischem Kommando unterstellt.

Sehenswertes

Im Zentrum sind noch einige hübsche Gebäude zu sehen, die typisch für den Ort sind. Alpiner und mediterraner Einfluss fließen in der Architektur zusammen (Flachdachbauten mit Holzumgängen). Doch viel wurde bei dem Erdbeben von 1976 zerstört und nicht originalgetreu restauriert.

Am Trg Svobode steht die im 19. Jahrhundert zur gotischen **Pfarrkirche** umgebaute Kirche Mariä Himmelfahrt. Die Marienstatue im Inneren stammt vom Ende des 15. Jahrhunderts, der Hochaltar von 1716. Die beiden **Denkmäler** am Platz sind dem Dichter *Gregorčič* und dem Komponisten *Volarič* gewidmet.

Kriegsmuseum

Das Museum von Kobarid liegt an der Aufallstraße nach Bovec. Sein einziges Thema ist der **Gebirgskrieg 1915–18.** Es residiert in dem denkmalgeschützten barocken Mašera-Haus und geht auf eine private Initiative zurück – man wollte den fürchterlichen Krieg nicht in Vergessenheit geraten lassen. Die einzelnen Räume sind jeweils einem Themenkomplex gewidmet: der Geschichte, dem Leben an der Front, dem Hinterland, bestimmten Schlachten und begangenen Greueltaten. Bestückt ist es mit Waffen, Fotos und Dokumenten, man hat auch eine Kaverne nachgebaut. Mit viel Mühe eingerichtet, ist es überaus sehenswert und informativ.

80 Meter Front

„Die Zeit von Oktober 1916 bis Juni 1917, also gerade in einem der schneereichsten Winter, verbrachte ich als Generalstabsoffizier der 15. Gebirgsbrigade am Krn. Das Krn-Massiv bildete ein fast vollkommen nach allen Seiten durch steile Schluchten und tiefe Täler abgeschlossenes Gebiet, das durch geographische und taktische Notwendigkeiten auf eine gegen die Wocheiner Feistritz führende, nur für den Krn allein benutzbare, 24 Kilometer lange Nachschublinie angewiesen war (Feldbahn, Autos, Seilbahn). Die wirklich angreifbare Front war nur ca. 80 m breit und ca. 30 Schritte vom Gegner entfernt.“ (aus: *Heinz von Lichem,* „Krieg in den Alpen 1915–1918“, Ausgburg 1993)

- **Museum von Kobarid,** Gregoričičeva ulica 10, 5222 Kobarid, Tel. 05-389 00 00, www.kobariski-muzej.si, Mo–Fr 9–18 Uhr, November bis März 10–17 Uhr, Sa/So 9–19 Uhr, November bis März 9–18 Uhr.

Beinhaus italienischer Soldaten

Die **Kirche Sv. Anton** liegt zehn Minuten Fußmarsch (500 m) entlang eines Kreuzweges außer- und oberhalb des Ortes (vom Trg Svobode nach Norden), auf derselben Straße mit dem Auto erreichbar. Die an sich zierliche Kirche aus dem 17. Jahrhundert auf dem Hügel Gradič ist von einer zwischen 1935 und 1938 entstandenen monumentalen **Freitreppe** und einem **Bogenbauwerk** umgeben, die sie äußerst wuchtig wirken lassen. Die Gebeine von über **7000 gefallenen italienischen Soldaten** sind in den Nischen zur letzten Ruhe gebettet. Die Kirche wurde nach Fertigstellung des Bogen-Rahmens auf die neuen Fundamente gesetzt.

Geschichtslehrpfad

Die Initiatoren des Museums zeichnen auch verantwortlich für den Geschichtslehrpfad von drei Stunden Länge (mit Rückweg), der eine antike Siedlung passiert, das Beinhaus, Reste von Verteidigungsanlagen, die Wasserfälle von Kozjak und die Napoleonbrücke.

051sl Foto: sk

Man beginnt am Beinhaus auf dem nördlich abgehenden Weg, hält sich links und erreicht nach etwa 800 m **Tonočov grad,** eine spätantike Befestigungsanlage. Dann geht es hinunter zur Soča mit der **Napoleonbrücke** (über die 1797 seine Soldaten vordrangen), die den Ersten Weltkrieg nicht überlebt hat und sich heute neu erbaut im Türkis des Flusses spiegelt. An der Soča und italienischen Schützengräben entlang kommt man zum Bett des Baches Kozjak und schließlich zum gleichnamigen **Wasserfall.** Sein Strahl läuft 15 m hinunter in ein kleines idyllisches Becken. Schneller geht es zum Wasserfall, wenn man Richtung Drežnica fährt, hinter der Brücke dem Wegweiser folgt, alsbald parkt und den Pfad entlang geht (nur hin ca. 30 Min.).

In der Umgebung

Napoleonbrücke bei Podbela ↗ II/A3

Eine weitere, schwerer zugängliche Napoleonbrücke ist über die Nadiža geschlagen. Um sie zu erreichen, fährt man mit dem Wagen Richtung Matajur, biegt aber direkt hinter Staro Selo rechts ab, beim Dorf Borjana nach links, parkt beim Weiler Podbela und geht zu Fuß (ca. 30 Minuten). Der Anmarsch wird mit einem erfrischenden Bad belohnt. Wer will, kann auch mit dem Auto fahren, baden und schließlich mit **Robidišče** den westlichsten Ort Sloweniens direkt an der Grenze zu Italien besuchen – ein Weiler mit nur noch einem knappen Dutzend Bewohnern.

Vrsno ⇗ II/B3

Das Dorf Vrsno liegt 7 km östlich von Kobarid zwischen Soča und Krn. Das **Geburtshaus des Dichters Gregorčič** (sein Denkmal steht auf dem Hauptplatz Kobarids) ist zum Museum erklärt. Fotos, Dokumente und Gegenstände aus seinem Besitz beschreiben Leben (1844–1906) und Werk.

- **Gregorčič-Museum,** Vrsno 27, Tel. 05-388 54 02, nur nach Vereinbarung.

Auf den Krn ⇗ II/B3

Von Vrsno aus erreicht man auch die Flanken des Krn. In Serpentinen geht es mit dem Wagen hoch bis zum Parkplatz bei **Planina Kuhinja** mit der gleichnamigen Hütte (⇨Nationalpark Triglav) auf 1012 m. In zweistündigem Fußmarsch kommt man auf einen Sattel und in weiteren 2½ Stunden zur Hütte **Gomiščkovo zavetišče** auf 2182 m. Von dort sind es noch 15 Minuten zum Gipfel des Krn auf 2244 m. Die Wanderung ist nicht sonderlich schwierig, aber steil. Ab dem Sattel sollte man von dem Abbruch der Westwand des Krn Abstand halten, am Gipfel ist der Nordabbruch ebenfalls steil abfallend. Der Abstieg dauert etwa 2½ Stunden.

Die Bedeutung der Landwirtschaft ist in Slowenien nach wie vor groß

Praktische Tipps

Informationen

- **TIC,** Gregorčičeva ulica 10 (Museum), 5222 Kobarid, Tel. 05-389 00 00, Fax 05-389 00 02, www.kobarid.si.
- **Planinsko društvo Krn/Kobarid,** Krn BŠ, Tel. 050-33 19 16.

Service

- **Post:** Trg Svobode 2, Tel. 05-384 12 24.
- **Geldwechsel**: Banka Vipa, Markova ulica 16, Tel. 05-388 48 55.

Notfälle

- **Ambulanz/Zdravstvena postaja:** Trg Svobode 3a, Tel. 05-388 50 13.
- **Apotheke/Lekarna:** Volaričeva ulica 9, Tel. 05-388 50 77.

Verkehr

- **Züge:** Der nächste Bahnhof ist im 25 km entfernten Most na Soči, Informationen unter Tel. 05-388 70 05.
- **Fernbusse:** Im Juli und August verkehrt täglich morgens ein Bus zum Vršič-Pass.
- **Fahrradverleih:** Im Hotel Hvala.

Unterkunft

- Hotel **Hvala** (****), Trg Svobode 1, Tel. 05-389 93 00, Fax 05-388 53 22, topli.val@siol.net, www.topli-val-sp.si. Kleines, modernes Hotel mit 62 Betten und hochgelobtem Restaurant „Topli val", Einzelzimmer 56 €.
- Pension **Jazbec** (***), Idrsko 56, nächste Ortschaft südlich Richtung Tolmin, Tel. 05-389 91 00, Fax 05-389 14 02, bostjan.jazbec@siol.net, www.jazbec-sp.si, Einzelzimmer um 30 €.
- Pension **pri Jazbecu** (***), Idrsko 7a, ebenfalls in Idrsko, Tel. 05-388 53 85, Fax 05-389 14 02, info@jazbec-sp.si, www.jazbec-sp.si, Einzelzimmer um 28 €.

Privatzimmer/Ferienwohnungen:

- **In Kobarid:** Jožef **Ivančič** (*), Gregorčičeva 6c, Tel. 05-389 10 07; Inka **Skok** (**), Pri Malnih 8, Tel. 05-388 50 78.
- **In Drežnica:** Vinko **Koren** (**), Drežnica 17b, Tel. 05-384 85 09; Ana **Koren** (**), Drežnica 45, Tel. 05-384 85 05.
- **In Idrsko:** Marija **Delič** (*), Idrsko 1, Tel. 05-388 59 18; Roman **Jazbec,** Idrsko 73, 5222 Kobarid, Tel. 05-388 53 85, Fax 05-389 14 02, info@jazbec-sp.si, www.jazbec-sp.si.
- **In Trnovo ob Soči:** Alojzija **Fon** (**), Trnovo ob Soči 27, Tel. 05-388 50 04; Ljuba **Kranjc,** Trnovo ob Soči 54, Tel. 05-388 51 62; Zorka **Likar,** Trnovo ob Soči, Tel. 05-388 52 13; Vida **Komac** (*), Trnovo ob Soči 57, Tel. 05-388 52 39.

Camping:

- **Nadiža** (**), Podbela, 5223 Breginj, Tel. 05-384 91 19, außerhalb der Saison Tel. 05-388 58 39; 1.4.–30.10. offen, 50 Plätze.
- **Koren** (**), Drež. Ravne 33, 5222 Kobarid, Tel. 05-389 13 11, Fax 05-389 13 10, außerhalb der Saison Tel. 05-384 85 90, lidija.koren@siol.net, www.members.tripod.com/kamp_koren; 15.3.–31.10. offen, 40 Plätze.
- **Trnovo** (*), Klara Kokošin Fon, Trnovo ob Soči 51, 5224 Srpenica, Tel. 05-384 55 83, 15.4.–15.9. offen, 32 Plätze.

Ferien auf dem Bauernhof:

- Lidija **Koren,** Drežniške Ravne 33, 5222 Kobarid, Tel. 05-388 53 12, Fax 05-389 13 10, lidija.koren@siol.net.

Essen und Trinken

- **Franko,** Staro selo 1, an der Straße Richtung Italien, Tel. 05-389 41 20; fantasiereiche Verwertung bester Zutaten unter italienischem Einfluss, 7000 SIT.
- **Kotlar,** Trg Svobode 11, Kobarid, Tel. 05-389 11 10; Fisch und Gebirgsspeisen, 5000 SIT.
- **Topli val,** Trg Svobode 1, Kobarid, Tel. 05-389 93 00; italienisch inspirierte slowenische Küche mit viel Meeres- und Süßwassergetier; 4500 SIT.
- Gostišče **Jazbec,** Idrsko 56, Tel. 05-389 91 00; Pizzeria und Gasthaus in Idrsko, 1500–2500 SIT.

Feste und Veranstaltungen

- Bekannt ist der **Fasching von Drežnica** im Februar, bei dem die Bewohner traditionelle, wilde Masken (teils holzgeschnitzt) tragen.

Aktivitäten

- **Reiten: Kmetija Smrekar,** Livške Ravne 2, in Idrsko nach Livek abbiegen und dort nach Livške Ravne, Tel. 05-384 4023; **Konjeniško društvo Soča,** Idrsko 1d, Tel. 041-71 93 26.
- **Wassersport** (Rafting, Hydrospeed, Kajaking, Canoeing, Canyoning): **X-Point,** Sresova 1, Tel. 041-69 22 90, Fax 05-388 53 08, x.point@siol.net; **Alpin Action,** Trnovo ob Soči 35, 5224 Srpenica, Tel. 05-388 50 22, Fax 05-388 50 22, alpin.action@siol.net, www.geocities.com/alpinaction. Beide Unternehmen bieten auch **Fallschirmspringen, Klettern, Mountainbike-Touren, Paragliding** und weitere Aktivitäten an.

Tolmin

↗ II/B3

- **Meereshöhe:** 200 m
- **PLZ:** 5220
- **Vorwahl:** 05
- **Einwohner:** 4000
- **Dt. Name:** Tolmein

Tolmin ist das Verwaltungs- und Wirtschaftszentrum des oberen Soča-Tales. Es liegt am Zusammenfluss von Idrijca, Bač, Tolminka und Soča und an den Straßen von und nach Bohinjska Bistrica, Idrija, Nova Gorica und Kranjska Gora und ist damit ein wichtiges **Verkehrskreuz.** So war der Ort immer von strategischer Bedeutung, was schließlich im Ersten Weltkrieg wegen seiner Frontnähe zur Zerstörung der Stadt geführt hat.

Fast dicht gedrängt stehen die Häuser im Zentrum, doch schnell erhält die Stadt den Charakter einer Streusiedlung, wenn man das Zentrum verlässt. Um den Hauptplatz Mestni trg gruppieren sich die für Reisende wesentlichsten Gebäude - Hotel, Post, Museum.

Ihren Ursprung hat die Siedlung schon in grauer Vorzeit, was Gräberfelder in der Region bezeugen. Bereits die Illyrer waren sich im 9. Jahrhundert v.u.Z. der günstigen Lage bewusst, die Slowenen sahen es ebenso. Richtig bedeutend wurde Tolmin aber unter den **Patriarchen von Aquileia,** die die frühmittelalterliche **Burg** auf dem Kozlov rob im 11. Jahrhundert requirierten und sie bis ins 14. Jahrhundert nutzten. Danach wechselte Tolmins Herrschaft mehrfach und die Stadt kam Mitte des 17. Jahrhunderts in die Hände der **Grafen zu Coronini** (das Schloss ist heute Museum). Deren Steuereintreiber ließ so die Sau tanzen, dass die Bauern 1713 gegen ihn und seinen Herrn den Aufstand wagten - die letzte große **Bauernrevolte** im Land. Sie breitete sich rasend schnell bis in den Norden Istriens aus und wurde schließlich mit Brachialgewalt von der Armee ausgeblutet - 13 Aufständische mussten ihren Kopf lassen.

1820 erhielt Tolmin Marktrechte. Der Erste Weltkrieg zerstörte die Stadt und ein weiteres Mal wurde sie 1976 schwer getroffen, als das Erdbeben in Friaul auch zu Verwüstungen im Soča-Gebiet führte. Die Zerstörungen hatten zur Folge, dass die Gebäude wieder renoviert werden mussten. Das Hotel Krn am Hauptplatz ist deshalb wegen seiner wunderschön verzierten Fassade ein Kleinod der städtischen Architektur.

Ein Spaziergang führt zu den **Burgruinen** auf dem **Kozlov rob** auf 426 m Höhe. Dazu hält man sich vom Hauptplatz Richtung Norden und Zatolmin. Auf einem Lehrpfad kommt man durch den dichten Wald hinauf (ca. 40 Min.).

Museum Tolmin

Das Museum Tolmin widmet sich der Archäologie, der Kulturgeschichte und der Ethnologie, außerdem werden wechselnde Ausstellungen gezeigt.

● **Museum Tolmin,** Mestni trg 4, Tel. 05-381 13 60, Fax 05-381 13 61, www.galerija.tol.sik.si/muzej, Mo–Fr 9–16 Uhr, Sa/So 13–17 Uhr, Eintritt frei.

In der Umgebung

Kriegsdenkmäler

In die Umgebung führt ein Ausflug zu Denkmälern, die an den Ersten Weltkrieg erinnern. Wichtigstes davon ist die Kirche **Sv. Duh** - zum Heiligen Geist. Sie geht auf die 3. Gebirgsbrigade der K&K-Monarchie zurück, die sie 1916 erbaute. Fundamente und die unteren Mauern wurden aus Stein errichtet, darüber kamen Wände aus Holz; diese und den hölzernen Turm schuf die Wiener Kunsthandwerksakademie. Das Innere birgt alle Wappen des damaligen österreichisch-ungarischen Reiches in Freskotechnik. Das „Totenbuch" aus Holz weist die Namen von 2808 in den Bergen der Umgebung gefallenen Soldaten aus. Die Kirche steht auf der **Javorca,** 8 km nördlich von Tolmin auf 570 m Höhe.

Die **Italienische Militärkapelle** ist vom IV. Alpini-Regiment 1920 im Tempelstil errichtet worden. In ihr hielt man auf Marmorplatten die Namen von 219 Soldaten dieser Brigade fest. Sie befindet sich in **V Grapi** auf dem Weg zum Dorf Gabrje.

Schließlich widmet sich das **Deutsche Beinhaus** der dritten Nation des Gebirgskrieges. Man findet es an den Ufern der Soča direkt südlich von Tolmin. In das Beinhaus wurden 1938 die Gebeine von 960 deutschen Soldaten umgebettet. Die Steine stammen aus Deutschland, die Torflügel sind aus österreichischen und italienischen Gewehrläufen geschmiedet (deutsche Gewehre benötigte man schon wieder anderweitig). Im Beinhaus wird das Grab des unbekannten Soldaten jedes Jahr zu Sonnwend von einem Lichtstrahl berührt.

Wanderung zur Pološka-Höhle ↗ II/B3

Von der Javorca aus kann man noch 1 km nördlich fahren und den Wagen auf der Alm Polog abstellen. Auf der sich zu einem Pfad verengenden Straße geht es zu Fuß weiter; nach 200 Höhenmetern – vorbei an der nur unter sachkundiger Leitung zu besuchenden Höhle Pološka jama – kommt man zur **Alm pod Osojnico** (ab Parkplatz 1 Std.). Dort weisen Schilder zum „izvir Tolminke", der **Quelle der Tolminka.** Der Rückweg verläuft im Bogen über die Alm na Prodih; kurz vor Einmündung auf dem bereits gegangenen Weg muss man die Tolminka mit einer Handseilbahn überqueren (Rückweg 1 Std.). Die Höhle Pološka jama besitzt Schächte von 12 km Länge und ist 705 m tief. Soweit man bislang weiß, ist es das ausgedehnteste Berghöhlensystem Sloweniens.

Dante-Höhle und Tolminka ↗ II/B3

Die 600 m lange Zadlaška jama ist als Dante-Höhle bekannt. Sie liegt östlich von **Zatolmin** am Zusammenfluss von Tolminka und Zadlaščica, erreichbar über die Straße am Ortsanfang hinunter zur Tolminka oder durch Zatolmin hindurch. Angeblich suchte sich hier in der wilden Landschaft **Dante Aleghieri,** der von den Papisten aus seiner Heimatstadt vertrieben worden war und ein rastloses Wanderleben führen musste, 1319 bei einem Besuch des Patriarchen von Aquileia Inspiration für die gereimte Beschreibung des Infernos in seiner „Göttlichen Komödie".

Von der Teufelsbrücke (unterhalb derer Thermalquellen sprudeln) hat man einen ausgezeichneten Blick in die **Klamm der Tolminka** – die Trogschluchten des Gebirgsflusses sind 200 m lang, bis zu 60 m tief und zwischen 5 und 10 m breit. Die Trogschluchten bilden den Beginn des Triglav-Nationalparks und sind seine niedrigste Stelle.

Bergwanderungen ↗ II/B3

Über Žabče und Zadlaz-Žabče kommt man von Tolmin nach 10 km mit dem Auto bis **Tolminske Ravne.**

Dort kann man parken und zu Fuß zur **Alm Razor** marschieren, Ausgangspunkt für Wanderungen auf den **Krn** (8 Std.) und auch zum **Vogel,** dem Hausberg des Sees von Bohinj (2 Std., s. dort). Die Schutzhütte Koča na planini Razor (1315 m, ⇨Nationalpark Triglav) ist im Sommer bewirtschaftet.

Praktische Tipps

Informationen

- **TIC,** Petra Skalarja 4, 5220 Tolmin, Tel. 05-381 00 84, Fax 05-381 00 83, info@lto-sotocje-tolmin.si, www.lto-sotocje-tolmin.si.
- **Planinsko društvo/Alpenverein Tolmin,** Trg maršala Tita 16a, Tel. 05-388 32 11.

Service

- **Post:** Trg maršalata Tita 10, Tolmin, Tel. 05-384 12 00.
- **Geldwechsel:** Banka Koper, Mestni trg 8, Tolmin, Tel. 05-380 12 30.

Notfälle

- **Ambulanz/Zdravstveni dom:** Prešernova ulica 6, Tolmin, Tel. 05-388 11 20.
- **Apotheke/Lekarna:** Trg maršala Tita 11, Tolmin, Tel. 05-381 14 80.

Verkehr

- **Züge:** Der nächste Bahnhof ist in Most na Soči (6 km, Informationen unter Tel. 05-388 70 05).
- **Fernbusse:** Trg maršala Tita 13, Tel. 05-380 11 40.
- **Taxi:** Prevozi Roner, Prekomorskih brigad 10, Tolmin, Tel. 05-381 01 13 oder 041-64 78 65.

Unterkunft

- Hotel **Krn** (***), Mestni trg 3, Tel. 05-388 19 11, Fax 05-388 10 61, hotel.krn@siol.net, www.hotel-krn.com. Mitten am Hauptplatz gelegen mit herrlicher Fassade, Wintergarten, Terrasse und guter Küche, Einzelzimmer ab 25 €.
- Penzion **Odisej,** Pod klancem 3, Tel. 05-388 16 53, Fax 05-381 18 08. Kleine Pension mit 14 Betten und Pizzeria.

Privatzimmer/Ferienwohnungen:

- **Černilogar,** Brunov drevored 34, Tel. 05-388 14 03.
- **Pri Lamnjanu,** Poljubinj 6a, Tel. 05-388 18 73.

Ferien auf dem Bauernhof:

- **Jožica Leban,** Prapetno 16a, 5220 Tolmin, Tel. 05-388 37 53. In einem kleinen Ort zwischen Tolmin und Most na Soči.

Essen und Trinken

- Restaurant des **Hotel Krn,** Mestni trg 3, Tel. 05-388 19 11; im Gewölbekeller wird Typisches wie Saumagen serviert, beste Küche am Ort, 3500 SIT.
- Gostilna **Martin,** Čiginj 25, an der Staße nach Nova Gorica, 2 km südlich von Tolmin, Spezialitäten und Meerestiere, 2500 SIT.
- Pizzeria **Odisej,** Pod klancem 3, Tolmin, Tel.05-388 16 53; Pizza im Wintergarten, 1500 SIT.

Feste und Veranstaltungen

- Im Februar ist der **Faschingsumzug** mit viel Blechmusik besuchenswert.
- An den blutig niedergeschlagenen Bauernaufstand von 1713 erinnert der Fackelzug zum Kozlov rob in der **Nacht der Rebellen** im Juni.
- Ende September wird in Tolmin mit vollen Bierkrügen dem Münchener **Oktoberfest** Konkurrenz gemacht.
- Sehenswert ist auch der **Almabtrieb** im Oktober.

Aktivitäten

- **Angeln:** Angelverein Tolmin, Trg 1. maja 7, Tolmin, Tel. 05-381 17 10, Fax 05-381 17 11, info@ribiska-druzina-tolmin.si, www.ribiska-druzina-tolmin.si. Tagesangelscheine und 3-Tage-Angelscheine zwischen 1. April und 31. Oktober; der Tagesangelschein berechtigt in den insgesamt 145 km langen Gewäs-

052sl Foto: sk

Von Bled geht es unter Dampf bis nach Most na Soči (ausgiebige Stopps zum Fotografieren inklusive)

sern zum Fang von drei Salmoniden, einer Soča-Forelle und einer Äsche; Angelscheine verkauft auch das Hotel Lucija in Most na Soči.

- **Reiten:** Ranč Divji zahod, Vilko Šorli, Koritnica 61a, 5242 Grahovo ob Bači, Tel. 05-380 49 29 (Geländereiten, Trekking). Koritnica liegt an der Bergstraße nach Bohinjska Bistrica.
- **Wassersport:** Maya, Ulica padlih borcev 1, Tel. 05-381 00 60, Fax 05-381 00 61, maya.sport@siol.net, www.maya-bn.si, Canyoning, Hydrospeed, Rafting, Kajaking.
- **Gleitschirmfliegen:** Društvo za prosto letenje Posočje, Rutarjeva 5, Tel. 05-388 58 12, oder mit Parataxi, Brunov drevored 39, Tel. 05-388 14 31/ 041-81 09 99.

Most na Soči

↗ X/B1

Der Ort Most na Soči (167 m, 500 Bewohner) liegt 6 km südlich von Tolmin an der Hauptstraße nach Idrija, an der Eisenbahnlinie und am Zusammenfluss von Soča und Idrijca, die einen kleinen **Stausee** bilden (der 1938 für das Wasserkraftwerk entstand). Wegen der verkehrsgünstigen Lage war die Gegend schon zur Bronzezeit besiedelt, die meisten archäologischen Funde stammen aber aus der Eisenzeit, auf die auch die über 7000 Grabstellen in der Umgebung zurückgeführt werden. Einige Fundstücke sind im Tolminer Museum ausgestellt. Die ganz eigene Kultur der Frühzeit wurde nach dem ehemaligen Ortsnamen benannt (bis 1952 hieß die Siedlung Sv. Lucija): Sankt-Lucien-Kultur.

Im Neubauviertel wurden römische Ruinen konserviert (bei der Kirche Sv. Maver). Die Kirche **Sv. Lucija** geht auf das Jahr 1612 zurück. Ihre gotische Anlage barockisierte man später. Im Pfarrhaus lebte der Schriftsteller *Ivan Pregelj*. Wegen der vielen Wanderwege in der Umgebung, der herausragenden Angelmöglichkeiten und dem See mit seinen Booten und Dampfern ist Most na Soči ein **beliebter Ferienort.**

Service

- **Post:** Most na Soči 6, Tel. 05-388 70 03.

Notfälle

- **Ambulanz/Zdravstveni dom:** Most na Soči, Tel. 05-388 70 11.
- **Apotheke/Lekarna:** Most na Soči 52, Tel. 05-381 31 13.

Verkehr

- **Bahnhof Most na Soči:** Tel. 05-388 70 05.
- In der Saison fährt ein **historischer Dampfzug** ein- bis zweimal die Woche über Bohinj nach Bled (Hinfahrt abends, Rückfahrt morgens, ⇨Bled/Verkehr). Die einfache Fahrt dauert ca. 90 Minuten, eine Rückfahrkarte kostet 20 €. Informationen über Turistična Agencija Club, Postaja 11, 5216 Most na Soči, Tel. 05-381 30 50, Fax 05-388 74 63, club.ta@siol.net, www.club.si.

Einkaufen

- **Souvenirs:** In Most na Soči kann man den Keramiken der Eisenzeit nachempfundene Werke erstehen und bei ihrer Herrstellung zuschauen, Sv. Lucija Keramik, Alenka Gološič, Most na Soči 51a, Tel. 05-388 74 56.

Unterkunft

- Hotel **Lucija** (***), Most na Soči 57, 5216 Most na Soči, Tel. 05-388 74 70, Fax 05-381 31 77. Angenehmes Hotel am Seeufer mit großem Garten und Bootshaus, Einzelzimmer ab 35 €.
- Penzion **Šterk,** Most na Soči 55, 5216 Most na Soči, Tel. 05-388 70 65, Fax 05-388 70 65. 22 Betten und Schwimmbad.

Privatzimmer/Ferienwohnungen:

- Apartma **Vila Noblesa,** Drobočnik 2, 5216 Most na Soči, Tel. 05-381 31 16, Fax 05-381 31 17, vila-noblesa@siol.net.
- Apartma **Bremec,** Most na Soči 65, 5216 Most na Soči, Tel. 05-388 74 10, Fax 05-388 70 36, cvetka.bremec@siol.net.

Essen und Trinken

- Gostilna **Skrt,** Most na Soči 62, Tel. 05-388 70 25; hierher kommt man hauptsächlich, um die köstlichen Forellen zu verspeisen (die allerdings nicht mehr aus der Soča kommen, sondern gezüchtet werden müssen), 3000 SIT.

Aktivitäten

- **Rudern:** Ruderboote verleiht die Pension Šterk, Kajaks und Kanus gibt es bei Morea, Gorenji log 15, Most na Soči, Tel. 05-388 73 05.
- **Schiffsfahrten:** Mit dem Ausflugsschiff Lucija – einem Heckraddampfer – können bis zu 100 Passagiere auf dem See herumfahren: Ladja Lucija, Avanturist, Most na Soči 68, Tel. 05-381 31 00, Fax 05-381 31 01, avant@siol.net.

053sl Foto: sk

Nova Gorica und der Karst

054sl Foto: sk

Auch der Karst ist für seine Rebsorten berühmt – überall wird fleißig gepfropft, veredelt, geschnitten und schließlich geerntet

Schloss Kromberks Garten lädt nach einem feinen Mahl zum Verweilen ein

Höhlen im Kalkstein

Der helle Kalkstein des Karstes blinkt offen auf weiten Flächen oder tief in den Wäldern in der Halbdämmerung der zarten Sonnenstrahlen, die durch die Nadeln und Blätter zu Boden dringen. Er ist in Wasser relativ leicht löslich und so haben sich über Jahrmillionen die Gewässer ein unterirdisches **Höhlensystem** mit Gängen und Sälen geschaffen, das wohl bislang nur zu Bruchteilen erforscht ist. Der Boden bringt vorzügliche **Weine** hervor und die Winzer wissen mit diesem Rohstoff etwas anzufangen. So bedeutet eine Reise in den Karst nicht nur eine Entdeckung der Höhlenwelt, sondern immer auch eine Entdeckung kulinarischer Besonderheiten.

Wer möchte, kann in der Karstregion im Südwesten Sloweniens wandern, klettern, schwimmen, in den Höhlen tauchen oder reiten, sich auf die Spuren der Adeligen in ihren Burgen begeben oder seinen Geldbeutel in den Kasinos von Nova Gorica ausleeren. Den Aktivitäten sind kaum Grenzen gesetzt.

Highlights Karst

- **Bergbauwelt** von Idrija, S. 217
- **Schlosshotel Kendov Dvorec** in Idrija, S. 220
- Kulinarische Reise durch das **Vipava-Tal,** S. 225
- **Burgdorf Štanjel,** S. 227
- **Tropfsteinhöhlen** von Postojna, S. 229
- **See von Cerknica,** S. 235
- **Schloss von Snežnik,** S. 240

Nova Gorica

X/B2

- **Meereshöhe:** 92 m
- **PLZ:** 5000
- **Vorwahl:** 05
- **Einwohner:** 35 000
- **Dt. Name:** Görz
- **Ital. Name:** Nuova Gorizia

„Stadt der Rosen" nennt sich Nova Gorica, obwohl man nur noch wenig von der ursprünglichen Absicht bemerkt, die Stadt als Parkanlage zu konzipieren. Doch interessiert dies die meisten Touristen nicht besonders, denn sie kommen hierher, um ihr Geld an den Spielautomaten und Tischen der **Kasinos** zu lassen. Die Stadt spricht hauptsächlich die italienische Klientel an – kein Wunder, liegt Nova Gorica doch unmittelbar an der Grenze. Nördlich der Stadt verlässt die Soča ihr enges Tal, fließt zwischen den Bergen Sabotin und Sveta gora hindurch auf italienisches Territorium und wird zum Isonzo. Monfalcone an der Adria ist nur 16 km Luftlinie entfernt.

Nova Gorica liegt an den Hauptverbindungsachsen vom Karst und vom Gebirge ins italienische Friaul. Der Bahnhof auf slowenischer Seite der geteilten Stadt markiert die **Grenze** mit mehreren kleinen Übergängen, die aber nicht von Touristen benutzt werden dürfen. Die Grenzübergänge für Touristen befinden sich 4 und 6 km südlich Nova Goricas bei Rožna Dolina und an der Autobahn (S. Andrea bei Vrtojba). Ein eindeutiges Zentrum besitzt die Stadt nicht. Am ehesten mag die Gegend westlich von Erjavče-

1	Marienmuseum, Isonzo-Front-Museum
2	Hotel Sabotin
3	Villa Bartolomei
4	Schloss Kromberk
5	Hotel Perla
6	Touristinformation
7	Bank
8	Theater, Restaurant Vrtnica
9	Post
10	Busstation
11	Hotel Park
12	Franziskanerkloster
13	Hotel Lipa

va ulica und Kidričeva ulica sich als solches bezeichnen.

Nova Gorica wurde erst 1947 gegründet, davor war es die **Neustadt von Görz/Gorica/Gorizia.** Mit der Festlegung der Grenze zwischen Italien und Jugoslawien auf der sechsten Friedenskonferenz in Paris wurde Gorica dem Nachbarn zugesprochen und über Nacht besaß der westliche Karst Sloweniens kein urbanes Zentrum mehr. Man erweiterte 1948 die Neustadt und nannte sie Nova Gorica. Sie ist damit eine der jüngsten Siedlungen Sloweniens und dank der verkehrstechnisch günstigen Lage eine der dynamischsten. Die Stadt profitiert vom Lohngefälle, da viele italienische Industriebetriebe als Standort das günstigere Slowenien gewählt haben. So hat sich eine Holz- und Textilindustrie angesiedelt, aber auch Kunststofferzeugnisse werden hergestellt.

Solkan, bis 1988 Stadtteil von Nova Gorica, bestand schon 1192 als Pfarrei und kam ab 1500, als die Grafen von Görz ausstarben, zu Habsburg. 1713 war es Schauplatz eines Bauernaufstandes, den Dragoner niederritten. Während des Ersten Weltkriegs wurden Görz und Solkan im Zuge der Isonzo-Schlachten schwer beschädigt.

Sehenswertes

Wegen seiner jungen Geschichte und der Zerstörung Solkans im Ersten Weltkrieg gibt es im eigentlichen Stadtgebiet nichts Historisches zu besuchen, abgesehen von den Denkmälern, die in der zweiten Hälfte des 20. Jahrhunderts aufgestellt wurden und meist an verdiente Söhne der Stadt erinnern wie an den Flugpionier *Edvard Rusjan.*

Franziskanerkloster Kostanjevica

Zwischen Nova Gorica und Rožna Dolina liegt das Franziskanerkloster Kostanjevica von 1625. Während der Isonzo-Schlachten wurde es zerstört und nach dem Krieg neu aufgebaut. In der Gruft liegt der Bourbonen-König *Karl X.,* der 1830 nach der Juli-Revolution aus Frankreich flüchtete, sich in Gorizia niederließ und dort an der Cholera starb.

● **Franziskanerkloster Kostanjevica,** Mo–Sa 9–12 und 14–17 Uhr.

Villa Bartolomei

Die Ausstellung in der spätbarocken Villa Bartolomei in Solkan widmet sich der **jüngeren Geschichte** der Region zwischen 1918 und 1947, insbesondere der italienischen Regierungszeit, der deutschen Besatzung und der Verwaltung unter den Alliierten.

● **Villa Bartolomei,** Pod vinogradi 2, Tel. 05-300 57 62, Mo–Fr 8–15 Uhr, Sa/So 13–17 Uhr.

Sveta gora

Oben auf der Sveta gora (9 km Anfahrt) steht seit 1544 eine **Wallfahrtskirche,** der 1565 von Franziskanern ein Kloster angeschlossen wurde. Während des Ersten Weltkriegs vollständig zerstört, wurde die Anlage 1927 als Basilika wieder aufgebaut, denn Sveta gora ist eine der wichtigsten Marien-Pilgerstätten Sloweniens. Das kleine **Marienmuseum** widmet sich der Geschichte der Wallfahrt. Seit 1989 gibt es hier das **Isonzo-Front-Museum.** Die Sveta gora war ein äußerst wichtiger strategischer Punkt und heiß umkämpft.

● **Isonzo-Front-Museum,** Tel. 05-335 98 11, im Sommer Mi/Do 12–17 Uhr, Sa/So 11–18 Uhr, im Winter Sa/So 11–16 Uhr.

Renaissance-Schloss Kromberk

Das Renaissance-Schloss Kromberk liegt 3 km außerhalb von Nova Gorica in einem Park. Es gehört zum Museumsverbund der Region. In einer **Galerie** werden Werke vom Mittelalter bis zum Barock ausgestellt mit Schwerpunkt auf den Kulturen, die in der Region Einfluss hatten. Eine weitere Galerie ist Künstlern des 20. Jahrhunderts vorbehalten, deren Arbeiten die Entwicklung bis zum sozialistischen Realismus dokumentieren. Eine **kulturhistorische Ausstellung** zeigt Möbel und Gemälde aus dem 19. Jahrhundert.

Das Restaurant Grajska klet im Souterrain gilt als eines der besten um Nova Gorica und nach einem ausgedehnten Mahl lädt der Schlosspark zum Wandeln und Verweilen ein.

● **Grad Kromberk,** Tel. 05-335 98 11, www.arnes.si/~dpogac1/muzej, Mo–Fr 8–14 Uhr, So 13–17 Uhr.

In der Umgebung

Schloss Dobrovo ⇗ X/B2

Ebenfalls dem Museumsverbund angeschlossen ist Schloss Dobrovo auf einem Hügel im Weinanbaugebiet Goriška Brda nordwestlich von Nova Gorica (bei Plave über die Soča-Brücke fahren). Das Schloss mit seinen vier Ecktürmen entstand um 1600 im Renaissance-Stil mit barockem Einschlag als Besitz der Grafen von *Colloredo*. In der zweiten Hälfte des 19. Jahrhunderts übernahm es die Familie *Baguer*, deren Einrichtung heute in der **kulturgeschichtlichen Ausstellung** zu sehen ist.

Die **Galerie Zoran Mušič** zeigt über 100 Arbeiten des bekannten Grafikers mit Themen aus dem Karst bis hin zum Golf von Venedig. Im Schloss finden im Sommer auch Konzerte und andere Veranstaltungen statt. Zurück nach Nova Gorica kann man über italienisches Gebiet auf gut ausgebauter Strecke fahren.

- **Schloss Dobrovo,** Dobrovo, Grajska cesta 10, Tel. 05-395 95 86, Mo–Fr 8–16 Uhr, Sa/So 13–18 Uhr.

Die Hochebene von Banjšice ⇗ X/B2-3

Eine ganz eigene Landschaft stellt die **Banjška planota** dar, die sich im Nordosten von Nova Gorica Richtung Most na Soči hinzieht. Die Bewohner der kleinen Weiler und der einzeln stehenden Bauernhöfe versuchen der Krume hier etwas abzugewinnen, nachdem sie den Wald gerodet haben, sammeln das Wasser in Zisternen, säen in den windgeschützten Bodenabsenkungen, den Dolinen. Auf winzigen Straßen und kurvigen Feldwegen geht es durch die Einsamkeit von Ort zu Ort, Inseln des Miteinanders in einer ab und an von der Burja windgepeitschten Landschaft.

Einen Tag sollte man sich Zeit nehmen, wenn man in die Hochebene hinauffährt. Erste Station ist **Grgar,** im Zweiten Weltkrieg ein Partisanendorf. In **Grgarske Ravne** steht noch die von österreichischen Soldaten im Ersten Weltkrieg gebaute Wasserleitung. In **Bate** erinnert ein Soldatenfriedhof an den Blutzoll an der Soča. Die nächste Station ist **Čepovan,** ebenfalls von den Kriegen nicht verschont geblieben. Die deutschen Besatzer brannten es zur Gänze nieder, ein Denkmal erinnert an die Gefallenen. **Lokovec,** nicht weit entfernt, genießt die Ehre, das längste Dorf Sloweniens zu sein. Teils muss man sehr genau schauen, dass man die Gutshöfe hinter den Bäumen entdeckt. **Banjšice** ist der letzte Halt. Am letzten Sonntag im Juli wird hier das Heuerntefest gefeiert und man sieht in einem Trachtenaufzug, wie sich die Bräuche geändert haben.

Praktische Tipps

Informationen

- **TIC,** Bevkov trg 4, 5000 Nova Gorica, Tel. 05-330 46 00, Fax 05-330 46 06, tzticng@siol.net

Service

- **Post:** Hauptpostamt, Kidričeva 19, Tel. 05-332 56 00.
- **Geldwechsel:** Banka Vipa, Kidričeva 7, Tel. 05-338 50 00.
- **Zeitungen:** in den Hotels Park und Perla.

Notfälle

- **Ambulanz/Zdravstveni dom:** Rejčeva ulica 4, Tel. 05-338 32 00.
- **Apotheke/Lekarna:** Rejčeva ulica 2, Tel. 05-302 14 56.

Verkehr

- **Bahnhof:** Kolodvorska pot 8, Tel. 05-296 39 34.
- **Fernbusse:** Kidričeva ulica 22, Tel. 05-330 31 33.
- **Taxis:** Taxi Novak, Tel. 041-63 24 28, Taxi Koren, Tel. 05-302 23 00.
- **Mietwagen:** Mivax, Tolminskih puntarjev 4, Tel. 05-333 45 00, Fax 05-333 45 05.

Unterkunft

- Hotel **Park** (****), Delpinova ulica 5, Tel. 05-336 20 00, Fax 05-302 23 81, hotel.perla @hit.si. Komforthotel mit Kasino und etlichen Einrichtungen wie Sauna, Hallenbad, Fitness; Einzelzimmer 80 €.
- Hotel **Perla** (***), Kidričeva ulica 7, Tel. 05-336 30 00, Fax 05-302 88 86, hotel.park@ hit.si. Modernes Kasino-Hotel, nicht ganz so ausgestattet wie Perla; Einzelzimmer 65 €.
- Hotel **Sabotin** (***), Ulica IX. korpusa 35, Solkan, Tel. 05-336 50 00, Fax 05-336 51 50, edi.jezersek@hit.si. In einem ehemaligen Stadtpalais, teilweise renoviert, das Peronsal ist nicht immer hilfreich, Einzelzimmer 45 €.
- Hotel **Lipa** (***), Trg Ivana Roba 7, Šempeter pri Gorici, mehr oder weniger ein Vorort südlich von Nova Gorica, Tel. 05-336 60 00, Fax 05-336 60 15, hotel-lipa@hit.si, www. hit.si. Renoviertes, praktisch eingerichtetes Mittelklasse-Hotel, Einzelzimmer ab 45 €.
- Das Touristenbüro vermittelt **Privatzimmer,** die allerdings außerhalb des Zentrums liegen.

Camping:

- **Korada** (*), Kidričeva 10b, 5216 Kanal ob Soči, auf halbem Weg nach Most na Soči, Tel. 041-69 22 01, 1.5.–1.10. offen, 30 Plätze, direkt an der Soča.

Ferien auf dem Bauernhof:

- **Pri Lukovih,** Gornje Cerovo 60, südwestlich von Hum, Tel./Fax 05-304 40 00, ivan. zagozen@seng.si, www2.arnes.si/ljraci3. Zimmer und Apartments.

055sl Foto: sk

Essen und Trinken

- **Grajska klet,** Schloss Kromberk, Grijska cesta 1, Tel. 05-302 71 60, www.grajskaklet-sp.si, Fr–Di 12–22 Uhr; Fleich und Fisch mit Spezialitäten der Region und Selbstgebackenem, 4000–6000 SIT.
- Gostišče **Kekec,** Kekčeva pot 4, Tel. 05-300 56 75; hoch über der Stadt auf 322 m gibt es Spezialitäten wie Rinderfilet in Teran, Kalbshaxe und Spanferkel im Rohr, 3500 SIT. Anfahrt über Kromberška cesta und bei der Gaststätte Pri Hrastu nach Norden den Berg hoch; auch schöne Spazierwege.
- **Pri Hrastu,** Kromberška cesta 2, Tel. 05-302 72 10, nun zum Kasino-Hotelkonzern gehörige, 100 Jahre alte Gaststätte mit vielen Touristen und Spezialitäten wie Gulasch, 3000 SIT.
- **Vrtnica,** Kidričeva ulica 11, Tel. 05-302 72 07, Selbstbedienungsrestaurant, ab 1000 SIT.

Abends unterwegs

Das Nachtleben in Nova Gorica ist naturgemäß auf die Spielernaturen ausgerichtet, die von Italien anreisen, um in den **Kasinos** Ehre und Besitz zu mehren. Zwei Spielhöllen stehen zur Verfügung – beide in den Vier-Sterne-Hotels. Wer nicht in den Hotels wohnt, muss für die Kasinos Eintritt zahlen (2,50 €, am Wochenende 5 €). Die Kasinos sind täglich 24 Std. offen, die Privatsalons zwischen 20 und 7 Uhr.

- Das **Perla** bietet 35 Spieltische, 20 davon für Amerikanisches Roulette, sechs für Black Jack, vier für Poker und je einen Tisch für Midi Punto Banco, Mini Punto Banco, Glücks-

Gutes für Zunge, Bauch und Auge – im Weinanbaugebiet Brda

Nordwestlich von Nova Gorica liegt das Weinland Goriška Brda, das vom submediterranen Klima profitiert und dessen Sommer trocken und heiß sind, während im Winter die Bora mit Eiseskälte übers Land blasen kann. Angebaut werden italienische Rebsorten wie **Refosco** und **Pinot Grigio,** aber auch **Riesling, Traminer** und **Tokaier** gedeihen. Die Anfahrt erfolgt über die gut ausgebaute Straße, die in Solkan nach Westen über die Soča und ein kurzes Stück durch Italien führt, oder über die alte, kurvenreiche und schönere Straße durch die Hügelwelt, bei Plave 12 km nördlich von Nova Gorica über die Soča, dann über einen 400 m hohen Pass in eine Region, in der im Ersten Weltkrieg *Hemingway* verwundet worden sein soll.

- In **Medana,** einem Dorf südlich von Schloss Dobrovo, steht die Gostilna **Božinel,** Medana 16, Tel. 05-304 50 82, 4000 SIT. Hier serviert man Salami, Speck, Schinken, Polenta in Weißwein, Nudeln mit Pilzen und vieles mehr.
- Auf dem Gut **Belica,** Medana 32, Tel. 05-304 21 04, 2000 SIT, kommt (allerdings nur nach Vorbestellung) Hausgemachtes auf den Tisch, einfach aber nicht unkreativ, dazu trinkt man beste Weine von den eigenen Reben.
- Medana 20 ist der Hof der Familie **Klinec,** Tel. 05-304 11 26, eigentlich Winzer, aber Schinken und Ziegenkäse werden zur Verkostung gereicht und bei Voranmeldung kann man auch Größeres essen (2000 SIT).
- Bei **Pri Lukovih,** Gornje Cerovo 60, südwestlich von Hum, Tel./Fax 05-304 40 00, ivan.zagozen@seng.si, www2.arnes.si/ljraci3, kann man essen, schlafen, Wein verkosten und Eingelegtes als Souvenir mit nach Hause nehmen.

rad, Französisches Roulette und Chemin de Fer (Russisches Roulette wird offiziell nicht offeriert). In spezieller Atmosphäre dürfen die guten Gäste des Hauses im ersten Stock privé spielen: Chemin de Fer, Roulette und Midi Punto Banco. Wem diese Art der Betätigung zu schrill ist, der geht an einen der 815 Spielautomaten. Zweimal am Abend findet außerdem Bingo statt. Freundlicherweise unterhält das Kasino auch eine Spielerschule, wo unterrichtet wird, wie man bei Amerikanischem Roulette und Black Jack sein Geld verjuckelt.

- Im Kasino des Hotels **Park** gibt es sogar 39 Spieltische, 20 für Amerikanisches Roulette, fünf für progressiven Poker, zwei für Poker, je einen Tisch für Französisches Roulette, Midi Punto Banco, Mini Punto Banco, Craps und Glücksrad. Auch hier gibt es selbstverständlich einen Privatsalon, allerdings in echt (?) ägyptischem Stil. Das Pyramidensteine schleppende Fußvolk spielt an den 358 Automaten.
- Da Zocker auch ab und an Entspannung suchen, gibt es natürlich Bars, Konzerte, Vorführungen mit Tanzgruppen und die Diskothek **Captain Hook's Club** im Perla. Außerhalb der auf Pietät achtenden Hotels geht es schon etwas krachiger zu, da finden sich schon mal Läden mit Hinweisplakaten auf Table Dance, Lesbo Show und Private Cabin.

Aktivitäten

- **Reiten:** Konjeniški klub Mandrija, Ajševica 81, Nova Gorica, Tel. 05-302 34 67.
- **Wassersport: Kayak klub** Soške elektrarne, Soška cesta, Solkan, Tel. 05-330 00 53; **Freibad,** Rejčeva ulica 3, Tel. 05-330 20 34; **Hallenbad,** Kidričeva ulica 7, Tel. 05-336 30 00; **Rafting doo,** Vojkova cesta 9, Solkan, Tel. 05-300 00 90; **Soča Rafting,** Goriška ulica 11, Šempeter pri Gorici, Tel. 05-303 20 39.
- **Bungee Jumping:** Vojkova cesta 9, Solkan, Tel. 05-330 00 90.
- **Tauchen: Tauchsport Soča,** Pinka Tomažiča 11, pp 152, Tel. 031-38 17 13; **Sirena Sub,** Vipavska 54, Tel. 041-68 72 10; **HSA Vodan,** 30. divizje 15, Tel. 05-302 76 92.

Zur italienischen Grenze hin wird das Straßenleben immer südländischer

Idrija

↗ XI/C2

- **Meereshöhe:** 325 m
- **PLZ:** 5280
- **Vorwahl:** 05
- **Einwohner:** 6500
- **Dt. Name:** Idria

Idrija liegt in einer Hügellandschaft an der Verwerfungslinie von Voralpen und Karst und zerfällt in mehrere Stadtteile, die sich das Tal der Idrijca entlangziehen. Im Norden liegt Spodnja Idrija, es folgt Mokraška vas und schließlich die eigentliche Stadt Idrija mit dem Zentrum am Mestni trg, an dem Nebenflüsschen Nikova gelegen, wo auch Schloss Gewerkenegg mit Schaubergwerk und Museum zu finden sind. Das Schlosshotel Dvorec ist in Spodnija Idrija.

In der Region um Idrija wurden die ersten **Stollen** ganz Sloweniens in die Berge geschlagen. **Quecksilber,** „flüssiges Silber" fand ein Bauer der Legende nach im Jahr 1490 in einem Topf unter seinem Brunnen. Schürfer und Bergleute kamen und gruben bis zu 200 m tiefe Schächte senkrecht nach unten, in die die Hauer mit Leitern hinabkletterten. Drei Jahre hielt man es normalerweise aus, dann hatten einen die Quecksilberdämpfe halb tot gemacht. Doch man verdiente gutes Geld und die Region florierte. Zwar stritten sich anfangs noch Venedig und Kärnten um den Besitz, 1575 kam man aber zum österreichischen Staat und verblieb dort. 1607 erhielt Idrija das Selbstverwaltungs-, im 17. Jahrhundert das Markt- und zu Beginn des 18. das Stadtrecht.

Idrija war für die **Verhüttung** ideal geeignet. Es liegt in einem Kessel und auf den umliegenden Bergen Kobalova planina, Gora, Tičnica und Kojanovec konnte man genügend Holz schlagen. Dieses wurde in Schichten mit dem Zinnobererz aufgetürmt, angezündet und mit Erde bedeckt. Nach Erlöschen des Feuers grub man Asche und Quecksilber aus und trennte sie. Bis ins 20. Jahrhundert hinein war Idrija der weltweit zweitgrößte Quecksilberlieferant. 1970 wurde die Grube geschlossen, die Preise waren verfallen, das Erz besaß nur noch geringe Metallanteile, die Förderung rechnete sich nicht mehr. Über Jahrhunderte aber war Idrija eines der naturwissenschaftlichen Zentren des Landes. Die Schulen waren vorbildlich, das Ingenieurs- und Vermessungsstudium zog Studenten von weit her an.

Sehenswertes

Schloss Gewerkenegg

Der alte Stadtkern liegt um den Mestni trg unterhalb des Schlosses. Schloss Gewerkenegg entstand 1533, wurde aber 1738 im Barockstil umgebaut. Es diente der Verteidigung gegen die Türken und zur Lagerung von Nahrung und natürlich des kostbaren Quecksilbers. Bis 1970 war es Sitz der Bergwerksverwaltung und wurde nach Stilllegung der Mine zum **Museum.** Gewerkenegg gehört zu den aktivsten Museen ganz Sloweniens und begreift seine Arbeit nicht als etwas Statisches, weshalb es immer wieder etwas Neues zu sehen gibt. Die zentrale Ausstel-

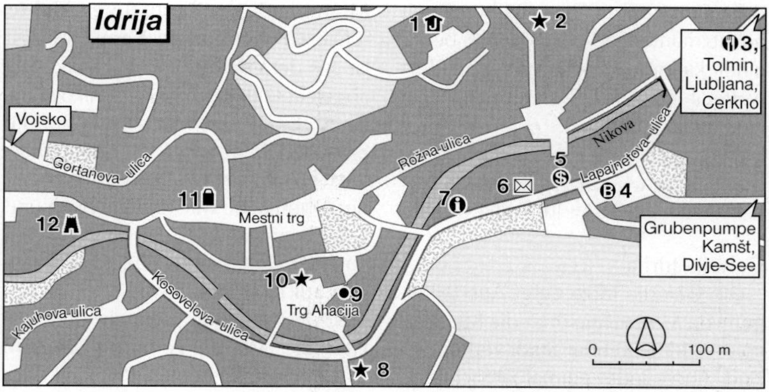

1	Jugendherberge	
★	2	Frančička-Schacht
	3	Gostilna Kos
	4	Busstation
	5	Bank
	6	Post
	7	Informationsbüro
★	8	Antonius-Stollen
•	9	Kino/Maria-Theresia-Theater
★	10	Galerija Idrija
	11	Souvenirs, Klöppelschule
	12	Schloss Gewerkenegg

lung hat das **Quecksilberbergwerk** in seiner Geschichte zum Thema, mehrere Gedenkzimmer sind großen Söhnen der Stadt vorbehalten, aber auch das Leben der einfachen Menschen von Idrija wird dargestellt.

Eine eigene Abteilung widmet sich einer weiteren Spezialität der Stadt – dem Klöppeln. **Idrijas Spitzen** sind im ganzen Land berühmt: wegen ihrer Qualität und Feinheit und ihres Ideenreichtums bei den Mustern. Ob ganze Vorhänge, große und kleine Deckchen, Zierrat an Bettwäsche – wer auf Spitze steht, ist in der Stadt richtig. Die Klöppelschule geht auf das Jahr 1876 zurück und man arbeitete und arbeitet für ganz Europa. In der Ausstellung sind einzigartige Stücke zu sehen: von einer Altardecke bis zu einer Tischdecke für Madame *Tito,* sechs Quadratmeter groß und in einem halben Jahr geklöppelt.

- **Museum Gewerkenegg,** Mestni muzej, Prelovčeva ulica 9, Tel. 05-372 66 00, www.muzej-idrija-cerkno.si, täglich 9–18 Uhr.

Antonius-Stollen

Im Jahr 1500 wurde der Zugang des Antonius-Stollen gegraben. Er gehört zu den **ältesten Bergwerkseingängen Europas** und heute dürfen auch Besucher hindurchschreiten. In einer Multivisionsshow wird am Anfang die geologische Entstehung von Lagerstätten erklärt, die Entwicklung des Bergwerks beschrieben und das Leben der Bergmänner gezeigt. Dann geht es mit Schutzmantel und Helm zu Fuß bis zu einer kleinen Kapelle und von dort weiter hinunter. Die Führung dauert eineinhalb Stunden.

●**Antonojev rov,** Arkova ulica 43, Tel./Fax 05-377 11 42, www.rzs-idrija.si. Besuch Mo–Fr 10 und 16 Uhr, Sa/So 10, 15 und 16 Uhr.

Galerija Idrija

Die Galerija Idrija zeigt Ausstellungen von Malern, die über die Künstlerkolonie Idrija mit der Stadt verbunden sind. Auch findet einmal jährlich eine Exposition der besten Arbeiten der Klöppelschule statt.

●**Galerija Idrija,** Trg svetega Ahacija 1, Tel. 05-372 66 00, Mo–Fr 15–18 Uhr, Sa/So 9–12 und 15–18 Uhr, Eintritt frei.

Monumente der Bergbaugeschichte

Die **Grubenpumpe Kamšt** (*Kamšt* ist aus dem deutschen „Wasserkunst" abgeleitet) steht an der Vodnikova ulica 20. Es ist eine Wasserpumpe, die zwischen 1790 und 1948 ununterbrochen im Einsatz war. Das Wasserrad an der Oberfläche war 13,60 m hoch und galt als größtes von Europa. Mit ihm konnten ca. 66 kw/h über Pleuelstangen auf das Grubenwasser in 283 m Tiefe zur Wirkung gebracht und 300 Liter pro Minute gefördert werden. Das Antriebswasser fürs Rad kam über eine 3,5 km lange Leitung von der Idrijca (Besichtigung nur mit Führer).

Im **Frančička-Schacht** an der Rožna ulica 20 (Tel. 05-372 66 00, täglich 9–18 Uhr) können Technikbegeisterte

056sl Foto: sk

(nur mit einem Führer des Museums) Bergwerksmaschinen wie Pumpen, Dampfkessel und Motoren bestaunen. Schließlich runden die berühmten **Klavže-Klausen** die Darstellung der Bergwerksgeschichte ab. Für die Gewinnung des Quecksilbers und zur Abstützung der Gruben benötigte man Holz in großen Mengen. Die Flüsse Idrija und Belca besaßen als Gebirgsgewässer aber einen stark schwankenden Wasserspiegel. So schuf man bereits 1772 ein System von Stauwehren/Klausen, die das Wasser bis zu fast 800 m zurückstauten. Um die gewaltige Wasserkraft zu bändigen, halfen Ochsengespanne beim Schließen der Tore. In diesen künstlichen Seen wurde das Holz gesammelt und dann beim Öffnen der Tore nach Idrija geschwemmt. So legte das Holz einen Weg von 20 km zurück (im Winter nicht zugängig).

Divje-See

Ein Wanderweg führt vom Kamšt am westlichen Ufer der Idrijca entlang nach Süden zum kürzesten Fluss Sloweniens: Die Jezernica ist genau 55 m lang und verbindet den kleinen Karstsee **Divje jezero** mit der Idrijca. Der See ist 65 m lang und 30 m breit und wenn es in der Umgebung regnet, zeigt er ein seltsames Phänomen, das auch im Vaucluse (Frankreich) bekannt ist: Sprudelnd tritt Wasser an die Oberfläche – bis zu 50 m³ in der Sekunde. Auf einem schmalen Pfad und wenn kein Wasser hochkommt, kann man den See auf einem mit Täfelchen versehenen **Naturlehrpfad** umrunden (Vorsicht, nach Regen sehr glitschig!).

In der Umgebung

Vojsko ↗ XI/C2

Beim Ort Vojsko, 12 km von Idrija im Gebirge auf einer Hochebene in 1000 m Höhe, steht eine Partisanendruckerei aus dem Zweiten Weltkrieg. Vom Dorf Vojsko kann man noch etwa 2 km mit dem Auto fahren, dann geht es nur zu Fuß weiter. Hier entstand die einzige periodisch und regelmäßig erscheinende **Partisanenzeitung** im besetzten Europa. Man begann am 17. September 1944 und druckte als Erstauflage 4000 Exemplare auf der aus Mailand in Einzelteilen hergebrachten Druckmaschine. In Druckhaus, Setzerei und Buchbinderei waren 40 Leute beschäftigt und brachten eine Gesamtauflage von einer Million Exemplaren zustande.

- **Partisanendruckerei,** Tel. 05-372 66 00, 15.4.–15.10. täglich 9–16 Uhr.

Praktische Tipps

Informationen

- **TIC Idrija,** Lapajnetova 7, 5280 Idrija, Tel./Fax 05-377 38 98, obctz@S5.net, www.rzs-idrija.si.

Service

- **Post:** Lapajnetova ulica 33, Tel. 05-377 37 04.
- **Geldwechsel:** Banka Koper, Lapajnetova ulica 45, Tel. 05-377 11 41.

Schloss Gewerkenegg ist ein hervorragendes Museum und verdient unbedingt einen Besuch

Notfälle

- **Ambulanz/Zdravstveni dom:** Ulica Otona Župančiča 3, Tel. 05-373 42 00.
- **Apotheke/Lekarna:** Lapajnetova ulica 59, Tel. 05-377 11 21.

Verkehr

- **Züge:** Der nächste Bahnhof ist in Most na Soči bei Tolmin (Informationen unter Tel. 05-388 70 05).
- **Fernbusse:** Vodnikova ulica 2, Tel. 05-372 67 00.
- **Fahrradverleih:** Čuk doo, Rožna ulica 4, Tel. 05-372 27 60, Fax 05-372 27 62.

Einkaufen

- **Souvenirs:** In Idrija kauft man Spitzen, es gibt diverse Adressen. Verglichen mit der (bei weitem nicht so kunstvollen) Konkurrenz aus Südostasien sind die Preise hoch, aber man sollte bedenken, wieviel Arbeit darin steckt. Die Anzahl der Arbeitsstunden (-tage, -wochen) für ein bestimmtes Stück kann man erfragen. Die **Klöppelschule** hat eine ständige Verkaufsausstellung (Mo–Fr 8–15 Uhr, sonst nach Vereinbarung unter Tel. 05-373 45 70). Weitere Adressen: **Čipka Art,** Grilčeva ul., Tel. 05-372 25 73; **Irma Vončina,** Mestni trg 17, Tel. 05-377 15 84; **Studio Koder,** Mestni trg 16, Tel. 05-377 13 59; **Danica Trgovina,** Mestni trg 17, Tel. 05-377 10 29; **Vanda Trgovina,** Trg sv. Ahacija 7, Tel. 05-377 34 44; **Modni Atelje Lidya,** Grad Gewerkenegg, Tel. 05-377 37 88.

Unterkunft

- Hotel **Kendov Dvorec** (*****), Na Griču 2, 5281 Spodnja Idrija, Tel. 05-372 51 00, Fax 05-375 64 75, www.kendov-dvorec.com. Ein wirkliches Kleinod mit historisch und sehr persönlich eingerichteten Zimmern und einem ausgezeichneten Restaurant in einem Schlösschen; Einzelzimmer ab 100 €.
- Penzion **Metka** (**), Črni vrh nad Idrijo 78 (nicht zu verwechseln mit dem Gipfel Črni vrh im Skigebiet Cerkno), Tel./Fax 377 70 15, www.penzion.metka.si. Zimmer und Restaurant, Einzelzimmer ab 20 €.

Wintersport bei Idrija

50 ha präparierte Pisten liegen 10 km von **Cerkno** entfernt (30 km von Idrija im Norden). Während der Saison fahren regelmäßig Skibusse zwischen Cerkno und dem Skigebiet und verbinden Hotels, Apartments und Privatunterkünfte mit den Liften. Informationen über Hotel Cerkno, Tel. 05-375 20 00, Fax 05-377 52 07, hotel.cerkno @siol.net, Schneetelefon 040 940 105, Meereshöhe 900–1300 m, 5 Sessellifte, 2 Schlepplifte, 15 km Pisten, 5 km Loipen, Rodelbahn, Beschneiungsanlage.

Ein weiteres, aber sehr kleines und nur für Anfänger geeignetes Skigebiet befindet sich bei **Vojsko,** 12 km von Idrija im Westen (Informationen unter Tel. 05-374 21 00, 3 Schlepplifte).

Am **Črni Vrh nad Idrijo** ist das dritte Skigebiet (20 km von Idrija, erst Richtung Postojna und dann bei Godovič Richtung Ajdovščina ins Gebirge), Informationen über Žičnice Javornik, Kersnikova 6, 1000 Ljubljana, Tel. 05-377 75 44, Fax 05-377 72 41; Schneetelefon 040-940 116, Meereshöhe 800–1220 m, 1 Sessellift, 3 Schlepplifte, 7 km Pisten, 14 km Loipen, Rodelbahn.

Skier verleiht und repariert **Čuk doo,** Idrija, Rožna ulica 4, Tel. 05-372 27 60, Fax 05-372 27 62.

Jugendherberge:

- Nikolaj Pirnat **Dijaški dom,** Ulica IX. Korpusa 6, Tel. 05-377 10 52; Mehrbettzimmer im Sommer.

Essen und Trinken

- Restaurant des Hotels **Kendov Dvorec,** Na Griču 2, 5281 Spodnja Idrija, Tel. 05-372 51 00; beste Küche, feste Menüs ab 8000 SIT.
- Gostilna **Mlinar,** Žirovska cesta 4, Spodnija Idrija, Tel. 05-377 63 16; Fisch, Wild und natürlich *žlikrofi,* die Speziaität von Idrija – Maultaschen, 2500 SIT.
- Gostilna **Kos,** Tomšičeva ulica 4, Tel. 05-372 20 30; mit Spezialitäten, 2000 SIT.

●Pizzeria **Pri Škafarju,** Ulica sv. Barbare 9, Tel. 05-377 32 40; Pizza aus dem Holzofen, 1500 SIT.

Feste und Veranstaltungen

●Im Juli und August ist der Burghof von Gewerkenegg für Veranstaltungen wie Theateraufführungen und **Konzerte** freigegeben.
●Im August konkurrieren die geschicktesten Klöpplerinnen beim **Klöppelspitzenfest** von Idrija miteinander, die besten Arbeiten werden prämiiert.
●**Kinos:** Das Kino von Idrija befindet sich in dem historischen „Maria-Theresia-Theater", das das erste Theater Sloweniens in einem gemauerten Gebäude war (1770).

Aktivitäten

●**Angeln:** Angelkarten erhält man beim Fischereiverein/Ribiska družina, Srednja Kanomlja nn, Tel. 05-374 23 76.
●**Freibad** am Zusammenfluss von Idrijca und Belca, Tel. 05-374 10 34.
●**Höhlenerkundung:** Speläologie-Klub Srečko-Logar, Ljubljanska cesta 5, Tel. 05-374 12 51.

Cerkno ⇗XI/C1

Cerkno liegt 20 km nördlich von Idriija auf dem Weg nach Tolmin, 4 km abseits der Hauptstraße. Bekannt ist der Ort als **Skigebiet** und weil man in der Nähe in einer Höhle eine aus Bärenknochen gefertigte Flöte fand – das älteste bekannte Musikinstrument der Menschheit. Cerkno liegt so abgelegen in einem Talkessel, dass *Titos* Partisanen die Berge dahinter für die dauerhafte Einrichtung eines Lazaretts als geeignet befanden. Die Wehrmacht versuchte gar nicht erst, das Gebiet unter ihren Einfluss zu bekommen.

Das **Stadtmuseum** von Cerkno widmet sich hauptsächlich dem Faschingsbrauch Laufarija (⇨Feste und Veranstaltungen).

●**Stadtmuseum,** Bevkova ulica 12, Tel. 05-372 31 80, 15.5.–15.10. Di–So 10–13 und 14–18 Uhr.

Partisanenlazarett ⇗XI/C1

Das Lazarett Partizanska Bolnišnica Franja ist heute eine **Gedenkstätte.** Es wurde Ende 1943 eröffnet und nach der Chefärztin benannt – *Dr. Franja Bojc.* Man fährt 7 km Richtung Skigebiet bis Log, 1 km nach links und folgt dann zu Fuß den Schildern in die immer enger werdende Klamm, teils über schlüpfrige Steine (15 Minuten Fußmarsch). Krankenzimmer, Röntgenhütte, Speisesaal, Operationsraum – alles, was ein Lazarett benötigte, wurde herangeschafft. Versorgt wurde es über Seile vom oberen Rand der Klamm. Bis zum Ende des Krieges wurden 522 Verletzte hauptsächlich des 9. Partisankorps behandelt, aber auch feindliche Soldaten fanden eine helfende Hand. Die Aufnahme in das Weltkulturerbe der UNESCO ist beantragt.

●**Partizanska Bolnišnica Franja,** Tel. 05-327 31 80, 1.4.–30.9. täglich 9–18 Uhr, März, Oktober, November 9–17 Uhr, Dezember bis Februar 9–16 Uhr.

Ravenska-Höhle ⇗XI/C1

Bei **Ravne pri Cerknem** 8 km westlich von Cerkno auf kurviger Gebirgsstraße kann man eine gleißend weiße Schauhöhle besichtigen. Die Tropfsteine und Sinterterrassen bestehen aus Aragonit, einem rhombisch auskristallisierten Kalziumkarbonat mit Magnesiumbeimengungen – was zu dem strahlenden Weiß führt.

- **Ravenska jama,** Besichtigung nur unter fachkundiger Leitung, Anmeldung beim Srečko-Logar-Speläologie-Klub in Idrija, Ljubljanska cesta 5, Tel. 05-374 12 51, www.cerkno.si.

Wanderungen

↗ XI/C1

Rund um Cerkno sind eine ganze Reihe ausgedehnter Wanderungen möglich. Man beginnt entweder in Cerkno zu Fuß oder fährt mit dem Wagen zu den Ausgangspunkten.

Auf den **Porezen** mit 1630 m gelangt man von den Dörfern Labinje (668 m, 2½ Std.), Poče (660 m, 2½ Std.) und Jesenica (875 m, 2 Std.). Die Wanderungen sind einfach und enden alle drei auf dem Gipfel mit dem Partisanendenkmal. Unterhalb des Gipfels steht die Hütte **Koča Planinski dom na Poreznu** (1590 m, 20.6.–15.9. täglich geöffnet, Mai/September/Oktober an Wochenenden mit entsprechendem Wetter, 70 Schlafplätze, Tel. 05-377 62 75).

Ein weiterer Weg auf den Porezen führt über die Nordseite von Podbrdo aus. Man kann sich dorthin bringen lassen, bei Rovtar auf 950 m Höhe starten und in 3 Stunden hoch- und nach Cerkno hinuntersteigen.

Auf die **Kojca** gelangt man von Jesenica in 2½ Stunden, der Abstieg dauert 1½ Stunden.

Mit dem Auto kann man den **Črni vrh** (1291 m) fast bis zum Gipfel hinauffahren und zum Beispiel eine Wanderung über Kopa (1360 m), Hum (1432 m) und Porezen machen und nach Cerkno zurückkehren, bis zum Porezen sind es 3 Stunden (Hütte: Koča Planinski dom na Črnem vrhu nad Cerknim, 1245 m, Sa und So bei schönem Wetter im Sommer geöffnet, Tel. 05-377 62 75).

Eine weitere Möglichkeit ist die Besteigung des **Blegoš** (1562 m, 2½ Std.).

Notfälle

- **Ambulanz/Zdravstveni dom:** Ličarjeva ulica 5, Tel. 05-373 42 67.

Einkaufen

- **Spitzen:** Atelja, Cesta na Plužne 10, Tel. 05-377 53 35.

Unterkunft

- Hotel **Cerkno** (***), Sedejev trg 8, Tel. 05-374 34 00, Fax 05-374 34 33, hotel.cerkno@siol.net, www.hotel-cerkno.si. Das Haus mit 180 Betten bietet Annehmlichkeiten wie Sauna und Hallenbad, Einzelzimmer40 €.

Ferien auf dem Bauernhof:

- **Kmetija Želinc,** Straža 8/želin, 5282 Cerkno, Tel. 05-372 40 20, Fax 05-372 40 21, info@.zelinc.com, www.zelinc.com. Am Abzweig von der Hauptsraße nach Cerkno, schöner Hof mit sehr guter Küche.
- **Pri Flandru,** Zakojca 1, Tel. 05-377 98 00, 3 km nördlich des Abzweiges von der Hauptstraße nach Cerkno geht es auf 11 km nach Zakojca über den Pass von Bukovo (717 m); Schlafen und Essen, Reitausflüge.

Feste und Veranstaltungen

- Gern besucht ist die **Laufarija** („Lauferei") in Cerkno am Faschingsdienstag. Die Protagonisten verbergen ihre Gesichter hinter wilden Masken und stellen einen Prozess nach, währenddessen der Fasching für alles Schlimme des vergangenen Jahres abgeurteilt wird.

Aktivitäten

- **Hallenbad:** Hotel Cerkno, Tel. 05-375 20 00.
- **Reiten: Pri Flandru** (s.o.)

Ajdovščina

↗ XI/C2

- **Meereshöhe:** 106 m
- **PLZ:** 5270
- **Vorwahl:** 05
- **Einwohner:** 6500
- **Dt. Name:** Haidenschaft

Nur wenige Touristen würdigen das Verwaltungszentrum des Vipava-Tales (dt. Wippach-Tal) mit einem Halt, doch hat die Altstadt von Ajdovščina durchaus ihren Reiz und es gibt im Ort und außerhalb einiges aus der Vergangenheit zu entdecken.

Auf der neuen Autobahn südlich des Ortes fliegt man schnell vorbei, doch durch das **Tal der Vipara** sollte man auf der Landstraße fahren. Man kommt auf dieser durch das neu gebaute Ortszentrum von Ajdovščina um das Hotel Planika. Die engen Gassen der Altstadt um den Lavričev trg schlängeln sich auf der anderen Straßenseite, dem Hotel gegenüber, verborgen durch die Neubauten.

Die Gegend am Zusammentreffen der Flüsslein Lokavšček und Hubelj war schon in grauer Vorzeit besiedelt. Nach Norden bildet die Trnovo-Hochebene eine Barriere, von Süden kann mediterranes Klima auf die Stadt wirken und hält die Jahresdurchschnittstemperatur bei 12°C. Doch immer wieder bricht urgewaltig und mit Spitzenböen über 180 km/h das ganze Tal entlang die **Burja** herein. Warntafeln mit Windgeschwindigkeitsanzeigen und Windsäcke dokumentieren diese Ausnahmezustände in dem sich sonst friedlich in der Sonne aalenden Stück Landschaft. Bei Burja ist mit Vorsicht zu fahren, Pkw kommen leicht ins schleudern, Lkw mit hohen Aufbauten werden oft umgeworfen.

Bereits zur Hallstatt-Zeit siedelte man an den Flüssen, eine feste Ortschaft kam aber erst mit den Römern im 3. Jahrhundert, als sie **Castrum ad fluvium frigidum** gründeten und den Namen nach dem eisigen Wasser wählten. Die Befestigung spielte eine wichtige Rolle in der Verteidigungslinie des Römischen Reiches und später verlief hier die Grenze zwischen West- und Ostrom. 394 wurde hier die wichtige Schlacht zwischen *Theodosius* und *Eugenius* geschlagen. Schließlich kam Ajdovščina zu den Patriarchen von Aquileia und dann zu den Görzer Grafen. 1507 erhielt es Marktrechte. Nach dem europäischen Gastspiel *Napoleons* verlief mitten durch den Ort die Grenze der habsburgischen Provinzen Küstenland und Krain und verurteilte ihn zur Bedeutungslosigkeit. Zwischen den Kriegen war Ajdovščina italienisch und 1945 erklärte sich hier die erste slowenische Regierung.

Sehenswertes

Die **römische Wehrmauer** kann man an der Ost- und Westseite der Altstadt um den Lavričev trg erkennen, ursprünglich hatte das Kastell 13 oder 14 Türme. Im Stadtteil Šturje steht die Kirche Sv. Jurij, in die man wegen ihrer drei **Barockaltäre** kurz hinein schauen sollte. Zwischen Šturje und dem Kastellviertel befindet sich das bäuerliche Viertel Trnje, in dem noch einige **Bau-**

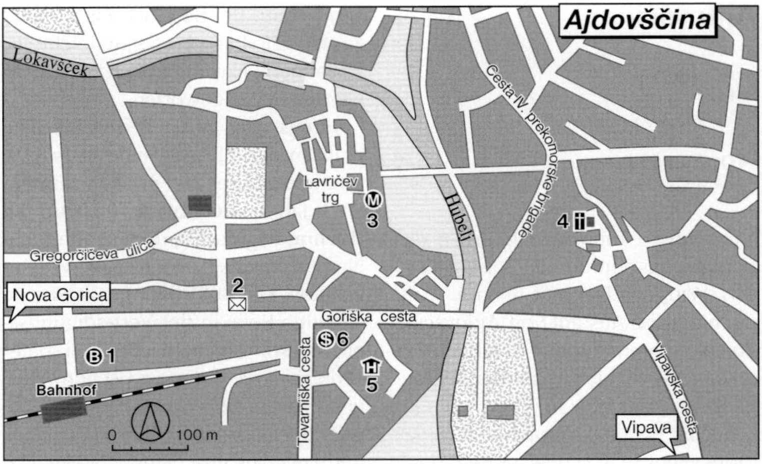

Ⓑ	1	Busstation
✉	2	Post
Ⓜ	3	Galerie Pilon
⛪	4	Sv. Jurij
Ⓗ	5	Hotel Planika
$	6	Bank

ernhäuser mit dem typischen Holzumgang stehen. Das Schloss von Ajdovščina ist praktisch nicht mehr erhalten, nur noch Reste sind beim Kaufhaus zu erkennen.

Die **Galerie Pilon** hat Leben und Werk des Künstlers *Veno Pilon* zum Thema. Der Maler, Grafiker und Fotograf (1896–1970) bereiste ganz Europa und hielt seine Eindrücke u.a. in Öl und als Linolschnitte fest.

● **Galerie Pilon,** Prešernova ulica 3, Tel. 05-368 91 77, Di–Fr 10–12 und 14–16 Uhr.

In der Umgebung

Vipavski Križ

↗ XI/C2

Nur 4 km von Ajdovščina Richtung Nova Gorica liegt linker Hand im Süden das Örtchen Vipavski Križ auf einem Hügel über dem Tal. Es ist als **Festungsanlage** konzipiert und sollte die Türken und Venezianer von Eroberungen abhalten. Grauweißer Stein ist unter Efeu und einem bunten Blumenmeer verborgen, das die wenigen noch verbliebenen Einwohner in dem denkmalgeschützten Ort liebevoll pflegen. Ab und an streift eine Katze durch die Gassen und nur am Sonntag ist Vipavski Križ belebt, wenn aus der ganzen Umgebung die Leute zum Kirchgang in die Pfarrkirche **Sv. Križ** strömen – ein spätgotisches Gebäude mit barockisiertem Schiff; drei Altäre (mit dem Hauptaltar) und deren Gemälde stammen aus dem 17. Jahrhundert. Im 16. Jahrhundert errichtete der Bischof von Görz das Schloss; Teile wurden restauriert und werden als Schule genutzt.

Schloss Zemono

↗XI/C3

Das Schloss Zemono, kurz vor dem Ort Vipava linker Hand nördlich der Landstraße, war einst die Sommerresidenz der **Grafen Lanthieri von Vipava** und stammt von 1689. Es besteht aus einem großen Zentralraum, der von Arkaden umgeben ist. Die Fresken aus dem 17. Jahrhundert sind vorzüglich restauriert. Hauptsaal und Garten kann man für große Feierlichkeiten mieten, für das leibliche Wohl der Gesellschaften und anderer Gäste sorgt die vorzügliche Wirtschaft in den Gewölben (⇨Essen und Trinken).

Vipava

↗XI/C3

Vipava (dt. Wippach) ist nach Ajdovščina der größte Ort im Tal. Über der Stadt thront als Ruine die aus dem 12. Jahrhundert stammende **Burg.** Die Grafen von Lanthieri ließen hier 1762 ihren Familiensitz errichten, um ihn herum entstand die Stadt. Das Schloss steht heute am Hauptplatz in barocker Pracht; Teile des Parks mit Statuen sind auch noch erhalten.

Im Ort residiert auch eine der großen slowenischen **Kellereien.** Sie entstand 1964 und arbeitet nach modernsten Methoden. Ein Besuch der Agroid Vipava 1894 (Vinarska cesta 5, Tel. 05-367 12 00) mit Weinverkostung ist möglich. Die Keltertradition am Ort ist ebenso wie der Weinkeller über 100 Jahre alt. Das Restaurant Vipavski hram (⇨Essen und Trinken) serviert Käse aus dem nahegelegenen Nanos-Gebirge, Schinken und auch warme Spezialitäten der Karstregion.

Wanderung auf den Nanos

↗XI/D3

Er sieht aus wie ein wuchtiger Felsbuckel und überragt mit 1262 m Höhe die hügelige Karstlandschaft des Vipava-Tales: der Nanos. Wenn sich sein Gipfelplateau in Wolken hüllt, so sagen die Menschen hier, ist dies ein sicheres Zeichen dafür, dass die Burja kommt. Dann sollte man sich keinesfalls an den Aufstieg machen.

Ausgangspunkt der Wanderung ist das Dorf **Razdrto,** das man in Richtung Veliki Ubeljski verlässt. Nach Passieren der Autobahnauffahrt stellt man links das Fahrzeug ab. Man folgt den Wegweisern durchs Dorf und über Wiesen in den Wald hinein. Hier teilt sich der Weg, die rechte Variante ist kürzer, im mittleren Teil aber etwas ausgesetzt und erfordert ein bisschen Kletterei. Steil geht's bergan zum Nanos-Gipfel **Pleša** (das Plateau hat mehrere Gipfel), den man in 2½–3 Stunden erreicht. Von oben genießt man eine herrliche Weitsicht ins Vipava-Tal und bis an die Adria. Hier kann man sich in der Hütte **Vojkova koča na Nanosu** stärken, bevor man am Kirchlein Sv. Jeronim vorbei über die leichtere Variante den Rückweg antritt (weitere 2 Stunden).

Burg Rihemberk

↗X/B3

Burg Rihemberk liegt bei **Branik** im Tal der Branica, die ein Stück südlich

057sl Foto: sk

parallel zur Vipava fließt (bei Potoce von der Landstraße Ajdovščina – Nova Gorica nach Süden abbiegen). Sie gilt als einer der eindrucksvollsten Wehrbauten des Landes und ist die größte und älteste Burg der Küstenprovinz der Habsburger. 1944 wurde sie im Zuge einer Vergeltungsaktion von den deutschen Besatzern niedergebrannt. Seit 1945 wird die Burg wieder aufgebaut, ein endloses Unterfangen. Im Sommer finden **Veranstaltungen** statt, Theater, Konzerte und Performances. Am letzten Wochenende im August treffen sich die Winzer und Kunstgewerbler im Burghof und feiern in Anlehnung an das Quartalsfest den Jahrmarkt vor Beginn der Weinlese. Aus den Schläuchen fließt der Rebensaft des Vorjahres.

Štanjel wurde von Titos Partisanen beinahe vollständig zerstört. Mit dem Ende des jugoslawischen Vielvölkerstaates konnten sich die Slowenen wieder stärker auf ihr Erbe besinnen – nun wird das Dorf nach und nach wieder aufgebaut

- **Grad Rihemberk,** Aleš Vidič, Cesta IX. korpusa 46, 5250 Solkan, Tel. 05-333 43 10, Fax 05-333 43 11, rihemberk@siol.net. Im Sommer Sa/So offen.

Schloss Vogrsko

↗ X/B2

Fährt man von Ajdovščina auf der Landstraße Richtung Nova Gorica und biegt dann nach Dornberk ab, kommt man hinter diesem Ort nach Vogrsko mit dem gleichnamigen Barockschloss. Wie Rihemberk wurde es im Krieg ein Opfer der Flammen, ist inzwischen aber wieder perfekt renoviert und empfängt Gäste zum Essen, schlafen und zu Veranstaltungen.

- **Schloss Vogrsko,** Vogrsko 46, 5293 Volčja Draga, Tel. 05-395 55 55, Fax 05-395 55 53, a.b.c@siol.net.

Kunst am Bau – Burgdorf Štanjel

Der Ort Štanjel ist eine der **mittelalterlichen Burgstadtgründungen** des Vipava-Tales. Die grauen Mauern thronen immer noch stolz und wehrhaft auf einem Hügel. Bereits zur Hallstatt-Zeit war der Hügel Turn bebaut, man entdeckte eine Nekropole der Illyrer. Im 12. Jahrhundert war der Berg schon einmal befestigt, erst im 16. Jahrhundert aber, als die Gefahr von Türkeneinfällen wuchs, erhielt der Ort seine heutige Form. Terrassenartig wurden die Häuser an die Sonnenseite gestellt und von einer Mauer umgeben.

Graf *Cobenzl* baute sich Ende des 16. Jahrhunderts sein eigenes Schloss unterhalb der Ruinen des alten. Zwischen den Weltkriegen trat schließlich ein Architekt aus dem Nachbardorf auf die Bühne, der seine Ausbildung in Wien abgeschlossen und internationale Reputation erworben hatte und aus einer vermögenden Familie stammte: *Maks Fabiani.* Er fasste den Plan, verlassene Häuser durch die Verbindung traditioneller Bauweise mit modernem Komfort zu einer Villa umzugestalten. Einer seiner Onkel aus Triest war begeistert und der Plan wurde umgesetzt. Zwischen den Weltkriegen entstand aus Teilen der Stadt ein herrschaftliches Anwesen mit Park. Als Bürgermeister gelang es Fabiani bei Abzug der deutschen Truppen 1945 die Stadt vor Zerstörungen zu retten; angeblich kannte er den Führer – es wird kolportiert, *Hitler* habe als „Maler und Zeichner", der er 1912 noch war, in Fabianis Architekturbüro die Feder geschwungen. Štanjel blieb verschont. Was den Nazis nicht gelang, *Titos* Partisanen vollendeten es. Der Ort wurde niedergebrannt, die angebliche Kollaboration bestraft.

Die Menschen zogen weg und während der gesamten jugoslawischen Ära war Štanjel ein Geisterdorf. Nun regt sich wieder Leben. Nach und nach wird, soweit es möglich ist, da die Pläne bei der Strafaktion ebenfalls vernichtet wurden, die Ortschaft wieder aufgebaut und schrittweise zum **Museum** umgewandelt. Das Schloss wurde in Teilen bereits wieder errichtet und beherbergt die **Galerie Loize Spacal,** die Werke des Malers ausstellt. Außerdem erfährt man Wissenswertes zum Projekt Museumsdorf. Im Sommer finden Veranstaltungen und Konzerte statt. Das **Karsthaus** besteht aus Bauernstube, Schlafkammer und Vorratskammer und zeigt eine typische Einrichtung und Gerätschaften (Tel. 05-769 02 26, Di und Do–So 10–18 Uhr). Am schönsten ist es aber, durch die engen Gassen zu schlendern und die **Steinmetzkunst** zu bewundern. Sogar die Regenrinnen an den Dächern der Häuser wurden aus Stein geschlagen und sammelten das Regenwasser in Zisternen; Brunnen gab es in Štanjel nicht. Auch Teile des Fabiani-Parks sind zu besichtigen.

Praktische Tipps

Informationen

- **TIC,** Lokarjev drevored 8b, 5270 Ajdovščina, Tel./Fax 05-36 63 900, www.tic-ajdika-mp.si.

Service

- **Post:** Cesta 5. maja 2, Tel. 05-365 37 00.
- **Geldwechsel:** Nova Ljubljanska Banka, Tovarniška cesta1, Tel. 05-364 11 77.

Notfälle

- **Ambulanz/Zdravstveni dom:** Tovarniška cesta 3h, Tel. 05-369 30 00.
- **Apotheke/Lekarna:** Cesta 5 maja 1, Tel. 05-366 11 08.

Verkehr

- **Bahnhof:** Cesta IV. prekomorske 1, Tel. 05-296 39 71.
- **Fernbusse:** Župančičeva ulica 8, Tel. 05-364 71 70.
- **Mietwagen:** Emona, Prešernova ulica 7, Tel. 05-368 11 00.

Unterkunft

- Hotel **Planika** (**), Goriška cesta 25, Tel. 05-366 38 38, Fax 05-366 32 11; sozialistisch-modern, in der Privatisierung; Einzelzimmer € 30.

Ferien auf dem Bauernhof:

- Wie die Goriška Brda ist ist auch das Vipava-Tal für Weinbau und Köstlichkeiten auf dem Bauernhof bekannt. Südlich von Ajdovščina liegt in dem kleinen Ort Slap der Hof **Na Hribu** idyllisch an einem Weinberg. Man kann essen, schlafen, Wein trinken, ausspannen und wandern (Slap 93, 5271 Vipava, Tel. 05-364 57 08 oder 031-72 48 10).
- **Hudičevec,** Razdrto 1, in Razdrto (Richtung Postojna), 6225 Hruševje, Tel. 05-703 03 00, Fax 05-703 03 20, hudicevec@siol.net, www.hudicevec.com.

Essen und Trinken

- Gostišče **Pri Lojzetu,** Dvorec Zemono, Tel. 05-368 70 07; in den Gewölben des Barockschlösschens ist ein Lokal, das Hochzeiten in den historischen Räumen ausrichtet, aber auch Ledigen mit ausgezeichnetem Essen zur Verfügung steht; Ruhetage Mo und Di, Voranmeldung ist angeraten; 3000–5000 SIT.
- Gostilna **Grča,** Hruševica 6, ein Weiler 1 km südlich von Štanjel, Tel. 05-769 02 24; eine der besten Adressen des ganzen Landes, bäuerliche Küche in perfekter Vollendung auf einem alten Gutshof; 4000 SIT.
- **Vipavski hram,** Vinarska cesta 5, Vipava, Tel. 05-367 12 45, regionale Küche zur Weinverkostung, 2000 SIT.
- Bei Potoče kurz hinter dem Abzweig zum Dorf Dobravlje liegt an der Straße die Fernfahrerkneipe **Sivi Čaven,** Tel. 05-368 81 08; handfestes Essen zu günstigen Preisen, 1500 SIT.
- Bei Šempas öffnet der Bauernhof **Malovščevo,** Vitovlje 68, Tel. 05-308 84 17, Weinliebhabern und Hungrigen seine Tore.
- Im nächsten Dorf Richtung Ajdovščina bietet **Arkade,** Črniče 91, Tel. 05-366 60 09, Hausgemachtes wie Salami und Polenta.
- Wegen des selbst hergestellten Schinkens kommen die Leute von weit her zu **Birsa,** Brje 18a bei Dobravlje, Tel. 05-368 81 13; mit Fernblick über ein Nebental der Vipava, für eine Vesper mit Schinken, Salami und Wein berechnet man 2000 SIT.

Aktivitäten

- **Fliegen: Aeroklub Josip Križaj,** 5270 Ajdovščina, p.p. 67, Tel. 05-368 91 92, Fax 05-368 91 93, ak-josip.krizaj@siol.net.
- **Wandern/Klettern:** Auf die **Gradiška Tura;** man fährt von Vipava über das Dorf Gradišče hinaus und parkt; auf dem markierten Weg Richtung Nanos kommt man nach wenigen Minuten an einen Steilhang. In den ersten Felsen zweigt rechts die östliche und leichtere Variante ab; links den Klettersteig nehmen; er ist gut gesichert, aber trotzdem anspruchsvoll und nur für Schwindelfreie geeignet (auf halbem Weg Balkon mit Aussicht, guter Rastplatz). Es geht sehr ausgesetzt weiter, dahinter wird der Weg einfacher, zum Gipfel ist es nun noch eine halbe Stunde (insgesamt für den Aufstieg 1½ Std., Rückweg auf dem einfachen Weg 1 Std.).

Postojna

↗ XI/D3

- **Meereshöhe:** 554 m
- **PLZ:** 6230
- **Vorwahl:** 05
- **Einwohner:** 8500
- **Dt. Name:** Adelsberg

Wer bei Postojna die Autobahn verlässt, macht dies aus einem einzigen Grund: um die weltberühmten **Höhlen** im umliegenden Karst besuchen. Die Stadt selbst zeigt sich von einer unattraktiven Seite und selbst bei viel gutem Willen gibt es nichts Außerordentliches zu entdecken. Ein bisschen Industrie und Verwaltungseinrichtungen sind in der Stadt angesiedelt, ansonsten lebt sie vom Tourismus um die Höhlen herum.

Von der Autobahnausfahrt nimmt man die Straße ins Zentrum zum Titov trg, von dort sind es zum Höhlensystem von Postojna 1,5 km. Zu den Höhlen von Predjamski grad bleibt man auf dieser Straße und fährt weiter nach Nordwesten (9 km).

Postojna ist die Pforte Innersloweniens zur Küste und so siedelten schon im Paläolithikum die Menschen hier und hinterließen in den Höhlen ihre Artefakte. Schriftliche Verweise auf die Siedlung gibt es seit 1226. Bis 1371 gehörte Postojna zum Patriarchat von Aquileia und kam dann zu den Habsburgern. 1432 erhielt es Markt-, 1909 die Stadtrechte. Die Eisenbahnlinie verband ab 1857 Wien mit Triest.

Notranjska-Museum

Einzige Sehenswürdigkeit des Ortes ist das Karst- oder Notranjska-Museum im ehemaligen Schloss in der Stadtmitte. Es zeigt das **Karstland** im speläologischen, geologischen und hydrologischen Blickwinkel und besitzt einiges an historischen und ethnografischen Exponaten.

- **Notranjska-Museum,** Ljubljanska cesta 10, Tel. 05-726 42 10.

Höhlen im Raum Postojna

Höhlensystem von Postojna

↗ XI/D3

Der Eingang zum Postojna-System ist mit einem Gürtel aus altösterreichischen und modernen Gebäuden abgesichert, vor ihm windet sich auf betonierter Fläche der Lindwurm der Besucher und man reiht sich in die jahrhundertealte Tradition der Höhlenerforschung ein.

Schon im Mittelalter hinterließen die Menschen ihre Schriften an den Wänden, die eigentliche Entdeckung beginnt aber mit dem Jahr 1818, als man in die tiefer gelegenen Teile vorstieß. Der Führer *Luka Čeč* kletterte anlässlich der Vorbereitungen eines Besuches von Kaiser *Franz I.* auf einen hohen Felsen über der unterirdisch fließenden Pivka und sah den Eingang in die untere Unterwelt. Man führte die neuen Säle und Gänge dem Kaiser vor

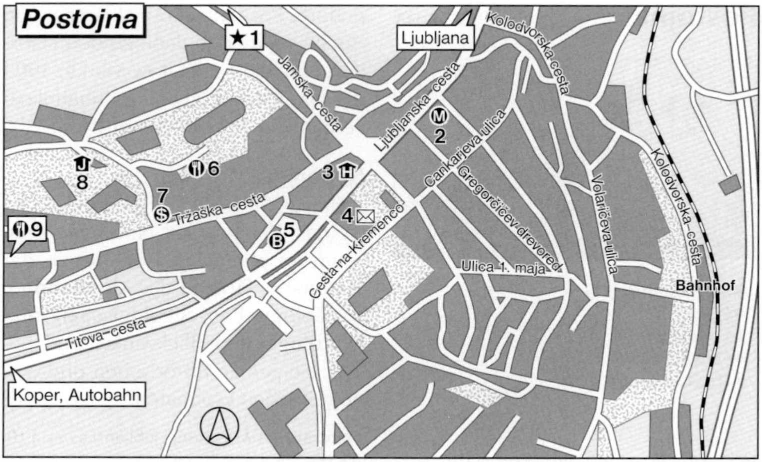

★	1	Postojna- und Predjama-Höhlen
Ⓜ	2	Notranjska-Museum
Ⓗ	3	Hotel Kras
✉	4	Post
Ⓑ	5	Busstation
🍴	6	Picerija Čuk
$	7	Bank
Ⓙ	8	Jugendherberge
🍴	9	Restaurant Ribiška Koča

– mit Kerzen und Fackeln erleuchtet. 1872 legte man Schienen und die Touristen wurden in zweisitzigen Wagen bequem zum Rundgang geschoben, 1884 kam die elektrische Beleuchtung und ab 1914 zog eine Motorlokomotive die Waggons in den Berg. 1944 zerstörte eine Explosion die Tropfsteine des ersten Teils der Höhle. Die Deutsche Wehrmacht hatte sie als Benzinlager genutzt, Partisanen drangen aus der Tiefe über geheime Gänge vor und setzten das Lager in Brand. Seitdem sind diese Wände schwarz gefärbt. 1959 bekam die Lokomotive einen Elektromotor, 1964 wurden die **Gleise als Rundtour** gelegt.

Heute sind knapp 6 km der breiten Öffentlichkeit zugänglich, davon 4 km per Eisenbahn, und Spezialveranstaltungen wie **Konzerte und Krippenspiele** locken immer mehr Menschen an. Der Höhepunkt der Besucherzahlen lag mit einer Million um 1990, dann gingen sie durch die Balkankriege drastisch zurück. Heute kommen wieder 800.000 Gäste pro Jahr und entdecken die fantastischen Gebilde, die die Natur in Zehntausenden von Jahren im geheimnisvollen Dunkel des Karstes erschaffen hat.

Das Becken von Postojna ist mit einem wasserundurchlässigen Boden gesegnet, auf dem die Pivka fließt; erst bei Postojna gerät sie – unweit des Besuchereingangs – an einen Untergrund, den sie lösen kann, und dort verschwindet sie unter der Erde. Bei Pivka jama kann man ihren Weg noch ein Stück unterirdisch verfolgen, dann versickert sie und nimmt unerforschte Wege über 6 km Luftlinie bis zum Höhlensystem von Planinska jama, in dem sich die unterirdischen Ströme der Pivka und des Rak aus dem System des pulsierenden Karstsees von Cerknica vereinigen. Als Unica fließen sie ein Stück oberirdisch weiter, um schließlich hinter der Planinsko Polje wieder in den Hades einzudringen.

Die Pivka hat im Postojna-System ein **Geflecht an Gängen und Sälen** in 21 km Länge ausgewaschen. Dafür benötigte sie eher ungenau geschätzte 1–2 Millionen Jahre. Hohe Niederschlagsraten mit bis zu 1600 mm pro Jahr haben zur Bildung von **Tropfsteinen** geführt. Das Wasser drang durch den kalkhaltigen Karst bis zur Höhlendecke vor, löste auf seinem Weg den Kalk und lies ihn bei Verdunstung als Tropfen an der Decke hängend (Stalaktiten) oder auf den Boden fallend (Stalagmiten) zurück. Es bildeten sich Vorhänge, breite Kronen, fein ziselierte Muster, pompöse Sättel, Überhänge, Säulen (wenn Stalaktiten und Stalagmiten zusammenwuchsen), Nadeln und Baldachine – eine Wunderwelt. Man findet mehrere Generationen von Tropfsteinen, die jeweils unter günstigen klimatischen Bedingungen entstanden. Die Älteste geht auf eine Zeit vor 80.000 Jahren zurück, die zweite stammt aus einer Warmperiode vor 50.000 bis 30.000 Jahren und die letzte aus der Eiszeit vor 10.000 Jahren. Für **einen Millimeter Wachstum** benötigt ein Tropfstein etwa **10 Jahre.**

Die einzelnen Abschnitte des Höhlensystems wurden benannt: So gibt es den „Kongresssaal", den „Konzertsaal" (der größte – er kann 10.000 Besucher aufnehmen), die „Schönen Höhlen", die „Winterhalle" und den „Hohen Berg". Die „Russische Brücke" wurde 1916 von Kriegsgefangenen errichtet.

In der Unterwelt leben Tiere, auch wenn man dies nicht glauben mag. 1831 fand ein Führer den **Käfer Drobnovratnik** *(Leptodirus hohenwarti)*, das erste entdeckte Unterwelttier. Ein weiteres Lebewesen in dem für das ewige Dunkel typischen, fast durchsichtigen Weiß ist der **Grottenolm** *(Proteus anguinus)*. Er hat keine Augen, sondern nimmt Restlicht mit seiner ganzen Körperoberfläche wahr und besitzt einen extrem entwickelten Geruchs- und Tastsinn. Über seine Existenz waren die Menschen hier bereits im 17. Jahrhundert informiert und Sloweniens Universalgelehrter *Valvasor* beschrieb den Olm – etwas unsicher, ob es sich tatsächlich um ein nicht-magisches Lebewesen handelt – als „Drachenbrut".

• **Postojnska jama:** Das Höhlensystem ist ganzjährig geöffnet, der Besuch dauert 1½ Stunden und man sollte sich warm anziehen: Die Temperatur beträgt konstant 8°C. Führungen in zweistündigem Abstand 10–16 Uhr, Mai bis Oktober 9–18 Uhr jede volle Stunde; Erklärungen in allen wichtigen europäischen Sprachen, Eintritt 12 €. Nur als Sonderführungen kann man die anderen drei

Eingänge des Höhlensystems benutzen: **Otoška jama** im Westen, **Pivka jama** im Norden beim Campingplatz und **Črna jama** im Osten, wo häufig nur mit dem Boot vorgedrungen werden kann. Pivka und Črna jama Juni bis September 9, 13 und 15 Uhr, ansonsten nach Vereinbarung; Otoška jama nur nach Vereinbarung (je 6 €). **Informationen:** Postojnska jama turizem, Jamska cesta 30, 6230 Postojna, Tel. 05-700 01 00, Fax 05-700 01 30, sales.dpt@postojnska-jama.si, www.postojna-cave.com.

058sl Foto: sk
Die gewaltigen Tropfsteine von Postojna

Predjamski grad und Erasmus-Höhle ↗XI/D3

Predjamski grad liegt 9 km vom Höhlensystem von Postojna entfernt und ist mit ihm nicht verbunden. Die **Vorhöhlenburg** ist eines der am schönsten gelegenen Bauwerke des ganzen Landes. Das vierstöckige Gebäude ragt über bunten Wiesen weit in die sich in der 123 m hohen Felswand öffnende Höhle hinein und galt als uneinnehmbar. Der Sage nach wurde sie ein ganzes Jahr vom Triestiner Hauptmann *Ravbar* belagert, als sie in **Besitz des Raubritters Erasmus** stand, der sich und seine Mannen durch das 6,5 km lange Höhlensystem versorgte, ohne dass die Belagerer dies ahnten. Nur durch Verrat konnten die Triestiner schließlich 1483 eindringen. Ein Mitstreiter von Erasmus markierte das stille Örtchen, auf das sich der Raubritter stets zur selben Zeit zurückzog. Dort bereitete ihm ein gezielter Kanonenschuss ein gänzlich unerwartetes Ende.

Die Renaissance-Burg entstand im 16. Jahrhundert unter den Grafen *von Cobenzl,* der ältere Teil in der natürlichen Höhle stammt vom Anfang des 13. Jahrhunderts. Heute ist das Schloss ein **Museum** mit einigen Möbeln aus hehrer Ritterzeit und Gemälden. Die Burg besitzt weniger Räume, als man von außen erahnen mag, da sie direkt am Fels „klebt". Von der gesamten Höhle ist nur knapp ein Kilometer der Öffentlichkeit zugänglich, für den Rest benötigt man Ausrüstung und eine eigene Führung.

● **Predjamski grad:** Das Museum in der Burg ist außer Montag täglich 10–16 Uhr, Sa/So 10–17 Uhr offen, im Hochsommer 9–19 Uhr

(3,50 €). In der Höhle unter der Burg finden von Mai bis September um 11, 13, 15 und 17 Uhr Rundgänge statt (4 €), eine Spezialführung den Erasmus-Gang entlang kostet 10 € (ca. 1 Std., mind. 2, max. 5 Pers., nur nach Vereinbarung, nicht im Winter). Informationen: Postojnska jama turizem (s.o.) oder Predjamski grad, Predjama, Tel. 05-751 52 60.

Höhle von Planina

↗ XI/D3

Fährt man von Postojna nach Norden Richtung Planina, kommt rechter Hand nach ca. 10 km ein Abzweig zur Planinska jama. Hier sieht der Fluss Unica das erste Mal das Tageslicht, fließt einige Kilometer oberirdisch über das Planinsko Polje und taucht wieder ab. Als Ljubljanica schließlich kommt er endgültig wieder hoch. Besucher können in die Unterwelt eindringen. Das Höhlensystem ist 6,1 km lang, die Besichtigung geschieht zu Fuß auf 900 m. Der Eingang ist eine immense Öffnung in einer 90 m hohen Wand. Man gelangt ohne weitere Ausrüstung bis zum Zusammenfluss von Rak und Pivka.

- **Planinska jama,** im Sommer täglich 15 und 17 Uhr, Wochenende auch 11 und 13 Uhr, im Winter nach Vereinbarung, Eintritt 5 €; Informationen: Postojnska jama turizem, s.o.

Praktische Tipps

Informationen

- **TIC,** Ljubljanska cesta 4, 6230 Postojna, Tel. 05-728 07 87, Fax 05-728 07 80, zzt.postojna @studioproteus.si.

Service

- **Post:** Ulica 1. maja 2a, Tel. 05-721 23 00.
- **Geldwechsel:** Banka Koper, Tržaška cesta 2, Tel. 05-726 57 51.

Mit Führern in die Höhlen

Ein auf speläologische Ausflüge spezialisiertes Camp (Zeltplatz und Apartments) existiert im Ort **Laze** bei Planinsko Polje (2 km außerhalb von Planina). Von dort als Basis kann man geführte Ausflüge und Besichtigungen zu bekannten, aber auch weniger bekannten Höhlen des ganzen Landes unternehmen.

- **Speleocamp Laze,** Tel. 01-754 47 60, franc.facija@siol.net, www.speleocamp.com

Notfälle

- **Ambulanz/Zdravstveni dom:** Prečna ulica 2, Tel. 05-726 54 01.
- **Apotheke/Lekarna:** Prečna ulica 2, Tel. 05-721 17 00.

Verkehr

- **Bahnhof:** Kolodvorska cesta 25, Tel. 05-296 23 34; mehr als 20 Verbindungen täglich nach Ljubljana (70 km) und Sežana bzw. Triest, bis zu 4 Verbindungen nach Koper (90 km).
- **Fernbusse:** Avrigo, Titov trg 2, Tel. 05-721 01 83; Postojna wird praktisch von allen Bussen zwischen Ljubljana und dem Süden angefahren.
- **Taxis:** Bezek, Ljubljanska cesta 23, Tel. 05-726 30 02; Alilovski, Ljubljanska cesta 3, Tel. 040-21 71 69.
- **Fahrradverleih:** Im Resort Pivka jama, Tel. 05-720 39 93.

Einkaufen

- **Bücher und Karten:** DZS, Titov trg 3, Tel. 05-720 07 40.

Unterkunft

- Hotel **Jama** (**), Jamska cesta 28, Tel. 05-728 24 00, Fax 05-700 01 30. Am Eingang der Postojna-Höhlen (100 m); moderner, teilsanierter Bau; Einzelzimmer ab 32 €.
- Hotel **Kras** (**), Tržaška cesta 1, Tel. 05-726 40 71, Fax 05-726 42 25. Im Zentrum, einfache Mittelklasse; Einzelzimmer ab 30 €.

059sl Foto: sk

Ritter Erasmus, der Herr von Predjamski grad, nahm ein unrühmliches Ende

- Motel **Erazem,** Belsko 1, bei Predjamski grad, Tel. 05-751 54 45. Einfaches Motel im Ort; Einzelzimmer 30 €.

Jugendherberge:

- Srednja gozdarska in lesarska šola Postojna, **Dom učencev,** Tržaška cesta 36, Tel. 05-726 52 91. Im Sommer Mehrbettzimmer in einer Schule.

Privatzimmer/Ferienwohnungen:

- **Ribnikar,** Rožna ulica 30, Tel. 05-726 27 21; **Jurca,** Kajuhova cesta 20, Tel. 05-726 13 62; **Vičič,** Tomšičeva ulica 3, Tel. 05-726 50 48; **Čehovin,** Jamska cesta 21, Tel. 05-726 51 99; **Gorup,** Reška cesta 10, Tel. 05-726 25 23; **Apartman Pivka jama,** ⇨Campingplatz; **Gril,** Rakitnik 35, Prestranek, Tel. 05-754 24 20; **Sanabor,** Reška cesta 3, Prestranek, Tel. 05-754 24 93; **Požar,** Planina 89, Planina, Tel. 05-756 50 01; **Apartman Grad Prestranek,** Na gradu 9, 6230 Prestranek, Tel. 05-754 25 95, Fax 05-754 27 10.

Camping:

- **Pivka jama** (**), Veliki Otok, 6230 Postojna, Tel. 05-720 39 93, Fax 05-726 53 48; avtokamp.pivka.jama@siol.net, www.venustrade.si, ganzjährig offen, 600 Plätze, Fahrradverleih, Freibad, Restaurant, Höhlenführungen, Tennis, Bogenschießen.

Essen und Trinken

- Um in der Gegend von Postojna wirklich ausgezeichnet zu essen, muss man zu **Pri Andrejevih** nach Narin, einem kleinen Dorf südlich von Pivka, fahren (Narin 107, Tel. 041-53 60 94, Voranmeldung angeraten, Fr–So offen, unter der Woche nur nach Vereinbarung). Serviert wird traditionelle Karstküche, begleitet von ausgezeichneten Weinen, 5000 SIT. Es gibt auch einige Gästezimmer.
- Gostilna **Požar,** Predjama 2, Tel. 05-751 52 52; einheimische Landküche mit Blick auf die Burg, 3000 SIT.
- Gostilna **Ribiška Koča,** Tržaška cesta 88, Tel. 05-726 17 58; 3 km Richtung Koper an der Hauptstraße; Fisch und Fleisch im Garten, 2500 SIT.
- **Picerija Čuk,** Pot k Pivki 4, im Sportpark von Postojna, Tel. 05-720 13 00, Pizza aus dem Holzofen, 1500 SIT.

Feste und Veranstaltungen

- Im Höhlensystem finden (unregelmäßig) **Konzerte** statt. Bei Predjamski grad wird im August ein **„Erasmus-Ritterturnier"** abgehalten.

Aktivitäten

- **Reiten: Grad Prestranek,** Na gradu 9, 6230 Prestranek (6,5 km südlich von Postojna), Tel. 05-754 25 95, Fax 05-754 27 10. Pferdezucht, Ausritte und Reitunterricht. Die deutsche Besitzerin bietet auch Kinderreitkurse auf Island-Ponys an und veranstaltet mehrtägige Trekking-Touren. Im ehemaligen Herrenhaus werden mehrere Appartements vermietet.
- **Bogenschießen:** Pivka jama, Veliki Otok, 6230 Postojna, Tel. 05-726 53 82.
- **Angeln:** Angelscheine verkauft die Gostilna Ribiška Koča, Tržaška cesta 88, Postojna, Tel. 05-726 17 58.
- **Wintersport:** Das Skigebiet von Kalič befindet sich direkt westlich von Postojna; Informationen über Sann, Knežak 194a, 6253 Knežak, Tel. 05-714 13 60, Fax 05-714 13 60, Schneetelefon 040 940 114, Meereshöhe 750–1000 m, 4 Schlepplifte, 7 km Pisten, 15 km Loipen, Rodelbahn.

Cerknica und sein See

↗XII/A3

- **Meereshöhe:** 575 m
- **PLZ:** 1380
- **Vorwahl:** 01
- **Einwohner:** 3500
- **Dt. Name:** Zirknitz

15 km östlich von Postojna liegt Cerknica nördlich des gleichnamigen Sees und östlich des Naturschutzgebietes Rakov Škocjan. Abseits der Trampelpfade verströmt der kleine Ort angenehme Ruhe und unprätentiöse Gelassenheit. Man will nicht mehr scheinen, als man ist – ein besinnlicher Anlaufpunkt, ein Ort zum Verweilen und Überdenken des immer Wiederkehrenden, so wie der See im Laufe der Jahreszeiten fast verschwindet und doch aufs Neue an die Oberfläche sprudelt. Das Zentrum des Dorfes bildet die Hauptstraße Cesta 4. maja. Hier residiert auch das Tourismusbüro in Nr. 51 gegenüber dem Parkplatz. Auf einer Fahrstraße lässt sich der See umrunden.

Cerknica gehörte zum Patriarchat von Aquileia, ging dann aber in die Hände der Herrschaften von Planina über. Seinen Lebensunterhalt verdiente man mehr recht als schlecht mit

060sl Foto: sk

dem Salz- und Holzhandel und die Feinde brannten den Ort regelmäßig nieder - erst die Türken, dann die Deutschen. Den türkischen *Raids* fiel 1472 die **Kirche Mariä Geburt** zum Opfer; sie wurde als gotisches Gotteshaus dreischiffig mit sterngewölbtem Presbyterium neu errichtet und rundherum entstand eine Verteidigungsanlage, von der noch zwei Türme stehen. Zu sehen ist sie auf dem Hügel Tabor, dem mittelalterlichen Zentrum.

Der See von Cerknica kommt und geht im Rhythmus der Jahreszeiten - ein Karstphänomen

See von Cerknica und Cerkniško polje ↗XII/A3

Das Kapital des heutigen Cerknica ist seine intakte Natur. Der Ort liegt am Cerkniško polje, einem Feld an der Verwerfung von Voralpen und Karst mit einem Dolomitstreifen, der verantwortlich dafür ist, dass das **Wasser des Sees periodisch versickert** und wieder an die Oberfläche gedrückt wird. Das ganze Feld ist von Höhlen und Gängen unterminiert, durch die ständig Wasser transportiert wird. Eines dieser Gewässer, das kontinuierlich unter dem See fließt, ist der Rak, der im Höhlensystem von Planina mit der Pivka von Postojna zusammenkommt und die Unica bildet. Unterirdisch führt diese ihren Weg fort, um schließlich als Ljubljanica an die Oberfläche zu treten und durch die Hauptstadt zu strömen. Gibt es zuviel Wasser, funktionieren die Kavernen wie eine überlastete Kanalisation: Aus den Gullis sprudelt das Wasser. Schon der berühmte Universalgelehrte *Johann Weichard Valvasor* beschrieb diesen Vorgang im 17. Jahrhundert.

Am besten übersieht man das Karstfeld und den See vom **Berg Slavnica,** 1114 m über dem Meer und 500 m über dem Ort. Man kann zu Fuß hinauf gelangen (1½ Std.) oder von Cerknica bzw. Grahovo (im Winter sicherer) mit dem Auto hochfahren (7 bzw. 9 km). Das Gasthaus oben ist ganzjährig geöffnet, serviert ausgezeichnetes Essen und besitzt auch ein paar Zimmer für die, die absolute Zurückgezogenheit suchen (⇨Unterkunft).

Der See von Cerknica misst, wenn er voll zu Tage getreten ist, 36 km^2. Dazu muss es ein Jahr mit viel Schneefällen geben und auch der Regen muss ergiebig gewesen sein. Dann bricht das Wasser im Frühjahr an die Oberfläche und verdunstet und versickert bis zum Sommer. Wird der See immer kleiner, marschieren die Fischer zu Fuß am See entlang und packen mit der Hand, was in kleinen Tümpeln überlebt hat (Hecht, Döbel, Weißfisch und Rotkarpfen). Zwei Wochen lang **im August** ist der See **fast gänzlich verschwunden,** dann wirken die auf den Feldern liegenden Ruderboote wie die skurrile Idee eines Fremdenverkehrsamtes. Im Sommer kann man ihn auf einer 20 km langen und einer kürzeren, 7 km langen Tour umrunden: zu Fuß, mit dem Auto, dem Rad, zu Pferde oder mit dem Fuhrwerk.

Mit den ersten Regenfällen steigt das Wasser wieder empor und bis zum Herbst wird der See immer größer. Im Frühling und im Herbst wird mit dem Boot gefahren und geangelt, im Winter packt man die Schlittschuhe aus. Da der See nur eine geringe Tiefe hat, friert er bei entsprechenden Temperaturen schnell zu.

Früher versuchte man, ihn im Sommer schneller zum Versickern zu bringen, indem man z.B. die Wasserschlinger (an die Oberfläche reichende Kanäle) vor Verschlammung mit Gattern schützte. So gewannen die Bauern mehr Zeit für die Heuernte. Heute wird das Gegenteil unternommen (mit Dämmen aus Beton), so dass mehr Zeit bleibt, um zu angeln. Mehr zum See erfährt man in dem **Heimatmuseum** „Jezerski hram" (Dolenje jezero 1e, Tel. 01-709 40 53, www.jezerski-hram.si, nur nach Anmeldung).

Der für den Karst unübliche Wasserreichtum der Gegend (normalerweise versickert das Nass in den porösen Bö-

061sl Foto: sk

Immer wieder trifft man abseits der Hauptstrecken auf Zeugen einer fernen Vergangenheit

den) macht Cerknica zu einem **Paradies für Ornithologen.** Zu den rastenden Vögeln gehören u.a. der extrem gefährdete Rötelfalke *(Falco naumani)*, die Rohrdommel *(Botaurus stellaris)*, die Zwergrohrdommel *(Ixobrychus minutur)*, der Schwarzstorch *(Ciconia nigra)*, der Rotschenkel *(Tringa totanus)* und auch der Seeadler *(Haliaetus albicilla)*.

In der Umgebung

Križna-Höhle ↗XII/A3

Die Križna jama zählt zu den aufregendsten Höhlen des Landes. Sie liegt auf dem Weg von Cerknica nach Stari trg im Südosten des Sees, 1 km abseits der Hauptstraße, 500 m hinter dem Abzweig nach Nova vas. Die Höhle besteht aus **22 unterirdischen Seen,** die sich über 8 km hinziehen. Die einstündige Unternehmung beinhaltet einen Fußmarsch und eine kurze Bootsfahrt. Die längere Führung findet nur in kleineren Gruppen und mit dem Boot statt. In der Križna-Höhle hat man spektakuläre Knochenfunde von Höhlenbären gemacht.

- **Križna jama,** der Besuch ist nur geführt und nach Voranmeldung möglich, Alojz Troha, Tel. 01-709 82 94 oder 041-63 21 53, einstündig 4 €, vierstündig 25 € p.P.

Rakov Škocjan ↗XII/A3

Rakov Škocjan ist ein **Naturschutzgebiet** im Westen Cerknicas. Man erreicht es über den Weg beim Vorort Podskrajnik oder von **Rakek** aus, dem Bahnanschluss der Region. In dem Tal hat sich der Fluss Rak seine Bahn geschlagen bzw. sein unterirdisches Flussbett ist eingestürzt und so fließt er für 2,5 km durch ein wildromantisches, oberirdisches Tal mit vielen Spazierwegen und einem **Naturlehrpfad.** Besonders malerisch sind die beiden **Natursteinbrücken,** Reste des einstigen Daches des Rak: Veliki (große) und Mali (kleine) naravni most (Naturbrücke). Bei der großen Brücke liegen auch die Ruinen einer Kirche aus dem 15. Jahrhundert, **Sv. Škocjan** (der Namensgeber). Sinnvoll ist der Erwerb eines kleinen Büchleins (im TIC), das das Tal und die einzelnen Stationen des Lehrpfades detailliert beschreibt. Im Park kann man in der Gostilna Rakov Škocjan am Wochenende Deftiges verspeisen (⇨Essen und Trinken).

062sl Foto: sk

Malerisch liegt Schloss Snežnik im Wald

Schloss von Snežnik ⇗ XVIII/B1

Wie ein **Märchenschloss im Walde** liegt das Schloss von Snežnik (Schneeberg) im Süden von Cerknica. Man biegt bei Pudnob von der Hauptstraße ab und fährt 2 km über Wiesen und an Wäldern vorbei, bis das Schloss hinter dem Dorf Kozarišče durch die Bäume hindurch strahlend weiß grüßt. Hier ist man im äußersten Südwesten des Lož-Tales, unter dem gleichnamigen Gipfel auf einer felsigen Anhöhe.

Höchstwahrscheinlich wurde das Schloss im 9. Jahrhundert begründet, als die Patriarchen aus Aquileia die Macht über das Tal übernahmen und mit dem Bau von Befestigungen die bedeutenden Handelswege schützen wollten, die in dieser Zeit aus Friaul und dem Küstenland nach Krain führten. Die ehemalige Burg Snežnik bestand damals aus zwei Türmen, die den Innenhof einrahmten und mit einem Gang verbunden waren, einer hohen Mauer und einem Burggraben. Die ersten überlieferten Herren des Schlosses waren die von **Schneeberg,** zum ersten Mal in einer Urkunde 1269 erwähnt. Bereits Anfang des 14. Jahrhunderts begann der Verfall der Familie Schneeberg. 1393 fiel ein Viertel des Schlosses und einige dazugehörige Bauernhöfe an einen Verwandten, *Wilhelm Lamberg*. Dessen Nachfahren verliehen dem Schloss im 16. Jahrhundert die Renaissancegestalt von heute.

1707 übernahm den gesamten Besitz Fürst *Georg Gottfried Lichtenberg* und vereinte 1718 das Gut um Snežnik mit dem Landgut Lož. Anfang des 19. Jahrhunderts waren die Lichtenberger hoch verschuldet und 1832 wurden sie gezwungen, ein Lottodarlehen aufzunehmen. Der Hauptgewinn war das gesamte Gut Snežnik bzw. 250.000 Gulden in bar. Der glückliche Gewinner war angeblich ein Schmied aus Ungarn, der sich für das Geld anstelle des Gutes entschied. Die Lichtenberger waren gezwungen, das Gut an das Ehepaar *Karis* aus Wien zu verkaufen. Auch die neuen Besitzer mussten bald Konkurs anmelden und es wurde 1853 bei einer Auktion für 800.000 Gulden an den deutschen **Fürsten Schönburg-Waldenburg** verkauft. Er richtete das Schloss als Sommer- und Jagdresidenz ein, baute ein weiteres Stockwerk, zwei Türme und eine Terrasse, hob die Ummauerung an, stattete das Innere mit kostbaren Möbeln aus und legte den englischen Garten an. Nach dem Ersten Weltkrieg wurde der Besitz der Familie aufgrund des Vertrages von Rapallo zwischen dem Königreich der Serben, Kroaten und Slowenen und Italien aufgeteilt. Da der Gutsbesitzer Deutscher war, wurde ein Zwangsverwalter bestellt. Während des Zweiten Weltkriegs verteidigte der Verwalter das Schloss vor Plünderungen, so dass man heute die fast **intakte Einrichtung und Kunstgegenstände** aus der Zeit der Schönbergs bewundern kann. Schloss und Gut wurden 1945 verstaatlicht.

● **Snežnik,** ab 15. April geöffnet bis 31. Oktober/Ende November, je nach Wetterlage (Tel. 01-705 78 14, Führungen 10–12 und 15–18 Uhr zu jeder vollen Stunde, an Wochenenden durchgehend, Eintritt 3 €.

Praktische Tipps

Informationen

● **TIC,** Cesta 4. maja 51, 1380 Cerknica, Tel. 01-709 16 36, www.cerknica.net.

Service

● **Post:** Cesta 4. maja 52, Tel. 01-709 32 18.
● **Geldwechsel:** SKB Banka, Partizanska cesta 1, Tel. 01-709 11 05.

Notfälle

● **Ambulanz/Zdravstveni dom:** Cesta 4. maja 17, Tel. 01-705 01 00.
● **Apotheke/Lekarna:** Tabor 3, Tel. 01-709 11 64.

Verkehr

● **Bahnhof:** Rakek, Tel. 01-705 13 40.
● **Fahrradverleih:** beim TIC Cerknica.

Unterkunft

● **Dom na Slavnici,** Tel. 041-51 81 08. Nur eine Handvoll Zimmer in exklusiver Lage auf dem Berg Slavnica mit Weitsicht über den See; Restaurant; 1.3.–31.10. täglich, sonst an den Wochenenden; Einzelzimmer 20 €.

Ferien auf dem Bauernhof:
● **Logar,** Žerovnica 16, 1384 Grahovo, Tel. 01-709 20 71, Fax 01-709 20 71.

Essen und Trinken

● Gostilna **Pav,** Ulica Rakovške čete 6, Rakek, 100 m hinter der Tankstelle; beliebtes Fisch- und Fleischlokal der Einheimischen, 3500 SIT.
● **Dom na Slivnici,** Tel. 01-709 41 40 oder 041-51 81 08, gute Küche in exklusiver Lage, 2000 SIT (⇨Unterkunft).
● Gostilna **Rakov Škocjan,** im Naturpark westlich von Cerknica, 4 km von der Hauptstraße, Tel. 01-709 41 32, nur Fr, Sa, So; Saltimbocca oder Rumpsteak mit Teran und Rosmarin, 3000 SIT.

Feste und Veranstaltungen

● Der **Fasching von Cerknica** lockt viele Leute der Umgebung an; es wird mit wilden Umzugswagen und noch wilderen Kostümen durch die Straßen getobt.

Aktivitäten

● **Reiten:** Kontrabantar, Dolenja vas 72, Cerknica, Tel. 01-709 22 53.
● **Pferdewagen:** Kontrabantar, Dolenja vas 72, Cerknica, Tel. 01-709 22 53; Kmetija Odprthih vrat, Dolenje jezero 33, Cerknica, Tel. 01-709 19 14.
● **Höhlenerkundung:** Alojz Troha, Tel. 01-709 82 94 oder 041-63 21 53.

063sl Foto: sk

Koper und die Küste

064sl Foto: sk

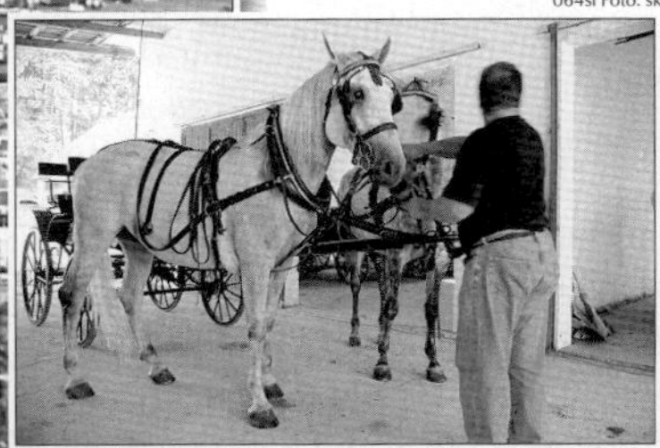

Der erste Blick auf Koper mit seinen Industrieanlagen mag enttäuschen, doch dahinter verbirgt sich eine anmutige, charmante Altstadt

Wer in Lipica nicht reiten möchte, nimmt einfach die Kutsche

Ferienstimmung an der Adria

Wenn die Unabhängigkeit den Slowenen etwas Negatives eingebracht hat, dann war dies der Verlust von weiten Teilen ihrer geliebten Adriaküste. Urplötzlich war da, wo die naturbelassenen Bade- und Strandparadiese beginnen, die kroatische Grenze und eine Zeit lang traute man sich gar nicht so recht hinüber zu den ehemaligen Brüdern. Da aber Sloweniens Küstenlinie nur etwa 45 km misst, von denen ein Großteil durch Städtchen, Häfen, Marinas und Salinen besetzt ist, wurde diese Scheu bald überwunden.

Als Badeziel ist Sloweniens Küste also nur bedingt zu empfehlen. Was man hier im **slowenischen Istrien** aber hervorragend kann, ist alle nur erdenklichen Freizeitaktivitäten zu kombinieren: vormittags wandern oder radfahren, nachmittags in einem der Strandbäder eine Ruhepause machen, abends durch venezianische Musterstädtchen bummeln und später in exzellenten Fischrestaurants tafeln oder in der weit über die Grenzen hinaus bekannten Disco Ambasada Gavioli abtanzen. Wunderschöne Tropfsteinhöhlen, mittelalterliche Freskenkirchen und das Gestüt Lipica sind in halbstündigen Autofahrten von der Küste aus zu erreichen. Natur, Kunst, Baden und Action – all dies ist an der slowenischen Adria auf engstem Raum möglich.

Highlights Küste und Hinterland

- Altstädte v. **Koper** und **Piran,** S. 246, 273
- Mittelalterliche Fresken in **Hrastovlje,** S. 249
- Kletterpartie zur **Osapska jama,** S. 250
- Höhlen **Škocjanske jame,** S. 251
- Ritt auf einem **Lipizzaner,** S. 257
- Salinen von **Sečovlje,** S. 267

Koper

↖ XVI/B2

- **Meereshöhe:** 11 m
- **PLZ:** 6000
- **Vorwahl:** 05
- **Einwohner:** 25.000
- **Ital. Name:** Capodistria

Es war einmal ein kleines Städtchen auf einer Insel, ein Damm verband sie mit dem Festland. Griechen, Römer, Venezianer und Habsburger wussten die hübsche, langgestreckte Bucht zu schätzen – dann kam die Moderne und mit ihr ein **Industriehafen,** Autofabriken, Einkaufszentren und Satellitensiedlungen. Heute ist Koper, das Einfallstor zur slowenischen Adria, eine der abschreckendsten Städte an der kurzen slowenischen Adriaküste. Doch sollte man die Fahrt über den alten Damm, heute eine vierspurige Schnellstraße, dennoch auf sich nehmen. Sie mündet nämlich an einem alten Stadttor – und dahinter verströmt Koper/Capodistria nach wie vor einen altertümlichen Charme.

Der alte Ortskern von Koper liegt auf der inzwischen durch Trockenlegung als solche nicht mehr erkennbaren **Insel.** Eine mehrspurige Magistrale führt von der Kreuzung der Straßen Postojna – Koper und Triest – Koper an Industrieansiedlungen und Vororten vorbei in Richtung Portorož/Piran. Davon zweigt die ins Stadtzentrum führende Ljubljanska cesta ab, die an dem ehemaligen Mauerring endet. Nach links geht's Richtung Yachthafen und zum westlichen Teil der Altstadt (Pristaniška ulica), nach rechts am Vojkovo nabrežje entlang zum Industriehafen. Die Altstadt selbst ist weitestgehend verkehrsberuhigte Fußgängerzone, Parkplätze findet man an der Prešernova ulica hinter dem Markt und am Vojkovo nabrežje am Einkaufszentrum.

Aufzeichnungen berichten von der Existenz der griechischen Siedlung **Aegida** an der Bucht von Koper, möglicherweise bereits auf der unweit vom Festland liegenden Insel, denn solche Siedlungsplätze waren bei den Griechen beliebt, weil zum Festland hin bestens gesichert. Unter römischer Herrschaft verzeichnet man die Niederlassung **Capris,** benannt nach den hier angeblich gehaltenen Ziegen. Im 6. Jahrhundert wird Capris unter byzantinischer Herrschaft als **Justinopolis** zu einer gut befestigten Stadt ausgebaut. Ab dem 8. Jahrhundert datiert man die ersten Niederlassungen von Slawen auf dem Festland und nun steht erstmals eine nichtromanische Bevölkerung den auf der Insel siedelnden romanischsprachigen Menschen gegenüber. Ab 932 schließt man Bündnisse mit Venedig, den venezianischen Herren folgen istrische, also slawische, und schließlich übernimmt das Bistum Aquileia die Herrschaft, nennt die Stadt **Caput Histriae** (Haupt Istriens) und lässt von hier aus seine istrischen Besitzungen verwalten.

Ab 1279 fällt Koper an Venedig zurück und blüht unter der locker dirigierenden Hand der Serenissima auf. Wirtschaft, Salzindustrie und Seehandel florieren trotz mancher Rückschläge bis zum 18. Jahrhundert, als Venedigs Glanz verblasst und Habsburg Triest und Rijeka den Vorzug gibt. Noch in dieser Zeit kann man eine deutliche Linie zwischen den Romanen auf der Insel und den Slawen bzw. Slowenen im Hinterland ziehen. Erstere beschäftigten sich mit Schiffbau und Fischerei, letztere mit Viehzucht und Ackerbau und erst 1827 verbindet ein **Damm** die beiden Volksgruppen.

Ab 1918 bis zum Ende des Zweiten Weltkriegs steht Koper erneut unter italienischer Herrschaft, dann befreien Partisanen die Stadt und ein bis heute andauernder **Kampf um das Küstenland** beginnt. Denn Koper und Umgebung werden als **„Zone B"** 1954 endgültig Jugoslawien zugeschlagen, obwohl Italien darauf nicht verzichten will. Noch 2001 formuliert Italiens Präsident *Berlusconi* euphemistisch, dass die Frage um **italienische Ansprüche** auf Zone B nicht endgültig geklärt sei. Die enteigneten und aus Zone B geflohenen Italiener wollen Schadensersatz. Mittlerweile hat man sich auf einen Kompromiss geeinigt, der Sloweniens EU-Beitritt möglich macht.

Sehenswertes

Im Herzen der Altstadt

Von den ursprünglich zwölf Stadttoren ist heute nur noch die 1516 erbaute **Porta della Muda** im Süden erhalten, eben jenes Tor, auf das die Einfallstraße zuführt. Das Stadtwappen am Bogen zeigt übrigens nicht, wie man vom römischen Namen her erwarten könnte, eine Ziege, sondern eine fröhlich lächelnde Sonne. Die Ziege hingegen ist das vielfach in den alten Bergstädtchen Istriens abgebildete Wappentier der kroatischen Halbinsel geworden.

Hinter dem Muda-Tor öffnet sich der längliche **Prešernov trg,** ein eleganter Platz mit originellem **Brunnen,** dessen Form eine Brücke nachahmt. Tatsächlich trug einer der Stifter des 1666 errichteten Wasserreservoirs den Namen *da Ponte* und ließ sich so verewigen. 15 Säulen säumen den Brunnen und zeigen die Wappen weiterer prominenter Mäzene. Nach links führt die Župančičeva ulica hinein in die Altstadt. Hier wie auch entlang der anderen Gassen von Koper stehen Häuser aus dem 18. und 19. Jahrhundert, einige ältere tragen noch venezianische Architekturdetails wie gotische Zwillingsfenster.

Nach rechts geht's nun in die Schustergasse, **Čevljarska ulica,** die zwar immer noch eine lebhafte Einkaufsstraße ist, aber unübersehbar von der Abwanderung der Läden aus der Altstadt in die modernen Einkaufszentren gebeutelt wird. Jedes zweite Geschäft steht leer, nur Juweliere mit viel Filigranschmuck scheinen dem Sog der Zeit trotzen zu können. Hier befindet sich auch der **Palazzo Almerigogna,** dessen rötliche Fassade mit lebhaften Fresken bemalt ist und der auch in der Architektur seine Herkunft aus der venezianischen Gotik des 15. Jahrhunderts nicht verleugnet.

Rund um den Titov trg

Die Čevljarska ulica führt durch einen eleganten venezianischen Torbogen im Prätorenpalast und mündet auf den Titov trg, Kopers schönstes venezianisches Ensemble. Die meisten Bauten hier stammen aus dem 15. Jahrhundert, als Venedigs Bauherren den Platz gestalteten. Sie ließen den **Prätorenpalast** errichten, der später in der Renaissance eine ungewöhnliche Zinnenkrone verpasst bekam. Gegenüber dem Sitz der weltlichen Macht entstand die **Loggia** mit ebenfalls im 17. Jahrhundert modifizierter, eleganter Fassade. In der einstigen Versammlungshalle lädt heute ein hübsches Café mit bequemen Korbsesseln zur Kaffeepause ein.

Die dritte Seite des Platzes nimmt die Stolnica ein, der bereits ab dem 12. Jahrhundert dokumentierte **Dom,** dessen Bauphasen – Gotik im unteren Bereich, Renaissance im oberen und Barock im Innenraum – deutlich unterscheidbar sind. Der romanische Ursprung ist in einem runden Nebengebäude gegenüber der Nordfassade, der **Rotunda Janeza Krstnika,** zu erkennen. Hier war das Baptisterium der Kirche. Der Glockenturm war ursprünglich Teil der Stadtbefestigung,

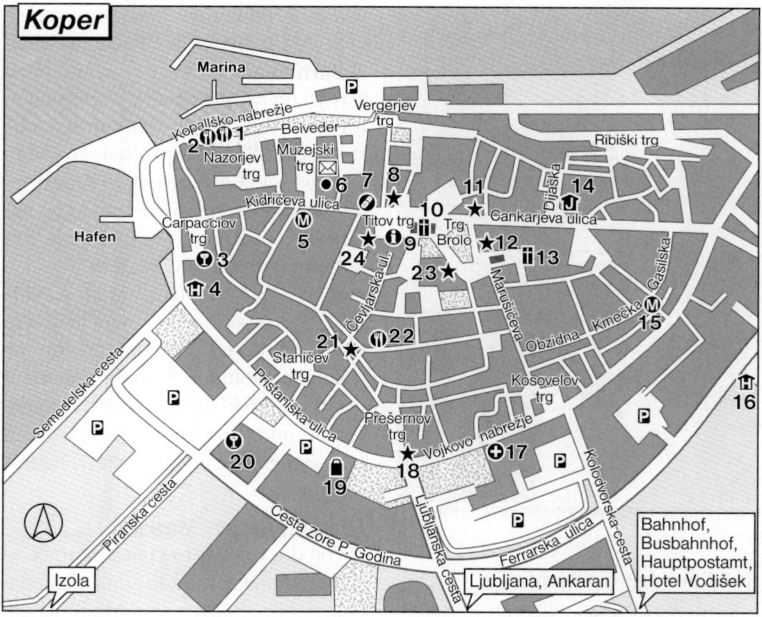

1 Restaurant Skipper
2 Pizzeria Marina
3 Elite-Club, Carpaccio Pub
4 Hotel Koper
5 Regionalmuseum, Palazzo Belgramoni-Tacco
6 Post, Internet-Café
7 Apotheke
8 Loggia
9 Touristinformation
10 Dom und Baptisterium
11 Palazzo Brutti
12 Fontico
13 Franziskanerkloster
14 Dijaški dom
15 Ethnologisches Museum
16 Hotel Pristan
17 Ambulanz
18 Porta della Muda
19 Markt
20 Latino Bar, Play Time
21 Palazzo Almerigogna
22 Restaurant Istrska Klet
23 Palazzo Gravisi-Barbabianca
24 Prätorenpalast

heute kann man hinaufsteigen und den Blick über die Altstadt genießen. Ein schönes Madonnenbild von *V. Carpaccio* (1516) schmückt den Altar, wertvollstes Stück des Doms aber ist der im 14. Jahrhundert aus weißem Marmor gehauene Sarkophag des hl. *Nazarius.*

065sl Foto: sk

Rund um den Trg Revolucije

Vom Titov trg gelangt man zwischen Kirche und einem hässlichen Neubau hindurch zum Revolutionsplatz Trg Revolucije, den die Koprčani aber lieber **Brollo** nennen. Der von Barockhäusern gesäumte Platz hat in der Mitte eine hübsche Parkanlage mit zwei steinernen Brunnen. Aus ihnen schöpfte man das Wasser, das in einer unter dem Brollo angelegten Zisterne gesammelt wurde. **Franziskanerkloster** und -kirche beherrschen die östliche Seite, im 1714 erbauten, barocken **Palazzo Brutti** im Norden residiert heute eine dem Lyriker *Srečko Kosovel* gewidmete Bibliothek und im aus gleicher Zeit stammenden **Palazzo Gravisi-Barbabianca** werden gelegentlich klassische Musikkonzerte veranstaltet. Im Jahre 1392 wurde der **Fontico,** der städtische Getreidespeicher, errichtet, aus dem die Bevölkerung in Krisenzeiten versorgt werden konnte. Er ist ein höchst repräsentatives Gebäude mit hübschen gotischen Fenstern.

Nördlich des Platzes hat im Gewirr schmaler Gassen so manches alte Haus in diesem besonders von Fischern bewohnten Stadtteil überdauert. Am **Ribiški trg** mit seinen romanischen und gotischen Bauten hatte man früher Zugang zum alten Hafen.

Der Campanile bewahrt auch den Zypressen gegenüber seine steinerne Würde

Ethnografisches Museum

Von der Cankarjeva ulica führen Gasilska, Kmečka und Obsidna ulica, die Feuerwehr-, Bauern- und Mauergasse, in einem Bogen, der deutlich den ehemaligen Verlauf der Stadtmauer nachzeichnet, nach Südwesten. Am Gramscijev trg birgt das Haus Nr. 4 eine sehenswerte ethnografische Sammlung. Vor dem Eintreten sollte man aber unbedingt die gotische Fassade mit ihrem vorkragenden ersten Stock würdigen. Die Exponate des Museums, in erster Linie **Einrichtung, Handwerkszeug und Trachten,** beschränken sich nicht aufs slowenische Istrien, sondern zeigen die ganze Bandbreite der istrischen, also heute vor allem kroatischen Kultur.

● **Etnološka raztava,** Gramscijev trg 4, Tel. 05-627 20 28, Mo–Fr 9–13 Uhr, Sa 9–12 Uhr, im Juli/August Mo–Fr 9–13 und 18–20 Uhr, Sa 9–12 Uhr.

Regionalmuseum

Eine der kreuzenden Gassen, beispielsweise die Marušičeva, führt zurück zum Brollo bzw. Titov trg. Die Kidričeva ulica ist die Verbindung zum westlichen Stadtrand und alten Hafen. An ihr befindet sich der **Palazzo Belgramoni-Tacco,** ein eleganter Barockpalais aus dem 17. Jahrhundert, in dem Kopers Regionalmuseum residiert. Die Ausstellung umfasst die **Geschichte und Kultur Kopers** von neolithischen Funden über das römische Capris bis zu eleganten Interieurs des 19. Jahrhunderts. In einem dem Lapidarium angeschlossenen Pavillon hat man nach der Unabhängigkeit Sloweniens für jene Epoche Platz geschaffen, die mit dem Erwachen des slowenischen Nationalbewusstseins verbunden ist und deshalb von der jugoslawischen Obrigkeit nicht gerne gesehen worden wäre. Dokumente und Fotografien berichten über Ereignisse und Persönlichkeiten, die im istrischen Slowenien den Ersten und Zweiten Weltkrieg und den Befreiungskampf begleiteten.

• **Pokrajinski muzej,** Kidričeva ulica 19, Tel. 05-663 35 70, matej.zupancic@guest.arnes.si, Mo–Fr 9–13 Uhr, Sa 9–12 Uhr, Juli/August Mo–Fr 9–13 und 18–20 Uhr, Sa 9–12 Uhr.

Carpacciev trg

Am Carpacciev trg endet die Kidričeva ulica. Hier erinnert eine Heiligenstatue an den christlichen Sieg über die osmanische Flotte bei Lepanto und das alte, aus dem 14. Jahrhundert stammende Wohnhaus des Malers **Vittore Carpaccio** an den Künstler, dem man in istrischen Kirchen immer wieder begegnet. Hinter dem Carpacciev trg liegt der Hafen.

In der Umgebung

Ankaran

↘ XVI/B2

Badevorort von Koper ist Ankaran (ital. Ancarano) an der Bucht direkt gegenüber mit dem **einzigen Sandstrand weit und breit.** Man folgt von Koper der Ausschilderung in Richtung Triest und Ljubljana und biegt dann nach Ankaran links ab. Der Weg führt entlang der Hafenanlagen und Raffinerien und ist heute gelinde gesagt abschreckend.

Bereits die Römer schätzten die dicht bewaldete Halbinsel und hinterließen die Fundamente mehrerer Villae rusticae. Um 1100 wurde mit dem Bau des Klosters **Sv. Nikolaus** begonnen, dessen Überreste heute das Kernstück der Hotelanlage Adria bilden. Um in Ankaran mit Blick auf die dampfenden Schlote der Raffinerie und den Hafen direkt davor zu baden, braucht man einen gewissen Hang zum Exzentrischen – oder man denkt sich einfach nichts dabei, wie die meisten Slowenen, die nach wie vor gern hierher kommen.

Hrastovlje

↘ XVII/C2

Hrastovlje liegt landeinwärts (17 km von Koper), eine Abzweigung von der Straße Koper – Postojna führt etwa bei Rižana nach Süden zu dem Dorf mit der berühmten Wehrkirche. Die dreischiffige romanische Kirche der hl. Dreifaltigkeit, **Sv. Trojica,** ist von einer im 16. Jahrhundert gegen die Türkengefahr errichteten Wehrmauer umgeben. Hoch auf einem Hügel erbaut, sieht sie eher aus wie eine Festung denn wie ein Gotteshaus. Im Inneren sind herrliche Fresken zu bewundern, die 1490 der Maler *Janez* aus Kastav aufgetragen hat. Sie zeigen verschiedene biblische Motive und den berühmten „Totentanz", bei dem Gevatter Tod Alte und Junge, Reiche und Arme, Männlein und Weiblein, Bischöfe und König einträchtig Händchen haltend mit sich nimmt (Schlüssel im Dorf, Haus Nr. 30).

Hoch über dem Tal von Hrastovlje sieht man die malerischen Ruinen des **Festungsturmes Zanigrad.**

● Pršut (rohen Schinken), Käse und istrischen Teran gibt's in der **Gostilna Švab,** Hrastovlje 53, Tel. 05-659 23 24, und auf dem Bauernhof **Škrgan,** Hrastovlje, Tel. 05-659 23 24; beide um 3500 SIT.

Schloss Socerb ↖ XVII/C2

Schloss Socerb klebt wie ein Adlernest über dem Steilabfall des Karstes am Berg **Črni kal** (Straße Koper – Postojna, dann Abzweigung in Richtung Socerb, ca. 20 km). Hier siedelten bereits die Illyrer, denn nirgendwo sonst konnte man die Hügellandschaft und die Küste so hervorragend überblicken. Im 13. Jahrhundert wurde die Festung errichtet und mehrmals um- und ausgebaut. 1669 besuchte und beschrieb der Universalgelehrte *Valvasor* die Burg, 1780 brannte sie nach einem Blitzschlag ab und wurde erst Anfang des 20. Jahrhunderts wieder aufgebaut. Heute residiert in der Burg eines der besten Restaurants im slowenischen Istrien.

● **Grad Socerb,** Črni kal, Socerb 7, Tel. 05-659 23 03. Gräfliche Ravioli, Fischpastete oder *pršut,* alles wird zu einer einzigartigen Aussicht serviert; um 5000 SIT.

Höhlen und Kletterregion ↖ XVII/C2

Nicht weit von Schloss Socerb findet man die **Sveta jama,** eine Karsthöhle, in der der hl. *Socerb (Servilus)* gelebt haben soll, bevor er den Märtyrertod starb. Sie war früher ein wichtiger Wallfahrtsort für die Bewohner Istriens. Einige Kilometer nach Nordwesten, immer am Felsabsturz entlang, erreicht man den Weiler **Osp** mit der **Osapska jama,** einer befestigten Karsthöhle, die die Einheimischen wegen der mittelalterlichen Mauerreste am Eingang kurzerhand *grad,* Schloss, nennen. Ein gut ausgeschilderter Weg führt vom Dorf zur Höhle, die man betreten kann, wenn man eine Taschenlampe dabei hat.

Entlang des ganzen Felsabsturzes der Karsthochebene zum Meer sieht man Ruinen von Festungen und Wachtürmen. Sie sollten die Menschen zunächst vor den Türken schützen und dienten später im österreichisch-venezianischen Krieg als Zufluchtsort. Heute wird an den Felsen um Osp geklettert; hier liegt eines der beliebtesten Reviere der slowenischen Freeclimber.

● **Unterkunft: Camping Vouk,** Osp 20, Tel. 041-23 46 02, 05-659 26 00, Fax 05-659 25 81. Familie Vouk führt nicht weit von der Kletterwand einen netten, schattigen Campingplatz und gibt gerne Hilfestellung und Tipps für Kletter-Neulinge.

● Nach dem Sport kann man sich in dem bäuerlichen Lokal **Majda,** Tel. 05-659 01 10, bei ländlich-istrischen Gerichten erholen; um 5000 SIT.

Wanderung nach Tinjan ↸ XVII/C2

Ausgangspunkt der etwa zweistündigen Wanderung ist das Dorf **Osp.** Hier folgt man der ausgeschilderten Straße nach Südwesten auf den Hügel zu, auf dem bereits das alte Dorf Tinjan auszumachen ist. Nach Überquerung eines Bachbetts geht's unter Kiefern und zwischen Wacholdersträuchern bergan, der Weg überquert eine Wiese, windet sich dann wieder durch Kiefernwald und mündet kurz vor dem 374 m hohen Gipfel in die Straße Rižana – Tinjan. Kurz darauf ist das Dorf erreicht und ein einzigartiger Blick über das slowenische Istrien ist der Lohn. Auf gleichem Weg geht es zurück nach Osp.

Wanderung auf den Slavnik ↸ XVII/C2

Hausberg der Primorci, der Bewohner der slowenischen Küstenregion, ist der 1028 m hohe Slavnik. Man fährt über die Straße Richtung Postojna und dann bei Hrpelje-Kozina auf die Straße nach **Podgorje** (37 km von Koper). Ausgangspunkt ist das 520 m hohe Podgorje, wo ein Wegweiser die Richtung zum Slavnik anzeigt. Etwas oberhalb des Dorfes verzweigt sich der Weg an einem Sendemast. Links geht's durch Mischwald bergan, dann führt der Weg durch Wiesen, die besonders in den Frühjahrsmonaten in allen Farben blühen (Narzissen, Krajner Lilien). Im Sommer wiederum kommen Beerensammler voll auf ihre Kosten und im Herbst duften aromatische Pilze. Weiter durch Wald wird schließlich nach insgesamt 1½ Stunden der Gipfel mit einem weiteren Sendemast und der Hütte **Tumova koča** erreicht. Bei klarem Wetter liegt die Bucht von Koper zu Füßen und man sieht nach Norden die schroffen Gipfel der Julischen Alpen. Der Rückweg erfolgt auf der gleichen Route (1 Std.); zur Hütte kann man auch mit dem Auto hinauffahren.

● Nach getaner „Arbeit" lohnt am Wochenende der Abstecher zum Gasthof **Turistična kmetija Pri Filetu,** Slope 20a, Kozina, Tel. 05-680 20 16; Anfahrt von der Straße Kozina – Rijeka, Abzweigung im Dorf Tublje nach Norden bis Slope. Unbedingt die Vorspeisen probieren – *pršut,* Salami, Käse in Olivenöl – oder die Polenta mit Käse, *pršut* und Steinpilzen; um 4000 SIT.

Škocjan-Höhlen ↸ XVII/C1

Die Tropfsteinhöhlen von Postojna gelten zwar als die größten Sloweniens und Europas, den Adelstitel des UNESCO-Welterbes jedoch haben nicht sie erhalten, sondern die Škocjanske jame, die Höhlen von St. Kanzian. Beim Dorf Matavun (Abzweigung von der Hauptstraße Koper – Postojna, dann 2 km bis Empfangszentrum) befindet sich der Eingang in die Höhlenwelt, die der Fluss Reka in den Kalkstein gegraben hat. Einige der Höhlen sind eingestürzt und haben so genannte *doline* geschaffen – zwischen Mala Dolina (kleines Tal) und Velika Dolina (großes Tal) steht die **Naturbrücke Miklov skedenj** als Rest der einstigen Höhlendecke.

Bekannt waren die Höhlen bereits in der Steinzeit, auch in späteren Jahrtausenden und Jahrhunderten dienten sie den Bewohnern der umliegenden Dörfer als Zuflucht. Vom Forschergeist getrieben, kam im 18. Jahrhundert auch *Valvasor* vorbei, traute sich aber nicht hinein, denn er fürchtete die darin lauernde „Drachenbrut", den Grottenolm. Seit 1819 wird Buch geführt über die Besucher, 1839 war die erste Bootsbefahrung auf der Reka erfolgreich und erst seit 1959 gibt es in den Höhlen elektrisches Licht. 1991 entdeckten mutige Speläologen ein weiteres Höhlensystem, nachdem sie einen bis dahin unüberwindlichen Engpass, den „Siphon", durchschwommen hatten.

Wunderschöne Tropfsteinformationen, Orgeln und Sinterterrassen sind in den Škocjanske jame zu bewundern, absoluter Höhepunkt aber sind der bis zu 100 m tiefe **Canyon der Reka** und die Brücke, die 40 m hoch über den **Hankejev kanal** führt. In der Schwärze darunter hört man das Rauschen des Flusses und fühlt sich tatsächlich wie in Hades' Reich. Der Rundgang durch das Höhlensystem (es gibt keine Eisenbahn oder Ähnliches) dauert etwa zwei Stunden und endet an der Šmidlova dvorana, von wo aus es hinausgeht in die Velika Dolina. Ein Lift bringt die Besucher dann ein Stück nach oben, der Rest der 180 m Höhenunterschied zwischen Höhlengrund und Besucherzentrum muss zu Fuß überwunden werden.

●**Škocjanske jame,** Matavun, 6215 Divača, Tel. 05-763 28 40, Fax 05-763 28 44, www.gov.si/parkskj, Führungen: Juni–September tgl. 10, 11.30, 13, 14, 15, 16, 17 Uhr, April, Mai, Okt. tgl. 10, 13, 15.30 Uhr, Nov.–März 10 Uhr, So auch 15 Uhr; warme Kleidung und stabiles Schuhwerk unbedingt empfehlenswert.

●**Verkehr:** Die nächste Bahnstation befindet sich in Divača; wer gerne wandert, wird seine Freude an dem etwa einstündigen Fußweg vom Bahnhof nach Matavun haben. Er ist deutlich markiert und führt durch idyllische Karstlandschaft.

Dimnice-Höhle

↖ XVII/D2

Im Karst um Koper gibt es auch einige kleinere Höhlen, so die Grotte Dimnice an der Straße Kozina – Rijeka beim Dorf Markovščina. Die Höhle liegt oberhalb des Ortes, ist 6 km lang und besteht aus einem oberen, von Tropfsteinen gebildeten, und einem unteren „Wasser"-Teil. An kühlen Tagen kondensiert die wärmere Höhlenluft und steigt als Nebel aus dem Felsenschlund – daher bekam die Höhle auch den Namen „Kamin", denn man vermutete, dass der Teufel darin eine Räucherstube unterhielt.

●Die Besichtigung von Dimnice und von professionellen Führern geleitete Höhlentouren mit entsprechender Ausrüstung organisiert der slowenische Speläologenverband SPEGU. Sein Vorsitzender *Franc Maleckar* hilft gern mit Rat und Tat und ist unter folgender Adresse zu erreichen: **SPEGU,** Premančan 28, 6280 Ankaran, Tel. 05-652 60 36, franc.maleckar@guest.arnes.si. Im Internet gibt es Infos zu den slowenischen Karsthöhlen unter www.burger.si/SLOCaves.html.

Praktische Tipps

Informationen

●**TIC Koper,** Titov trg 3, Tel. 05-664 64 03, Fax 05-664 64 06, www.koper.si.
●**TIC Ankaran,** Regentova ul. 2a, Tel. 05-652 05 60, Fax 05-652 05 61, tdankaran@siol.net.
●**Alpenverein/Planinsko društvo Koper,** Gortanov trg 15, Tel. 05-627 30 60.

Service

- **Post:** Pošta Slovenije, am Bahnhof, Tel. 05-666 66 00; zentraler ist die Filiale am Muzejski trg.
- **Geldwechsel:** Es gibt zahlreiche Wechselstuben, die meist zum gleichen Kurs wechseln wie die Banken, gelegentlich sogar günstiger: Illirika, Pristaniška ul. 2, Tel. 627 42 32; Libertas, Ljubljanska cesta 5A, Tel. 639 71 10; Shalaby, Župančičeva ulica 41, Tel. 627 36 88.
- **Banken:** Banka Koper, Pristaniška ul. 14, Tel. 666 10 00; Ljudska banka, Prešernov trg 5, Tel. 663 48 60.
- **Internet-Cafés:** Internetcafé, Muzejski trg 6, Tel. 05-627 18 97, bozic.doris@siol.net; Latino Bar, Cesta Zore P. Godina 2, Tel. 05-630 05 40; Net Bar, Vojkovo nabrezje.
- **Parken:** Die Altstadt ist verkehrsberuhigte Zone, Parkplätze stehen rund ums Zentrum zur Verfügung, beispielsweise im Norden entlang der Promenade Belveder und am Vergerijev trg, im Südwesten hinter dem Marktplatz Tržnica, im Süden an der Pristaniška ulica. Einige sind gebührenpflichtig.
- **Tankstellen (24 Std.):** OMV/Istrabenz, Istrska cesta 53 und Istrska cesta 12.

Notfälle

- **Ambulanz:** Zdravstveni dom Koper, Dellavallijeva ul. 3, Tel. 05-664 71 00.
- **Klinik/Bolnišnica:** Bolnišnica Izola, Polje 5, Tel. 05-660 60 00.
- **Apotheke/Lekarna:** Kidričeva ulica 2, Tel. 05-611 00 00, Notfallapotheke 0–24 Uhr.
- **Abschleppdienst:** AMZS 1987, Sermin 7C, Tel. 05-613 80 00.
- **Autowerkstätten: Alfa Romeo, Fiat, Lada, Mazda,** Avtolplus Koper, Istrska cesta 55, Tel. 05-613 70 00; **Audi/VW, Porsche,** Porsche Koper, Vojkovo nabrežje, Tel. 05-664 17 00; **BMW/Rover,** Avto Gruntar, Obrtniška cesta 9, Tel. 05-625 15 25; **Citroën,** Ukica 15. maja, Tel. 05-668 11 00; **Ford,** Nova Šalara 31D, Tel. 05-625 97 77; **Opel,** Istrabenz avto, Šmarska cesta 5A, Tel. 05-668 23 00; **Peugeot,** Servis Turk, Klanec 1, Sv. Anton, Tel. 05-653 17 43, **Škoda,** Avtohiša Može, Ivančičeva cesta 1a, Tel. 05-652 64 20.

Verkehr

- **Flüge:** Nächstgelegene Flughäfen sind Triest und Portorož (s. dort). Das Stadtbüro von Adria Airways befindet sich in der Pristaniška ulica 41, Tel. 080-13 00.
- **Züge:** Der Bahnhof befindet sich etwas außerhalb auf dem aufgeschütteten Gelände zwischen ehemaliger Insel und Festland: Železniška postaja, Kolodvorska cesta 11, Tel. 05-296 41 58; nationale und internationale Verbindungen, Gepäckaufbewahrung.
- **Fernbusse:** Die nationalen und internationalen Buslinien fahren am Busbahnhof gegenüber dem Bahnhof an der Kolodvorska cesta ab. Informationen Tel. 05-639 52 69.
- **Yachthafen:** Marina Koper, Kopališko nabrežje 5, Tel. 05-662 61 00, Fax 05-662 61 61, www.marina-koper.si. 75 Liegeplätze zu Wasser, 25 Stellplätze an Land; Reparaturen, Wartung, Strom, Treibstoff. Pristaniška kapitanija, Ukmarjev trg 2, Tel. 05-663 21 00.
- **Taxis:** Im Zentrum sind mehrere Standplätze: vor den großen Hotels, am Rathaus, an der Dreifachbrücke und am Bahnhof. Bei der Zentrale kann man Fahrzeuge unter den Nummern Tel. 01-9700 bis 9709 bestellen.
- **Mietwagen:** Avis, Pristaniška ulica 45, Tel. 05-630 13 50; Hertz, Pristaniška ulica 45, Tel. 05-630 13 50; Capris Time, Istrska cesta 67, Tel. 05-631 15 55.

Einkaufen

- **Lebensmittel:** Der Hauptmarkt der Stadt befindet sich an der Pristaniška cesta. Hochbetrieb ist meist in den Vormittagsstunden, nachmittags baut ein Großteil der Händler ab. In den Markthäusern um den offenen Gemüse- und Obstmarkt gibt es eine Fischhalle, Metzger, Bäcker und andere Lebensmittelhändler.
- **Wein:** Vinakoper, Šmarska cesta 1, Tel. 05-663 01 00, www.vinakoper.si, der moderne Weinkeller von Koper bietet Weinverkostung und Direktverkauf; Vinoteka Brenta, Gortanov trg 10, Tel. 05-627 48 87, gute Auswahl exzellenter istrischer Weine sowie folkloristische Souvenirs; Vinska Klet Santomas, Šmarje 10, Tel. 05-639 92 65, www.monteko.si/santomas, privater Weinkeller mit Direktverkauf.

●**Souvenirs:** Keramika Art, Župančičeva ulica 41a, Tel. 05-627 10 56, hübsche Accessoires aus Keramik, darunter auch Schmuck; Kamra, Župančičeva ulica 26, Souvenirs und Bücher zur Region.

●**Galerien:** Meduza, Čevlarska ulica 34, Tel. 05-627 48 37; Loža, Titov trg 1, Tel. 05-627 41 71; beide zeigen moderne slowenische und internationale Kunst.

Unterkunft

●Hotel **Koper** (****), Pristaniška cesta 3, Tel. 05-610 05 00, Fax 05-610 05 94, www.terme-catez.si. Neu renoviertes Traditionshaus mit Restaurant, freundlich eingerichtete Zimmer, Einzelzimmer um 55 €.

●Hotel **Pristan** (****), Ferrarska 30, Tel. 05-614 40 00, Fax 05-614 40 40. Futuristischer Bau, der von außen jegliche Gemütlichkeit vermissen lässt; im Inneren versöhnen komfortable Zimmer und aufmerksamer Service, Einzelzimmer um 70 €.

●Aquapark Hotel **Žusterna** (***), Istrska cesta 67, Tel. 05-663 80 00, Fax 05-663 80 10, www.terme-catez.si. An der Uferstraße nach Izola, gegenüber dem gleichnamigen Freibad. Das neu renovierte und modernisierte Haus bietet alles fürs nasse Freizeitvergnügen in Innen- und Außenpools, mit Sauna, Fitnessraum und Wellnesscenter. Einzelzimmer ab 40 €.

●Hotel **Vodišek** (***), Kolodvorska cesta 2, Tel. 05-639 24 73, Fax 05-639 36 68, rakusa.vodisek@siol.net. Gutes Mittelklassehaus am Bahnhof für den eiligen Reisenden. Einzelzimmer um 40 €.

●Biomotel **Vodišek** (**), Vanganelska cesta 2, Tel. 05-625 88 85, Fax 05-625 88 84. Nettes, familiäres Haus mit einem guten Restaurant. Einzelzimmer um 38 €.

●Villa **Andor** (***), Ankaran, Jadranska cesta 86a, Tel. 05-652 60 55, Fax 05-652 60 58. Eine charmante, restaurierte Villa mit kleinem Park, allerdings an der Durchgangsstraße gelegen. An den Wochenenden könnte der rege Kasino- und Restaurantbetrieb die Ruhe stören. Einzelzimmer um 40 €.

●Hotel **Adria Konvent** (**), Ankaran, Jadranska cesta 25, Tel. 05-652 60 55, Fax 05-652 83 21. Ferienhotels und Appartements um eine Klosterruine. Einfacher Standard, aber dafür direkt am Sandstrand von Ankaran, viele Familien. Einzelzimmer um 35 €.

●Pension **Oljka,** Ankaran, Oljčna pot 4, Tel. 05-652 75 46.

●Pension **Sv. Katerina,** Ankaran, Jadranska cesta 17, Tel. 05-652 82 90.

Jugendherberge:

●**Dijaški dom,** Cankarjeva ulica 5, Tel. 05-627 32 50, Fax 627 31 82. 30 Betten im Juli und August, ansonsten nur Notunterkunft mit drei Schlafstellen.

Privatzimmer/Ferienwohnungen:

●Vermittlung durch das TIC und die privaten Reisebüros. DZ um 30 €.

Camping:

●**Adria** (***), Jadranska cesta 25, 6280 Ankaran, Tel. 05-652 83 23, Fax 05-652 83 22, außerhalb der Saison: Tel. 05-652 84 43, Fax 05-652 83 20, adria.tp@siol.net, www.teni.si/adria, 1.5.–30.09., 450 Plätze.

●**Študenksi Tabor Ankaran,** Jadranska cesta 88, Tel. 05-652 80 45.

Essen und Trinken

●Gostilna **za Gradom/Rodica,** Koper-Semedela, Kraljeva 10, Tel. 05-628 55 50; am Hang gegenüber der Altstadt im Vorort Semedela, berühmt für exzellente Fischgerichte und istrische Spezialitäten; um 7000 SIT.

●Gostilna **Norbedo,** Spodne Škofije 18A, Škofije, Tel. 05-654 91 20; an der Straße von Koper nach Ankaran liegt dieses Fischlokal, das auch Fisch im Salzmantel serviert, unnachahmlich die Heidelbeer-Mousse; um 4000 SIT.

●**Skipper,** Marina Koper, Kopališko nabrežje 3, Tel. 05-626 18 10; Bootseigner und Freizeitskipper schätzen die lockere Atmosphäre und die italienisch geprägte Küche; um 3500 SIT.

●**Istrska Klet,** Župančičeva ul. 39, Tel. 05-627 67 29; uriges Lokal mit istrischen Spezialitäten in der Altstadt; um 3000 SIT.

●**Pizzeria Marina,** Kopališko nabrežje 2, Tel. 05-627 19 82; Pizza und Pasta, jugendliches Publikum; um 2000 SIT.

●**Vila Andor,** Ankaran, Jadranska cesta 86a, Tel. 05-652 60 55; Fischpastete, Carpaccio mit istrischen Trüffeln, Hummer – alles von ausgezeichneter Qualität; um 5000 SIT.

● **Stara Konoba,** Ankaran, Vinogradniška pot 24, Tel. 05-652 63 49. Istrische Küche wie marinierte Sardinchen und *pršut,* delikate Fleisch- und Fischgerichte vom Grill; um 4000 SIT.

Abends unterwegs

● **Dancing Club Elite Koper,** Carpacciov trg 6, Tel. 05-610 05 00, Discomusik für jeden Geschmack.
● **Carpaccio Pub,** Carpacciov trg 5, Tel. 05-626 13 12, Kopers beliebtester Pub zum Abhängen.
● **Play Time Koper,** Ulica Z.P.Godina 2, Treff der Rap- und House-Szene.
● Der angesagteste Club an der Küste ist **Ambasada Gavioli** in Izola (s. dort).

Aktivitäten

● **Baden:** Die Einheimischen gehen in eines der drei Meeresschwimmbäder oder breiten ihre Handtücher auf den Felsen aus. Wer in Koper badet, sollte sich darüber im Klaren sein, dass die Wasserqualität nicht unbedingt höchsten Ansprüchen genügt. **Koper,** Kopališko nabrežje, Tel. 05-627 18 41, Liegeflächen auf Gras und Beton, Leitern ins Meer, Eintritt; **Žusterna,** Istrska cesta, Tel. 05-628 43 92, Liegeflächen auf Gras und Beton, Leitern ins Meer, Eintritt; **Adria Ankaran,** Jadranska cesta, Tel. 05-652 83 23, Sandaufschüttung, Eintritt.
● **Bootsausflüge:** Aquamarine Izola, Tel. 041-63 63 71, bedient mit Ausflugsbooten die Strecke Koper - Izola - Piran; **Adriatic Safari,** Tel. 0609-61 44 17, organisiert Ausflüge auf der „Laho“.
● **Kajak-, Kanutouren, Bootsverleih:** Adria Kajak Kanu Klub, Jadranska 66, 6280 Ankaran, Tel. 05-628 2078.
● **Fischen und Angeln:** Angelscheine vergibt die Ribiška zveza, Tel. 05-627 55 03.
● **Reiten:** Ein Reitstall befindet sich in Vanganel: Bojanič, Tel. 05-625 80 95.
● **Tauchen:** Tauchklub Koper, Vojkovo nabrežje 38, Tel. 041-73 9034, zlatko.fuks@luka-kp.si, www.klub-plk-koper.si
● **Yachting:** Marina Koper doo., Kopališko nabrežje 5, 6000 Koper, Tel. 05-627 21 20, Fax 05-627 23 70, VHF-Kanal 17, info@marina-koper.si, www.marina-koper.si.

Lipica

↖ XVII/C1

● **Meereshöhe:** 403 m
● **PLZ:** 6210
● **Vorwahl:** 05
● **Einwohner:** 133
● **Ital./dt. Name:** Lipizza

Im Dreieck zwischen den größeren Orten Sežana, Divača und Kozina liegt inmitten einer **märchenhaften Landschaft** aus Karsteinbrüchen, Dolinen, Kreiseln und Polje das Dorf Lipica, das einer der berühmtesten Pferderassen der Welt, den Lipizzanern, seinen Namen gegeben hat. Im Jahre 1580 wurde hier das Gestüt gegründet, das heute der wichtigste Arbeitgeber für die Leute aus Lipica ist.

Nach Lipica fährt man von Koper in Richtung Postojna, nimmt dann in Divača die Abzweigung nach Lokev und erreicht dahinter Lipica. Informationszentrum, Gestüt, Hotels und Golfplatz liegen nahe beieinander ungefähr im Mittelpunkt des Geländes.

Der österreichische Erzherzog *Karl* gilt als offizieller Gründer der **Lipizzaner-Zucht,** es ist allerdings bekannt, dass in dieser Region bereits in römischer Zeit eine Pferderasse zu Hause war, deren Eleganz und Kraft im Römischen Reich geschätzt wurde. Lipica wuchs schnell zu einem bedeutenden Lieferanten für die Spanische Hofreitschule heran; weitere Güter in Slowenien kamen dazu, Lipica aber blieb Zentrum der Aufzucht der wertvollen Lipizzaner-Pferde. In den Napoleonischen Kriegen und auch während des Ersten Weltkriegs wurden die Pferde aus Lipica in Sicherheit gebracht, und als Österreich nach 1918 seine territorialen Ansprüche auf Lipica an Italien verlor, wurde ein neues Gestüt, Piber in der Steiermark, gegründet. Ein Teil der Lipizzaner wurde Lipica, der Rest Piber zugesprochen. Dadurch entstand eine Konkurrenzsituation, die das Verhältnis des nunmehr slowenischen Lipica zu der Hofreitschule in Wien bzw. deren Gestüt Piber mit immer neuen Spannungen belastet.

Lipizzaner – von Karstpferden zu Tänzern

Die **makellos weißen** Lipizzaner beginnen ihr Leben als dunkel gefärbte Jungtiere. Erst im Alter von sechs bis zehn Jahren verwandelt sich der Rappenschimmel in eine weiße Feengestalt. Von seinem Vorfahr, dem robusten Karstpferd, hat der Lipizzaner die relativ **kräftige Gestalt,** von den eingekreuzten Neapolitanern und Arabern die **tänzelnde Eleganz.** In Lipica sind sechs Hengst-Linien und 18 Stuten-Stämme vertreten. Lipizzaner werden für die Hohe Schule dressiert, geben aber auch ausgezeichnete Zugpferde ab. Wie elegant und dynamisch sie „tanzen" können, führen Dressurreiter und Kutscher täglich bei den Vorstellungen in der Reithalle des Gestütes vor. Höhepunkt des technischen Könnens ist die **Kapriole,** bei der das Pferd mit allen vier Läufen springend in der Luft zu schweben scheint. Man sollte sich allerdings nicht einreden, die Pferde würden von Pferdeflüsterern zur Höchstleistung angespornt; wer die Tiere genau anschaut, sieht, dass Sporen und Peitsche ausgiebig zum Einsatz kommen.

066sl Foto: sk

In jugoslawischer Zeit hielt man weniger auf Pferdezucht denn auf Entertainment; das Gestüt erhielt **Hotels,** ein **Spielkasino** und einen **Golfplatz.** Bis heute versucht Lipica, die hehren Gesetze der Zucht und die ihnen widersprechenden der **touristischen Vermarktung** unter einen Hut zu bringen. Dies wird Lipica von den Puristen in Piber und Wien zum Vorwurf gemacht. Beide streiten miteinander vor Gericht um die exklusive Verwendung des Namens Lipizzaner.

Sehenswertes

Das Gestüt

Der Züchter Leid ist der Reisenden und Pferdenarren Freud. Wo sonst kann man zwischen edelsten Pferden wohnen, wandern, einputten und auf ihnen sogar Reitstunden nehmen (natürlich nicht auf den wertvollsten, ⇦Aktivitäten). Im Prinzip können Besucher frei auf dem 300 ha großen Gelände zwischen den Ställen, Weiden, der Hufschmiede und der Reithalle herumlaufen, wenn sie eine geführte Tour absolviert haben. Diese zeigt unter anderem auch den 1703 erbauten **Hengststall,** in dem die wertvollsten Leistungsträger wie Könige umsorgt werden. Die Stuten haben es zwar ebenfalls hübsch, aber bei weitem nicht so elegant. Höhepunkt eines Lipica-Besuches ist die Vorführung in der **Reithalle.**

● **Kobilarna Lipica,** Tel. 05-739 15 80, Fax 05-734 63 70, www.lipica.org, tgl. 8–18 Uhr, Besichtigungen in der Sommersaison stündlich, sonst vier bis sechs Mal am Tag, Besichtigung des Trainings Mi/Do um 12 Uhr, Vorführungen zwischen Mai und September Di, Fr und Sa um 15 Uhr, April und Oktober nur Fr und Sa um 15 Uhr.

Galerie Avgust Černigoj

Sehenswert ist nicht nur das Gestüt, sondern auch die Galerie des **Triestiner Künstlers** *Avgust Černigoj* (1898–1986), der seine letzten Lebensjahre bei den „wundervollen, außergewöhnlichen" Pferden verbrachte. Er schuf in seiner 60-jährigen, kreativen Zeit beeinflusst von Picasso und ausgebildet im Bauhaus zu Weimar ein breites grafisches Werk sowie zahlreiche Bilder in Öl (Öffnungszeiten und Tel. wie Gestüt).

Marienkapelle

Die Menschen wallfahren in Lipica nicht nur zu den Lipizzanern, sondern auch zur **Doline der Muttergottes.** Legenden erzählen, dass hier allerlei **Wunderheilungen** stattgefunden hätten und so wurde eine Kapelle mit einer Marienstatue in den Karststein gemeißelt. Der Karsttrichter ist mit hübschen Blumen bepflanzt und an der Kapelle bezeugen Votivgaben und in den Felsen geritzte Dankesbotschaften, dass der Glaube an die Wundertätigkeit des Standbildes sehr groß ist.

Vilenica-Höhle ⇘ XVII/C1

An Magie und Mythen glauben die Menschen auch in der Karsthöhle Vilenica an der Straße Lokev – Sežana, 4,5 km von Lipica entfernt. Bereits 1633 wurde die Höhle von Besuchern besichtigt, sie ist damit die älteste Schauhöhle Europas. Auf einem 450 m langen Rundgang passiert man Sintervorhänge und Orgelpfeifen, bis man den legendären **„Vilenica-Kristall"** erreicht. Der Name der Höhle leitet sich vom slowenischen *vile*, Feen, ab, denn die sollen in den unterirdischen Gängen wohnen. Um sich von den Feen inspirieren zu lassen, treffen sich jedes Jahr im Sommer einheimische und internationale Schriftsteller im slowenischen Karst, und dabei werden auch **Lesungen** in der Höhle Vilenica abgehalten.

In der Nähe Vilenicas wurde eine weitere, mit einzigartigen, in Orangetönen gehaltenen Tropfsteinskulpturen ausgestattete Höhle entdeckt. Die **Gustinčičeva jama** ist bislang nicht für Besucher geöffnet, weil sie besonders empfindliche kristalline Gebilde enthält, die durch Klimaschwankungen zerstört werden könnten.

- **Vilenica jama,** Besichtigung nur So 15 Uhr oder nach Absprache, Tel. 05-734 42 59, www.vilenica-com.

Praktische Tipps

Informationen

- **TIC,** am Eingang des Gestüts, Tel. 05-739 15 80, Fax 05-734 63 70, lipica@siol.net, www.lipica.org.

Verkehr

- **Busse** von Divača bzw. Sežana nach Lipica.
- **Fahrradverleih:** Hotel Maestoso vermietet Fahrräder für ca. 3 €/Std.

Unterkunft

- Hotel **Maestoso** (***), Lipica 5, Tel. 05-739 15 80, Fax 05-734 63 70, www.lipica.org. Renoviertes Haus mit allerdings sehr kleinen Zimmern, Einzelzimmer um 60 €. Hotel **Klub** (***), gleiche Adresse. Einzelzimmer um 50 €. Die beiden dem Gestüt zugehörigen Hotels entstammen der Betonarchitektur sozialistischer Provenienz, werden aber nach und nach erneuert; zu den Hotels gehören ein Hallenschwimmbad, Tennisplätze und Fitnesscenter.
- Penzion **Grahor,** Dane 9a, Sežana, Tel. 05-734 61 58. Eine gute, angenehme Gastwirtschaft mit modernen Zimmern in Sežana; Einzelzimmer um 40 €.

Essen und Trinken

Empfehlenswerte Gaststätten in der Umgebung:

- Penzion **Grahor** (s.o.); mediterrane Fischküche ergänzt durch Deftiges aus dem Karst; delikater *pršut;* um 4000 SIT.
- Gostilna **Grgič,** Orleška 8, 6210 Sežana, Tel. 05-730 16 50; auch hier dominieren die Rezepte des Karstes, es gibt ausgezeichnete Minestrone, Pasta in Teran-Wein mit Schinken und Lamm; um 3500 SIT.
- Gostilna **Ravbar,** Dol pri Vogljah, 6221 Dutovlje, Tel. 05-734 61 80; der Familienbetrieb keltert eigenen Wein; hier wird aufs Köstlichste die Karstküche hochgehalten, unbedingt die *žlikrovi* (Ravioli) mit Quark und Kräutern, *štrukli* (Strudel) mit Spinat oder die feine Vorspeisenplatte probieren; um 4000 SIT.

Aktivitäten

- **Reiten:** Profis können sich den Reitausflügen anschließen, die im Sommer um 8.30, 9.30, 16.30 und 17.30 Uhr durch die Landschaft um Lipica mit den Karsttrichtern und Lindenhainen – Linde heißt *lipica* – führen (keine Kinder, Stunde um 16 €). Anfänger und Fortgeschrittene haben die Wahl zwischen einer Vielzahl von individuellen und Gruppenstunden. Wer länger in Lipica bleiben und reiten möchte, bucht besser ein Pauschalangebot bei einem deutschen Spezialveranstalter. In der Nebensaison kann man aber auch vor Ort den Preis für einen längeren Aufenthalt mit Reitkurs aushandeln. Ausrüstung (Helm und Stiefel) sollte man mitbringen, Mindestalter ist 10 Jahre. Kleinere Kinder müssen sich in Lipica auf äußerst sturen Shetland-Ponys vergnügen (um 8 €/Std.). Schöner ist es, mit ihnen eine Kutschfahrt über das Gestütgelände zu unternehmen (um 38 €/Std.). Reitstunden, Exkursionen, Kutschfahrten reserviert man unter der zentralen Gestütsnummer Tel. 05-739 15 80.

- **Golf:** Golf Lipica, 6210 Sežana, Tel. 05-739 15 80, Fax 05-734 10 09, lipica@siol.net, www.lipica.org, 9-Loch-Platz (Länge 1-9: 2670–3120 m, Par: 36).
- **Tennis:** Fünf Plätze beim Hotel Maestoso, Tel. 05-739 15 80; Schlägerverleih.
- **Tipp:** Nicht weit von Lipica entfernt liegt beim Dorf Lokev die **Farm Diomed** (Lokev 230, Tel. 05-763 30 40, 041-68 32 51, Fax 05-763 30 41, www.cc-line.si/diomed). Erfahrene Reiter können ein Appartement im Bauernhaus mieten und auf den vier Lipizzanern des Hofes Reitausflüge unternehmen. Auch Einzel- und Gruppenstunden sind buchbar.

Izola

↖ XVI/B2

- **Meereshöhe:** 3 m
- **PLZ:** 6310
- **Vorwahl:** 05
- **Einwohner:** 11.000
- **Ital. Name:** Isola

Wie Koper entwickelte sich auch Izola auf einer Insel, die im 19. Jahrhundert den Anschluss ans Festland bekam, und wie in Koper ist beim ersten Vorbeifahren auch in Izola kaum etwas vom Reiz zu bemerken, den die Altstadt besitzt. Allerdings prägen hier nicht Industrieanlagen, sondern Wohnblocks den ersten Eindruck. Kurz abgebogen von der schönen alten Allee, die als Hauptverkehrsstraße entlang der Küste unter chronischer Verstopfung leidet, und schon ist es da, das **Flair eines venezianischen Hafenstädtchens.**

Die Fundamente des **römischen Hafens Haliaetum** in der Bucht Simonov zaliv ragen aus dem Meer, wenn die Ebbe ihren tiefsten Punkt erreicht. Die erste Siedlung lag auf dem Festland, wurde aber von den anrückenden Slawen zerstört und die romanischen Isolaner flüchteten auf die Insel. Ende des 10. Jahrhunderts wanderte Isola von fränkischer in aquileianische Hand, 1280 bis Ende des 18. Jahrhunderts beschützte die Serenissima das Inselchen und seine Bürger, und in der Folge gab es ein ähnliches Hickhack wie in Koper: Habsburg, Napoleon, Habsburg, Italien, Zone B, Jugoslawien und nun schließlich Slowenien. Wirtschaftlich stand Izola stets auf zwei Beinen, der Fischerei und der Landwirtschaft. Heute ist der Hafen mit seiner Werft bedeutend.

Sehenswertes

In der Altstadt

Izola hat wenig herausragende Sehenswürdigkeiten, dafür aber eine noch sehr idyllische Altstadt, in der man beim Bummeln interessante Details wie gotische Fenster, alte Steinmetzarbeiten an den Türstürzen und hübsche Innenhöfe entdecken kann. In der Altstadt werden die vielen kleinen Läden zu einem symbolischen Preis an Künstler und Kunsthandwerker vermietet, die an ihren Arbeitsplätzen gern Besucher empfangen und auch die Techniken erklären.

Vom **Trg Republike** führt die Gregorčičeva ulica in einem Bogen durch die Altstadt zum Hafenbecken und passiert

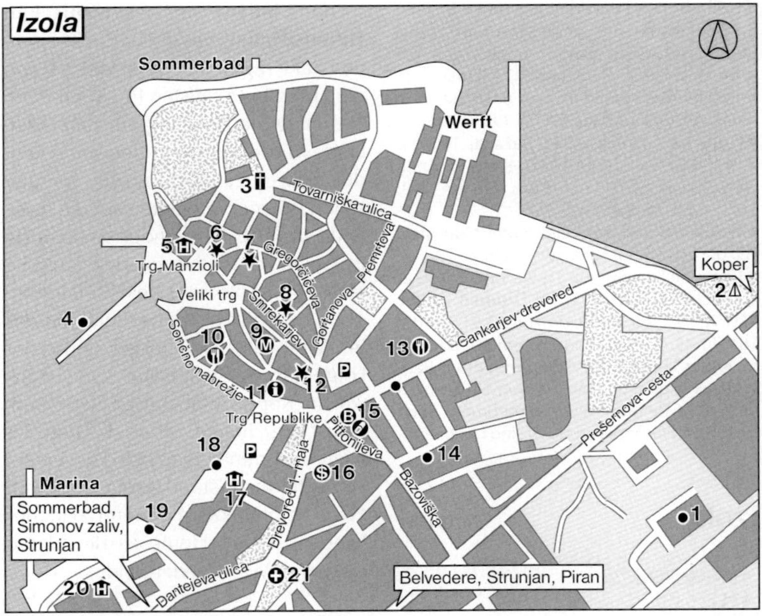

●	1	Disco Ambasada Gavioli
⚠	2	Camping Jadranka
	3	Sv. Maver
●	4	Abfahrt Prince of Venice
	5	Hotel Marina
★	6	Palazzi Manzioli, Lovisato
★	7	Palazzo Besenghi degli Ughi
★	8	Galerija Insula
M	9	Parenzana, Eisenbahnmuseum
	10	Restaurant Sidro
i	11	Touristinformation
★	12	Galerija Alga
	13	Restaurant Izola
●	14	Tauchklub Manta
B	15	Apotheke, Busbahnhof
$	16	Bank
	17	Hotel Riviera
●	18	Segelklub Olimpic
●	19	Segelklub Burja
	20	Hotel Delfin
+	21	Ambulanz
P		Parken

das berühmteste Gebäude von Izola, den **Palazzo Besenghi degli Ughi.** Der Barockpalast wurde Ende des 18. Jahrhunderts errichtet und besitzt wunderbare schmiedeeiserne Balkonbrüstungen und Fenstergitter; im Inneren sind das Treppenhaus und der zweistöckige Prunksaal reich mit Stuck geschmückt.

Nach rechts führt die ulica G. Bruna zur 1547 errichteten Kirche **Sv. Maver,** deren Innenraum ebenfalls stark von der Ästhetik des Barock geprägt ist. Jenseits der Grünanlage nordöstlich der Kirche befindet sich eines der beiden Sommerbäder von Izola. Unmittelbar daneben schließt die Werft an.

Vom Kirchplatz sind es wenige Schritte zum alten, nahezu kreisrunden Hafen am **Veliki trg.** Hier wurde zwar einiges Neue gebaut, aber immer noch sieht man das venezianische Erbe an den historischen Häusern wie den beiden spätgotischen **Palazzi Manzioli** und **Lovisato** am Trg Manzioli hinter der Marienkirche.

Schräg gegenüber dem Hafen ragt ein wahrer Mastenwall in den Himmel, denn auch Izola hat eine moderne **Marina,** die von Jahr zu Jahr mehr Skipper anzieht. Die Bucht ist nach Westen begrenzt von steilen Flysch-Wänden, die in Europas höchstem **Flysch-Kliff** auslaufen, ein ganz ungewöhnliches Landschaftsbild an dieser ansonsten eher flachen Küste.

Wer sich für **Modelleisenbahnen** interessiert, kann in Izola ein ganz besonderes Museum besuchen: **Parenzana** heißt die Ausstellung, die die Epoche der romantischen Dampfeisenbahn von Triest nach Poreč (kroat. Istrien) wiederaufleben lässt.

- **Parenzana,** Ulica Alme Vivoda 3, tgl. 9–12 und 16–20 Uhr.

Römischer Hafen

Die Überreste des römischen Hafenbeckens von **Haliaetum** gibt das Meer nur bei starker Ebbe preis. Die Siedlung lag bei dem heutigen Vorort von Izola, Viližane, zu erreichen über die Prešernova cesta nach Westen.

Aussichtspunkt Belvedere

Einen herrlichen Blick über das alte Städtchen, den Yachthafen und die Küste bietet der 60 m hoch gelegene Aussichtspunkt Belvedere an der Küstenstraße nach Piran. Von hier kann man auf Nebenstraßen und durch Felder hinausfahren auf das 190 m hohe Flysch-Kliff oder weiter der Hauptstraße nach Strunjan folgend eine der schönsten Pinienalleen auf dieser Seite der Adria genießen.

Wanderung nach Belvedere

Ein etwa 90-minütiger Spazierweg führt von der Kreuzung von Simonov zaliv am Supermarkt vorbei und stets am Rande der Siedlung entlang auf die Weinberge im Südwesten zu. Am Ende der Bebauung biegt man rechts ab und erreicht schließlich die alte Trasse der Eisenbahn Triest – Poreč. Ihr folgt man nach rechts und landet schließlich vor dem Eisenbahntunnel, der unter der Küstenstraße Koper – Piran hindurchführt. Sobald sich die Augen an die Dunkelheit gewöhnt haben, kann man den Tunnel passieren. Auf der anderen Seite weiter der Bahnstrecke folgend, genießt man den Blick auf die Salinen von Strunjan bis hinüber nach Piran mit seinem venezianischen Campanile. Schließlich kreuzt eine Asphaltstraße, die man nun bergab läuft. Die Küstenstraße überquerend und den Fahrradweg entlang, erreicht man die Hotelanlage Belvedere. Von hier geht's den Berg hinunter zum Belvedere-Strand und am Meer entlang zurück bis Simonov zaliv.

Strunjan ↖ XVI/B2

Strunjan liegt an einer aufgelassenen **Saline,** die Becken und die alten Häuser der Salinenarbeiter stehen heute unter Naturschutz. Botanisch Interessierte finden hier seltene, salzliebende

Pflanzen, und wie das benachbarte Sečovlje (⇦Portorož) ist auch Strunjan ein beliebtes **Vogelreservat.**

Ein schmaler Küstenstreifen trennt die Salinen vom Meer; hier befindet sich eines der beliebtesten **Sommerbäder** der Primorci. In den aromatischen, schattigen Kiefernpflanzungen rechts davon verstecken sich Appartements und Bungalows sowie das Kurhotel Strunjan, das besonders bei Atemwegserkrankungen Heilung verspricht.

Praktische Tipps

Informationen

- **TIC,** Sončno nabrežje 4, 6310 Izola, Tel. 05-640 10 50, Fax 05-640 10 52, www.sigov.si/izola.
- **Turist Biro Simonov zaliv,** Morova 6a, Tel. 05-660 31 00, Fax 05-641 84 02, www.htp-somonov-zaliv.si.

Service

- **Post:** Cankarjev drevored 1, Tel. 05-662 11 00.
- **Geldwechsel:** Banka Koper, Drevored 1. Maja 5, Tel. 05-641 70 16.
- **Parken:** In Altstadtnähe neben dem Trg Republike; in Strandnähe bei der Marina Izola und neben der Hotelzone Simonov zaliv; gebührenpflichtig.

Notfälle

- **Ambulanz/Zdravstveni dom:** Ulica Oktobrske Revolucije, Tel. 05-663 50 00.
- **Klinik/Bolnišnica:** Polje 5, Tel. 05-660 60 00.
- **Apotheke/Lekarna:** Trg Republike 3, Tel. 05-640 03 00.

Verkehr

- **Fernbusse:** Trg Republike, Tel. 05-663 52 69.
- **Taxi:** Taxi 3, Tel. 041-64 02 47, Taxi Morje, Tel. 041-22 21 11.
- **Schiffsverkehr:** Mit der „Prince of Venice" nach Venedig (zwischen März und Oktober), Abfahrt an der Mole neben dem alten Hafenbecken, Tel. 05-617 80 00.
- **Marina Izola:** Porting doo., Tomažičeva 10, Tel. 05-640 02 50, Fax 05-641 83 46, VHF-Kanal 17, porting@siol.net, www.marinaizola.com, 900 Liegeplätze.
- **Fahrradverleih:** Bele Skale, Cankarjev drevored 2, Tel. 05-641 82 00.

Einkaufen

- **Galerien:** Alga, Kristanov trg, Tel. 05-641 84 39; Galerija Insula, Smrekarjeva ulica, Tel. 05-641 53 03; beide stellen anspruchsvolle moderne Kunst, aber auch Kunsthandwerkliches aus.

Unterkunft

- Hotel **Marina** (***), Veliki trg 11, Tel. 05-660 41 00, Fax 05-660 44 99, belve@siol.net. Modernes Haus am Hafenbecken; nichts für Ruhebedürftige, aber dafür im Herzen der Altstadt; Einzelzimmer um 70 €.
- Hotel **Delfin** (***), Tomačičeva 10, Tel. 05-660 70 00, Fax 05-660 74 20, delfin.recepcija@siol.net. Moderne Anlage am Yachthafen, Hallenbad, Animation; Einzelzimmer um 50 €.
- Hotel **Riviera,** Prekomorskih brigad 7, Tel. 05-641 87 29, Fax 05-641 54 94, marijannnovak@guest.arnes.si; zwischen Juni und September als Jugendhotel bzw. -herberge geöffnet.
- Hotel **Haliaetum** (***), Morova 6a, Tel. 05-660 31 00, Fax 05-641 84 02, www.htp-simonov-zaiv.si. Die Hotels und Appartementhäuser stammen aus den 1970er Jahren, sind aber größtenteils saniert, hübsche Hanglage, Kiesstrand, Riesen-Wasserrutsche, Minigolf; Einzelzimmer um 80 €.
- Hotel **Belvedere** (***), Dobrava 1a, Tel. 05-660 51 00, Fax 050-660 51 71, belve@siol.net. Hübsche, modernisierte Anlage hoch über dem Meer, Shuttle-Service zum Strand, Minigolf, Tennis und schöner Pool; Einzelzimmer um 60 €.
- Hotels **Zdravilišče Strunjan** und **Vile Svoboda** (****), Strunjan 148, Tel. 05-676 41 00, Fax 05-678 20 36, www.krka-zdravilisca.si.

Das ehemalige Sanatorium wurde zu einem komfortablen Wellness-Hotel umgebaut; Zimmer in den Villen sind preiswerter; großes Sportangebot; Einzelzimmer um 70 €.

- Hotel **Laguna** (***), Strunjan 128, Buchung über Zdravilišče Strunjan. Angenehmes, renoviertes Haus, etwa 10 Gehminuten vom Strandbad entfernt; Einzelzimmer um 50 €.
- Hotel **Salinera** (**), Strunjan 14, Tel. 05-676 31 00, Fax 05-673 24 67, www.hotelipiran.si. Hotel und einfache Bungalows mit kleinem Strand, Pool und Spielplatz an den Salinen von Strunjan; Einzelzimmer um 40 €.

Ferien auf dem Bauernhof:

- **Kmetija Medljan,** Cetore 29, Izola, Tel./Fax 05-642 00 81, Funk-Tel. 031-34 94 53, medljan@atnet.si. Hübscher Ferienbauernhof mit zwei Apartments, bodenständiger Küche und Sportangebot (Reiten, Bogenschießen, Mountainbike Fahren), 4 km von der Küste entfernt.

Camping:

- **Jadranka,** Polje 8, Tel. 05-640 23 00, Fax 05-641 83 58. Das schmale Gelände zwischen Meer und Prešernova cesta, einer der Hauptverkehrsstraßen, leidet unter Platzmangel und Lärm.
- **Belvedere** (*), Dobrava 1, 6310 Izola, Tel. 05-660 51 00, Fax 05-660 51 71, belve@siol.net, www.belvedere.si; 1.4.–30.9., 200 Plätze, schöner Platz bei der gleichnamigen Hotelanlage.
- **Strunjan** (*), Strunjan 23, 6320 Portorož, Tel. 05-678 20 76, Fax 05-678 23 44; ganzjährig, 150 Plätze.

Essen und Trinken

- **Sidro,** Sončno nabrežje 24, Tel. 05-641 47 11. Eines der eleganteren Häuser an der Küste; fangfrischer Fisch; um 5000 SIT.
- **Restavracija Izola,** Cankarjev drevored 17, Tel. 05-640 39 02. Meeresfrüchte, Fisch und Pizza in schattigem Garten; um 2500 SIT.

Abends unterwegs

- **Ambasada Gavioli,** Industrjiska cesta im Gewerbegebiet, Tel. 05-641 82 12, www.ambasada-gavioli.com. Hierher reist auch der ravende Italiener; die Disco mit 4 Bars fasst zweieinhalbtausend Menschen und ist immer voll (!!!). Geöffnet im Sommerhalbjahr Fr und Sa, im Winter seltener, der Eintritt schwankt je nach DJ und Event zwischen 10 und 25 €, das Programm (House, Rap, Ethno) entnimmt man der Homepage.

Feste und Veranstaltungen

- Höhepunkt der Sommersaison ist das **Fischerfest** in Izola am letzten Augustwochenende. An Ständen wird Gebratenes und Alkoholisches verkauft, es gibt Live-Musik und Tanz und zum Abschluss ein Riesenfeuerwerk.

Aktivitäten

- **Angeln:** Sportfischer können ganztägige Fahrten unternehmen, auch Kurse im Sportfischen werden angeboten; Infos dazu gibt das TIC Izola.
- **Thermalbad:** Strunjan, Zdravilišče Strunjan, 6323 Strunjan, Tel. 05-676 41 00, Fax 05-678 20 36, booking.strunjan@krka-zdravilisca.si, www.krka-zdravilisca.si. Thalassotherapie mit Meerwasser und Meerschlamm gegen Lungenkrankheiten, Osteoporose und Leiden des Bewegungsapparates.
- **Baden:** Strandbäder (Eintritt) gibt es neben der Hotelanlage Simonov zaliv, unterhalb des Belvedere und bei den Salinen von Strunjan bzw. gegenüber in Fiesa. Die Einheimischen baden gern an der Ostseite der Altstadt.
- **Reiten:** Reitstunden und -ausflüge bietet der Ferienbauernhof Kmetija Medljan an (⇦Unterkunft).
- **Segeln:** Segelkurse (auch spezielle Kinderkurse) organisiert der Segelklub Jardalni Club Olimpic Izola, Veliki trg 1, Tel. 05-640 00 11, Fax 05-640 00 15, mandrac@s-net.net, tgl. 14–15 Uhr; ein ähnliches Programm hat Club Burja, Dantejeva ul. 22, Tel./Fax 05-641 63 30, bojan.gale@kiss.uni-lj.si.
- **Tauchen:** Manta Club, ulica Oktobrske revolucije 27c, Tel./Fax 05-641 64 95, Tauchkurse und Exkursionen.

Portorož

↖ XVI/B2

- **Meereshöhe:** 0–150 m
- **PLZ:** 6330
- **Vorwahl:** 05
- **Einwohner:** 3000
- **Ital. Name:** Portorose

Portorož, der „Rosenhafen", ist Sloweniens einziger wirklicher **Badeort** am Meer. Die weite, flache Bucht säumt ein eigens aufgeschütteter Sandstrand, entlang der Uferpromenade reihen sich Hotels, zumeist in den 1970ern errichtet, aneinander, dahinter klettern Einfamilienhäuser in üppigen Gärten den relativ steilen Hang hinauf und hier und da lugen klassizistische Villen und Hotelbauten der „goldenen" Epoche von Portorož zwischen Leuchtreklamen und Fastfoodständen hervor. Was heute vom Massentourismus erobert ist, war früher ein exklusives Seebad, berühmt für seine Kureinrichtungen und das milde Klima.

Portorož zieht sich am Nordufer der gleichnamigen Bucht von der Küstenstraße Koper – Sečovlje am Meer entlang und geht im Westen fast übergangslos in die Randbezirke von Piran über. Man erreicht die Stadt über eine in Serpentinen bergab führende Straße von der Küstenmagistrale, die in die Uferpromenade Obala mündet. Nach rechts liegen Strandbäder und die meisten Hotels; nach links geht's zur Strandzone von Lucija.

Auch hier errichteten römische Junker *villae rusticae* und genossen das durch den Bergkamm nach Norden und gegen die Bora geschützte Klima der Bucht. Nach byzantinischem Intermezzo und Slaweneinfällen ließen sich im 12. Jahrhundert **Benediktiner** in Istrien und an der Bucht von Piran nieder; hier gründeten sie auch mehrere Klöster sowie u.a. die Kirche St. Maria Rose, die der Bucht und später auch dem Ort ihren Namen gab. Von all den Kirchen ist bis heute nur eine einzige erhalten: Sv. Lucija in dem gleichnamigen Ort, an dem damals Salz gewonnen wurde.

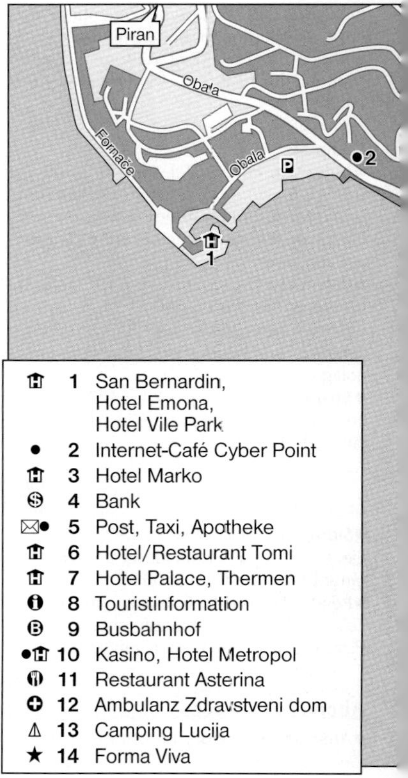

🏨	1	San Bernardin, Hotel Emona, Hotel Vile Park
•	2	Internet-Café Cyber Point
🏨	3	Hotel Marko
$	4	Bank
✉•	5	Post, Taxi, Apotheke
🏨	6	Hotel/Restaurant Tomi
🏨	7	Hotel Palace, Thermen
i	8	Touristinformation
B	9	Busbahnhof
•🏨	10	Kasino, Hotel Metropol
🍴	11	Restaurant Asterina
+	12	Ambulanz Zdravstveni dom
⛺	13	Camping Lucija
★	14	Forma Viva

Erst in der zweiten Hälfte des 19. Jahrhunderts setzte die touristische Entwicklung des „Rosenhafens" ein. Ein *Dr. Giovanni Lugnano* aus Piran begann, Patienten mit Salinenschlamm und Salzbädern zu behandeln, die Erfolge sprachen sich im Habsburger Reich herum und schon bald erlebte Portorose einen Bauboom: Villen, Hotels und ein **Kurbad** entstanden. 1910 wurde die Entwicklung mit der Eröffnung des Hotel Palace gekrönt – heute modert der klassizistische Bau vor sich hin, weil sich keine Investoren dafür finden. Andere historische Bauten fielen den Umbaumaßnahmen Ende der 60er bis Mitte der 70er Jahre zum Opfer, die das damals noch gemütlich-elegante Portorose in ein modernes sozialistisches Ferienzentrum verwandelten.

Sehenswertes im klassischen Sinne des Wortes ist in Portorož nicht zu finden. Beim Bummel entlang der Obala (Küste) genannten Strandpromenade

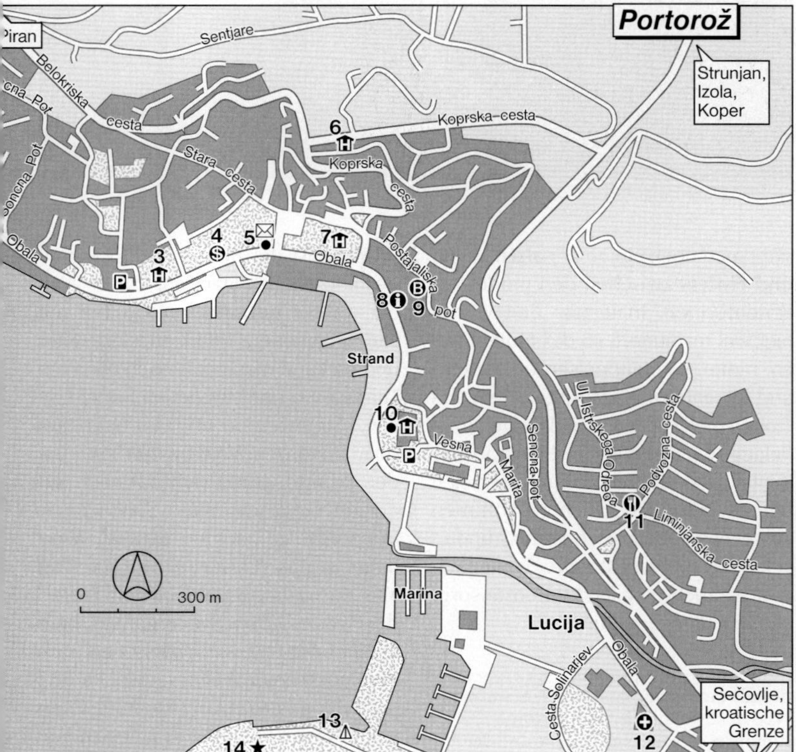

067sl Foto: sk

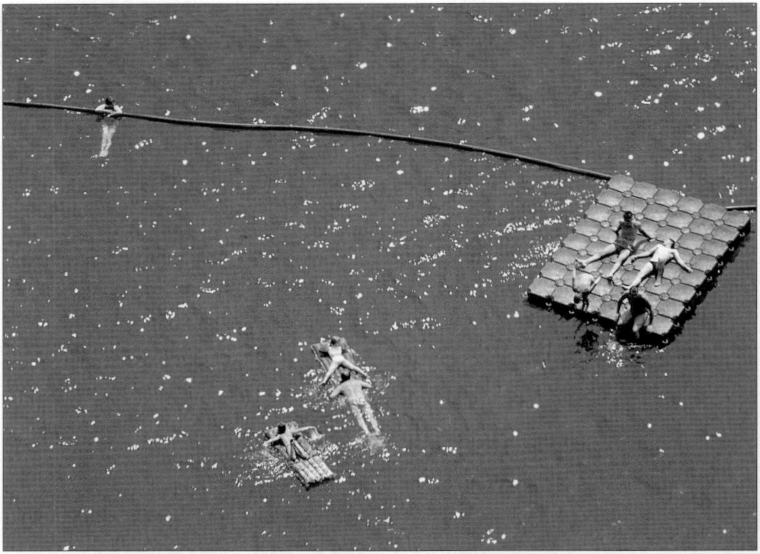

sieht man noch einige der **alten Villen und Hotels** zwischen den modernen Ferientürmen. In letzter Zeit wurde hier viel restauriert, so das Hotel Marco hinter schmiedeeisernen Gittern und in sanftem Habsburger Gelb. Ein Trauerspiel ist hingegen das alte Hotel Palace, einst das beste Haus an der Küste. Mehrere Investoren haben sich bereits gefunden, doch es kommen aus etwas undurchsichtigen Gründen keine Verträge zustande. Schließlich gibt es auch hier Restitutionsansprüche der alten Eigentümer.

Stunde um Stunde lässt sich's im warmen Nass der Strandbäder von Portorož tummeln, danach eine Dusche und der Bummel am Boulevard – dem Lungomare

Üppig ist der Baum- und Pflanzenbestand an den Hängen, Portorož ist ein wahrer **botanischer Garten** mit vielen seltenen Pflanzenarten. Hier und da kann man auch noch die alten Terrassen sehen, auf denen früher Oliven, Steineichen und Lorbeer gepflanzt wurden. Wer hierher zum Baden kommt, stürzt sich natürlich auf den mit aufgeschüttetem Sand kinderfreundlich gemachten **Strand,** allerdings ist das Wasser recht trübe. Die alte Kurtradition wird in den Hotels der Palace-Gruppe weitergeführt, heute nicht nur unter medizinischen, sondern auch unter Wellness-Aspekten.

An der Küste entlang Richtung Piran gelangt man von Portorož nur zu Fuß oder per Fahrrad, denn hier zwingt der

Hotelkomplex San Bernadin Autos zum Ausweichen. Die moderne, im Stil einer kleinen Stadt konzipierte Anlage wurde um den venezianischen Kirchturm des ehemaligen Benediktinerklosters erbaut und bietet Sport, Unterhaltung, Läden und Diskotheken sowie ein Schwimmbad.

Nach Süden und an der Marina Lucija vorbei erreicht man **Forma Viva,** eine Open-Air-Ausstellung von Steinskulpturen slowenischer und internationaler Künstler, die alle zwei Jahre hierher zum Workshop kommen.

In der Umgebung

Salinen von Sečovlje ↸ XVI/B2

Die 8 km entfernten Salinen von Sečovlje schließen sich südöstlich von Portorož im tiefen Einschnitt der Bucht von Piran, Piranski zaliv, an und reichen bis zur slowenisch-kroatischen Grenze. Der Zugang zu den Salinen erfolgt über eine Straße zwischen slowenischer und kroatischer Grenzstation; man benötigt also seine **Ausweispapiere,** um sie zu besuchen. Eine Stichstraße führt auf einem Damm in das Salinengebiet hinein. Hier wurde bereits im 14. Jahrhundert Salz gewonnen. Das ursprüngliche Sumpfgebiet wurde durch Kanäle trockengelegt bzw. in Becken aufgeteilt. Meerwasser floss mit den Gezeiten hinein und wurde mittels Schleusen auf die entsprechenden Salzfelder gelenkt bzw. auf höher gelegene gepumpt. Das Wasser verdunstete und man sammelte das zurückgebliebene Salz ein. Die Salzernte fand zwischen April und September statt, die Kristalle wurden auf Holzbooten und über Kanäle zu den staatlichen Lagern gebracht. 1969 gab man die Salinen auf, doch heute werden einige der Felder wieder bewirtschaftet, um Touristen eine Vorstellung von der Salzgewinnung zu geben. Das kleine **Salinenmuseum** dokumentiert die Wohnkultur der Salinenarbeiter.

Die Salinen sind nicht nur wirtschaftshistorisch interessant, sondern auch ein beliebtes Ziel von Ornithologen und Botanikern; **salzresistente Pflanzen** und **See- und Zugvögel** haben ein geschütztes Refugium.

● **Salinenmuseum,** Tel. 05-671 00 40, 1.9.–30.6. Di–So 9–12 und 15–18 Uhr, sonst Di–So 9–12 und 16–19 Uhr.

Rundfahrt durchs gebirgige Hinterland ↸ XVI/B2

Der slowenische Teil Istriens ist nicht groß, doch auch hier kann man wie im kroatischen Istrien noch die alten Siedlungsstrukturen und Bautraditionen wiederfinden, mit denen die Menschen seit Jahrtausenden den immer wieder anbrandenden Wellen neuer Völkerscharen trotzten. Bereits die ersten, wahrscheinlich illyrischen Bewohner siedelten hoch auf den Hügelkuppen in so genannten *castellieri,* **Ringsiedlungen,** deren Struktur man bis heute in einigen istrischen Bergdörfern wiederfindet. Und auch die Kirchen erzählen von der stetigen Verteidigungsbereitschaft. Ihre **Türme** sind wuchtig und als Teil der alten **Stadtbefestigung** nicht mit den Gotteshäusern verbunden.

Doch der Abstecher von der Küste ins Hinterland ist nicht nur unter historischen Gesichtspunkten interessant; er ist auch etwas für Genießer, die unverfälschte istrische Küche, erdige, kräftige Weine, frisch gepresstes Olivenöl und würzigen *pršut* (Schinken) direkt beim Erzeuger goutieren und kaufen können. Die empfohlene Strecke kann man, Kondition vorausgesetzt, auch mit dem Fahrrad meistern.

Ausgangspunkt ist **Dragonja,** landeinwärts der Salinen von Sečovlje. Man fährt im Tal etwas über den Ort hinaus nach Südosten und biegt auf die in Kehren bergauf führende Landstraße nach **Sv. Peter** ein. In dem alten istrischen Steinhaus Tonina hiša sind eine Olivenpresse und traditioneller Hausrat zu besichtigen (Tel. 05-672 51 78, im Winter Mo/Mi 9–12, Sa/So 12–17 Uhr, im Sommer Mo–Mi 9–12 Uhr, Sa/So 15–18 Uhr).

Nächster Halt ist **Krkavče,** ein Stück auf der Straße nach Norden (Richtung Šmarje), dann an der Kreuzung rechts und wieder rechts zurück nach Süden. Die Siedlung thront auf 175 m Höhe, gedrängt um die Kirche Sv. Mihael, die auf nacktem Fels errichtet wurde. In den alten Häusern gibt es noch die früher üblichen **„schwarzen Küchen“,** offene Feuerstellen ohne Abzug. Das sensationellste Stück aber ist ein alter, wahrscheinlich **keltischer Stein,** in den die Umrisse einer menschlichen Gestalt eingemeißelt sind. Der Stein steht auf freiem Feld unweit des Friedhofs an der Ortseinfahrt. Lange wurde um ihn gestritten, denn die Archäologen aus Ljubljana hätten einen so bedeutenden Fund lieber im Museum verwahrt, aber das ließen sich die Dörfler nicht gefallen.

Man kann bei Oljka einkehren, einem istrischen Ferienbauernhof mit Unterkunftsmöglichkeit für zehn Personen, einem Thermalschwimmbecken und einem istrischen Spezialitätenrestaurant (Krkavče 135a, 6274 Šmarje, Tel. 05-656 92 40, info@hotel-tartini-piran.com). Und wer zufällig am 29. September in der Nähe ist, erlebt, wie Krkavče seinen Schutzpatron, den Erzengel Michael, mit Prozessionen, Tanz und jungem Wein feiert.

Das Dorf **Koštabona,** an Stelle des römischen Castrum Bonae in 253 m Höhe erbaut, ist nächster Anlaufpunkt. Eigentlich müsste man den Ort aus der Luft betrachten, denn dann sieht man, dass er im Grundriss wie ein Baum mit Stamm und Krone geplant ist. Von der Hauptstraße gehen die Nebengassen wie Äste und Zweige ab. Die Kirche Sv. Kozmo in Damjan aus dem 15. Jahrhundert birgt ein wunderschön mit Fresken ausgeschmücktes Presbyterium; die gotische Kirche Sv. Elija im Ortszentrum zeigt herrliche barocke Steinmetzarbeiten am Portal.

Über Šmarje geht's schließlich ins 360 m hohe **Pomjan,** wo man in der Istrska klet einkehren und unter Kastanien eine deftige Mittagsjause einnehmen kann (Pomjan 17, Tel. 05-656 92 20, 2500 SIT). Sehenswert sind mittelalterliche Freskenreste in der Kirche und einige glagolitische, altslawische Inschriften.

Über Šmarje fährt man nun wieder gen Westen und auf der Hauptstraße

Koper – Buje ein Stück nach Süden bis zur Abzweigung nach **Korte,** wo man einzigartig über die buchtenreiche slowenische Küstenlinie und hinüber zum Golf von Triest blickt. Das Panorama lässt sich in der **Gostilna Korte** (Korte 44, Tel. 05-642 02 00) bei einem Glas Wein, einer Fischplatte und hausgemachtem Brot genießen. Von Korte führen Regionalstraßen hinunter nach Izola und Lucija.

Praktische Tipps

Informationen

- **TIC,** Obala 16, 6320 Portorož, Tel. 05-674 02 31, Fax 05-674 82 61, www.portoroz.si.

Service

- **Post:** K stari cesti 1, Tel. 05-674 60 40.
- **Geldwechsel:** Banka Koper, Obala 33, Tel. 05-674 42 90.
- **Parken:** In Portorož herrscht chronische Parkplatznot. Parkmöglichkeiten gibt es entlang der Uferpromenade Obala und an deren westlichen Ende beim Segelklub, hinter der Touristeninformation und am Kasino.
- **Internet-Café:** Cyber Point, Obala 11, Mo–Fr 13–21 Uhr, Sa/So 15–21 Uhr.

Notfälle

- **Ambulanz/Zdravstveni dom:** Cesta solinarjev 1, Lucija, Tel. 05-677 33 20.
- **Klinik/Bolnišnica:** ⇦Izola
- **Apotheke/Lekarna:** Obala 41, beim Hotel Palace, Tel. 05-674 86 70.
- **Abschleppdienst:** Automobilvereinigung AMZ, Tel. 987.

Verkehr

- **Fernbusse:** Busbahnhof, Postajališka ulica, Tel. 05-677 04 68.
- **Flughafen:** Portorož, Tel. 05-672 25 25.
- **Taxi:** Mirko Semec, 05-674 55 55.
- **Marina Portorož:** Česta solinarjev 8, Tel. 05-676 11 00, Fax 05-676 12 10, 6320 Portorož, VHF-Kanal 17, marina.portoroz@marinap.si, www.marinap.si.

Einkaufen

- Großer **Schnickschnack-Markt** jeden Abend an der Uferpromenade Obala vor den Molen der Ausflugsschiffe; es gibt allerlei Kitsch aber auch hübschen Modeschmuck zu kaufen. Natürlich werden auch „Henna-Tattoos" appliziert.

Unterkunft

Fast alle hier genannten Hotels bieten pauschal über deutsche Veranstalter gebucht deutlich günstigere Preise.

- Grand Hotel **Metropol** (*****), Obala 77, Tel. 05-690 10 00, Fax 05-690 19 00, www.metropolgroup.si. Portorožs Superhotel mit Innen- und Außenpool und allem Luxus; Einzelzimmer um 120 €.
- Grand Hotel **Emona** (*****), Obala 2, Tel. 05-695 10 00, Fax 05-674 64 10, www.h-bernandin.si. Das Pendant von der Konkurrenz im Hotelkomplex Bernardin; Einzelzimmer um 140 €.
- Grand Hotel **Palace** (****), Obala 43, Tel. 05-696 10 20, Fax 696 90 03, www.hoteli-palace.si. Hier sind die Thermen angegliedert; ideal also für Gäste, die kuren möchten; Einzelzimer ab 110 €.
- Hotel **Vile Park** (***), Obala 2, Tel. 05-695 30 00, Fax 05-674 64 10, www.h-bernar din.si. Bungalows im istrischen Stil, zweckmäßig eingerichtet, Teil des Bernardin-Komplexes; Einzelzimmer um 75 €.
- Hotel **Marko** (***), Obala 28, Tel. 05-617 40 00, Fax 617 40 11, hotel.marko@amis.net. Renoviertes K&K-Hotel mit Stil; Garten, hübsche Zimmer, Terrassenrestaurant; Einzelzimmer um 100 €.
- Pension **Tomi** (***), Letoviška cesta 1, Tel. 05-674 40 04, Fax 05-674 72 85. Privatpension am Hang über Portorož, wegen des angeschlossenen und sehr beliebten Restaurants an den Wochenenden etwas laut; familiäre Führung; Einzelzimmer um 45 €.
- **Villa Saline,** Seča 119, Tel. 05-677 94 00, Fax 05-677 94 01, www.villasaline.com. Das

nette Haus liegt bei Seča am Hang über Salinen und Meer, also hübsch und ruhig. Appartements ab 40 €.

- **Korotan,** Obala 11, Tel. 05-674 54 00, Fax 674 54 02, www.prenocisca-korotan.vsk-sdp.si. Preiswertes Jugendhotel an der Strandpromenade.

Privatzimmer:

Zimmer vermitteln das TIC sowie private Büros. Hier einige Agenturen, über deren Angebot man sich im Internet informieren kann:

- **Maestral,** Obala 123, Tel. 05-677 92 80, Fax 05-677 92 81, wwww.maestral.si.
- **Top line,** Obala 55, Tel. 05-674 71 61, Fax 05-674 70 29, www.topline.si.
- **Palma,** Obala 16, Tel. 05-671 06 80, Fax 05-671 06 84, www.palma.si.

Camping:

- **Lucija** (**), Cesta Solinarjev, Portorož, Tel. 05-690 60 00; 1.7.–30.9. offen.
- **Camping Strunjan,** Strunjan 23, Tel. 05-678 20 76, Fax 678 23 44. Schattiger Platz an der Bucht von Strunjan.

Essen und Trinken

- **Tomi,** Letoviška pot 1, Tel. 05-674 40 04; Tomi ist sowohl bei Einheimischen als auch bei Touristen absolut beliebt und das seit Jahren, auf der Terrasse über Portorož geht's hoch her, das Essen (Fisch, Grillgerichte) ist gut und deftig gewürzt; um 4000 SIT.
- **Asterina,** Lucija, Potvozna cesta 11, Tel. 05-677 32 02; ein Geheimtipp an der Küste, neben frischen Gaben des Meeres wird auch bäuerlich istrisch gekocht; um 3500 SIT.
- **Ribič,** Seča 143, Sečovlje, Tel. 05-677 07 90; es gibt wenige Orte, an denen man so angenehm im schattigen Garten direkt am Meer sitzt; Service und Essen, besonders Fisch und Meeresfrüchte, sind sehr gut; um 3500 SIT.

Abends unterwegs

- **Techhouse,** Obrtna Cona Lucija, Mi ab 22 Uhr. Techno-Konkurrenz fürs Ambasada Gavioli in Izola.
- **News Café,** Obala 4f, Bernardin, Tel. 05-674 10 04, tgl. 9–1 Uhr; Café, Musikbar, Hamburger und Pasta, manchmal Live-Musik.
- **Tivoli,** im Hotel Palace, Obala 43, Tel. 05-696 90 00, Wochenend-Treff der Disco-Jugend.
- **Casino Portorož,** Obala 75a, Tel. 05-676 06 86, Fax 05-676 06 80. Alle Einrichtungen, die den Verlust von Geld erleichtern.

Aktivitäten

- **Baden:** Strandbäder in Portorož und Lucija mit Sand, Riesenwasserrutsche, Bootsverleih, Snack-Bars und Umkleiden. Baden in Bernardin auf betonierten Plattformen (kein Schatten) und Rasenflächen, Leitern führen ins Meer.
- **Tauchen:** Diving Center, Obala 3, Bernardin.
- **Wellness:** Terme Palace, Obala 43, Tel. 05-696 90 01, Fax 050-696 90 00, www.hoteli-palace.si, Thalassotherapie, Entspannungsprogramme, Massage, Fitness und diverse Anti-Stress-Programme sowie medizinische Indikationen bei Rheuma, Osteoporose, Allergien und Erkrankungen der Atemwege; Wai Thai, Hoteli Morje, Obala 33, Tel. 05-692 70 70, Fax 692 00 00, www.hoteli-morje.si, traditionelle Thai-Massage in hübsch dekoriertem Ambiente.

Piran

↖ XVI/B2

- **Meereshöhe:** 5 m
- **PLZ:** 6330
- **Vorwahl:** 05
- **Einwohner:** 5000
- **Ital. Name:** Pirano

Wie ein weit ins Meer hinausgeschobener Schiffsbug sieht Piran aus. An der **Spitze der Halbinsel** zwischen den Buchten von Strunjan und Portorož klammern sich die alten venezianischen Häuser der Altstadt aneinander, bewacht von der hoch darüber thronenden Kirche Sv. Jurij und zum Festland hin noch heute durch Reste der einstigen Stadtmauer geschützt. Piran ist eine zauberhafte Puppenstu-

- 1 Sv. Klement
- 2 Muggia-Tor
- 3 Pension/Restaurant Val
- 4 Restaurant Delfin
- 5 Restaurant Pavel 2, Restaurant Fontana
- 6 Sv. Jurij
- 7 Baptisterium
- 8 Hotel Barbara Fiesa, Hotel Fiesa
- 9 Minoritenkloster
- 10 Hotel Giuseppe Tartini
- 11 Bank
- 12 Tartini-Haus/Apotheke
- 13 Restaurant Mario
- 14 Benečanka
- 15 Občinska palača, Post, Touristinformation
- 16 Fischhalle/Markt
- 17 Hotel Piran
- 18 Seefahrts-Museum
- 19 Cyber-Café, Ambulanz
- 20 Rašporska vrata und Stadtmauer

be, für deren Besuch man sich richtig Zeit und Muße nehmen sollte.

Piran liegt ziemlich abgeschirmt auf seiner Landspitze. Einzige Auto-Zufahrten sind die Dantejeva ulica, die Fortsetzung der Uferpromenade Obala von Portorož sowie die Ulica IX. Korpusa, die von der Belokriška cesta abzweigt. Da Piran theoretisch **autofreie Zone** ist (praktisch scheint so gut wie jeder Einheimische eine Sondergenehmigung zu besitzen) ist jeder nicht-privilegierte Besucher gezwungen, seinen Wagen auf den gebührenpflichtigen Parkplätzen an der Dantejeva ulica, etwa 500 m außerhalb des Ortszentrums, abzustellen (wer ins Hotel im Zentrum will, darf allerdings zur Gepäckabgabe einfahren). Von dort verkehren Shuttlebusse zum Tartinijev trg. Theoretisch besteht inzwischen zwar die Möglichkeit, mit einem Parkticket in die Altstadt zu fahren (erste halbe Stunde frei, danach extraorbitante Gebühren), da es aber im Ort einfach keine freien Stellplätze gibt, verzichtet man besser darauf.

Piran wurde im 5. Jahrhundert von Flüchtlingen aus Aquileia gegründet, das von *Attila* erobert worden war. Erste schriftliche Quellen berichten im 7. Jahrhundert von einem Castrum, einer befestigten Siedlung, auf der Halbinsel. Ab dem 12. Jahrhundert entwickelte sich unter venezianischer Herrschaft ein aufstrebendes Gemeinwesen, das zum Land hin von einer im 15. Jahrhundert errichteten Stadtmauer gesichert war. Die Bewohner Pirans waren Besitzer der Salinen von Sečov-

068sl Foto: sk

lje, Lucija und Strunjan; **Salzhandel** begründete ihren Wohlstand, aber wie die anderen Bewohner der Küstenstädte hatten sie auch landwirtschaftliche Güter und verkauften Olivenöl und Wein. Venedig gestattete zwar den Handel, überließ den Piranern aber nur einen kleinen Anteil des Salzes. Die Bewohner wiederum wussten sich zu helfen: Sie erweiterten heimlich die Salinen und erwirtschafteten größere Erträge, die sie auf eigene Rechnung verkauften. Nach dem Zweiten Weltkrieg verließen viele italienischstämmige Piraner ihre Heimatstadt und zogen nach Italien.

Sehenswertes

Im Herzen der Altstadt

Mittelpunkt Pirans ist im wahrsten Sinne des Wortes der **Tartinijev trg,** ein von alten Bauten gesäumtes Ensemble am tief in die Altstadt hineinreichenden Hafenbecken Mandrač. Ursprünglich war auch der Platz selbst noch Hafenbecken, er wurde 1894 zugeschüttet. *Giuseppe Tartini* dirigiert von einer Säule die Passanten auf dem nach ihm benannten Platz. Pirans berühmtester Sohn (1692–1770) machte als Komponist und „Teufelsgeiger" international Karriere. Sein Geburtshaus **Tartinijeva hiša** befindet sich schräg gegenüber neben der klassizistischen Kirche Sv. Peter, ein Tartini-Zimmer kann besichtigt werden (Kajuhova 12, Tel. 05-663 35 70, nur nach Voranmeldung).

Ein paar Häuser weiter sticht die **Benečanka,** die „Venezianerin", mit rotem Verputz und venezianischen Spitzbogenfenstern ins Auge. Das Mitte des 15. Jahrhunderts errichtete Haus soll einem venezianischen Kaufmann gehört haben, der hier seine (slowenische) Geliebte aushielt.

Neorenaissance prägt die **Občinska palača;** sie ist Sitz der Stadtverwaltung. Mitte des 19. Jahrhundert wurde sie an einer Stelle errichtet, an der bereits seit dem 12. Jahrhundert ein „Rathaus" stand. Klassizistisch ist auch der Justizpalast nebenan, in den das barocke Stadttor des hl. Georg integriert wurde. Schräg davor stehen zwei **Steinquader,** aus denen Fahnenmasten in den Himmel ragen: An diesen im 15. Jahrhundert errichteten Fahnenstangen wurden die Flaggen Pirans und Venedigs gehisst. Bemerkenswert sind die in die Quader eingemeißelten Längenmaße, die den Händlern verbindlich vorgaben, wie sie die Ware abzurechnen hatten.

Das Kidričevo nabrežje führt am nördlichen Rand des Hafenbeckens entlang, vorbei am **Marktplatz mit Fischhalle,** dem nicht gerade gut bestückten Aquarium und dem städtischen Theater. Hier beginnt die **Uferpromenade** Prešernovo nabrežje mit hübschen alten Häusern und bei den Einheimischen beliebten Fels-Badestellen und zahlreichen Restaurants.

Das **Muggia-Tor** und die Kirche **Sv. Klement** etwas weiter stammen noch aus der Frühzeit Pirans, so wie das ganze Punta genannte Viertel ein authentisch mittelalterliches Flair bewahrt hat. Auch der Prvomajski trg geht in sei-

Friedlich ragt Piran am frühen Morgen hinaus ins Blau der Adria

069sl Foto: sk

ner Anlage wohl noch aufs 13. Jahrhundert zurück; geprägt wird er von einem fast den ganzen Platz einnehmenden **barocken Brunnen.** Das Wasserreservoir sollte den Winterregen sammeln, denn in den Sommermonaten war Piran regelmäßig von Dürre und Wasserknappheit bedroht. Durch Rohre wurde das Regenwasser von den Regenrinnen der Häuser in die Zisterne geleitet. Erhalten sind die beiden Brunnenbecken, die von den Damen „Gesetz" und „Gerechtigkeit" bewacht werden.

Ein Hügelrücken im Norden der Altstadt ist Standort der Kirche **Sv. Jurij** und zugleich ein herrlicher **Aussichtspunkt,** denn man sieht nach Südwesten auf die Ziegeldächer Pirans, nach Nordosten auf die Buchten von Strunjan und Izola. 1609 wurde der freistehende Glockenturm, den man hinaufsteigen kann, nach dem Vorbild des Campanile des Markusdoms in Venedig gestaltet. Etwas später kam das **Baptisterium** dazu, dessen Taufbecken aus einem römischen Gedenkstein mit einem Delfin gearbeitet wurde. Reste älterer Bauten mit reicher Flechtbandornamentik lassen vermuten, dass sich hier bereits im 10. Jahrhundert ein Heiligtum befand. Die Kirche ist mit üppigem Barockschmuck ausgestattet.

Die Adamičeva ulica führt nach Westen zurück ins Stadtzentrum und zum ehemaligen **Minoritenkloster,** dessen im 17./18. Jahrhundert erbauter Kreuzgang sich im Sommer in einen Konzertsaal verwandelt, denn hier finden die Musikabende des „Piraner Musiksommers" statt.

Stadtteil Marčana

Der Stadtteil Marčana südlich des Tartini-Platzes entstand um das 15. Jahrhundert. Auch hier kann man noch zahlreiche venezianische Renaissance-Elemente an den Häusern wiederfinden, und wer die Rozmanova cesta nach Osten läuft, trifft schließlich auf das **Stadttor Rašporska vrata** und einen 200 m langen, mit Türmen gesicherten Rest der Stadtmauer.

Seefahrts-Museum

Zum Abschluss lohnt noch ein Blick in das Museum der Seefahrt am Hafenbecken. Die Ausstellung zeigt die Geschichte der slowenischen Schifffahrt und Wissenswertes zur See-Archäologie und zum Schiffbau.

- **Pomorski muzej,** Cankarjevo nabrežje 3, Tel. 05-673 27 55, 9.9.–30.6. Di–So 9–12 und 15–18 Uhr, sonst 9–12 und 18–21 Uhr.

Fiesa

Die beiden **Süßwasserseen** von Fiesa liegen einen Spaziergang landeinwärts an der Nordküste der Halbinsel von Piran. Sie sind Überreste des einst betriebenen Abbaus tonhaltiger Erde und Lebensraum besonderer Libellenarten.

Praktische Tipps

Informationen

- **TIC,** Tartinijev trg 2, 6330 Piran, Tel. 05-673 02 20, Fax 05-673 02 21, www.portoroz.si; halb privates, halb staatliches Informationsbüro.

Service

- **Post:** Leninova ulica 1, Tel. 05-673 26 77.
- **Geldwechsel:** TIP, Tartinijev trg 2, Tel. 05-673 02 20.
- **Bank:** Banka Koper, Tartinijev trg 12, Tel. 05-673 32 00.
- **Parken:** Gebührenpflichtige Parkplätze am Ortseingang zwischen Hotelsiedlung Bernardin und Piran; Shuttle-Service in die Altstadt (5 Gehminuten).
- **Internet-Café:** Cyber Point, Župančičeva 14/III.

Notfälle

- **Ambulanz/Zdravstveni dom:** Cankarjevo nabrežje 9a, Tel. 05-673 12 80.
- **Klinik/Bolnišnica:** ⇦Izola
- **Apotheke/Lekarna:** Tartinijev trg 4, Tel. 05-673 01 50.

Verkehr

- **Fernbusse:** Busbahnhof, Dantejeva ulica, Tel. 05-677 04 68.
- **Taxi:** Tartinijev trg, Tel. 05-673 07 00.

Unterkunft

- Hotel **Giuseppe Tartini** (***), Tartinijev trg 1, Tel. 05-671 16 66, Fax 671 16 01, prodaja@hotel-tartini-piran.com. Gelungene Symbiose moderner und alter Piraner Architektur, durch die Lage am Hauptplatz zentral, aber nachts recht unruhig; Einzelzimmer um 70 €.
- Hotel **Piran** (***), Kidričevo nabrežje 4, Tel. 05-676 25 02, Fax 05-676 25 20, www.hoteli-piran.si. Traditionshaus, renoviert, ebenfalls ganz zentral und entsprechend lebhaft; Einzelzimmer um 65 €.
- Pension **Val** (*), Gregorčičeva 38a, Tel. 05-673 25 55, Fax 05-673 25 56. Nette, zentral gelegene Pension; Einzelzimmer um 15 €.
- Hotel **Barbara Fiesa** (***), Fiesa 68, Tel. 05-617 90 00, Fax 05-674 69 38. Strandhotel bei den Süßwasserseen in Fiesa, ruhig, etwas überaltet; Einzelzimmer um 46 €.
- Hotel **Fiesa** (***), Fiesa 57, Tel. 05-671 90 00, Fax 671 22 23, www.hotel-fiesa.com. Einzelzimmer um 45 €.

Camping:

- **Camping Fiesa,** Fiesa, Tel. 05-674 62 30, Fax 05-674 64 26. Campingplatz unweit des Süßwassersees am Strand.

Man liebt es stilvoll: Im Sommer kündet der Ausrufer von Veranstaltungen und allerlei Touristischem

Essen und Trinken

- **Pavel 2,** Kosovelova ul. 1, Tel. 05-674 71 02, und **Pavel 1,** Gregorčičeva ulica 3, Tel. 05-674 71 01; die beiden „Pavels" sind für ihre frische, schmackhafte Fischküche berühmt, neigen allerdings zur Massenabfertigung; um 6000 SIT.
- **Delfin,** Kosovelova ulica 4, Tel. 05-673 24 48; Fisch, Pasta und Risotto mit Meeresfrüchten, 5000 SIT.
- **Fontana,** Trg 1. Maja, Tel. 041-69 56 14; ausgezeichnete Pasta, Pizza, Fisch- und Fleischküche, sehr guter Service, nettes, intimes Ambiente; um 4500 SIT.
- **Val,** Gregorčičeva ulica 38a, Tel. 05-673 25 55; gutes Restaurant der Pension, 3500 SIT.
- **Mario,** Kajuhova ulica 6, Tel. 05-673 30 99; Fisch auf einer Terrasse, 3000 SIT.

Feste und Veranstaltungen

- Im Juli und August finden im Kreuzgang des Klosters jeden Freitagabend **Konzerte** klassischer Musik statt, Programm beim TIC Piran.

Aktivitäten

- **Tauchen:** Club Dufa, Strunjan Salinera pp 83, 6330 Piran, Tel. 041-77 12 07.

070sl Foto: sk

Novo Mesto und der Südosten

071sl Foto: sk

Novo Mesto liegt ruhig und beschaulich an der Krka, man mag nicht glauben, dass hier die größte pharmazeutische Firma des Landes ihre Anlagen hat

Ein Spaziergang durch die Altstadt lohnt sich, auf dem Markt kann man seine Einkäufe erledigen

Wälder und Bären

Dolenjska, die Unterkrain, und **Bela Krajina,** die Weiße Mark, bilden den südöstlichsten Teil Sloweniens, ihre ausgedehnten Waldgebiete – die größten zusammenhängenden Europas – grenzen an Kroatien. Bären und Wölfe leben tief im Urwald, doch nur selten wird man sie zu Gesicht bekommen, undurchdringlich erscheint das Gestrüpp für Tiere und Touristen. Auch Partisanen nutzten im Zweiten Weltkrieg die Abgeschiedenheit und nicht wenige wichtige Kommandozentralen waren und blieben unter dem Blätterdach verborgen. Die Grenze zu Kroatien bildet der wärmste Fluss des Landes, die **Kolpa** – zum Baden, für Kanuten und Höhlenkundler hervorragend geeignet. Bis zu 30°C heizt sich ihr Wasser im Sommer auf.

Novo Mesto ist die größte Stadt der Region und das Verwaltungszentrum. In ihrer Umgebung finden sich zwei **Thermen:** Dolenjske Toplice und Šmarješke Toplice. Eine Rundfahrt auf den kurvigen Straßen durch die reizvolle, bewaldete Hügellandschaft berührt Burgen, Kirchen und Klöster und führt in eine Gegend, die **von Touristen – noch – wenig besucht** wird, obwohl die Infrastruktur ausgezeichnet ist und es viel zu entdecken gibt, unter anderem die hervorragenden Weine, die auf eine Jahrhunderte währende Weinbautradition zurückblicken können.

Highlights Dolenjska und Bela Krajina

- Altstadt von **Novo Mesto,** S. 279
- Schlosshotel **Otočec** (dessen romantische Insel Schwäne umrunden), S. 281
- Abtei von **Stična,** S. 283
- Kloster von **Pleterje** (wo Wein und Birnenschnaps besonders gut schmecken), S. 296
- **Partisanenlager Baza 20** (das von den Besatzern lange gesucht und nie gefunden wurde), S. 310
- Autofahrt in die **Schlucht der Kolpa** (und ein Bad in derselben), S. 298

Novo Mesto

↖ XIII/D3

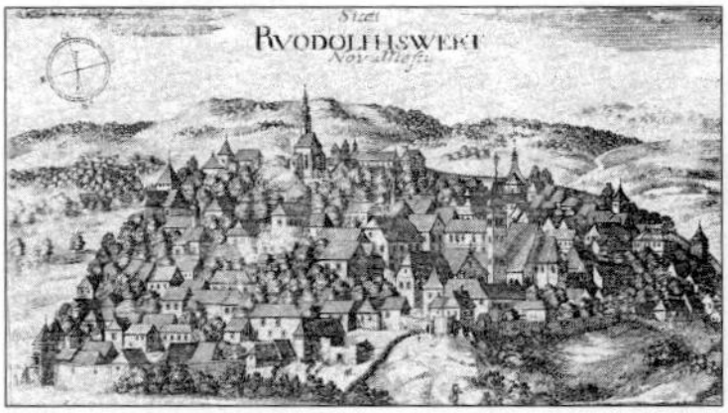

- **Meereshöhe:** 188 m
- **PLZ:** 8000
- **Vorwahl:** 07
- **Einwohner:** 24.000
- **Dt. Name:** Rudolfswerth/Neustädtl

Novo Mesto, an der wichtigen Autobahnachse Ljubljana – Zagreb in einem Talbecken gelegen, hat in den 1960er Jahren einen gehörigen Aufschwung genommen, als man die Industrie entwickelte: Autobau (Renault) und Pharmazie (das Konglomerat Krka) wurden angesiedelt, Elektrotechnik und Textilindustrie folgten. So hat sich eine **moderne Stadt** herausgebildet, deren äußerer Gürtel erst einmal überwunden sein will, möchte man auf die Halbinsel mit der hübschen Altstadt gelangen.

Die Altstadt liegt auf einem Hügel in einer **Flussschleife der Krka** (deutsch Gurk). Wer von der 4 km entfernten Autobahn kommt, erreicht das Zentrum auf dem „Festland", wer von Westen (Dolenjske Toplice) oder Osten (Pleterje) kommt, muss eine der beiden Brücke über die Krka benutzen. Die Altstadt besitzt ein etwas verwirrendes Einbahnstraßensystem, am besten parkt man kostenpflichtig auf der Freifläche am Novi trg (den Schildern zum Hotel Krka folgen). Aus der Ferne mag die Kapitolskirche auf der höchsten Erhebung als Orientierungsmarke dienen, in den Altstadtgassen ist sie nicht sichtbar.

Wie anderswo siedelten auch bei Novo Mesto die Illyrer um 1000 v.u.Z. und nutzten die günstige Lage am Wegekreuz Ljubljana - Zagreb und Celje - Karlovac. Zahlreiche archäologische Funde zeigen, dass die Region seit den Illyrern durchgängig bewohnt war. Die neuere Geschichte beginnt mit dem Habsburger Herzog *Rudolf IV.,* auch „der Stifter" genannt (die Universität Wiens geht auf ihn zurück), und seiner Taufe der Siedlung - er nannte sie Ruedolfswerde (Werde = Insel), was sich in **Rudolfswerth** wandelte, ein Name, der von den Einheimischen nicht immer goutiert wurde, meist nannten sie ihren Ort **Neustädtl** oder eben Novo Mesto.

Man errichtete eine **Festung,** die für die Habsburger auf ihrem Weg zur Adria immer wichtiger wurde und als Teil der Militärgrenze gegen das osmanische Reich im 15. und 16. Jahrhundert diverse Türkenattacken abzuwehren vermochte. Bereits 1746 gründete *Maria Theresia* das Gymnasium. 1893 kam die Eisenbahn und mit ihr die moderne Stadtentwicklung. Im Zweiten Weltkrieg von den Besatzern mit Stacheldraht gesichert, sah sich Novo Mesto in schwere Kämpfe verwickelt, die entsprechende Zerstörungen hinterließen.

Sehenswertes

Sv. Nikolaj

Südöstlich des Novi trg an der höchsten Erhebung der Halbinsel steht die **Kapitelkirche** Sv. Nikolaj. Die barockisierte Kirche beherbergt ein Gemälde von *Tintoretto,* das dieser Ende des 16. Jahrhunderts schuf. Das Bauwerk selbst geht auf 1429 zurück. Interessant ist auch die Form der Krypta. Da das Gelände abfällt, musste sie gewölbt ausgeführt werden. Die Probstei von 1493 nordwestlich hinter der Kirche besitzt eine Sammlung von Porträts kirchlicher Würdenträger und eine Bibliothek.

Unterkrain-Museum

Unterhalb der Kirche steht das **Dolenjsko muzej.** Der Gebäudekomplex beherbergt verschiedene Ausstellungen. Die **archäologische Abteilung** befindet sich im ehemaligen Gebäude der Deutschordensritter. Gesammelt sind Artefakte von der frühen Steinzeit bis zu den letzten Jahrhunderten der Antike - Illyrer, Kelten und Römer. Ein Großteil stammt von Gräberfeldern der Umgebung, interessant ist ein Kriegerhelm, der von 800 v.u.Z. datiert, ei-

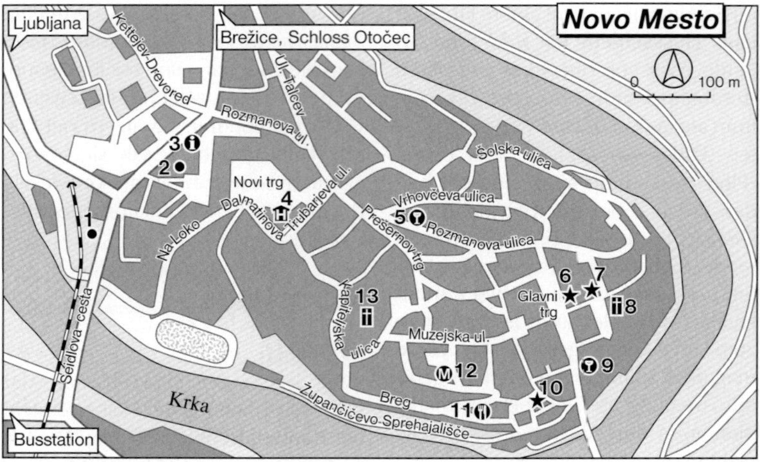

●	1	Bahnhof Zentrum
●	2	Internetcafé Mladinski Klub
ℹ	3	Touristinformation
H	4	Hotel Krka
Y	5	Pri Slonu
★	6	Rathaus
★	7	Gymnasium
ii	8	Franziskanerkirche
Y	9	Klub Vida
★	10	Jakac-Haus
R	11	Restaurant Breg
M	12	Museum
ii	13	Kapitelkirche

ner Periode, die auch als Hallstätter Hochzeit der Unterkrain bekannt ist.

Die **kunstgeschichtliche Abteilung** zeigt kirchliche und weltliche Stücke, Gemälde und Plastiken. Eine weitere besteht aus Einrichtungsgegenständen, Glas, Keramik und Porzellan. In der **ethnologischen Sammlung** widmet man sich dem Alltagsleben in der Unterkrain. Den **Partisanenkampf** illustriert die zeitgenössische Abteilung und schließlich stellt eine **Galerie** Werke lebender slowenischer Künstler vornehmlich aus dem grafischen Bereich aus.

●**Dolenjsko muzej,** Muzejska ulica 7, Tel. 07-373 11 30, Fax 07-373 11 12, www.dolmuzej.com, Di–Fr 8–17 Uhr, im Winter bis 16 Uhr, Sa 10–17 Uhr, im Winter bis 13 Uhr.

Jakac-Haus

Ein Stück abseits steht das Jakac-Haus und erinnert an den in der Stadt geborenen **Maler** *Božidar Jakac* mit über 800 seiner Werke.

●**Jakac-Haus,** Sokolska ulica 1, Tel. 07-332 56 32, Öffnungszeiten wie Museum.

Glavni trg und Frančiškanski trg

Der Glavni trg, der alte Hauptplatz der Stadt – und Sloweniens größter städtischer Platz überhaupt –, zieht sich langgestreckt hinunter zur Krka. Der Platz war vor dem 19. Jahrhundert rundherum arkadengesäumt, bis man diese zumauerte. Heute restauriert man Schritt für Schritt und versucht, den ursprünglichen Zustand wieder herzustellen. Besonders beachtenswert ist das **Rathaus,** das 1905 als neugotisches Bauwerk entstand. Davor erinnern Büsten an den Schriftsteller *Janez Trdina* und den Dichter *Dragodin Kette,* beide Kinder der Stadt.

Die Kirche **Sv. Leonard** am Frančiškanski trg östlich des Glavni trg geht auf das Jahr 1664 zurück. 1886 wandelte man ihr Aussehen zum Neogotischen hin. Das Augenmerk sollte man auf die Grabsteine unter dem Glockenturm richten, einer wurde für *Ivan Lenkovič* geschaffen, der die Türken abwehrte und im Schloss Otočec residierte. Nördlich des kleinen Platzes steht das unter Kaiserin *Maria Theresia* gegründete **Gymnasium** - heute Bibliothek.

Schloss Grm

Im südlichen Vorort Grm steht vor den Pforten des Renaultkomplexes Grad Grm aus dem 16. Jahrhundert. Das noch relativ gut erhaltene Schloss im Stil der **Spätrenaissance** beherbergt Büros und ist nur von außen zu besichtigen.

In der Umgebung

Schloss Otočec ↘ XIII/D3

Wichtigstes Ausflugsziel für die Bewohner Novo Mestos sind das Schloss Otočec und die dortigen **Ufer der Krka.** Man angelt, wandert, reitet auf dem Pferdehof von Grad Struga oder rudert im Boot. Gebadet wird in den Thermalwassern des 5 km nördlich liegenden Komplexes Šmarješke Toplice.

Mitten in der Krka auf einer Insel und nur über Holzbrücken erreichbar, schwärmt das Schloss Otočec von einer ganz anderen Zeit - einer Zeit der Romantik, als die hehren Gestalten die Burgfräulein mit ihrer Leier umwarben. Schneeweiße Schwäne schweben im Morgendunst über dem Wasser und lassen das Herz jedes Besuchers höher schlagen. Durch ein gewaltiges Tor betritt man den Innenhof und das Personal des **Schlosshotels** wird alles unternehmen, dass man sich wie der Besitzer dieses überaus angenehmen Wohnortes fühlt. Stilsicher sind die Zimmerfluchten eingerichtet und die Bäder spiegeln Kristall und Porzellan. Hinaus schweift der Blick über die Wälder oder auf den Burghof, wo Kaffee und Kuchen oder abends ein bei Fackelschein serviertes Rittermenü winken. Das alles hat natürlich seinen Preis (⇦Unterkunft).

Stari grad

Stari grad ist ein weiteres Schloss in der Umgebung (2,5 km nördlich von Otočec). Momentan renoviert es der Pharmakonzern Krka Zdravilišča, in den nächsten Jahren soll das Bauwerk wahrscheinlich als Pharmaziemuseum seine Pforten öffnen. Das Schloss entstand um 1300 und wechselte häufig seine Besitzer, unter ihnen die Grafen von Cilli und die Habsburger. 1944 wurde ein Teil des Schlosses ein Raub der Flammen, man sicherte, baute wieder auf und neue Flügel an, doch

072sl Foto: sk

immer noch ist der zentrale Teil aus dem Mittelalter mit seinem zweistöckigen Palas dominant.

Wanderung zum Trdinov vrh ↖ XX/A1

Für einen Wanderausflug fährt man mit dem Auto nach **Gabrje** östlich von Novo Mesto. Von hier aus geht man eine Stunde zur Berghütte Dom Vinka Paderšiča (Tel. 07-302 49 20, Fax 07-322 58 91, auch mit dem Auto in 20 Min. erreichbar, essen und schlafen möglich) und weitere 45 Min. bis zum Gipfel Trdinov vrh, 1178 m hoch und direkt an der **slowenisch-kroatischen Grenze** gelegen. Fernsicht vom höchsten Punkt der Gegend belohnt den Fußfleißigen.

Novo Mesto vermittelt absolute Idylle, doch ist der alte Kern von einer Neustadt umgeben, in der die hektische Geschäftswelt zuhause ist

Wanderungen bei Prečna ↖ XIII/D3

Kleine Wanderungen sind bei Prečna, 5 km westlich von Novo Mesto, möglich. In einem Talkessel 1,5 km westlich des Dorfes und nördlich des Sportflughafens am Ende des **Luknja-Tales** entspringt unterhalb der Ruinen der Burg Luegg das Flüsschen Prečna, ein unterirdischer Karstabfluss der Temenica. Man kann am Ufer der Temenica entlang laufen bis zu ihrer

Quelle, der Burg und der **Lukenjska-Höhle** (1,8 km, 1 Std.) oder in etwa 300 m Höhe über dem Luknja-Tal wandern und dann hinabsteigen zur Höhle (3,5 km, 2 Std.). Informationstafeln weisen den Weg. Ein Abstieg in die Höhle ist nur geführt möglich (Infos über das TIC Novo Mesto).

Abtei Stična

↖ XIII/C2

Die Abtei liegt in dem kleinen gleichnamigen Örtchen auf halbem Weg zwischen Novo Mesto und Ljubljana, etwas abseits der Hauptstraße bei Ivančna Gorica. Stična – Sittich – ist eine Abtei des **Zisterzienserordens** und geht auf das Jahr 1135 zurück, als das reguläre Ordensleben drei Jahre nach dem Ruf des Patriarchen von Aquileia begann. Die ersten Mönche stammten aus den Nähe von Graz, der Abt aus Frankreich. Sittich war bis 1462 das wichtigste religiöse Zentrum der Unterkrain und blieb auch nach der Gründung der Diözese von Ljubljana eines der bedeutendsten kirchlichen Zentren des Landes bis 1784, als Kaiser *Joseph II.* die Abtei schloss. Viele der gesammelten Kunstwerke und die reichhaltige Bibliothek gingen verloren. 1898 schließlich wurde Sittich von österreichischen Zisterziensern neu in Betrieb genommen und heute blüht das Klosterleben wieder – nicht zuletzt durch die vielen Touristen, deren Spenden den Erhalt der weitläufigen Anlagen erst erlauben. Die Abtei öffnet ihre Pforten als Religionsmuseum.

An der Vorderfront des Klosters dominiert der ehemalige **Eingangsturm,** durch den in den früheren Jahren jeglicher Verkehr stattfand. Sein Gewölbe ist mit den ältesten erhaltenen figuralen Stuckarbeiten in Slowenien geschmückt und zeigt die Kirchenväter *Augustinus, Gregorius, Ambrosius* und *Hieronymus,* das jüngste Gericht und die Kreuzigung.

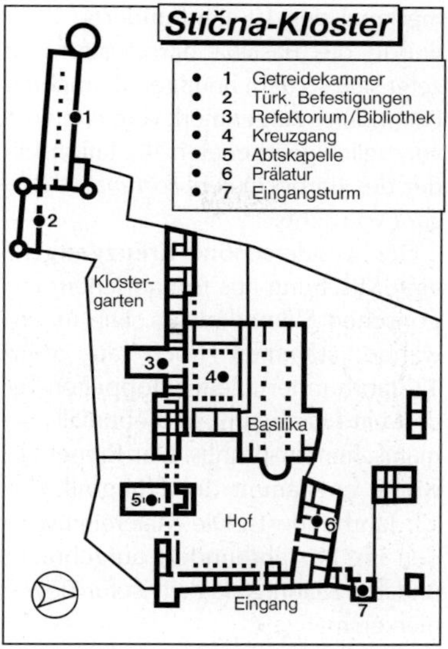

Wichtigstes Denkmal des Abteigeländes ist die **romanische Basilika** mit einem ganz typischen Grundriss. Bei den Zisterziensern stand die Schmucklosigkeit der Gotteshäuser im Vordergrund, was zu glatten und geraden Abschlüssen der Apsiden führte. Im Gegensatz dazu ist die Basilika von Sittich im frühzisterziensischen Stil mit gerundeten Abschlüssen aller fünf Apsiden ausgestattet – eigentlich ein Baumerkmal des 10. Jahrhunderts. 1622 wurde die Basilika barockisiert, sie zeigt sich so dem heutigen Betrachter. Besonderes Augenmerk verdienen die vorzüglich gearbeiteten 14 Stationsbilder des Barockmalers *Fortunatus Bergant* von 1766.

Der wunderschöne **Kreuzgang** ist eine Mischung aus romanischen und gotischen Stilmerkmalen. Die Innenwände stammen noch aus dem 12. Jahrhundert, ein Doppelfenster und ein Durchgang sind ebenfalls romanischen Ursprungs. Das Rippengewölbe entstammt der Frühgotik des 13. Jahrhunderts. Die Malereien wurden im 14. Jahrhundert aufgebracht und ihre Mannigfaltigkeit ist für Slowenien einmalig.

Das **Refektorium** gibt sich mit seinen Stukkaturen wiederum im Barockstil, auch wenn es auf die Romanik zurückgeht. Die **Bibliothek** besitzt nur wenige alte Bücher und Handschriften, sie wurden erst ab Wiedereröffnung Ende des 19. Jahrhunderts angeschafft. Auf immerhin 25.000 Bände summiert sich der Bestand.

Den großen Hof begrenzen unter anderem die **Abtskapelle** im Stil des Spätbarock mit Einschlag aus dem Rokoko und die alte **Prälatur** im Stil der Renaissance.

Das strenge Klosterleben der Mönche – „arbeite und bete“ – drückt sich in den Sammlungen des **Museums** aus: Man sieht eine Schuhmacherei, eine Tischlerei, eine Buchbinderei, aber auch Künstlerateliers, denn einige Mönche brachten es in der Malerei zu beträchtlichem Bekanntheitsgrad – unter ihnen Pater *Gabrijel Humek,* dessen Gemälde ausgestellt sind. Sammlungen liturgischer Gefäße, Messgewänder und einfache religiöse Andachtsgegenstände komplettieren die Ausstellung.

● **Abtei Stična,** Tel. 01-787 71 00, Fax 01-787 75 70, täglich außer Mo, Führungen um 8.30, 10, 14 und 16 Uhr, So nur nachmittags, Eintritt 3 €.

Burg Bogenšperk

↖ XIII/C2

Fährt man von der Abtei Stična noch weiter nördlich Richtung Šmartno/Litija, kommt man zur Burg Bogenšperk. „Wagensberg“ geht auf die Familie *Wagen* zurück, die mit ihrer Burg zum ersten Mal 1533 in den Schriften auftaucht. Zu einem fast heiligen Ort für die Slowenen wurde Bogenšperk, weil die Burg vom großen Universalgenie **Johann Weichard Valvasor** 1672 gekauft und zu seinem Wohnsitz gestaltet wurde. Er lebte und arbeitete hier 20 Jahre lang, baute eine **Druckerei** auf und schrieb unter anderem das Werk **„Die Ehre des Herzogthums Crain“** (das allerdings in Nürnberg gedruckt wurde). Die Erstellung dieses Werkes stürzte ihn in Armut und er musste Bogenšperk aufgeben und verkaufen. Es geriet schließlich in die Hände der Windischgrätzer und wurde 1945 verstaatlicht. Heute ist es ein **Museum.**

Die Burg entstand im Stil der Renaissance und ersetzte die alte Familienburg, die einem Erdbeben zum Opfer gefallen war. Die Ausstellungen umfassen das Arbeitszimmer von Valvasor, eine Kupferstecherei und Druckerei

073sl Foto: sk

074sl Foto: sk

sowie eine ethnologische Sammlung zu Aberglauben und Volkstrachten. Eine eigene Ausstellung widmet sich dem Zweiten Weltkrieg, als die Burg zum Grenzübergang zwischen Italien und Deutschland mutierte, die das Land unter sich aufgeteilt hatten. Ein Restaurant dient dem leiblichen Wohl und verköstigt ab und an auch Brautgesellschaften, die im Trausaal den Bund fürs Leben schließen.

● **Museum Bogenšperk,** Bogenšperk 5, Šmartno pri Litji, Tel. 01-898 76 64, www.bogensperk.si, 1.3.–31.10. Di–Fr 9–15 Uhr, Sa/So 9–17 Uhr, sonst nur Sa/So 9–17 Uhr.

Muljava

↗ XIII/C3

Unweit der Abtei von Stična südlich von Ivančna Gorica kann man in Muljava die **Kirche Mariä Himmelfahrt** aus dem 15. Jahrhundert besichtigen. Wie viele Kirchengebäude wurde auch sie barockisiert und mit Fresken versehen. Der goldbelegte Hochaltar ist beachtenswert – er gehört zu den größten seiner Art im Land. 1475 überfielen die Türken den Ort, was der Schriftsteller *Josip Jurčič* in einem seiner Werke festhielt. Sein Geburtshaus ist ebenfalls am Ort, es wurde in ein **Freilichtmuseum** integriert. Es besteht

Hoch über der an einem Hügel angelegten Altstadt von Novo Mesto wacht die Kirche

Das Unterkrain-Museum hat einige archäologische Kostbarkeiten zu bieten

aus dem Wohnhaus und mehreren Wirtschaftsgebäuden, die für einen Hof der Unterkrain typisch waren. In einer Galerie im ehemaligen Stall finden regelmäßig Dichterlesungen statt.

● **Freilichtmuseum,** Muljava 11, Tel. 01-787 65 00, www.ivancna-gorica.si/muljava/index.html, 1.3.–30.11. Di–So 8–12 und 13–17 Uhr.

Žužemberk

↖ XIII/C3

Fährt man von Muljava auf der Nebenstraße Richtung Dolenjske Toplice nach Novo Mesto zurück, passiert man Žužemberk. Die gewaltige **Burg** wurde im Zweiten Weltkrieg bei mehrfachen Luftangriffen zerstört, die Außenmauern und Bastionen stehen aber noch und seit vielen Jahren wird renoviert und neu aufgebaut.

Unterhalb des Ortes eine schmale Straße in das Bett der Krka hinunter und zu Fuß über eine wenig vertrauenerweckende Holzbrücke erreicht man die alte **Mühle** – ein pittoresker Ort.

● **Grad Žužemberk,** Grajski trg 1, 8360 Žužemberk, Tel. 07-388 51 80, www.obcine.net/zuzemberk.

Krka-Quelle

↖ XIII/C3

Die etwa 20 km zwischen Žužemberk und der Quelle der Krka gelten als herausragendes Angelrevier (Angelscheine erhält man in der Gostilna in Žužemberk am Hauptplatz, Tel. 07-308 70 07). Das Quellgebiet der Krka erreicht man zwischen Žužemberk und Muljava westlich des Weilers Trebnja Gorica nahe der Ortschaft **Gabrovčec.** An einem kleinen Kiosk zahlt man Eintritt und geht unter Führung zum Eingang. Knapp 200 m tief wird man vorbei an Tropfsteinen zu einem **Höhlensee** geleitet, dessen Oberfläche aber nur einen Bruchteil des unterirdischen Seengebietes ausmacht. Er wird Siffonsee genannt, da er im Winterhalbjahr die ganze Höhle überschwemmen kann.

● **Krka-Quelle,** März bis Oktober täglich 9–19 Uhr, sonst 11–15 Uhr, 500 SIT.

Praktische Tipps

Informationen

● **TIC,** Novi trg 6, 8000 Novo Mesto, Tel. 07-393 92 63, Fax 07-393 92 08, www.novomesto.si.

Service

● **Post:** Novi trg 7, Tel. 07-371 86 00.
● **Geldwechsel:** SKB, Novi trg 3, Tel. 07-373 15 60.
● **Internet-Café:** Mladinski Klub, Novi trg 6, Tel. 07-337 45 10, lokalpatriot@drustvo-dns.si.

Notfälle

● **Ambulanz/Zdravstveni dom:** Kandijska cesta 4, Tel. 07-391 67 00.
● **Apotheke/Lekarna:** Kandijska cesta 1, Tel. 07-332 14 65.

Verkehr

● **Züge:** Novo Mesto hat zwei Bahnhöfe, einen kleinen beim Zentrum und den eigentlichen Fernbahnhof 2 km im Norden, Kolodvorska ulica 1, Tel. 07-298 39 34.
● **Fernbusse:** Topniška c. 1, Tel. 07-332 11 23.
● **Öffentl. Stadtverkehr:** Novo Mesto bietet ein gut ausgebautes Busnetz, das das Zentrum mit den Vororten verbindet.
● **Taxis:** Topniška cesta 1, Tel. 07-332 57 77.
● **Mietwagen:** Globtour, Rozmanova ulica 19, Tel. 07-332 33 76; Hertz, Zwittrova ulica 1, Tel. 07-338 26 80.
● **Fahrradverleih:** Sport Hotel, Otočec ob Krki, Grajska cesta 2, Tel. 07-307 51 65; K2M,

Pionirska cesta 2, 8350 Dolenjske Toplice, Tel. 07-306 68 30; Domen, Družinska vas 1, 8220 Šmarješke Toplice, Tel. 07-307 30 51.

Einkaufen

- **Bücher und Karten** bekommt man bei Mladinska Knjiga, Glavni trg 9, Tel. 07-393 11 50.

Unterkunft

- Hotel **Krka** (****), Novi trg 1, Tel. 07-394 21 00, Fax 07-331 30 00. Modernes Stadthotel für Geschäftsleute, gute Küche, Einzelzimmer ab 55 €.

In der Umgebung:

- **Schlosshotel Otočec** (*****), Grajska cesta 2, Otočec ob Krki, Tel. 07-307 51 68, Fax 07-307 54 60, otocec@krka-zdravilisca.si., www.krka-zdravilisca.si. Eines der schönsten Hotels des Landes mit vorzüglichem Personal, Einzelzimmer ab 100 €.
- **Sport** Hotel (****), Grajska cesta 2, Otočec ob Krki, Tel. 07-307 51 65, Fax 07-307 54 20. Betonburg mit gehobenem Standard, Einzelzimmer ab 65 €.
- Hotel **Vital** (****) und Hotel **Kristal** (****), 8350 Doljenske Toplice, Tel. 07-391 95 00, Fax 07-306 56 62, booking.dolenjske@krka-zdravilisca.si, www.krka-zdravilisca.si. Renovierte Kurhotels, gemeinsame Kureinrichtungen, Einzelzimmer ab 55 €; Isoakratothermalwasser von 36°C, gegen rheumatische Erkrankungen, Rehabilitation bei orthopädischen Erkrankungen, Osteoporose.
- Hotel **Šmarjeta** (****), Brezovica 1, 8220 8220 Šmarješke Toplice, Tel. 07-307 32 30, Fax 07-307 31 07, booking.smarjeske@krka-zdravilisca.si, www.krka-zdravilisca.si. Kurhotel, beste Wahl am Platz, Einzelzimmer ab 68 €; Hypothermalwasser mit 32°C gegen Herz- und Gefäßleiden, Erkrankungen des Bewegungsapparates, Sportverletzungen, Erkrankungen des Nervensystems und psychosomatischer Art.
- Hotel **Krka** (****), Brezovica 1, 8220 Šmarješke Toplice, Tel. 07-307 32 30, Fax 07-307 31 07. Kurhotel, vornehmlich für länger Residierende, Einzelzimmer ab 60 €.
- Pension **Kolesar** (**), Doljene Sušice 22, 2 km südlich von Dolenjske Toplice, Tel. 07-306 50 03, Fax 07-306 50 03. Kleine, familiäre Pension, Einzelzimmer ab 15 €.

Jugendherberge:

- Eine **Jugendherberge** in der Altstadt von Novo Mesto ist in Planung – im TIC fragen.

Privatzimmer/Ferienwohnungen:

- Apartments **Ravbar** (**–****), Smrečnikova 15, in südlichem Vorort, 10 Min. zu Fuß von der Altstadt über die Kandijski Brücke, Tel. 07-373 06 80, Fax 07-373 06 81, uros.ravbar@siol.net, www.infotehna.si/ravbar.
- Privatzimmer **Vidic** (***), Ljubljanska cesta 51, ein ganzes Stück außerhalb im Norden an der Hauptstraße nach Ljubljana, mit dem Bus erreichbar (1+4), Tel. 07-393 03 56, Fax 07-332 11 72S.
- Privatzimmer **Tomlje** (**), Zdraviliški trg 24, 8350 Dolenjske Toplice, Tel./Fax 07-306 50 23.
- Privatzimmer **Kavčič** (**), Šmarješke Toplice 170, 8220 Šmarješke Toplice, Tel./Fax 07-307 30 95.
- Privatzimmer **Majcen** (**), Brezovica 70, 8220 Šmarješke Toplice, Tel. 07-307 36 59.
- Privatzimmer **Jakše,** Šmarješke Toplice 111, 8220 Šmarješke Toplice, Tel. 07-307 36 50.

Camping:

- **Otočec** (**), Grajska cesta 2, 8222 Otočec, Tel. 07-307 51 65, Fax 07-307 54 20, booking.otocec@krka.zdravilisca.si, www.krka-zdravilisca.si; 15.5.–30.9. offen, 50 Plätze.
- **Dolenjske Toplice** (**), Zdraviliški trg 11, 8350 Dolenjske Toplice, Tel. 07-391 94 00, Fax 07-306 56 62, marketing.dolenjske@krka-zdravilisca.si, www.krka-zdravilisca.si; 1.5.–30.9. offen, 15 Plätze.

Ferien auf dem Bauernhof:

- **Šeruga,** Sela pri Ratežu 15, südlich von Otočec kurz vor Ratež, 8222 Otočec, Tel. 07-335 62 00, Fax 07-335 62 01, turist.kmetija.seruga@siol.net.
- **Na Gričku,** Sadinja vas 7, westlich Novo Mesto kurz vor Žužemberk, 8361 Dvor, Tel. 07-308 74 30.
- **Domen,** Družinska vas 1, 8220 Šmarješke Toplice, nordöstlich von Otočec, Tel. 07-307 30 10, Fax 07-384 30 11, domen@iname.com, www.domen-sp.si.

075sl Foto: sk

Essen und Trinken

- Gostilna **na Hribu,** Škrjanče pri Novem Mestu 3, Tel. 07-334 70 91, an der Bahnlinie entlang nach Süden, dann Richtung Birčna vas; Spezialitäten bäuerlicher Küche auf 100 Jahre altem Hof, 3500 SIT, nur Fr, Sa, So geöffnet.
- Restavracija **Breg,** Cvelbarjeva ulica 7, Tel. 07-332 12 69; Traditionsgaststätte im Ort, Möglichkeit draußen zu sitzen, Spezialitäten und internationale Karte, 3000 SIT.
- Gostilna **Kos,** Šmarješka cesta 26, Tel. 07-337 05 40; gute slowenische Küche mit der Spezialität „Würste in Cviček", 2500 SIT.
- Gostilna **Vovko,** Ratež 48, Tel. 07-308 56 03; Hausgeschlachtetes, selbstgemachte Würste, Einbrennsuppe, alles was die Bauern auf den Tisch bekommen, 2500 SIT.
- Gostilna **Dežmar,** Ljubljanska cesta 65, Tel. 07-337 93 00; einheimische Küche, 2000 SIT.

Abends unterwegs

Das Nachtleben von Novo Mesto ist nicht sonderlich ausgeprägt, auf Diskotheken muss man verzichten und sich mit Pubs behelfen.

- Im **Klub Vida,** Glavni trg 14, Tel. 07-332 23 00, versammeln sich die Jüngeren.
- Studenten treffen sich im **Mladinski Klub,** Lokal Partiot, Novi trg 6, Tel. 07-337 45 10.
- Einige Pubs befinden sich in den Neubauten außerhalb des Zentrums nördlich des Hauptbahnhofs, z.B. **Kavka** und **Big Star.**
- Die älteste, mithin traditionsreichste Bar der Stadt ist die Kava Bar **Pri Slonu,** Rozmanova ulica 22, Tel. 07-332 14 95.
- Mit Spielautomaten und Karten kann man sich im **Kasino des Hotel Sport** bei Otočec ob Krki vergnügen.

Im Schlosshof des Hotel Otočec kann man trefflich tafeln oder auch nachmittags nur einen Kaffee einnehmen

Aktivitäten

- **Reiten:** Konjeniški center Struga, 8222 Otočec, Tel./Fax 07-307 56 27, otocec@krka-zdravilisca.si, www.krka-zdravi lisca.si; Konjeniški klub, Češča vas 55, Tel. 07-332 23 46.
- **Wandern:** Neben diversen markierten Wanderwegen besonders bei den beiden Thermalorten gibt es bei Dolenjske Toplice den Naturlehrpfad Rožek; er beginnt an der Abzweigung nach Rog von der Hauptstraße zwischen Ljubljana und Črnomelj und geht über 2 km an 12 Stationen vorbei durch den Wald.
- **Thermalbäder:** ⇦Unterkunft
- **Fliegen:** Aeroklub Novo Mesto, Rozmanova ulica 10, Tel. 07-334 82 22, Rundflüge à 15 Min. 30 € für 3 Personen.
- **Bootsverleih:** Beim Hotel Schloss Otočec, Otočec ob Krki.
- **Kanufahrten und Rafting:** K2M, Pionirska cesta 2, 8350 Dolenjske Toplice, Tel. 07-306 68 30, Fax 07-306 68 30, k2m@k2m.si, www.k2m.si, Kajak- und Kanufahrten auf der Krka; Carpe diem, Krka 27, 1301 Krka, Tel. 01-780 60 11, organisiert Rudern und Kajakfahrten; Rafting Klub Gimpex, Straža, Na Žago 6, Tel. 07-384 75 36, Gummibootfahrten auf der Krka; Žužemberk Kajak and Rafting, 8360 Žužemberk, Tel. 07-308 70 55, unternimmt Kajak- und Kanufahrten sowie Rafting auf der Krka.
- **Angeln:** Angelscheine erhält man in den Hotels Krka und Schloss Otočec, in den Hotels von Dolenjske Toplice und für das Quellgebiet der Krka in der Gostilna von Žužemberk.
- **Ski fahren:** Ein kleines Skigebiet befindet sich 12 km südlich von Dolenjske Toplice direkt an der Hauptstraße nach Črnomelj: Rog Črmošnjice, Smučarsko-rekreacijski center, Ždraviliški trg 22, 8350 Dolenjske Toplice, Tel. 07-391 94 72, Fax 07-306 56 63, peter.hencic@krka-zdravilisca.si, Schneetelefon 040-94 01 12, Meereshöhe 700–965 m, 5 Schlepplifte, 6 km Pisten, 7 km Loipen.

Brežice

↖ XIV/B3

- **Meereshöhe:** 162 m
- **PLZ:** 8250
- **Vorwahl:** 07
- **Einwohner:** 7000
- **Dt. Name:** Rann

Brežice liegt unweit der kroatischen Grenze am **Zusammenfluss von Krka und Sava** nördlich der Einmündung auf einer Anhöhe. Die Hauptstraße Ljubljana – Zagreb verläuft entlang der Sava an deren südlichem Ufer. Fährt man von der Autobahn ab, kommt man über eine Brücke und in einem Bogen auf die Hauptstraße des Ortes, die zur Burg hin als Einbahnstraße ausgebildet ist. Im Bereich der Burg sind Parkplätze kein Problem, das Zentrum ist auf kurzem Wege zu Fuß erreichbar.

Die beherrschende Lage in der Landschaft an einer Stelle, wo die Sava sich verengt, machte den Ort zu einer vorzüglichen Befestigung erst gegen die Ungarn, dann gegen die Türken. Davor nutzten aber auch schon die Römer den Ort als Kastell. 1241 findet der Ort seinen Weg in die Schriftrollen. Er stand in Besitz der Bischöfe zu Salzburg bis 1493, als die Habsburger die Macht übernahmen. Ab 1694 war er in Besitz der Grafen von Attems. Stadtrechte erhielt man bereits 1353. Die Ungarn bemächtigten sich zwischen 1479 und 1491 der Siedlung. Im 15. Jahrhundert zerstörten die Türken mehrfach die Befestigungsanlagen. Die Bauern taten es ihnen 1515 anläss-

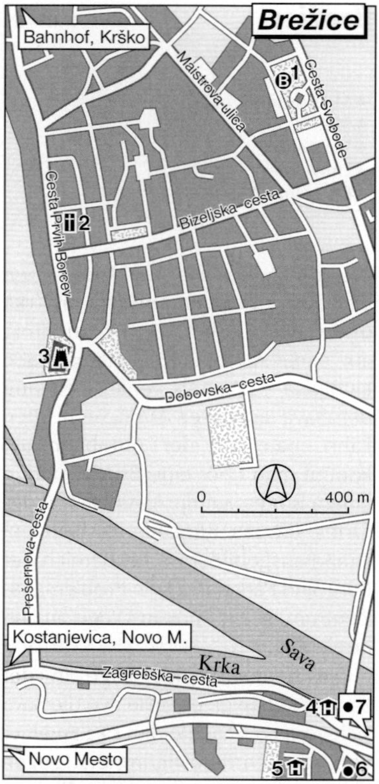

Ⓑ	1	Busstation
	2	Sv. Lovrenc
	3	Burg/Museum
	4	Budič
	5	Sabotič
•	6	Reiterhof Zevnik
•	7	Thermen

lich eines Aufstands gleich: Sie brannten die Burg nieder.

In der zweiten Hälfte des 19. Jahrhunderts wurde die Gegend stark germanisiert, wodurch eine Polarisierung eintrat. Die Gründung einer deutschen Schule zog die Entstehung nationalslowenischer Einrichtungen nach sich. Während des Zweiten Weltkriegs siedelten die Besatzer Deutschstämmige aus der Ukraine, aus Rumänien, Bulgarien und Bessarabien an. Nach dem Krieg wanderten diese Siedler wieder aus.

Museum in der Burg

Wichtigste Sehenswürdigkeit ist das Museum in der Burg. Es widmet sich der **Geschichte des Sava-Tales,** besitzt Ausstellungen zu Archäologie und Ethnologie und zeigt Zimmereinrichtungen. Hinzu kommen eine Sammlung **barocker Kunst** und eine **kunstgeschichtliche Ausstellung.** Eine Abteilung beschäftigt sich mit dem Partisanenkrieg, eine weitere mit Bauernaufständen. Im mit Fresken verzierten Rittersaal vom Beginn des 18. Jahrhunderts finden immer wieder Veranstaltungen statt. Er ist mit 35 x 10 m und 8 m Höhe der größte barock geschmückte Profanraum des Landes. Der Reichtum der Fresken geht auf den Grafen *Ignaz Maria Attems* zurück, der sich Maler auf die Burg holte und diese zu Freskenmeistern ausbilden ließ.

•**Posavski muzej,** Cesta prvih borcev 1, Tel. 07-496 12 71, www.posavski-muzej.si, Mo–Fr 8–14.30 Uhr, Sa/So 9–12 Uhr.

Sv. Lovrenc

Die Kirche Sv. Lovrenc entstand 1782 anstelle der ständig vom Hochwasser bedrohten, früheren Pfarrkirche. Im Inneren prunkt es barock, das Äußere ist kühl klassizistisch gehalten.

Thermen

Auf dem anderen Ufer der Sava, ein wenig östlich der Stadt, befinden sich die Thermen. Eine riesige Wasserlandschaft mit nicht weniger als neun Außenpools wartet auf Gäste, in den Hallen sind weitere Schwimmbäder, Saunen, Dampfbäder nach römischer und türkischer Art, Solarien, Fitnessgeräte und allerlei mehr. Das Wasser ist gesund und lindert rheumatische Beschwerden und Nervenleiden, mit Einrichtungen wie diversen Wasserrutschen kommen auch Kinder und Jugendliche auf ihre Kosten.

In der Umgebung

Polovič-Museum ↘ XIV/B3

Östlich von Brežice Richtung Bizeljsko befindet sich im Weiler **Sela** das Museum der Familie *Polovič*. Großwildjäger kommen hier allemal auf ihre Kosten, können sie doch nicht nur slowenische, sondern besonders afrikanische Tiere bestaunen – vom Büffel, über Zebra, Löwe und Giraffe bis zum Elefanten – ungefährlich weil **ausgestopft.** Wer den armen Tierseelen einen Toast hinterhersprechen will, kann dies im **Weinkeller** tun, wo die Familie ihr Gekeltertes ausschenkt.

• **Polovič muzej,** Sela 2, 8257 Dobova, Tel. 07-466 83 80, muzej.polovic@afp.si, Besuch nach Voranmeldung.

Schloss Mokrice ↘ XV/C3

Mokrice liegt herrlich inmitten eines **Golfplatzes** und bietet mit 30 Zimmern einen exklusiven und luxuriösen Aufenthalt an, den nicht nur Golfspieler zu genießen trachten. Auch das Restaurant wird seiner außerordentlichen Lage gerecht, so dass keine Wünsche offen bleiben. Das Schloss geht auf den Beginn des 15. Jahrhunderts zurück und wurde auf einer kleinen Anhöhe errichtet und mit einem Burggraben umgeben. Im 16. Jahrhundert baute man um und gab ihm seinen heutigen **Renaissance-Charakter** mit vier mächtigen Türmen, vier Flügeln und einem arkadengesäumten Innenhof. Der **Park** entstand im 19. Jahrhundert, zu Beginn des 20. Jahrhunderts wurde er romantisch umgestaltet.

An den Ufern der Sava ↘ XIV/B3-A2

Von Brežice nach Westen kann man ab dem Ort Krško auf breiter, gut ausgebauter Straße am südlichen Ufer der Sava entlang fahren oder am nördlichen parallel zu den Eisenbahnschienen auf schmalem Weg. Die erste Station, **Krško** (Gurkfeld), ist – auch wenn einst *Valvasor* einige Zeit hier gelebt hat – ein unansehnlicher Industrieort ohne wichtige Sehenswürdigkeiten – abgesehen vom **Kapuziner-Kloster** (Tel. 07-492 17 80, Führung nach Voranmeldung, ca. 1 Std. Dauer), dass eine beachtenswerte Bibliothek und eine kleine Sammlung alter Meister besitzt.

In der nächsten Ortschaft **Brestanica** ist der Besuch der **Rajhenburg** (Reichenburg) ein Muss. Steil führt der Weg hinauf und bedrohlich thront die Burg über der Sava – so bedrohlich wie der Inhalt des Museums, das die deutsche Besatzungszeit und KZs auf slowenischem Boden thematisiert.

(Cesta izgnancev 3, Tel. 07-497 15 68, Di–Sa 10–17 Uhr, So 11–15 Uhr). Die 895 errichtete Burg wurde als erste auf slowenischem Boden urkundlich erwähnt. 1043 kam sie in Salzburger Besitz. 1884 wurde sie zum Kloster und während des Zweiten Weltkriegs schließlich zum Sammellager für zu Deportierende – ein Großteil Sloweniens sollte deutsch werden, dazu wurden Pläne entwickelt, 250.000 Menschen nach Serbien und Kroatien auszusiedeln. Auch politische Häftlinge wurden nach Rajhenburg verbracht.

Dritter Halt ist **Sevnica** (Lichtenwalde). Das dominierende Schloss erbauten die Salzburger Erzbischöfe im 14. Jahrhundert. Der spätromanische Bergfried ist noch erhalten, die zweistöckigen Arkaden im Hof gehen auf die Renaissance zurück. In den Vorratsgewölben ist der **Luther-Keller** zu besuchen, der im 16. und 17. Jahrhundert Protestanten als Andachtsraum diente. Er ist im Renaissance-Stil mit herrlichen Fresken geschmückt, eines der wichtigsten Denkmäler aus jener Zeit (Besuch des Schlosses Mi/So 15–18 Uhr, Sa 11–16 Uhr oder nach Vereinbarung über die Touristeninformation, Cesta izgnancev 3, 8280 Brestanica, www.brezice-tourism.com).

Fährt man von Sevnica am linken Ufer der Sava 3 km zurück zur Ortschaft Spodnje Vranje und dort nach Norden in die Berge, kommt man oberhalb von Vranje nach **Ajdovski gradec,** eine spätrömische/frühchristliche Siedlung, die als archäologischer Park hergerichtet wurde. Fundamente von Wohnhäusern, zwei Kirchen, Grabstätten und Wehrtürme erinnern an die Blütezeit dieser Ortschaft auf 436 m Höhe, die wohl von Hunnen oder Slawen eingenommen und niedergebrannt wurde.

Fährt man von Sevnica Richtung Breg und biegt auf halber Strecke nach Norden ab, erreicht man die 947 m hohe Schutzhütte von **Lisca** – Tončov dom na Lisci (Tel. 03-573 50 16) mit Restaurant, einfachen Zimmern und Sauna. Hier ist ein beliebter Startplatz der **Drachenflieger** und es ergeben sich mannigfaltige Wandermöglichkeiten.

Praktische Tipps

Informationen

- **TIC,** Topliška cesta 45, 8251 Čatež, Tel. 07-493 67 77, und Cesta prvih borcev 44, Brežice, Tel. 07-499 41 90.

Service

- **Post:** Levstikova ulica 2, Tel. 07-499 45 14.
- **Geldwechsel:** Cesta prvih borcev 39, Tel. 07-496 11 28.

Notfälle

- **Ambulanz/Zdravstveni dom:** Černelčeva cesta 8, Tel. 07-499 14 50.
- **Apotheke/Lekarna:** Černelčeva cesta 8, Tel. 07-496 67 50.

Verkehr

- **Bahnhof:** Trg Vstaje 3, 2 km außerhalb im Norden, Tel. 07-496 12 93.
- **Fernbusse:** Ulica Stanka Škalerja.
- **Öffentl. Nahverkehr:** Zwischen Busstation und Bahnhof gibt es tagsüber halbstündlich eine Verbindung.
- **Fahrradverleih:** Terme Čatež, Topliska cesta 35, Tel. 07-493 50 00.

Unterkunft

- Hotel **Grad Mokrice** (****), Rajec 4, 8261 Jesenice na Dolenjskem, 10 km südöstlich Brežice, Tel. 07-457 42 40, Fax 07-495 70 07, info@terme-catez.si, www.terme-catez.si. Exklusives Schlosshotel inmitten eines Golfplatzes; Einzelzimmer ab 120 €.
- Hotel **Toplice** (****) und Hotel **Terme** (****), Topliška cesta 35, Čatež, Tel. 07-493 50 00, Fax 07-493 55 20, info@terme-catez.si, www.terme-catez.si. Beide sind modernisiert und besitzen alle Annehmlichkeiten der gehobenen Mittelklasse, Einzelzimmer ab 80 €.
- Pension **Splavar** (****), Cesta prvih borcev 40a, Tel. 07-499 06 30. Mitten in der Stadt, angenehme Zimmer, Einzelzimmer ab 35 €.
- Pension **Budič,** Zagrebška cesta 9, Tel. 07-499 04 50, Fax 07-499 04 51. Familiäre Pension mit gutem Restaurant und Ruderboot- und Kanuverleih; Einzelzimmer ab 32 €.
- Motel **Petrol Čatež,** Rimska cesta 10, Tel. 07-499 18 00, Fax 07-499 18 00. Motel an der Schnellstraße, Einzelzimmer ab 20 €.
- Hotel **Ajdovec** (***), Trg Svobode 1, 8920 Sevnica, Tel. 07-816 10 50, Fax 07-816 10 60, renoviertes Haus mit 30 Betten am Ufer der Sava, Einzelzimmer ab 30 €.

Privatzimmer/Ferienwohnungen:

- **Apartments** (***), Terme Čatež, ⇦Aktivitäten.
- Privatzimmer **Sabotič** (**), Čateška ulica 16, Tel. 07-499 31 40.

Camping:

- Terme **Čatež** (***), Topliška cesta 35, Čatež, Tel. 07-493 60 00, Fax 07-496 22 29, camp@terme-catez.si, www.terme.catez.si; 1.4.-31.10 offen, 150 Plätze.

Schloss Mokrice ist wie Otočec ein Hotel

Essen und Trinken

- **Rafter's Pub,** Cesta prvih borcev 40a, Tel. 07-499 06 30; internationale Küche in eleganter Atmosphäre, 2500 SIT.
- **Gostišče Les,** Rimska cesta 31, Čatež, Tel. 07-496 11 00, gute Küche zu günstigen Preisen, 1500 SIT.
- **Pri Martinovih,** Globočice 8, Krška vas, Tel. 07-496 10 57; Hausmacherkost wie Lamm oder Spanferkel mit selbstgebackenem Brot auf einem Bauernhof südlich von Brežice fast an der kroatischen Grenze, 2000 SIT.
- **Bogolin,** Zg. Pohanca 47, 8256 Sromlje, Tel. 07-497 73 65, von Brežice nach Zgornja Pohanca im Norden, von dort nach Skopačna im Osten und dann nach Bogolin im Norden; Spezialitätenküche auf einem Bauernhof, 2000 SIT.
- **Dvorec Impoljca,** Arto 13, 8290 Sevnica, am südlichen Sava-Ufer von Krško Richtung Westen, 7 km vor Sevnica, 10 km hinter Rajhenburg, Tel. 07-816 14 47; Edelküche in einem schlossartigen Gebäude an der Hauptstraße, Muscheln, Schnecken, Krebse, Fisch und Wild vom Besten für 5000 SIT; um sich vorab den Mund wässrig zu machen: www.dvorec.com.

Feste und Veranstaltungen

- Im Rittersaal der Burg werden in regelmäßigen Abständen **Konzerte** gegeben. Im August findet dort ein Festival mit mittelalterlicher Musik statt.

Aktivitäten

- **Thermalbad:** Terme Čatež, Topliška cesta 35, 8251 Čatež ob Savi, Tel. 07-493 50 00, Fax 07-493 55 20, info@terme-catez.si, www.terme-catez.si; Akratohyperthermalquelle mit Temperaturen von 42 bis 63°C, Behandlung von Entzündungs-, Degenerativ- und Weichteilrheumatismus und Nervenerkrankungen, Rehabilitation nach Operationen und Krebstherapien.
- **Reiten:** Anton Zevnik, Rimska cesta 22, Tel. 07-496 29 46; Schloss Mokrice, Tel. 07-495 70 00.
- **Angeln:** Angelscheine sind in den Hotels der Thermen erhältlich.
- **Golfen:** Hotel Grad Mokrice, ⇦Unterkunft, terme.catez@terme-catez.si, 18-Loch-Platz, Länge 1-18: 5835 m, Par: 71.
- **Kanu- und Ruderbootverleih:** Budič, Zagrebška cesta 9, Brežice, Tel. 07-499 04 50, und Terme Čatež, s.o.
- **Heißluftballonfahrten:** Bogolin, ⇦Essen und Trinken.

Kostanjevica

↖ XX/B1

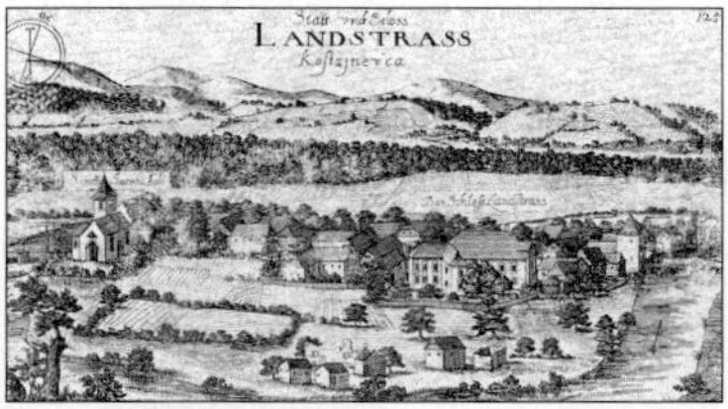

- **Meereshöhe:** 151m
- **PLZ:** 8311
- **Vorwahl:** 07
- **Einwohner:** 750
- **Dt. Name:** Landstrass

Kostanjevica, etwa auf halbem Weg zwischen Brežice und Novo Mesto, lag früher in einer Flussschleife der Krka, bis diese sich für den kurzen Weg entschloss und die Stadt, eine der ältesten des Landes, zur Insel machte. Die Hauptstraße verläuft von Nordwesten nach Südosten über die Insel und teilt sich dort in zwei, als Einbahnstraßen genutzte, parallel verlaufende Wege. Parkplatzsorgen sollten sich in der kleinen Stadt nicht einstellen.

Die heutige Stadt, als Gesamt-Ensemble unter **Denkmalschutz** gestellt, geht auf das 11. Jahrhundert zurück, als den Grafen von Spanheim die Gegend gehörte. Schon 1215 prägte man

Münzen, zu einer Zeit, als die Befestigungen die Grenze nach Kroatien sicherten. Doch erst 1252 wird Kostanjevica in den Schriftrollen erwähnt. Immer wieder tauchten die Türken auf und brachten die Stadt in Gefahr, bis sie schließlich im Jahr 1563 vor den Toren besiegt wurden. Doch gleich darauf kamen die Bauern, die die Zwangsabgaben als ungerecht empfanden, und 1573 sammelte man in der Stadt erneut die Schlosswehr, verstärkt von uskokischen Landsknechten, und besiegte die Bauernarmee.

Sv. Jakob

An der nördlichen Brücke steht die Kirche Sv. Jakob, deren romanischer Ursprung von 1228 sich noch in zwei steinernen Portalen dokumentiert. Ein Fresko mit dem Heiligen *Christophorus* an der Außenwand datiert von 1350.

Galerien

Das Schloss der Grafen von Spanheim aus dem 15. Jahrhundert steht am südlichen Inselende und beherbergt die **Galerie Lamut,** Räumlichkeiten für Bedarfsausstellungen. Die **Galerie Gorjup** befindet sich südlich der Insel im Gebäude der ehemaligen Grundschule von 1908 und zeigt in ihrer Dauerausstellung neben Werken von *Jože Gorjup* (1907–32), der auch das Presbyterium der Kirche **Sv. Miklavž** aus dem 16. Jahrhundert mit expressionistischen Fresken schmückte, Arbeiten weiterer Künstler.

•**Galerie Lamut,** Lamutov Likovni Salon, Oražnova ulica 5, Tel. 07-498 70 08, nur offen bei Ausstellungen und dann nach Vereinbarung.

•**Galerie Gorjup,** Osnovna šola, Gorjanska ulica 2, Tel. 07-486 60 12, Juli/August Mo–Fr 9–13 und 18–20 Uhr, Sa 9–12 Uhr, sonst Mo–Fr 9–13 und Sa 9–12 Uhr.

Zisterzienserkloster

Die eigentliche Kunstausstellung befindet sich im Hauptmuseum im ehemaligen Zisterzienserkloster im Süden der Stadt in der **Galerie Božidar Jakac.** Das Kloster wurde 1234 gegründet und 1786 aufgelöst. Der Wandel der Zeit zeigt sich hervorragend in der Klosterkirche, in der sich Romanik, Frühgotik, Renaissance und Barock ein Stelldichein geben. Aus der frühen Zeit sind noch Fundamente erhalten und die ursprüngliche Anlage lässt sich an der Stelle des ehemaligen Kreuzganges erahnen. Im 16. Jahrhundert wurden der Arkadenhof neu geplant und der Westflügel errichtet. Zur Zeit des Barock schuf man schließlich die Wehrtürme des Eingangs und unter anderem den südlichen Arkadenflügel.

Das Kloster beherbergt eine Vielzahl an Dauerausstellungen, jede einem einzelnen bedeutenden **slowenischen Künstler** gewidmet: dem Expressionisten *France Kralj* (1895–1960), der sich über den Sezessionismus zum Verfechter der neuen Sachlichkeit wandelte, *Zoran Didek* (1910–75), *Tone Kralj* (1900–75), ebenfalls ein Expressionist, der Namensgeber der Galerie *Božidar Jakac* (1899–1989), der auch als Mitbegründer einer Avantgarde-Bewegung bekannt wurde („novomeško pomlad" – Novomestiner Frühling), und *Jože Gorjup.* Vervollständigt wird die Galerie durch die Sammlung

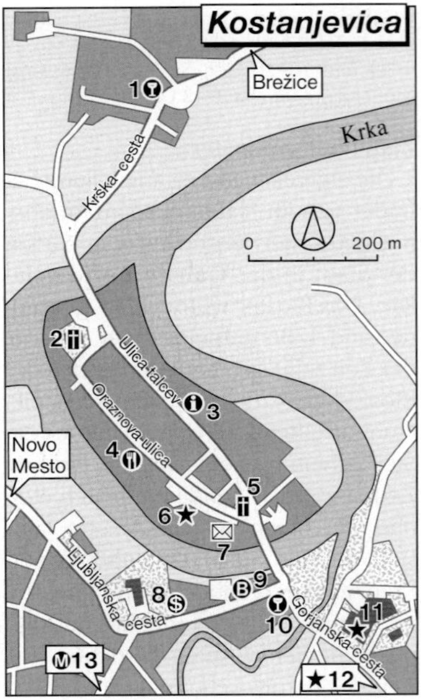

- 1 Žolnir
- 2 Sv. Jakob
- 3 Touristinformation
- 4 Kmečki Hram
- 5 Sv. Miklavž
- 6 Galerie Lamut
- 7 Post
- 8 Bank
- 9 Busstation
- 10 Green Bar
- 11 Galerie Gorjup
- 12 Höhle
- 13 Kloster

alter Meister aus dem nahen Kloster Pleterje.

Vor der Galerie befindet sich im Park eine Skulpturensammlung aus Holz – **Forma viva.** Sie wurde von internationalen Künstlern geschaffen und umfasst 100 Werke, die teils in die Landschaft eingepasst den Eindruck dieser verstärken sollen.

● **Galerie Božidar Jakac,** Grajska cesta 45, Tel. 07-498 70 08, www.galerija-bj.si, Juli/August Mo–Fr 9–13 und 18–20 Uhr, Sa 9–12 Uhr, sonst Mo–Fr 9–13 und Sa 9–12 Uhr.

Kostanjeviška-Höhle

Die Höhle Kostanjeviška jama befindet sich 1,5 km südlich der Stadt (über die Gorjanska cesta zu erreichen). Die Führung dauert 30 Minuten und geht 300 m in den Berg hinein, dabei steigt man zu einem **See** hinab und wieder auf zu einem **Tropfsteinsaal.** Die Höhle wurde erst 1932 entdeckt, als bei einem Unwetter der Hang abrutschte und den Eingang freilegte. 1550 m sind bislang erforscht.

● **Kostanjeviška jama,** Tel. 07-498 70 88 oder 041-29 70 01, www.users.volja.net/kjknk, 15.4.–31.10. tägl. 10–18 Uhr, Eintritt 3,50 €.

In der Umgebung

Kloster Pleterje ↘ XX/A1

Am schnellsten erreicht man Pleterje von Kostanjevica auf der Hauptstraße Richtung Novo Mesto. In Šentjernej biegt man nach Süden Richtung Šmarje ab und fährt dann den Schildern nach. Pleterje ist ein Riesenkomplex, eine **Kartause** – ein Kloster der Kartäuser Mönche, ein katholischer Ein-

siedlerorden, der von *Bruno von Köln* gestiftet und dessen Stammsitz 1084 bei Grenoble gegründet wurde (Grande Chartreuse). Die Ordenstracht ist weiß und die Mönche verbreiten meist ausgesprochen gute Laune.

Pleterje wurde zwischen 1407 und 1420 auf Betreiben eines der Grafen von Cilli errichtet, 1471 aber bereits von den Türken wieder zerstört. Man baute neu, überließ das Kloster aber bald den Jesuiten, die es 1595 bis 1773 bewirtschafteten. 1899 erwarben die Kartäuser es zurück und bauten die heutigen weitläufigen Anlagen. Die gotische Kirche **Sv. Trojice** (Dreifaltigkeit) an zentraler Stelle ist das älteste Bauwerk und zeigt die typische Gotik des Ordens. Man beachte die in die Wände eingelassenen Hohlkörper, die mit ihrer Resonanzwirkung dem hohen Raum eine ganz eigene Akustik geben. Ein Flügel ist als **Museum** eingerichtet, das das Ordensleben zeigt. Wenn man höflich fragt, wird man vielleicht in die wunderschöne **Bibliothek** geführt und darf einen Blick in die **Kellereien** werfen. Dort lagert der Cviček-Wein und wird Birnenschnaps abgefüllt – in Flaschen, in die je eine Frucht hineingewachsen ist.

Das Kloster Pleterje ist von Weinhängen umgeben – die Mönche keltern und brennen munter drauf los

Als Besucher werden nur Männer akzeptiert - schließlich ist man ein funktionierender Mönchsorden. Für die wartenden Frauen steht außerhalb des Klosters das **Freilichtmuseum** der Kartause. Man verbrachte mehrere Wirtschafts- und Wohngebäude auf ein Feld vor dem Eingang und schuf ein typisches Bauernanwesen aus dem 19. Jahrhundert. Außerdem können sich Frauen die Zeit beim Weineinkauf im **Klosterladen** abkürzen. Natürlich sind Cviček-Wein und Obstbrand im Angebot.

●**Pleterje,** Mo–So 8–17 Uhr,
Tel. 07-308 12 25.

Weinstraße Podgorjanci

Die Weinstraße Podgorjanci beginnt bei Dolenjske Toplice und zieht sich südlich der Krka entlang bis in die Gegend von Brežice. Die folgenden Stationen laden zum Besuch ein:

●Gostilna **Kolesar,** Dolenjske Sušice 22,
Tel. 07-306 50 03; Essen, Übernachtung.
●Gostilna **Vinski Hram,** Birčna vas 27a,
Tel. 07-307 98 25; Essen, Reiten.
●Bauernhof **Ivanež,** Gabrska gora 12, Gabrje, Tel. 07-308 59 16; Essen, Übernachtung.
●Gostilna **Vovko,** Ratež 48,
Tel. 07-308 56 03; Essen, Übernachtung, Weinverkauf.
●Kloster **Pleterje,** Drča 1, Tel. 07-308 12 25; Weinverkauf.
●Gostilna **Drča,** Drča 17, Tel. 07-308 14 37; Essen, Weinprobe, Bauernhof.
●**Štemberger,** Na žago 1, Tel. 07-308 14 22; Weinprobe, -verkauf.
●Gostilna **Majzelj,** Trg Gorjanskega bataljona 5, Šentjernj, Tel. 07-308 10 14; Essen, Weinprobe.
●Bauernhof **Martinič,** Šmalcja vas 16,
Tel. 07-308 12 82; Weinprobe, -verkauf.

Cviček-Wein – die älteste Rebe der Welt

Seit 1406 baut man um die Kartause Pleterje die edle Rebe an, der man den Saft entpresst, der zum Cviček-Wein gärt und reift. Schon zu Zeiten des römischen Kaisers *Marcus Aurelius Proba* sei die Rebe nach Slowenien gekommen - also ungefähr um 278. Mit dem Verlust ihres Weltreiches verschwand mit den Römern auch das Wissen um die Weinherstellung und erst die Katholische Kirche belebte die Kunst wieder - wohl nicht nur, um den Wein lithurgisch nutzen zu können, die Mönche des Mittelalters waren schließlich sinnenfrohe Gesellen. Man baute an, kelterte, verbesserte und schuf so in gemeinsamem Bemühen von weltlichen Bauern und Ordensgemeinschaften wie Pleterje und Kostanjevica aus der wohl ältesten Rebsorte der Welt den Cviček (einer der Abkömmlinge, der in Maribor am Lent wächst, soll 400 Jahre alt sein).

Der Charakter des Weins bestimmt sich aus seinem sehr trockenen Geschmack, der Säurebetontheit und dem geringen Alkoholgehalt, das Farbbild ist violettrot. Er schmeckt erfrischend und auch an heißen Tagen ist ein Gläschen, mittags genossen, keine falsche Entscheidung, er macht die Augenlider nicht müde, sondern regt, in Maßen genossen, eher an. Abends ist er ein angenehmer Begleiter sowohl für Fisch als auch Fleisch und man kann mit ihm den Abend in der Bar bei einem letzten Glas ausläuten. Der Cviček ist universell und jeder Bauer reicht voller Stolz seine Version dieses uralten und leichten Weines.

- Bauernhof **Colarič,** Jablance 17, Tel. 07-498 75 04; Essen.
- Gostilna **Žolnir,** Jablance 9, Tel. 07-498 74 64; Essen, Weinprobe.
- Gostilna **Jelenič,** Jablance 10, Tel. 07-498 70 01; Essen, Weinprobe, -verkauf.
- Bauernhof **Grubič,** Dobrava 8, Tel. 07-497 8026; Essen, Übernachtung.
- Gostilna **Prah,** Velike Malence 12, Tel. 07-495 93 60; Essen, Weinprobe.
- Gostilna **pri Martinovih,** Globočice 8, Tel. 07-496 10 57; Essen.
- Gostilna **Les,** Rimska cesta 31, Čatež, Tel. 07-496 47 10; Essen, Weinprobe, Übernachtung.

Praktische Tipps

Informationen

- **TIC,** Ulica talcev 20, 8311 Kostanjevica na Krki, Tel./Fax 07-498 71 08, www.tickrsko.com.

Service

- **Post:** Kamičev trg 5, Tel. 07-498 72 62.
- **Geldwechsel:** Nova Ljubljanska Banka, Ljubljanska cesta 6, Tel. 07-498 72 63.

Notfälle

- **Ambulanz/Zdravstveni dom:** Ljubljanska cesta nn, Tel. 07-498 72 26.
- **Apotheke/Lekarna:** Ljubljanska cesta 16, Tel. 07-498 72 55.

Verkehr

- **Züge:** Der nächste Bahnhof ist in Krško, Tel. 07-492 22 50.
- **Fernbusse:** Ljubljanska cesta.
- **Taxis:** Janez Žerjav, Krško, Tel. 07-492 12 53.
- **Mietwagen:** Hertz, Krško, Tel. 07-492 26 29.

Unterkunft

- Pension **Žolnir,** Krška cesta 4, Kostanjevica, Tel. 07-498 71 33, Fax 07-498 73 59, www.zolnir-sp.si. 12 Zimmer klein und mit guter Küche, Einzelzimmer ab 24 €.
- Hotel **Sremič** (***), Trg Matije Gubca 3, Krško, Tel. 07-492 18 38, Fax 07-490 50 41, moderner Betonbau mit 180 Betten, Einzelzimmer ab 28 €.

Essen und Trinken

- Gostišče **Kmečki Hram,** Oražnova 11, Tel. 07-498 70 78; Spezialitäten aus dem Holzofen (nicht nur Brot, auch Ente, Lamm und Zicklein), 2500 SIT.
- **Colarič,** Jablance 17, östlich von Kostanjevica, auf halbem Weg zur Höhle nach Osten abbiegen, Tel. 07-498 75 04; hausgemachter Käse und Wurst, *štruklji* und weitere Spezialitäten, 2500 SIT.

Abends unterwegs

- In Kostanjevica trifft man sich in der **Green Bar,** Ljubljanska cesta 3, Tel. 07-498 70 18, auf einen Drink in dem Barockhaus.
- Wer auf Erotic-Shows steht, muss nach Krško in die Disco **Inn Club** des Hotels Sremič fahren.

Aktivitäten

- **Reiten:** Kmetija Hosta, Sela 6, Šentjernej, von Šentjernej auf dem Weg nach Pleterje ein Stück hinter dem Abzweig zum Kloster nach Sela, Tel. 041-69 00 66, Reiten auf Lipizzanern.
- **Angeln:** Angelscheine über den Angelklub, Ulica talcev 20, Tel. 07-498 62 60, oder im Bistro Štravs, Ulica talcev 31, Tel. 498 75 07.
- **Bootsverleih:** Auf der Festlandseite der südlichen Brücke werden im Sommerhalbjahr Kajaks und Kanus verliehen, Tel. 041-74 68 00, 15 € pro Tag.
- **Höhlenerkundung:** Klub Jamarjev, Grajska cesta 25, Tel. 07-498 70 88.
- **Tauchen:** Pozejdon, Kovinarska 9a, Tel. 07-480 21 76, pozejdon.krsko@email.si, www.car.si/pozejdon, und Vidra, Cesta 4. julija 38a pp.250, 8270 Krško, Tel. 031-65 90 03, povzelj@s5.net, organisieren Tauchgänge in den Flüssen Sava und Krka.
- **Heißluftballonfahrten:** Center Barje, Oražnova 12, Tel. 031-88 28 22, Fax 07-498 71 34, marjan.jerele@siol.net.

Metlika

↖ XX/A2

- **Meereshöhe:** 169 m
- **PLZ:** 8330
- **Vorwahl:** 07
- **Einwohner:** 3300
- **Dt. Name:** Möttling

Metlika an der **Kolpa** ist der Ausgangspunkt für Unternehmungen von **Kanuten und Kajakfahrern** an den warmen Fluten dieser Wasserstraße. Die Kolpa (kroatisch: Kupa) entspringt im Nachbarland als Siffonquelle und hat bis zur Mündung eine Gesamtlänge von 292 km, davon ist sie auf 118 km Grenzfluss zwischen Slowenien und Kroatien.

Metlika liegt nördlich der Hauptstraße Novo Mesto – Karlovac (Kroatien). Mehrere Abfahrten führen in die Stadt, die Straße CBE (Cesta Bratstva Enotnosti) streift das Zentrum und geht in einem Bogen wieder zur Fernstraße zurück. Am Hotel Bela Krajina biegt man von der CBE ins Zentrum ab und kommt zum Schloss am Trg Svobode und weiter geradeaus zum Mestni trg, dem eigentlichen Herz der Stadt. Am besten parkt man vor dem Schloss.

Die Gegend war bereits zur Steinzeit besiedelt und auch während der Bronze- und Eisenzeit haben sich Menschen hier eingefunden. Die Bela Krajina war kroatisch, als *Albert von Weixelberg* sie in der zweiten Hälfte des 12. Jahrhunderts eroberte und dem Land Krain zuschlug. Möttling wird erstmals 1288 als Landschaft erwähnt: Möttlinger Mark. 1300 schließlich erscheint der Ort in den Büchern, damals noch als Neustadt. Metlika war als Grenzbefestigung gegen die Türkengefahr gedacht, diese Rolle erfüllte es aber mehr schlecht als recht. 16mal brannten die Osmanen die Mauern nieder.

Schloss

Die zahlreichen Feuersbrünste führten zur Einrichtung der ersten Feuerwehr auf slowenischem Boden – ein guter Grund, in Metlika das **Feuerwehrmuseum** des Landes zu eröffnen. Man zeigt die Entwicklung der Wehren von 1869 bis heute und eine Menge an technischem Gerät.

Das Museum gehört zum Schloss von Metlika, das im 18. Jahrhundert an Stelle einer Burg errichtet wurde. Im Schlossgarten sind Hallstattgräber und im Schloss Grabstätten der Familie *Burgstall* im Renaissance-Stil zu sehen. In mehreren Flügeln des Gebäudes ist das **Museum der Bela Krajina** untergebracht. Es widmet sich der Geschichte der Weißen Mark und beleuchtet sie aus historischer, ethnologischer und archäologischer Sicht. Besonderes Augenmerk wurde natürlich auf den Weinbau gelegt, denn neben dem Handel war dieser das wichtigste Standbein der Möttlinger.

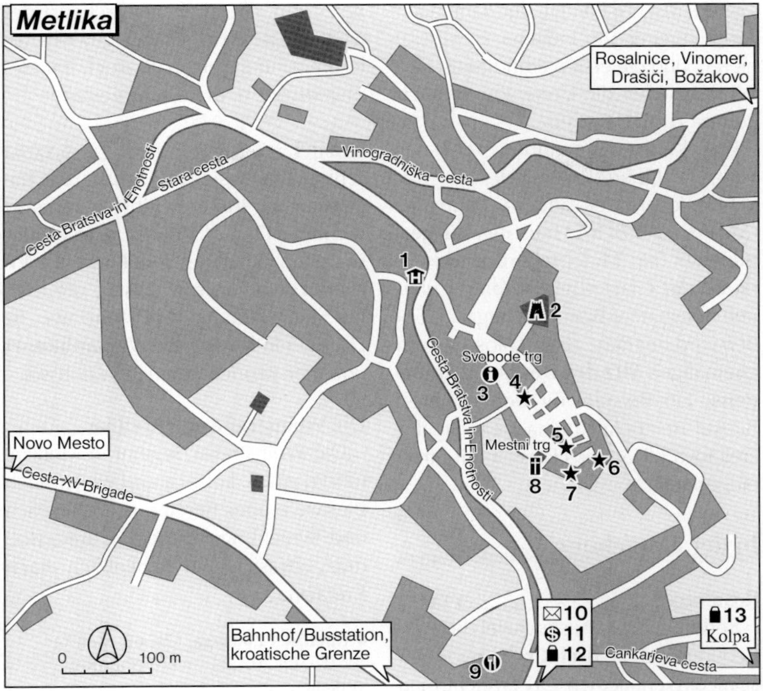

1 Hotel Bela Krajina
2 Schloss/Museum
3 Touristinformation
4 Rathaus
5 Gangl-Haus
6 Deutschritterordenhaus
7 Bürgermeisterhaus
8 Sv. Nikolaj
9 Kmetijska Zadruga
10 Post
11 Bank
12 Beti
13 Komet

- **Feuerwehrmuseum**, Trg Svobode 5, Tel. 07-305 86 97, www.metlika.si, Mo–Sa 9–13 Uhr, So 9–12 Uhr.
- **Museum der Bela Krajina,** Trg Svobode 4, Tel. 07-306 33 70, www.metlika.si/kultura_muzej.html, Mo–Sa 9–17 Uhr, So 9–12 Uhr.

Mestni trg

Der Mestni trg, der alte Stadtplatz, wird von einigen historischen Gebäuden flankiert. 1869 baute man das **Rathaus** im neogotischen Stil (Mestni trg 24), die frei stehende Kirche **Sv. Nikolaj** entstand in ihrer heutigen Form 1759, als man sie nach einem Brand neu errichtete. In ihr predigte u.a. der spätere Bischof *Baraga,* der dann nach Amerika ging, um Indianer zu missionieren, und die ersten ethnografischen Schriften über die Ureinwohner nach Europa zurückbrachte.

Der Kirche gegenüber steht das Haus der Gebrüder **Gangl,** einer war Schriftsteller, der andere Bildhauer (Mestni trg 19). Im **Haus des Bürgermeisters** (Nr. 14) lebten früher der Erfinder der Glasfotografie *Janez Puhar* und der spätere Bischof Baraga. Im Süden wird der Platz abgeschlossen vom ehemaligen **Sitz des Deutschritterordens.** Ein Beispiel für den früheren Baustil der Bela Krajina steht an der Frelinova ulica, das Haus ist mit Stroh eingedeckt.

In der Umgebung

Rosalnice ↖ XX/A2

Bedeutendstes Ausflugsziel der Umgebung sind die **drei Kirchen** von Rosalnice. Den kleinen Ort erreicht man über die Vinogradniska cesta stadtauswärts und bei Brezje nach rechts (Südosten) Richtung Rosalnice (knapp 3 km). Die drei Kirchen (*Tri fare* – drei Pfarreien) stehen dicht beieinander und gehen auf die Deutschritter des 12. Jahrhunderts zurück. In der heutigen Form entstanden sie im 14. und 15. Jahrhundert. Im Norden steht die Kirche der Schmerzhaften Muttergottes, von den dreien die mit den „gotischsten" Charakteristika: Strebepfeiler und Kreuzrippengewölbe im Presbyterium. Die mittlere Kirche, Ecce homo, besitzt ebenfalls noch ein gotisches Presbyterium und als einzige einen Turm. Die südliche Kirche ist der Muttergottes von Lourdes geweiht. Alle drei sind innen spätbarock mit Elementen aus dem Rokoko gestaltet.

Drašiči ↖ XX/B2

Biegt man bei Brezje nicht nach Rosalnice ab, sondern fährt geradeaus Richtung Drašiči, kommt man an der nächsten Gabelung zum **Forst von Vinomer,** wo Farne wachsen, die man nur hier findet. Wie Vinomer ist Drašiči ein bekannter **Weinanbauort** und man produziert auch Walnussöl.

Die Weinstraße von Metlika

Die Weinstraße beginnt in Metlika, führt nach G. Lokvica und weiter nach Plešivica, über Berčiče nach Veselica und Svržaki, weiter nach Čurile, Boldraž, Drašiči und schließlich nach Krmačina.

- **Kmetijska Zadruga,** CBE 68, Metlika, Tel. 07-363 70 52; Essen, Weinprobe, Verkauf.
- **Pezdirc,** G. Lokvica, Tel. 07-305 82 35; Weinprobe, Verkauf.
- **Nemanič,** G. Lokvica, Tel. 07-30 81 50; Weinprobe, Verkauf.
- **Zepuhar,** Plešivica Tel. 07-305 03 86; Weinprobe, Verkauf).
- **Jakljevič,** Berčiče, Tel. 07-305 86 85; Weinprobe, Verkauf.
- **Vergot,** Veselica, Tel. 07-363 51 11; Weinprobe, Verkauf.
- **Dragovan,** Svržaki, Tel. 07-305 80 68; Weinprobe.
- **Pečarič,** Čurile, Tel. 07-305 90 16; Weinprobe, Verkauf.
- **Vajda,** Boldraž, Tel. 07-305 83 02; Weinprobe, Verkauf.
- **Kostelec,** Drašiči, Tel. 07-305 80 97; Weinprobe, Verkauf,
- **Jože,** Krmačina, Tel. 07-305 90 98; Weinprobe, Verkauf.

078sl Foto: sk

Praktische Tipps

Informationen

- **TIC,** Mestni trg 1, 8330 Metlika, Tel. 07-363 54 70, Fax 07-363 54 71, www.metlika.si.

Service

- **Post:** Naselje Borisa Kidriča, Tel. 07-305 82 40.
- **Geldwechsel:** SKB Banka, Naselje Borisa Kidriča 4, Tel. 07-305 87 00.

Notfälle

- **Ambulanz/Zdravstveni dom:** CBE 73, Tel. 07-305 82 59.
- **Apotheke/Lekarna:** Naselje Borisa Kidriča 1, Tel. 07-305 81 27.

Verkehr

- **Bahnhof:** Kolodvorska ulica 2, Tel. 07-305 83 31.
- **Fernbusse:** Avtobusna postaja Integral, Črnomaljska cesta 1, Tel. 07-305 87 09.

Weinkeller sind an allen Ecken zu finden, in ihnen reift junger und alter Wein, bis er seinen perfekten Zustand erreicht hat und die Flaschen entkorkt werden können

Einkaufen

● **Souvenirs:** Die Touristeninformation verkauft **Hühnereier** - besondere Hühnereier. Früher bemalte man als Schmuck ausgeblasene Eier nach einer überlieferten Methode. Mit Bienenwachs deckte man Teile ab und färbte die Eier immer wieder in einer anderen Farbe ein. Während des Zweiten Weltkriegs erhielt man aber keine Farben mehr. Schließlich kochte man die Eier für zwei Stunden in Zwiebelschalensud und brachte mit dem Messer kratzend feinziselierte, florale Muster auf. Diese Technik hat sich bis in die heutige Zeit gehalten.

Ein anderes Souvenir ist **Walnussöl,** das in dem Weiler Drašiči gewonnen wird. 0,1 l schlägt mit 7 € zu Buche.

Drittes Souvenir ist der „Computer" Metlikas: auf Schnüre gespannte **Holzstückchen.** Mit ihnen maß ein Bürger mit Vertrauen den Weinkonsum der Bauern. Denn jeder Winzer brachte früher 20 Liter Wein in die Stadt und dafür stand es ihm frei, das Jahr über zu trinken, ohne zahlen zu müssen. Allerdings nur bis zu 15 Liter, was darüber war (genau bemessen), musste er löhnen.

● **Weine:** Die Weinkellerei von Metlika, Kmetijska Zadruga - Vinska klet, CBE 68, Tel. 07-363 70 52, macht Weinproben und verkauft insbesondere die „Vrhunska Metliška črnina", den einzigen Rotwein, der auch als „Schwarzer Wein" bekannt ist.

● **Fabrikverkauf:** So abgelegen Metlika scheint - es existiert eine funktionierende Industrie mit Fabrikverkauf. Die Firma Beti näht Schwimmbekleidung, Unterwäsche und Freizeitkleidung (Tovarniška 2, Tel. 07-363 81 70, Mo-Fr 7-19 Uhr, Sa 7-13 Uhr), Komet näht Dessous für Damen (Rosalnice 1, Tel. 07-305 82 47, Mo-Fr 9-19 Uhr, Sa 9-13 Uhr) und die Firma Kolpa stellt Keramik und komplette Badezimmer her (Tel. 07-393 33 00).

Unterkunft

● Hotel **Bela Krajina,** CBE 28, Tel. 07-305 81 23, Fax 07-363 52 81; Einzelzimmer ab 22 €.

Privatzimmer/Ferienwohnungen:

● **Bajuk,** Radovica 16, Tel. 07-363 51 60.

● **Dragovan,** Grabrovec 58, Tel. 07-305 01 10.

● Gostilna **na Hrastu,** Hrast 1, 8331 Suhor, Tel./Fax 07-305 06 46, 35 Betten.

● Gostilna **Kapušin,** Krasineč 55, 8332 Gradac, Tel. 07-369 91 50, Fax 07-369 91 51, 12 Betten.

Camping:

Die folgenden Plätze liegen an der Kolpa, die Reihenfolge entspricht ihrer Lage, bei Metlika beginnend.

● **Primostek,** Gostinstvo Sodec, Naselje Borisa Kidriča 9, 8330 Metlika, 3 km außerhalb nach Süden an der Kolpa, Tel. 07-306 95 27, gostinstvo.sodec@siol.net, 1.5.-20.9., 80 Plätze und Bungalows.

● Gostilna **Prenočišča Veselič,** Podzemelj 17, 8332 Gradac, etwas weg von der Kolpa, Tel./Fax 07-306 91 56; 1.5.-20.9., 8 Plätze, auch Essen.

● **Podzemelj ob Kolpi** (**), Podzemelj 16b, 8332 Podzemelj, direkt an der Kolpa, Tel. 07-306 95 72, Fax 07-363 52 81, außerhalb der Saison Tel. 07-305 81 23, gostinstvo-turizem @gtm-metlika.si, www.metlika.si/go.gospodarstvo.htm, 1.5.-20.9., 80 Plätze.

● **Prenočišča Kramarič,** Škrilje, Tel. 07-305 61 51, etwas abseits der Kolpa, 1.5.-20.9., 10 Plätze.

● Gostilna **Kapušin,** Krasinec 55, 8332 Gradac, Tel. 07-369 91 50, Fax 07-369 91 51, roman.kapusin@siol.net, 1.5.-20.9., 12 Plätze.

● **Jankovič** (**), Adlešiči 24a, 8341 Adlešiči, direkt an der Kolpa, Tel. 07-307 03 15, Fax 07-307 05 71, außerhalb der Saison Tel. 07-307 05 70, toncka.jankovic@siol.net, 1.5.-15.9., 20 Plätze.

● **Katra** (**), Vinica 33, 8344 Vinica, direkt an der Kolpa, Tel. 07-364 60 34, Fax 07-305 31 51, außerhalb der Saison Tel. 07-305 31 51, katra@siol.net, 15.5.-15.9., 40 Plätze, Kanuvermietung.

Ferien auf dem Bauernhof:

● **Ob Izviru Krupe,** Krupa 9, 8333 Semič, Tel. 07-306 80 12, westlich von Metlika und nördlich von Črnomelj gelegen.

Essen und Trinken

● Pizzeria **Lipa,** CBE 83, Tel. 07-363 51 30, nicht gut - nicht schlecht, 1500 SIT.

- Gostilna **Kapušin,** Krasineč 55, 8332 Gradac, Tel. 07-369 91 50; Spanferkel, Lämmchen, Kitze, in der Weißen Mark mag man es gern zart, 3000 SIT.
- **Filak,** Griblje 11a, Gradac, an der Kolpa, Tel. 07-306 95 67; feine bäuerliche Küche mit Selbstgebranntem, 2000 SIT.

Feste und Veranstaltungen

- Im Schloss von Metlika findet jeden Sommer eine ganze Reihe von Veranstaltungen statt: **Konzerte, Theater und Ausstellungen.**
- Mitte bis Ende Mai kommen die ganzen **Winzer** der Bela Krajina nach Metlika und stellen auf einer **Messe** ihre Weine vor.

Aktivitäten

- **Angeln:** Angelscheine bekommt man beim Angelverein (Naselje B. Kidriča 2), im Hotel Bela Krajina und in den Gaststätten Kapušin und Veselič (⇦Camping).
- **Rundflüge:** Aeroklub Bela krajina, CBE 23, Tel./Fax 07-306 94 20.
- **Kanuverleih:** Kolpa, Anton Jankovič, Adlešiči 2a, 8341 Adlešiči, Tel. 07-307 03 15 oder 041-88 03 30; Tine & Co, Sr. Radenci 2, 8342 Stari trg, Tel. 07-894 37 80 oder 041-51 85 63, www.kolpa-adventures.com; Čolnarjene ob Kolpi, Gregor Kobe, Stari trg ob Kolpi 15, 8342 Stari trg, Tel. 07-305 51 01 oder 041-74 07 98; Katra, Vinica 33, 8344 Vinica, Tel. 07-364 60 34, Fax 07-305 31 51, außerhalb der Saison Tel. 07-305 31 51, katra@siol.net.
- **Höhlenerkundung:** 4 km östlich von Metlika sind beim Dorf Božakovo zwei Höhlen zu besichtigen (nur mit Führung, Informationen über TIC Metlika oder im Dorf Božakovo). Ein markierter Rundweg beginnt im Dorf, passiert erst die Höhle Zdenc und dann die Höhle Vidovec und kehrt am Ufer der Kolpa ins Dorf zurück (ca. 1 Std. Gehzeit). Die Höhlen sind unterirdisch miteinander über den Bach Vdiovec verbunden.

Črnomelj

⇖ XX/A2

- **Meereshöhe:** 163m
- **PLZ:** 8340
- **Vorwahl:** 07
- **Einwohner:** 5500
- **Dt. Name:** Schirnomel/Tschernembl

Črnomelj, obwohl abseits der Hauptachse Novo Mesto – Karlovac/Kroatien gelegen, ist die **größte Stadt der Bela Krajina.** Sie liegt gut geschützt am Zusammenfluss der tief in die Landschaft einschneidenden Flüsse Dobličica und Lahinja. Wenn man die Stadt durchfährt, wirkt der Hauptplatz Trg Svobode eher unscheinbar und die Flüsse bleiben hinter den Häuserzeilen verborgen. Man parkt am Hauptplatz und bewegt sich zu Fuß durchs kleine Altstadtzentrum.

Bereits zur Eisenzeit besiedelt, gewann der Ort unter römischer Herrschaft an Bedeutung und war während des Mittelalters gegen die Türkengefahr gut befestigt. An der schmalsten Stelle der Landzunge hob man nördlich der heutigen Burg einen Graben aus und machte den Ort zur Insel, der nur noch über eine Zugbrücke betreten werden konnte. Die Wirtschaftsgebäude der Bauern mussten aus Platzmangel außerhalb der Stadt stehen. Im 19. Jahrhundert schüttete man den Graben zu und die Stadt wuchs nach Norden.

1228 wurde Schirnomel erstmals schriftlich erwähnt, 1277 wurde es Markt und 1407 Stadt. 1408 zogen die Türken vor die Tore und unverrichteter Dinge wieder ab. Dies wiederholte

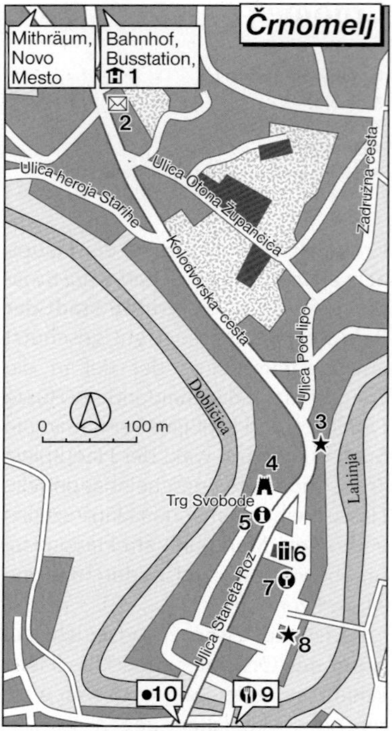

- 1 Hotel Lahinja
- 2 Post
- 3 Haus Nr. 4
- 4 Schloss/Museum
- 5 Touristinformation
- 6 Sv. Peter
- 7 Črnomaljska klet
- 8 Arch. Fundstätte
- 9 Gostilna Müller
- 10 Landschaftspark Lahinja

sich noch 18mal. Črnomelj war zu gut befestigt und innerhalb der Mauern stand eine starke Wacht. Als Außenposten und Ausgangspunkt für Kriegszüge gegen den Feind aus dem Morgenland florierte der Handel und machte die Stadt und ihre Bürger vermögend. Doch alles hat ein Ende – es kam mit der Erweiterung des gesicherten Gebietes. Die Armee bezog ihren Vorposten in Karlovac, die Stadt verarmte und wurde als Folge der Türkeneinfälle noch weiter in Mitleidenschaft gezogen: Uskoken, vor den Türken aus dem Süden geflohen, marodierten ebenso wie die Söldner, die man gegen die Osmanen aufgeboten hatte. Plünderungen standen auf der Tagesordnung. Hinzu kamen Heuschrecken, Pest, Brände, Cholera und Pocken, Plagen, die bis Mitte des 19. Jahrhunderts Schrecken verbreiteten.

Zu der Zeit, als die Armee nach Karlovac umzog, entstand in Črnomelj eine starke protestantische Gemeinde, deren Schule auch das Kyrillische und Glagolitische lehrte. Im Zuge der Gegenreformation wurde die Lehranstalt aber Anfang des 17. Jahrhunderts wieder geschlossen.

In der Altstadt

Das **Schloss von Črnomelj** wurde erstmals im 12. Jahrhundert errichtet, das heutige Gebäude mit mehrstöckigen Arkaden im viereckigen Innenhof entstand im 16. Jahrhundert. Es beherbergt administrative Büros und das **Stadtmuseum** (Trg Svobode 3, Tel. 07-305 20 40, Mo–Fr 7–15 Uhr). Das Museum widmet sich der Stadtgeschichte und hat auch einiges zur Bela Krajina; eine Dauerausstellung zeigt Werke des Malers *Božidar Jakac* (⇦Kostanjevica) mit der Bela Krajina als Motiv.

Im ehemaligen Pfarrhaus in der Parallelgasse zur Hauptstraße ist eine **archäologische Fundstätte** eingerichtet (Ulica Mirana Jarca 5, Tel. 07-305 18 24, offen nach Vereinbarung, Eintritt frei). Unter einem verglasten Boden sind spätantike und mittelalterliche Fundamente zu sehen, ebenso wie Kleinfunde.

In die Wände der Kirche **Sv. Peter** schräg gegenüber dem Schloss mauerte man römische Grabmäler ein. Die Kirche wurde zu Beginn des 18. Jahrhunderts neu auf den Fundamenten des alten Gotteshauses aus dem 13. Jahrhundert gebaut.

Dem Schloss schräg gegenüber erinnert das **Haus Nummer 4** an der Kolodvorska cesta an die jüngere Geschichte: Hier tagte zum ersten Mal das slowenische Parlament - am 19. und 20. Februar 1944.

In der Umgebung

Mithräum ↖ XX/A2

Außerhalb im Norden liegt das **Mithräum** (nach 3 km nach Rožanek abbiegen und im Ort weiter nach Westen über die Bahnlinie, dahinter nach rechts und parken). Die geheimnisvolle Stelle ist bei Tag- und Nachtgleiche Ort für Lesungen, dann sitzt der Dichter im kleinen Talkessel und an den Hängen verteilen sich die Zuhörer auf den Steinen und lauschen den nicht weniger geheimnisvollen Worten. Mithras war dieser Ort geweiht, dem arischen Lichtgott, Herrscher über Fruchtbarkeit, Frieden und Sieg. Von Persien über Kleinasien, Griechenland und schließlich mit den Römern kam der Kult nach Mitteleuropa und man schuf die Heiligtümer in Grotten und unterirdischen Räumen. Die Christen verfolgten den Kult mit aller Härte. Rožanek lag an einer römischen Heerstraße nach Emona/Ljubljana und die Kultstätte war wohl ein ehemaliger römischer Steinbruch. Sie zeigt steingemeißelt ein klassisches Szenario: Mithras kniet auf dem Rücken eines Bullen und zieht diesem das Messer durch die Kehle.

Landschaftspark Lahinja ↖ XX/A3

Im Süden, knapp 10 km von Črnomelj, findet man den Landschaftspark Lahinja. 1,5 km hinter Dragatuš im Weiler Veliki Nerajec gibt es eine Informationsstelle (bei Vera Vardjan, Nr. 18a, Tel. 07-305 74 28, eine Karte wird verkauft, die auch auf Deutsch die einzelnen Stationen auflistet). Man kann hier seinen Rundgang beginnen und über Pusti Gradac, Šipek (eine weitere Informationsstelle bei Klepec, Pusti Gradac 10, Tel. 07-305 76 60) und Mala Lahinja zurück nach Veliki Nerajec wandern. Hier erblickt der Fluss Lahinja in mehreren **Karstquellen** das Licht der Welt. 15 Karstquellen gibt es im Park - für die an sich wasserarme Bela Krajina eine kleine Sensation. Nachtigallen, Pirole und Eisvögel tummeln sich, Dolinen sind zu besichtigen und seltene Pflanzen sowie eine vorgeschichtliche Siedlung.

Semič ↖ XX/A2

In Semič nördlich von Črnomelj, der kleinsten Stadt der Bela Krajina, zeigt ein **Heimatmuseum** die Stadtgeschichte und im Keller kann Wein verkostet werden (Semič 18, Tel. 07-356 52 00, nach Voranmeldung).

Ein **Naturlehrpfad** passiert mehrere **Höhlen.** Er beginnt in Semič bei der Kirche Sv. Duh, wo auch die Höhle Lebica liegt. Man geht weiter zur Kirche Sv. Mihaela, kommt zur Höhle Malikovec, zur Kirche Sv. Trojice und marschiert dann entlang der Krupa zur Kirche Sv. Marija an der Einmündung der Lahinja. Am anderen Flussufer geht es zurück, vorbei an der Höhle Judovska hiša und bei der Quelle der Krupa auf gleichem Weg zum Parkplatz. Die Wanderung dauert 4 Stunden. Die Besichtigung der Höhlen sollte nur unter erfahrener Führung gemacht werden (Informationen beim TIC Semič oder Črnomelj).

Praktische Tipps

Informationen

- **TIC,** Črnomelj, Trg Svobode 3, 8340 Črnomelj, Tel. 07-306 11 142, turizem@crnomelj.si, www.crnomelj.si.
- **TIC** Semič, Tel. 07-356 52 00.

Service

- **Post:** Kolodvorska c. 30a, Tel. 07-306 24 00.
- **Geldwechsel:** SKB Banka, Belokranjska cesta 52, Tel. 07-305 27 85.

Notfälle

- **Ambulanz/Zdravstveni dom:** Delavska pot 4, Tel. 07-305 11 31.
- **Apotheke/Lekarna:** Kolodvorska cesta 23a, Tel. 07-305 11 71.

Verkehr

- **Bahnhof:** Kolodvorska cesta 1, Tel. 07-298 52 35.
- **Fernbusse:** Avtobusna postaja, Belokranjska cesta 2, Tel. 07-305 15 11.
- **Mietwagen:** Muller, Majer 1, Tel. 07-305 10 59.

Einkaufen

- **Wein:** Črnomeljska klet, Weininformationszentrum der Bela Krajina mit Verkauf und Weinprobe in den Gewölben der Altstadt, Ulica Mirana Jarca 2, Tel. 07-306 11 00.
- **Souvenirs:** Bei Dragatuš im Weiler Veliki Nerajec, Vera Vardjan, Nr. 18a, Tel. 07-305 74 28; in Handarbeit gefertigte, traditionelle Musikinstrumente.

Unterkunft

- Hotel **Lahinja** (***), Kolodovorska cesta 60, Tel. 07-306 16 50, Fax 07-306 16 40, Einzelzimmer ab 30 €.

Privatzimmer/Ferienwohnungen:

- **Klepec,** Pusti Gradac 10, am Landschaftspark Lahinja südlich von Črnomelj, Tel./Fax 07-305 76 60, klepec@siol.net, www.infotehna.si/klepec.

Camping:

⇦Metlika

Ferien auf dem Bauernhof:

- **Ob Izviru Krupe,** Krupa 9, 8333 Semič, Tel. 07-306 80 12, nördlich von Črnomelj.
- **Žagar,** Damelj 11, 8344 Vinica, Tel./Fax 07-306 44 41, auch Essen.

Essen und Trinken

- Gostilana **Müller,** Ločka cesta 6, Tel. 07-356 72 00; gediegenes Essen mit Fleisch- und Fischküche, 2500 SIT.
- **Družina Bahor,** Dragovanja vas 15, 8343 Dragatuš, 2 km südlich von Črnomelj, Fleischspieße und selbstgebackenes Brot auf einem Bauernhof; 2500 SIT.
- Gostišče **Župančičev Hram,** Dragatuš 22, 2 km südlich von Črnomelj, Zimmer und Essen auf einem Bauernhof, 2000 SIT.

Feste und Veranstaltungen

- Zwischen dem 10. und 20. Juni kommen Sänger und Tänzer in die Stadt und lassen die Volkskultur der Bela Krajina beim **Jurjevanje-Festival** aufleben, dem ältesten Folklore-Fest Sloweniens.
- Das größte **Weinfest** der Bela Krajina wird in Črnomelj Mitte November ausgetragen:

Zwei Tage lang stellen die Winzer der Weißen Mark ihre Produkte vor und man feiert bis spät in die Nacht.

Aktivitäten

- **Kanuverleih:** Agencija Klepec, Pusti Gradec 10, Dragatuš, Tel. 07-305 76 60, klepec@siol.net, www.infotehna.si/klepec. Weitere Kanuverleihe ⇦Metlika.
- **Wintersport:** ⇦Novo Mesto

Kočevje

↖ XIX/C1

- **Meereshöhe:** 464 m
- **PLZ:** 1330
- **Vorwahl:** 01
- **Einwohner:** 9300
- **Dt. Name:** Gottschee

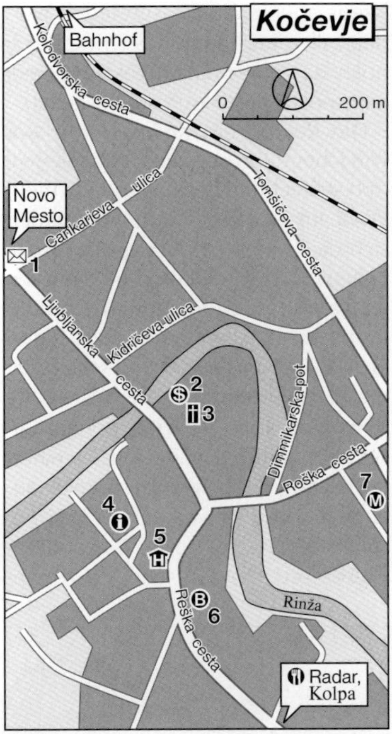

- 1 Post
- 2 Bank
- 3 Fronleichnamskirche
- 4 Touristinformation
- 5 Valentin
- 6 Busstation
- 7 Museum

Langgestreckt, grau und unscheinbar liegt Kočevje am Flüsschen Rinža und an der Hauptstraße zwischen Ljubljana und der Küstenmagistrale Kroatiens. Die Fernstraße führt mitten durch das Zentrum des kleinen Industrieortes, der an Sehenswürdigkeiten nicht allzuviel bietet. Man parkt am besten auf dem großen Platz hinter dem Hotel Valentin.

Wer nach Kočevje kommt, möchte in den **Wäldern der Umgebung** wandern – im Osten der Gebirgszug Kočevski rog, der nach Norden hin von der Suha Krajina abgelöst wird, im Westen die Hügelketten Goteniška gora, Velika gora und Stojna, die die Grenze zu Kroatien bilden. Bekannt ist das Land für seine **wilde Tierwelt** und die ehemals deutsche Bevölkerung, die Gottscheer, die Jahrhunderte hier tief im Walde siedelten und das Land urbar machten, am Ende des Zweiten Weltkriegs aber zwangsausgesiedelt wurden (allerdings hatte das Dritte Reich noch kurz zuvor die umgekehrte Siedlungspolitik bestialisch durchgesetzt).

Die Region um Kočevski rog war von jeher dünn besiedelt - abgelegen, mit schlechten Böden und dichtem Wald. Im 14. Jahrhundert entschieden sich die Grafen *Ortenburg* dem abzuhelfen und holten deutsche Kolonisten ins Land. In den folgenden Jahrhunderten wechselten die Besitzer mehrfach: Cillis, Habsburger und schließlich die Auersperger. 1492 erhielten die Bewohner vom österreichischen Kaiser die Erlaubnis, die in Gottschee hergestellten Waren im ganzen Reich anzubieten und zu verkaufen. Aus diesem Patent resultierte die Tradition des Hausierens der Gotscheer. In manchen Jahren war bis zu einem Viertel der männlichen Bevölkerung handelnd im Reich unterwegs.

Während des Zweiten Weltkriegs war Kočevje italienisch besetzt und nach dem Ende des italienischen Faschismus bis kurz vor dem allgemeinen Ende des Krieges in Europa **deutsch.** Immer wieder versuchten deutsche Polizei-, SS- und Wehrmachtsverbände, der starken **Partisanengruppen** in den Wäldern Herr zu werden, was immer wieder gründlich misslang. Sogar Gottschee war längere Zeit in Händen *Titos* und seiner Mannen. Wenn sie den Ort auch nicht halten konnten, die Verbindungswege zwischen den Siedlungen brachten die Deutschen nicht in ihre Gewalt. Gekämpft wurde bis aufs Mes-

079sl Foto: sk

ser: „Terror gegen Terror, Auge um Auge, ... Im Kampf ist alles richtig, was zum Erfolg führt. ... Daß ... bisweilen auch Unschuldige mit Gut und Blut unter die Räder kommen, ist bedauerlich, aber nicht zu ändern. Sie mögen sich bei den Banden bedanken ...", so ein deutscher General im Februar 1944 in einer Motivationssession für seine Mannschaften über die augenscheinlich damals schon vom gemeinen Volk erkannten Kollateralschäden und das spätere Bush-Prinzip „Wer nicht für uns ist, ist gegen uns".

Für die Stadt wichtigstes Datum ist vielleicht der 1. bis 3. Oktober 1943, als Kočevje in Händen der Partisanen war und sich hier die regulär und geheim gewählten Abgesandten des gesamten slowenischen Volkes trafen, gewählt in den befreiten und besetzten Gebieten und von den Auslandsslowenen.

Kirchen

Die älteste Kirche in Kočevje ist die **cerkev Rešnjega telesa** (Fronleichnamskirche) von 1471 im Vorort Trata im Norden. Die Neueste stammt aus dem Jahr 1903, ist im neoromanischen Stil mit zweitürmiger Fassade gehalten und befindet sich im Zentrum in der Flussschleife.

Museum

Das Museum von Kočevje sammelt alles Wichtige zur **Geschichte des Gottscheer Landes** und stellt die Exponate in archäologische, volkskundliche und kunstgeschichtliche Zusammenhänge. Für deutschsprachige Besucher ist insbesondere die Dauerausstellung „Das verlorene Kulturerbe der Gotscheer Deutschen" von Interesse. Das Nachweltkriegsjugoslawien hatte versucht, alle Spuren zu verwischen, auch die Häuser durften von den Nachsiedelnden nicht genutzt werden – man wollte jegliches kulturelles Erbe vernichten.

● **Museum,** Prešernova ulica 11, Tel. 01-895 03 03, www.pmk-kocevje.si, Mo–Fr 8–15 Uhr.

In der Umgebung

Burg Fridrihštajn und Höhlen

↖ XIX/C1-2

Burg Fridrihštajn (Friedrichstein) ist nur noch in Ruinen zu besichtigen, da man sie bereits 1650 aufgab. Sie steht südlich der Stadt in 970 m Höhe und ist von der **Schutzhütte Koča pri Jelenovem studencu** (876 m) erreichbar, die man auf einem 9 km langen Waldweg mit dem Auto anfahren kann oder zu Fuß in 90 Minuten erwandert. Von der Hütte sind es 30 Minuten zur Burg.

Weitere Spaziergänge mit der Hütte als Basis führen auf die Gipfel Mestni vrh (1034 m, 30 Min.) und Livoldski vrh (994 m, 1 Std., vorbei an der Burg). Die Höhle **Ledena jama** liegt 20 Min. Fußmarsch von der Hütte entfernt. In dieser größten Eishöhle Sloweniens befindet sich auch im Sommer eine mächtige Eisschicht, deren Umfang je nach Jahreszeit schwankt. Wer hinabsteigen will, benötigt Ausrüstung.

Früh übt sich, wer ein Meister werden will – vielleicht macht man ja Karriere wie die Original Oberkrainer

Die Tropfsteinhöhle **Eleonorina jama** erreicht man auf der Waldstraße zur Hütte, wenn man ca. 1 km vorher nach Westen Richtung Gipfel Ledenik abbiegt und 3 km auf diesem Weg bleibt. Sie ist etwa 150 m lang und besteht aus drei Hallen, wobei die letzte die eindrucksvollste ist.

Durch die Wälder zur Baza 20

↸ XIX/C-D1

Das **„Basislager 20"** der slowenischen Befreiungsbewegung ist von Dolenjske Toplice aus über das Dorf Podturn erreichbar (insgesamt 10 km). Von Kočevje aus muss man entweder in großem Bogen um die Wälder und Berge des Kočevski rog herumfahren (über Dvor nach Dolenjske Toplice), abenteuerlich Gesinnte schlagen sich jedoch auf Waldwegen vorbei am Baggersee durch den Weiler Zeljne nach Osten. Auf diesem Weg kommt man nach 9 km zu einer Gedenkstätte für die Opfer der kommunistischen Nachkriegssäuberungen: **Jama pod Krenom** unterhalb des Gipfels des Kren. Einfache Kreuze zeigen die Stelle, wo Weißgardisten – die *Domobranci* -, Helfer der italienischen und deutschen Besatzer, ihr Ende fanden (und wohl auch einige, die aus anderen Gründen missliebig waren). Bei Kilometer 12 ist eine weitere solche Gedenkstätte zu finden: **Jama pod Macesnovo gorico.**

20 km sind es von hier über den 840 m hohen Pass mit Pfadfinderheim (Žaga rog, 6 km hinter der Höhle) unterhalb des Kočevski rog nach Podturn. 5 km weiter und 9 km vor Podstenice liegt an einer Wegkreuzung eine Höhle, bei der ebenfalls Massenhinrichtungen stattfanden. Nach 2,5 km kommt man zum Weiler **Podstenice.** Eine 5 km lange Waldstraße führt von hier zu einer weiteren Eishöhle, der **Ledena jama pri Kunču.** Sie gilt als schönste Höhle dieser Art im Land. Schließlich passiert man nach 16 km (4 km vor Podturn) den 2 km langen Abzweig zur Baza 20.

Das Basislager ist ein **Barackenkomplex** aus 26 Gebäuden, in dem von April 1943 bis Anfang 1945 die **politische und militärische Leitung** der slowenischen Befreiungsbewegung und assoziierter Bewegungen Unterschlupf fanden. Wohnbaracken, Küche, Radiostation, Druckerei, Versammlungsräume, Krankenstation, fast eine kleine Stadt stand hier. Nicht alle Gebäude sind erhalten, viele aber renoviert, zwei enthalten **Ausstellungen.** Das Blätterdach des Waldes ist nicht so blickdicht, wie man eigentlich annehmen sollte, doch vor 60 Jahren lagen die Baracken noch in dichtem Urwald und kein Flugzeugpilot konnte erspähen, was darunter vorging.

● **Baza 20**, Spomeniško območje baza 20, Tel. 07-306 60 25 oder 050-63 31 54, April bis September Mo–Fr 8–16 Uhr, Sa/So nach Voranmeldung.

Burg Kostel an der Kolpa

↸ XIX/C2

Hoch über der Kolpa liegt südlich von Kočevje 2 km abseits der Hauptstraße nach Kroatien die Burg Kostel. Sie taucht schon 1336 in den Büchern auf und war ein wichtiger Verteidigungspunkt gegen die Türken, die nur ein einziges Mal vermochten, sich der

Burg zu bemächtigen: Sie warfen sich in kroatische Trachten, nahmen Kinder auf den Arm und überwältigten so die vertrauensseligen Wachen. 1809 nach Eroberung durch die Franzosen gab man die Burg auf. Heute wird sie nach und nach renoviert.

Trekking im Kočevsko

XIX/C2

Eine **dreitägige Wanderung** über 60 km führt durch die Urwälder der Umgebung von Kočevje. Die Tour ist als „Roška Pešpot" in der Karte „Kočevsko 1:50.000" des Geodätischen Instituts eingezeichnet und deutlich markiert (weißer Fleck mit grüner Bärentatze). Man marschiert in eigener Verantwortung, ein Permit ist nicht nötig. Informationen erhält man auch in der Touristeninformation Kočevje. Man passiert kleine Weiler, in denen man auf Bauernhöfen nächtigen kann. Die meisten dieser Weiler waren bis 1942 von den „Gotscheer Deutschen" bewohnt, den Nachfahren deutscher Auswanderer, die ihre Heimat im 14. Jh. verlassen und die unwegsame Waldregion kolonisiert hatten. Als die Region 1941 Italien zugeschlagen wurde, siedelte man 12.000 Menschen in deutsch besetzte Gebiete an der Sava und Sotla um. Von dort wurden sie nach dem Sieg der Partisanen 1945 vertrieben. Die meisten Gotscheer zogen nach

Reise durch das Kočevsko

Das Kočevsko mit seinen **dichten Urwäldern** aus Tannen und Buchen und der reichen Tierwelt mit **Bären, Luchsen, Adlern und Wölfen** ist noch eine der ausgedehntesten ursprünglichen Landschaften Europas. 50 m hoch ragen hier die Bäume in den Himmel, einzelne Exemplare wachsen schon seit 500 Jahren. Ins Halbdunkel gehüllt ist der Boden und der Wanderer fühlt sich in eine Welt von Elfen und Zwergen, Riesen und Drachen versetzt.

Geführte Tour

Eine fünftägige Tour für zwei bis fünf Personen führt durch die Wälder des Kočevsko, im Preis ist inbegriffen sind Unterbringung mit Halbpension (Frühstück, Abendessen), Mittagessen aus dem Rucksack, Transfers, Erfrischungsgetränke, Museumseintritt und Führung. Das Programm kann abhängig von Saison und Wünschen abgeändert werden, z.B. sind Rafting an der Kolpa, Radtouren und Winterwanderungen (auch mit Skilanglauf) möglich. Kosten: 75–100 € pro Tag und Teilnehmer.

1. Tag: Anreise und Unterbringung; Stadt- und Museumbesichtigung, Einführung in das Kočevsko-Gebiet mit seiner interessanten Geschichte.

2. Tag: Die Wälder von Kočevski rog – Natursehenswurdigkeiten, Wanderung durch die Wälder zur Prelesnikova koliševka, der „dicken Tanne", an Resten eines Sägewerks vorbei, Besteigung des Gipfels Kočevski rog. Am Abend werden vom Hochsitz aus wilde Tiere beobachtet (Bären, Wölfe, Luchse, Wildschweine).

3. Tag: Besuch des Kolpa-Flusses, Wanderung durch die Wälder der Borovška gora von Krempa bis Snežnik. Am Abend wieder Beobachtung der Wildtiere.

4. Tag: Besuch des periodischen Sees von Cerknica – Informationen über dieses „Karstwunder", Begleitung durch einen Ornithologen.

5. Tag: An der Kolpa, Sehenswürdigkeiten, das Leben der Menschen im Kolpa-Tal und Erholung beim Baden im Fluss. Am Nachmittag Abfahrt.

- **Kontaktadresse:** Janez Konečnik, Minus Konečnik d.n.o., Šeškova 31, 1330 Kočevje, Tel. 01-895 81 37, minus.konecnik@siol.net.

Österreich; nach der Unabhängigkeit Sloweniens kehrten einige wenige zurück. In den zumeist verlassenen Dörfern erinnern Gedenksteine an die ehemaligen deutschen Sprachinseln im slowenischen Urwald. Wasser ist auf der Rundtour ein Problem, wenn man an einer Zisterne ist, sollte man immer seine Vorräte auffüllen. Die Tour beginnt am See von Kočevje und geht nach Stari Breg und über Pugled Richtung Norden nach Luža. Von dort hält man sich wieder südlich und passiert Kunč, den Gipfel Vrh Roga und schließlich Podstene, von wo es in westlicher Richtung nach Tajhenav, Onek und schließlich Kočevje geht.

Praktische Tipps

Informationen

- **TIC,** TZO 12, 1330 Kočevje, Tel. 01-893 14 60, Fax 01-893 14 61, info@kocevje.si, www.kocevje.si.

Service

- **Post:** Ljubljanska cesta 23, Tel. 01-893 03 00.
- **Geldwechsel:** Banka Koper, Trg Svetaga Jerneja 1, Tel. 01-895 06 60.

080sl Foto: sk

Notfälle

- **Ambulanz/Zdravstveni dom:** Roška cesta 18, Tel. 01-893 90 00.
- **Apotheke/Lekarna:** Roška cesta 16, Tel. 01-893 16 13.

Verkehr

- **Bahnhof:** Kolodvorska cesta 14, Tel. 01-893 11 66.
- **Fernbusse:** Reška cesta.

Unterkunft

- Hotel **Valentin** (***), Trg zbora odposlancev 64, Tel. 01-895 12 86, Fax 01-895 23 10. Renoviertes Mittelklasse-Hotel im Zentrum.

Camping:

- **Kamp Žaga,** Gorenja Žaga 1a, 1336 Vas, Tel. 01-894 22 91, www.kamp-zaga.com; an der Kolpa knapp 2 km nördlich der Burg Kostel, mit Gaststätte.

Essen und Trinken

- Gostišče **Radar,** Kočevska cesta 4a, Tel. 01-895 70 37; einfache Bauernküche an der Hauptstraße; 1500 SIT.
- Gostilna **Jasenc,** Gorenje 33, 61332 Stara cerkev, in Gorenje zwischen den Straßen Richtung Ljubljana und Novo Mesto, Tel. 01-895 77 43; besonders die traditionell zubereiteten Wildgerichte sind äußerst empfehlenswert, 2000 SIT.

Aktivitäten

- **Angeln:** Zwischen der Einmündung der Čabranka in die Kolpa und dem Dorf Dol wird mit Fliegen auf Forelle und Äsche gegangen, an der Rinža bei Breg bis zum Wehr in Kočevje angelt man Karpfen, Zander und Hecht, ebenso im Baggersee Rudniško direkt östlich von Kočevje; Angelscheine im Hotel Valentin.
- **Reiten:** 3 km nördlich von Kočevje und 500 m abseits der Straße kann man im Ort Mlaka reiten.
- **Tauchen:** Tauchklub Kočevje, Trg zbora odposlancev 71, Tel. 041-73 20 22, ana.jerse@siol.net.
- **Wassersport:** ⇦Metlika, Črnomelj für Kanu- und Kajakunternehmungen auf der Kolpa.

Ribnica

↖ XIX/C1

- **Meereshöhe:** 489 m
- **PLZ:** 1310
- **Vorwahl:** 01
- **Einwohner:** 3300
- **Dt. Name:** Reifnitz

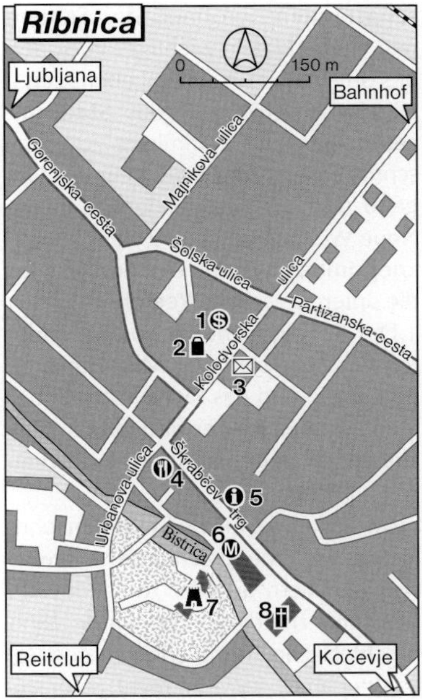

$	1	Bank
▮	2	Krošnjar
✉	3	Post
🍴	4	Pri Pildarja
i	5	Touristinformation
M	6	Mikl-Haus
♜	7	Burg/Museum
ii	8	Sv. Štefan

Ribnica liegt an der Hauptstraße von Ljubljana nach Kočevje, die quer durch die Ortschaft geht und ihr Zentrum durchschneidet. Dort, auf der anderen Seite des Flüsschens Bistrica, liegt die Burg mit Museum; man parkt am besten gegenüber der Brücke und geht dann zu Fuß hinüber.

Bereits die Römer zogen durch die Gegend, da hier im Ribnica-Tal eine Heerstraße verlief, die durch die Moore nach Ljubljana führte. Südlich von Ribnica sind noch **Feuchtwiesen** zu finden, die bei Hochwasser sporadisch überschwemmt werden. 1220 taucht der Ort in den Büchern auf, es war ein Marktflecken mit einigen Handwerksbetrieben. Bis in die heutigen Tage hat sich das Handwerk der **Holzbearbeitung** erhalten. Waren für den Hausgebrauch (Löffel etc.) wurden ehemals über Hausierer in ganz Europa vertrieben, heute sind sie nur noch im Souvenirgeschäft ausgestellt. Aus schaurigen Gründen wurde Ribnica im späten Mittelalter über die Grenzen hinaus bekannt: Nirgends sonst in der Gegend verfolgte man so viele Hexen, machte ihnen den Prozess und verbrannte sie – ein gottesfürchtiger Landstrich also.

In der Altstadt

Die **Burg** von Ribnica geht auf das 10. Jahrhundert zurück, war Sitz der verschiedensten Adelsfamilien und wurde bis ins 20. Jahrhundert unterhalten. Der Zweite Weltkrieg zerstörte sie schließlich und heute stehen nur noch die Reste der Ringmauer und zwei Türme. Zwischen den Fundamenten wurde der **„Park der Kultur-**

schaffenden" eröffnet, der Statuen und Gedenktafeln wichtiger Personen des öffentlich-kulturellen Lebens zeigt. Die Burg beherbergt das **Stadtmuseum** mit einer Sammlung zu Holzschnitzereien, zur Besiedlung der Gegend und zur Auswanderung in die Neue Welt, die bis zum Zweiten Weltkrieg immer wieder ein Aderlass für die unterentwickelte Region war.

Der Burg gegenüber auf der anderen Flussseite steht das **Mikl-Haus,** eine Galerie und das Kulturzentrum der Stadt. Immer wieder finden hier Ausstellungen zeitgenössischer slowenischer Künstler statt.

Ein Blick in die Kirche **Sv. Štefan** lohnt wegen der farbenprächtigen Malereien von Künstlern aus der Mitte des 19. Jahrhunderts (die Kirche wurde 1868 errichtet). Die Türme erinnern den Betrachter an *Plečnik* – zu recht, unter seiner Leitung wurden sie renoviert.

- **Stadtmuseum,** Tel. 01-836 11 79, Mai bis Oktober Mo–Fr 10–12 und 16–18 Uhr.
- **Mikl-Haus,** Škrabčev trg 21, Tel. 01-836 17 60, tägl. 10–12 und 16–18 Uhr.

In der Umgebung

Sv. Marija ↯ XVIII/B1

Um nach **Nova Štifta** zu gelangen, fährt man 4 km Richtung Ljubljana und biegt dann Richtung Breže und Jurjevica ab, durchquert die Dörfer und fährt nach weiteren 4 km den Berg hoch. Die **Wallfahrtskirche Mariä Himmelfahrt** war 1671 nach dreißigjähriger Bauzeit fertig. Der Innenraum wurde achteckig gestaltet, das Presbyterium ist fast quadratisch. Eine riesige Kuppel überdeckt den Bau und ein Arkadengang umschließt ihn. Die Kirche wurde zum Vorbild vieler weiterer barocker Sakralbauten des Landes. Beachtenswert sind die reichen Holzschnitzereien und die Votivbilder. Die Orgel stammt von 1904 und gilt ebenfalls als Meisterwerk.

Die **Linden** zwischen Kirche und Kloster sind sehr alt, auf die eine darf man über Stiegen hinaufsteigen und befindet sich auf einer Plattform in Höhe des Glockenturms. Der Baum misst im Umfang über 8 m. Kirche und Kloster sind täglich 9–17 Uhr geöffnet, ein Spende ist nicht falsch, aber man kann auch in dem kleinen Geschäft Postkarten oder Hochprozentiges erwerben.

Trubar-Museum ↯ XII/B3

Fährt man von Ribnica Richtung Ljubljana (gute 20 km), kommt man bei **Rašica** zu einem kleinen Museum. Hier wurde der **Bischof Primož Trubar** 1508 geboren, ein Gedenkzimmer erinnert an ihn. Er war Herausgeber der ersten auf Slowenisch erschienen reformatorischen Kirchentexte. Sein Geburtshaus wurde von den Türken zerstört, daher nutzt man eine renovierte, aber trotzdem romantische Sägemühle, ein kleines Café lädt zu einer Rast ein.

- **Trubarjeva domačija na Rašci,** Tel. 01-788 10 06, täglich 9–17 Uhr.

Burg von Turjak ↯ XII/B3

Noch 2 km weiter im Norden führt ein 300 m langer Abstecher zu den gewaltigen Mauern der Burg von Turjak, die trutzig über einem Tal wacht. Die Burg, eine der größten im ehemaligen Krain, gehörte denen zu *Auersperg* (=Turjak). Die Burg entstand in der heutigen Form im 16. Jahrhundert unter Einbeziehung älterer Bauteile, die durch ein Erdbeben in Mitleidenschaft gezogen worden waren. Der Großteil der Burg ist der Renaissance verhaftet, die Kapelle allerdings ist gotisch gehalten und man mag sogar romanische Spuren entdecken. Ein Wohntrakt ist ebenfalls romanischer Herkunft. Die Burg war im Zweiten Weltkrieg heiß umkämpft und wurde geplündert. Kostbare Schriften, die nur teilweise vorher ins Ausland gebracht wurden, verbrannten.

● **Turjak,** im Sommer 9–19 Uhr, wenn die Tore geschlossen sind, bei der Gaststätte am Abzweig fragen, wer gerade der Schließer ist.

Praktische Tipps

Informationen

● **TIC,** Škrabčev trg 40, Tel./Fax 01-836 93 35, www.ribnica.si.

Service

● **Post:** Kolodvorska ulica 2, Tel. 01-836 10 61.
● **Geldwechsel:** SKB, Kolodvorska ulica 9a, Tel. 01-836 11 17.

Notfälle

● **Ambulanz/Zdravstveni dom:** Majinova ulica 1, Tel. 01-837 22 00.
● **Apotheke/Lekarna:** Majinova ulica 1, Tel. 01-836 92 70.

Verkehr

● **Bahnhof:** Kolodvorska ulica nn, Tel. 01-836 10 13.
● **Fernbusse:** Škrabčev trg.
● **Taxis und Mietwagen:** Herbby, Grič cesta IV 6, Grič, Tel. 041-63 08 60.

Einkaufen

● **Souvenirs:** Krošnjar, Kolodvorska ulica 9a, Tel. 01-836 06 68; für die Region typische Holzschnitzereien (Haushaltgegenstände und Kunsthandwerk).

Unterkunft

● Motel **Jasnica,** Gornje Ložine 26, Tel. 01-895 41 01, Fax 01-895 41 02, auf halber Strecke nach Kočevje (8 km) an einem Waldgebiet mit Wandermöglichkeiten; einfach, Einzelzimmer ab 20 €.

Privatzimmer/Ferienwohnungen:
● **Anton Izlaty,** Prigorica 115, 3,5 km südlich Ribnica, Tel. 01-836 40 45 oder 041-38 21 50.

Essen und Trinken

● **Pri Pildarju,** Škrabčev trg 27, Tel. 01-836 30 48; hausgemachte Köstlichkeiten aus der heimischen Küche, 2000 SIT.
● **Gostilna Mihelič,** Škrabčev trg 22, Tel. 01-836 31 31, www.gostilna-mihelic.si. Seit über 100 Jahren wird hier nach traditionellen Rezepten gekocht. Wenn's Bärlauchknödel gibt unbedingt probieren! Um 3000 SIT.

Feste und Veranstaltungen

● Einmal im Jahr, am ersten Wochenende im September, kommen aus der ganzen Umgebung die Töpfer, Korbflechter, Schnitzer und Böttcher zur **Septembermesse** und bieten ihre Waren an; dazu wird getrunken und gesungen, getanzt und gelacht.

Aktivitäten

● **Reiten:** Reitclub Ribnica Jurij Rudež, Cesta na Ugar 26, Tel. 041-63 80 78.
● **Wandern:** Ein ausgeschilderter botanischer Lehrpfad (Ribniška naravoslovna pot) beginnt im Zentrum von Ribnica und führt in zwei Stunden nach Norden auf 932 m Höhe, wo die Kirche Sv. Ana steht und man in einer Schutzhütte etwas trinken kann (Planinski dom). Ab Nova Štifta kann man zur Berghütte Dom na Travni gori wandern (Travna gora nn, 1317 Sodražica, 90 Min., 890 m, Tel. 01-836 63 33, ganzjährig offen, Übernachtungsmöglichkeit, Gaststätte).

309sl Foto: sk

Celje und die Welt der Thermen

082sl Foto: kc

Die Almhütten auf der Velika planina liegen auf 1500 m Höhe - ein mühsam zu erreichender Arbeitsplatz für die Senner. Schließlich wurde der Zugang mit einer Seilbahn vereinfacht

Celje besitzt eine lange Tradition der Keramikherstellung - erst nach und nach erholen sich die Firmen wieder vom 40-jährigen sozialistischen Intermezzo

Berge, Hügel und Flüsse

Die Ländereien um Celje zeigen fast alle Landschaftsformen Sloweniens. Im Norden nach Kamnik hin ragen im slowenischen Kärnten, dem **Koroško,** die Felswände der Alpen steil in den Himmel, der Voralpenraum mit Hügeln, Weinbergen und vielen Flüssen, die slowenische Steiermark, **Štajerska,** zieht sich nach Süden und Osten hin und schließlich ragt ein Finger der **subpannonischen Ebene** aus Ungarn herein und umfasst Celje.

Unzählige **Thermalquellen** gibt es in dieser Gegend, viele davon wurden gefasst und sind seit Jahrhunderten berühmte Kur- und Heilbäder, in die schon Kaiser, Könige und Industriemagnaten kamen, um die Bädersaison der K&K-Monarchie angenehm und unter sich zu verbringen. Burgen und Schlösser künden ebenfalls von dieser Zeit und vom Mittelalter, als das heutige Slowenien und damalige Krain als Kulturlandschaft auf Mitteleuropa Einfluss nahm, von ihm beeinflusst wurde und als Bollwerk gegen die Türkeneinfälle stand.

Highlights Celje und die Thermen

- **Burgfest von Celje** im August, S. 328
- Eine Mahlzeit in der **Burg Tabor** von Laško, S. 330
- Besuch der alten **Apotheke im Schloss Olimje,** S. 334
- Shopping in **Rogaška Slatina,** S. 338
- Spaziergang in den Ruinen des **Klosters Žiče** in der Abenddämmerung, S. 343
- **Bergwerksmuseum** von Velenje, S. 347
- Ausflug auf die **Velika Planina,** S. 354

Ob man nun seinen Angelhaken in einen der vielen Flüsse oder einen See hängt, im Zuge eines Museumsbesuches tief in die Erde einfährt, auf Weinprobe geht, kuren oder einfach im warmen Wasser plätschern will, Porzellan, Keramik oder wertvolles Bleikristall ersteht, mit dem Rad oder auf Schusters Rappen durch die Wälder zieht – Celje und das mittlere Slowenien haben viel zu bieten.

Celje

↗ XIV/A1

- **Meereshöhe:** 241 m
- **PLZ:** 3000
- **Vorwahl:** 03
- **Einwohner:** 41.000
- **Dt. Name:** Cilli

Nähert man sich dem Stadtkern von Celje, wird sich der Reisende fragen, was er hier soll. An tristen Industriebauten und verfallenden Eisenbahngebäuden geht es vorbei, bis man schließlich zwischen Bahnhof und Zentrum gerät. Hier heißt es parken und die Stadt am Ufer der Savinja zu Fuß erobern (das Zentrum ist als kreuzförmige Fußgängerzone ausgebildet, dessen Mittelachse im Osten am Bahnhof endet). Erst dann erschließt sich der Charme der immerhin **drittgrößten Stadt des Landes** im Süden des Pohorje-Gebirges mit ihrem mittelalterlichen Erbe.

Als Straßenkreuz und als **Flusshafen** war und ist Celje von Bedeutung. Die Voglajna fließt hier in die Savinja

(„kleine Sava"), auf der noch bis in die 1960er Jahre Holz aus den Bergen in die Pannonische Tiefebene verbracht wurde. Von Österreich über Maribor und Celje erreicht man Ljubljana und das Meer, aber auch Karlovac in Kroatien. So waren die Landschaften um Celje von je her dicht bevölkert, in der neueren Zeit siedelte sich Industrie an.

Illyrer und Kelten, von denen schon die alten Griechen zu berichten wussten, gingen den Römern voraus, die den keltischen Namen **Celeia** weiter nutzten. Für die Bedeutung als Handelsplatz bereits zu jener Zeit sprechen die ergiebigen Fundstätten von Münzen des 1. Jahrtausends v.u.Z. (die reichhaltigsten des ganzen Landes). Die Römer gaben Celeia Stadtrechte und ab dem Jahr 45 hieß der Ort **Claudia Celeia.** Auch heute noch trifft man bei Baumaßnahmen immer wieder auf Zeugen dieser Epoche: Fundamente, Tonscherben und ganze Denkmäler. 283 töteten die Römer den Bischof *Maximilian,* der später heilig gesprochen wurde. Um 450 brannten die Hunnen auf einem ihrer Züge nach Italien die Stadt nieder – sie wurde nicht mehr aufgebaut.

An ihrer Stelle entstand erst um 1000 eine neue Siedlung, die 1122 als **Celje** unter den Kärntner Grafen *Heunburg* Eingang ihn die Geschichtsbücher fand. 1322 folgten die Freiherrn *von Žovnek* nach, die 1341 der Kaiser in den Grafenstand erhob und die den Namen der Stadt annahmen – **Cilli.** 1436 wurden sie Reichsfürsten und gehörten mit ihrer geschickten Politik bald zu den reichsten Geschlechtern des mittelalterlichen Europa. 1456 starb die Familie aus und die Stadt gelangte in die Hände der Habsburger.

Der schlafende König

Indirekt ist eine legendäre Gestalt mit den **Grafen von Cilli** verbunden, die eigentlich gar nicht ins slowenische Heldenpantheon gehört: die des Königs **Matthias Corvinus,** historisch unter dem Namen *Matthias I. Hunyadi* bekannt, Fürst einer ungarisch-kroatischen Monarchie. Vater und Bruder hatten sich im Kampf gegen die Türken hervorgetan und Matthias sollte *Elisabeth von Cilli* heiraten, um die politischen Allianzen zu festigen. Elisabeth allerdings starb und *Laszlo Hunyadi,* Matthias' Bruder, ermordete *Ulrich II. von Cilli,* um sich für eine angebliche Beleidigung seiner Familie zu rächen.

So war die Stimmung zwischen den Cilli-Anhängern und den Hunyadis nicht gerade optimal, als Matthias Corvinus nun selbst den **kroatisch-ungarischen Thron** bestieg. Er erwarb sich aber durch vorausschauende Politik schnell großes Ansehen und schaffte es, die Türken weitgehend fern zu halten und die unterworfenen Länder – Ende des 15. Jahrhunderts hatte er auch das heutige slowenische Territorium und Habsburger Ländereien bis nach Wien besetzt – mit Güte und Sinn für Gerechtigkeit zu lenken. Als Corvinus 1490 starb, galt er nicht nur seinem eigenen Volk, sondern auch den Slowenen als Lichtgestalt, und da seiner relativ friedlichen Ära die gewalttätige der Bauernaufstände folgte, wurde aus Matthias Corvinus *Kralj Matjaž,* **König Matthias,** der umgeben von seinen Getreuen im Berg Peca schläft und darauf wartet, dass ein mutiger Mann das Königsschwert aus der Scheide zieht und damit das Signal gibt für die letzte Schlacht.

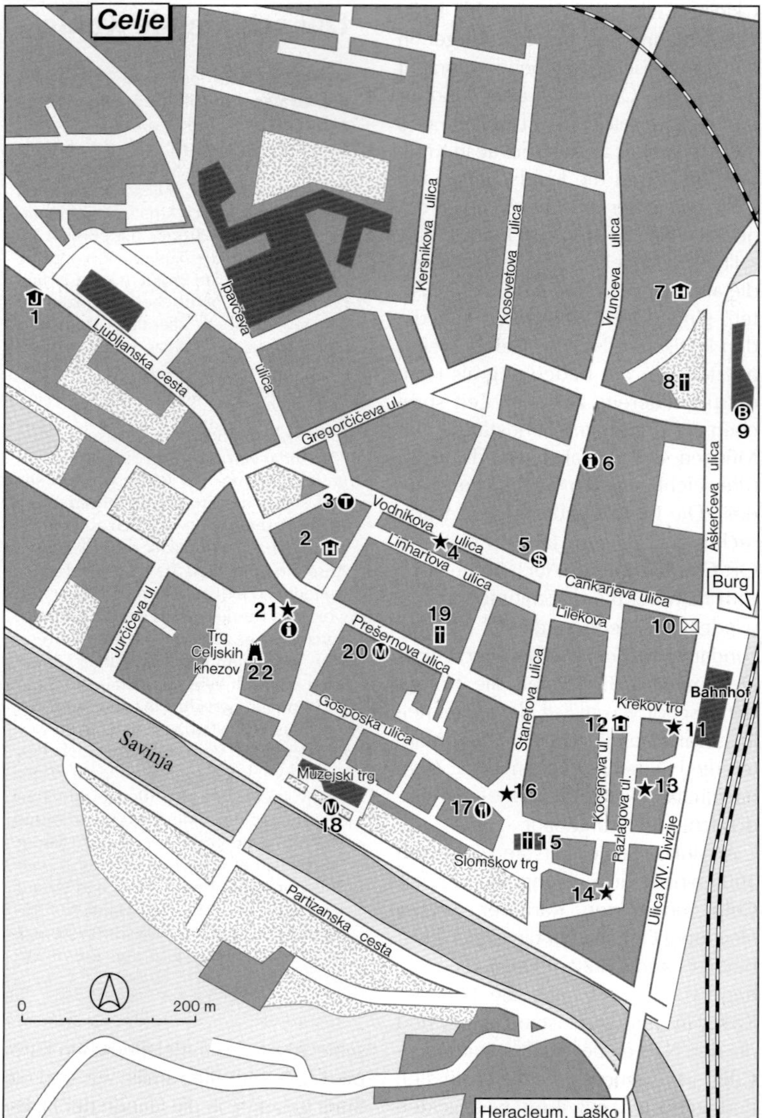
Celje
Ljubljanska cesta
Ipavčeva ulica
Kersnikova ulica
Kosovelova ulica
Vrunčeva ulica
Gregorčičeva ul.
Vodnikova ulica
Linhartova ulica
Cankarjeva ulica
Aškerčeva ulica
Burg
Lilekova
Jurčičeva ul.
Trg Celjskih knezov
Prešernova ulica
Gosposka ulica
Stanetova ulica
Krekov trg
Bahnhof
Kocenova ul.
Razlagova ul.
Ulica XIV. Divizije
Muzejski trg
Slomškov trg
Savinja
Partizanska cesta
0
200 m
Heracleum. Laško
1
2
3
4
5
6
7
8
9
10
11
12
13
14
15
16
17
18
19
20
21
22

- 1 Jugendherberge
- 2 Hotel Turška Mačka
- 3 Theater
- ★ 4 Stadtmauer
- 5 Banka Celje
- 6 Alpenverein
- 7 Hotel Štorman
- 8 Sv. Maximilian
- 9 Busstation
- 10 Post
- ★ 11 Celjski dom
- 12 Hotel Europa
- ★ 13 Fotoatelier
- ★ 14 Wasserturm
- 15 Sv. Danijela
- ★ 16 Mariensäule
- 17 Restaurant Puccini
- 18 Regionalmuseum
- 19 Minoritenmarienkirche
- 20 Stari Pisker, Museum Neuerer Geschichte
- ★ 21 Narodni dom, Touristinformation
- 22 Unteres Schloss

Traditionell war Celje über die Jahrhunderte auch ein Siedlungsschwerpunkt Deutschstämmiger. Der Zweite Weltkrieg setzte dem ein Ende. Im Dritten Reich wurden die Slowenen umgesiedelt (in Celje war ein großes Sammellager, in dem viele Menschen umkamen), nach Ende des Krieges nahm man Revanche.

Sehenswertes

Rund um den Krekov trg

Der Rundgang beginnt am pompösen **Bahnhof** von 1846 am Krekov trg. Die Eisenbahn kam im gleichen Jahr nach Celje, verband Wien mit Triest und brachte die Industrialisierung (der Bahnhof wurde 1902 und 1995 renoviert). Hier findet sich auch das Gebäude **Celjski dom,** das Versammlungsgebäude der deutschstämmigen Bevölkerung des frühen 20. Jahrhunderts. Es entstand zwischen 1905 und 1907 und erinnert stark an die Wilhelminische Zeit – es wurde im neugotischen Stil vom Wiener Architekten *Peter Paul Branga* errichtet.

Geht man von hier nach Norden, kommt man zur **Kirche Sv. Maximilian,** dem Bischof von Lorch in Oberösterreich geweiht, den die Römer 283 enthaupteten. Ursprünglich war es ein gotisches Bauwerk aus dem 15. Jahrhundert, nach und nach baute man an, veränderte und stempelte den jeweiligen Zeitgeschmack auf.

Geht man vom Krekov trg nach Westen und biegt in die Stanetova ulica rechts ein bis zur nächsten großen Kreuzung, erreicht man das **Bankgebäude** (Banka Celje), das 1928/29 unter der Regie von *Plečnik* entstand. Die Vodnikova ulica ein Stück nach Westen, gelangt man zu Resten der mittelalterlichen **Stadtmauer.**

Vom Krekov trg der Stanetova ulica in südlicher Richtung folgend, passiert man den Lavni trg mit der **Mariensäule** von 1776 und einigen hübschen Bürgerhäusern aus dem 16. bis 18. Jahrhundert. Dahinter öffnet sich der Slomškov trg mit der **Abteikirche Sv. Danijela.** Sie gehört zu den ältesten Bauwerken der Stadt. Ursprünglich war es ein 1306 entstandenes romani-

083sl Foto: sk

sches Gebäude, das um 1400 eingewölbt und mit Anbauten im hochgotischen Stil versehen wurde (u.a. die Cillier Kapelle). Die Grafen Cilli gaben die Bildhauerarbeiten darin in Auftrag, ebenso wie die Plastik der „Schmerzhaften Muttergottes". Die Fresken entstanden zur gleichen Zeit. Ein Bild aus dem 18. Jahrhundert ist dem Heiligen *Florian* gewidmet - es zeigt die Stadt in den Flammen von 1789.

Im Osten der Abteikirche, dort wo die Razlagova ulica nach Norden abbiegt, steht der **Wasserturm.** Er entstand 1473 als Teil der Stadtmauer und wurde im 18. Jahrhundert schwer beschädigt. Mehrere römische Steine sind in die Fundamente gemauert, auch ist eine Tafel zu sehen, die von einer großen Überschwemmung durch die Savinja im Jahr 1672 berichtet.

An der Razlagova ulica weiter im Norden liegt das **Fotoatelier Josip Pelikan.** Das Atelier entstand 1899 und erlaubte wegen der ausgedehnten Fensterflächen des 1. Stocks das ganze Jahr hindurch Tageslichtaufnahmen in geheizten Räumen. Kameras und viele Bilder bzw. fotografische Glasplatten sind zu sehen (Nr. 5, Tel. 03-548 58 91, Di–Fr 10–14 Uhr, Sa 9–12 Uhr, So 14–18 Uhr).

Sich so beschäftigend, bekommt man keinen Herzinfarkt oder kann, so man ihn hatte, vorzüglich rekonvaleszieren

Regionalmuseum

Zurück geht es nun an Resten der Stadtmauer vorbei nach Westen zum Muzejski trg und der **Stara grofija,** der Alten Grafei. Sie wurde 1580 erbaut, 1620 begann man mit der Anfügung der Arkaden und umschloss den Hof mit einer Mauer. 1869 übernahm die Stadt die Grafei, nutzte sie als Schule und Gericht und schließlich – nach Entdeckung wertvoller Baudetails – entschloss man sich, sie als Museum zu eröffnen.

In der **archäologischen Abteilung** werden Funde von der Steinzeit bis zu spätrömischen Epochen gezeigt. Im **Lapidarium** sprechen die steinernen Zeitzeugen vom Reichtum der Stadt Claudia Celeia. Im Kunst- und kulturgeschichtlichen Teil besticht besonders das **Deckengemälde** eines unbekannten Meisters, eines der wichtigsten Beispiele für illusionistische Malerei zu Beginn des 17. Jahrhunderts. Das Gemälde erhöht den Saal scheinbar in den Himmel, indem es Türme perspektivisch verzerrt und mit Randfiguren wie den vier Jahreszeiten und Giganten belebt. Die Decke wurde mit Leinwand bespannt und diese mit Temperafarben bemalt.

Volkskundliche Ausstellungen sind ebenfalls vertreten und eine numismatische Abteilung führt die Entwicklung der **Münzprägung** vor Augen. Der keltische Stamm der Taurisker von Keleia prägte norische Silbermünzen und um 1500 punzten die Grafen von Cilli ihr Wappen in einen eigenen Pfennig. **Industriekeramik** wird ebenfalls vor Augen geführt; besonders wichtig ist hier die Kunst der Gebrüder *Schütz,* die im 19. Jahrhundert eine eigene Fabrik gründeten und spezielle Techniken entwickelten, die im Sozialismus untergingen. Heute versucht man in der Fabrik von Liboje im Südwesten von Celje, diese Tradition wieder aufleben zu lassen (⇦Einkaufen).

● **Stara grofija,** Muzejski trg, Tel. 03-428 09 50, Di–So 10–18 Uhr.

Unteres Schloss

Nördlich des Museums und am südlichen Ende des Trg Celjskih knezov steht das Untere Schloss, im 14. Jahrhundert als Wohnsitz der Grafen gebaut. In ihm ist die **Galerie Moderner Kunst** untergebracht. Sie zeigt einen Überblick über die slowenischen bildenden Künste der Gegenwart.

● **Galerie Moderner Kunst**, Trg Celjskih knezov 8, Tel. 03-548 41 92, Di–Fr 10–13 und 16–19 Uhr, Sa 10–12 Uhr.

Narodni Dom

Am oberen Ende des Trg Celjskih knezov steht der Narodni Dom, das **Rathaus** im Neorenaissance-Stil vom Ende des 19. Jahrhunderts, das ehemals als Pendant zum Deutschen Kulturhaus den Slowenen vorbehalten war. Darin befinden sich die Touristeninformation und der **Kunstsalon,** ein Zentrum für Kulturveranstaltungen. Dem Narodni Dom gegenüber steht das **Prothasi Palais** von 1770. Fassade und Portal sind noch im Originalzustand erhalten.

● **Narodni Dom,** Trg Celjskih knezov 9, Tel. 03-490 00 90, Di–Fr 10–13 und 16–19 Uhr, Sa 10–12 Uhr.

Minoritenmarienkirche

Weiter nach Norden gehend, erreicht man das slowenische Volkstheater, nach Osten geht es zur Prešernova ulica und der Minoritenmarienkirche. Sie wurde im 14. Jahrhundert erbaut und dann mehrfach verändert. Das Relief des Sakristeiportals mit Maria und den Kirchenstiftern stammt vermutlich von 1360. Die Kirche gehörte bis 1808 zum **Kloster der Minoriten,** eines Bettelordens. Kaiser *Franz I.* löste das Kloster gegenüber der Kirche auf und baute es zum **Gefängnis** um. In dieser Funktion erlebte der Bau auch den Zweiten Weltkrieg und die Verfolgung slowenischer Widerständler durch die deutsche Besatzung.

Die **Gedenkstätte Stari Pisker** erinnert an diese Zeit mit einem Gedenkzimmer, zu dem man eine ehemalige Folterkammer der Gestapo machte. Im Gefängnis wurden 374 Geiseln erschossen.

● **Stari Pisker,** Prešernova ulica 20, Tel. 03-428 64 10, nur nach Voranmeldung.

Museum für Neuere Geschichte

Neben der Gedenkstätte befindet sich das Museum für Neuere Geschichte. Die Sammlung begeistert besonders die Kleinen, zeigt sie doch zum Beispiel eine originalgetreue Einkaufsstraße zu Beginn des 20. Jahrhunderts und – besonders beliebt – das Behandlungszimmer eines Zahnarztes und mehr zum Thema „slowenische Zahnheilkunde". „Herman's Höhle" ist ein eigenes **Kindermuseum** im Haus, das für die ganz Kleinen alles bereitstellt, was in deren Vorstellung ein Museum haben sollte: Vieles zum mitmachen und lustige Sammlungen.

● **Museum für Neuere Geschichte,** Prešernova ulica 17, Tel. 03-428 64 10, Di–Fr 10–18 Uhr, Sa 9–12 Uhr, So 14–18 Uhr.

Heracleum

Auf der anderen Seite der Savinja liegt auf der Anhöhe Miklavški hrib das Heracleum, die Reste des **Heraklestempels** aus dem 2. Jahrhundert.

Burg

Die Burg von Celje liegt außerhalb des Zentrums hoch über der Savinja im Südosten. Man erreicht sie über die Cankarjeva ulica nördlich des Bahnhofs unter der Unterführung hindurch und dann hinter der Brücke rechts am Ufer der Voglajna entlang nach Süden. Direkt unterhalb des Burgberges beginnt ein Spazierweg hinauf (407 m, 30 Min.), mit dem Auto muss man einen großen Bogen fahren.

Die Burg wurde im romanischen Stil im 12. Jahrhundert erbaut und unter den Grafen Cilli mit gotischem Gepräge versehen. Dreifach sind die Mauern, massiv die Türme. Die Burg galt in ihrer Zeit als die größte und stärkste Befestigung in ganz Slowenien. Im 15. Jahrhundert zogen die Grafen in das Untere Schloss um, nur noch Verwalter und Bedienstete blieben oben. Im 18. Jahrhundert wurde sie vollends aufgegeben und verfiel. Heute renoviert man und nutzt die einmalige Lage mit Blick über die Täler für Sommerveranstaltungen.

In der Umgebung

Stausee

XIV/A1

Der See **Šmartinsko jezero** schließt sich im Norden an die Stadt an und ist ein beliebtes Ausflugsziel im Sommer, weil man dort **segeln und angeln** kann. Er wurde 1970 angelegt und ist mit 1 km² der größte Stausee des Landes. Die unberührte Natur an seinen Ufern und die vielen kleinen Buchten machen ihn fast idyllisch. Auf dem See verkehrt im Sommer auch ein Ausflugsdampfer (mit Restaurant „Sailor").

Römische Nekropole

V/D3

In **Šempeter,** 12 km westlich von Celje an der Hauptstraße nach Ljubljana, gibt es eine römische Nekropole zu besichtigen. Es wurden auf dem Areal die Grab- und Denkmäler in ihre ursprüngliche Lage gebracht und so ist einer der schönsten Friedhöfe der antiken Welt entstanden. Die Gruften mit ihren Steinblöcken besitzen herrliche **Reliefarbeiten** und entstammen dem ersten bis dritten Jahrhundert.

- **Nekropola,** Tel. 03-544 26 33, 1.4.-30.10. 9-15 Uhr, 15.4.-15.10. 9-17 Uhr.

Praktische Tipps

Informationen

- **TIC,** Trg Celjskih knezov 9, 3000 Celje, Tel./Fax 03-492 50 80, tic@celje.si, www.celje.si oder www.jz-celeia.si.
- **Alpenverein/Planinsko društvo,** Stanetova ulica 20, Tel. 03-492 48 50.

Service

- **Post:** Cankarjeva ulica, Tel. 03-424 36 00.
- **Geldwechsel:** Banka Celje, Vodnivkova ulica 2, Tel. 03-543 10 00.
- **Internet-Zugang:** Trg Celjskih knezov 9 im Kunstsalon des Narodni Dom, Tel. 03-490 00 90, Di-Fr 10-13 und 16-19 Uhr, Sa 10-12 Uhr.

Notfälle

- **Ambulanz/Zdravstveni dom:** Gregorčičeva ulica 5, Tel. 03-543 40 00.
- **Apotheke/Lekarna:** Gregorčičeva ulica 5, Tel. 03-543 46 54.

Verkehr

- **Züge:** Der Bahnhof befindet sich am Krekov trg 1, Tel. 03-293 21 00.
- **Fernbusse:** Aškerčeva ulica 20, Tel. 03-425 34 00.
- **Taxis:** Radio Taxi Celje, Tel. 03-548 33 00.
- **Mietwagen:** Kompas Rent-a-car, Mariborska cesta 1b, Tel. 03-544 27 80, Fax 03-548 27 16.

Einkaufen

- Celje war einst für seine **Töpferwaren und Keramik** berühmt. Heute versucht man vereinzelt, diese Tradition neu zu beleben. Ein Geschichtsprofessor hat ein Atelier im Norden der Stadt, auch Töpferkurse werden dort durchgeführt. Laden und Atelier sind nach Voranmeldung zu besuchen: **Lončarski Atelje** in Galerija, Trnovlje, Obrtna cesta 54, Tel. 03-546 17 70.
- Die weit über die Grenzen des Landes hinaus bekannte Schützkeramik war das Produkt einer besonderen Technik, die teils noch fortgeführt wird von der **Keramikfabrik Kili** (Kasaze 34, Liboje, 3301 Petrovče, Tel. 03-713 61 80, www.kili-liboje.com). Die Fabrik wurde im 19. Jahrhundert von den Gebrüdern *Schütz* gegründet. *Ludwig Schütz* war Chemiker, er sorgte für hochqualitative Grundstoffe und verbesserte ständig die Farbmischungen. Außerdem beauftragte er in seiner Modellwerkstatt zunehmend Künstler von Rang, die neue Formen schufen und

084sl Foto: kc

Unter dem Namen Schütz-Keramik lieferte Celje seine Kostbarkeiten nach ganz Europa

Dessins für die Glasur entwickelten. Schließlich kooperierte man mit dem Museum für Kunst und Industrie in Wien und Professoren der Wiener Akademien arbeiteten für Schütz. Im Regionalmuseum von Celje sind Stücke ausgestellt. Keramik ist noch immer im Fabrikverkauf von Kili zu erwerben, auch einige Stücke, die in der Tradition des Schütz-Unternehmens stehen.

Unterkunft

- Hotel **Štorman** (***), Mariborska cesta 3, Tel. 03-426 04 26, Fax 03-426 03 95, hotelcelje@storman-gos.si. Vornehmlich von Geschäftsleuten aufgesucht, etwas abseits, gute Küche im Wintergarten, Einzelzimmer ab 40 €.
- Hotel **Europa** (***), Krekov trg 4, Tel. 03-544 34 00, Fax 03-544 34 34. Bahnhofs- und zentrumsnah gelegen, etwas veraltete Zimmer, aber angenehmes Personal, gute Küche und ein beliebtes Café im Stil der vorletzten Jahrhundertwende, Einzelzimmer ab 35 €.
- Hotel **Astor** (***), Ljubljanska 39, Tel. 03-545 23 50, Fax 03-545 14 01. Am Savinja-Ufer, Einzelzimmer 40 €.
- Hotel **Turška Mačka** (**), Gledališka ulica 7, Tel. 03-548 46 11, Fax 03-544 29 08, www.majolka.si. Einst versammelten sich hier die Bohemiens der Stadt. Das Restaurant Istrska Konoba hat eine (vor 20 Jahren) ausgefallene Einrichtung, entworfen vom Künstler *Loize Spacal,* dessen Werken eine Galerie in Štanjel gewidmet ist; Einzelzimmer ab 30 €.
- **Sankt Josef Haus,** Plečnikova 29, Tel. 03-548 37 04, Fax 03-548 15 96, dom.sv.jozef@mail.rkc.si. Ein- und Zweibettzimmer mit eigenem Bad im Kloster und Begegnungshaus in einem Vorort östlich der Stadt, Einzelzimmer ab 20 €.
- Jugendherberge **Dijaški dom,** Ljubljanska cesta 21, Tel. 03-426 66 00, nur Juli/August.

Privatzimmer/Ferienwohnungen:

- **Bohorč** (***), Ulica dušana kvedra 44, 3230 Šentjur pri Celju, Tel.03-746 14 30, Fax 03-746 14 31, marjan.bohorc@slo.net.
- **Celjska koča,** Berghütte mit Privatzimmern bei Pečovnik auf 650 m im Süden von Celje, im Winter sehr hübsch, Tel. 03-577 41 15.

Ferien auf dem Bauernhof:

- **Soržev mlin,** Polže 1, 3203 Nova Cerkev, auf dem Weg nach Dobrna im Norden, Tel. 03-577 26 39.

Essen und Trinken

- **Puccini,** Glavni trg 12, Tel. 03-492 46 96; italienische Küche aufs Feinste dargebracht in elegantem Ambiente, 3000 SIT.
- **Francl,** Zagrad 77, Tel. 03-492 64 60; zu erreichen südlich des Burgberges am Flüsschen Ločnica entlang vom Ufer der Savinja weg, typische slowenische Küche, serviert von Kellnern in Tracht, 2500 SIT.
- **Belaj Koštomaj,** Kukočeva 2, am der Burg gegenüberliegenden Ufer, Tel. 03-426 60 45; gute slowenische Küche, unprätentiös dargebracht, 2500 SIT.
- Restaurant des **Hotel Europa,** Krekov trg 4, Tel. 03-544 34 00; mittelalterliche Küche, 2500 SIT.
- Restaurant des **Hotel Štorman,** Mariborska cesta 3, Tel. 03-426 04 26; im Wintergarten speist man bei Klavierbegleitung, 2500 SIT.
- **Sailor,** Šmartinsko jezero, Tel. 03-492 70 70 oder 050-62 65 62; Restaurant auf einem Dampfer auf dem Šmartinsko-See, das Essen wird auf der Fahrt serviert, eher kleine Karte, ebenso die Portionen, 2000 SIT.

Feste und Veranstaltungen

- Im August findet auf der Burg eine großes Treffen statt – ein **Marktplatz des Mittelal-**

ters in traditionellen Kostümen, mit Marketendereien, Gesang, Tanz und Ritterspielen bei Fackelschein und vielem mehr.

Abends unterwegs

- Drei Diskotheken stehen der Jugend der Stadt zur Verfügung: **Casablanca,** Dečkova cesta 1, Tel. 03-490 46 40, Techno und House; **Jungle,** Lava ulica 7, Jugopop; und **Krčma pri Zamorcu,** Ljubljanska cesta 5, Rock aus den 60ern bis 90ern.
- Im **Zlatorog Club,** Mariborska 1a, trinkt man sich quer durch die vielen Biersorten.
- Im Pub **Maverick,** Ljubljanska cesta 7, kann man durch die großen Fenster nach draußen gucken.

Aktivitäten

- **Reiten:** Šeško, Socka 33, Nova Cerkev, Tel. 03-577 82 82, auf dem Weg nach Dobrna bei Nova Cerkev nach Norden abbiegen Richtung Socka, Reitschule, nur nach Voranmeldung.
- **Fliegen:** Aeroklub Celje, 3000 Celje, p.p. 51, Tel. 03-547 20 30, Fax 03-545 10 71, www2.arnes.si/~ceaekl1/novice.htm.
- **Kuraufenthalte:** Toplice Dobrna, 3204 Dobrna, 20 km im Norden Richtung Velenje, Tel. 03-780 80 00, Fax 03-780 81 11, info@toplice-dobrna.si, www.toplice-dobrna.si. Quelle mit 36°C, bei rheumatischen und orthopädischen Erkrankungen, Nervenleiden und Psychoneurosen, Unfruchtbarkeit, Frauenleiden.
- **Angeln:** Angelscheine sind erhältlich beim Angelklub Celje, Čopova 19.
- **Höhlenerkundung:** Die Höhle von Pekel befindet sich 4 km nördlich von Šempeter (über Podlog v Savinjski dolini) und sollte nur unter Führung besucht werden; Kontakt: Turistično društvo Šempeter, 3311 Šempeter, Tel. 03-700 20 56, Fax 03-700 20 57, info@td-sempeter.si, www.td-sempeter.si, im Sommer täglich, im Winter nur am Wochenende.
- **Tauchen:** Tauchklub Celje, Dečkova 36, Tel. 03-544 30 02, prs.madronic@siol.net; Sailor Club, Veljavčeva 8, Tel. 03-545 23 68, sailor.skafander@siol.net, www.sailor-club.si.

Laško

↖ XIV/A2

- **Meereshöhe:** 228 m
- **PLZ:** 3270
- **Vorwahl:** 03
- **Einwohner:** 3700
- **Dt. Name:** Tüffer

Laško ist ein hübscher Ort im **Tal der Savinja,** umgeben von Thermalquellen, um die sich Kurorte in der grünen Hügelwelt gebildet haben. Die Straße von Celje folgt dem westlichen Ufer der Savinja, bis sie nach 10 km den kleinen Ort erreicht hat, der im ganzen Land bekannt ist – wegen seines Bieres. Die **Brauerei Laško** stellt die Biermarken „Zlatorog" und „Laško" her und auf Flaschenetiketten und Bierdosen gedruckt findet der Namenszug seinen Weg bis ins benachbarte Ausland. Nicht umsonst ist die Firma Laško einer der großen Steuerzahler des Landes und so stellt sich das Städtchen beiderseits der Ufer äußerst schmuck dar, besonders, wenn die Sonne aus dem klaren Himmel lacht. An der Autobrücke über die Savinja liegt westlich der Hauptplatz, der alte Ortskern befindet sich am anderen Ufer, unterhalb der Burg Tabor.

Die **Thermalquellen** um den Ort herum waren bereits den Römern bekannt, man nutzte sie aber nicht, da die häufigen Überschwemmungen der Savinja immer wieder die Thermaleinrichtungen zerstört hätten. Erst Mitte des 19. Jahrhunderts gelang es, die Savinja zu bändigen und damit war es möglich, auch die Quellen langfristig

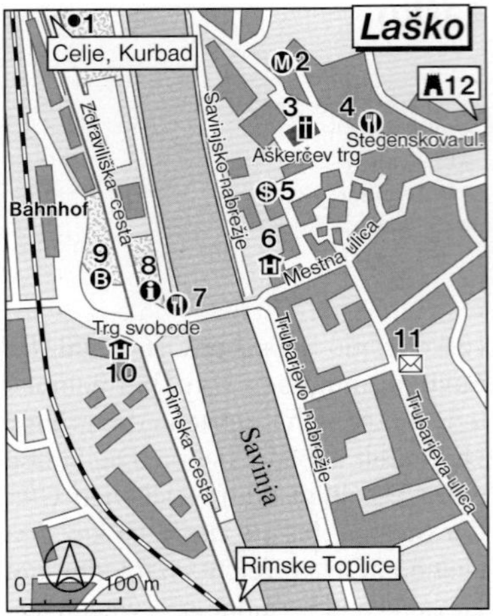

•	1	Brauerei
Ⓜ	2	Weichselberger Schloss
	3	Sv. Martin
	4	Pivnica Pačnik
	5	Bank
	6	Hotel Savinja
	7	Pizzeria Spiča
	8	Touristinformation
Ⓑ	9	Busstation
	10	Hotel Hum
✉	11	Post
	12	Burg Tabor

zu fassen. Die Kurorte Laško und Rimske Toplice entstanden zu allerbester, hochblühender K&K-Zeit. Das **Kaiser-Franz-Joseph-Bad Tüffer** machte Furore.

Laško war bereits zur Zeit der Urnengräberkulturen 800 v.u.Z. bewohnt. 1147 kam es erstmals in die Bücher, das Markrecht wurde 1227 vergeben, ebenso die Gerichtsbarkeit. Die Pfarre kam 1257 hinzu. In dieser Zeit stand die Gegend in Besitz derer zu *Sann,* bald aber wechselten die Besitzer häufiger als die Generationen. Schließlich verkauften die Habsburger an die Barone von *Moscon.* Man blieb in ruhigen Fahrwassern, war der Ort doch nur schwer erreichbar, aber endlich wurde die Straße von Celje bis zur Mündung der Savinja in die Sava fertiggestellt (1810). Die Eisenbahn kam 1849, der Kurbetrieb wurde eröffnet und mit ihm kamen die deutschen Siedler, deren Einfluss bis Ende des Ersten Weltkriegs bestimmend blieb. Mit Ende des Krieges und bis zum Beginn des nächsten wurde kein Bier mehr gebraut, erst 1938 entfachte man unter den Sudpfannen wieder das Feuer.

Burg Tabor

Grad Tabor steht 100 m über dem Ort an den Hängen des Berges Hum (583 m), auf den ein 45-minütiger Spaziergang hinaufführt. Man nimmt zu Fuß die Treppe zwischen den Häusern Aškerčev trg 6 und 7 zur Burg hoch, ab dort ist der Pfad markiert. Die Burg ist auch mit dem Fahrzeug erreichbar. Sie wurde als Teilruine saniert, einige Gebäude mauerte man neu auf. Sie beherbergen heute ein **exzellentes Restaurant** im Burgstil mit kleinen Zimmern, verschwiegenen Tischen, Rittersälen und der Möglichkeit, sich hier seiner/seinem Geliebten für immer anzuvertrauen. Der Komplex steht in Besitz der Brauerei und wenn sie nicht ihre Gäste bewirtet, kann jeder herkommen und die ausgezeichneten Speisen mit Bierspezialitäten hinunterspülen.

In der Altstadt

Die Fundamente der **Pfarrkirche Sv. Martin** am Aškerčev trg sollen noch aus vorromanischen Zeiten stammen, in den Büchern taucht die Kirche erstmals 1269 auf. Ein gotischer Chor kam hinzu, Seitenschiffe mit Kreuzrippengewölbe entstanden, um 1700 baute man die Barockkapellen an den Seiten. Der Hochaltar und die beiden kleinen Altäre entstanden Mitte des 18. Jahrhunderts.

Das **Weichselberger Schloss** steht nördlich der Kirche und beherbergt das **Stadtmuseum.** Das Gebäude gehörte einst dem Marktrichter *Sigismund Weichselberger,* der es 1506 von den Grafen von *Cilli* kaufte. Die Dauerausstellung widmet sich der Stadtgeschichte.

Das Hotel Savinja befindet sich in den ehemaligen Räumen des **Spitals,** das im 15. Jahrhundert gegründet und im 17. Jahrhundert von *Valvasor* höchstpersönlich erweitert wurde.

- **Stadtmuseum,** Tel. 03-573 14 60, Do 9–11 und 16–18 Uhr bzw. nach Absprache, Eintritt frei.

Brauerei Laško

Die Brauerei Laško geht auf das Jahr 1825 zurück, als noch beim heutigen Hotel Savinj gebraut wurde. 1866 zog man auf die andere Uferseite und 1889 begann ein neuer Besitzer in der Überzeugung, dass Thermalwasser dem Brauvorgang gut täte, mit der Herstellung von Thermalbier. Er hatte recht. Heute gehört die Firma Laško zu den modernsten Brauereien Europas und wer mag, kann sie auf einer geführten Tour besichtigen und abschließend seinen Durst mit einem Glas löschen (Besuche organisiert das TIC).

Thermalbad

Zdravilišče Laško, der Thermalbadkomplex, liegt nördlich der Brauerei an den Ufern der Savinja, praktisch noch im Ort. Freibäder, Hallenbäder, Whirlpools und eine Saunalandschaft mit über 500 m^2 locken die Gäste an. Viele Behandlungsvariationen sind möglich, die Massage ist da noch die gängigste: Magnettherapie, Thermotherapie mit Paraffin und Fango, Ultraviolettherapie, Reflextherapie und natürlich Kräuterbäder.

Kirchen am Stadtrand

Geht man am Kurbad nach Westen und folgt der Straße hinauf, kommt man nach 45 Minuten (auch mit dem Wagen machbar) zur Kirche **Sv. Mihael,** nach der sich (abkürzend) der Weiler Šmihel nennt. Das zweitürmige Gebäude wird nachts angestrahlt und entstand 1637–41. Beachtenswert sind die Steinmetzarbeiten im Stil der Gotik und Renaissance. Die Altäre entstammen ebenfalls dem 17. Jahrhundert.

Folgt man dem östlichen Ufer der Savinja nach Süden, kommt man nach 1 km zur Kirche **Sv. Marija.** Sie wurde

085sl Foto: sk

Die Berghütten sind im ganzen Land äußerst liebevoll konzipiert und die Wirte versuchen allen Bedürfnissen gerecht zu werden

1503/05 gebaut und 1526 mit Fresken im Stil der Gotik und Renaissance versehen, die erst in neuester Zeit wiederentdeckt und restauriert wurden.

In der Umgebung

Šmohor ↖ XIII/D1

Nach Šmohor beginnt der Weg ebenfalls an der Eisenbahnunterführung beim Kurbad. Man folgt dem Rečica-Tal und biegt oberhalb der Wohnhäuser in den markierten Weg ein (90 Min.). 781 m hoch liegt die **Berghütte Šmohor** und bietet Essen und Übernachtung (ganzjährig, Do geschl., Tel. 03-573 32 70). Die Kirche **Sv. Šmohor** geht auf das Jahr 1421 zurück. In den Forsten der Hochebene lebt viel Wild und man kann ausgedehnte Wanderungen unternehmen.

Rimske Toplice ↖ XIII/D1

Rimske Toplice liegt südlich von Laško an der Hauptstraße. Einst war es ein **eleganter Kurort** mit K&K-Hotels an den Hängen des Savinja-Tales, heute sind die Gebäude verlassen, nachdem sie über Jahrzehnte als Wohn- und Ferienhäuser von Industriekombinaten heruntergewirtschaftet wurden. Erst 2001 gelang es, Investoren zu finden, die dem Ort seinen alten Glanz wiedergeben sollen – das wird vor 2004 nicht gelungen sein.

Praktische Tipps

Informationen

- **TIC,** Trg Svobode 8, 3270 Laško, Tel. 03-733 89 50, Fax 03-733 89 56, turisticno.drustvo.lasko@siol.net, www.lasko.si.

Service

- **Post:** Trubarjeva ulica 9, Tel. 03-734 37 00.
- **Geldwechsel:** Banka Celje, Valvasorjev trg 5, Tel. 03-733 81 00.

Notfälle

- **Ambulanz/Zdravstveni dom:** Kidričeva ulica, Tel. 03-734 36 00.
- **Apotheke/Lekarna:** Trubarjeva ulica 1, Tel. 01-734 02 40.

Verkehr

- **Bahnhof:** Trg Svobode 3, Tel. 03-293 33 27.
- **Fernbusse:** Trg Svobode, Tel. 425 34 75.

Unterkunft

- Hotel **Terme Laško** (****), Zdraviliška ulica 4, Tel. 03-734 51 11, Fax 03-734 52 98, zdravilisce.lasko@eunet.si, www.zdravilisce-lasko.si. Modernes Kurhotel mit allen erdenklichen Einrichtungen; Einzelzimmer ab 75 €.
- Hotel **Savinja** (****), Valvazorjev trg 1, Tel. 03-573 03 26, Fax 03-573 16 00, askerc@siol.net, www.askerc-sp.si. Nur 9 Zimmer im ehemaligen Schloss, Einzelzimmer ab 50 €.
- Hotel **Hum** (***), Trg Svobode 1, Tel. 03-573 14 99, Fax 03-573 17 36, askerc@siol.net, www.askerc-sp.si. Modernes Hotel auf der Neustadtseite; meist Geschäftsleute und Durchreisende, Einzelzimmer ab 32 €.
- Hotel **Forum Terma** (***), Toplice 2, 3272 Rimske Toplice, Tel. 03-735 60 60, Fax 03-573 61 29. Am Ufer der Sava mit Thermalfreibad (31 °C) und Sauna, Einzelz. ab 30 €.

Privatzimmer/Ferienwohnungen:

- Gästehaus **Park,** Zdraviliška 22, Tel. 03-573 16 10.

Essen und Trinken

- Restaurant **Grad Tabor,** auf der Burg über Laško, Tel. 03-573 16 00; speisen wie die Burgfroileins und deren Ritter und Knappen, 4000 SIT.
- Pivnica **Pačnik,** Aškerčev trg 10, Tel. 03-573 04 52; Hauptplatz der Altstadt, Bierkneipe mit slowenischen Spezialitäten, 2000 SIT.
- Pizzeria **Spiča,** Trg Svobode 7, neben Pizza frisch aus dem Ofen Koteletts und Forelle, 1500 SIT.

Feste und Veranstaltungen

- Im Sommer finden auf der Burg Tabor **Musik- und Theaterveranstaltungen** statt.
- Das **Festival „Bier und Blüten"** *(pivo in cvetje)* taucht die Stadt Mitte Juli mehere Tage mit Feuerwerk in buntes Licht, dazu wird natürlich Bier getrunken, eine Landhochzeit gefeiert und es gibt Umzüge.

Aktivitäten

- **Kuraufenthalte:** Zdravilišče Laško, Zdraviliška cesta 4, Tel. 03-734 51 11, Fax 03-734 52 98, zdravilisce.lasko@eunet.si, www.zdravilisce-lasko.si. Isothermalwasser zwischen 32 und 35 °C, Rehabilitation nach orthopädischen Operationen, Degenerativ- und Weichteilrheumatismus, Erkrankungen des Nervensystems, Störung der peripheren Zirkulation.
- **Angeln:** Angelscheine beim Angelklub Laško, Trubarjeva ulica 3, Tel. 041-21 70 01.

Podčetrtek

↖ XIV/B2

- **Meereshöhe:** 211 m
- **PLZ:** 3254
- **Vorwahl:** 03
- **Einwohner:** 500
- **Dt. Name:** Windischlandsberg

Die kleine Ortschaft Podčetrtek unweit des Flusses Sotla, der die kroatische Grenze bildet, zieht sich abseits der Hauptstraße nach Norden. Die Verbindungsstrecke Zagreb - Celje verläuft entlang der beiden nahegelegenen **Thermenzentren.** Das südliche ist von Hotels umgeben, am nördlichen liegt ein Campingplatz. Beide Thermalzentren besitzen ausgedehnte Wasserlandschaften mit mehreren Becken. Ein Golfplatz ist ebenfalls in der Nähe. Wandern, Rad fahren und Jagen, die Betätigungsmöglichkeiten in der unberührten Natur der Umgebung sind vielfältig.

Das ehemalige Windischlandsberg gehörte dem Grafen *Attems,* der die Burg hoch über der Stadt bis zum Zweiten Weltkrieg bewohnte und dann ermordet wurde. Der slowenische Name leitet sich von Donnerstag *(četrtek)* ab, da an diesem Wochentag Markt abgehalten wurde und das Gericht zusammentrat. Eine weitere Namensänderung betrifft die Thermen, die man von *Terme Atomske Toplice* zu **Terme Olimia** umbenannte - zu bedrohlich mag der ursprüngliche Name in deutschen Ohren geklungen haben und außerdem konnte man bei Olimia vom Bekanntheitsgrad des gleichnamigen Schlosses im Süden des Ortes profitieren. 1209 taucht Podčetrtek zum ersten Mal schriftlich auf, 1328 erhielt es die Stadtrechte.

Burg Podčetrtek

Hoch über dem Ort lauert die Burg auf die ehemalige Besitzerfamilie oder auf einen Investor. Trutzig und intakt wirkt sie, das Tal bewachend, doch wer sich ihr auf einem 10-minütigen Spaziergang nähert, wird enttäuscht - eine **Ruine** offenbart sich dem Auge, nur aus der Ferne ohne Trauer zu betrachten. In den 70 Zimmern ist nichts mehr, Plünderungen und Diebe haben das ihre getan, die Zeit hat den Rest besorgt. Schadensersatzansprüche sind gestellt von der nun in Graz lebenden Grafenfamilie, für die Einrichtung und für über 1200 ha Wald ihres ursprünglichen Besitzes. Doch der Staat hat dafür kein Geld.

Ethnologisches Musum

Unterhalb der Burg steht das kleine, private Museum von Herrn *Počivavšek* und zeigt allerlei aus einem erfüllten Sammlerleben, seien es Öllampen, Bauernwerkzeuge oder Möbel.

- **Muzej kmečke opreme Etnološka zbirka**, Trška cesta 46, Tel. 03-810 92 56, nach Voranmeldung, 1 €.

In der Umgebung

Schloss und Kloster Olimje ↖ XIV/B2

3 km sind es zum Schloss Olimje westlich von Podčetrtek. Um 1015 stand hier wohl schon ein Schlösschen, erwähnt wird Olimje zum ersten Mal aber erst 1208 unter dem Namen Wo-

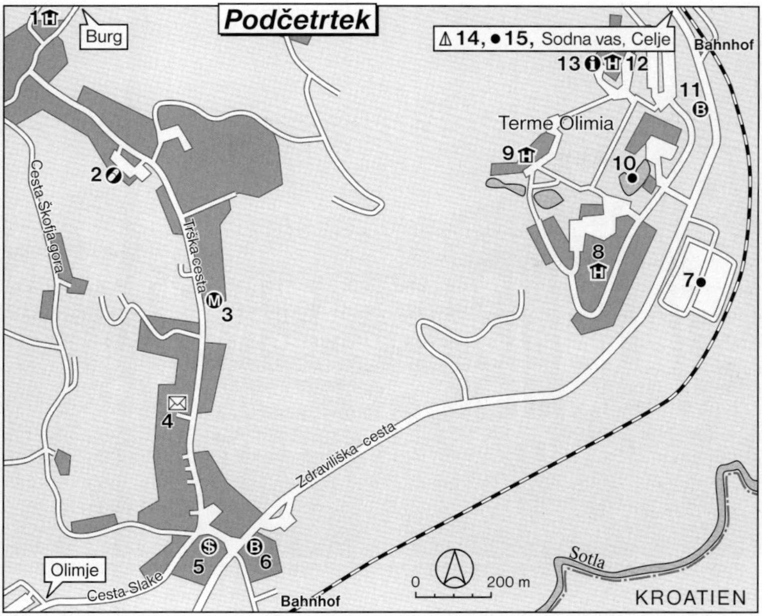

- 1 Hotel Dimec
- 2 Apotheke
- 3 Museum
- 4 Post
- 5 Bank
- 6 Busstation
- 7 Sportpark Gaj
- 8 Apartments Lipa
- 9 Hotel Rosa
- 10 Thermen Süd
- 11 Busstation
- 12 Hotel Breza
- 13 Touristinformation
- 14 Campingplatz
- 15 Thermen Nord

lin, aus dem sich das heutige Olimje ableitet. Oft sah das Schloss einen neuen Hausherrn, auch im Mittelalter waren Zwangsversteigerungen nicht unüblich (oder die milde Form: man gab seinen Besitz als Pfand weg und sah ihn nicht mehr wieder). Schließlich landete Olimje in den Händen von *Janez Sakhmardi de Dyankoch,* der 1663 das **Eremitenkloster der Pauliner** stiftete. Dieser Orden errichtete an das Schloss anschließend eine Kirche und gründete eine **Apotheke** im Erdgeschoss des südlichen Schlossturmes, die heute eine der ältesten ganz Europas ist. Die beeindruckenden Fresken, die die Arzneimittelherstellung illustrieren, sind noch heute zu sehen.

Kaiser *Joseph II.* schloss alle Klöster und auch Olimje wurde 1782 verlassen. 1805 gelangte der Bau in den Besitz des Grafen *Ferdinand Attems*. Seit 1990 versorgen **Minoriten-Mönche** die Pfarre von Olimje und führen durch das Apothekenmuseum und die Kirche. Letztere besitzt drei sehr schöne goldenen Altäre, zu beachten sind auch die Orgel von 1765 und das Presbyterium, dessen Fresken 1739 von einem Pauliner gemalt wurden.

Das Kloster Olimje pflegte die pharmazeutische Tradition im Land – seine Apotheke gilt als eine der ältesten Europas

- **Minoritski samostan,** Olimje 82, Tel. 03-582 91 72, Führungen Mo–Sa 10, 15 und 16 Uhr, So 16 Uhr.

Kozjanski Park ↖ XIV/B2

Das **Kozjansko** ist eine Kulturlandschaft, die tief ins Mittelalter zurückreicht. Mit dem Kozjanski Park hat sich eine Institution gebildet, die es sich zur Aufgabe gemacht hat, das Natur- und Kulturerbe aktiv zu erhalten. Mit Ausstellungen zum Beispiel auf der Burg Podsreda werden Besucher angezogen und über die Vergangenheit informiert. Über 200 km² umfasst der Park heute und er soll noch vergrößert werden. In ihm sind Hunderte von **Kulturdenkmälern und Natursehenswürdigkeiten** zu sehen, die nach und nach der Öffentlichkeit zugänglich gemacht werden sollen: vorgeschichtliche befestigte Hügelsiedlungen, Grabstätten, römische Villen, antike Höhlenbefestigungen, mittelalterliche Kirchen und Burgen.

Die **Glasherstellung** ist eine der Traditionen des Gebietes, in dem es viele Glashütten gab. Auf **Burg Podsreda** ist eine kleine Sammlung von Glaswaren aus der Vergangenheit zu sehen. Immer wieder finden auf der Burg auch **Ausstellungen** mit internationaler Beteiligung statt, die sich besondere Themen aussuchen, wie z.B. die Gotik im Kozjansko. Auch Naturliebhaber kommen mit Lehrpfaden und Vogelbeobachtung auf ihre Kosten. Das Angebot wird ständig ausgeweitet.

- **Kozjanski Park,** Grad Podsreda, Podsreda 45, 3257 Podsreda. Tel. 03-800 71 00, Fax 03-800 71 08, kozjanski-park@kp.gov.si.
- **Glasmuseum:** Grad Podsreda, von Podsreda 2 km Richtung Krško, dann 2,5 km Asphaltstraße zur Burg hoch, Tel. 03-580 61 18, Di–So 10–18 Uhr, bei schlechtem Wetter geschl.)

Praktische Tipps

Informationen

- **TIC,** Zdraviliška cesta 24, Tel./Fax 03-829 78 96, tic@podcetrtek.si, www.podcetrtek.si; ein Schalter im Hotel Breza am südlichen Thermalzentrum.

Service

- **Post:** Trška cesta 23, Tel. 03-582 90 50.
- **Geldwechsel:** Banka Celje, Slake 1, Tel. 03-582 93 90.

Notfälle

- **Ambulanz/Zdravstveni dom:** Trška cesta nn, Tel. 03-582 90 18.
- **Apotheke/Lekarna:** Trška cesta 67, Tel. 03-819 11 60.

Verkehr

- **Bahnhof:** Es gibt drei Haltepunkte (etwas südlich des Ortseingangs und an den beiden Thermalzentren), Tel. 03-582 91 49.
- **Fernbusse:** Zdraviliška cesta Ecke Trška cesta am Ortseingang an der Hauptstraße, die meisten Busse halten auch an den beiden Thermalzentren.
- **Taxi:** Hlapon, Tel. 03-574 15 62.

Unterkunft

- Hotel **Breza** (****), Zdraviliška cesta 24, Tel. 03-829 70 00, Fax 03-582 90 24, info@terme-olimia.com, www.terme-olimia.com. Hochklassiges Hotel, renoviert, breites Wellness-Angebot, Einzelzimmer ab 70 €.
- Aparthotel **Rosa** (***), gleiche Adresse; ebenfalls am südlichen Thermenzentrum, Apartment für 2Pers. mit Hotelbetreuung ab 80 €, für 4 Pers. ab 100 €.
- Pansion **Rebeka** (*), Olimje 90, 3254 Podčetrtek, Tel. 03-582 90 46, Fax 03-582 92 91, jelenov.greben@siol.net, www.jelenov-greben.podcetrtek.si. Im Weiler Olimje, Einzelzimmer ab 30 €.

Privatzimmer/Ferienwohnungen:

- Apartments **Lipa** (***), Adresse wie Breza.
- **Kocjančič,** Sodna vas 25 (1200 m nördlich des Campingplatzes Richtung Celje), Podčetrtek, Tel. 03-582 35 89 (Apartments und Zimmer).
- **Vrešak,** Zdraviliška c. 16, Tel. 03-582 90 31.
- **Dimec,** Cesta na grad 4, Tel. 03-582 92 38.

Camping:

- **Natura** (***), Zdraviliška cesta 24, Tel. 03-829 78 33, Fax 03-829 78 63; außerhalb der Saison Tel. 03-820 70 00, Fax 03-582 90 24, info@terme-olimia.com, www.terme-olimia.com, 21.4.–30.9. offen, 40 Plätze.

Ferien auf dem Bauernhof:

- **Bizjak,** Orehovec 3, 3253 Pristava pri Mestinju, Tel. 03-810 30 50; 2 km nördlich von Podčetrtek bei Sodna vas nach Westen abbiegen, bei Spodnje Tinsko nach Norden und bei Orehovec wieder nach Norden.

Essen und Trinken

- **Amon,** Olimje 23, auf dem Weg zum Schloss nach ca. 2,5 km, Tel. 03-582 90 42; Kulinarisches aus der Region in Bauernstubenatmosphäre, Weinproben nach Voranmeldung, 4000 SIT.
- Kmečki turizem **Jelenov greben,** Olimje 90, Tel. 03-582 90 46; das Restaurant der Pansion Rebeka, diverse Menüs 1000–2000 SIT.
- Gostišče **Haler,** Olimje 6, auf halbem Weg nach Olimje, Tel. 03-829 25 00; Bierkeller, deftige Kost mit Zimmervermietung, 1500 SIT.

Aktivitäten

- **Reiten:** Amon, Olimje 23, auf dem Weg zum Schloss nach ca. 2,5 km, Tel. 03-582 90 42.
- **Fliegen:** Jelenov (⇦Essen u. Trinken) unternimmt Fahrten mit dem Heißluftballon.
- **Kuraufenthalte:** Terme Olimia, Adresse wie Hotel Breza; Thermalwasser mit 30 bis 37°C gegen rheumatische Leiden, Hauterkrankungen, Gefäßkrankheiten, Verletzungen des Bewegungsapparates.
- **Angeln:** Angelscheine bei den Thermen-Hotels und dem Campingplatz.
- **Golf:** Golf Podčetrtek, Olimje 24, 3254 Podčetrtek, Tel. 03-810 90 66, Fax 03-582 90 26, info@atomske-toplice.si, www.atomske-toplice.si, 9-Loch-Platz (Länge 1-9: 2204 m, Par: 35)
- **Rad fahren:** Im TIC gibt es eine Karte mit 12 Tourenvorschlägen von 7–41 km Länge; Räder verleiht der Sportpark Gaj, südiches Thermalzentrum, Tel. 03-829 70 00.
- **Wandern:** Das TIC gibt Wanderkarten aus, die leichte bis mittelschwere Wege von zwei bis vier Stunden detailliert beschreiben.

Rogaška Slatina

↖ XIV/B1

- **Meereshöhe:** 228 m
- **PLZ:** 3250
- **Vorwahl:** 03
- **Einwohner:** 5000
- **Dt. Name:** Rohitsch-Sauerbrunn

Rogaška Slatina liegt unweit der kürzesten Verbindung von Celje zur kroatischen Grenze. Man biegt bei Tekačevo von der Hauptstraße ab, kommt nach Rogaška und stößt kurz vor Rogatec wieder auf die Hauptstraße. Berühmt ist der Ort für seine **heilkräftigen Wasser** und für seine schönen **Glaserzeugnisse.** Wer kuren und gleichzeitig Bleikristall erwerben, wandern und Rad fahren will, ist hier genau richtig. Nach und nach werden die pompösen Hotels und zierlichen Villen aus der K&K-Zeit und die modernen sozialistischen, hinter Bäumen verborgenen Betonburgen renoviert, was seine Zeit dauert.

Wohl haben bereits die Römer von der Heilwirkung des Mineralwassers der Gegend gewusst, genutzt wurden die Quellen aber erst ab Mitte des 17. Jahrhunderts. Man fasste die Styria und begann, das Wasser zu verkaufen. Unter dem Grafen *Attems,* der zu dieser Zeit Landeshauptmann war, wurden 1840 bis 1860 Einrichtungen gebaut, Unterkünfte und ein Kurhaus (das 1910 abbrannte). 1912 wurde die Ruine durch ein neues **Kurhaus** im klassizistischen Stil ersetzt. Die Habsburger besuchten Rogaška Slatina, die Familie *Bonaparte,* gekrönte Häupter und durch Geld Geadelte verbrachten die Saison im Kurbad.

Im Zentrum

Die zentrale Quelle ist durch ein **Brunnenhaus** überdacht, das von 1819 stammt und als Tempel ausgebildet ist. Die **Kapelle der hl. Anna** wurde von *Plečnik* entworfen und 1928 errichtet. Das kleine **grafische Museum** im Kurpark zeigt wertvolle Radierungen, Drucke und Zeichnungen des 16. bis 19. Jahrhunderts.

- **Museum,** Zdraviliški trg 4, Di/Do/Sa 10–12 und 16–18 Uhr.

Glaswaren

Ein Besuch des **Fabrikverkaufs** des Kristallherstellers Rogaška und der **Glasfachschule** lohnt sich, weil Gläser, Vasen und Schüsseln zweiter Wahl zum Verkauf stehen, die teils nur ein Drittel der ersten Wahl kosten, aber lediglich minimale Schäden aufweisen (meist nur eine kleine eingeschlossene Luftblase).

- **Rogaška,** hinter dem zweiten Bahnübergang hinter dem Kurzentrum Richtung Süden die zweite Straße rechts, ca. 2 km, Mo–Fr 8–19 Uhr, Sa 8–13 Uhr.
- **Glasfachschule,** Steklarska ulica 1, hinter dem zweiten Bahnübergang hinter dem Kurzentrum Richtung Süden die erste Straße rechts, Tel. 03-818 20 27, Mo–Fr 8–19 Uhr, Sa 8–13 Uhr.

Freilichtmuseum ↸ XV/C1

Rogatec liegt 6 km östlich und besitzt ein sehenswertes Freilichtmuseum. Es wird ein typischer **Hof der mittleren Steiermark** gezeigt, in der besonders der subpannonische Haustyp bevorzugt wurde. Das Šmit-Haus stammt von 1816 und wurde aus mit Lehm verputzten Blockhauswänden

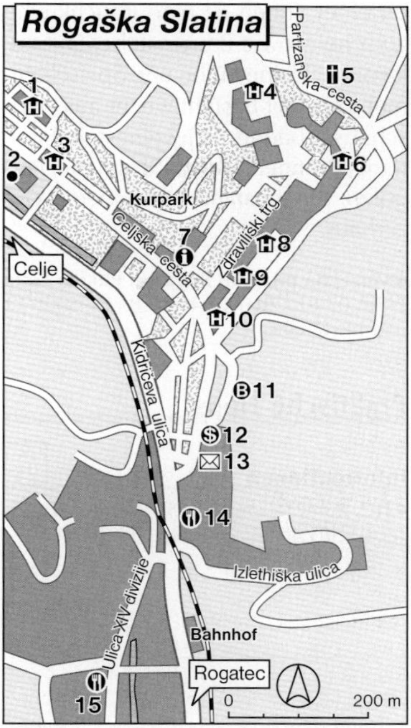

Hotel	1	Apartments Vila Golf
•	2	Termalna Riviera
Hotel	3	Apartments Slatina
Hotel	4	Hotel Sava
Kirche	5	Sv. Ana
Hotel	6	Hotel Donat
Info	7	Touristinformation
Hotel	8	Hotel Zravilišni dom
Hotel	9	Hotel Styria
Hotel	10	Hotel Strossmayer
Bus	11	Busstation
$	12	Bank
✉	13	Post
Restaurant	14	Restaurant Bohor
Restaurant	15	Restaurant Dubrovnik

errichtet. Innen ist eine Rauchküche zu sehen sowie Bauernstube, Stubenkammer, kleine Stube und Speisekammer. Der Hof besteht weiter aus Wirtschaftsgebäude, Schweinestall, Heuharfe, Brunnen, Laden, Schmiede, Pergolen, Bienenstand und einem Winzerhaus.

- **Muzej na prostem Rogatec,** Ptujska cesta 2, Tel. 03-810 70 03, 1.4.–30.10. Di–So 9–12 und 14–18 Uhr.

Praktische Tipps

Informationen

- **TIC,** Zdraviliški trg 1, 3250 Rogaška Slatina, Tel. 03-581 44 14, Fax 03-811 57 30.

Service

- **Post:** Kidričeva ulica 3, Tel. 03-818 35 00.
- **Geldwechsel:** Banka Celje, Celjka cesta 7, Tel. 03-581 38 41.

Notfälle

- **Ambulanz/Zdravstveni dom:** Celjska cesta 9, Tel. 03-818 37 60.
- **Apotheke/Lekarna:** Celjska cesta 7, Tel. 03-812 10 40.

Verkehr

- **Bahnhof:** Kidričeva ulica 29, Tel. 03-581 49 39.
- **Fernbusse:** Celjska cesta.
- **Taxis:** Jordan, Tel. 050-61 39 55; Probežin, Tel. 041-72 08 24.
- **Mietwagen:** Flucher, Kidričeva ulica 14, Tel. 050-61 20 15.
- **Fahrradverleih:** In den Hotels Sava und Donat.

087sl Foto: sk

Unterkunft

●Hotel **Donat** (****), Zdraviliški trg 10, Tel. 03-811 30 00, Fax 03-811 37 32, h.donat@terme-rogaska.si, www.terme-rogaska.si. Modern, renoviertes Großhotel am Ort, Einzelzimmer ab 70 €.

●Hotel **Sava** (****), Zdraviliški trg 3, Tel. 03-811 40 00, Fax 03-811 47 32, h.sava@terme-rogaska.si, www.terme-rogaska.si. Modernes Hotel aus sozialistischer Zeit, Einzelzimmer ab 40 €.

●**Grand Hotel Rogaška** (****), Zdraviliški trg 14, Tel. 03-811 20 00, Fax 03-811 20 12, www.terme-rogaska.si. Nach umfangreicher Renovierung wurde das traditionsreiche Prunkstück in strahlendem Glanz wiedereröffnet. Die Adresse für Nostalgiker (daneben auch die 3-Sterne-Häuser Styria und Strossmayer)! Einzelzimmer um 90 €.

Privatzimmer/Ferienwohnungen:

●Apartments **Vila Golf** (****), Celjska cesta 8, Rogaška Slatina, Tel. 03-818 22 00, Fax 03-819 02 01, etwas abseits im Kurpark gelegen.

●Aparthotel **Slatina** (***), Celska cesta 6, Tel. 03-818 27 00, Fax 03-818 27 49, zerak@siol.net, www.aparthotel-slatina.com. Apartment-Hotel mit beschränkten Serviceeinrichtungen, Einzelzimmer ab 35 €.

●**Herček** (***), Strma cesta 7, Tel. 03-581 66 03.

●**Pak** (***), Mladinska 3, Tel. 031-61 42 50, Fax 03-811 57 30.

●**Vovk** (****), Šlandrova 1, Tel. 03-492 13 60, Fax 03-492 13 62, simona.vovk@netsi.net, http://home.netsi.net/vovksi.

In Rogaška Slatina lebt die Erinnerung an das ehemalige kaiserlich-königliche Mutterland wieder auf

Essen und Trinken

●Restavracija **Dubrovnik,** Ulica XIV. divizje 18, Tel. 03-819 21 83; handfeste Landküche, 2000 SIT.

●Gostišče **Jurg,** Male Rodne 20, ein Dorf 3 km westlich, Tel. 03-581 47 88; Forelle, Wild und Pilze, 2000 SIT.

●Gostišče/Pizzeria **Bohor,** Kidričeva ulica 23, Tel. 03-581 41 00; Grillgerichte und Pizza, 1500 SIT.

Feste und Veranstaltungen

●Das ganze Jahr über, aber besonders in der Sommersaison finden **Konzerte** statt; besonders besuchenswert sind sie in der würdigen Atmosphäre des Kristallsaales des Kurhauses.

Aktivitäten

●**Kuraufenthalte:** Rogaška, Zdraviliški trg 14, Tel. 03-811 40 00, Fax 03-811 43 90, uprava@terme-rogaska.si, www.rogaska.com; Magnesiumquelle gegen Verdauungs- und Stoffwechselkrankheiten, psychosomatische Leiden, Diabetes und Übergewicht; zahlreiche Gesundheitsangebote sind am Ort zu finden - von der Zahnbehandlung über den Gesundheitscheck bis zur Schönheitschirurgie.

●**Baden:** Die Termalna Riviera ist ein Schwimmbad-Komplex im Freien und unter Dach mit zahllosen attraktiven Bademöglichkeiten (Celjska cesta 5, Tel. 03-818 19 59, www.terme-rogaska.si).

●**Wanderungen:** Zahlreiche Wanderungen in den Wäldern rund um Rogaška Slatina sind möglich, das TIC hilft bei der Planung von kurzen Spaziergängen oder auch Tageswanderungen. Die Pfade sind großteils gut und durchgängig markiert.

Slovenske Konjice

↸ VI/A3

- **Meereshöhe:** 322 m
- **PLZ:** 3210
- **Vorwahl:** 03
- **Einwohner:** 5000
- **Dt. Name:** Gonobitz

Die Stadt unterhalb des Pohorje-Gebirges am Flüsschen Dravinja geht auf 1185 zurück, als sie zum ersten Mal als Markt erwähnt wird. Die verkehrstechnisch günstige Lage machte die Gegend zu einem bevorzugten Siedlungsort schon in der Antike. Im späten Mittelalter wurde Konjice zu einem wichtigen Handelszentrum. Hier wechselte man die Pferde, wenn man von Wien nach Triest reiste (weswegen auch ein Pferd im Stadtwappen auftaucht). Die Stadt wurde von den Türken 1615, 1616, 1765 und 1786 niedergebrannt. Die waldbestandenen Hügel mit ihrem endlosen Holzvorrat und Fundstellen von Eisenerz und Kieselsandstein führten zur Entwicklung einer Hüttenindustrie, man produzierte Eisen und Glas. Die Eisenbahn allerdings umging die Stadt und damit begann ihr Niedergang.

Mit der Unabhängigkeit im ausgehenden 20. Jahrhundert besann man sich auf die Stärke der Region: die Natur. 1998 wurde Slovenske Konjice im Zuge eines gesamteuropäischen Wettbewerbs, der „Entente florale", als **Blumenstadt** mit der Goldmedaille ausgezeichnet.

Um ins Zentrum zu gelangen, darf man nicht den Schildern zum Hotel folgen, sondern biegt aus Richtung Celje kommend vor der Überquerung der Dravinja rechts nach Süden ab und nimmt die vierte Straße wieder links zum Schloss, wo man parkt. Die Hauptstraße verläuft von hier nach Norden auf das Hotel am anderen Dravinja-Ufer zu.

Im Zentrum

Die **Kirche Sv. Jurij** stand schon zu Zeiten des Marktes Gonobitz, besitzt aber nur noch Fragmente der Architektur des 13. Jahrhunderts. Heute stellt sie sich im gotischen Stil dar. Die Einrichtung ist der Spätgotik zuzuschreiben.

Das **Schloss Trebnic** entstand im 17. Jahrhundert, verfiel im 19. und wurde im 20. renoviert. In ihm ist heute ein Laden untergebracht, der allerlei in der Region Hergestelltes verkauft und halb staatlich, halb privat finanziert arbeitslosen Mädchen und Frauen mit der Ausbildung zu Kunsthandwerkerinnen eine Perspektive bieten will (⇦Einkaufen).

Die **Stadtgalerie Riemer** zeigt eine Dauerausstellung mit Möbeln und 70 Gemälden international bekannter Künstler. Außerdem ist eine Freske aus dem Kartäuserkloster Žiče zu sehen, die einzig erhaltene.

- **Galerie Riemer,** Stari trg 15, Tel. 03-575 53 61, täglich 10–12 und 16–19 Uhr.

Burg

Die Burg von Konjice liegt westlich außerhalb der Stadt auf einem Hügel. Sie entstand im 12. Jahrhundert und schützte die Wege nach Žiče. Im 16.

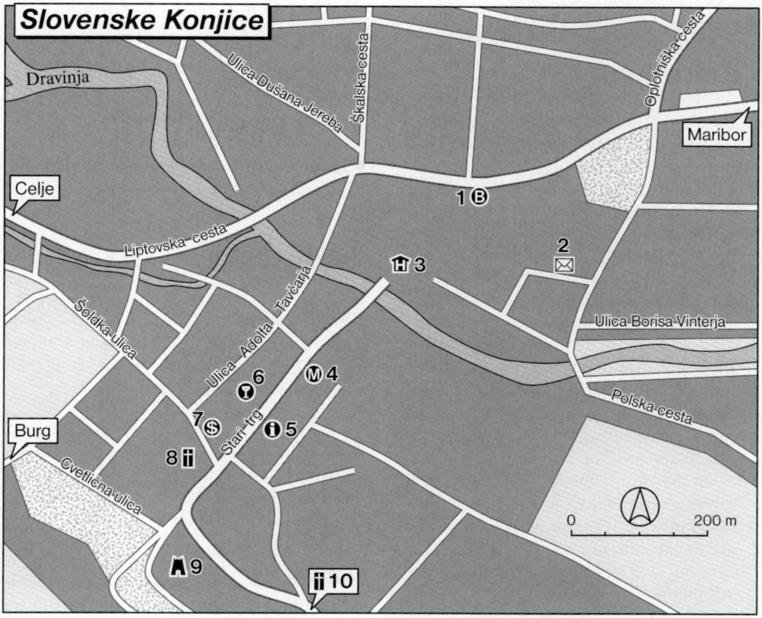

B	1	Busstation
✉	2	Post
H	3	Hotel Dravinja
M	4	Galerie Riemer
i	5	Touristinformation
	6	Vinoteka
$	7	Bank
	8	Sv. Jurij
	9	Schloss Trebnic
	10	Kartäuserkloster Žiče

und 17. Jahrhundert gehörte die Gegend den Grafen *Tattenbach,* deren Vertreter *Hans Erasmus* gegen den Kaiser *Leopold I.* intrigierte und als Folge davon in Graz den Kopf lassen musste. Die Burg fiel an die Kartause Žiče. Heute finden in der Burgruine Ausstellungen statt (nur im Sommer, im Winter Informationen über das TIC).

Kartäuserkloster Žiče

↸ VI/A3

Das Kartäuserkloster Žiče (deutsch: Seiz) erreicht man, indem man Konjice nach Südosten verlässt, die Autobahn kreuzt und im Ort Žiče Richtung Spitalič weiterfährt (insgesamt 9 km) oder man kämpft sich als Abkürzung auf Waldwegen durch (um die Burg nördlich herum und dann Richtung Süden).

Die Josephinischen Reformen

Joseph II. (1741–90) war der Sohn *Maria Theresias* und Kaiser von 1765 bis 1790. Er führte die als josephinischen in die Geschichtsbücher eingegangenen, im Zuge der Aufklärung entwickelten Reformen durch. Damit wurde die Verwaltung des Staates erneuert und viele Bereiche, die kirchlich bestimmt waren, wurden säkularisiert bzw. dem Staat untergeordnet, unter anderem die Ausbildung der Pfarrer. Um die Reformen zu finanzieren, wurden **alle kontemplativen Klöster geschlossen,** d.h. Klöster, die sich allein dem Ideellen verschrieben hatten und in Staat und Gesellschaft keine materiell relevante Funktion ausübten.

Mit der Konfiskation dieser Vermögen konnten neue Pfarren geschaffen und soziale Notwendigkeiten wie der Bau von Armenhäusern durchgeführt werden. Ein Großteil der **gegen das Papsttum** gerichteten Reformen musste aufgrund von Aufständen, die von der Kirche und mit ihr verbundenen Staatshäuptern angezettelt wurden, schließlich zurückgenommen werden – die Ordensgemeinschaften aber konnten sich nicht mehr reinstitutionalisieren.

Das Kloster wurde 1160 gegründet und bestand bis 1782. Die riesige Anlage ist nur halb verfallen, so dass man vor dem inneren Auge förmlich die Mönche ihren Beschäftigungen nachgehen sieht. Werden die Schatten länger, ist ein Aufenthalt in den Gemäuern nachgerade unheimlich – als träten Ritter hinter den Steinen hervor und verlangten Tribut. Außerhalb der Öffnungszeiten kann man frei durch das Kloster wandeln und bei zu großer Angst direkt daneben in Sicherheit flüchten: Das hübsche Restaurant Gastuž hat hier seine Pforten geöffnet. Speisen und Weine genießen überregionalen Ruf und das Personal reicht sie mittelalterlich gewandet.

- **Samostan Žiče,** Führungen im Winterhalbjahr Fr–So, sonst täglich 10–17 Uhr.

Praktische Tipps

Informationen

- **TIC,** Stari trg 29, 3210 Slovenske Konjice, Tel. 03-759 31 10, Fax 03-759 31 11, giz.sk@siol.net, www.slovenskekonjice.si.

Service

- **Post:** Mestni trg 16, Tel. 03-757 30 00.
- **Geldwechsel:** Banka Celje, Oplotniška cesta 1a, Tel. 03-780 02 00.

Notfälle

- **Ambulanz/Zdravstveni dom:** Mestni trg 17, Tel. 03-758 17 00.
- **Apotheke/Lekarna:** Mestni trg 18, Tel. 03-575 40 52.

Verkehr

- **Fernbusse:** Liptovska cesta, Tel. 03-759 30 16.

Einkaufen

- **Dvorec Trebnic,** Mo–Sa 8–15 Uhr, Informationen: *Simona Lebič,* Tel. 03-575 37 93, Fax 03-579 09 42, trebnik@siol.net; Schnäpse, Kräuter, Seifen, Duft- und Massageöle, Bienenwachskerzen, Kissenbezüge.
- **Wein:** In der **Vinoteka,** Stari trg, gegenüber dem TIC, Tel. 03-758 03 60, kann Wein verkostet und gekauft werden. Unter anderem wird ein Wein angeboten, der den Ritterschlag erhielt (der Europäischen Ritterschaft des Weines, die nur den besten eines Landes dieses Prädikat zuerkennen) – Renski Rizling der Kellerei Zlati Grič. Das TIC hat auch eine Broschüre, die die Bauern- und Gasthöfe der

Umgebung auflistet, die man im Zuge einer Fahrt über die Weinstraße von Slovenske Konjice besuchen kann.

Unterkunft

- Hotel **Dravinja** (***), Mestni trg 2, Tel. 03-575 38 10, Fax 03-575 38 10, hotel.dravinja@siol.net, www.slovenskekonjice.si. Halbmoderner Bau am Ufer, Einzelzimmer ab 33 €.

Essen und Trinken

- Restaurant **Gastuž,** Samostan Žiče, Tel. 03-758 03 66; direkt beim Kloster ist unten eine Weinstube und oben ein feines Restaurant zu raisonablen Preisen, ein Besuch ist sehr empfehlenswert; 2000–2500 SIT.

Aktivitäten

- **Reiten:** Henrik Hohler, Trepanje 10a, Tel. 03-575 54 17.
- **Golf:** Slovenske Konjice, Škalce 91, Tel. 03-758 03 62, Fax 03-758 03 82, info@zlati-gric.si, www.zlati-gric.si, 9-Loch-Platz (Länge 1-9: 1924-2505 m, Par: 35).

Velenje

↘ V/D2

- **Meereshöhe:** 390 m
- **PLZ:** 3220
- **Vorwahl:** 03
- **Einwohner:** 27.000
- **Dt. Name:** Wöllan

Die Geschichte von Velenje beginnt 1959 – und das ist kein Schreibfehler. Die Stadt wurde zehn Jahre **nach dem Zweiten Weltkrieg geplant** und 1959 feierlich eröffnet. Man schuf viele Grünanlagen, bebaute einen zentralen Platz mit den administrativen Gebäuden und versündigte sich mit Plattenbausiedlungen an städtebaulichen Erfordernissen – wie eine Stadt eben so entsteht. Man siedelte neben den Bergwerken viel Industrie an und eine Erfolgsstory war definitiv die der Firma „Gorenje", ein Weißwarenhersteller für die Küche – Kühlschränke, Waschmaschinen etc., die man inzwischen in ganz Europa findet.

Natürlich gab es schon vorher eine Siedlung, den heutigen Vorort Škale, der aufs Jahr 1250 zurückgeht. Seit 1767 baut man Kohle ab, ein Schmied begann damit und bald buddelten sich ganze Heerscharen durch die Tiefe und schufen schließlich sogar Seen. Die im Norden der Stadt liegenden **Seen Velenjsko und Škalsko** sind Produkte des Bergbaus und heute beliebte Naherholungsgebiete. Kommt man von Celje und fährt weiter Richtung Österreich, passiert man das Zentrum, wo ausreichend Parkplätze zur Verfügung stehen, es aber nichts zu sehen gibt. Alle Sehenswürdigkeiten sind am Stadtrand oder in der Umgebung.

Burg Velenje

Westlich des Zentrums thront auf einem Hügel die Burg Velenje. Die Burg „Wöllan" wurde 1264 erstmals schriftlich erwähnt und gehörte dem Geschlecht der *Königsberger.* Mitte des 16. Jahrhunderts baute man im Renaissance-Stil um, nur der runde Wehrturm erinnert noch an die Spätgotik. Man fügte Arkaden an, erweiterte die Ringmauer mit Türmen und einem Rondell. Bis zum Ende des Zweiten Weltkriegs gehörte die Burg dem Grafen *Coronini.* Im Inneren sind mehrere **Dauerausstellungen** zu sehen: Die Region um Velenje zwischen Romanik

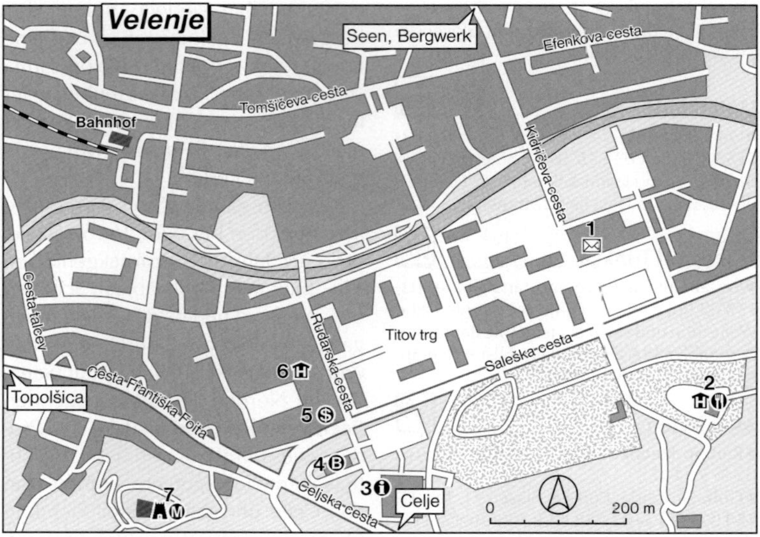

✉	1	Post
	2	Vila Herberstein
	3	Touristinformation
	4	Busstation
	5	Bank
	6	Hotel Paka
	7	Velenjski grad, Museum

und Barock, urgeschichtliche Tierfunde (Mastodonten), eine Sammlung afrikanischer Kunst (darunter viele Masken und Puppen) Barockkunst aus einer Kirche in Škale, eine Galerie slowenischer Malerei des 20. Jahrhunderts, originalgetreue Nachbauten eines Ladens und einer Wirtschaft aus den 1930er Jahren.

● **Velenjski grad,** Ljubljanska cesta 54, Tel. 03-898 26 30, Di–So 9–19 Uhr, 1.11.–31.3. nur bis 17 Uhr.

Weitere Burgen

Burg **Šalek** (Schalegg) ist eine Ruine östlich des Zentrums über der Hauptstraße, ein Tunnel führt unter ihr hindurch. Die Burg stammt aus dem 12. Jahrhundert, brannte aber Ende des 17. nach einem Blitzschlag nieder.

Burg **Gorica** (Eckenstein), südlich von Burg Šalek gelgen, wurde 1542 erstmals erwähnt, die heutige Gestalt von Mitte des 19. Jahrhunderts geht auf den Grafen *Cavriani* zurück.

Schließlich steht nördlich des Zentrums im Vorort Škale **Grad Thurn.** Die Burg entstand zu Beginn des 13. Jahrhunderts und hat ein bewegtes „Leben“ hinter sich, immer wieder wurde sie zerstört und wieder aufgebaut, einmal sogar von einem der Grafen von Cilli.

Bergwerksmuseum

Eines der interessantesten Museen Sloweniens ist das Bergwerksmuseum von Velenje. Es liegt am „Alten Schacht" zwischen den beiden Seen auf dem **ehemaligen Bergwerksgelände.** Wie die Hauer kleidet man sich ein, bekommt den Beutel mit der Jause und fährt ein. Vorgeführt wird die Entwicklung des Bergbaus von den Anfängen bis zur Moderne. Man fährt mit einem Zug und erlebt einen Bergschlag – eine Explosion – recht naturgetreu mit Erdbeben, Blitz und Donner. Wer danach nicht entmutigt ist, nimmt die Jause ein. 90 Minuten dauert die Führung und wer die Zeit hat, sollte unbedingt die liebevoll organisierte Tour mitmachen. Multivisionsschauen, ein Museumsladen, Kinderspielzimmer und viele Szenen aus dem Leben der Bergleute komplettieren den Besuch.

- **Muzej premogovištva Slovenije,** Stari jašek, Tel. 03-587 09 97, www.rlv.si/muzej/muzej.html, Di–So 9.30–17 Uhr, Führungen für Einzelbesucher um 11 und 15 Uhr, Eintritt 7 € (dafür wird aber einiges geboten).

Bauernhof von Kavčnik

↗ V/C2

Fährt man von Velenje nach Črna na Koroškem, passiert man das Dorf **Zavodnje** und kommt 3 km dahinter zum Bauernhof von Kavčnik. Es ist eines der besten Beispiele für slowenische **Bauernarchitektur** und hat eine 400 Jahre alte Rauchküche. Ein Besuch kann auch organisiert und in Verbindung mit einem Bauernabendessen über die Touristeninformationen gebucht werden.

- **Bauernhof von Kavčnik,** Tel. 03-898 26 30, 1.5.–30.9. 9–17 Uhr, sonst nach Voranmeldung.

Thermalbäder

In der Umgebung von Velenje gibt es zwei große Thermalbäder mit Kureinrichtungen: **Terme Topolšica** im Westen und **Terme Toplice Dobrna** im Osten. Dobrna ist das älteste slowenische Thermalbad und kann auf eine 600-jährige Geschichte zurückblicken.

Praktische Tipps

Informationen

- **TIC,** Šaleška cesta 3, 3320 Velenje, Tel. 03-897 64 66, Fax 03-586 27 80, tic@velenje.si, www.velenje.si.

Service

- **Post:** Kidričeva cesta 2a, Tel. 03-898 38 00.
- **Geldwechsel:** Banka Celje, Šaleška cesta 2, Tel. 03-586 96 06.

Notfälle

- **Ambulanz/Zdravstveni dom:** Vodnikova cesta 1, Tel. 03-586 43 15.
- **Apotheke/Lekarna:** Vodnikova cesta 1, Tel. 03-898 18 80.

Verkehr

- **Fernbusse:** Šaleška cesta, Tel. 03-897 74 93.
- **Taxis:** Skala, Tel. 031-79 57 22; Milan, Tel. 041-61 77 50.
- **Mietwagen:** Camek Berto, Podkraj pri Velenju 47b, Tel. 041-63 70 46.
- **Bahnhof,** Cesta Talcev, Tel. 03-293 59 35.

Unterkunft

- Hotel **Paka** (****), Rudarska 1, Tel. 03-898 07 00, Fax 03-898 08 10. Zentral gelegenes Geschäftshotel in Betonburg, Einzelzimmer ab 55 €.

●Pension **Vila Herberstein** (*****), Kopališka 1, Tel. 03-586 20 40, Fax 03-586 44 76. Ruhig gelegene luxussanierte Pension in einem alten Herrenhaus (Tipp!), Einzelzimmer ab 55 €, mit Gaststätte.
●Hotels **Vila Higiea** (****) und **Vita** (****), Dobrna 46, Tel. 03-780 80 00, Fax 03-780 81 11, info@terme-dobrna.si, www.terme-dobrna.si. Kurhotels der gehobenen Klasse, Einzelzimmer ab 45 €.
●Hotel **Park** (***), Adresse wie Vila Higiea, Mittelklasse-Kurhotel, Einzelzimmer ab 37 €.
●Hotels **Vesna***** und **Mladika** (***), Topolšica 77, 3326 Topolšica, Tel. 03-896 31 00, Fax 03-896 34 00, info@t-topolosica.si, www.t-topolsica.si. Mittelklasse-Hotels mit vielen Kureinrichtungen, Außenpools, Hallenbad, ärztl. Betreuung, Einzelzimmer ab 45 €.

Privatzimmer/Ferienwohnungen:
●Prenočišča **Mraz,** Lipa 54, Tel. 03-898 31 00, Fax 03-898 31 33.
●**Kavnik,** Topolšica 197, 3325 Šoštanj, Tel. 03-589 23 38.

Camping:
●**Jezero** (**), Simona Blatnika 26, Tel. 03-586 64 66, Fax 03-586 64 68, trc.jezero@rlt.si, www.rlt.si/trc/trc.htm; 1.6.–30.9. offen, 140 Plätze.

Essen und Trinken

●Gostišče **Vila Herberstein,** Kopališka 1, Tel. 03-586 20 10; feine Küche in feinem Ambiente, 3000 SIT.
●Gostišče **Štorman,** Partizanska cesta 11, Tel. 03-897 21 50; verlässliche Küche im Ketten-Restaurant, 2000 SIT.
●Restavracija **Jezero,** Koroška cesta 71, Tel. 03-586 64 62, am See, bodenständige Küche, 2000 SIT.

Feste und Veranstaltungen

●Eine der wichtigsten Veranstaltungen ist die Initiation der jungen Bergleute, der **„Sprung über die Haut“,** er findet mit Konzerten und Umzügen am 3. Juli statt.
●Im August ist die **Nacht am See** erwähnenswert, die mit einem Feuerwerk und Tanz einhergeht.

Aktivitäten

●**Reiten:** Konjeniški Center Škale, nördlich des Sees Škalsko jezero, Škale 111, Tel. 03-589 32 22; Šeško, Socka 33, 3203 Nova Cerkev, südlich der Thermen von Dobrna auf einem Bauernhof, Tel. 03-577 82 82.
●**Fliegen:** Aeroklub Velenje, p.p. 7, Tel./Fax 03-589 23 06.
●**Kuraufenthalte:** Terme Topolšica, Topolšica 77, 3326 Topolšica, Tel. 03-896 31 00, Fax 03-896 34 00, info@t-topolsica.si, www.t-topolsica.si. Akratoisothermalquelle mit 32°C gegen Erkrankungen des Stützapparates, Weichteilrheumatismus, Atemwegsleiden; Toplice Dobrna, 3204 Dobrna, Tel. 03-780 80 00, Fax 03-780 81 11, info@terme-dobrna.si, www.terme-dobrna.si, Quelle mit 36°C bei rheumatischen und orthopädischen Erkrankungen, Nervenleiden und Psychoneurosen, Unfruchtbarkeit, Frauenleiden.
●**Angeln:** Angelscheine beim Restaurant Jezero, Koroška 71, Tel. 03-586 64 62.
●**Wassersport:** Turist Center Jezero, Cesta Simona Blatnika 26, südlich vom Velenjsko jezero, Bootsverleih.
●**Skifahren:** Golte, Rekreacijsko-turistični center, Radegunda 19, 3330 Mozirje, Tel. 03-583 91 20, Fax 03-583 91 21, info@golte.si, www.golte.si, Schneetelefon 040 940 107, Meereshöhe 1375–1600 m, 1 Kabinenbahn, 2 Sessellifte, 3 Schlepplifte, 12 km Pisten, 15 km Loipen, Snowboardrennen.

Slovenj Gradec

↸ V/D2

- **Meereshöhe:** 410 m
- **PLZ:** 2380
- **Vorwahl:** 02
- **Einwohner:** 7000
- **Dt. Name:** Windischgrätz

Slovenj Gradec ist die **Hauptstadt des slowenischen Kärnten** – der Koroška. Die Stadt liegt im Zentrum des Tales, in dem die Mislinja, die Mies, entlangfließt. Im Ort vereinigt sie sich mit der Suhodolnica. Auch die Hauptstraße von Velenje nach Dravograd und weiter nach Österreich durchzieht den Ort. Nimmt man eine der Abfahrten nach Westen, kommt man zur Hauptstraße des Zentrums, dem langgezogenen Glavni trg, den viele alte Bürgerhäuser in neuem Glanz der abgeschlossenen Renovierung säumen.

Steinzeitliche Werkzeugfunde am westlich des Ortes liegenden Stari trg dokumentieren die frühe Besiedlung, die von den Römern fortgeführt wurde (der Ort hieß damals Colatio). Im Jahr 1091 wird zum ersten Mal eine Burg namens **Grez** erwähnt. Die Herrscher der Gegend gründeten Mitte des 13. Jahrhunderts einen Markt und nannten ihn **Windisch-Grez** („Windische" ist eine kaum noch verwendete, heute meist abwertend verstandene, österreichische Bezeichnung für die Slowenen). In **Windischgrätz** wehte bald der Wind der Reformation und das Nationalbewusstsein schlug hoch – *Trubar* wandelte den Namen des Ortes bereits 1577 in Slovenj Gradec um. Mehrfach wurde Slovenj Gradec geplündert (1471 von den Türken, 16 Jahre später von den Ungarn, 1810 nahmen sich die Soldaten *Napoleons,* was sie brauchen konnten) und brannte fünfmal ab, zuletzt 1903.

Am Glavni trg

Noch heute kann man die mittelalterliche Stadtanlage erahnen. Quadratisch war Slovenj Gradec, in der Mitte durchlaufen vom Glavni trg, dessen schmalere Enden von Toren abgeriegelt waren. Im 18. Jahrhundert riss man die Stadtmauern ein, um Platz zu gewinnen. Von den früheren, ganz schmalen Grundstücken (eine Fassade zum Glavni trg war den mittelalterlichen Bürgern wichtig) sind nur noch wenige zu sehen, viele wurden im Laufe der Jahrhunderte zusammengelegt.

Das größte Haus am Platz ist das **Rathaus** (Nr. 24/26) vom 17. Jahrhundert, umgebaut 1885. Im ihm befindet sich das **Koroška-Regionalmuseum.** Gegründet als Museum des nationalen Befreiungskampfes, baute man es aus und nun gibt es Dauerausstellungen zum Thema Archäologie, Bienentafeln und zur medizinischen Versorgung der Partisanen.

Im ersten Stock zeigt die **Galerie der Bildenden Künste** internationale Gemälde, Grafiken und Fotografien und stellt architektonische Projekte vor. Sie besitzt auch eine Sammlung slowenischer bildender Künstler, sowie eine Africana-Abteilung und ist für die Freiluftgalerie im Park auf dem Štibuh südlich des Zentrums verantwortlich.

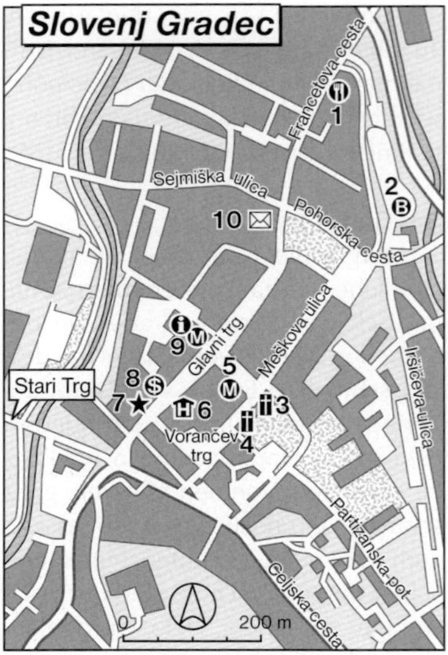

- 1 Restaurant Murko
- 2 Busstation
- 3 Sv. Elizabeta
- 4 Sv. Duh
- 5 Sokličev-Museum
- 6 Hotel Kompas
- 7 Geburtshaus Wolf
- 8 Bank
- 9 Rathaus, Museum, Galerie, Informationsbüro
- 10 Post

Das **Geburtshaus von Hugo Wolf** (1860–1903), einem später in Wien tätigen Musiker, befindet sich am südlichen Ende des Glavni trg (Nr. 40).

● **Koroški-Museum,** Tel. 02-884 20 55, www.gostje.kivi.si/muzej, Di–Fr 8–18 Uhr, Sa/So 9–12 Uhr.

● **Galerie,** Tel. 02-882 21 31, Di–Fr 9–18 Uhr, Sa/So 9–12 und 15–18 Uhr, im Winter nur bis 17 Uhr.

● **Geburtshaus Wolf,** Tel. 02-884 19 91, Mo–Fr 8–18 Uhr.

Am Trg Svobode

Die **Pfarrkirche Sv. Elizabeta** steht östlich des Glavni trg mit der Kirche Sv. Duh an einem eigenen kleinen Platz, dem Trg Svobode. Erstere entstand 1251, wurde aber um 1400 gotisiert, um 1500 wurde das Presbyterium im spätgotischen Stil eingewölbt und im 17. Jahrhundert barockisierte man das Schiff. Die **Heiliggeistkirche Sv. Duh** entstand im 15. Jahrhundert als Spitalkirche des Armenhauses.

Hinter der Kirche ist das **Sokličev-Museum** in Nr. 5 im ehemaligen Pfarrhaus untergebracht. Es geht zurück auf den Pfarrer gleichen Namens, den die Sammlerleidenschaft gepackt hatte und der von Kunst über Kunsthandwerk bis zu Waffen alles ins Haus brachte.

● **Sokličev muzej,** Tel. 02-884 20 55, nach Voranmeldung Di–Fr 8–18 Uhr, Sa 9–12 Uhr.

Sv. Pankracij

Westlich der Stadt bei Stari Trg beginnt ein Kreuzweg hoch zur Kirche Sv. Pankracij (St. Pankratius). Der Kirchturm ist der alte umgebaute Bergfried der hier einstmals wachenden Burg. Die Saalkirche ist romanischen Stils und bildet einen Würfel, eine zentrale Säule trägt vier Kreuzrippengewölbe. Besonders schön ist die barock ausgemalte und in restauriertem Glanz erstrahlende Heilige Stiege.

In der Umgebung

Sv. Jurij V/D2

4 km südöstlich im Weiler **Legen** steht die **Filialkirche** Sv. Jurij mit einem Museum. Bei Restaurierungsarbeiten fand man frühmittelalterliche Sakralobjekte und altslawische Gräber mit Beigaben, die ausgestellt werden.

● **Sv. Jurij,** Tel. 02-884 20 55, 1.4.–31.10. Fr 14–18 Uhr, Sa 9–13 und 14–18 Uhr, So 14–18 Uhr.

Partisanen-Lazarett

Fährt man von Legen weiter nach Osten und an der Gabelung Richtung Kolpa, kommt man nach 6 km zum Partisanen-Lazarett **Paučkove Bolnišnice.** Über 300 Verletzte versorgte man hier zwischen April 1944 und Kriegsende. Drei Baracken wurden restauriert: Krankenzimmer, OP und Küche.

● **Paučkove Bolnišnice,** Tel. 02-884 20 55, Führung nur nach Voranmeldung.

Dravograd V/C1

In Dravograd an der Drava, nördlich von Slovenj Gradec, ist im Rathaus das **Museum Gestapo-Gefängnis** untergebracht. Fünf Zellen sind zu sehen, in denen von 1941 bis Januar 1944 gefoltert wurde. An den Wänden sind noch Inschriften der Gefangenen zu erkennen.

Einmal in Dravograd, sollte man nicht versäumen, die Kirche **Sv. Vid** anzusehen. Sie gehört zum in Slowenien seltenen Kärntner Typ in romanischer Bauweise, die älteste ihrer Art im Land. Die Grundmauern der ehemaligen Apsis neben der Außenwand wurden rekonstruiert. Ein Bummel durch die Altstadt führt an mehreren **Bürgerhäusern** aus dem 17. bis 19. Jahrhundert vorbei.

● **Museum,** Trg 4. julia 7, Tel. 02-884 20 55, Mo–Fr 8–14 Uhr.

Wanderung ins Pohorje-Gebirge V/D1-2

Am Rande des Pohorje-Gebirges gelegen, ist Slovenj Gradec Versorgungsort der Wanderer auf der **slowenischen Bergtransversale.** Bis zur Rogla und weiter kann man marschieren und auf dem Weg in **Berghütten** übernachten. An der „Partisanenhütte“ kreuzt sich die Bergtransversale mit dem Europäischen Wanderweg Nr. 6 und führt dann über Grmovškov dom und die Hütte Ribniška koča zur Rogla.

● **Koča pod Kremžarjevim Vrhom,** 1102 m, Tel. 02-884 48 83, Juni bis Oktober täglich, sonst Sa/So geöffnet.
● **Partizanksi dom,** 1443 m, Tel. 02-885 34 15, im Sommer offen.
● **Grmovškov dom,** 1365 m, Tel. 02-885 38 55, ganzjährig täglich geöffnet.

Wanderung nach Sv. Uršlja V/C2

In die andere Richtung der slowenischen Bergtransversale geht man von Slovenj Gradec über die Hütte **Poštarski dom pod Plešivcem** in 4½ Stunden zur Berghütte Dom na Uršlji mit der gleichnamigen Kirche **Sv. Uršlja** von 1602, die kubistisch mit einem massigen Wehrturm eine der höchstgelegenen Kirchen des Landes ist.

- **Poštarski dom pod Plešivcem,** 805 m, Tel. 02-882 10 55, ganzjährig offen.
- **Dom na Uršlji,** 1696 m, Juli bis September täglich, sonst bei schönem Wetter am Wochenende geöffnet.

Praktische Tipps

Informationen

- **TIC,** Glavni trg 24, 2380 Slovenj Gradec, Tel. 02-881 21 16, Fax 02-881 21 17, tic@slovenj-gradec.si, www. slovenj-gradec.si.

Service

- **Post:** Francetova cesta 3, Tel. 02-884 32 98.
- **Geldwechsel:** Koroška banka, Glavni trg 30, Tel. 02-884 91 11.

Notfälle

- **Ambulanz/Zdravstveni dom:** Partizanska pot 16, Tel. 02-882 34 00.
- **Apotheke/Lekarna:** Glavni trg 28, Tel. 02-881 27 70.

Verkehr

- **Fernbusse:** Pohorska cesta 15, Tel. 02-884 11 76.
- **Taxi:** Kotnik, Tel. 02-885 33 44.

Unterkunft

- **Garni Hotel** (***), Glavni trg 43, Tel./Fax 02-884 31 79. In der Privatisierung, bislang nur halbherzige Investitionen, Einzelzimmer ab 25 €.
- Pension **Rahtel** (***), Gmajna 48a, gleich nördlich von Slovenj Gradec am Berg Rahtel, Tel. 02-883 88 70, Fax 02-883 88 71. Familienpension, Einzelzimmer ab 17 €.
- Hotel **Traberg** (***), Koroška cesta 48, 2370 Dravograd, etwas außerhalb im Norden, Tel. 02-878 44 40, Fax 02-878 44 43. Durchreisehotel, Einzelzimmer ab 35 €.

Ferien auf dem Bauernhof:

- **Tina,** Gamjna 30, gleich nördlich von Slovenj Gradec am Berg Rahtel, Tel. 02-884 37 69.

Essen und Trinken

- Gostilna **Murko,** Francetova cesta 14, Tel. 02-883 81 03; viele Touristen, 2000 SIT.
- **Korošica,** Otikih vrh 25a, 2372 Šentjanž, Richtung österreichische Grenze kurz vor Dravograd, Tel. 02-878 69 00; Vorspeisen aus dem Meer, Schnecken, Fisch und einfallsreiche Fleischgerichte, 3500 SIT.
- Gostilna **Mira Rogina,** Podgorje 40, südlich von Slovenj Gradec, Tel. 02-885 82 04; ländliche Küche in einem Gasthof, 2000 SIT.
- **Gostišče Tina,** auf dem Bauernhof Bošnik (⇦Unterkunft), auch Zimmer; Kärntner Spezialitäten, 1500 SIT.

Aktivitäten

- **Reiten:** Klub Slovenj Gradec, beim Flugfeld, Tel. 02-885 35 47.
- **Fliegen:** Koroški Aeroklub Slovenj Gradec, Mislinjska Dobrava 110, 2383 Šmartno pri Slovenj Gradcu, Tel. 02-885 36 30, Fax 02-885 35 03, kas@sgn.net, www.kas-aeroklub.si.
- **Angeln:** Angelscheine bei Koroška ribiška družina, Ribiška pot 11, Tel. 02-878 00 93.
- **Ski fahren:** Kope, GTC Kope, Glavni trg 41, Tel. 02-882 27 10, Fax 02-884 16 68, gtc-kope@siol.net, www.kivi.si/gtc, Schneetelefon 040 940 110, Meereshöhe 1000–1542 m, 7 Schlepplifte, 8 km Pisten, 15 km Loipen, Flutlichtanlage.

Kamnik

↖ IV/B3

- **Meereshöhe:** 379 m
- **PLZ:** 1240
- **Vorwahl:** 01
- **Einwohner:** 9500
- **Dt. Name:** Stein

Nur 25 km von Ljubljana entfernt, ist Kamnik doch das Tor zu den Kamnišker Alpen und Basis für Hochgebirgswanderungen, leichte Spaziergänge und Wintersportvergnügungen. Kommt man von der Autobahn, fährt man erst durch viele kleine und größere Dörfer, gelangt schließlich nach Kamnik und über die Brücke des Flüsschens Kamniška Bistrica und wieder über eine Brücke zur Altstadt. Unterhalb der Burg gibt es nur wenige Parkflächen, so dass man besser bei der Busstation parkt.

Kamnik ist ein typisches **mittelalterliches Städtchen,** das sich rund um Burg und Kirche entlang eines langgestreckten Stadtplatzes entwickelte. Es lag an der Handelsstraße, die den Donauraum mit der Adria verband, und spielte damit bereits in der Antike eine tragende Rolle. Aktenkundig wurde Kamnik 1076, als es den Ländereien der bayerischen Grafen *Andechs-Meran* angehörte und die ihre eigene Münze hatten (ein Stempel von 1220 prägte den Schriftzug „Civitas Stein"). Kamnik steht an der Verengung des Flusstals; von der auf dem Berg Krniška gora (585 m) im 12. Jahrhundert erbauten Burg ließ sich der Verkehr gut kontrollieren.

Kleine und Große Burg

Stari grad ist heute eine Ruine. Ein Spazierweg führt in 30 Minuten 200 Höhenmeter nach oben, eine Gaststätte reicht Erfrischungen (Tel. 041-24 44 40, 9–22 Uhr). Die Aussicht über die Ebene bis nach Ljubljana und über die Gipfel der Kamnišker Alpen ist fantastisch.

Im Zentrum ist die **Kleine Burg** (Mali grad) auf einem Felsen. Sie entstand noch vor der Alten Burg (Stari grad). Auch Mali grad ist eine Ruine, allerdings gut erhalten und in Teilen wieder aufgebaut.

Daneben steht ein zweistöckiges, seltsames Bauwerk, die **Kapelle Sv. Eligij.** Unter ihr befinden sich die Reste ihrer Vorgängerin **Sv. Marjeta;** insbesondere ein romanisches Portal ist interessant, das versetzt steht. Der untere Teile wird dem 12., der obere dem 13. Jahrhundert zugerechnet. Sv. Marjeta ist mit spätgotischen und spätbarocken Fresken geschmückt.

Im Zentrum

Das **Franziskanerkloster** besitzt eine reiche Bibliothek mit Werken ab dem 15. Jahrhundert, darunter eine Bibelübersetzung vom Ende des 16. Jahrhunderts.

Am Glavni trg 2 befindet sich die **Galerie Miha Maleš,** die Bilder des gleichnamigen Malers und Grafikers ausstellt.

Die **Sammlung Josip Niko Sadnikar** entstand aus dem Hobby des Stifters, Antiquitäten, Sakralgegenstände, japanische und chinesische Kunst und Gemälde zu sammeln.

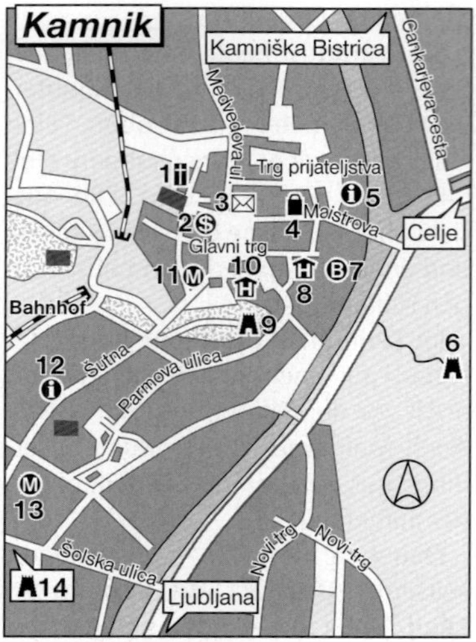

1 Franziskanerkloster
2 Bank
3 Post
4 Souvenir Majolka
5 Touristinformation
6 Stari grad
7 Busstation
8 Hotel Špenko
9 Mali grad
10 Hotel Kamnica
11 Galerie Maleš
12 Alpenverein
13 Sammlung Sadnikar
14 Grad Zaprice

● **Frančiskanski samostan,** Samostanski trg 2, Tel. 01-831 80 30, nach Voranmeldung.
● **Galerie Maleš,** Tel. 01-839 16 16, Di–Sa 9–12 und 16–18 Uhr.
● **Sammlung Sadnikar,** Šutna 33, Tel. 01-839 13 62, nach Voranmeldung.

Burg Zaprice

Die dritte Burg der Stadt ist Grad Zaprice aus dem 16. Jahrhundert, südwestlich des Zentrums jenseits der Eisenbahn gelegen. Sie beherbergt das **Museum Kamnik** mit Möbeln und einer Sammlung zur Geschichte der Region im 19. Jahrhundert sowie einem Lapidarium der Archäologie und Kunstgeschichte. Vor der Burg wurde ein **Freiluftmuseum** mit diversen Bauernkaten errichtet.

● **Museum Kamnik,** Muzejska pot 3, Tel. 01-831 76 47, Di–Sa 9–12 und 16–18 Uhr, So 10–13 Uhr.

In der Umgebung

Arboretum ↖ XII/B2

5 km südlich von Kamnik liegt das Arboretum, das auf das 19. Jahrhundert zurückgeht, als der damalige Besitzer *Leon Souvan* einen englischen Garten plante. Heute wachsen in dem **botanischen Garten** über 3500 Pflanzen. Besonders schön ist er während der Blumenschau Ende April/Anfang Mai. Gleich bei Arboretum ist auch ein **Golfplatz** zu finden, der sich über 25 ha ausdehnt.

● **Arboretum,** Volčji Potok 3a, 1235 Radomlje, Tel. 01-831 23 45, im Sommer 8–20 Uhr, im Winter 8–18 Uhr.

Hochebene Velika Planina ↖ IV/B3

Um auf die Velika Planina zu gelangen, nimmt man die Straße nach Nor-

089sl Foto: sk

den und folgt der Beschilderung nach Kamniška Bistrica (13 km). Auf dem Weg in den Talkessel passiert man auf halber Strecke eine **Seilbahn,** deren Bergstation auf 1407 m liegt. Von dort geht es mit dem **Sessellift** auf 1666 m, wobei man auf einer Mittelstation aussteigen kann.

Schon bei der Auffahrt mit dem Sessellift sieht man allerorten die für die Hochebene Velika Planina typischen **ovalen Hütten,** doch die eigentliche Siedlung liegt auf der anderen Seite. Man geht 15 Minuten zu Fuß hinunter, dorthin, wo einst die Hirten den Sommer verbrachten. Am Wochenende ist hier reichlich Betrieb, denn die Häuschen sind beliebte **Feriendomizile** – mit den Rauchsäulen aus den bullernden Öfen steigt auch der vom *šnops* angeheizte Gesang fröhlichen Trinkliedgut-

Ein kleines Freiluftmuseum zeigt die bäuerlichen Bauweisen rund um Kamnik

es in den Himmel. Es gibt drei nahe beieinander liegende Berghütten zur Übernachtung und zum Essen:

- **Planinski dom Domžale na Veliki Planini,** 1534 m, 1.5.–30.9., 9 Mehrbettzimmer, Tel. 050-64 75 23.
- **Črnuški dom na Mali Planini,** 1528 m, 9 Mehrbettzimmer, Tel. 041-84 31 72.
- **Jarški dom na Mali Planini,** 1520 m, 25 Betten, Tel. 041-67 62 54.

- **Die Seilbahn** fährt außerhalb der Saison nur am Wochenende jeweils zur vollen Stunde, sonst täglich nach Bedarf; hin und zurück 8 €, Kinder 6 €.

Wanderungen ab Kamniška Bistrica

↖ IV/B3

Die **Berghütte Kamniška Bistrica** im Talkessel auf 600 m Höhe ist Ausgangspunkt für zahlreiche Wanderun-

081sl Foto: sk

gen. Unter anderem geht es hinauf zum **Kokrsko sedlo** mit der Hütte Cojzova koča (3½ Stunden hinauf) und zum **Kamniško sedlo** mit der Hütte Kamniška koča (4 Stunden hinauf). Von dort kann man hinüberwandern ins Tal Logarska dolina (Schwindelfreiheit und Trittsicherheit erforderlich). Man kann sich aber auch in die slowenische Bergtransversale einklinken und mehrtägig im Hochgebirge verbleiben. Auf jeden Fall ist für hinreichende **Bergausrüstung** zu sorgen!

- **Kamniška Bistrica,** 600 m, Tel. 01-231 26 45, täglich 7–21 Uhr, Übernachtungsmöglichkeit; auch Busverbindung von Kamnik, 3x täglich.
- **Cojzova koča,** 1793 m, Tel. 050-63 55 49, 15.6.–15.10.
- **Kamniška koča,** 1864 m, 15.6.–15.10., Tel. 050-61 13 67.

Praktische Tipps

Informationen

- **TIC,** Tomšičeva 23, 1240 Kamnik, Tel. 01-839 14 70, Fax 01-831 74 43, infocenter.kamnik@siol.net, www.kamnik.si. Im TIC kann man die für Wanderungen wichtige Karte Kamniško – Savinjske Alpe 1:50.000 vom Geodätischen Institut Slowenien kaufen.
- **Alpenverein/Planinsko društvo,** Šutna 42, Tel. 01-839 13 45.

Service

- **Post:** Glavni trg 27, Tel. 01-830 80 00.
- **Geldwechsel:** SKB Banka, Glavni trg 13.

Notfälle

- **Ambulanz/Zdravstveni dom:** Novi trg, 26, Tel. 01-831 86 00.
- **Apotheke/Lekarna:** Novi trg 26, Tel. 01-839 29 19.

Verkehr

- **Bahnhof:** Kranjska 4, Tel. 01-839 40 90.
- **Fernbusse:** Maistrova 18, Tel. 01-830 94 14.

Kamnik liegt am Fuß der Sanntaler Alpen, eine wunderbare Spielwiese für Wanderer und Bergsteiger

Einkaufen

- **Majolka,** Maistrova 11, Tel. 01-839 10 81; nur Handgearbeitetes aus Slowenien; ein spezielles Souvenir sind **Gipskugeln,** die mit Holzstempeln verziert wurden. Früher haben die Schäfer oben auf der Velika Planina die Abende mit dem Schnitzen von diesen Stempeln verbracht, die sie zur Verzierung von Sauermilchkugeln verwendeten, die wiederum für ihre Liebsten im Tal bestimmt waren.

Unterkunft

- Pension **Kamrica,** Trg Svobode 2, Tel. 01-831 77 07, Fax 01-831 77 06. Zentral gelegene Pension mit Bar, Einzelzimmer 25 €.
- Pension **Prenočišča Špenko,** Prešernova ulica 14c, Tel. 01-831 73 30. Zentral gelegen, Einzelzimmer ab 25 €.
- Gostilna **pri Planinskem orlu,** Stahovica 20, auf dem Weg zur Seilbahn, 1242 Stahovica, Tel. 01-832 54 10, pri.orlu@sio.net. Einzelzimmer 20 €.

Camping:

- **Resnik** (**), Maistrova 32, Tel. 01-831 73 14; 1.5.–30.9. offen, 200 Plätze.

Essen und Trinken

- Gostilna **Gorućan,** Radomeljska 18, Tel. 01-831 25 28; slowenische Küche, 2000 SIT.
- Gostilna **Mlakar,** Ljubljanska cesta 40, Tel. 01-831 27 58; slowenische, handfeste Mahlzeiten, 2000 SIT.
- **Arboretum,** Volčji potok, Tel. 01-831 80 33; Restaurant des Golfplatzes mit weithin empfohlener Küche, u.a. Fohlenfleisch, 4000 SIT.
- Gostilna **pri Planinskem orlu** (⇦Unterkunft), Salami, Schinken, Bär und Gams – der Besitzer ist Jäger und seine Küche wird empfohlen, 3000 SIT.

Aktivitäten

- **Geführte Wanderungen:** Bergführer kann man über den Alpenverein organisieren; mittelschwere Touren kosten 100 € pro Tag plus Spesen (Essen; Übernachtung); Mitglieder eines Alpenvereins zahlen nur die Spesen.
- **Kuraufenthalte:** Terme Snovik, Moklova pot 5, Mekinje, Tel. 01-830 86 00, Fax 01-830 86 20; 8 km östlich von Kamnik, nagelneue Therme mit Hallenbad, 32°C, gegen Magenprobleme, Skelettverletzungen und Hautkrankheiten.
- **Angeln:** Ribiška družina, Tel. 01-832 54 10.
- **Golf:** Golf Arboretum, Volčji potok 3a, 1235 Radomlje, Tel. 01-831 15 50, Fax 01-831 16 67, igrisce@golfarboretum.si, 9-Loch-Platz (Länge 1-9: 2385–2750 m, Par: 35).
- **Paragliding:** Orehek Dušan, Tel. 01-839 18 43.
- **Skifahren: Velika Planina,** Glavni trg 23, 1240 Kamnik, Tel. 01-839 71 77, Fax 01-839 71 78, velika@siol.net, www.velikaplanina.si, Schneetelefon 040 940 113, Meereshöhe 1420–1666 m, 1 Kabinenbahn, 1, Sessellift, 6 Schlepplifte, 6 km Pisten, 10 km Loipen.
- **Höhlenerkundung:** Höhlen Klub Kamnik, Žebljarska 2, Tel. 01-831 70 13.

Logarska dolina

↘ IV/B2

Das **hochalpine Tal** Logarska dolina ist wunderschön – gerahmt von unnahbaren Felswänden in rötlich-grauem Kleid breitet sich das farbenfroh geblümte Grün der Wiesen aus, mächtige Linden spenden Schatten unter dem kristallenen Himmel und fröhlich plätschern Bäche, stürzen Wasserfälle in die Tiefe, glänzen weiß die Kappen der Gipfel, Boten der kalten Jahreszeit.

Nah mag dem Betrachter der Landkarte das sagenumwobene Tal dünken, wenn er den Abstand zwischen Kamniška Bistrica und dem Ende des „Langen Tales“ misst – gerade einmal 4 km. Doch dazwischen liegt eine hohe Felswand. So heißt es mit dem Auto sich auf den langen Weg um die Bergketten machen. Man sollte, wenn man bei Kamnik übernachtet, früh am morgen losfahren – die kurvigen Straßen lassen die Fahrt zwei pausenlose Stunden dauern.

5 km nördlich von Kamnik nimmt man bei Stahovica die östliche Abzweigung nach Gornj Grad und biegt 1 km hinter dem Ort nach Norden und Radmirje ab, wo man auf die Verbindung Nazarje – Luče stößt, sich westlich hält und bei Luče dem mal engeren, mal weiteren Tal der Savinja folgt. Am Zusammenfluss von Črna und Jezero beginnt die eigentliche Logarska dolina, eingezwängt zwischen Karawanken und Steiner Alpen.

Nach 2 km erreicht man eine Häusergruppe mit Hotel und Pension. Von hier geht ein Wanderweg über 1 km zum **Wasserfall Palenk.** Am Ende des Tals kommt man nach 10 Minuten zum **Wasserfall Rinka.** Zur Hütte Frischauvov dom am Okrešelj auf 1396 m dauert es 60 Minuten und die Reihen der Bergsteiger lichten sich beträchtlich. Das Tal wurde zum **Naturpark** erklärt und für die Einfahrt wird eine Gebühr erhoben, mit der die Pflege bezahlt wird (unter anderem eine Feuerversicherung).

Von der Savinja-Quelle gleich am Beginn des Tals (hinter der Brücke rechts am Waldrand) bis zum Rinka-Wasserfall führt ein schattiger Naturlehrpfad ca. 7 km durchs Tal. An den verschiedenen Stationen werden Flora, Fauna, wirtschaftliche Nutzung und Ökologie des Tals anschaulich erklärt. Zurück kann man versuchen zu trampen. Unterwegs lohnt ein Stopp in der Hütte **Logarski kot,** wo vor der Kulisse der steil emporwachsenden Zweitausender deftige slowenische Küche serviert wird (auch einfache Übernachtung und Camping).

Informationen

- **TIC,** Logarska dolina 9, 3335 Solčava, Tel. 03-584 71 11, Fax 03-838 90 03, logarska@siol.net, www.logarska-dolina.si.

Unterkunft

- Hotel **Plesnik** (***–****), Logarska dolina 10, 3355 Solčava, Tel. 03-839 23 00, Fax 03-839 23 12, plesnik.doo@siol.net, www.plesnik.si, Einzelzimmer ab 75 €.
- Pension **na Razpotju** (***), Logarska dolina 14, 3355 Solčava, Tel. 03-839 23 00, Fax 03-839 23 12, plesnik.doo@siol.net, www.plesnik.si, Einzelzimmer ab 42 €.

Ferien auf dem Bauernhof:

- **Plesnik,** Logarska dolina 13, 3335 Solčava, Tel. 03-838 90 09.
- **Lenar,** Logarska dolina 11, 3335 Solčava, Tel. 03-838 90 06.
- **Iuvanija,** Logarska dolina 8, 3335 Solčava, Tel. 03-584 71 07.

Camping:

- **Šmica** (**), Luče 4, 3334 Luče, Tel. 03-584 43 30, Fax 03-584 43 33, camp.smica@mail.com, www.go.to/camp-smica; 1.5.–30.9. offen, 50 Plätze.

Aktivitäten

- **Skifahren:** Logarska dolina 9, 3355 Solčava, Tel. 03-838 90 04, Fax 03-838 90 03, logarska@siol.net, www.logarska-dolina.si, Schneetelefon 040-940 121, Meereshöhe 770–1125 m, 2 Schlepplifte, 1 km Pisten, 15 km Loipen, Rodelbahn.
- Bei der Touristeninformation im Hotel Plesnik kann man folgende Aktivitäten buchen: Kutschfahrt, Paragliding, Klettergarten, Bogenschießen, Paddeln, Bergwandern. Außerdem lassen sich Pferde und Mountainbikes mieten.

091sl Foto: sk

Maribor, Pohorje und Haloze

092sl Foto: sk

Die Lent von Maribor war ursprünglich der Stammplatz der Flößer, heute haben sich Läden und Lokale angesiedelt

An den Wochenenden wird gefeiert: Ob man heiratet, ein Jubiläum begeht oder einfach so – Musik ist immer dabei

Weinkeller und Wanderschaft

Im Schatten von Tannen und Buchen stehen dunkle Seen zwischen Mooslandschaften und Hochmoorvegetation, schäumend sprudeln Bäche und Flüsschen zu Tal und im Winter ziehen Skiwanderer auf Loipen ihre Bahn durch die fast nordisch anmutende Natur des **Pohorje-Gebirges.** Nicht weit entfernt bietet sich dem Reisenden ein gänzlich anderes Bild: In den Bergen des **Haloze** klettern Weinreben in akkuraten Reihen und Schwüngen steile Hänge hinauf und auf den Kuppen sitzen Einödhöfe oder Buschenschänken.

Die Drava entlangfahrend, verlässt man bei Maribor das alpine Slowenien; Pohorje und Haloze sind Mittelgebirge, die allmählich überleiten zum Weinbaugebiet der Štajerska und zum Pannonischen Tiefland jenseits der Mura. In dieser Region liegt mit **Ptuj** eine der ältesten Siedlungszonen Sloweniens und mit **Maribor** eine Barockstadt, die ein bisschen aussieht wie eine kleine und gemütlichere Variante des nahen Graz.

Aktivreisende können sich im Pohorje beim Mountainbiken, Wandern oder Skifahren austoben, Genießer kehren in Gaststätten zwischen Weinhügeln oder in Restaurants in alten Gewölben ein und wer gute Tropfen nicht verschmäht, findet in den Weinkellern von Maribor und Ptuj eine schier unerschöpfliche Auswahl.

Highlights Maribor, Pohorje und Haloze

- **Maribors Altstadt** mit Lent, Mestni trg und Stadtschloss, S. 366
- **Schloss Betnava** in Maribor, S. 371
- Wanderung zu den **Lorenzer Seen** im Pohorje-Gebirge, S. 376
- Kuren im **Thermalbad** von **Zreče,** S. 379
- **Schloss Slovenska Bistrica,** S. 380
- **Altstadt von Ptuj** mit Orpheus-Denkmal, Schloss und Dominikanerkloster, S. 383
- **Weinkeller Vinska Klet** in Ptuj, S. 387
- **Wallfahrtskirche Ptujska Gora,** S. 388
- **Weinbaugebiet Haloze,** S. 388

Maribor

↸ VI/B2

- **Meereshöhe:** 275 m
- **PLZ:** 2000
- **Vorwahl:** 02
- **Einwohner:** 140.000
- **Dt. Name:** Marburg an der Drau

Weinhügel auf der einen, das dunkel bewaldete Pohorje-Gebirge auf der anderen Seite – Maribor liegt im wahrsten Sinne des Wortes eingebettet zwischen Hängen, die dem Wachstum nach Nord und Süd keinen Raum lassen. So breitet sich die Stadt recht lang gestreckt an der **Drava** aus. Der Fluss, in Österreich Drau genannt, überschreitet nordwestlich von Maribor die Grenze zwischen Kärnten und Slowenien und fungierte schon immer als wichtiger Verkehrsweg zwischen dem Alpenraum und den Ausläufern der Pannonischen Tiefebene.

Maribor war eine der wichtigsten Industriestädte im sozialistischen Jugoslawien; veraltete Fabriken und Industrieruinen an der Peripherie sind heute eine ziemlich unattraktive Visitenkarte für das hübsche, alte Städtchen, das sein **barockes Erbe im Zentrum** hervorragend erhalten hat. Aber dahin muss man - vorbei an sozialistischen Wohnblocks, von denen der Putz blättert, an maroden Schloten von Textilfabriken und über eine etwas verwirrende Schnellstraßenführung - erst einmal gelangen.

Obwohl man im Stadtgebiet selbst keine Hinweise auf eine alte Besiedlung gefunden hat, weisen Funde aus der Umgebung darauf hin, dass spätestens ab dem 8. Jahrhundert v.u.Z. an den Hängen des Pohorje mauerbewehrte Dörfer existierten. Die Römer haben zwischen dem 2. und 4. Jahrhundert mehrere Landgüter, *villae rusticae,* hinterlassen, deren Fundamente man in den Vororten Hoče und Radvanje besichtigen kann.

Die erste Erwähnung einer Marchpurch genannten Burg auf dem Hügel Piramida nördlich von Maribor stammt aus dem 12. Jahrhundert. Zu ihren Füßen entwickelte sich ein Marktflecken, der 1254 die Stadtrechte erhielt. Feudalherren waren die Grafen von *Spanheim* und Mitte des 15. Jahrhunderts zählte das mit Mauern gesicherte Städtchen bereits 1000 Einwohner. Schon 1335 wurde in Maribor das erste Weingeschäft eröffnet, Mitte des 16. Jahrhunderts wurde der **Flusshafen Lent** durch Ausbau der Befestigungsanlagen ins Stadtgebiet integriert. Doch trotz der verkehrsgünstigen Lage blieb Marburg, benannt nach der Burg der Spanheimer, bis zum 18./19. Jahrhundert nur ein Provinzstädtchen.

Die Wende kam mit dem Ausbau der Straße nach Wien. Auch der mehrere Jahrhunderte lahmende Flusshandel wurde wieder aufgenommen und das 19. Jahrhundert sah Marburg als aufstrebende **Handels- und Industriestadt** mit stetig wachsendem deutschen Bevölkerungsanteil. So erstaunt es nicht, dass man nach den ungeliebten Jahren als Teil des Königreichs Jugoslawien 1941 die deutschen Besatzungstruppen begeistert als Befreier begrüßte. Zugleich formierte sich in der Region, begünstigt durch die unwegsamen Waldgebiete des Pohorje, auch sehr früh Partisanen-Widerstand. 1944/45 war Marburg als Industriestandort schweren Bombardements ausgesetzt, die einen Teil der historischen Bausubstanz zerstörten.

In der sozialistischen Ära wuchs Maribor über die nördliche Drava-Seite hinaus, Wohnblocks und Industriegelände wurden vor allem im Süden errichtet. Stahl- und Textilindustrie, chemische Betriebe und ein Kraftwerk an der Drava sorgten für Arbeitsplätze. Als nach der Unabhängigkeit Sloweniens die Handelsverbindungen in die ehemaligen Bruderrepubliken abrissen, erlebte Maribor eine schwere wirtschaftliche Krise, die bis heute andauert. Durch Ausbau des Dienstleistungssektors sollen die weggefallenen Industrie-Arbeitsplätze aufgefangen werden.

1 Hotel/Restaurant Anderlič, Pri treh ribnikih
2 Stadttheater Mestno gledališče
3 Domkirche Sv. Janeza Krstnika
4 Post
5 Patricks
6 Rathaus Rotovž
7 Casino
8 Restaurant Tako's
9 Stara trta
10 Sv. Alojz
11 Hotel Habakuk
12 Hotel Milena
13 Hotel Tabor
14 Restaurant Villa Rustika, Restaurant Hugo
15 Therme Fontana
16 Sodni stolp
17 Markt Tržnica
18 Umetnostna Galerija
19 Stadtschloss Mestni grad
20 Weinkeller Vinska klet
21 Hotel Orel, Rest. Zimski vrt Zamorc
22 Suha roba
23 Alpenverein
24 Dekor
25 Kibela Cyber-Café, Narodni dom, Kibela Galerie
26 Židovski stolp, Synagoge mit Galerien Stolp und DLUM
27 Wasserturm Vodni stolp mit Vinoteka
28 Krankenhaus
29 Restaurant Brod
30 Krankenhaus/Ambulanz
31 Hotel Piramida
32 Busstation
33 Touristinformation

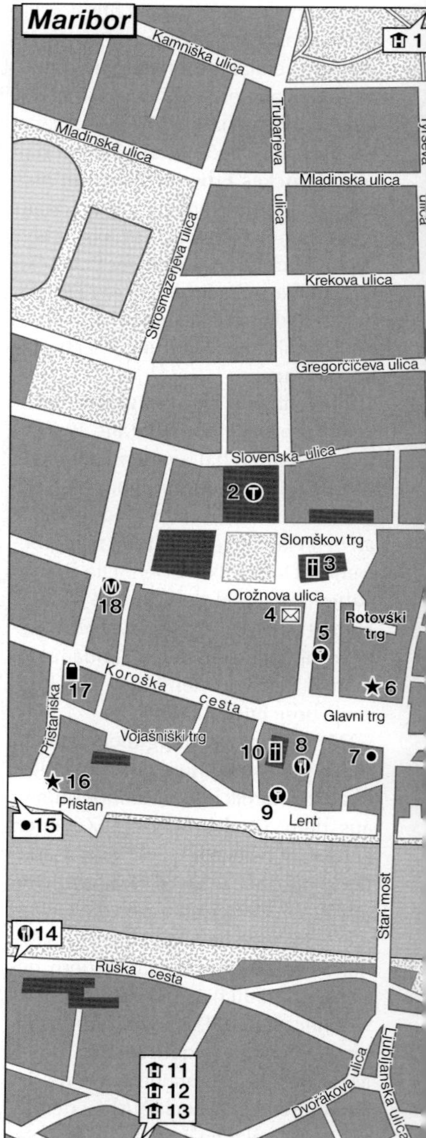

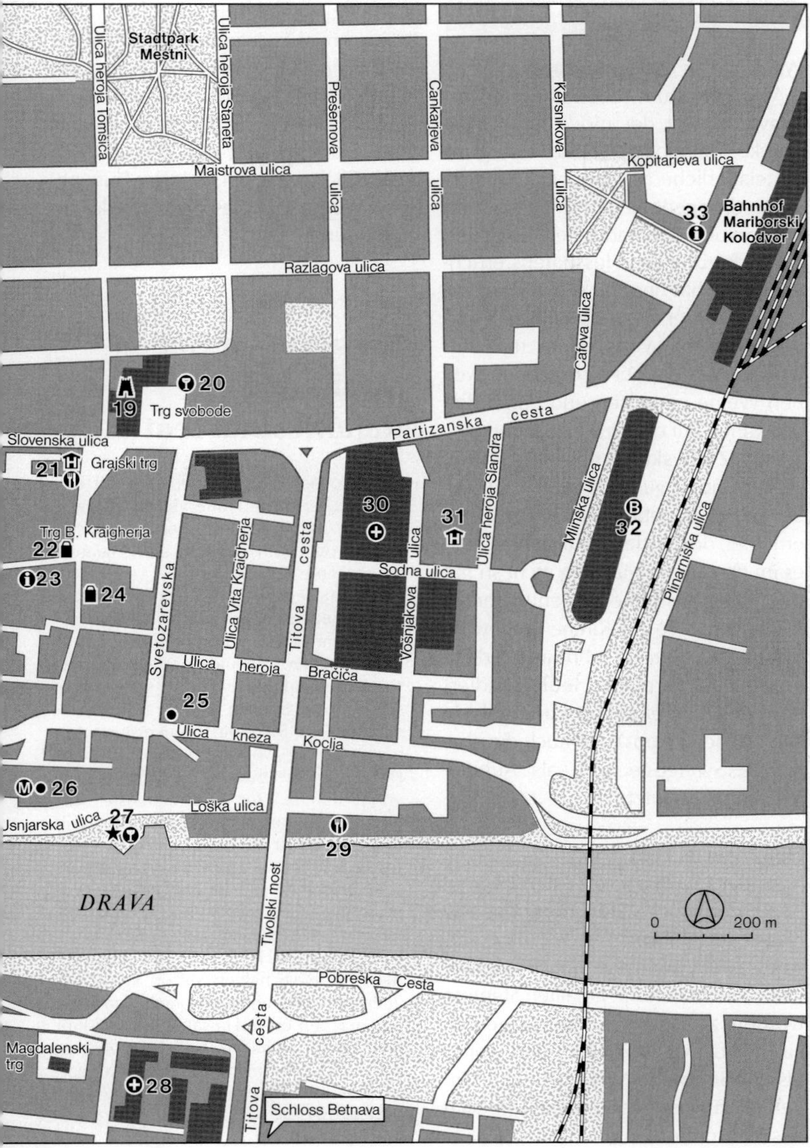
Stadtpark
Mestni
Ulica heroja Tomšiča
Ulica heroja Šaneta
Prešernova ulica
Cankarjeva ulica
Krsnikova ulica
Kopitarjeva ulica
Maistrova ulica
33
Bahnhof
Mariborski
Kolodvor
Razlagova ulica
Cafova ulica
20
19
Trg svobode
Partizanska cesta
Slovenska ulica
21
Grajski trg
30
31
Ulica heroja Šlandra
Mlinska ulica
32
Plinarniška ulica
Trg B. Kraigherja
22
23
24
Svetozarevska
Ulica Vita Kraigherja
Titova cesta
Sodna ulica
Vošnjakova ulica
Ulica heroja Bračiča
25
Ulica kneza Koclja
26
Loška ulica
Usnjarska ulica
27
29
DRAVA
Tivolski most
0
200 m
Pobreška Cesta
Titova cesta
Magdalenski trg
28
Schloss Betnava

Sehenswertes

Wasserturm und Judenturm

Am Wasserturm **Vodni stolp** an der Drava, unweit der modernen Tivoli-Brücke, beginnt der Spaziergang ins mittelalterliche Maribor. 1555 wurde der gedrungene Renaissance-Turm als Verstärkung der Stadtbefestigung und zur Sicherung des Flusshafens errichtet. Heute hat der Bau nichts Kriegerisches mehr; er dient als **Vinothek** und bei schönem Wetter kann man auf Holzbänken die hervorragenden weißen Weine verkosten und dabei den Schwänen auf der Drava zusehen.

Der **Židovski stolp,** Judenturm, stammt noch aus gotischer Zeit; die Synagoge daneben wurde um 1480 errichtet, doch offensichtlich hielt man es im damaligen Marburg nicht so mit der Religionsfreiheit, denn bereits 1500 wurde sie zur Kirche umgewandelt und ab dem 18. Jahrhundert diente sie als Lagerraum. Heute residiert im Judenturm eine **Fotokunstgalerie** (⇦Praktische Tipps) und auch die ehemalige Synagoge wird als Ausstellungsraum genutzt.

Flößerviertel Lent

An der Drava nach Westen beginnt hinter der Brücke **Stari most** das alte Flößerviertel Lent. Ein wichtiger Erwerbszweig war früher der Handel mit Holz; die im Pohorje gefällten Stämme wurden, zu Flößen zusammengefügt, auf der Drava zur Donau und weiter bis ans Schwarze Meer geliefert. Um den alten Flusshafen entwickelte sich das Viertel der Hafenarbeiter, Flößer und anderer Handwerker, ein ärmlicher, etwas zwielichtiger Stadtteil mit niedrigen Häuschen. Die Eisenbahn wurde im 20. Jahrhundert zur Konkurrenz, ein Ende fand die Flussschiffahrt und Flößerei auf der Drava dann schließlich nach 1945, als der Fluss gestaut wurde, um Wasserkraftwerke anzutreiben.

Konzerte auf Flößen – Musik- und Kulturfestival Lent

Drei Wochen lang im Juni/Juli steht das ehemals verrufene **Flößerviertel in Maribor** im Zeichen internationaler Musikgrößen. Aus einer eher privaten Initiative junger Leute zur Belebung des verfallenen Areals an der Drava hat sich Sloweniens größtes und wichtigstes Musik- und Kulturfestival entwickelt. Was als regionales Musikfest begann, ist heute längst ein **internationales Event,** zumindest im südeuropäischen Raum. Bühnen und Veranstaltungsorte, darunter Synagoge, Gerichtsturm, Minoritenkloster, vor allem aber vertäute Flöße auf der Drava, bilden den historischen Rahmen für verschiedenste Aufführungen: Von mittelalterlicher Musik über Jazz bis zu Afro-Pop, von Folkloretänzen über Ruderwettbewerbe bis hin zu Cyber-Events kann man an der Lent drei Wochen lang Kultur live erleben. Das alte Viertel, in dem früher die Drauflößer lebten und danach die Halbwelt Einzug hielt, wird dann von einer halben Million Menschen überschwemmt und Restaurants und Kneipen machen beste Umsätze. Anfang Juni eröffnet eine feierliche „Floßtaufe" die Veranstaltungsreihe. Im Internet stellen die Lent-Macher ihr Programm unter http://lent-slovenija.net vor.

093sl Foto: sk

Heute ist die Lent Maribors **Kneipen-Meile;** hier finden sich Bars, Restaurants, Pizzabäcker und Taco-Verkäufer. An lauen Frühjahrs- und Sommerabenden scheint sich ganz Maribor in den Kaffeehäusern und Gastwirtschaften an der Drava zu versammeln. Im Juni schließlich wird das Musikfestival Lent abgehalten.

Zwischen Drava-Ufer und der parallel dazu führenden Straße Koroška cesta verlaufen schmale Gassen, teils unter Bögen und Gewölben hindurch. Die meisten niedrigen Handwerkerhäuser sind heute Restaurants oder Boutiquen. Das westliche Ende der Lent markiert der runde Gerichtsturm **Sodni stolp** mit Fundamenten aus dem Jahr 1310. Nach mehreren Umbauten erhielt er im 19. Jahrhundert seine heutige Gestalt.

Am frischesten ist das Gemüse auf dem Markt beim Bauernstand

Markt

Die „Hafenstraße" Pristanska ulica führt nun bergan zur **Tržnica,** dem Marktplatz von Maribor. Wie überall in Slowenien ist es in den Vormittagsstunden besonders lebhaft; verkauft werden Obst, Gemüse und Blumen aus der Region und auch Honig, Öl und Essig aus bäuerlicher Produktion stehen zur Auswahl.

Galerija Umetnostna

Die Strossmayerjeva ulica nach Norden gehend, erreicht man rechts die

Umetnostna Galerija Maribor mit einer sehr sehenswerten Sammlung **slowenischer Kunst des 20. Jahrhunderts.** Im Keller der Galerie befindet sich einer der besten **Jazzclubs** Sloweniens, das „Satchmo".

- **Umetnostna Galerija Maribor,** Strossmayerjeva ul. 6, Tel. 02-229 58 60, www.ugm.si, Di–Sa 9–13 und 15–18 Uhr, So 9–13 Uhr.

Rund um den Glavni trg

Die Koroška cesta stadteinwärts passiert den Glavni trg, Maribors Hauptplatz mit dem **Rathaus Rotovž** (in dessen Gewölben leckere Mahlzeiten serviert werden) und der Pestsäule in der Mitte. Restaurierte Häuser der Renaissance und des Barock säumen den großen, verkehrsreichen Platz. Dem Rathaus gegenüber bilden das Jesuitenkloster und das erste, 1758 in Maribor gegründete Gymnasium den Rahmen für die rosafarbene Barockfassade der Kirche **Sv. Alojz.** Die **Pestsäule** mit der Jungfrau Maria wurde von dem in Maribor gebürtigen Bildhauer *Jožef Straub* im 18. Jahrhundert gestaltet; sie erinnert an eine ganze Serie von Epidemien, durch die Maribor im 17. Jahrhundert ein Drittel seiner Einwohner verlor.

An der Ecke zum Stari most, der „alten Brücke" über die Drava, befindet sich Maribors **Casino,** in den 1940er und 1950er Jahren ein beliebtes Tanzlokal. Hier beginnt die Gosposka ulica, eine der wichtigsten Einkaufsstraßen von Maribor. Bevor man sich dem Shopping hingibt, lohnt ein Besuch des **Rotovški trg,** des von Renaissance-Arkaden umschlossenen Innenhofs des Rathauses, in dem früher der Getreidemarkt abgehalten wurde.

Domkirche

Stufen und schmale Gassen führen weiter zum **Slomškov trg,** einer idyllischen Parkanlage vor der Domkirche **Sv. Janeza Krstnika.** Die bereits im 12. Jahrhundert begonnene Kirche ist ein wunderbares Beispiel der gotischen Zeit mit tiefem Chor und eleganten Kreuzrippen im Gewölbe. Sie wurde im 18. Jahrhundert stark barockisiert, die erhaltenen gotischen Plastiken sind im Pokrajinski muzej zu besichtigen. Der ehemalige Friedhof wurde eingeebnet, nur noch eine dekorative, aus dem Jahr 1517 stammende, steinerne Grablaterne ist erhalten und ziert den Kirchenvorplatz. Im Park gegenüber sieht man die Statue von *A.M. Slomšek,* des ersten Bischofs von Maribor.

Stadttheater

Von der Gotik ist es ein großer Sprung zur Neo-Renaissance des Hauptpostamtes gleich neben dem Dom und zum klassizistischen Stadttheater **Mestno gledališče** schräg gegenüber. Auch wenn der moderne Anbau nebenan den Gesamteindruck etwas stört, wirkt das Theater mit seinen Schnörkeln wie ein kleines Schatzkästchen und tatsächlich wird es diesem ersten Eindruck mit einem repräsentativen Konzertsaal im ersten Stock und dem eigentlichen, verspielten Theaterraum durchaus gerecht. Man kann sich bildhaft vorstellen, wie die feine Gesellschaft des ausgehenden 19. Jahr-

hunderts aufstrebenden Künstlern huldigte. Slowenen durften das eigentliche Theater übrigens lange Zeit nicht betreten; sie hatten eine eigenen, schlichteren Vorstellungssaal. International berühmt wurde das Mariborer Theater in den 1990er Jahren durch den Theaterregisseur *Tomaž Pandur,* der mit einer exzessiven Inszenierung von *Dantes* „Göttliche Komödie" Furore machte. Er arbeitet inzwischen fast ausschließlich im Ausland.

Schlossplatz

Die Cesta 10. Oktobra führt zur Gosparksa ulica und über den Volkmerjev prehod, vorbei am „Wintergarten" des Hotels Union, zum **Grajski trg,** dem Schlossplatz. Hier ist einer von Maribors McDonald's angesiedelt, weshalb der Platz einen beliebten und belebten Treffpunkt der Jugend abgibt. In den Platz mündet auch die Vetrinjska ulica, Maribors zweite Einkaufsstraße, an der die Florianssäule **Florihanov šteber** steht, ein weiteres Denkmal, das die Stadt vor Katastrophen, eben Bränden, retten sollte, was dem hl. *Florian* aber nicht immer gelang. Vor allem das Spätmittelalter verzeichnete verheerende Feuersbrünste.

Stadtschloss

Das Stadtschloss **Mestni grad** wurde ab 1478 am nordwestlichen Stadttor errichtet, seine heutige Gestalt ist dem Barock zuzurechnen und wurde im 17. Jahrhundert vollendet. Berühmt ist das Rokoko-Treppenhaus an der Westseite, eine Orgie aus Stukkaturen und Skulpturen, die sich unter illusionistischen Fresken in die erste Etage hinaufschwingt.

Das im Stadtschloss untergebrachte **Regionalmuseum** illustriert Maribors Geschichte mit bronzezeitlichen Funden, Kunstwerken der Gotik und des Barock sowie Trachten und Uniformen, darunter eine von *Tito*. Sehenswert sind nicht nur die Exponate, sondern auch die Einrichtungen der Räume. Zwischen dem Stadtschloss und der Marchpurch auf dem Piramida-Hügel soll es übrigens einen Geheimgang gegeben haben, durch den sich die Herrschaften retten konnten, wenn Gefahr drohte.

- **Pokrajinski muzej,** Grajska ulica 2, Tel. 02-228 35 51, 1.4.–31.12. Di–Sa 9–17 Uhr, So 10–14 Uhr.

Die vielen Heiligenstatuen Maribors sind ein beliebter Landeplatz der Tauben

Trg svobode und Weinkeller

Die Ostfassade des Stadtschlosses begrenzt den modern gestalteten Trg svobode mit einer Bronzeplastik, die den Opfern des Befreiungskampfes gewidmet ist und 1975 aufgestellt wurde. Nach Osten hin überragt die neoromanische, ziegelrote Fassade der Franziskanerkirche die stark befahrenen Partisanska cesta, die zum Bahnhof und Busbahnhof führt.

Unter dem Trg svobode findet sich Maribors berühmter **Weinkeller Vinska klet,** der größte unterirdische Keller Europas. Uralte Eichenfässer und moderne Stahlkanister ruhen beschaulich nebeneinander und natürlich sind die alten Gewölbe die interessantesten. Der Keller wurde vor 200 Jahren angelegt, umfasst 20.000 m^2 Gewölbe und hat eine Lagerkapazität von sieben Millionen Liter Wein. Sein „Einzugsgebiet" sind 1500 ha Weinberge rund um Maribor, an denen besonders die weißen Tropfen wie Welschriesling, Chardonnay, Traminer und Muskateller gedeihen. Neben einer Besichtigung kann man auch eine mehr oder minder umfangreiche Verkostung mit oder ohne Brotzeit buchen und natürlich den Wein in dem angeschlossenen Laden kaufen.

- **Vinska klet,** Trg svobode 3, Tel. 02-220 81 51, Besichtigung nach Voranmeldung (zurzeit geschlossen).

Rund um den Stadtpark

Klassizistische Villen hinter schmiedeeisernen Portalen, alte, verwachsene Gärten und einige wenige elegante Wohnblocks prägen die Straßen nördlich des Trg svobode. Hier wohnten zumeist deutschstämmige Kaufleute und Fabrikanten, die noch unter Habsburger Herrschaft reich geworden waren und nach Ende des Zweiten Weltkriegs als Ausbeuter und Volksfeinde fast alle enteignet und des Landes verwiesen wurden. In ihre Villen zog das Volk, das die alte Bausubstanz nicht unterhalten konnte; später rissen sich die neuen Privilegierten die schönen Wohnungen und Häuser unter den Nagel und heute wird um Restitution bzw. Entschädigung gestritten, während die Bauten verfallen.

Dieser repräsentative Teil Maribors geht über in den Ende des 19. Jahrhunderts angelegten **Mestni park,** der sich in der Senke zwischen Piramida- und Kalvarija-Hügel fortsetzt. Ein beliebtes Ziel sonntäglicher Spaziergänge sind die Drei Teiche, **Trije ribniki,** mit einer Ausflugsgaststätte zwischen Blumen und Weinreben.

Am Stadtrand

Hügel Piramida und Kalvarija

Die beiden direkt am Stadtpark beginnenden Hügel Piramida (386 m) und Kalvarija (375 m) belohnen den Wanderer mit einem herrlichen Blick über den alten Stadtkern von Maribor, die Drava und über die neuen Viertel hinweg hinüber zum Pohorje-Gebirge. Die Piramida, auf der früher die Burg Marchpurch der *Spanheimer* stand, ziert heute eine **Marienkapelle** von 1821. Die Kalvarija krönt eine schöne, der hl. Barbara geweihte **Barockkapelle** von 1681. Beide Hügel sind mit Weinreben bepflanzt.

095sl Foto: sk

Villa rustica

Auf der südlichen Drava-Seite wurden in einem modernen Industrie- und Siedlungsgebiet die **Fundamente eines römischen Landgutes** aus dem 2. Jahrhundert entdeckt - die Villa rustica. Die Ausgrabungsstätte befindet sich in Nova Vas (Majcigerjeva ul. 36, Ausschilderung in Richtung Pohorje/Zg. Radvanje) und besteht aus den fein säuberlich wiederhergestellten Fundamenten, zwischen denen akkurat gestutzter Rasen wächst.

Schloss Betnava

Das Barockschloss Betnava im Süden Maribors wird besonders gern von Hochzeitsgesellschaften besucht, denn hier kann man in feierlichen Räumen den Bund fürs Leben schließen, danach im Schlosspark fürs Foto posieren und zu guter Letzt im Restaurant feiern. Fresken und illusionistische Gemälde an Wänden und Decken sind von höchster Qualität und der Garten atmet ebenfalls den gestalterischen Geist des Barock.

Pohorje-Seilbahn

Zgornje Radvanje heißt das südlich gelegene Dorf am Endpunkt einer berühmten **Weltcup-Abfahrt:** jeden

Ein guter Tropfen von den Reben um Maribor darf gerade bei der Hochzeit nicht fehlen

Winter wird der Damenwettbewerb „Goldene Füchsin“, Zlata lisica, ausgetragen, aber vom Dorf sieht man dabei natürlich kaum etwas. Nur das neu erbaute Luxushotel Habakuk neben der Talstation der Kabinenbahn rückt sich regelmäßig gut ins Bild. Die Bahn führt hinauf auf 1020 m Höhe (alternativ kann man dem Weg folgend in etwa eineinhalb Stunden zur Bergstation hinaufwandern) und oben bietet sich eine Vielzahl interessanter Wander-, Mountainbike- und im Winter Ski-Aktivitäten (⇦Pohorje-Gebirge).

Praktische Tipps

Informationen

- **Turistični informativni center Maribor MATIC,** Partizanska 47, gegenüber dem Bahnhof, 2000 Maribor, Tel. 02-234 66 11, Fax 02-234 66 13, matic@maribor.si, www.maribor-tourism.si.
- **Alpenverein/Planinsko Društvo Matica,** Juričičeva 8, Tel. 02-251 29 62, im 1. Stock, Mo–Fr 8–12 Uhr; stellt Informationsmaterial zu Wandermöglichkeiten und Führer.

Service

- **Post:** Pošta Slovenije, Slomškov trg 10, Tel. 02-449 20 00.
- **Geldwechsel:** Bank Austria, Partizanska 12, Tel. 02-228 53 20; Banka Koper, Ulica Vita Kraigherja 5, Tel. 02-231 01 10.
- **Internet-Café:** Kibela Cyber-Café, im Narodni Dom, Ulica Kneza Koclja 9, Tel. 02-229 40 22.

Notfälle

- **Ambulanz/Zdravstveni dom:** Ulica Talcev 9, Tel. 02-228 63 69.
- **Hospital:** Ljubljanska ulica 5, Tel. 02-321 10 00.
- **Apotheke/Lekarna:** Loška ulica 6, Tel. 02-250 27 33.

Verkehr

- **Bahnhof:** Mariborski Kolodvor, Partizanska cesta 50, Tel. 02-251 74 93, Fahrpläne unter www.slo-zeleznice.si.
- **Fernbusse:** Mlinska ulica 1, Tel. 090-72 30; der moderne, 1989 nach Plänen von *Borut Pecenko* und *Ivo Goropevsek* erbaute Busbahnhof ist zugleich Laden- und Restaurantzentrum; von hier starten innerstädtische wie überregionale Busse. Den Fahrplan findet man unter www.ljubljana.si.
- **Taxi:** Ulica Heroja Bračiča 17, Tel. 080-12 22.
- **Autovermietung:** Avis, Partizanska cesta 24, Tel. 02-228 79 10, Fax 02-234 06 48.
- **Fahrradverleih:** Städtische Fahrräder kann man am Busbahnhof leihen (Auskunft an der Reisekasse). Stunden kosten um 200 SIT.

Einkaufen

Ein typisches Mitbringsel ist ein kleines **Horn aus Keramik,** aus dem man Schnaps trinkt; früher haben die Hirten dazu Rinderhörner benutzt, die man in den Bergen in den Boden stecken konnte (und die immer auf ex geleert wurden).

- **Lorna&Črtomir,** Limbuška cesta 35, Tel. 02-613 25 92. Im Töpferatelier gibt es sehr geschmackvolle Keramik.
- **Suha roba,** Vetrinjska 13, Tel. 02-250 98 56, Holz- und Korbwaren, das meiste aus heimischer Produktion, Bienenkorbbrettchen.
- **Dekor,** Vetrinjska ulica 30, Tel. 02-252 52 61; Antiquitäten und Souvenirs, darunter hübsche Bienenkorbbrettchen und Keramik.
- **Vinoteka Vodni Stolp,** Usnjarska 10, Tel. 02-251 77 43; Weinverkostung und -verkauf tgl. 14–22 Uhr.
- **Soven** in Selnica ob Dravi (im Westen bei Ruše, Belingerjeva 19, Tel. 02-671 39 21) verkauft Verschiedenes aus Schafwolle, die selbst geschert, gewaschen, gefärbt und gestrickt wurde.

Unterkunft

- **Habakuk,** Pohorska ulica 59, Tel. 02-300 81 00, Fax 02-300 81 94, habakuk@termemb.si, www.termemb.si. Luxuriöses Haus am Fuße des Pohorje neben der Seilbahnstation, ausgezeichnetes Restaurant, wunderschönes Schwimmbad, Einzelz. ab 95 €.

• **Piramida,** Ulica Heroja Šlandra 10, Tel. 02-234 44 00, Fax 02-234 43 60, www.termemb.si. Modernes Geschäftshotel unweit des Busbahnhofs, Einzelzimmer ab 85 €.
• **Orel,** Grajski trg 3a, Tel. 02-250 67 00, Fax 02-251 84 97, www.termemb.si. Renoviertes Traditionshotel im Stadtzentrum, angenehme Zimmer, freundliches Personal, Einzelzimmer ab 55 €.
• **Tabor,** Heroja Zidanška 18, Tel. 02-421 64 10, Fax 02-421 64 40. Geschäftshotel unweit des Messegeländes in nicht gerade idyllischer Stadtlage; Einzelzimmer ab 35 €.
• **Milena,** Pohorska ulica 49, Tel. 02-613 20 96, hlebcek@siol.net. Mittelklassehotel in der Nähe der Talstation, Einzelzimmer ab 40 €.
• **Anderlič,** Za Kalvarijo 10, Tel. 02-234 36 50. Beliebtes Gasthaus mit einigen Pensionszimmern, idyllisch in den Hügeln über Maribor gelegen; Einzelzimmer ab 25 €.

Jugendherberge:
• **Maribor – Dijaški dom 26 Junij,** Železnikova 12, Tel. 02-480 17 10, Fax 02-480 17 11, www.maribor.uni-mb.si/26junij/html/index.html, 1.7.–20.8. geöffnet. Bus Nr. 3, nur 7–10 und 19–22 Uhr geöffnet.

Privatzimmer/Ferienwohnungen:
• **Kužner** (***), Oblakova ulica 10, Tel./Fax 02-332 35 80, www.kuzner.8m.com.
• **Tašner** (**), Lackova 42, Tel. 02-613 17 32.

Essen und Trinken

• **Brod,** Loška 13, Tel. 02-252 48 61, grillt Fisch direkt am Ufer, 4000 SIT.
• **Tako's,** Mesarski prehod 3, Tel. 02-252 71 50; Maribors In-Mexikaner im Flößerviertel Lent, 3500 SIT.
• **Toti Rotovž,** Rotovžki trg 9, Tel. 02-228 76 50; in den Gewölben des alten Rathauses gibt es vorzügliche steirische Küche, aber auch chinesische Spezialitäten; Fr u. Sa Tanz.
• **Anderlič,** Za Kalvarijo 10, Tel. 02-234 36 50; deftig-slowenisch, aber auch international wird hier gekocht; Einheimische empfehlen Anderlič besonders im Herbst, wenn es *koline*, Schlachtplatte, gibt; 3000 SIT.
• **Zimski vrt Zamorc,** Grajski trg 3, Tel. 02-251 27 17; im „Wintergarten" gibt es internationale Gerichte von guter Qualität, 3000 SIT.
• **Pri treh ribnikih,** Ribniška ul. 3, Tel. 02-234 41 70; Traditionshaus an den „Drei Teichen", bei schönem Wetter sitzt man in einem üppig blühenden Garten; slowenische und internationale Küche in großen Portionen, 2500 SIT.
• **Villa Rustika,** Majcigerjeva ul. 36, Tel. 02-420 51 72; nettes italienisches Restaurant neben der römischen Ausgrabungsstätte, angenehme Terrasse; 1500 SIT.
• **Hugo,** Limbuško nabrežje 10, Limbuš, Tel. 02-421 56 80; Hugo in Limbuš liegt schön an der Drava und serviert ländlich-slowenische Küche; 4000 SIT.
• **Štajerc,** Vetrinjska 30, Tel. 02-234 42 34. Beim „Steirer" wird deftig slowenisch gekocht und köstliches Bier gebraut, 2500 SIT.
• **Protner,** Dragučova 65, Pernica, Tel. 02-473 03 92. Der Bauernhof liegt östlich Maribors in den Weinbergen und serviert zur schönen Aussicht gute steirische Küche und selbst gekelterten Wein. 2500 SIT.

Abends unterwegs

• **Casino Maribor,** Glavni trg 1, Tel. 02-252 11 55, Fax 02-252 43 51; tgl. 18–2 Uhr das pralle Leben an Slot Machines und Roulette-Tischen.
• **Bongo's,** Mesarski prehod 3, Tel. 02-252 73 82. In der Salsa-Bar übt Maribors Jugend die heißesten Schritte aus Miami und Kuba.
• **Satchmo Jazz Klub,** Strossmayerjeva 6, Tel. 02-250 21 50, die Jazz-Kneipe der Region, Live-Musik, nette, lockere Stimmung.
• Bekannte Discos sind **KGB,** Vojašniški trg 5, Tel. 02-252 30 77, und **MKC,** Ljubljanska ulica 4, Tel. 02-300 29 90. Im **Štuk,** Gosposvetska 83, Tel. 02-228 56 30, gaudeamus.si/stuk, rütteln vornehmlich Studenten ihre Knochen. Heavy Metal und Punk dröhnen im **Pekarna,** Ob Železnici 8, Tel. 02-300 68 50, www.klub-mc.si, aus den Boxen.
• Wer es ruhiger möchte, geht auf ein Guinness ins **Patricks,** Poštna ulica 10, Tel. 02-251 18 01.
• Das **Café Astoria,** Slovenska ulica 2, Tel. 02-251 52 50, ist links Bistro, oben Restaurant und rechts das, weswegen man herkommt – man sitzt an großen Fenstern, um zu sehen und gesehen zu werden.

●Bis nach Šentilj an die österreichische Grenze muss man fahren, will man in der ultimativen In-Disco der Region abtanzen - im **Yucatan,** www.info-tabla.com.

Galerien

●**Galerija Stolp,** Židovska ulica 6. Tel. 02-251 24 90, www2.arnes.si/~fgstolp, Di–Fr 15–19 Uhr, Sa 10–12 Uhr; die Galerie im Judenturm zeigt Fotografien des „Mariborer Kreises", einer Vereinigung von Künstlern, die in den 1970er Jahren die Fotografie als Stilmittel einsetzten.

●**Galerija DLUM,** Židovska ulica 10, Tel. 02-252 36 81, Mo–Fr 10–12 und 16–18 Uhr, Sa 9–12 Uhr; Ausstellung der slowenischen Künstlervereinigung.

●**KiBla,** Ulica Kneza Koclja 9, Tel. 02-229 40 12, www.kibla.org, Mo–Fr 10–14 und 16–22 Uhr, Sa 16–22 Uhr; im Narodni dom residiert dieses Kunstzentrum mit Cyber-Café, Galerie und verschiedenen Tanz- und Theaterprojekten; es finden Aufführungen, Performances, Installationen und Ausstellungen statt.

Feste und Veranstaltungen

●Wichtigstes und interessantestes Festival ist das **Lent,** das meist Ende Juni abgehalten wird (⇦Exkurs bei „Sehenswertes").

●Noch ein wichtiges Ereignis im gesellschaftlichen Leben Maribors findet an der Lent statt: An dem (immer noch geschlossenen) Wirtshaus „Stara trta" (Vojašniška ulica 8) wächst angeblich die **älteste Weinrebe Europas** (so die Fremdenverkehrswerbung) und die **Traubenlese** an dieser mindestens 300 Jahre alten Rebe nimmt traditionell der Bürgermeister am ersten Sonntag im Oktober persönlich vor. Der daraus gekelterte Wein wird hochrangigen Stadtbesuchern in 2,5 cl fassenden Fläschchen gern als Gastgeschenk überreicht. Die Mariborčani nehmen das Ereignis zum Anlass, ein feuchtfröhliches Fest mit Musik, Tanz, Wein und Gesang zu feiern. Den Winzern der Umgebung dient der symbolische Akt als Startschuss für die Traubenlese.

●Zwischen Juni uns September wird das **Internationale Puppenspielerfestival** mit Straßentheater abgehalten.

096sl Foto: sk

- Im September feiert Maribor das **Festival klassischer Kammermusik.**
- Im Oktober kommen Sloweniens beste Theatergruppen zum **Borštnikovo srečanje,** einem international geachteten Theatertreffen (Veranstaltungsplan Maribor unter www. maribor.si).

Aktivitäten

- **Thermalbäder: Terme Maribor** im Hotel Habakuk (⇦Unterkunft), tgl. 10–22 Uhr, elegantes, erstklassiges Wellnessbad mit Innen- und Außenpool, Whirlpool, Sauna, vielfältige Pflegemöglichkeiten, Massagen etc., Tageskarte Erwachsene um 13 €; **Fontana,** Koroška cesta 172, Tel. 02-234 41 00, Fax 02-234 41 14, tgl. 9–22 Uhr, Freitag Nachtbaden bis 24 Uhr, Thermalbad mit Sauna, Dampfbad und Fitness-Studio, Tageskarte Erwachsene um 12 €.
- **Angeln:** Angelkarten für Ausflüge an der Drau erhält man beim Verein, Cesta XIV. Divizije 54, Tel. 02-471 43 28, Fax 02-474 43 28, Mo–Fr 8–12 Uhr.
- **Rafting:** Der Rafting Klub Maribor führt Touren durch (Tel. 02-629 28 14 oder 041-78 93 89); es wird am Kiosk/Container bei Oreško nabrežje gestartet (Uferstraße östlich der Eisenbahnbrücke).
- **Floßfahrten:** Beim TIC kann man sich von Juni bis September für Floßfahrten anmelden, die beim Gasthaus Koblarjev zaliv westlich der Stadt beginnen (nördliches Drava-Ufer), und 90 Min. später an der Alten Rebe enden; dazwischen wird man getauft, lauscht einer Blaskapelle und nimmt eine zünftige Aufschnittplatte zu sich (manchmal auch nachts unter Fackelschein); Kosten 18 € pro Person (mindestens 20 Leute).
- **Bootsverleih:** Beim Sportzentrum Sidro (nördliches Drava-Ufer westlich der Stadt, Čocnarni 41, Tel. 02-623 11 01) kann man Boote und Kanus leihen (dort auch gute Pizza).
- **Tauchen:** Tauchklub Maribor, Pekarna, Ob železnici 7, Tel. 041-76 12 90, pohorec.iztok @slon.net, http://pdm.slon.net.
- **Fliegen:** Letalski center Maribor, 2001 Maribor, p.p. 21, Tel./Fax 02-331 76 25, www. lcm-club.si.

Die ausnehmend luxuriöse Badelandschaft des Hotel Habakuk mit Thermalwasser

Pohorje-Gebirge

↖ VI/A-B2

Mit 1000 km² Fläche und Höhen um 1500 m (höchster Gipfel ist der Črni vrh, 1543 m) ist das Pohorje (dt. Bachergebirge) ein teils mit Nadel-, teils mit Buchenwald bestandenes Mittelgebirge. Es bildet den Übergang von den Alpen zu den Höhen des Dinarischen Bergzugs im Süden sowie zur Pannonischen Tiefebene im Osten. Im Gegensatz zum Kalk der Südalpen bildet hier **vulkanisches Gestein** eine harte, wasserundurchlässige Schicht und sorgt dadurch für ein besonderes Oberflächenphänomen: Regenwasser kann nicht versickern, sondern läuft in Bächen ab, bildet **Seen** und auf der Hochebene bzw. den sanfter geneigten Hängen sogar **Torfmoore.**

So ist das Pohorje eine von unzähligen Wasserläufen durchzogene Landschaft, die gelegentlich (bei den Lovrenska jezerja) an Skandinavien erinnert. An anderen Stellen (Šumik-Wasserfall und Pragozd) wiederum wuchert entlang der Bachbetten fast urwaldartige Vegetation. In den letzten Jahren wurde ein Netz von **Wander- und Fahrradwegen** angelegt, die zu Naturschönheiten wie den oben erwähnten Seen, aber auch zu **Denkmälern der ländlichen Architektur** (Kirche Sv. Bolfenk, Sv. Areh, Einödbauernhöfe), zu **imposanten Bäumen** („Marolt-Tanne mit 6 m Umfang, „Dolar-Kastanie" mit 8,38 m Umfang) und zu **historischen Sehenswürdigkeiten** führen (keltische Siedlungsreste, Glashütten, Holzrutsche für den Transport der Stämme).

Ausgangspunkte im Pohorje sind im Norden die Bergstation der Kabinenbahn von Zg. Radvanje bei Maribor (Region Hočko Pohorje) und die Ruška koča (Russische Hütte) auf dem 1269 m hohen Areh (Region Ruško Pohorje), im Südwesten der Gipfel der Rogla (Region Konjiško-Zreško Pohorje) und im Süden Sv. Trije kralji (Region Slovenjebistriško Pohorje). Im Folgenden einige Ausflugs-Vorschläge.

Naturlehrpfad Rozika

↗ VI/B2

Der etwa zweistündige Naturlehrpfad Rozika führt von der **Bergstation** der Kabinenbahn zur um 1500 errichteten Kirche **Sv. Bolfenk,** passiert danach mehrere „Riesenbäume", so die angeblich höchste Kastanie (14 m) und eine riesige Buche, erreicht schließlich einen alten Feuersteinbruch und dann den **Aussichtsturm Razglednik** (schöner Blick ins Drava-Tal). Über die „Eisenbahnerhütte" Železničarski dom kehrt man zum Ausgangspunkt zurück. Der Weg verläuft fast durchweg eben in Höhen zwischen 1000 und 1150 m.

• **Pohorje-Seilbahn,** Pohorska ul. 60, 2000 Maribor, Tel. 02-613 18 50, Fax 02-613 18 40; Betriebszeit: tgl. 8–20 Uhr, Abfahrten stündlich, letzte Talfahrt 22 Uhr, Fahrpreise um 5 € für Hin- und Rückfahrt.

Lorenzer Seen

↗ VI/A2

Vom Parkplatz am Hotel Planja auf der **Rogla** (1450 m) führt diese etwa dreistündige Tour ebenfalls nur mit minimalen Höhenunterschieden (200 m) in das Seengebiet der Lovrenska jezera. Man wandert zunächst über Wiesen in Richtung Ribniška koča, durchquert dann ein Waldstück und spürt bei jedem Schritt, wie weich und federnd der Untergrund ist. Dann erreicht man einen Aussichtsturm, von dem die Seen bereits zu erkennen sind. Über Holzstege führt der Weg nun um die großen und kleinen Wasseraugen im Moor, im Frühjahr und Sommer blühen seltene Pflanzen wie der Rundblättrige Sonnentau und vielleicht tanzt das Nachtpfauenauge über den Blüten. Der Rückweg führt zunächst in Richtung Pesek und auf ei-

Wintersport im Pohorje

Das Pohorje ist **Sloweniens größtes Skigebiet;** unterteilt ist es in die nordöstliche Region Mariborsko Pohorje, zugänglich durch die Kabinenbahn ab dem Hotel Habakuk oder über die Straße von Zg. Radvanje, das Skigebiet Rogla (Südwestpohorje, bei **Zreče**) und Trije kralji, ebenfalls im Südwesten, ab Slovenska Bistrica zu erreichen. Die Schneesituation wird mittels Schneekanonen aufgebessert; neue, zusätzliche Pisten und Loipen sind im Bau. Informationen zu Unterkunft, Aktivitäten etc. findet man unter www.pohorje.org, dort gibt's auch einen aktuellen Wetterbericht und eine Webcam.

• **Mariborsko Pohorje:** Schneetelefon 040 940 101, Meereshöhe 335–1340 m, 1 Kabinenbahn, 3 Sessellifte, 17 Schlepplifte, 64 km Pisten, 28 km Loipen, Beschneiungsanlage, Rodelbahn, Piste mit Flutlichtanlage.

• **Rogla:** Schneetelefon 040 940 103, Meereshöhe 1517 m, 2 Sessellifte, 9 Schlepplifte, 12 km Pisten, 30 km Loipen, Piste mit Flutlicht, Halfpipe.

• **Trije kralji:** Schneetelefon 040-940 118, Meereshöhe 1200–1350 m, 2 Schlepplifte, 1,5 km Pisten, 4 km Loipen, Beschneiungsanlage.

ner Waldstraße zum Komisija-Sattel (sedlo komisija); am Abzweig zum Pesek biegt man rechts in Richtung Rogla ab und erreicht schließlich den Ausgangspunkt.

Urwald und Wasserfälle ↸ VI/A2

Vom Ort Ruše westlich von Maribor führt eine Waldstraße etwa 10 km zu einem Parkplatz, von dem aus Wegweiser zum *pragozd* (Urwald) leiten. Das unter Naturschutz stehende Waldstück ist nicht sehr groß und dicht mit Tannen, Buchen, Ahorn und Ulmen bewachsen. Der 36 m hohe Wasserfall **Veliki Šumik** und sein etwas unterhalb liegender Bruder **Mali Šumik** (2 x 9 m) besprühen Farne und Moose mit einer feinen Wassergischt. Zwei seltene Pohorje-Pflanzen sind in der Umgebung der Fälle zu finden: die Rostblättrige Alpenrose *(Rhododendron ferrugineum)* und der Steinbrech *(Saxifraga paradoxa)*.

Praktische Tipps

Informationen

- **Informacijski center Sv. Bolfenk,** Pohorje (an der Kirche Sv. Bolfenk), Tel. 02-603 42 11, Fax 02-234 66 13, bolfenk@siol.net; Mi–Fr 10–15 Uhr, Sa/So 11–17 Uhr.

Unterkunft

An der Bergstation der Kabinenbahn:

- **Aparthotel Pohorje,** Hočko Pohorje 37, 2208 Pohorje, Tel. 02-603 67 00, Fax 02-603 67 41, www.aparthotel-pohorje.com. Apartments in der Nähe des Aussichtsturms; für 3 Personen um 50 €.
- **Apartmenthiše Bolfenk,** Na Slemenu 35, 2208 Pohorje, Tel. 02-220 88 41, Fax 02-220 88 49, www.pohorje.org; komfortabel eingerichtete Apartments um 65 € für 4 Personen.
- **Kolesarska vas Martin,** Tel. 02-220 88 41, Fax 02-220 88 49, info@sc-pohorje.si. Sehr angenehm eingerichtete Maisonette-Apartments, im Sommer dreht sich alles ums Fahrrad; Organisation von Touren, Fahrradverleih, Reparaturen.
- **Bellevue,** Na Slemenu 35, 2208 Pohorje, Tel. 02-220 88 41, www.pohorje.org. Einfaches Haus, beliebt bei Jugendgruppen, HP um 15 €.
- **Areh,** Lobnica 62, 2342 Lobnica, auf dem Areh, Tel. 02-220 88 41, www.pohorje.org; Mittelklassehaus in sehr schöner Lage, EZ mit HP um 35 €.
- Hotel **Planja** (****), auf der Rogla, Tel. 03-757 71 00, Fax 03-576 24 46, www.unior.si. Luxuriöses Berghotel auf 1500 m Höhe, Einzelzimmer ab 65 €.

Berghütten:

- **Ruška koča** (1250 m), Frajhajm 42, 2315 Šmartno na Pohorju, bei der Kirche Sv. Areh, Zufahrt über Straße Hoče – Areh, Tel. 02-603 50 46; 6 Zimmer mit 21 Betten, Schlafsaal mit 15 Liegeplätzen, 9 Apartments mit je 4 Betten; Restaurant.
- **Počitniški dom Zarja** (1232 m), Frajhajm 34, 2316 Šmartno na Pohorju, östlich der Ruška koča, Zufahrt auf Straße Hoče – Areh, Tel. 02-603 25 21; 10 Zimmer, 28 Betten, Restaurant.
- **Mariborska koča** (1080 m), Slivniško Pohorje 24, 2208 Pohorje, am Südhang des Reški vrh, erreichbar auf der Straße Hoče – Areh (Abzweigung in Richtung Hotel Bellevue), Tel. 02-603 27 31; 3 Zimmer mit 9 Betten, Schlafsaal mit 40 Liegestellen, Restaurant, Mi geschlossen.
- **Poštarski dom** (912 m), Hočko Pohorje 40, 2208 Pohorje, Zufahrt über Straße Hoče – Areh – Bellevue, Tel. 02-603 61 00; 35 Zimmer mit 80 Betten, Apartments, Restaurant, Spielplatz, Sportmöglichkeiten.
- **Hočka koča** (773 m), Hočko Pohorje 48, 2208 Pohorje, Zufahrt über Straße Hoče – Areh – Bellevue, Tel. 02-603 28 31; 15 Zimmer mit 36 Betten, Restaurant, Sportplatz, Mo geschlossen.

Essen und Trinken

- **Hoški grad,** Poljska cesta 30, 2311 Hoče, Tel. 02-616 16 11; in einem alten Schloss werden ausgezeichnete Wildspezialitäten serviert; manchmal grillt der Küchenchef seine Kreationen im offenen Kamin im Speiseraum.

Aktivitäten

- **Fahrradfahren:** Als Ausgangspunkt bietet sich das „Fahrraddorf" Martin an (⇦Unterkunft), man kann aber auf den markierten Schotter- und Bergstraßen auch auf eigene Faust losziehen; hilfreich ist die von MRA (Mariborska razvojna agencija) herausgegebene Karte „Radfahren zwischen dem Pohorjegebirge und der Mur", die beim TIC in Maribor erhältlich ist. Sie verzeichnet die Fahrradtouren der Region samt Höhenprofil und Hinweisen auf benötigte Ausrüstung bzw. Radtyp. Verleih von Rädern macht Športni center Pohorje, Tel. 02-603 65 09, Hotel Planja, Tel. 03-757 71 00, Terme Zreče, Tel. 03-154 32 20, Negova in Cerkvenjak, Tel. 02-703 50 90, Forming Radenci in Radenci, Tel. 02-520 28 65, und Penzion Jakec in Zg. Ložnica, Tel. 02-803 45 06.
- **Paragliding:** Etwa 100 m unterhalb des Hotels Bellevue liegt der Startplatz des Mariborer Paragliding-Clubs.
- **Reiten:** Konjenjški Center Bellevue, am Hotel Bellevue, Tel. 02-603 65 53; im Pohorje gibt es viele Reitwege, die aber immer unter Führung begangen werden müssen.

Zreče

↖ VI/A3

Zrče liegt südlich des Pohorje-Gebirges und bietet als Ausgangspunkt winters wie sommers Unterkünfte.

Praktische Tipps

Informationen

- **TIC,** Tržnica Zreče, 3214 Zreče, Tel. 03-759 04 70, Fax 03-759 04 71, obcina-zrece@siol.net, www.zrece.si.

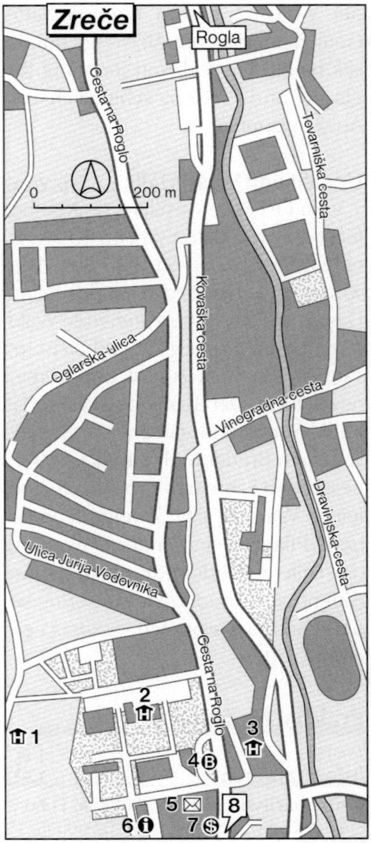

1 Ferienwohnungen Vile Terme
2 Hotel Dobrava
3 Hotel Smogavc
4 Busstation
5 Post
6 Touristinformation
7 Bank
8 Slovenske Konjice, Maribor

Service

- **Post:** Cesta na Roglo 11c, Tel. 03-757 30 40.
- **Geldwechsel:** Cesta na Roglo 13b, Tel. 03-576 22 50.

Notfälle

- **Ambulanz/Zdravstveni dom:** Cesta na Roglo 15, Tel. 03-752 06 06.
- **Apotheke/Lekarna:** Cesta na Roglo 15, Tel. 03-576 21 40.

Verkehr

- **Taxis:** Pirnat, Strma c. 1, Tel. 041-62 70 40.

Unterkunft

- Hotel **Dobrava** (****), Cesta na Roglo 15, Tel. 03-757 60 00, Fax 03-576 26 91, breda.einfalt@unior.si. Modernes Kurhotel mit allen Annehmlichkeiten, Einzelzimmer ab 60 €.
- Hotel **Smogavc** (***), Slomškova 4, Tel. 03-757 66 00, Fax 03-757 66 10. Kleines familiengeführtes Hotel mit der besten Küche am Ort, Einzelzimmer ab 40 €.

Privatzimmer/Ferienwohnungen:

- Apartments **Vile Terme** (****), Cesta na Roglo 15, Tel. 03-757 60 00, Fax 03-576 26 91, breda.einfalt@unior.si.
- **Beškovnik** (***), Ulica 12. oktobra 15, Tel. 03-576 01 27.
- **Kotnik** (***), Šarhova 19, Tel. 03-752 00 66, Fax 03-752 03 11, cokla@apartmacokla-sp.si, www.apartmacokla-sp.si.
- **Zver** (***), Kovaška c. 14, Tel. 03-576 22 07, Fax 03-576 23 06, carmen.zver@siol.net.

Ferien auf dem Bauernhof:

- **Urška,** Križevec 11a, 3206 Stranice, gleich südwestlich von Zreče, Tel. 03-759 04 10, Fax 03-576 21 80, tk.urska@siol.net, besonders kinderfreundlicher Hof.
- **Arbajter,** Skomarje 46, 3214 Zreče, auf dem Weg zur Rogla, Tel./Fax 03-576 23 90, wer jagt, ist hier richtig.

Jugendherberge:

- **Rogla – Jelka Annexe,** Cesta na Roglo 15, Tel. 03-757 71 00, Fax 03-576 60 10, rogla@turizem.si, 1.4.–25.11.

Essen und Trinken

- Gostišče **Smogavc,** Slomškova 4, Tel. 03-757 66 00; beste Küche am Ort, Hausmannskost mit viel Wild, 2000 SIT.

Aktivitäten

- **Kuraufenthalte:** Terme Zreče, Cesta na Roglo 15, Tel. 03-757 60 00, Fax 03-576 24 46; Akratothermalwasser mit 34,5 °C gegen Verletzungen des Bewegungsapparates, rheumatische Erkrankungen, Verletzungen des peripheren Nervensystems und Störungen des peripheren Kreislaufs. Dialysestation, deren Kosten von den deutschen Krankenkassen übernommen werden.
- **Baden:** Die Schwimmbäder der Thermen wurden vollständig renoviert und nun laden Innen- und Außenpools, Whirlpools und Saunalandschaften zum Entspannen ein.

Slovenska Bistrica

↸ VI/B3

- **Meereshöhe:** 247 m
- **PLZ:** 2310
- **Vorwahl:** 02
- **Einwohner:** 7000
- **Dt. Name:** Windischfeistritz

Im Luftbild kann man die ursprüngliche mittelalterliche Stadtanlage von Slovenska Bistrica noch gut erkennen. Vier Ecktürme sicherten damals die nahezu quadratisch angelegte und von einer Mauer umgebene Stadt. An der Handelsstraße von Wien nach Triest gelegen, profitierte die Siedlung lange vom regen Warenverkehr; dann kam die Eisenbahn, die ein paar Kilometer entfernt verläuft, und mit dem Wohlstand war's dahin. In jugoslawischer Ära wurde Aluminiumindustrie angesiedelt; ein neuer, moderner Ort entstand, hinter dem man den mittelalter-

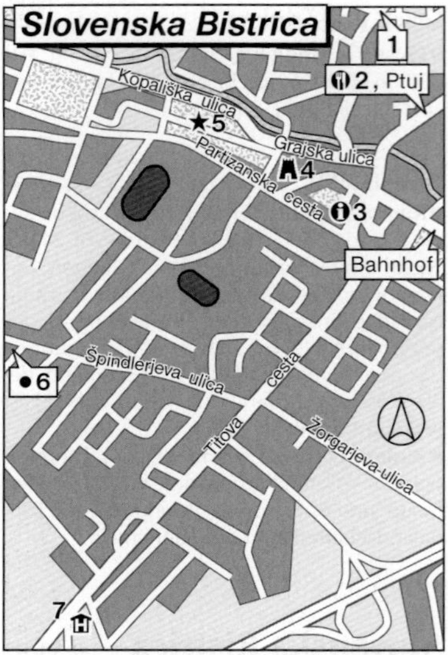

1 Sv. Trije kralji, Osankarica
2 Emavs und Weinkeller
3 TIC, Alpenverein
4 Grad Bistrica
★ 5 Schlosspark
● 6 Schlucht Bistriški vintgar
7 Hotel Leonardo

lichen Kern gar nicht vermuten mag. Dank der idealen Lage zwischen Pohorje und der Haloze-Region ist Slovenska Bistrica ein guter Etappenpunkt für Ausflüge und Wanderungen.

Grad Bistrica

Ein wahrlich fürstlicher Ort ist Grad Bistrica, **Schloss Windischfeistritz,** eines der schönsten Barockschlösser Sloweniens. Eine erste Burg wurde bereits im 13. Jahrhundert erwähnt, auf ihren Fundamenten entstand im 17. Jahrhundert ein Renaissance-Bau, der dann barockisiert wurde. Heute präsentiert sich die Burg als leicht trapezförmiges, mit Türmen und Graben gesichertes Ensemble mit einem geometrischen, im Geiste des Barock angelegten **Park** mit einer herrlichen Weißbuchenallee. Neben dem Innenhof mit seinen Renaissancearkaden ist der **„Rittersaal"** des Schlosses sehenswert. Angelegt wurde er auf Anordnung der Grafen *Attems,* die ab dem 18. Jahrhundert bis zum Ende des Zweiten Weltkriegs die letzten privaten Eigner der Burg waren. An der Decke gibt ein perfekt illusionistisches Gemälde den Blick frei auf einen Himmel voller griechischer Heroen und Götter, die Herkules' Ankunft auf dem Olymp feiern. Weitere illusionistische Deckenmalereien finden sich über dem Treppenhaus und in der Schlosskapelle.

1945 wurde Familie Attems enteignet und das Schloss diente als Wohnhaus, was seinem Erhalt nicht unbedingt zugute kam. Heute sind einige Sammlungen darin untergebracht, darunter die auch für Nicht-Slowenen sehenswerte Ausstellung über die **Römerstraße Celeia – Poetovio** (Celje – Ptuj) und das kleine **Weinmuseum** mit den besten Tropfen lokaler Winzer.

●**Grad Bistrica,** Grajska ulica 11, Tel. 02-818 55 26, Mo–Fr 8–19 Uhr, Sa/So 11–17 Uhr, November bis April 8–18 Uhr, Sa/So 11–15 Uhr.

Wanderung duch die Bistrica-Schlucht

↘ VI/B3

Um zur Schlucht **Bistriški vintgar** zu gelangen, folgt man der Straße am Bistrica-Fluss entlang nach Nordwesten durch **Zgornja Bistrica.** Vom ausgeschilderten Parkplatz geht's dann zu Fuß 1,5 km weiter durch die Bistrica-Schlucht. An einigen Stellen findet man das in Slowenien seltene Serpentin-Gestein, an dem besondere Farnarten gedeihen. Kurz vor dem Ort Zgornja Nova vas liegt rechts ein **römischer Steinbruch;** dann folgt etwas weiter der hübsche, 13 m hohe **Wasserfall Šum.** Die meiste Zeit wandert man im kühlen Schatten des Mischwaldes und an Überresten von Wassermühlen vorbei, die früher Sägen und Hammerwerke antrieben.

Der ganze Stolz der Gemeinde Slovenska Bistrica ist die Maroltova jelka, eine **Riesentanne** mit einem Stammesumfang von 605 cm und einer ursprünglichen Höhe von 43 m. Die Größe oder das Alter sind ihr nicht bekommen, sie ist vertrocknet und der Wipfel wurde vom Sturm gefällt. Aber auch so sieht sie durchaus imposant aus. Der Rückweg nach Bistrica erfolgt entweder auf gleichem Weg oder etwas weiter westlich über den Berg Urh und die Dörfer Veliko Tinje und Jurišna Vas.

Wanderung am Schwarzen See

↘ VI/A2

Am Skizentrum Sv. Trije kralji vorbei führt die Bergstraße zunächst zum **Črno jezero,** dem Schwarzen See, der düster zwischen hohen Tannen liegt. Dann erreicht sie die Hütte an der **Osankarica,** wo eine auf Anfrage geöffnete Ausstellung über die Partisanenaktivitäten im Pohorje-Gebirge informiert (Dom Pohorskega bataljona, Lukanja 27, Voranmeldung unter Tel. 02-845 01 13). Von hier kann man auf einem hübsch angelegten Wanderweg am Črno jezero vorbei 5 km nach Osten zum **Partisanenkrankenhaus** *Partizanska bolnišnica Jesen* spazieren oder in etwa einer halben Stunde zum Schlachtfeld des Pohorje-Batallions aufsteigen, das in einem Kampf 1943 völlig aufgerieben wurde und dessen Soldaten seither zu den legendären Helden des Befreiungskampfes gerechnet werden.

Praktische Tipps

Informationen

- **TIC,** Trg Svobode 17, Tel. 02-843 08 10, Fax 02-843 08 11, tr.center@amis.net.
- **Alpenverein/Planinsko društvo,** trg Svobode 16, Tel. 02-818 51 09.

Service

- **Geldwechsel:** Banka Koper, Bazoviška cesta 18, Tel. 02-714 19 81.

Notfälle

- **Ambulanz/Zdravstveni dom:** Partizanska ulica 30, Tel. 02-843 24 30.
- **Apotheke/Lekarna:** Partizanska ulica 1, Tel. 02-843 24 10.

Verkehr

- Der **Bahnhof** liegt außerhalb: Crešnjevec 152, Tel. 02-292 54 01.
- **Fernbusse:** Kolodvorska cesta 10, Tel. 02-818 12 33.

Unterkunft

- **Leonardo,** Leonova ulica, Tel. 02-805 07 10, Fax 02-805 07 35, leonardo@siol.net. Nettes Mittelklassehotel am Ortsrand; EZ ab 30 €.

Essen und Trinken

- **Gostilna Emavs,** Vinarska ul. 2, Tel. 02-805 08 30. Eine Gaststätte mit deftigen, slowenischen Spezialitäten, im Herbst großes Wild- und Pilzangebot. Zum Gasthaus gehört ein alter Weinkeller, den man auf Anfrage bzw. nach Voranmeldung besichtigen kann.

Ptuj und das Dravsko polje

↖ VII/C3

- **Meereshöhe:** 232 m
- **PLZ:** 2250
- **Vorwahl:** 02
- **Einwohner:** 11.500
- **Dt. Name:** Pettau

Südöstlich von Maribor fließt die Drava durch ein weites, fast ebenes Becken, das sich hervorragend für die Landwirtschaft eignet. Dieses **Draufeld,** Dravsko polje, und die Stadt Ptuj sind deshalb Sloweniens ältestes und ein bis heute durchgängig bewohntes Siedlungsgebiet. In der bäuerlichen Kultur haben sich viele **abergläubische Sitten und Bräuche** wie das Kurentenlaufen erhalten, das nun allerdings stark touristisch ausgeschlachtet wird. Ptuj mit seiner Burg, den alten Gassen und dem Drava-Ufer zählt zu den **schönsten Städten Sloweniens** und verdient nicht nur zur Faschingszeit einen längeren Besuch.

Die Verkehrsführung in den **verwinkelten, engen Gassen** des Städtchens ist kompliziert und zur Stoßzeit nervenaufreibend. Man fährt am besten hoch zum Schloss, parkt dort und unternimmt alles weitere zu Fuß. Findet gerade der Kurentenlauf statt, muss man weit außerhalb auf Feldern parken, es sei denn, man kommt recht früh und ergattert einen der Plätze nahe dem abgeriegelten Zentrum.

Die ältesten in Ptuj entdeckten Siedlungsreste stammen aus der Jungsteinzeit, sind also etwa 4000 Jahre alt. Das **römische Poetovio** wurde gegenüber der prähistorischen **Siedlung der Illyrer** auf der rechten Drava-Seite gegründet und erlebte ab etwa 15 v.u.Z. einen wahren Entwicklungsboom. Da Ptuj an der historischen Bernsteinstraße vom Baltikum zur Adria an einem wichtigen Drava-Übergang lag, brachte die Eingliederung ins römische Imperium einen enormen Aufschwung im Handel. Die beiden Städte waren durch eine Drava-Brücke verbunden, scheinen jede für sich aber relativ autonom verwaltet worden zu sein. Zumindest besaß jede eine eigene Wasserleitung. Die Römer erhielten Wasser per Aquaedukt vom Pohorje, während die Illyrer gegenüber durchs Rogoznica-Tal versorgt wurden. In der Spätzeit römischer Herrschaft verbreitete sich in dieser Region der **Mithras-Kult,** dessen Heiligtümer zu den eindrucksvollsten Zeugnissen der römischen Epoche um Ptuj zählen.

Auch danach blieb Ptuj eine wichtige Siedlung, gehörte dem Salzburger Bistum und ab dem 16. Jahrhundert zu Habsburg. Es wurde von Ungarn und Türken belagert, deshalb Mitte des 16. Jahrhunderts mit mächtigen Bollwerken versehen und musste schließlich im 17. Jahrhundert den Niedergang erleben. Die Handelswege hatten sich

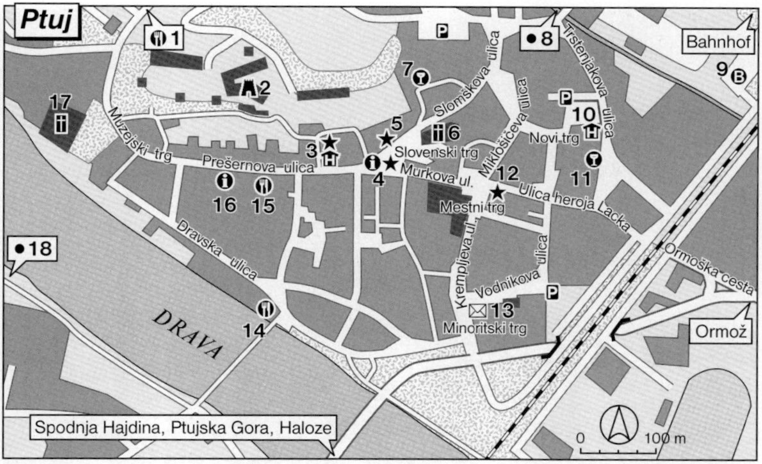

- 1 Restaurant Zlata goska
- 2 Burg Ptujski grad
- 3 Hotel Mitra, Mithräum V
- 4 Orpheus-Denkmal, Mestni stolp, Touristinformation
- 5 Altes Rathaus, Ljutomerska hiša
- 6 Kirche Sv. Jurij
- 7 Bar Kolnkišta
- 8 Krankenhaus, Ballonklub, Angelverein, Reitklub Rogoznica
- 9 Busbahnhof
- 10 Hotel Poetovio
- 11 Weinkeller Vinska klet
- 12 Rathaus Mestna hiša
- 13 Post
- 14 Restaurant Ribič
- 15 Restaurant Amadeus
- 16 Alpenverein
- 17 Dominikanerkloster, Mithräum II
- 18 Therme Ptuj

verlagert und das nahe Maribor erlangte die größere Bedeutung. Seither ist die Stadt ein wichtiges landwirtschaftliches Zentrum, vor allem der **Weinbau** in den Haloze-Bergen trägt zum Wohlstand bei.

Sehenswertes

Mestni trg

Ausgangspunkt eines Altstadtrundgangs ist der Mestni trg, der Stadtplatz am ehemaligen Osttor des mittelalterlichen Ptuj. Heute dominiert die verspielte Fassade des Anfang des 20. Jahrhunderts errichteten neogotischen Rathauses **Mestna hiša** und die des gegenüberliegenden Renaissance-Hauses mit hell abgesetzten Ornamenten. Mittelpunkt des Platzes ist eine **Statue des hl. Florian,** den die Ptujer Bürger allerdings erst um Schutz baten, als es bereits zu spät war. 1744

097sl Foto: sk

nämlich vernichtete ein verheerender Brand einen großen Teil der alten Stadt und danach wurde Florian in kriegerischer Montur und auf Wolken schwebend auf den Platz gestellt.

Slovenski trg

Von hier führt die Murkova ulica bergan zum Slovenski trg. Alte Häuser mit teils eigenwilligen Portalen säumen diese Straße, die am ehemaligen Marktplatz endet. Wie die Hauptplätze in vielen anderen slowenischen Städten gleicht auch der Slovenski trg eher einer breiten Gasse denn einem geräumigen Platz. Gesäumt wird er von alten, aus dem Barock und der Renaissance stammenden Häusern, so dem alten **Rathaus** mit venezianischem Doppelfenster und dem **Ljutomerska hiša** nebenan, das einen hübschen Arkadenhof besitzt.

In der Mitte des Platzes residiert die Touristinformation stilgerecht im alten **Stadtturm Mestni stolp** aus dem 16. Jahrhundert, in dessen Fassade man im 19. Jahrhundert römische Grabsteine und Steintafeln einmauerte und so eine Art Freiluftmuseum schuf. Wichtigstes römisches Relikt ist allerdings das **Orpheus-Denkmal** Orfejev spomenik, das an exakt dieser Stelle als Grabstein für den angesehe-

Ptuj an der Drava ist wegen seiner Altstadt, seines Faschings und seines Weinkellers besuchenswert

nen Bürger *Markus Aurelius Verus* im 2. Jahrhundert errichtet wurde und seinen Namen einem an der Spitze eingemeißelten Orpheus-Relief verdankt. Im Mittelalter diente der 5 m hohe Block aus Pohorje-Marmor als Pranger.

Der Slovenski trg scheint über die Jahrhunderte eine bedeutende sakrale Stätte gewesen zu sein; Spuren dokumentieren eine frühchristliche Basilika bereits im 4. Jahrhundert, aus dem 9. Jahrhundert ist die Existenz einer einschiffigen Kirche dokumentiert und heute steht an dieser Stelle die Kirche **Sv. Jurij,** die Georgskirche. Bauphasen zwischen dem 12. und 17. Jahrhundert lassen sich an ihr ablesen, im Inneren zeigt sie abgesehen von den barocken Seitenkapellen klare gotische Linien. Gleich rechts vom Eingang ist die Taufkapelle mit einem wunderbaren gotischen Altar, dem 1460 entstandenen „Laib-Altar“, und einem gotischen Taufstein unbedingt sehenswert. Links vom Eingang steht unter Glas eine ebenfalls aus gotischer Zeit stammende Plastik eines zierlich wirkenden hl. *Georg* mit dem Drachen.

Burg

Die Gasse Grajski trg führt nun, ebenfalls von alten, schönen Häusern gesäumt, hinauf zur Burg **Ptujski grad.** Einzigartig ist der Blick von der Burgmauer hinunter auf die Altstadt und das helle Band der Drava. Aus dem 3. Jahrtausend v.u.Z. stammen die ältesten Funde – kein Wunder, denn der 264 m hohe Hügel, ein Ausläufer der Slovenske gorice (Windische Büheln), bietet eine strategisch hervorragende Position mit Weitsicht über die fruchtbaren Ebenen. In römischer Zeit hat man Jupiter verehrt; später ließen Kelten und Awaren ihre Toten bestatten und ab dem 10./11. Jahrhundert wurde der Bau der Festung begonnen, deren Relikt der Westturm am äußersten Ende des Turnierplatzes darstellt. Die übrigen Bauteile stammen vorwiegend aus dem barocken 17. Jahrhundert.

Durch den unteren Burghof mit den ehemaligen Pferdeställen und einem hübschen Café erreicht man den inneren Burgbereich, dessen Hof von zierlichen Arkaden gesäumt ist und wo sich im Erdgeschoss ein romanischer Saal mit einer **historischen Waffensammlung** befindet. In den anderen Etagen residiert das **Regionalmuseum.** Es zeigt feudale Original-Einrichtungen aus dem 19. Jahrhundert, die größtenteils der Familie *Herberstein,* den letzten Schlossherren von Ptuj, gehörten. Unbedingt sehenswert ist die Sonderausstellung zum Thema **Fasching:** Es werden die ländlichen Bräuche des Kurentenlaufens beschrieben, Masken und Kostüme sind ausgestellt, und man sieht und versteht im Grunde mehr als bei den Faschingsveranstaltungen.

• **Pokrajinski muzej Ptuj,** Muzejski trg 1, Tel. 02-787 92 30, Winter tgl. 9–17 Uhr, Sommer 9–18 Uhr, Sa/So im Juli/August 9–20 Uhr.

Dominikanerkloster

Die Grajska ulica weiter bergab erreicht man den Muzejkski trg mit dem Dominikanerkloster und der wie von

Teufel, Pflüger und Fellgestalten – der Fasching in Ptuj

Traditionelles Brauchtum hat sich in der Region um Ptuj, besonders im bäuerlich geprägten Dravsko und Ptujsko polje, bis nach dem Zweiten Weltkrieg erhalten; dann aber wich der Aberglaube sozialistischem Realitätssinn und erst ab Mitte der 1980er Jahre gibt es eine Wiederbelebung der alten Sitten des **Winteraustreibens.** Zum traditionellen Figurenkanon der Masken gehören Bären, Teufel, die „Pflüger" genannten *orači* und die *kurenti,* in Schaffelle gekleidete und mit Kuhglocken behängte, furchterregende Gestalten, die drohen und allerlei Schabernack treiben. In Ptuj kommen all diese Figuren zum **Kurentenlauf,** dem großen Umzug am Faschingssonntag, zusammen, der von Faschingsvereinen aus anderen Städten und den Nachbarländern mitgetragen wird. In der Woche davor kann man die Kurenten auch schon in den Dörfern sehen, wenn sie an den Bauernhöfen Naturalien wie Wein, Speck, Würste und Brot einsammeln und dafür alles Böse von der Schwelle des Hauses und den Feldern des Anwesens vertreiben. Ursprünglich durften nur junge Burschen als Kurenten in Erscheinung treten, inzwischen hält man es damit nicht mehr so genau.

● Die Werkstätten der beiden noch aktiven **Maskenhersteller** können nach Voranmeldung besichtigt werden: Marko Klinc, Spuhlja 25, Tel. 02-771 18 41, und Franc Klinc, Dornavska 5, Tel. 02-780 90 40.

098sl Foto: sk

Blütenranken überwucherten Stuckfassade der Klosterkirche. Hinter den strengen Mauern verbirgt sich einer der schönsten Kreuzgänge Sloweniens aus dem 15. Jahrhundert. Darin sind heute Fragmente von Bauten von der Römerzeit bis zum Barock ausgestellt.

Von hier geht's weiter in ein Mithräum, ein Heiligtum des Mithras-Kultes, das in der Nähe Ptujs bei dem Dorf Spodnja Hajdina entdeckt und in der Krypta der Klosterkirche aufgebaut wurde. Das **Mithräum II** (benannt werden sie nach der Reihenfolge ihres Auffindens) enthält zahlreiche Weihsteine und eine Darstellung des Mithras, der Erde und Himmel auseinanderstemmt. In der dahinter liegenden Kirche finden sich weitere archäologische Funde. Wer sich für Münzen interessiert, sollte das Refektorium des Klosters besuchen – ihn erwartet eine wertvolle numismatische Sammlung .

● **Dominikanski samostan,** im Winter tgl. 9–17 Uhr, im Sommer 9–18 Uhr, Juli/August Sa und So 9–20 Uhr.

Der Mithraskult

Seinen Ursprung hat der Mithraskult in der **persischen Glaubenswelt,** von wo er sich schnell ausbreitete, so dass er ab 70 v.u.Z. im **Römischen Reich** immer mehr Anhänger fand. Besonders Legionäre und die Beamten in den Grenzprovinzen scheinen davon angezogen worden zu sein. Im Mittelpunkt der Anbetung steht der **Lichtgott Mithras,** dessen „Urtat", die Überwindung des Bösen (und der Finsternis), im symbolischen Akt der **Tötung eines Stiers** dargestellt wird. Skulpturen und Reliefs mit diesem Motiv wurden in fast allen Mithräen gefunden. Verehrt wurde Mithras in unterirdischen Gewölben, Höhlen und Grotten; sein Heiligtum ist fast immer „dreischiffig" mit einem tieferen mittleren Schiff, das auf den Altar zuführt.

Die Mithras-Anhänger waren in einer Art Geheimgesellschaften mit verschiedenen Stufen der Weihe organisiert, das Glaubensleben war stark von Mysterienkulten geprägt. Von den römischen Kaisern wurde der persische Kult mit Misstrauen betrachtet und nicht anerkannt, weshalb man die Mithräen außerhalb des eigentlichen Stadtgebietes errichten musste.

An der Prešernova ulica

Die Prešernova ulica führt nach Osten und zurück zum Slovenski trg, vorbei an alten Anwesen wie dem Haus Nr. 16, in dessen Innenhof man Grabsteine aus römischer Zeit eingemauert hat, Haus Nr. 5, das aus dem 15. Jahrhundert stammt, und Nr. 4 mit Fragmenten romanischer Fassadengestaltung. In Hausnummer 6 residiert das Hotel Mitra, das diesen Namen nicht zufällig trägt, denn an dieser Stelle wurde das **Mithräum V** entdeckt.

Weinkeller Vinska klet

Nach so viel Architektur folgt nun ein ganz anderer Genuss. Der Ptujer Weinkeller Vinska klet an der Trstenjakova 6 kann auf eine **750-jährige Weinbautradition** in Ptuj zurückblicken. Die Anlage selbst stammt von der Wende vom 19. zum 20. Jahrhundert und wurde nach dem Zweiten Weltkrieg als offizielle Kellerei in Betrieb genommen. Als man den vom Vorbesitzer zugemauerten alten Weinkeller aufbrach, fand man darin wertvolle Flaschen alter Tropfen, darunter die 1917 abgefüllte „Zlata trta", den Goldenen Rebstock - ein Zierfandler.

Heute werden in den historischen Gewölben vier Millionen Liter Wein in Fässern, eine Million in modernen Tanks und eine halbe Million Liter in Flaschen gelagert. Die **preisgekrönten Weine** stammen aus der nördlich gelegenen Region Slovenske gorice und aus dem südlichen Hügelland Haloze. Eine Licht-/Tonschau begleitet Besucher bei der Besichtigung und am Ende wird Wein verkostet und eine kleine Brotzeit gereicht. Die Besichtigung ist ein Muss, wurde doch versucht, den Besuch eines Weinkellers einmal anders zu gestalten: Man hört den steten Tropfen, den sanften Ton von Geschüttetem in der würdigen Ruhe, und zarte Strahlen bringen Helligkeit in die dunklen Kammern mit Lagerfässern. Man erriecht sich die Jahrhunderte der mit Holz und Wein angefüllten Gewölbe, erspürt die Arbeit, das Wissen und den Erfolg, den die Winzer hier immer wieder erhofft und schließlich auch immer wieder gefeiert haben.

• **Vinska klet,** Besichtigung 8–20 Uhr nur nach Voranmeldung, Tel. 02-787 98 10, Fax 02-787 98 13, boris.zajko@perutnina.si; Kellerbesuch mit Probe fünf verschiedener Sorten und einer Flasche zum Mitnehmen 7 €.

In der Umgebung

Wallfahrtskirche ↘ VII/C3

Ptujska Gora, 13 km südwestlich der Stadt, ist eine der bedeutendsten Marien-Wallfahrtsstätten Sloweniens. Um die im 14. Jahrhundert auf einem Hügel errichtete Kirche drängen sich die Häuser des gleichnamigen Ortes; in den Läden werden Opferkerzen und Devotionalien verkauft. Mittelpunkt der Verehrung ist die Schutzmantelmadonna über dem Hauptaltar, ein wunderbar gearbeitetes gotisches Muttergottes-Relief. Unter dem ausgebreiteten Mantel suchen die Gläubigen Schutz. An hohen **Marien-Feiertagen** wie z.B. dem 15. August pilgern die Menschen in Scharen den Berg hinauf, um zur Madonna zu beten und ihr Kerzen zu stiften. Wallfahrtsgottesdienst ist jeden Samstag um 10 Uhr.

Mithräum I und III ↘ VII/C3

Zwei Mithräen können im Ort **Spodnja Hajdina** besucht werden: Mithräum I, an der Straße in Richtung Maribor unweit des Bauernhofs Zupanič (37a), und Mithräum III in der Straße K mitreju. Sehenswert ist auf jeden Fall Nummer III, wo man die Tempelanlage mit dem tiefer liegenden Mittelschiff gut erkennen kann. Die Stirnwand ziert ein Altarbild, das Gott Mithras beim Kampf mit dem Stier zeigt. Mithrasskulpturen und Votivsteine, teils aus anderen Mithräen in Slowenien, sind in dem schlichten Raum aufgestellt. Mithräum I ist etwas einfacher gestaltet.

• Beide **Mithräen** können nur nach Voranmeldung beim Pokrajinski muzej unter Tel. 02-787 92 40 besichtigt werden.

Rundfahrt durchs Haloze ↘ VII/C3

Der Bergzug Haloze südlich von Ptuj besteht aus teils sehr steilen, spitz

099sl Foto: sk

100sl Foto: sk

zulaufenden Hügeln, deren östliche Hänge in mühsamer Arbeit terrassiert und mit Weinreben bepflanzt wurden, während im Südwesten dichte Wälder dominieren. Die 250 km² große Region ist eine der isoliertesten Sloweniens. Erst nach dem Zweiten Weltkrieg wurde sie infrastrukturell erschlossen und bis heute machen manche der **einsam liegenden Bauernhöfe** den Eindruck, als seien die letzten Jahrhunderte spurlos an ihnen vorübergezogen; viele besitzen ein aus Bruchsteinen gemauertes Fundament und ein mit Schindeln oder Stroh gedecktes Dach. Rinderzucht ist in dem steilen Gelände nicht möglich, so halten die Bauern **Ziegen,** weswegen die typische Haloze-Spezialität ein aromatischer Ziegenkäse ist, der bei der Verkostung zum Wein gereicht wird.

Im Touristeninformationszentrum in Ptuj sowie im Haloze-Büro im Weiler Circulane sind Karten mit Tourenvorschlägen durch das Haloze erhältlich. Eine Weinstraße beginnt beispielsweise in **Videm pri Ptuju** südöstlich von Ptuj und führt über **Dravinjski vrh** (261 m, Kirche Janeza Krstnika aus

Die Wallfahrtskirche von Ptujska Gora ist an wichtigen Marienfeiertagen dicht von Pilgern umlagert

Der Hauptaltar ist ein besonders schönes Reliefexemplar aus dem 15. Jahrhundert

dem 13. Jahrhundert) nach Südwesten durch Weinberge bis Majski Vrh und **Podlehnik.** Dann kreuzt man die Hauptstraße Maribor - Zagreb und fährt weiter nach Westen durch Weinberge und vorbei an Kellereien, klettert auf bis zu 400 m Höhe (Berg **Gorca** mit Gasthaus) und passiert ein kleines ethnografisches Museum, das sich der bäuerlichen Kultur des Haloze widmet (3 km hinter Gorca). Der Rückweg nach Ptuj führt über Breg und Majšperk in die Ebene Ptujsko polje.

Hauptort des Haloze ist das Dorf **Cirkulane** im Osten der Bergregion. Nicht weit entfernt liegt **Burg Borl** (Dolane 1, Tel. 02-762 14 00), eine zu Teilen aus dem 13. Jahrhundert stammende Burganlage, in deren Nähe man schön über dem Drava-Ufer sitzen und bei einem Glas Wein über die bewegte Geschichte der Region nachdenken kann, in der sich Ungarn und Osmanen mit Attacken auf die Festungen abwechselten. Verzweifelt sucht die Gemeinde einen Investor, der die immer weiter verfallende Anlage vielleicht zu einem Restaurant oder Hotel umwandelt.

- **Touristinformation,** Cirkulane, Pristava 21a, Tel. 02-795 32 00, www.halo.si.
- Gasthof **Krona,** Cirkulane 60, Tel. 02-761 15 01 oder 041/40 71 93, mit netten Pensionszimmern um 20 €.

Schloss Štatenberg ↘ VI/B3

Schloss Štatenberg liegt 10 km südwestlich von Ptujska Gora auf einem Hügel beim gleichnamigen Weiler am Flüsschen Dravinja. Eine Besichtigung des teilweise noch eingerichten Schlosses ist möglich. Es wurde ab 1720 von den Grafen *Attems* errichtet. Besonders schön ist der barocke Innenhof, der einmal im Jahr Schauplatz stimmungsvoller Lesungen ist, wenn sich slowenische Schriftsteller hier versammeln. Das Restaurant in der Burg überrascht mit stark wechselnder Qualität des Essens, aber man kommt ja nicht aus kulinarischen Gründen her.

- **Schloss Štatenberg,** Štatenberg 86, 2321 Makole, Tel. 02-818 12 31, Mi–So 11–20 Uhr; Restaurant Mo/Di Ruhetag.

Praktische Tipps

Informationen

- **TIC,** Slovenski trg 14, 2250 Ptuj, Tel. 02-779 60 11, Fax 02-771 01 75, www.ptuj.si.
- **Alpenverein/Planinsko društvo,** Prešernova ulica 27, Tel. 02-777 15 11, Di und Fr 17–19 Uhr.

Service

- **Post:** Vodnikova ulica 2, Tel. 02-787 55 10.
- **Geldwechsel:** Banka Koper, Slovenski trg 3, Tel. 02-772 40 11.

Notfälle

- **Ambulanz/Zdravstveni dom:** Potrčeva cesta 23, Tel. 02-771 55 11.
- **Apotheke/Lekarna:** Trstenjakova ulica 9, Tel. 02-771 60 01.

Verkehr

- **Bahnhof:** Osojnikova cesta 2, Tel. 02-292 47 34.
- **Fernbusse:** Osojnikova cesta 11, Tel. 02-771 33 61.
- **Taxi:** Štrafelova ulica 9, Tel. 041-51 40 45.
- **Mietwagen:** Caissa Rent-a-car, Prešernova ulica 22, Tel. 02-773 36 61.

Einkaufen

• **Hiša usnja Herman,** Dolane 8, Borl, 2282 Circulane, Tel. 02-761 20 01, Fax 02-761 00 21, Mo–Fr 7.30–19 Uhr, Sa 7.30–13 Uhr. Alles nur Erdenkliche aus Leder zu durchaus günstigen Preisen, Maßanfertigung.

Unterkunft

• **Mitra,** Prešernova 6, Tel./Fax 02-774 21 01, www.hotel-mitra-fm.si. Mittelklassehotel mit integriertem Mithräum, zentrale Lage im Herzen der Altstadt. EZ ab 40 €.

• **Poetovio,** Trstenjakova 13, Tel. 02-779 82 01, Fax 02-779 82 41. Etwas gesichtsloses Mittelklassehaus nicht weit vom Weinkeller. EZ ab 30 €.

Privatzimmer/Ferienwohnungen:

• **Terme Ptuj,** Pot v toplice 9, Tel. 02-782 78 21, Fax 02-783 77 71, www.terme-ptuj.si.

• **Krapša,** Maistrova ul. 19, Tel. 02-787 75 70.

• **Stijakovič,** Rimska ulica 9, Tel. 02-783 64 91.

• **Kozel,** Mlinska cesta 4, Tel. 02-783 55 01.

Jugendherberge:

• Osojnikova 9, 2250 Ptuj, Tel. 02-780 55 40, Fax 02-779 21 81, cid@cid.si, nur Juli/August.

Camping:

• **Terme Ptuj** (**), Pot v Toplice 9, Tel. 02-783 79 41, Fax 02-783 77 71, außerhalb der Saison Tel. 02-782 78 21, terme.ptuj@siol.net, www.terme-ptuj.si, 20.4.–30.9., 100 Plätze.

Essen und Trinken

• **Amadeus,** Prešernova 36, Tel. 02-771 70 51; rustikales Gasthaus mit slowenischer und internationaler Standardküche. 2500 SIT.

• **Ribič,** Dravska ul. 9, Tel. 02-787 75 60; Fischlokal am Drava-Ufer; Zander, Forellen und Karpfen sind frisch und schmackhaft zubereitet. 2500 SIT.

• **Zlata goska,** Cesta kurirje NOV 30/a, Tel. 050-61 88 06; von außen lockt wenig an der modernen „goldenen Gans" am nördlichen Stadtrand hinter dem Burgberg. Sobald aber die Spezialität des Hauses auf den Tisch kommt, wird der Gans-Liebhaber in Lobeshymnen ausbrechen. 2000 SIT.

Abends unterwegs

• Die Jugend trifft sich in der **Kolnkišta,** einer Bar mit Live-Musik, Theateraufführungen und Kunstausstellungen (ulica Viktorina ptujskega 4, Di–So 19–23 Uhr, Fr und Sa bis 3 Uhr).

Aktivitäten

• **Wandern:** Karten bzw. Broschüren mit Wandervorschlägen in der Region bekommt man beim Alpenverein und beim TIC. Ein interessanter und landschaftlich reizvoller Waldlehrpfad führt auf den Stadtberg Mestni vrh.

• **Angeln:** Angelscheine bekommt man beim Angelverein, Cesta 8. Avgusta 11, Tel. 02-746 22 81.

• **Ballonfahren:** Ballonklub, Rimska Ploščada 5, Tel. 02-778 37 51 oder 041/ 91 81 25. Reizvoll ist eine Ballonfahrt über die Haloze-Berge, Preis um 120 €.

• **Reiten:** Reitklub Ptuj, Rogoznica 20, Tel. 02-746 16 71.

• **Bootsverleih:** Ranca, der Fährverein an der Kiezeru ulica am See südöstlich der Stadt, vermietet Boote.

• **Thermalbad:** Terme Ptuj, Pot v Toplice 9, Tel. 02-783 79 41, Fax 02-783 77 71, terme.ptuj@siol.net, www.terme-ptuj.si; Akratothermalwasser mit 39 °C gegen rheumatische Beschwerden, orthopädische Leiden, Erkrankungen des Nervensystemes und Altersbeschwerden.

• **Fliegen:** Aeroklub Ptuj, Moškanjci Airport, p.p. 250, Tel. 02-740 83 02, Fax 02-740 82 06, aeroclub.ptuj@siol.net, www.aeroklub-ptuj.si.

• **Golf:** Golfplatz Ptuj, Golfinvest d.o.o., Mlinska cesta 33, Tel. 02-788 91 10, Fax 07-788 91 11, golf@golfinvest-ptuj.si; 18-Loch-Platz (Länge 1-18: 4389–5765 m, Par: 70-73)

• **Tauchen:** Tauchclub Ptuj, Kraigherjeva 18, Tel. 041-40 94 52 oder 02-775 48 71, potapljac @hotmail.com.

101sl Foto: sk

Murska Sobota und die pannonische Tiefebene

103sl Foto: sk

Wenn Erntezeit ist, hilft die ganze Familie die Feldfrüchte einzubringen

Der Osten des Landes ist von sanften Hügeln und weiten Ebenen geprägt

An der Grenze zu Ungarn

Ländlich ist der Osten des Landes zur pannonischen Tiefebene hin, weit sind die Landschaften, durchzogen von **Mura und Drava** (Mur und Drau). Als sei die Geschichte stehengeblieben, findet man noch **mittelalterliche Dorfkerne,** als sei die Natur wie eh und je, nisten **Störche** auf den Kirchtürmen und Hausdächern. Als kenne man moderne Produktion nur vom Hörensagen, rattern **Mühlen** an Flussufern. Überall erklingt das Klappern des **klopotec,** der akustischen Vogelscheuche, über den von Morgennebel verhangenen **Weinbergen,** auf denen sich die Reihen der Reben bis zum Horizont hinziehen. Hier und da ragt stolz eine Burg in den Himmel und zeugt von Reichtum und Adel. Doch das **Prekmurje** und die östliche **Štajerska** gehören seit jeher den Bauern.

Wer auf einen guten Tropfen steht, sei er weiß oder rot, still oder prickelnd, ist in den Ausläufern der pannonischen Tiefebene richtig. Zahllos sind die Weinkeller, Buschenschänken und Bauernhöfe, die „Geistiges" anbieten, aber auch eine deftige Mahlzeit servieren.

Highlights Prekmurje

- **Mühle von Veržej,** S. 396
- **Plečnik-Kirche von Bogojina,** S. 397
- **Weinstraßen** um Jeruzalem und zwischen Ljutomer und Ormož, S. 400, 404
- **Radtouren um Ljutomer,** S. 406
- Einkauf von **Schwarzkeramik** in Filovci, S. 409

Murska Sobota

VIII/A2

- **Meereshöhe:** 190 m
- **PLZ:** 9000
- **Vorwahl:** 02
- **Einwohner:** 14.000
- **Dt. Name:** Olsnitz
- **Ungar. Name:** Muraszombat

Die Stadt an den Ufern des Flüsschens Lendava wird häufig nur durchquert, um möglichst schnell zur ungarischen Grenze zu gelangen. Doch hat Murska Sobota inmitten der pannonischen Ebene durchaus seinen Charme. Zentraler Platz ist der Trg Zmage, der Siegesplatz, der zwischen den beiden die Stadt von Ost nach West durchschneidenden Hauptstraßen liegt. Von ihm geht die Einkaufsstraße Slovenska ulica ab. Das Schloss mit dem Museum liegt westlich des Platzes inmitten eines Parks.

Murska Sobota wurde im Mittelalter am Schnittpunkt wichtiger Verkehrswege gegründet, die Mitteleuropa mit Ungarn verbanden (1366 wird es erstmals erwähnt, archäologische Funde weisen aber auf eine frühere Besiedlung hin). Die Geschichte der Stadt spiegelt die verworrenen Wege im Machtgeflecht von Mitteleuropa, Ungarn und türkischem Einflussgebiet wider. Erwähnenswert ist, dass 1919 nach dem Ende des Ersten Weltkriegs in Murska Sobota die **Mur-Republik** ausgerufen wurde – den historischen Ort kann man heute noch besuchen, es ist der Balkon des Lokals Zvezda. Die Republik währte nur sechs Tage! Spät wurde die Stadt im Zweiten Welt-

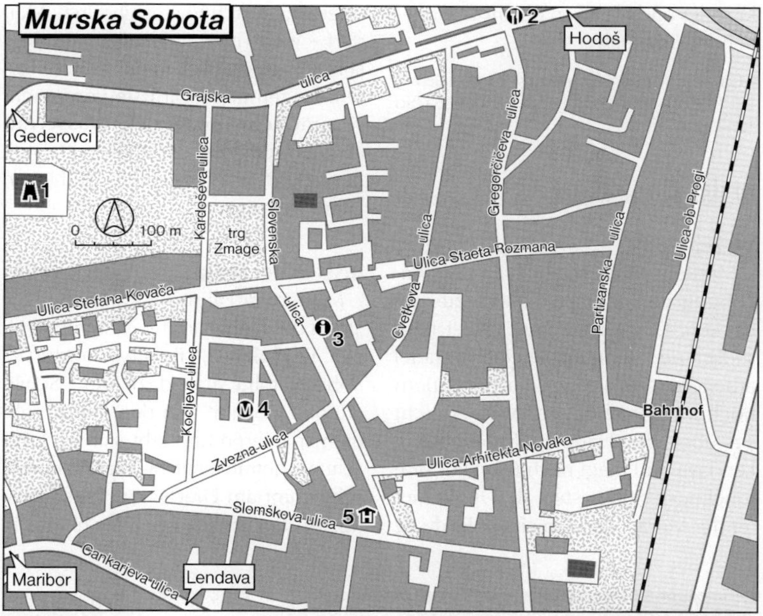

	1	Stadtschloss
	2	Premurski Hram
	3	Touristinformation
	4	Galerie
	5	Hotel Diana

krieg befreit, den Rotarmisten war dies erst 1945 möglich. Für sie und die slowenischen Partisanen steht am Hauptplatz ein 17 m hohes Denkmal.

Stadtschloss

Im Park von Murska Sobota steht das Renaissance-Schloss aus dem 16. Jahrhundert. Im 18. Jahrhundert nahm man Umbauten vor, eine Festhalle und eine Kapelle entstanden. Heute beherbergt es das **Regionalmuseum,** das das Leben an der Mura von den Anfängen bis zur Gegenwart, von den Kelten über die Römer, Slawen, Türken und Ungarn bis zur jugoslawischen Zeit dokumentiert.

● **Pokrajinski muzej Murska Sobota,** Trubarjev drevored 4, Tel. 02-514 11 55, Di–Fr 10–17 Uhr, Sa/So 10–13 Uhr.

Galerie Murska Sobota

Aus der Idee, Pannonien in einer Triennale vorzustellen und unter der Beteiligung von Österreich und Ungarn entstand über mehrere Umwege die Galerija Murska Sobota. Ihre Sammlung besitzt Werke slowenischer

Künstler und Plastiken der ihr vorangehenden Triennale.

● **Galerija Murska Sobota,** Kocljeva ulica 7, Tel. 02-521 10 08, Di–Do 8–18 Uhr, Sa/So 10–12 Uhr.

In der Umgebung

Veržej-Mühle VIII/A3

Mehrere Mühlen gibt es in der Umgebung von Murska Sobota zu entdecken. Die Mühle von Veržej liegt südlich der Stadt und ist eine veritabel arbeitende Anlage, zu der die Bauern noch ihr Korn bringen. Man erreicht sie über die Hauptstraße Richtung Lendava und biegt nach 6 km vor Bratonci nach Südwesten ab. Direkt hinter der Mura folgt man einem Feldweg oder fährt durch Veržej hindurch. Man darf – wenn man nicht allzu aufdringlich ist – einen Blick in die Mühle werfen. Angetrieben wird sie von einem separat **schwimmenden Wasserrad** im Fluss, das seine Energie mittels eines langen Riemens auf die Mühle am Ufer überträgt.

Insel in der Mura VIII/B3

Mit einem Fährboot kann man zur „Insel der Liebe" in der Mura übersetzen. In **Ižakovci,** südlich von Murska Sobota, folgt man dazu dem Schild „Otok Ljubezni". An den Ufern geht man spazieren und labt sich an Erfrischungsgetränken. Eine **Wassermühle** schwimmt am Ufer verzurrt und produziert tatsächlich noch Mehl, das in

102sl Foto: sk

kleine Säckchen verpackt an Touristen verkauft wird. Im nahgelegenen Restaurant Prekmurska iža stärkt man sich vor einer Wanderung zur Mühle mit Spezialitäten aus dem Prekmurje.

Časar-Mühle

↗ VIII/B1

Die dritte Mühle befindet sich 17 km nordöstlich von Murska Sobota an der ungarischen Grenze. Die Časar-Mühle gehört der Familie *Petje*, sie stammt von 1930 und verfiel nach dem Krieg. 1999 baute die Familie sie wieder auf und richtete ein kleines **ethnografisches Museum** ein. In der angeschlossenen Gaststätte werden Speisen serviert.

- **Časar-Mühle,** Berkovci 30, Tel. 02-544 13 60, Besuch nach Voranmeldung.

Plečnik-Kirche

↗ VIII/B2

Im Örtchen **Bogojina** östlich von Murska Sobota (über Moravske Toplice erreichbar) grüßt schon von weitem ein weißes Gebäude den Besucher. Es ist eine Kirche in ganz eigenwilligem Stil – eben so, wie *Plečnik* ihn so häufig in den Landschaften und Städten Stein werden ließ. Die Kirche Christi Himmelfahrt entstand 1924–27 und zeigt wie viele Bauten von Plečnik eine bunte **Stilmischung.** Als Ausgangspunkt nahm er den romanischen Grundriss, aus dem er Vorhalle und Sängerchor machte, und fügte einen quadratischen Anbau hinzu, den er unter anderem mit Keramik schmückte (da Töpfern in der Region ein traditionelles Handwerk ist). Der Turm besitzt eine Säulenetage für Ausblicke über die Prekmurje-Ebene.

Praktische Tipps

Informationen

- **TIC,** Slovenska ulica nn., 9000 Murska Sobota, Tel. 02/534 11 30.

Service

- **Post:** Trg Zmage 6, Tel. 02-537 96 00.
- **Geldwechsel:** SKB Banka, Kocljeva ulica 6, Tel. 02-522 31 00.

Notfälle

- **Ambulanz/Zdravstveni dom:** Grajska ulica 22, Tel. 02-534 13 00.
- **Apotheke/Lekarna:** Kocljeva ulica 2, Tel. 02-535 19 30.

Verkehr

- **Bahnhof:** Ulica Arhitekta Novaka 23, Tel. 02-292 48 34.
- **Fernbusse:** Avtobusna postaja, Slomškova ulica 40, Tel. 02-530 16 66.
- **Taxi:** Mikolšičeva ulica 30, Tel. 02-523 13 83.
- **Mietwagen:** Avtohiša Kolmanič, Industrijska ulica 1, Tel. 02-530 46 55.

Unterkunft

- Hotel **Diana** (***), Slovenska ulica 52, Tel. 02-514 12 40, Fax 532 10 97. Vornehmlich von Geschäftsleuten gebuchtes Betonhotel, Einzelzimmer 45 €.
- Gostilna **Pri Grajskih Konjih,** Lendavska 28, Rakičan, 9000 Murska Sobota, Ausfahrt aus Murska Sobota über die Panonska ulica Richtung Lendava, Tel. 02-523 11 02. Im Vorort Rakičan werden Zimmer in der Burg mit Bad vermietet, Einzelzimmer ab 30 €.

Jugendherberge:

- **Dijaški dom,** Tomšičeva 15, Tel. 02-530 03 10, Fax 02-530 03 11, dd.ms-msobota @guest.arnes, nur Juli/August.

Fertig stehen die Mehlsäcke zur Abholung bereit

Camping:

- **Moravske Toplice** (***), Kranjceva ulica 12, 9226 Moravske Toplice, Tel. 02-512 12 00, Fax 02-512 11 48, info@zdrav-moravci.si, www.zdrav-moravci.si, ganzjährig offen, 400 Plätze.
- **Camping Banovci** (siehe Ljutomer).

Essen und Trinken

- **Zvezda,** Trg Zmage 8, Tel. 02-514 11 00; zum Radenska-Konzern gehörendes Lokal mit traditioneller Küche, 2500 SIT.
- **Premorski Hram,** Lendovska ulica 33, Tel. 02-521 15 60; typische Gerichte der Region in nicht besonders aufregender Umgebung, auch Pizza, 2000 SIT.
- Gostilna **Pri Grajskih Konjih,** Lendavska 28, Rakičan, Tel. 02-530 04 70; im Vorort Rakičan in den Gewölben der Burg gibt es gute heimische Küche (auch Zimmervermietung und Reitclub), ab 2000 SIT.
- Gostilna **Rajh,** Soboška ulica 32, Bakovci, Tel. 02-543 90 98; traditionelles Essen in einem kleinen Ort südlich von Murska Sobota, 2000 SIT.
- **Baranja,** Nemčavi 11, Nemčavi, Tel. 02-521 11 19; in einem kleinen Ort nördlich von Murska Sobota wird das beste *bograč* (Gulasch) serviert, das Lokal steht im Besitz eines Zigeuners (*Cigan),* 2000 SIT.
- **Prekmurska iža,** Ižakovci 151/a, Ižakovci, Tel. 02-542 28 20; Spezialitäten an den Ufern der Mura, 1500 SIT.

Aktivitäten

- **Reiten:** Lendavska 28, im Vorort Rakičan, Tel. 02-530 04 70.
- **Thermalbäder:** Das **Hotel Diana** besitzt ein Schwimmbad mit Thermalwasser; **Moravske Toplice,** Kranjčeva 12, 9226 Moravske Toplice, Tel. 02-512 22 00, Fax 02-548 16 07, info@zdrav-moravci.si, www.zdrav-moravci.si, Thermomineralwasser mit 72°C gegen rheumatische Beschwerden, Verletzungen des Bewegungsaparates, Lungen- und Hautleiden.
- **Tauchen:** Tauchklub Murska Sobota, Klavniška ulica 15, Tel. 031-32 09 92.
- **Fliegen:** Aeroklub Murska Sobota/Rakičan, p.p. 132, Tel. 02-523 10 80, Fax 02-523 10 75, aeroklub.ms@siol.net, www2.siol.net/ext/ljms.

Ormož

↸ VII/D3

- **Meereshöhe:** 213 m
- **PLZ:** 2270
- **Vorwahl:** 02
- **Einwohner:** 2300
- **Dt. Name:** Friedau

Ormož liegt an der **Drava,** deren Verlauf die natürliche **Grenze nach Kroatien** bildet, bevor sie sich vollständig auf nachbarliches Gebiet begibt. Der Ort ist Hauptgrenzübergang nach Varaždin in Kroatien.

Auf dem Terrassenufer der Drava ließen sich bereits die Bewohner der Spätbronzezeit (1000–800 v.u.Z.) nieder und siedelten in einer Ortschaft, die nicht viel kleiner war als die heutige Ausdehnung von Ormož. Nach Süden hin war man damals durch den Fluss geschützt, nach Westen und Osten durch Sturzbäche und nach Norden brachten ein Erdwall und ein Graben Sicherheit. Die vielen Funde geben ein relativ klares Bild der Siedlungsgeschichte und man weiß von fast urbanem Wohnen mit teilweise holzgepflasterten Wegen.

Der Name **Friedau** geht auf einen der Schlossherren zurück, doch eigentlich wurde die Stadt immer **Holermuos** und später durch Lautverschiebung Ormož genannt. 1278 gründete *Friedrich von Plettau* den Ort, um östlich von Ptuj eine wehrhafte Stellung zu besitzen. 1293 wurde Ormož Markt, 1331 Stadt. Um 1200 lagen die Herrschaftsrechte bei den Deutschrittern. Immer wieder waren die Bürger den Attacken der Türken ausgesetzt und

104sl Foto: sk

sogar aufständische Bauern – die Kruzzen – brannten Ormož einmal nieder. Die letzten Kämpfe sah die Stadt im Juni 1991, als Ormož zu einem der wenigen Orte Sloweniens wurde, wo **jugoslawische Truppen** mit den Territorialkräften des Landes ernsthaft zusammenstießen.

Weinkeller

Bekannt war die Stadt als Mittelpunkt einer landwirtschaftlich genutzten Zone, der Ormoške gorice, die vorzügliche Weine hervorbrachte. Zu diesem Zweck wurden tiefe Keller in die Drava-Ufer gegraben. Die wichtigste Sehenswürdigkeit ist sicherlich das Gewölbe der **Kellerei Jeruzalem Ormož VVS,** das fünf Stockwerke ins Dunkel der Tiefe führt (⇦Einkaufen, Führungen Mo–Sa).

Schloss Ormož und Sv. Jakob

Das Schloss Ormož geht auf das 13. Jahrhundert zurück, doch nur der Nordostturm stammt aus dieser Zeit, alles andere entstand 200 Jahre später. Das Schloss thront über der Drava inmitten eines hübschen Parks. Im Inneren wären ein Arkadenhof und Fresken zu sehen, stünden die Tore Besuchern offen.

Nun müssen die Kellermeister noch das Ihre tun, damit aus den Beeren köstlicher Rebensaft wird

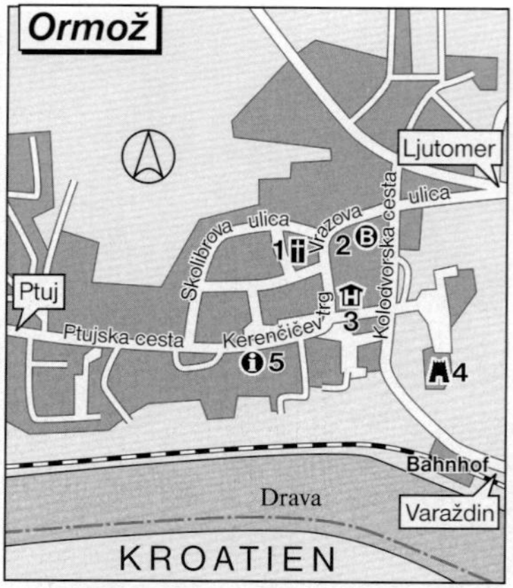

1 Sv. Jakob
2 Busstation
3 Hotel Ormož
4 Schloss
5 Touristinformation

Die Kirche Sv. Jakob steht an der Vrazova ulica, ihr Inneres ist mit einem sehenswerten **Freskenzyklus** aus 48 Bildern geschmückt. Es werden Szenen aus dem Alten und Neuen Testament gezeigt, die 1632 von einem Bürger des Städtchens bestellt wurden.

In der Umgebung

Schloss Velika Nedelja ↖ VII/D3

3 km westlich von Ormož liegt der Ort Velika Nedelja mit einem kleinen Museum im Schloss. Der Ort wurde ebenfalls von Friedrich Plettau gegründet, nachdem dieser am Ostersonntag (=Velika Nedelja) 1199 die Ungarn besiegt hatte. Das Schloss stammt aus dem 17. und 18. Jahrhundert und beherbergt eine ethnologische Ausstellung u.a. mit **Faschingsmasken.**

- **Velika Nedelja,** Grad 9, 2274 Velika Nedelja, Tel. 02-719 81 89, Di–Fr 10–16 Uhr, Sa 10–17 Uhr, So 10–13 Uhr.

Weinstraße
Ormož – Ljutomer ↖ VII/D2-3

Zwischen Ormož und Ljutomer ist man in einer begnadeten Weingegend mit sanften Hügeln und terrassierten Hängen. **Klopotci** drehen sich und erzeugen ein monotones Klacken, das weit durch die Landschaft hallt und gefräßige Vögel von den köstlichen Trauben fernhält. Durch das Windrad wird ein hölzerner Klöppel gehoben, der nach einer halben Umdrehung auf einen ebenso hölzernen Klangkörper fällt und damit die gefiederten Freunde verscheucht. Viele Bauernhöfe laden zur Weinverkostung und zum Mahl mit allerlei Selbsthergestelltem ein. Eine Karte mit Adressen erhält man bei den Tourismusbüros und Hotels.

- **Kmetija Kogl,** Velika Nedelja 23, Tel. 02-713 60 60; Weinprobe, Verkauf.
- **Kmetija Ozmec,** Senešci 83, Tel. 02-719 82 17; Weinprobe, Essen, Verkauf.
- **Vinotoč Beli Breg,** Vičanci 67a, Tel. 02-719 84 00; Weinprobe, Essen, Verkauf.
- **Milan Krajnc,** Lahonci 50, Tel. 02-719 41 26; Weinprobe, Verkauf.
- **Ferdo Trop,** Runeč 65, Tel. 02-719 40 74; Weinprobe, Verkauf.
- **Roman Žličar,** Raičeva 1, Tel. 02-740 12 46.
- **Vinogradništvo Slavinec-Krnjak,** Ivanjkovci 49 (Stanovščak), Tel. 041-98 03 38; Weinprobe, Verkauf.

- **Vinogradništvo Gorjak-Lah,** Podgorci 26, Tel. 02-719 21 13; Weinprobe, Verkauf.
- **Viktor Leskovar,** Lešnica 56, Tel. 02-740 16 55; Weinprobe, Verkauf.
- **Kmetija Bogša,** Litmerk 15b, Tel. 02-740 01 60; Essen, Weinprobe, Verkauf.
- **Vinski Ambient Bombek,** Podgorci 23, Tel. 02-713 01 30; Essen, Weinprobe, Verkauf.
- **Pri Kristini,** Podgorci 24, Tel. 02-713 00 30; Essen, Weinprobe, Verkauf.
- **Marjan Lah,** Podgorci 106, Tel. 02-784 11 10; Weinprobe, Verkauf.
- **Horvat Stanko,** Podgorci 123, Tel. 02-719 21 10; Weinprobe, Verkauf.

Praktische Tipps

Informationen

- **Občina Ormož,** Ptujska cesta 6, 2270 Ormož, Tel. 02-741 53 04.

Service

- **Post:** Poštna ulica 2, Tel. 02-741 77 00.
- **Geldwechsel:** Banka Koper, Kerenčičev trg 4, Tel. 02-740 24 90.

Notfälle

- **Ambulanz/Zdravstveni dom:** Ulica Dr. Hrovata 4, Tel. 02-741 09 00.
- **Apotheke/Lekarna:** Ptujska cesta 25, Tel. 02-744 21 70.

Verkehr

- **Bahnhof:** Kolodvorska cesta 10, Tel. 01-292 57 63.
- **Fernbusse:** Vracova ulica 5, Tel. 02-740 15 05.

Einkaufen

- **Weine** erhält man bei Jeruzalem Ormož VVS, Kolodvorska cesta 11, Tel. 02-741 57 00; besonders erwähnenswert sind folgende Sorten: Rheinriesling, Welschriesling, Sauvignon, Sipon Trockenbeerenauslese und Welschriesling Eiswein.

105sl Foto: sk

Unterkunft

- Hotel **Ormož** (**), Vrazova ulica 5, Tel. 02-740 11 21, Fax 02-744 29 50, hotel.ormoz@siol.net, www.hotel-ormoztgt.si. In der Stadt gelegenes, kleines, modernes Hotel mit 30 Zimmern, Einzelzimmer ab 30 €.

Essen und Trinken

- Gostilna **Prosnik,** Hardek 34a, Tel. 02-740 01 58; Gaststätte mit Pensionsbetrieb.

Die Gegend um Ormož und Ljutomer ist für ihre Weine berühmt

Ljutomer

↖ VIII/B3

- **Meereshöhe:** 179 m
- **PLZ:** 9240
- **Vorwahl:** 02
- **Einwohner:** 3600
- **Dt. Name:** Luttenberg

Ljutomer liegt inmitten einer Region, die als **Prlekija** im ganzen Land für den seltsamen Dialekt ihrer Bewohner bekannt ist. Kaum verständlich ist er den Landsleuten und viele Witze werden darüber gerissen, doch um den köstlichen Wein der Prlekija zu kosten, kommt man dennoch gern nach Ljutomer und begibt sich auf Entdeckungsreise in die Weinberge der Umgebung.

Ljutomer liegt abseits der heutigen Hauptwege zwischen Murska Sobota und der kroatischen Grenze im Süden bei Ormož, dennoch taucht der Ort schon im Jahr 1211 erstmals in den Schriften auf (Luotenwerde). 1265 wurde er Markt und blieb es bis ins 18. Jahrhundert. Im 16. Jahrhundert wurde Ljutomer mehrfach von den Türken attackiert und auch die Pest forderte Tribut. Nach 1848 entstand in Ljutomer die Tabor-Bewegung, die 1863–68 zur Blüte gelangte. Man forderte die Unabhängigkeit aller slowenischen Länder von der Donaumonar-

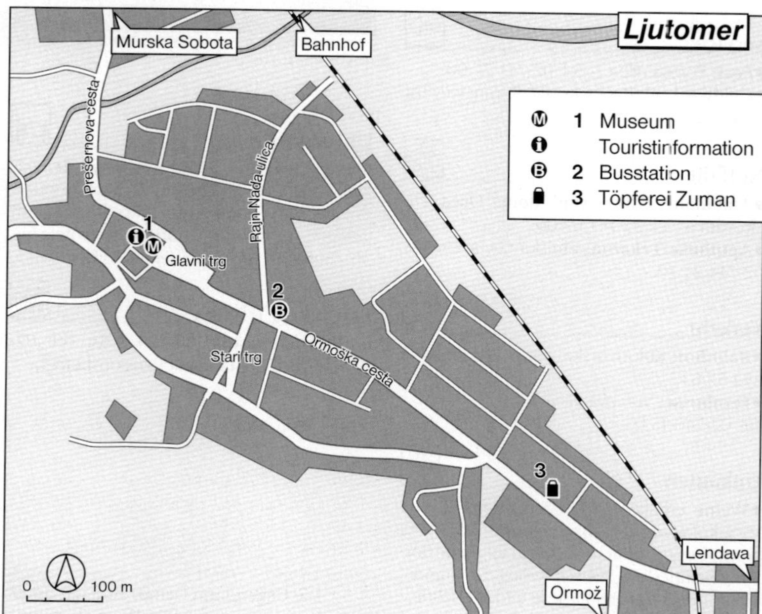

chie im Rahmen von Massentreffen, die volksfestähnlich zuerst in Ljutomer und dann in immer mehr Städten abgehalten wurden.

In der Altstadt

Auf dem Stari trg steht die **Kapelle der Hl. Anna** von 1756. Einmal herumgehend, sieht man an der Vorderseite die Hl. Anna, links den Hl. Florian, dahinter Herz Jesu und die Hl. Dreifaltigkeit und rechts den Hl. Anton. Am Glavni trg, dem Hauptplatz, ehemaliger Standort des Prangers, ragt die **Pestsäule** mit einer Statue der Unbefleckten Maria empor.

Die Kirche **Sv. Janez Krstnik** (Johannes der Täufer) stand anfangs außerhalb der Stadtmauern, wurde aber nach den Türkenangriffen befestigt und in die Stadt aufgenommen. 1440 baute man die romanische Apsis in einen langen Chor mit Sterngewölbe um, Ende des 17. Jahrhunderts wurde die Kirche barockisiert. Die Innenbemalung stammt vom Anfang des 20. Jahrhunderts, da die Orgel abbrannte und die geschwärzte Kirche neu gestaltet werden musste. Die Kapelle des Hl. Florian ist Bestandteil der Pfarrkirche.

Das Ensemble steht am Miklošič-Platz mit dem Denkmal des gleichnamigen Sprachwissenschaftlers slowenischer Herkunft, der es bis zum Abgeordneten im österreichischen Nationalparlament brachte. Ein Gedenkzimmer befindet sich in seinem Geburtsort Radomerščak, 8 km südwestlich von Ljutomer (Radomerščak 15, Tel. 02-582 17 96, nach Voranmeldung).

Das **Museum** Ljutomers ist im alten Marktrathaus und widmet sich der Stadt- und Regionalgeschichte. Interessant ist die Sammlung von Wappen der Gegend Prlekija – farbenfroh und teils humoristisch. Keinerlei heraldische Vergangenheit besitzend, wurden sie dennoch zu einer Institution.

- **Museum Ljutomer,** Glavni trg 2, Tel. 02-581 12 95, Mo–Fr 8–15 Uhr, Sa 8–12 Uhr.

In der Umgebung

Museen ↸ VIII/B3

Nördlich von Ljutomer findet sich bei **Krapje** kurz vor der Mura ein **Bienenzuchtmuseum** unter privater Leitung. Man kann den Bienen im Stock zusehen und bis 150 Jahre alte Exponate bestaunen. Im kleinen Laden gibt es Honig, Met und Bienenwachskerzen zu kaufen.

In **Razkrižje,** 8 km östlich von Ljutomer kurz vor der Brücke über die Mura, öffnet ein **Schmiedemuseum** seine Pforten. Es erzählt die Schmiedegeschichte der Familie *Horvat,* die auf eine 150-jährige Tradition zurückschauen kann; Werkzeuge, Zubehör und Schmiedearbeiten berichten davon.

Ralo ist ein **Freiluftmuseum** bei Cuber, 5 km südlich von Ljutomer, mit über 300 landwirtschaftlichen Geräten.

- **Bienenzuchtmuseum,** Drago Šalamun, Krapje 22, 9241 Veržej, Tel. 02-582 10 55, nur nach Voranmeldung.
- **Schmiedemuseum,** Razkrižje 16, Tel. 02-589 10 72, Mo–So 8–19 Uhr,
- **Freiluftmuseum Ralo,** Cuber 20, Tel. 02-581 14 63, nur nach Voranmeldung.

Weinstraßen um Jeruzalem ↸ VIII/A3

Um Jeruzalem, südlich von Ljutomer, liegt eines der bekanntesten und beliebtesten Weinanbaugebiete des Landes. Šipon, Laški, Rheinriesling, Traminer, Blauer Pinot, Muskateller und Kerner sind nur einige Sorten, die angebaut werden. Buschenschänken liegen am Wegesrand und Bauernhöfe, die verborgen ihr ganz privates Archiv pflegen: Weine, die Dutzende von Jahren alt sind.

Sinnbild slowenischer Volkskultur – Bienenkorbbrettchen

Die **Imkerei** ist besonders im Norden und Osten Sloweniens verbreitet und den Brauch, die **Stirnbrettchen der Bienenkörbe** mit bunten Bildern zu schmücken, gibt es wohl schon seit Jahrhunderten – das Bienenzuchtmuseum in Radovljica zählt Bienenkorbbrettchen aus dem 18. Jahrhundert zu seinen Exponaten. Viele Brettchen zeigen humorvolle Motive, so die berühmte, 1876 gemalte Szene, bei der Bär, Fuchs und Hasen einen toten Jäger zu Grabe tragen, oder die Altweibermühle, die verhutzelte Weiblein wieder in rosige Jungfrauen verwandelt. Wohlhabende Imker ließen aufwändige, Schlössern nachgebildete Stöcke für ihre Lieblinge bauen oder sie durch den Mund eines hölzernen Türken ausschwärmen. Die Bienenbrett-Malerei wird heute noch ausgeübt, natürlich meist nicht mehr so kunstvoll wie früher, aber ebenso wie die historischen Vorbilder mit Sinn für derben Witz.

106sl Foto: sk

- **Ljutomerčan,** Kidričeva ulica 2, Ljutomer, Tel. 02-585 88 00; Weinprobe, Essen, Verkauf.
- **Magdič,** Cesta na vilo 1a, Ljutomer, Tel. 02-581 19 72; Weinprobe, Essen, Verkauf.
- **Belec,** Železne Dveri 9–11, Tel. 02-584 99 84; Weinprobe, Essen, Verkauf, Höhlenbesichtigung, Galerie.
- **Weinschank Šadl,** Desnjak 21, Tel. 02-581 10 47; Weinprobe, Essen, Verkauf.
- **Brenholc,** Jeruzalem 18, Tel. 02-719 45 04; Weinprobe, Essen, Verkauf, Kutschfahrten.
- **Pavlič,** Veličane 46, Tel. 02-581 19 98; Weinprobe, Essen, Verkauf, Malereilehrgänge.
- **Taverna,** Veličane 59, Tel. 02-719 41 28; Weinprobe, Essen, Verkauf, Pension.
- **Ratek,** Mali Brebrovnik 33, Tel. 02-719 60 40; Weinprobe, Verkauf.
- **Slavinec,** Mihalovci 46, Tel. 02-719 48 88; Weinprobe, Verkauf.

Praktische Tipps

Informationen

- **Lokalna turistična organizacija,** Jureša Cirila 4, 9240 Ljutomer, Tel. 02-584 83 33, Fax 02-584 83 34, lto-ljutomer@siol.net, www.lto-prlekija.si.

Service

- **Post:** Glavni trg 9, Tel. 02-585 19 00.
- **Geldwechsel:** SKB, Stari trg 7, Tel. 02-583 13 12.

Notfälle

- **Ambulanz/Zdravstveni dom:** Cesta I. Slovenskega tabora 1, Tel. 02-584 12 23.
- **Apotheke/Lekarna:** Cesta I. Slovenskega tabora 1, Tel. 02-584 80 00.

Verkehr

- **Bahnhof:** Kolodvorska ulica 9, Tel. 02-292 58 63.
- **Fernbusse:** Ormoško cesta 3, Tel. 02-584 88 26.
- **Fahrradverleih:** Lokalna turistična organizacija, s.o.

Einkaufen

- Die **Töpferei Zuman** (Ormoška cesta 27, Tel. 02-581 16 06) brennt noch nach traditioneller Methode im Holzofen und besitzt einen Laden und ein kleines Museum zur Töpfergeschichte.

Unterkunft

- Hotel **Jeruzalem** (**), Glavni trg, Tel. 02-581 12 11, Fax 02 581 11 48. Kleines Stadthotel, Einzelzimmer ab 25 €.
- Hotel **Terme Banovci** (***), Banovci 1, 9241 Veržej, Tel. 02-513 14 00, Fax 02-587 17 03, dejan.beric@radenska.si, www.radenska.si. Modernes Thermalbadehotel im Bungalow-Stil, Einzelzimmer ab 50 €, große Badelandschaft, FKK-Bereich.

Ferien auf dem Bauernhof:

- Kmetija **Jureš,** Globoka 14, 9240 Ljutomer, Tel. 02-581 17 47, Fax 02-583 14 03; Bauernhof mit Übernachtungsmöglichkeit, Einzelzimmer ab 20 €.

Camping:

- **Terme Banovci** (**), Banovci 1a, 9241 Veržej, Tel. 02-513 14 00, Fax 02-587 17 03, außerhalb der Saison Tel. 02-513 14 00, Fax 02-587 17 03, terme.banovci@radenska.si, www.radenska.si, 12.4.–15.10., 200 Plätze, neben dem normalen Campingplatz gibt es auch einen für FKK-Anhänger.
- **Terme Imperial,** 12 km westlich von Ljutomer, südlich von Mala Nedelja, halboffizieller Platz beim Thermalbad.

Essen und Trinken

- Gostišče **Kurbos,** Noršinci pri Ljutomeru 7, 2,5 km im Nordwesten, Tel. 02-581 13 05; Spezialitäten der Region wie Strudel, 2500 SIT.
- Gostilna **Pavličič,** Prsitava 9, 3 km östlich von Ljutomer, Tel. 02-582 13 89; Landgasthof mit typischen Gerichten der Prlekija, 2000 SIT.
- **Buschenschänken** (alle außerhalb) sind Jureš, Globoka 14, Tel. 02-581 17 47, Frank & Ozmec, Slamnjak 33, Tel. 02-584 96 66, und Hlebec, Kog 108, Tel. 02-719 60 43.

107sl Foto: sk

Feste und Veranstaltungen

- Wie es sich für eine Weinbaugegend gehört, wird das **Martinsfest** am 11. November gebührend gefeiert.
- Am 15. August feiert man und baut neue **Klopotci,** die kleinen Lärmmaschinen (mit denen auch Vermieter ab und an unwillige Mieter zu vertreiben suchen).

Heuharfen sind auch im Osten Sloweniens zu finden, nicht immer sind sie allerdings aus Holz - meist werden die Träger aus Beton gegossen

Aktivitäten

- **Thermalbäder: Terme Banovci,** 9241 Veržej, Tel. 02-513 14 00, Fax 02-587 17 03, terme.banovci@radenska.si, www.radenska.si; Thermomineralwasser mit bis zu 60°C bei Rekonvaleszenz nach Knochen-, Gelenk- und Muskeloperationen; Terme **Imperial,** 12 km westlich von Ljutomer, südlich von Mala Nedelja, 25–28°C, Natrium-Hydrogen-Karbonat-haltig, bei gynäkologischen und rheumatischen Erkrankungen.
- **Wandern:** Ljutomer ist dabei, mit Themen belegte und gut markierte Wanderwege in der Umgebung einzurichten.
- **Reiten:** Das Schmiedemuseum in Razkrižje vermietet Pferde (Razkrižje 16, Tel. 02-589 10 72).
- **Rad fahren:** Die Touristenorganisation Ljutomer (s.o.) hat einen Satz Karten, der sechs Radtouren in der Umgebung beschreibt (u.a. die Weintour und die Storchentour) und verleiht auch die dazu nötigen Räder.

Lendava

↖ IX/D2

- **Meereshöhe:** 170 m
- **PLZ:** 9220
- **Vorwahl:** 02
- **Einwohner:** 3800
- **Dt. Name:** Unterlimbach
- **Ungar. Name:** Lenva

Lendava liegt direkt an der ungarischen Grenze und wenn irgendwo im Lande **ungarischer Einfluss** spürbar ist, dann hier. Die Landschaft, meist weit gedehnt und platt wie ein Pfannkuchen hat als einzigen Augenhalt kleine Baumgruppen und in regelmäßigen Abständen vor dem Wind schützende Hecken, die sich in der Ferne verlieren – Puszta eben. Lendava ist zudem das Zentrum der in Slowenien lebenden ungarischen Minderheit.

Erste Siedlung der Gegend war wohl das von den Römern errichtete Halicanum (auf heute ungarischem Gebiet). 1192 taucht Lindva (nach dem Fluss benannt) als Ort in den Büchern auf, erst spät wurde es Markt (im 14. Jahrhundert). Türken und Ungarn bestimmten abwechselnd die Geschicke. 1867 erhielt Lendava Stadtrechte. Bis zum Zweiten Weltkrieg gab es eine große jüdische Gemeinde (die im Zuge der Besatzung vertrieben und teils ermordet wurde; in Dolga vas, gleich nördlich anschließend, befindet sich der größte jüdische Friedhof Sloweniens).

Schloss

Lendava liegt langgestreckt an der Straße, über sich das Schloss aus dem 18. Jahrhundert an der Stelle, wo schon im 12. Jahrhundert die damaligen Herren wohnten. Es entstand 1712–17 unter Fürst *Esterhazy*, der zu Ehren seines Kaisers *Leopold* das „L" dessen Namens architektonisch aufnehmen und im Grundriss des Schlosses verewigen ließ. So besitzt das Gebäude einen Hauptkörper und einen einzigen nach hinten weisenden Flügel.

Im Schloss findet sich das **Museum** der Stadt. Die Ausstellung Oloris zeigt Funde der Bronzezeitsiedlung bei Dolnji Lakoš, das Gedenkzimmer *György Zala* (1858–1937) ist dem bedeutenden ungarischen Bildhauer gewidmet. Regelmäßig treffen sich internationale Künstler in Lendava zu Workshops und die Ergebnisse werden ebenfalls im Museum präsentiert.

- **Museum,** Kovačeva ulica 28, Tel. 02-578 92 60, Mo–Sa 9–16 Uhr, So 10–14 Uhr.

Sv. Katarina

Unterhalb des Schlosses steht die Kirche Sv. Katarina von 1751. Auch sie geht auf die Esterhazys zurück, die an Stelle einer aus dem 9. Jahrhundert stammenden Kapelle das barocke Bethaus mit halbrundem Presbyterium erbauen ließen. Das Gemälde hinter dem Hauptaltar stammt von *Barazutti* (1800).

Kapelle der Dreifaltigkeit

Kurze Zeit nach dem Schloss wurde die Kapelle der Dreifaltigkeit am Hang südlich davon erbaut. Sie erinnert an die Vertreibung der Türken aus Ungarn. Die Mumie im Glassarg ist an-

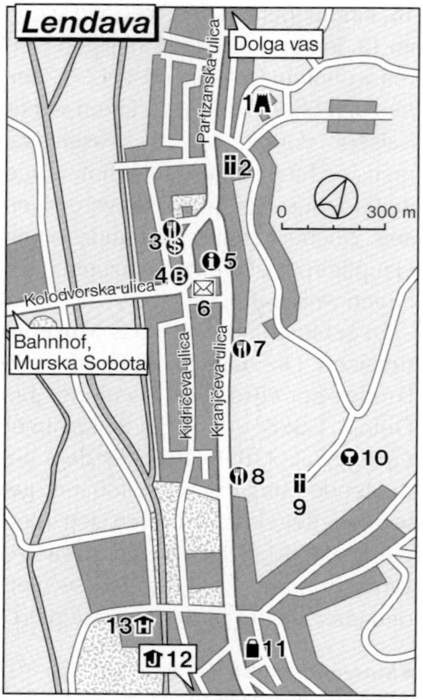

- 1 Schloss/Museum
- 2 Sv. Katarina
- 3 Domača Restavracija
- Bank
- 4 Busstation
- 5 Touristinformation
- 6 Post
- 7 Trije Izviri
- 8 Hram Tuplika
- 9 Kapelle der Dreifaltigkeit
- 10 Weinhaus Ludvik Cuk
- 11 Keramik Cojhter
- 12 Jugendherberge
- 13 Hotel Lipa/Thermen

geblich *Mihály Hadik,* zur Zeit der Türkenherrschaft Burghauptmann.

In der Umgebung

Turnišče

IX/C2

Im nordwestlich gelegenen Turnišče (Turnisch) lohnt es sich, die **Dorfkirche Maria im Wald** zu besuchen, die heute neben einer modernen Basilika von 1914 steht. Die kleine Kirche besitzt als kostbaren Schatz Fresken des Meisters *Johannes von Aquila,* der hier 1383–93 seinen Pinsel schwang und andere das gleiche tun ließ. Besonders schön ist der elfteilige Zyklus über den Kampf zwischen Ladislaus dem Heiligen und Kumanen und Petschegen auf dem obersten Fries des Schiffes und am Triumphbogen.

Praktische Tipps

Informationen

- **TIC Lendava,** Kranjčeva ulica 4, 9220 Lendava, Tel. 02-578 83 90, Fax 02-578 83 91, razvojni.center.lendava@siol.net, www. lendava.net.

Service

- **Post:** Trg Ljudske Pravice 10, Tel. 02-577 20 00.
- **Geldwechsel:** SKB Banka, Mlinska ulica 5, Tel. 02-575 13 14.

Notfälle

- **Ambulanz/Zdravstveni dom:** Kidričeva ulica 34, Tel. 02-578 92 10.
- **Apotheke/Lekarna:** Mlinska ulica 5, Tel. 02-578 81 80.

Verkehr

- **Bahnhof:** Kolodvorska ulica 28, Tel. 02-575 10 97.
- **Fernbusse:** Kolodvorska ulica 4, Tel. 02-578 95 56.
- **Fahrradverleih:** Terme Lendava, Tel. 02-574 10 04; Gasthaus Horvat, Črenšovci, Tel. 02-573 72 53; Motel Gaj, Odranci, Tel. 02-571 10 23.

Einkaufen

- **Keramik: LKC** in Velika Polana westlich von Lendava (ein unattraktives Fabrikgebäude am südwestlichen Ortsrand, Tel. 02-573 57 00) verkauft braune Keramik zu nicht unbedingt günstigen Preisen. Besser ist sicherlich (und charmanter) ein Besuch bei der privaten Firma **Cojhter,** ulica pod hribom 6, in Lendava, Tel. 02-574 13 80. Wer schwarze Keramik erstehen will, fährt nach Filovci und besucht z.B. **Alojz Bojnec** (Haus Nr. 29, ca. 20 km nordwestlich von Lendava, nördlich von Turnišče, Tel. 02-547 91 30). Seine Mutter hat alles im Griff und verpackt die Sachen. Die Keramik wird in Holzöfen gebrannt, die erst mit Nadelholz beheizt werden. Ist die richtige Temperatur erreicht, legt man schnell Wurzelholz nach und verschließt den gemauerten Ofen hermetisch mit Lehm – nun bildet sich der rußig glänzende Belag. Viele Slowenen nehmen wegen dieser Keramikwaren weite Wege auf sich.

Unterkunft

- Hotel **Lipa** (***), Tomšičeva 2a, Tel. 02-577 44 40, Fax 02-577 44 12, terme.lendava@terme-lendava.si. Modernes Hotel der Thermen, Einzelzimmer 50 €.
- Pension **Beli Grad** (**), Ul. Premurske Čete 110, 9232 Črenšovci, Tel. 031-52 01 35, Fax 02 573 72 30, angelca.stumberger@amis.si. Kleine, angenehme Pension mit 8 Zimmern, Einzelzimmer ab 20 €.

Jugendherberge:

- **Lendava-Petišovci,** Tomšičeva 29, Tel. 02-575 10 04, Fax 02-575 17 23, ganzjährig.

Privatzimmer:

- **Kočar** (**), Dolga vas 34, 9220 Lendava, Tel. 02-577 13 13.

Essen und Trinken

- **Trije Izviri,** Kranjčeva ulica 34a, Tel. 02-578 87 33; Küche aus Prekmurje und Ungarn in einem am Berg angebauten Lokal, 1500 SIT.
- **Domača Restavracija,** Mlinska ulica 5, Tel. 02-577 14 58; moderne slowenisch-ungarische Küche, 1500 SIT.
- **Bűkes Csarda,** Dolgovaške gorice 255, Tel. 02-577 12 68; altes ungarisches Gasthaus mit *golaž, bograč* und *meso iz tűnke,* 1500 SIT.
- **Hram Tuplika,** Kranjčeva ulica 61, Tel. 02-577 15 98; auch vegetarische Gerichte, 1000 SIT.
- Der Buschenschank **Doris,** Lendavske gorice 203, Tel. 02-577 14 29, gilt als der beste weit und breit und serviert zu den sehr guten Weinen hausgemachte einfache Speisen.
- **Vinotoč Kiss,** Lendavske gorice 427, Tel. 02-577 10 43, lädt in seinen Weinkeller zur Kostprobe.
- Der beste Wein der Region wird im **Hiša Vina Ludvik Cuk** ausgeschenkt und verkauft, Lendavske gorice 248, Tel. 02-577 12 86.

Feste und Veranstaltungen

- Bereits im September wird in Lendava die **Weinlese** mit Umzügen, Märkten und Verkostung nicht nur des Rebensaftes gefeiert.
- Den ganzen Sommer über gibt es auf der Burg immer wieder **Veranstaltungen** wie Konzerte und Theateraufführungen.

Aktivitäten

- **Reiten:** Hozjan, Čentiba 461 (die nächste Ortschaft im Südosten), Tel. 02-577 11 66.
- **Thermalbäder:** Terme Lendava, Tomšičeva 2a, Tel. 02-574 10 04; Mineralhyperthermalwasser mit 62°C, bei rheumatischen Erkrankungen, Brandnarben mit funktionellen Störungen, Verletzungen des peripheren Nervensystems.
- **Rad fahren:** Das Informationsbüro hält eine Kartensammlung bereit mit detaillierten Beschreibungen von Radtouren.

Gornja Radgona

↖ VIII/A2

- **Meereshöhe:** 210 m
- **PLZ:** 9250
- **Vorwahl:** 02
- **Einwohner:** 3800
- **Dt. Name:** Oberradkersburg

Heißt die Grenzstadt in der deutschen Übersetzung **Oberradkersburg,** ist es drüben in Österreich **Bad Radkersburg.** Gornja Radgona hadert immer noch ein wenig mit dem Schicksal, einst Vorstadt von Letzterem gewesen zu sein und jenseits der Mura zu liegen. Die Gegend war bereits vor den Römern besiedelt, da an der Furt eine Straße nach Ptuj begann. 1211 wurde die Burg das erste Mal erwähnt. Immer wieder griffen im Mittelalter Ungarn, Türken oder die Kruzzen an, Pest und Überschwemmungen taten das Ihre. Diese dauernden Belastungen ließen die Siedlung sich nicht so recht entwickeln und deshalb wurde sie erst 1907 Markt. Die Stadtrechte schließlich erhielt der Ort 1952.

Interessantes historisches Gebäude ist die **Burg Radgona,** die als Ratigoypurch entstand und mehrfach den Besitzer wechselte, da sie nicht dem Landesfürsten gehörte, sondern einfachen Adligen, die den Weltläufen stärker unterworfen waren. Eine Legende besagt, dass die Herren der Burg immer gern dort wohnten und den Wein genossen. Einmal sollen 17 Ritter der Umgebung zur Zecherei geladen worden sein; sie blieben 98 Tage, wobei jeder seine 28 Gläser am Tag vertrug.

108sl Foto: sk

In der Umgebung

Sv. Trije Kralji

↖ VII/C1

Die Kirche der Heiligen Drei Könige steht unweit von **Benedikt** (1,5 km), südwestlich von Gornja Radgona an der Straße nach Maribor. 107 Stufen führen hinauf. Sie entstand 1528 als einschiffiger Bau, 1588 vergrößerte man das Schiff und baute den Glockenturm an. Die Kirche ist wohl deshalb original erhalten, weil man bald kein Geld mehr für sie aufbrachte. Die Wallfahrten wurden nämlich zur Kirche Sv. Troijca einige Kilometer südlich am See Gradiško verlegt. Besonders erwähnenswert sind der Reliefflügelaltar von 1623 und weitere Reliefs wie eine Weinrebe mit Figuren und eines mit der Heiligen Familie. Außen ist

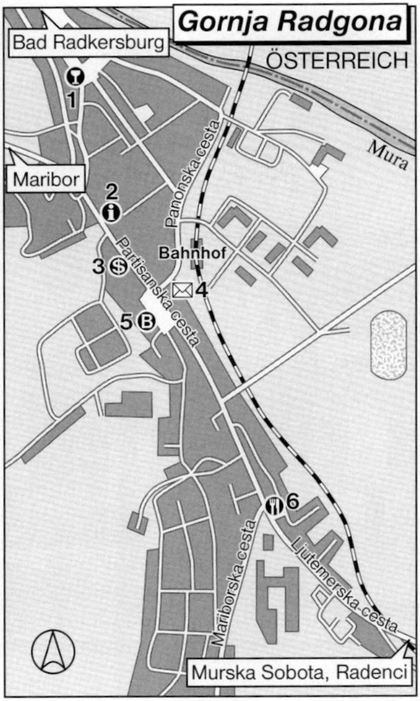

- 1 Weinkeller Radgonske gorice
- 2 Touristinformation
- 3 Bank
- 4 Post
- 5 Busstation
- 6 Restaurant Šmid "M"

die Kirche mit Strebepfeilern und aufwändigen Portalen geschmückt.

Črešnjevci

↻ VIII/A2

In Črešnjevci, 2 km südlich von Gornja Radgona, gibt es ein kleines **ethnografisches Museum** mit einer Schwarzküche und einigen ethnologischen Gegenständen. Im Haus wurde *Petra Dajnka* (1787–1873) geboren, der als Schriftsteller und Grammatiker bekannt wurde, in slowenisch-steyrischem Dialekt schrieb und auch eine eigene Schrift entwickelte (die Dajnčica). Unweit des Weilers im Süden steht in freier Landschaft eine schöne Villa, die allerdings nur von außen zu besichtigen ist: **Vila Hold.**

- **Domačija Petra Dajnka,** Črešnjevci 82, Tel. 02-563 11 44, nach Absprache.

Praktische Tipps

Informationen

- **TIC,** Partisanska ulica 7, 9250 Gornja Radgona, Tel. 02-561 13 32.

Service

- **Post:** Panonska ulica 26, Tel. 02-564 25 00.
- **Geldwechsel:** Banka Koper, Partizanska cesta 6, Tel. 02-561 18 34.

Notfälle

- **Ambulanz/Zdravstveni dom:** Partizanska cesta 34, Tel. 02-564 86 00.
- **Apotheke/Lekarna:** Cesta na stadion 1a, Tel. 02-564 81 70.

Verkehr

- **Bahnhof:** Panonska ulica 2a, Tel. 02-561 10 84.
- **Fernbusse:** Prešernova cesta 1a, Tel. 02-564 97 80.

Einkaufen

- Der **Weinkeller Radgonske gorice,** Jurkovičeva 5-9, Tel. 02-564 85 10, gehört zu den schönsten des Landes. Tief unten in den Gewölben befinden sich Flaschenarchiv, Champagnerkeller und Fasslager sowie der Degu-

Alte Weinfässer dienen häufig nur noch zur Zierde, auch in Slowenien haben Metalltanks Einzug gehalten

stationsraum. Die Tradition der Sektkellerei ist in Gornja Radgona 150 Jahre alt und man sollte auf alle Fälle das Bitzelwasser probieren, in welcher Geschmacksrichtung von extratrocken bis halbtrocken auch immer, oder einige Flaschen mit nach Hause nehmen. Ebenfalls Sekt und Wein verkauft **Steyer,** Plitvica 10, südlich von Apače beim Weiler Lešane, westlich von Gornja Radgona (Tel. 02-569 14 66), darunter auch die Spezialität Königswein Steyer, dessen Trauben erst im Januar geerntet werden.

Die berühmte Quelle von Radenci ist in einem Schauglas gefasst - darin sprudelt das Wasser munter vor sich hin

In Flaschen abgefüllt wird Radenska fast auf der ganzen Welt verkauft

Unterkunft

Privatzimmer:

- **Rožman,** Grajska cesta 21, Tel. 02-561 11 66.
- **Kralj,** Spodnja Ščavnica 14, 6 km südwestlich, Tel. 02-567 15 03.
- **Vinotoč Vinski Hram,** Črešnjevci 229, Tel. 02-562 11 38.

Essen und Trinken

- **Majda Šmid „M“,** Partizanska cesta 42, Tel. 02-561 12 20; Spezialitäten der Region und Fisch, 2500 SIT.
- **Turistična kmetija Hari,** Spodnja Ščavnica 42, Tel. 02-564 83 46, nur Fr/Sa/So; Hausgemachtes vom Bauernhof, 1500 SIT.

Aktivitäten

- **Tauchen:** Tauchklub Radgona, Gasilska cesta 2, Tel. 02-561 10 32, pgd_gapora@hotmail.com.

Radenci

VIII/A2

- **Meereshöhe:** 207 m
- **PLZ:** 9252
- **Vorwahl:** 02
- **Einwohner:** 2200
- **Dt. Name:** Radein

Eine weitere Perle in der langen Kette der **Thermalbäder** Sloweniens ist Radenci, in dessen **Wasser „Radenska"** man sich nicht nur zur Heilung begibt, sondern das man international vermarktet in fast allen mitteleuropäischen Getränkemärkten findet. Radenci liegt auf halbem Weg von Gornja Radgona nach Murska Sobota und ist Anlaufadresse vieler Österreicher, die ein Wochenende entspannen und dafür nicht die Welt zahlen wollen. Mit Sommerkonzerten werden die Gäste verwöhnt und Aktivitäten werden geboten, wie es sich für ein Heilbad gehört.

Im kleinen **Museum im Kurpark,** wo auch die Quelle in einem Glaszylinder sprudelt, wird die Geschichte des berühmten „Wassers der drei roten Herzen" vermittelt (im Haus Maria, einer Villa von 1894). 1833 wurde die Quelle von *Karl Henn* entdeckt, 1896 das erste Mal Wasser abgefüllt. 1882 eröffnete man das Heilbad und bald tranken das Wasser der Kaiser in Wien und der Papst in Rom. Nach dem Zweiten Weltkrieg wurden die Anlagen verstaatlicht und Jugoslawien ließ jene Form von Hotels errichten, deren Anblick jeden Vernunftbegabten den Niedergang sozialistischer Regimes erahnen ließ. Heute sind die Betonbauten zwar hergerichtet, dräuen aber immer noch machtgebietend über den Wäldern.

110sl Foto: sk

- **Museum,** Zdraviliško naselje 14, Tel. 02-520 20 20, Mo–Fr 10–12, Di 15–16 Uhr.

Unterkunft

- **Izvir** (****), **Radin** (****) und **Miral** (***), Zdraviliško Naselje 12, 9252 Radenci, Tel. 02-520 27 22, Fax 02-520 27 23, marija.sraka-sadl@radenska.si, www.radenska-zdravilisce.si. Moderne Thermalhotels, die Preise im Dreisternehotel beginnen für ein Einzelzimmer bei 50 €, in den Viersternekomplexen bei 65 €.

Aktivitäten

- **Thermalbad:** Terme Radenci, Zdraviliško naselje 12, Tel. 02-520 10 00, Fax 02-520 27 08, rezervacije.zrdavilisce@radenska.si, www.radenska-zdravilisce.si; Thermomineralwasser mit 41 °C gegen Herz- und Gefäßerkrankungen, Nieren- und Harnleiterleiden, Rheuma und Stoffwechselerkrankungen; Ayurveda-Behandlung.

111sl Foto: as

Triest

115sl Foto: sk

Miramare war der Wohnsitz von Kaiser Maximilian, bevor er nach Mexiko ging

Die Straßenbahn fährt hoch über Triest hinaus auf die Karsthochebene

Die vergessene Schöne hinter der Dornenhecke

- **Meereshöhe:** 0 m
- **PLZ:** 34...
- **Vorwahl:** 040
- **Einwohner:** 230.000
- **It. Name:** Trieste
- **Slow. Name:** Trst

Autobahnen winden sich an Schloten vorbei, senken sich zwischen Lagerhallen ab und schwingen sich wieder hoch in die Lüfte, um einen besseren Blick auf die Rohre und Flammen der Petrochemie freizugeben und das abblätternde Grau von Industrieanstrichen besonders wirkungsvoll zur Geltung zu bringen. Die Ankunft in Triest auf dem Landweg ist sicherlich nicht das Erhebendste, was man sich vorstellen kann, und auch auf dem Seeweg lässt die Skyline doch ganz beträchtlich zu wünschen übrig.

Doch wer die „Dornenhecke" aus Industriegebäuden überwunden hat, wird staunend die Augen aufreißen. Im Zentrum glänzen die **Paläste der K&K-Monarchie,** die Prunkbauten der Versicherungen und Reedereien, die einst ganze Flotten unter ihrer Flagge vereinten. Hinter den prächtigen Fassaden verbergen sich großbürgerliche Wohnräume, eine Unzahl an privaten Sammlungen und eine ganze Reihe an **vorzüglichen Museen.** In Triest war das große Geld zu Hause, man leistete sich etwas und schämte sich nicht dafür.

Highlights Triest

Wer nur beschränkt Zeit hat, sollte sich die wichtigsten Museen ansehen, wenigstens einmal in einem **Buffet** speisen und ein oder zwei der historischen **Kaffeehäuser** aufsuchen. Um einen Eindruck vom ehemaligen Reichtum Triests zu bekommen, genügt ein Blick auf die **Piazza Unità d'Italia.** Danach besucht man einen der fürstlich gebauten und ebenso eingerichteten **Paläste** wie Museo Marpurgo, Museo Revoltella oder Museo Sartorio. Das **Museo del Mare** ist interessant, weil es die Stadtentwicklung beschreibt. Wenigstens ein Spaziergang sollte eingeplant werden: hoch zum **Kapitol** mit der **Kathedrale,** der Festung und den Museen. Danach geht es hinaus nach **Miramare,** wo *Maximilian* lebte, bevor er Kaiser von Mexiko und füsiliert wurde. Die **Grotta Gigante** auf dem Rückweg, oben am Karstabfall gelegen, ist die angeblich größte Schauhöhle der Welt.

Orientierung

Verwirrend mag im ersten Moment die Nordung der meisten Touristenkarten von Triest erscheinen, sie weist nach Süden. Tatsächlich ist das Hafenbecken jedoch nördlich der Stadt und die Prunkfassade des Rathauses an der zentralen Piazza Unità d'Italia ist nach Nordwesten ausgerichtet.

Am einfachsten ist es, sich irgendwie zur **Hafenpromenade** durchzuschlagen, dieser Richtung Bahnhof zu folgen und seinen Wagen dort im **Parkhaus** abzustellen. Die Parkplatzsituation in Triest um die Altstadt herum ist katastrophal und damit für das Stadtsäckel gewinnbringend. Wo immer es nur möglich ist, wird mit blauer Farbe Parkraum markiert und ein lebender Billetverkäufer aufgestellt. Westlich und südlich der Piazza befindet sich die eigentliche Altstadt mit gewundenen Straßen und engen Gassen. Der ganze Bereich entlang des Hafens wurde künstlich aufgeschüttet und unter Kaiser *Joseph* bebaut. Hier verlaufen die Straßen schon wesentlich gerader. Das theresianische Viertel östlich des Zentralplatzes mit den Resten des Großen Kanals wurde unter Kaiserin *Maria Theresia* auf Salinen schachbrettartig angelegt. Die meisten Sehenswürdigkeiten befinden sich in diesen drei Vierteln und sind bequem zu Fuß erreichbar. Wem der Weg hinauf zur Burg zu mühselig ist, nimmt ab dem Bahnhof den **Bus Nr. 24** (alle 40 Min. Abfahrt, passiert auch die Piazza Unità d'Italia) zum **Castello di San Giusto.**

Geschichte

Funde im Karst des Triestiner Hinterlandes zeigen, dass die Gegend schon um 450.000 v.u.Z. in der Altsteinzeit besiedelt war. Um 1500 v.u.Z. zogen die Bewohner der Gegend auf Hügel und befestigten sie mit Trockenmauern, deren Fundamente heute noch sichtbar sind – diese frühen Siedlungen heißen **Castellieri.** Man nimmt an, dass Triest auf eines dieser Hügeldörfer zurückgeht, denn als die Römer im Istrischen Krieg 177 v.u.Z. vorbeizogen, gab es bereits eine Ortschaft. Um 50 v.u.Z. wurde **Tergesta** zur römischen Kolonie erklärt.

Unter römischer Herrschaft gedieh die Stadt und wuchs, aber bereits im 2. Jahrhundert machten sich die Einflüsse des Christentums immer stärker bemerkbar, dessen eines Zentrum bei **Aquileum/Aquileia** in der unmittelbaren Nachbarschaft lag. Schließlich siegte der christlich-oströmische Kaiser *Theodosius* bei der Schlacht von Bora über die Heiden und über Westrom unter dem vom Goten *Arbogast* eingesetzten *Eugenius.* Der Zerfall des weströmischen Reiches begann mit der Aufteilung des Reiches, die damit endgültig besiegelt war. Im 5. und 6. Jahrhundert gab es immer wieder Einfälle von Barbaren; Triest lag aber abseits der Hauptmarschrouten über die Julischen Alpen und war davon nur selten direkt betroffen, indirekt aber dadurch, dass Westrom seine Einflusssphäre verlor und Triest ab 539 Ostrom/Byzanz zugerechnet wurde. 788 brachte Karl der Große Istrien, Friaul und den Karst in einer Grenzmark des Heiligen Römischen Reiches Deutscher Nation zusammen – **Austriae Italiae.**

1295 wurde Triest **Freie Stadt** und bestimmte zukünftig seine Regierungsgeschäfte mit dem Großen Rat selbst. 1368 machte **Venedig** Triest de facto zum Vasallen, doch nur für kurze Zeit. Nach der Schlacht von Chioggia und dem anschließenden Friedensschluss von Turin kam Triest 1381 in den Machtbereich des **Patriarchen von Aquileia.** Das folgende Jahrhundert sah Triest mal bei den Österreichern, mal bei den Venezianern. Schließlich blieb es ab 1509 bei **Österreich,** das damit über vier Jahrhunderte (mit einem napoleonischen Zwischenspiel bzw. drei Besetzungen durch die Franzosen: 1797, 1805/6 und 1809–13) einen Zugang zum Mittelmeer besaß. 1717 wurde Triest **Freihafen,** die Salinen wurden trockengelegt und die Stadt vergrößerte sich.

Bis weit ins 19. Jahrhundert hinein war das Mittelmeer eine der wichtigen politischen Bühnen der Weltgeschichte. 1831 gründete man die Assicurazioni Generali, 1836 die Reederei Lloyd Triestino und 1838 entstand die Riunione Adriatica di Sicurtà. In diesen Gründungen spiegelt sich wieder, wo das Geld lag – im Handel, und den betrieb man mit Wonne und Einfallsreichtum. 1857 verband die **Südbahn** Wien mit dem Adriahafen und einen weiteren Schub brachte die Eröffnung des Suez-Kanals 1869, der die Schifffahrtswege zum Indischen Subkontinent entschieden verkürzte.

Parallel zu der Expansion auf wirtschaftlichem Gebiet traten aber mit der Revolution von 1848 patriotische, teilweise sezessionistische Bewegungen in ganz Europa auf und auch die Jugend von Triest blieb davon nicht verschont. Man wollte mehr **Unabhängigkeit von den Habsburgern** in Wien, teilweise wurde schon der Ruf nach einem Anschluss an Italien laut. Der Dreibund sollte dem schließlich entgegenwirken. Deutschland, Österreich-Ungarn und Italien verpflichteten sich 1882 zur gegenseitigen Waffenhilfe gegen außenpolitische Aggressoren, was sich auch auf innenpolitische Anschlusswünsche auswirkte: Nationalitalienische Strömungen in Triest konnten von Italien offiziell nicht mehr unterstützt werden. Der Dreibund war ein Markierungspunkt auf dem Weg in den Ersten Weltkrieg und er wurde schließlich 1915 mit der Kriegserklärung Italiens an die Mittelmächte einseitig aufgekündigt.

Mit dem Ende des Krieges wurde Triest **italienisch,** bekam Italien das, was es nicht brauchte – einen Hafen –, und Österreich wurde das genommen, was die Stadt über Jahrhunderte florieren ließ, ein Güterumschlagplatz am Meer, über den ein erklecklicher Teil seines Handels lief. Triest verfiel in einen Dornröschenschlaf. Daran änderte auch der Zweite Weltkrieg nichts, den Triest unter **deutscher** und an dessen Ende für 40 Tage unter **jugoslawischer Besatzung** sah. Schließlich einigten sich die Siegermächte (und zu ihnen gehörte auch das Jugoslawien *Titos*) auf eine Aufteilung des Karstes in eine **Zone A** (Triest und sein Hinterland), verwaltet von der alliierten Militärregierung, und eine **Zone B** (Istrien) unter jugoslawischer Verwaltung. Beide Zonen sollten nominell unabhängig, ihre Verwalter so etwas wie Mandatsmächte sein. Es klappte nicht. 1954 wurde Triest endgültig italienisch, Istrien jugoslawisch.

1965 schuf man die Verwaltungsregion **Friaul/Julisch-Venetien** und erklärte Triest zu ihrer **Hauptstadt.** Erst 1975 normalisierte sich das Zusammenleben zwischen beiden Staaten auch vertraglich (die Menschen hatten schon lange vorher im kleinen Grenzverkehr wirtschaftliche Beziehungen gepflegt) – der Vertrag von Osimo machte die Grenze zwischen Zone A und Zone B zur Staatsgrenze. 1991 schließlich bekam Triest einen neuen Nachbarn – Slowenien.

Sehenswertes

Um die Piazza Unità d'Italia

Ein Spaziergang durchs Zentrum und hinauf zur Burg könnte an der Piazza Unità d'Italia beginnen, die einstige Piazza Grande, deren Kopfende das Rathaus ziert, der **Palazzo del Municipio** von 1875. Er stand wegen seines eklektizistischen Stils – die Fassade vereinigt alles, was in Mitteleuropa damals an Figurativ-Manieristischem zu finden war – immer in der Kritik, hat aber in der Dämmerung, in sanftem Gelb illuminiert, durchaus seinen Reiz. Der Platz war nicht immer zum Meer hin offen, erst im 19. Jahrhundert bekam er seine jetzige Gestalt.

Der **Palazzo Modello** an der Ecke zur Via Bartoli wurde 1873 vom Architekten *Bruni* geschaffen und sollte Programm für die Fassadengestaltung des ganzen Platzes sein, was aber schließlich nicht realisiert wurde. In der angrenzenden **Casa Stratti** befindet sich das Caffè degli Specchi. Zwischen ihm und dem Rathaus entstand 1905 der Palazzo del Governo. Ihm gegenüber auf der anderen Seite des Rathauses erbaute 1880–83 der **Lloyd Triestino** seinen Hauptsitz im italienischen Neo-Renaissance-Stil. Die zwei Skulpturengruppen stellen das Salz- und das Süßwasser dar.

Das Hotel **Duchi d'Aosta** liegt nicht umsonst exklusiv. Diese Seite wird zum Meer hin vom **Palazzo Pitteri/ Plenario** (1780) abgeschlossen. Auf

Triest

113sl Foto: sk

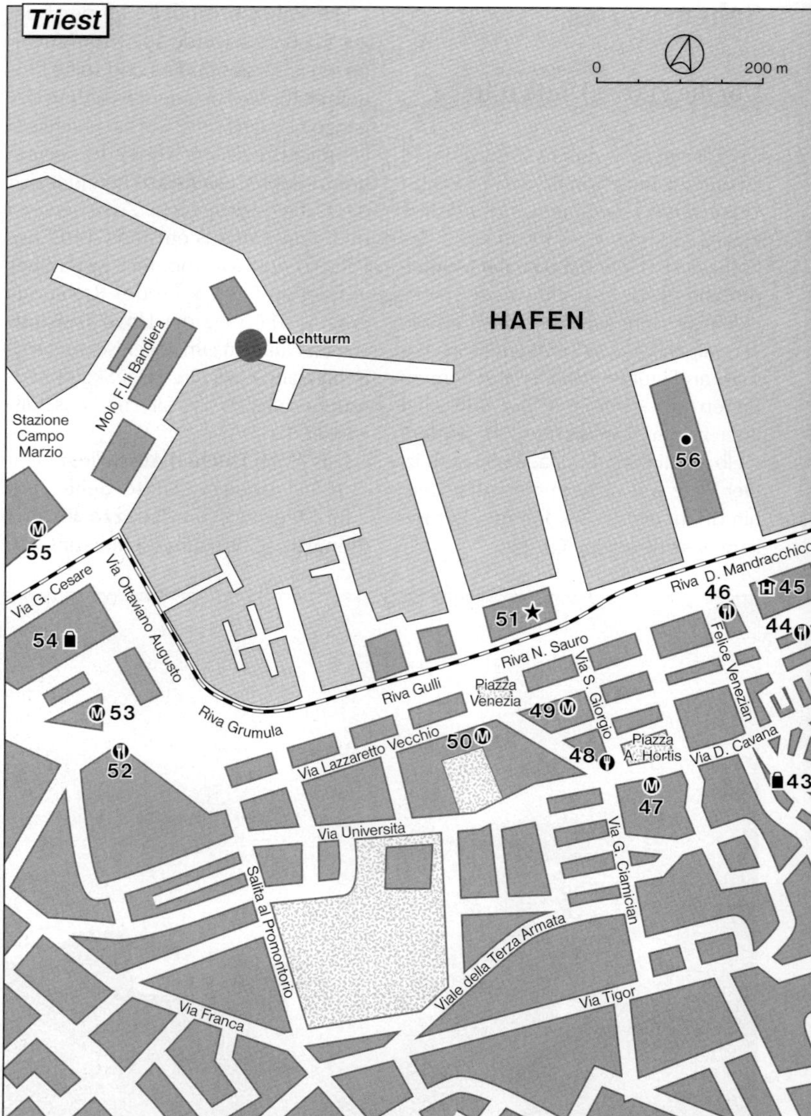
Triest
0
200 m
HAFEN
Leuchtturm
Molo F.Li Bandiera
Stazione Campo Marzio
55
Via G. Cesare
Via Ottaviano Augusto
54
53
52
Riva Grumula
Riva Gulli
Via Lazzaretto Vecchio
Piazza Venezia
Riva N. Sauro
51
49
50
Via S. Giorgio
48
Piazza A. Hortis
47
Riva D. Mandracchio
46
45
44
Felice Venezian
Via D. Cavana
43
56
Via Università
Salita al Promontorio
Via G. Ciamician
Viale della Terza Armata
Via Tigor
Via Franca

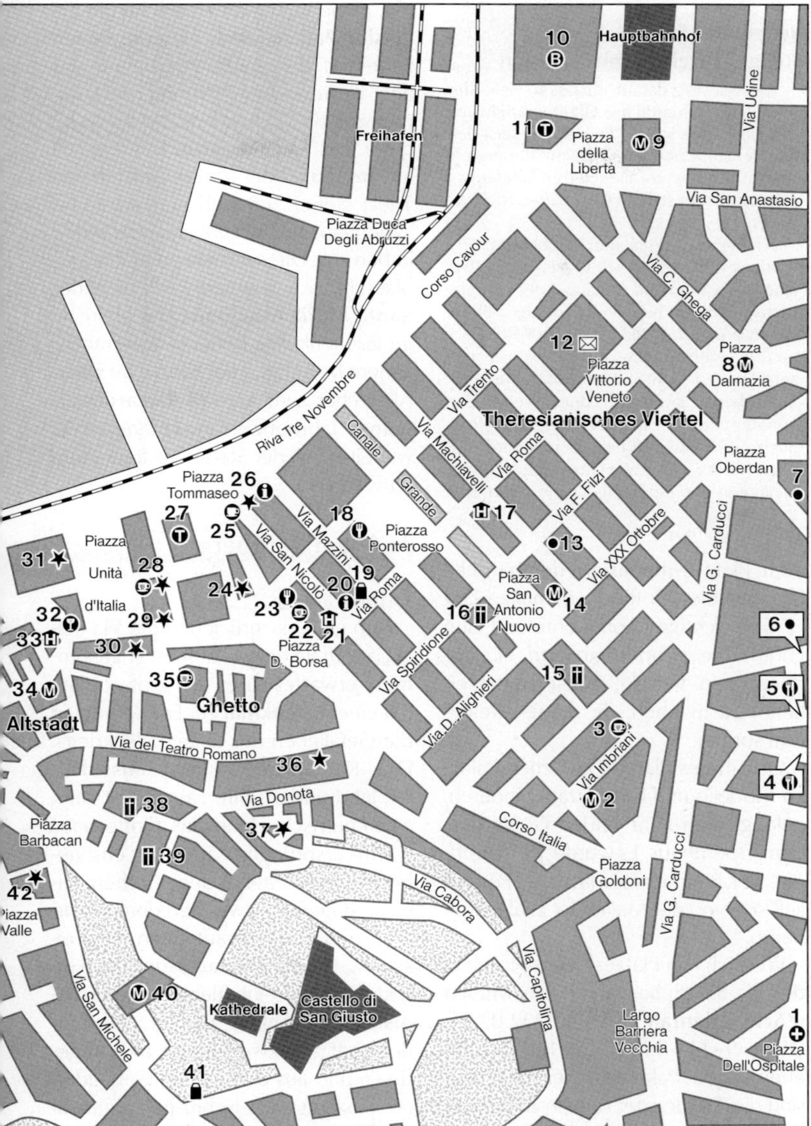
Hauptbahnhof
10
Freihafen
11
Piazza della Libertà
9
Via Udine
Via San Anastasio
Piazza Duca Degli Abruzzi
Corso Cavour
Via C. Ghega
12
Piazza Vittorio Veneto
Piazza Dalmazia
8
Via Trento
Riva Tre Novembre
Canale
Theresianisches Viertel
Via Machiavelli
Via Roma
Piazza Oberdan
7
Piazza Tommaseo
26
27
25
Grande
17
Via F. Filzi
Via Mazzini
18
Piazza Ponterosso
Via San Nicolò
Via XXX Ottobre
13
Via G. Carducci
31
Piazza Unità d'Italia
28
24
19
20
Via Roma
Piazza San Antonio Nuovo
14
32
29
23
16
6
33
30
22
21
Piazza D. Borsa
Via Spiridione
35
15
34
Ghetto
Via D. Alighieri
5
Altstadt
3
Via del Teatro Romano
Via Imbriani
36
4
Via Donota
38
2
Corso Italia
Piazza Barbacan
37
Piazza Goldoni
39
Via Cabora
Via G. Carducci
42
Piazza Valle
Via Capitolina
Via San Michele
40
Kathedrale
Castello di San Giusto
Largo Barriera Vecchia
1
Piazza Dell'Ospitale
41

Triest

Jedem das Seine – Religionsfreiheit mit Tradition

Triest ist stolz darauf, dass es so viele **Kirchen unterschiedlicher Glaubensrichtungen** besitzt. Es spricht für den Freigeist der Handelsstadt und ihre Toleranz Reisenden gegenüber, die aus aller Herren Länder kamen, um in Triest ihren Geschäften nachzugehen.

Waldenser, Anglikaner, Griechisch-Orthodoxe, Juden, Serbisch-Orthodoxe, Muslime, Katholiken und Anhänger der Evangelisch-Augustinischen Kirche konnten neben vielen anderen in der Stadt ihre Religion ausüben, ohne dass sie Repressalien ausgesetzt waren. Die Kosmopolitismus der Stadtoberen ging aber noch weiter: So konnten die Glaubensgemeinschaften auch die Sprache für die Schulerziehung ihrer Kinder wählen, Häuser kaufen und verkaufen und einen eigenen Friedhof unterhalten.

dem Platz symbolisiert der barocke Brunnen die vier für die damalige Zeit (1751) wichtigen Kontinente und eine Ehrensäule erinnert an *Karl VI.,* der durch sein Verdikt, Triest zum Freihafen zu machen, für dessen Reichtum sorgte.

Östlich des Platzes, zwischen Palazzo Modello und Casa Stratti hindurch, gelangt man zum **Teatro G. Verdi** – dem Opernhaus. Es wurde 1801 eröffnet, der Baumeister *Matthäus Pertsch* ließ sich von der Mailänder Scala inspirieren.

Westlich des Platzes befindet sich in der Via San Sebastiano 1 das **Museo d'Arte Orientale** (Tel. 040-322 07 36, Di–So 9–13 Uhr, Mi bis 19 Uhr). Im ehemaligen Palazzo einer Contessa sind die Asiatica der Familie zu bestaunen. Ginge man von hier Richtung Hafen, käme man zum **Hotel Savoia Excelsior Palace,** auch eine der ersten Adressen der Stadt. Wir halten uns aber in die andere Richtung und kommen zu den Kirchen Santa Maria Maggiore und **San Silvestro.** Letztere soll am Treffpunkt der ersten Christen von Triest stehen, da sich hier einst das Wohnhaus der hl. *Euphemia* befunden haben soll. Die romanische Kirche verblasst fast vor der barocken Pracht der **Santa Maria Maggiore;** das ehemalige Jesuitenkolleg ist heute von Franziskanern bewohnt. Hier kann man einen Abstecher zum **Arco di Riccardo** aus dem 1. Jahrhundert unternehmen. Er war einst Teil der Stadtbefestigung unter *Oktavian.*

Auf dem Burgberg

Kathedrale

Nun geht es zurück und die Via della Cattedrale bergauf. Oben angekommen, erwartet einen ein großer Platz mit einem **Denkmal** zur Erinnerung an die Gefallenen des Ersten Weltkriegs. Die Kathedrale stammt aus dem 14. Jahrhundert. Ihre Fassade ist stark asymmetrisch, denn das Gotteshaus wurde ursprünglich aus zwei eng nebeneinander stehenden Kirchen zusammengefügt: Zwischen dem 9. und 11. Jahrhundert erbaute man die dreischiffige **Santa Maria Assunta** und direkt daneben eine kleinere **Gedächtniskapelle.** Anfang des 14. Jahrhunderts hat man zwei Seitenschiffe abgerissen und aus den beiden Gebäuden ein einziges Mittelschiff gebildet. Auf dem Boden sind die ursprünglichen

Legende zu Karte S. 420

✚	1	Ospedale Maggiore
Ⓜ	2	Museo Mario Morpurgo de Nilma
☕	3	Illy-Caffè
🍴	4	Antica Trattoria Suban
🍴	5	Caffè San Marco
•	6	Schweizer Konsulat
•	7	Deutsches Konsulat
Ⓜ	8	Museo del Risorgimento
Ⓜ	9	Nationalgalerie d'Arte Antica
Ⓑ	10	Busstation/Parkhaus
Ⓣ	11	Theater Sala Tripcovih
✉	12	Hauptpost
•	13	Österreichisches Konsulat
Ⓜ	14	Museo Fondazione G. Scaramangà di Altomonte
⛪	15	San Antonio Nuovo
⛪	16	Chiesa di San Spiridone
🏨	17	Hotel Nuovo Albergo Centro
🍴	18	Buffet al Canal
🛍	19	Enoteca Bischoff
ⓘ	20	A.P.T.
🏨	21	Hotel Continentale
☕	22	Caffè Tergesteo
🍴	23	Da Pepi buffet
★	24	Börse
☕	25	Caffè Tommaseo
★	26	Tempio di San Nicolò,
ⓘ		Informationsstelle
Ⓣ	27	Teatro G. Verdi
★	28	Casa Stratti +
☕		Caffè degli Specchi
★	29	Palazzo Modello
★	30	Palazzo del Municipio
★	31	Palazzo Pitteri
🍸	32	Bar Unità/Super Bar
🏨	33	Hotel Duchi d'Aosta
Ⓜ	34	Museo d'Arte Orientale
☕	35	Caffetteria del Borgo
★	36	Römisches Theater
★	37	Tor Cucherna
⛪	38	San Silvestro
⛪	39	Santa Maria Maggiore
Ⓜ	40	Museo di Storia ed Arte
🛍	41	Antiquitäten Alpe Adria
★	42	Arco di Riccardo
🛍	43	Antiquariat La Bottega del Nonno, Souvenirs Moisè Cohen, Souvenirs il Biscotto
🍴	44	Ristorante Città di Cherso
🏨	45	Hotel Savoia Excelsior Palace
🍴	46	Ristorante/Pizzeria Vulcania
Ⓜ	47	Museo di Storia Naturale
🍴	48	Buffet da siora Rosa
Ⓜ	49	Civico Museo Revoltella
Ⓜ	50	Museo Sartorio
★	51	Aquarium Marino
🍴	52	Trattoria Da Mario
Ⓜ	53	Civico Museo del Mare
🛍	54	Obst- und Gemüsemarkt
Ⓜ	55	Museo Ferroviario
•	56	Stazione Marittima, Kongresszentrum

Mauern symbolisch festgehalten. Eine Tür führt in die Taufkapelle mit Becken und Freskenzyklus. An Stelle der Kathedrale stand einst das **römische Forum,** an diese Zeit erinnert das Portal. Man verwendete als Seitenpfosten die Grabstele der altrömischen Familie *Barba* – der Einfachheit halber, um nicht neue Kanten hauen zu müssen, wurde die Grabstele längs geteilt und, mit den Außenseiten zueinander gekehrt, eingemauert.

Lapidarium und Museum für Geschichte und Kunst

Neben der Kathedrale geht es ins Lapidarium und ins Museo di Storia ed Arte. Prähistorische Funde der Umge-

114sl Foto: sk

bung, römische und mittelalterliche Ausstellungsstücke und auch Griechisches und Ägyptisches (u.a. ein Holzsarkophag mit einer Frauenmumie) werden gezeigt. Auf dem Lapidarium steht ein kleiner Tempel zu Ehren von *J.J. Winckelmann,* dem Begründer der neueren Archäologie, der 1768 in Triest ermordet wurde.

●**Lapidarium** und **Museo di Storia ed Arte,** Piazza della Cattedrale 1, Tel. 040 308 686, Di–So 9–13 Uhr, Mi bis 19 Uhr.

Castello di San Giusto

Den Hügel schließt die Festung ab. Das **Museum** zeigt Waffen vom 13. bis zum 19. Jahrhundert, Möbel, Teppiche und Gemälde.

●**Civico Museo del Castello di San Giusto,** Piazza Cattedrale 3, Tel. 040 309 362, täglich außer Mo 9–13 Uhr. Die Bastion ist 9–17 Uhr offen, April bis September bis 19 Uhr.

Rund ums Ghetto

Zurück nimmt man die Via Capitolina und geht über die engen Gassen und Treppen der Altstadt, vorbei am **Tor Cucherna** (das einst zur Stadtbefestigung des 14. Jahrhunderts gehörte; das Dialektwort *cucherna* bedeutet „gucken“ und ist nicht abgeleitet von der süditalienischen Sportart *cucare* – „hinter Mädchen her sein“), zum **Antiquarium** (Via Donota, Do 10–12 Uhr oder nach Vereinbarung unter Tel. 040 436 31) und dem **Römischen Theater** aus dem 1. Jahrhundert. Zu jener Zeit lag das Theater noch direkt am Meer, unterhalb befand sich der Hafen mit Molen und Kai. Wenn es regnete, wurden Volk und Statthalter mit Planen geschützt und konnten sich so im Trockenen an den Gladiatorenkämpfen ergötzen.

Dem Theater schräg gegenüber steht die Chiesa del Rosario, die Rosenkranzkirche von 1635. Hier beginnt das **Jüdische Ghetto** von Triest. Heute sind in den engen Gassen Antiquitätengeschäfte, Künstlerateliers und Galerien untergebracht, das Pflaster ist perfekt saniert und das Armenviertel von einst beherbergt heute eine In-Scene.

Durch das Viertel hindurch kommt man zur Piazza della Borsa und zur **Börse.** Früher war hier ein Wasserweg, auf dem die Altstadt versorgt wurde. Die klassizistische Börse wurde 1799–1806 errichtet, das Jugendstilhaus (Bartoli-Gebäude) gegenüber 1905. Unten am Meer kommt man nun zum Caffè Tommaseo und zum **Tempio di San Nicolò die Greci** der griechisch-orthodoxen Gemeinde, von *Matthäus Pertsch* erbaut, mit einer wichtigen Ikonen-Sammlung (So Nachmittag und Mo geschl.).

Gebirgsbewohner spielen am Meeresufer – schöner kann sich die Mittlerrolle von Triest zwischen Mittelmeer und Alpen nicht zeigen

Theresianisches Viertel

Am Canale Grande befindet man sich im Theresianischen Viertel oder auch in der **Neustadt.** Gegen Mitte des 18. Jahrhunderts wurden die Salinen trockengelegt und rechtwinklige Straßen gebaut. Im Süden wird das Viertel vom Corso Italia begrenzt, im Norden vom Bahnhof und dem alten Freihafen.

Hauptbahnhof

Die Piazza della Libertà entstand 1878, als der Hauptbahnhof gebaut wurde. Wie für diese Zeit üblich, nahm er die Gestalt eines Palastes an (das Zeitalter der Mobilität für jeden hatte begonnen) – in diesem Fall eines eklektizistischen, der mit den anderen Gebäuden des Platzes in italienischer und österreichischer Neo-Renaissance korrespondiert.

Nationalgalerie Antiker Kunst

In Nummer 7 der Piazza della Libertà findet sich die Nationalgalerie Antiker Kunst mit Tafelmalereien, Kupferstichen, Fresken und als Mittelpunkt der Sammlung Kunstwerken der Familie *Manansti* vom 15. bis 19. Jahrhundert.

● **Galleria Nazionale d'Arte Antica,** Palazzo Economo, Tel. 040 436 31, Mo–Fr 9–13.30 Uhr, Eintritt frei.

Museo del Risorgimento

Im Südosten ist die Piazza Oberdan die Grenze des Viertels. Hier befindet sich das Museo del Risorgimento zur Erinnerung an die **Gefallenen** von 1848 und der Jahre bis zum Ersten Weltkrieg. Eine Gedenkstätte gemahnt an den Namensgeber der Piazza: *Guglielmo Oberdan,* ein Triestiner Patriot, der 1882 versucht hatte, Kaiser *Franz Joseph* zu ermorden, und dem Henker überantwortet wurde (schnell werden aus Terroristen Helden und aus Helden Terroristen).

● **Museo del Risorgimento,** Via XXIV Maggio 4, Tel. 040 361 675, nur nach Vereinbarung.

Freihafen

Westlich des Bahnhofs steht das Parkhaus mit Busbahnhof und noch weiter westlich beginnt der Freihafen. Wer Zeit und Sinn für die prächtige **Industriearchitektur** vom Ende des 19. Jahrhunderts hat, sollte die Anlagen unbedingt besuchen.

● **Freihafen,** der Besuch ist nur nach Voranmeldung und in Begleitung möglich, die Organisation übernimmt Frau *Dr. Selhaus Ursini,* ⇦Stadtführungen.

Am Canale Grande

Am Corso Cavour befindet sich unter anderem der Hauptsitz der Versicherungsgesellschaft Generali von 1886. Sie wurde in Triest gegründet und ist inzwischen weltweit tätig. Der Corso quert den Canale Grande, wir laufen dessen nördliches Ufer entlang. Ursprünglich war der Kanal um einiges länger und besaß Drehbrücken, so dass ihn auch große Boote befahren konnten. Nach und nach wurde er verkürzt, die Drehbrücken hat man durch feste ersetzt.

An der Piazza am Ende des Kanals ragen stolz die ionischen Säulen der katholischen Kirche **San Antonio Nuovo** empor. Sie ist die größte der Stadt.

Jenseits der Cappuccino-Grenze – Triestiner Kaffeekultur

In Triest bekommt der verwirrte Toscana-Freund auf seine Cappuccino-Bestellung hin eine kleine Tasse und im Kaffee schwimmt nur ein kleiner Klecks Milchschaum. Warum? Triest ist die Stadt der Cappuccino-Grenze! Was machen? Ihn genießen – oder wollen Sie mit dem Kellner streiten? Natürlich dürfen Sie das, aber bitte nur professionell: Zum Beispiel könnte der Klecks Milchschaum – der **gocciato,** kurz *goccia* (gibt es da nicht so ein Mörderspiel?) – nicht direkt in der Mitte liegen, oder er ist so breit verlaufen, dass es dem Genießer nicht möglich ist, seitlich den Zucker in die Tasse gleiten zu lassen. Da ist eine Beschwerde fällig, denn es ist kaum vorstellbar, dass der Kaffee so schmecken könnte. *Das* ist professionell und jeder Kellner wird für Sie Verständnis aufbringen – oder auch nicht. Streiten Sie sich mit dem Nebentisch, ob der *gocciato* in einem Glas oder einer Tasse bevorzugt zu trinken ist und ob gar die Verwendung des falschen Gefäßes die Kennzeichnung des Übeltäters mit einem Farbklecks aus dem Gotscha-Gewehr rechtfertigt.

Um die ganze Sache noch zu verkomplizieren: Der **Cappuccino** ist eigentlich nicht ganz ein *gocciato,* da er „etwas mehr", aber auch wirklich nur ein ganz klein wenig mehr Milchschaum abbekommt. Und darüber, welche Temperatur die Tasse haben muss, um ein bestimmtes Aroma hervorzukitzeln, wollen wir gar nicht erst reden. Wer also einen Cappuccino will, wie er den Weg auf venezianische Tische findet, ordert am besten einen **cappuccino italiano** – schließlich ist man in Friaul.

Zugezogene sollen angeblich nie bis in die Tiefen des Geheimwissens von Triestiner Kaffeetrinkern vordringen. Sei's drum, die Kaffeehäuser sind hübsch und ein angenehmer Aufenthaltsort. Notfalls bestellt man eben einen Tee. Natürlich trifft man hier nicht mehr *James Joyce, Italo Svevo* oder *Umberto Saba,* die alle gern bei Braunem und Schwarzem disputierten, doch begegnet man vielleicht dem einen oder anderen Hitzkopf, der es irgendwann zu Großem und in die Annalen der Literaturwelt bringen wird.

Zum Schluss soll noch mit einem Vorurteil aufgeräumt werden: Die Kaffeehaustradition Triests ist beileibe nicht auf Österreich-Ungarn zurückzuführen – sie stammt aus **Venedig,** dessen Sitten nachzueifern den Triestinern des 16. Jahrhunderts erste Bürgerpflicht war.

- Das **Caffè Tommaseo** (Riva Tre Novembre 5, Tel. 040 362 666) gehört zu den unbedingt besuchenswerten Adressen. Es war eines der ersten Kaffeehäuser der Stadt und ein Treffpunkt der Künstlerszene.
- Das **Caffè degli Specchi** (Piazza Unità d'Italia 7) ist moderner eingerichtet und befindet sich direkt am Hauptplatz, so dass man gut das Treiben beobachten kann.
- Das **Caffè San Marco** (Via Battisti 18a, Tel. 040 363 538) geht auf das Jahr 1914 zurück. Die Intellektuellen trafen sich hier am Vorabend des Ersten Weltkriegs, um die Lage zu diskutieren (im Haus ist das Schweizer Konsulat).
- Das **Caffè Tergesteo** (Piazza della Borsa 5) befand sich ursprünglich nicht in der Passage, doch ist es mit seinen Jugendstilfenstern ein angenehmer Ort, um zu Verschnaufen oder Aktuelles zu lesen. Es serviert im Gegensatz zu den anderen kein Mittagessen.
- Ins modern-minimalistisch möblierte **Illy-Caffè** (Via Flavia 100) gehen eher diejenigen, die mit der Kunst des Kaffeegenusses nicht viel anzufangen wissen.

An der Piazza steht auch das **Museo Fondazione G. Scaramangà di Altomonte.** Sehr zuvorkommend führt Herr *Scaramangà* durch die Sammlung historischer Dokumente und vielleicht holt er auch seine Prunkstücke hervor – Landkarten, die 1000 Jahre alt sind.

● **Museo Fondazione G. Scaramangà di Altomonte,** Via Filzi 1, Tel. 040 631 585, Di und Fr 10–12 Uhr.

Museo Mario Morpurgo de Nilma

Hinter der Kirche San Antonio ist das Museo Mario Morpurgo de Nilma zu finden, das **Haus einer reichen jüdischen Familie,** das für den Lebensstil eines großbürgerlichen Triestiner Haushalts steht. Möblierung, Gemälde und Keramiken sind so vorzüglich, dass sich Filmteams die Klinke in die Hand geben.

● **Museo Mario Morpurgo de Nilma,** Via Imbriani 5, Tel. 040 636 969, Di–So 9–13 Uhr, Mi bis 19 Uhr.

Südlich des Canale Grande

Nun geht es auf die andere und – glaubt man den modebewussten Damen von Triest – bessere Seite des Kanals. Die **Läden mit Alta Moda** werden auf der Bahnhofsseite zunehmend von asiatischen Geschäften verdrängt. Im ersten Moment muten die roten Lampions als Zeichen für skandalös niedrige Preise etwas seltsam an (man kennt diese Wegweiser in Hafenstädten aus anderen Zusammenhängen), aber man gewöhnt sich daran und ist nur noch verwundert, dass für die angebotene Qualität überhaupt noch Geld verlangt wird. Während der Balkankriege der 90er Jahre wurden Kosovaren, Albaner und Serben in Bussen zu kurzen Shoppingausflügen nach Triest gebracht – eine Erklärung.

Die **Chiesa di San Spiridone** ist serbisch-orthodox (wie die griechisch-orthodoxe Kirche nicht Mo oder So Nachmittag besuchbar). An der **Piazza Ponterosso** kann man auf dem Markt Kleider und Gemüse einkaufen und im Buffet Al Canal „Schweinernes" essen.

Westlich der Piazza Unità d'Italia

Dem Hotel Savoia Excelsior Palace vorgelagert sind die **Stazione Marittima** und das Kongresszentrum von Triest. An der **Hafenpromenade** gibt es mehrere gute Fischrestaurants und wenn sich nicht gerade die Gebirgswinde mit Eiseskälte in die Kleider der Passanten krallen, ist dort angenehm spazierengehen. Doch pfeift die Bora, fällt es schwer, auf den Füßen zu bleiben.

Aquarium Marino

An der nächsten Mole steht die ehemalige Fischhalle, die zu einem Kulturzentrum ausgebaut werden soll. Auch das Aquarium Marino befindet sich hier mit Fischen aus aller Welt, aber dem Schwergewicht auf der adriatischen Fauna.

● **Aquarium Marino,** Riva Nazario Sauro 1, tgl. 8.30–19 Uhr.

Revoltella-Museum

Geht man von hier die Via San Giorgio entlang, kommt man zum Civico

Museo Revoltella. Die Residenz der Familie *Revoltella* ist als **Beispiel fürstlicher Wohnkultur** vielleicht schöner als das Schloss Miramare. Revoltella kam ursprünglich aus Venedig und war Stellvertreter von *Lesseps,* dem Präsidenten der Suez-Kanal-Gesellschaft. Neben der grandiosen **Einrichtung** gilt es, die ausgezeichnete Sammlung der **Galerie Moderner Kunst** mit klassischen und modernen Werken zu bewundern. Im Sommer hat das **Dachterrassen-Café** bis 24 Uhr offen.

● **Civico Museo Revoltella,** Via Diaz 27, Tel. 040-30 09 38, Di–So 9–14 und 16–19.30 Uhr.

Sartorio-Museum

Gleich nebenan in einer Villa aus dem 18. Jahrhundert ist das Museo Sartorio ein weiteres Beispiel großbürgerlicher Lebensart. Beachtenswert ist die **Porzellan-Sammlung** der ehemaligen, aus Ligurien stammenden Besitzer.

● **Museo Sartorio,** Largo Papa Giovanni XXIII 1, Tel. 040 301 479, tgl. außer Mo 9–13 Uhr.

Museum für Naturgeschichte

Wenige Schritte nach Osten führen zum Museo di Storia Naturale nahe „Mamma Rosa", wo man sich stärken kann. Es zeigt Lebensformen von fast

Schwarze Jahre

Zwei Monumente in und um Triest erinnern an eine mörderische Vergangenheit. Die **Risiera di San Sabba** war schon vor dem Zweiten Weltkrieg nicht mehr als Reismühle in Betrieb. Sie wurde von Deutschland 1943, nach Zusammenbruch des italienischen Faschismus unter *Mussolini,* erst als Kriegsgefangenenlager für Italiener verwendet und dann zu einem Konzentrationslager umgebaut. Es diente sowohl als Vernichtungslager mit eigenen Krematorien als auch als Selektions- und Durchgangslager für die Transporte in die großen Vernichtungslager wie Auschwitz, Dachau oder Mauthausen. In der Risiera sollen 3000 bis 5000 Menschen umgekommen sein, vergast, erschlagen und erschossen.

● **Museo della Risiera di San Sabba,** Ratto della Pileria 43, Tel. 040 826 202, tgl. außer Mo 9–13 Uhr.

Die **Karstschlucht von Basovizza** ist eine ehemalige Kohlegrubenregion mit vielen Schächten. Sie war Schauplatz mehrerer, nicht bis ins Letzte aufgeklärter Massaker. Schon während des Zweiten Weltkriegs beim Zusammenbruch der italienischen Administration wurde kurzfristig – bevor schließlich die deutsche Wehrmacht einmarschierte – das entstandene Machtvakuum in Triest von istrischen Unabhängigkeitskämpfern verschiedener Couleur gefüllt und es kam zu Massenhinrichtungen italienischer Bürger, die Pogromcharakter annahmen.

Im Frühjahr 1945 schließlich, nach Abzug der Deutschen, marschierte die Jugoslawische Armee über den Karst und begann, Missliebige, Kollaborateure, aber auch Widerständler gegen die deutsche Besatzung, wenn sie denn Antikommunisten waren, zu verhaften und zusammen mit deutschen Soldaten in Lager zu stecken. Aus diesen Lagern heraus wurden wohl mehrfach ganze Gruppen nach Basovizza geführt, ermordet und in die Schächte geworfen. Das Denkmal an der Karstschlucht von Basovizza soll an diese dunkle Zeit erinnern. Man erreicht es, indem man nach Basovizza östlich von Triest Richtung Grenze bei Pese fährt und kurz hinter Basovizza auf eine schmale Straße rechts abbiegt.

allen Kontinenten. In der angeschlossenen **Stadtbibliothek** stehen 50.000 Bände allein zur Naturgeschichte zur Verfügung und der **Italo Svevo** gewidmete Bereich zeigt seine Schriften und Manuskripte.

● **Museo di Storia Naturale,** Piazza Hortis 4, Tel. 040 675 86 58, Di–So 8.30–13.30 Uhr.

Meeresmuseum

Zurück an der Uferpromenade und weiter nach Westen kommt man zum Meeresmuseum. Mit Schiffsmodellen und Stichen zeigt es anschaulich die Entwicklung von **Triest als Hafenstadt.**

● **Civico Museo del Mare,** Via Campo Marzio 5, Tel. 040 304 987, Di–So 8.30–13.30 Uhr)

Eisenbahnmuseum

Eisenbahnfanatiker gehen weiter Richtung Leuchtturm, biegen in die Via G. Cesare ab und kommen zum Museo Ferroviario. **Lokomotiven** und andere Memorabilia lassen die Herzen höher schlagen. Von hier fährt auch zweimal im Jahr ein **historischer Dampfzug** nach Servola, Aurisina, Opicina und über Rozzol zurück.

● **Museo Ferroviario,** Tel. 040 379 41 85, Di–So 9–13 Uhr; Zug am 15.9. und 1.12., ca. 4 Stunden, Info unter Tel. 040 379 41 85, Fax 040 312 756.

Das Schloss Miramare ist eingerichtet – nicht mehr wie zu Kaisers Zeiten, aber dennoch mit dem Luxus gekrönter Häupter

In der Umgebung

Opicina

↘ XVII/C2

Der Karst im Hinterland von Triest hat viele lohnenswerte Ausflugsziele. Mit der **Trambahn** kann man von der Piazza Oberdan in ca. 25 bis 30 Minuten nach Opicina zum Karstabbruch hinauffahren. An den Steilstücken wird ein Zugwagen angehängt, deshalb spricht man auch von einer **Standseilbahn.** Die Bahn fährt alle 22 Minuten zwischen 7 und 20 Uhr (wer will, kann mit dem Bus Nr. 45 weiter zur Grotta Gigante fahren).

Ein Spaziergang entlang des Karstabbruchs geht von der Haltestelle Obelisco (zwei Haltstellen vor der Endstation) auf dem **„Napoleonweg"** in ca. 50 Minuten Richtung Prosecco (der Ort hat nichts mit dem gleichnamigen Getränk zu tun). Zurück nach Triest kommt man mit dem Bus.

Rundfahrt entlang der Küste und durch den Karst

Als **Tagestour** mit dem eigenen Fahrzeug bietet sich eine Fahrt entlang der Küste nach Norden, vorbei am Schloss von Miramare, bis nach Duino an. Auf dem Rückweg durchs Hinterland kann man diversen Sehenswürdigkeiten im Karst einen Besuch abstatten; abschließend lässt sich eventuell noch das südlich gelegene Küstenstädtchen Muggia besichtigen.

Leuchtturm XVI/B1

Nimmt man die Hochstraße beim Bahnhof, die östlich der Küstenstraße verläuft, kommt man am Leuchtturm **Faro della Vittoria** vorbei. Er ist fast 70 m hoch und sein Licht, das man 36 Meilen weit sehen kann, gehört zu den stärksten Leuchtfeuern der Welt. Man kann auf die erste Ebene hinaufsteigen.

- **Faro della Vittoria,** Tel. 040 410 461, täglich 9.30–11 und 16–18 Uhr, im Winter nur So 10–15 Uhr.

Schloss von Miramare XVI/B1

Das Schloss von Miramare liegt über der Bucht von Grignano inmitten eines herrlichen **Parks.** In der von der Romantik geprägten Anlage vom Anfang des 19. Jahrhunderts gedeihen mehr als 2000 Pflanzenarten. Park und Schloss wurden vom Bruder Kaiser *Franz Josephs I.* konzipiert, dem späteren (glücklosen) Kaiser von Mexiko **Maximilian.** Gebaut wurde es nach den Plänen des Ingenieurs *Karl Junker* zwischen 1856 und 1860. Seit 1955 ist

115sl Foto: as

das Schloss ein Museum. Jeder Raum trägt einen Namen und kann besichtigt werden. Die Einrichtung ist teilweise original, teils stammt die Möblierung vom Herzog von Aosta, der 1931–37 im Schloss lebte. Empfangssäle, Schlafgemächer, Bibliotheken sowie der Chinesische und Japanische Salon zeigen das Leben von Maximilian und seiner Frau *Charlotte*.

Das Küstengebiet um das Schloss herum wurde unter dem Patronat des WWF zum **Naturreservat** erklärt und kann auf geführten Tauchgängen erkundet werden.

- **Miramare,** Tel. 040 224 143, November bis Februar 9–18 Uhr, März und Oktober 9–17 Uhr, April bis September 9–18 Uhr, Eintritt 4 €, stündlich Führungen durch den Park.
- **Riserva Naturale Marina di Miramare,** Viale Miramare 349, Tel./Fax 040 224 147. Man kann ein ganzes Wochenende buchen und erhält neben Einführungen und Vorträgen zu Flora und Fauna der Küste drei Tauchgänge.
- Ein didaktisches Museum im Park von Miramare mit **Aquarium** ist täglich 9–17 Uhr geöffnet (www.riservamarinamiramare.it).

Schloss von Duino

↸ X/B3

Fährt man weiter, sieht man hoch oben im Karst ein Gebäude, das nur unter Mühen als Wallfahrtskirche zu interpretieren ist – die **Kirche von Monte Grisa.** Wohl können auch die Triestiner mit dieser architektonischen Brechwurz nur wenig anfangen und nennen sie treffend wie eine Streichkäseecke: *formaggino*.

Schließlich kommt man nach Sistiana. Beim Abzweig von der Hauptstraße nach Sistiana Mare beginnt bei einem großen Hinweisschild ein ein-

116sl Foto: as

stündiger Wanderweg: Der **Rilke-Weg** entlang der wunderschönen Steilküste endet beim Schloss von Duino, in dem *Rainer Maria Rilke* wohnte und u.a. seine „Duineser Elegien" schrieb. Das Schloss ist in Privatbesitz einer französisch-italienischen Linie derer zu *Thurn und Taxis,* soll aber unter Umständen für Besucher geöffnet werden.

● **„Weiße Dame":** Wer Ruhe sucht, eine herrliche Aussicht genießen und dabei ausgezeichnet essen möchte, ist in Duino richtig. Unten am Wasser steht der **Albergo Alla Dama Bianca,** ein hauptsächlich von Einheimischen aufgesuchtes Feinschmeckerlokal, das sich nicht prätentiös gibt und vorzügliche Fischgerichte serviert. Über dem Speisesaal stehen fünf Zimmer mit Balkon zum Meer hin zur Verfügung und das Wasser lädt zum Sprung ins blaue Nass. Ist die „weiße Dame" ausgebucht, kann man in der angeschlossenen **Villa Gruber,** ein Stück den Hang hinauf, zur Entschädigung mit Garten nächtigen.

Alla Dama Bianca/Villa Gruber (*), 34013 Duino Porto 61/C, Triest, Tel. 040 208 470, Fax 040 208 258, www.alladamabianca.com. Doppelzimmer 72 €, Menü 30–50 €.

Botanischer Garten ↘ XVII/C1

Für den Rückweg nimmt man die Landstraße hinauf in den Karst und bleibt dort oben. Bei Gabrovizza biegt man von der Hauptstraße Richtung Sgonico ab und kommt zum Botanischen Garten im Karst. Er ist 18 km von Triest entfernt und zeigt die **für den Karst typische Pflanzenwelt** in Moorgebieten, Buschland, Untergehölz, Dolinen und auch auf Felsen.

● **Giardino Botanico Carsiana,** Sgonico, Tel. 040 229 573, 25.4.–15.10. Di–Fr 10–12 Uhr, Sa/So 10–13 und 15–19 Uhr, geführte Touren nur nach Vereinbarung mit mindestens 10 Teilnehmern.

Grotta Gigante ↘ XVII/C1

Über Nebenstraßen und die Orte Sgonico und Rubinpiccolo gelangt man zur **Schauhöhle** Grotta Gigante. Sie ist seit 1908 dem Publikum zugänglich und ihre Haupthöhle soll die größte der Welt sein. Der Höhle angeschlossen ist ein kleines **speläologisches Museum** mit Erklärungen zur Höhlenentstehung im Karst, Tierknochen und prähistorischen Funden.

● **Borgo Grotta Gigante,** Sgonico, Tel. 040 327 312, Fax 040 368 550, Führungen November bis Februar 10/11/12/14/15/16 Uhr, März und Oktober 10/11/12/13/14/15/16 Uhr, April bis September 10–18 Uhr halbstündlich.

● **Speleovivarium,** So 10–12 Uhr, Eintritt frei.

Rupingrande ↘ XVII/C1

Nun fährt man wieder in den Karst hinein nach Rupingrande. Der Ort ist weit über den Karst hinaus bekannt für seine **Karsthochzeit,** die alle zwei Jahre im August/September stattfindet (die nächste 2003). Eine Woche lang wird in historischen Kostümen und mit viel Tanz ein Volksfest abgehalten – alles auf Slowenisch, denn im Karst ist man zweisprachig.

Das **Kraška hiša** – Karsthaus – ist ein Museum und steht für ein typisches Bauernhaus im Karst.

● **Kraška hiša,** Rupingrande 31, nur April bis November So 11– 12.30 und 15–18 Uhr, Tel. 040 630 261, Eintritt frei.

Miramare und sein Park sind an Wochenenden ein beliebtes Ausflugsziel der Triestiner

Val Rosandra ⇖ XVII/C1

Eine schöne Wanderung kann man bei **Bagnoli de la Rosandra** südöstlich von Triest direkt an der Grenze unternehmen. Man parkt beim Ort und begibt sich zu Fuß in den Naturpark des Tales Val Rosandra, einer fast unberührten Schlucht mit Wasserfällen, steilen Pfaden, Felsen, Dolinen und viel Grün, so dass es auch im Hochsommer eine angenehme Angelegenheit ist. Im Tal gibt es eine **altrömische Wasserleitung** zu sehen, die ursprünglich 17 km lang war und am Tag fast 6 Mio. Liter befördern konnte.

Der Weg endet im Weiler Botazzo, wo man eine **Buschenschänke** findet (ca. 1 Std.). Sie liegt direkt auf der Grenze, aber die einheimischen Italiener und Slowenen treffen sich ohne Pass. Die Buschenschänken heißen hier **Osmizze,** was als Ursprung das slowenische *osmica* – „acht" – hat und auf ein Gesetz zurückgeht, das unter Kaiserin *Maria Theresia* erlassen wurde. Die Bauern bekamen damit die Erlaubnis, acht Tage lang den jungen Wein, den **Heurigen,** in Buschenschänken zu verkaufen. Heute dürfen die Bauern dies immer noch, es kommen aber Carabinieri ins Haus und versiegeln die für den Ausschank vorgesehenen Fässer. Wenn diese leer sind, ist Schluss. Bei heißem Wetter kann es also vorkommen, dass zu viel getrunken wird und die durstigen Triestiner am folgenden Wochenende umsonst in den Karst fahren: Die Buschenschänken sind leer getrunken.

In den Buschenschänken wird auch einfaches Essen aufgetischt: Wurst, Käse und Schinken (die Karstküche hat venezianische, alt-österreichische, slowenische und sogar ungarische Wurzeln). Eine Osmizza erkennt man an den am Straßenrand aufgehängten Efeuzweigen.

Muggia ⇖ XVI/B1

Wer noch Zeit hat, kann im Küstenort Muggia südlich von Triest den **venezianischen Stadtkern** besichtigen. Interessanterweise war das Städtchen bis 1797 venezianisch, während Triest schon seit Hunderten von Jahren zum Habsburgischen Reich gehörte. Der **Dom** stammt aus dem Jahr 1283 und wurde mit venezianischem Einschlag realisiert. Die **Basilika** in Muggia Vecchia außerhalb ist eine bekannte Wallfahrtskirche aus dem 9. Jahrhundert, deren Fresken sehenswert sind. Am 15. August kommen die Pilger in großen Scharen, um von der Jungfrau Maria Gnade zu erflehen.

Aquileia ⇖ X/A3

Das Städtchen Aquileia liegt, 50 km von Triest entfernt, westlich von Monfalcone und lohnt vor allem wegen der **frühchristlichen Monumente** und der hervorragend erhaltenen Basilika einen Besuch. Die Kirche erinnert in ihrer Schlichtheit und Strenge überaus eindrucksvoll an die ersten Jahrhun-

Aquilea spielte einst für die ganze Region eine äußerst wichtige Rolle

117sl Foto: sk

derte des Christentums. Als **Bistum** spielte Aquileia viele Hundert Jahre eine besondere Rolle in der slowenischen Geschichte, denn von hier aus wurde die Missionierung Sloweniens vorangetrieben (zweites Bistum war Salzburg).

Die Geschichte der Siedlung reicht ins 2. Jahrhundert v.u.Z. zurück, ihre Blüte erlebte sie unter römischer Herrschaft und besonders in der Regierungszeit des Kaisers *Augustus,* als Anfang des 1. Jahrhunderts 200.000 Menschen in Aquileia lebten. Kaiser *Diokletian* erklärte im 3. Jahrhundert Aquileia zum Gouverneurssitz der Region Venetia et Histria und stationierte hier das Oberkommando der Kriegsflotte Obere Adria. Die Überreste des Hafens, römischer Straßenbefestigungen und Wohnhäuser und des Forums sind hervorragend erhalten.

314 wurde in Aquileia bereits eine erste christliche Kirche errichtet, im 9. Jahrhundert begann man mit dem Bau der **Basilika** und 1031 wurde sie durch den Patriarchen *Poppo* eingesegnet. Wie bedeutend die Siedlung zu jener Zeit gewesen sein muss, verraten bereits die Dimensionen des Baus: Er ist 65,50 m lang, 30 m breit und 23 m hoch; 10.000 Menschen fanden darin Platz. Der Vorgängerbau wurde in die Basilika mit einbezogen, teils übermauert und so erhalten: Unter einer Schicht von Mörtel und Steinen fand man Anfang des 20. Jahrhunderts das **Fußbodenmosaik** dieser ers-

ten Kirche und legte es frei. Es liegt deutlich unter dem heutigen Bodenniveau und zeigt teils symbolisch verschlüsselt Szenen des christlichen Glaubens (so Hahn und Schildkröte, die den Kampf des Lichts mit den Kräften der Finsternis symbolisieren). Der Mosaikboden führt, gesäumt von ursprünglich romanischen und später gotisierten Säulen, auf die mit Fresken ausgemalte Apsis mit dem Bischofsstuhl des Poppo zu.

Das eigentliche „Freskenwunder" von Aquileia aber verbirgt sich in einem Raum rechts davon, der **„Krypta der Fresken"**. Sie wird auf das 6. oder 7. Jahrhundert datiert und wurde angelegt, um darin Reliquien aufzubewahren. Romanische Säulen tragen das Tonnengewölbe, das über und über bedeckt ist mit Malereien in lebhaften Farben, die wohl im 12. Jahrhundert aufgetragen wurden und von den Heiligen *Markus* und *Hermagoras* erzählen. Auch im **Baptisterium** an der Westseite der Basilika sind wertvolle Mosaiken und Fresken erhalten, die bis ins 4. Jahrhundert zurückreichen; es wird im Augenblick restauriert und soll in den nächsten Jahren für Besucher geöffnet werden.

Aquileia verlor seine Bedeutung als Bistum im 18. Jahrhundert, als Görz

118sl Foto: sk

Die herrlichen Mosaiken der Basilika wurden erst im 20. Jahrhundert wiederentdeckt

diese Funktion übernahm und den Aquileiern zudem auch noch die wertvollen **Reliquien** des Hermagoras und des Markus raubte, ein Affront, den Aquileia nicht verwunden hat. Allerdings hatte dies sicherlich den Vorteil, dass in die alte Kirche nicht viel Geld gesteckt wurde und sie dadurch so wunderbar in romanischem und gotischem Stil erhalten blieb. Bis heute untersteht die Pfarrei von Aquileia dem Bistum Goricia (Görz), einen Teil der Reliquien hat sie immerhin zurückerhalten.

● Die **Basilika** ist geöffnet im Sommer täglich 8–19.30 Uhr, im Winter 8.30–12.30 und 14.30–17.30 Uhr, das **Archäologische Museum** im Sommer Di–So 9–18.30 Uhr, im Winter Di–Sa 9–14 Uhr, So 9–13 Uhr. Die **archäologischen Stätten** im Freien sind täglich von 9 Uhr bis 1 Stunde vor Sonnenuntergang offen.

Praktische Tipps

Informationen

- **AIAT** - Agenzia di Informatione, Via San Nicolò 20, 34121 Triest, Tel. 040 679 61 11, Fax 040 679 62 99, info@triestetourism.it, www.triestetourism.it.
- **Ufficio informazioni** (Informationsbüro), Riva Tre Novembre 9, Tel. 040 347 83 12, Fax 040 347 83 80, aptour@libero.it.
- Im Sommer gibt es noch Informationsbüros in **Sistiana** (Sistiana 56/b, Tel. 040 299 166) und **Muggia** (Via Roma 20, Tel. 040 273 259).
- **Club Alpinistico Triestino,** Viale Carnaro 21, Tel. 040 760 04 15.
- **T FOR YOU** ist eine Daueraktion der Stadt Triest, die Touristen, die am Wochenende für zwei Nächte bleiben, die Nutzung einiger Einrichtungen wie Hotels, Restaurants und Museen verbilligt. Informationen darüber erhält man beim Informationsbüro (s. o.).

Stadtführungen

- Ausgezeichnete Stadtführungen in deutscher Sprache unternimmt Frau Dr. Veronika Selhaus Ursini, Via del Lazzaretto Vecchio 9, 34123 Triest, Tel./Fax 040 301 055 und Tel. 335 691 38 06.
- Jeden Samstag findet um 14 Uhr eine **Busrundfahrt** statt, eine gute Möglichkeit, einen schnellen Überblick über Triest zu erhalten (Dauer 2½ Stunden, 5 € pro Person, Info unter Tel. 040 362 780 oder 040 452 86 96).
- AIAT bringt die Broschüren **„Itinerari Triestini"** heraus. Mit Hilfe dieser Heftchen bewegt man sich akribisch auf den Spuren berühmter Persönlichkeiten, die in Triest gelebt haben, und folgt ihrem Leben im Detail. Das Triest von *James Italo Svevo* hat 37, das von *James Joyce* gar 45 Stationen.

Service

Post

- **Hauptpost,** Piazza Vittorio Veneto 1, Tel. 040 367 678.

Telefonieren

- **Vorwahl:** In Italien muss die Regionalvorwahl (Triest: 040) prinzipiell immer mitgewählt werden, auch wenn man sich in dieser Region befindet. Das heißt, auch innerhalb von Triest muss jede Nummer mit 040 beginnen (außer Spezialnummern wie z.B. die gebührenfreie 0800 ...).
- Die öffentlichen Telefone sind auf **Karten** umgestellt, die man an Zeitungskiosken und bei den Tabacchi-Läden erhält. Achtung: Für internationale Gespräche müssen spezielle Karten verwendet werden; benutzt man die Karten mit der perforierten Ecke, wird abgebucht, ohne dass eine Verbindung zustandekommt und ohne dass eine Fehlermeldung ausgegeben wird.

Geldwechsel

- Im Zentrum sind viele Banken; die meisten von ihnen sind mit mit **Geldautomaten** ausgerüstet, die EC-Karten akzeptieren.

Zeitungen

- Im **Bahnhof** und in den großen **Hotels** im Zentrum sind internationale Zeitungen und Zeitschriften erhältlich.

Internet-Cafés

- **Ludomania Club,** Via Svevo 1, Tel. 040 764 010, ab 15 Uhr (im Juni und August Mo–Fr ab 17 Uhr, Sa und So ab 21 Uhr).
- **Sport Net Centre,** Piazza dello Squero Vecchio 1/c, Tel. 040 322 08 61, Mo–Fr 9–13 Uhr.
- **Softword,** Via Matteotti 5, Tel. 040 764 338, Mo–Fr 16–19.30 Uhr.
- **Il Mondo nelle tue mani,** Via Madonna del Mare 3, Tel. 040 322 06 17, Mo–Sa 9–13 und 15.30–21 Uhr.
- In Muggia kann man ins **Cromia** gehen, Calle Oberdan 34, Tel. 040 927 86 86, Mo–Sa 9–13 und 17–22 Uhr, Sonntag 9–12 und 18–22 Uhr.

Gepäckaufbewahrung

- **Hauptbahhof,** Tel. 040 421 122.

Parken

- **Parcheggio Silos,** hinter dem Hauptbahnhof, 24 Stunden 8 €, 1 Stunde 1 €.

Tankstelle (24 Std.)

- **Agip** an der Via Fabio Severo/Strada costiera Sistiana, kurz hinter dem Hauptbahnhof bei der Piazza Maria Teresa.

Notfälle

- **Polizei:** Tel. 113
- **Unfallrettung:** Tel. 118
- **Klinik:** Ospedale Maggiore, Piazza dell'Ospedale, Tel. 040 399 11 11.
- **Apotheke:** Notfallapotheken kann man unter der Rufnummer 040 350 505 erfragen, auch in den Tageszeitungen sind unter der Rubrik „Farmacie" die Notdienste angegeben.
- **Automobilclub:** ACI, Tel. 040 393 224, Notruf 116.
- **Fundstelle:** Ufficio oggetti, Stazione FFSS, Tel. 040 418 349 (6–22 Uhr).

Diplomatische Vertretungen

- **Deutsches Konsulat,** Via Beccaria 8, Tel. 040 364 396, Fax 040 369 071.
- **Österreichisches Konsulat,** Via Filzi 1, Tel. 040 631 688, Fax 040 364 197.
- **Schweizer Konsulat,** Via Cesare Battisti, Tel. 040 760 04 00.
- **Niederländisches Konsulat,** Via Lazzaretto Vecchio 11, Tel. 040 308 957, Fax 040 302 652.
- **Slowenisches Generalkonsulat,** Via San Giorgio 1, Tel. 040 307 855, Fax 040 308 266.

Verkehr

Grenzen

Es gibt eine ganze Reihe an Grenzübergängen zwischen Slowenien und dem Hinterland von Triest, doch nur wenige dürfen von Nicht-Einheimischen benutzt werden. Von allen nutzbar sind die Küstenstraße zwischen Muggia und Ankaran, die östliche Verbindung zwischen Triest und Lokev und die Autobahn bei Sežana. Die anderen Übergänge dürfen nur von Einheimischen im kleinen Grenzverkehr genutzt werden (natürlich gilt dies nur, solange Slowenien noch nicht der EU angehört.)

Flüge

- **Flughafen:** Aeroporto Internazionale Ronchi dei Legionari, 32 km außerhalb hinter Monfalcone gelegen, Informationen unter Tel. 0481 773 224. Triest ist an Rom, Mailand, Genua und Neapel angebunden; internationale Flüge gehen nach München, London, Moskau und Belgrad.
- Der **Flughafenbus** fährt am Stadtterminal ab, Parcheggio Silos, Piazza della Libertà.
- **Fluggesellschaften:** Alitalia, Inlandsflüge Tel. 1478 656 41, internationale Verbindungen Tel. 1478 656 42; Lufthansa, Tel. 049 899 00 33; Airdolomiti, Tel. 0481 477 888; Minerva Airlines, Tel. 1478 656 41; JAT, Tel. 040 363 553.

Züge

- **Hauptbahnhof:** Stazione Centrale FFSS, Piazza della Libertà 8, Informationen unter Tel. 040 434 81 oder 1478 880 88. Verbindungen gibt es nach Udine (und weiter nach Tarvisio) und nach Venedig tagsüber fast im Stundentakt.

Fernbusse

- **Parcheggio Silos,** unter dem Parkhaus, Informationen unter Tel. 040 425 020.

Schiffsverkehr

- Ustica Lines verbinden Triest mit **Pula** im Süden Istriens, Mi, Sa und So, Dauer 2 Stunden, abends nach Pula, morgens nach Triest, Molo Bersaglieri, Informationen in Triest bei Samer & Co., Tel. 040 670 27 11, Fax 040 670 273 00, in Pula bei Jadroagent, Obala 14, Tel. 00385-52 210 431, Fax 00385-52-211 799.

● Triest Trasporti fährt mehrmals am Tag über die Bucht nach **Muggia**, Informationen unter Tel. 040 779 51.

● Ab dem ehemaligen Fischmarkt, Molo Pescheria, fährt ein Boot die Küste entlang nach Nordwesten, hält bei **Miramare, Gregnano, Sistiana** und dreht bei **Duino** wieder um.

● Adriatica di Navigazione verbindet Triest von Juni bis September fast täglich mit den Orten **Grado, Lignano, Piran, Rovinj und Brioni** (Infos unter Tel. 041 781 611, Fax 041 781 894, www.adriatica.it).

Öffentl. Stadtverkehr

● Wer mit **Bus und Straßenbahn** fahren will, sollte sich für 2,50–3 € eine Tageskarte besorgen; diese und Einzelfahrkarten bekommt man in den Tabacchi-Läden. Man muss sie beim Einstieg entwerten. In der Mittagszeit findet man unter Umständen kein offenes Geschäft und kann also keine Karte kaufen, deshalb sollte man eine Tageskarte oder mehrere Einzelkarten für 1 € immer in der Tasche haben.

Taxis

● **Funktaxis** Tel. 040 307 730.

Mietwagen

● **Avis,** Centro Congressi, Tel./Fax 040 300 820, www.avisautonoleggio.it.

● **Dual Rent,** Campo Belvedere 2, Tel. 040 410 410.

● **Eurorent Thrifty,** Parcheggio Silos, Tel. 040 422 289, Fax 040 44 835, informazioni@eurorent.it, www.eurorent.it.

● **Gallo,** Riva Grumula 6, Tel. 040 303 440.

● **Hertz,** Molo Bersaglieri 3, Tel. 040 322 00 98, Fax 040 418 946.

● **Maggiore,** Stazione FFSS, Tel. 040 421 323, www.maggiore.it.

● **Sixt,** Centro Congressi, Tel. 040 314 488.

● **am Flughafen:** Avis, Tel. 0481 777 085; Hertz, Tel. 0481 777 025; Europcar, Tel. 0481 778 920; Sixt, Tel. 0481 779 866.

Fahrradverleih

● **Dual Rent,** Centro Congressi, Tel. 040 522 02 62.

Einkaufen

Lebensmittel

● Ein **Obst- und Gemüsemarkt** ist auf der Piazza Ponterosso am Canale Grande; an der Kreuzung Via E Riva O. Augusto mit Via G. Cesare beim alten Hafenleuchtturm Lanterna befindet sich der zentrale Obst- und Gemüsestraßenmarkt. Ein weiterer Markt ist in der Via Carducci östlich der Piazza Goldoni. Einen Fischmarkt gibt es in Triest nach Auflassung der Fischhalle nicht mehr.

● In der Via Giulia kann man im **Einkaufszentrum Il Giulia** auch am Montag – wenn alle anderen Geschäfte geschlossen sind – einkaufen.

Mode

Links und rechts des Canale Grande kann man auf Entdeckung gehen, je näher man dem Corso Italia kommt, desto exklusiver werden die Geschäfte, desto teurer die Alta Moda.

Antiquariat

● **La Bottega del Nonno,** Via Felice Venezian 20, Tel. 040 305 024, hat in seinem Sortiment auch viele alte, deutsche Bücher – gar nicht teuer.

Antiquitäten

Triest kann eine Fundgrube für Antiquitäten sein, wenn man Geduld aufbringt und die Läden abklappert.

● Die **Agenzia Antiquaria di Alpe Adria** (AAAA), Via San Giusto 12, Tel. 040 310 129, Fax 040 310 129, verkauft hauptsächlich Gemälde und Skulpturen von der vorletzten Jahrhundertwende und kann bei allem weiterhelfen, was Kunst in und aus Triest betrifft.

● Nördlich der Chiesa del Rosario im ehemaligen **jüdischen Ghetto** befinden sich viele kleine und auch exklusive Antiquitätenläden.

Wein

● Enoteca **Bischoff,** Via Mazzini 21, Tel. 040 631 422, auch Weinspezialitäten aus dem italienischen Karstgebiet im Hinterland.

Souvenirs

Kunst und Kunsthandwerk kann man in der Via Felice Venezian erwerben.

- In Nr. 16/E verkauft **Moisè Cohen** (Tel. 040 301 861) Goldschmuck und Emaille-Buttons (mit San-Sujets).
- **Il Biscotto** in Nr. 16/C (Tel. 040 302 971) stellt aus weißem Ton, dem Schamotte beigemengt wird, um ihm eine körnig-leichte Oberfläche zu verleihen, allerlei Keramik her und durchbricht die Gefäße mit einer Schnitttechnik aus dem 18. Jahrhundert, so dass sie wie schwebend wirken.

Unterkunft

Hotels und Pensionen

- **Grand Hotel Duchi d'Aosta** (****), Piazza Unità d'Italia 2, Tel. 040 760 00 11, Fax 040 366 092, www.magesta.com. Zentraler geht's nicht, Luxus in einem alten Palast, Einzelzimmer ab 150 €.
- **Savoia Excelsior Palace** (****), Riva del Mandracchio 4, Tel. 040 779 41, Fax 040 638 260, www.starhotels.com. Gleich um die Ecke von der Piazza Unità d'Italia mit breiter Front zum Meer hinaus, empfehlenswertes Restaurant, Einzelzimmer ab 90 €.
- **Continentale** (***), Via San Nicolò 25, Tel. 040 631 717, Fax 040 368 816. Mittelklasse, zentral im Theresianischen Viertel gelegen, Einzelzimmer ab 35 €.
- **Nuovo Albergo Centro** (*), Via Roma 13, Tel. 040 347 87 90, Fax 040 347 52 58, www.hotelcentrotrieste.it. Einfache Unterkunft fast am Canale Grande, Gemeinschaftsbad, Einzelzimmer ab 30 €.

In der Umgebung:

- **Greif Maria Theresia** (*****), Viale Miramare 109, bei Barcola auf halbem Weg nach Miramare, Tel. 040 410 115, Fax 040 413 053, www.greifgroup.net. In Luxus und Preis ganz oben für die, die auf Habsburg stehen; Einzelzimmer ab 160 €.
- **Riviera Maximilian's** (***), Strada Costiera 22, Grignano, Tel. 040 224 551, Fax 040 224 300, www.magesta.com. Am Meer in Höhe von Miramare, exzellente Lage, Einzelzimmer 70 €.

Jugendherbergen

- **Ostello Scout Alpe Adria TS,** Campo Sacro bei der Ortschaft Prosecco im Hinterland von Miramare, Tel. 040 225 562.
- **Ostello della Gioventù,** Viale Miramare 331, nahe dem Eingang zum Castello di Miramare, Tel. 040 224 102, Fax 040 224 102.

Privatzimmer/Ferienwohnungen

- **Zocchi,** Via Paduina 4, Tel. 040 762 768, www.anbba.it/bb/zocchi.
- Giordano **Furlan,** Via Battisti 24, Tel. 040 347 77 00.
- Anna **Magnin,** Via Monte Cengio 2/1, Tel. 040 541 40.
- Maria Edit **Zeidl,** Via Carducci 35, Tel. 040 361 339.
- Barbara **Zorzin,** Via Nordio 4, Tel. 040 633 108.
- Ferdinando **Pugliatti,** Via Combi 14, Tel. 040 322 09 73.
- Appartamenti **Le Residence di Serravallo,** Via del Cerreto 18-20, in Barcola in der Nähe des Leuchtturms Vittoria, Tel. 040 414 612.
- Appartamenti **Residence Liberty,** Via Diaz 14, Tel. 040 300 514, www.brescancin.it.liberty.
- Appartamenti **Francesco Gentile,** Via Parini 6, Tel. 040 912 544.
- Appartamenti **Gianni Suzzi,** Via dello Scoglio 14, Tel. 040 566 070, sugicla@inwind.it.

Camping

- **Mare Pineta,** Sistiana, Tel. 040 299 264, Fax 040 299 265, www.marepineta.com, 1.5.–30.9. geöffnet, 4–8 € p.P., 5– 20 € Zelt, 2–4 € Kfz, Bungalows.
- **Pian del Grisa,** Opicina, Tel. 040 213 142, Fax 040 211 610, www.piandelgrisa.it, 1.5.–30.9. geöffnet, 4–5 € p.P., 6–9 € pro Zelt, 3 € pro Kfz.
- **Imperial,** Aurisina, Tel. 040 200 459, Fax 040 200 459, www.campingimperialcarso.it, 15.5.–15.9. geöffnet, 3–5 € p.P., 6–9 € pro Zelt.

- **San Bartolomeo,** Lazzaretto, Tel. 040 271 275, www.campeggiosanbartolomoe.it, 1.5.-26.9. geöffnet, 4-5 € p.P., 5-10 € pro Zelt, 3 € pro Kfz.
- **Obelisco,** Opicina, Tel. 040 211 655, Fax 040 212 744, ganzjährig geöffnet, 3-4 € p.P., 5-7 € pro Zelt, 3 € pro Kfz.
- **Excelsior,** Fernetti, Tel. 040 216 968, www.campingexelsior.com, ganzjährig geöffnet, 5 € p.P., 6-8 € pro Zelt, 3 € pro Kfz, auch Bungalows.
- **Alle Rose,** Sistiana, Tel. 040 299 457, 10.5.-30.9. geöffnet, 4-5 € p.P., 6-8 € pro Zelt.

Ferien auf dem Bauernhof

- **Horse Farm,** Basovizza 338, Tel. 040 226 901, www.horsefarm.it; Unterkunft und Essen auf einem Hof, dessen Name in die Irre führt - man kann nicht reiten; dafür gibt es für die Kinder einen Streichelzoo; Basovizza ist der letzte Ort vor dem Grenzübergang nach Lipizza/Lipica in Slowenien.
- **Mezzaluna,** Malchina 54a, über Miramare hinaus im Hinterland der Ortschaft Sistiana, Tel. 040 291 529, www.mezzalunanet.it; einige Zimmer und köstlich Selbstgemachtes wie Ziegenkäse und die beiden für den Karst typischen Weinsorten Terrano und Vitovska.

Essen und Trinken

- Als typischstes (und ultimatives) Lokal von ganz Triest gilt die **Antica Trattoria Suban,** Via Comici 2, Tel. 040 543 68; eines der ältesten Lokale der Stadt, man sitzt im Kaminzimmer und speist vornehmlich Fleisch, 40 €.
- **Città di Cherso,** Via Cadorna 6, Tel. 040 366 044; hinter dem Savoia Excelsior Palace speist man sehr gut und in angenehmer Atmosphäre, lässt aber 40 € am Tisch.
- **Marinella,** Viale Miramare 323, Tel. 040 410 986; an der Promenade von Miramare, viele Touristen, Fischküche, 35 €.
- **Al Faro,** Scala Sforzi 2, Tel. 040 410 092; von der mit Bäumen beschatteten Terrasse blickt man über Küste und Leuchtturm, einfallsreiches Menü mit Fleisch und Fisch, 20 €.
- **Da Mario,** Via di Campo Marzio 2, Tel. 040 305 807; kleines, familiäres Fischlokal, hauptsächlich von Einheimischen besucht, beste Vorspeisen und Pasta, 15-20 €.
- **Vulcania,** Riva N. Sauro 4, Tel. 040 304 043; auch bei der Jugend beliebtes Ristorante/Pizzeria, da man günstig und gut auch Fisch essen kann; 7-15 €.

Abends unterwegs

- Wer sich im Zentrum verabredet, trifft sich meist in den Bars an der Piazza Unità westlich vom Rathaus - **Bar Unità** oder **Super Bar.**
- In der Disco/American Bar **Machiavelli,** Viale Miramare 285, Tel. 040 44 104, geht es täglich ab Mitternacht los, Musik für jeden Geschmack, Mittwoch sind die Studenten unter sich.
- Disco-Bar **Macaki,** Viale XX Settembre, Tel. 040 367 272, themenbezogene Abende (z.B. Rock oder Jazz).
- Music Club **Movie,** Via San Giorgio 7, Tel. 040 305 034.
- Im **Caffè de la Musica,** Viale Domenico Rossetti, geht es heiß her, wenn die Luft zum schneiden und es so gerammelt voll ist, dass das Personal keine Lust mehr hat, zu bedienen.
- Die **Caffetteria del Borgo,** Viale Malcanton, Tel. 040 635 684, verwandelt sich abends vom braven Café zur angesagten Musikkneipe, wo die Djs allen die Ohren zudröhnen.
- Das **Round Midnight,** Via Ginnastica 39, Tel. 040 369 433, ist eine beliebte Jazzkneipe im Kneipenviertel um das Ospedale Maggiore herum (das von *Maria Theresia* gegründete Hospital ist schon teilweise saniert, doch gibt es immer noch Abteilungen, in die als Patient zu gelangen, keine große Freude bereitet - deshalb keine Kneipenschlägerei!).

Feste und Veranstaltungen

- Im Mai startet immer der große **Marathon** der Stadt über 42,195 km entlang der Küstenstraße SS14 „Costiera". Ebenfalls abgesteckt wird eine Strecke über die Hälfte der Distanz und ein Marsch außer Konkurrenz geht über 10 km (Organisation: Riva Nazario Sauro 1,

Schnelle Mahlzeit mit Charme – il buffet

Neben der Kaffeehaus-Kultur hat sich in Triest die **Kultur des Büfetts** herausgebildet: Am Stehtisch, an der Theke oder auch am kleinen Tisch im Lokal oder auf der Piazza davor wird fertig Zubereitetes verspeist. Doch nicht nur Geschäftsleute kommen zur schnellen Mahlzeit, um dem Arbeitgeber wertvolle Arbeitszeit zu sparen – die Speisen haben durchaus Qualitäten, die auch Gourmets zufrieden stellen. Da die Büfetts keine Restaurants sind, schließen die meisten am frühen Abend und sind auch am Wochenende zu. Neben **Suppen** und **Eintöpfen** gibt es vor allem Fleisch, vornehmlich vom Schwein, wobei es gern gesotten genossen wird (als *caldeia* – Schwein im Kochtopf), aber auch gebraten und gegrillt über die Theke kommt. **Schweineöhrchen, -schwänzchen und -füße** sind besondere Spezialitäten der Triestiner, darüber wird Meerrettich geraspelt. Viele Leute essen nicht im Lokal, sondern nehmen sich die Köstlichkeiten in ein Brötchen gepackt mit. Isst man vor Ort und sitzend, kann man mit 10 € pro Person für eine komplette Mahlzeit rechnen.

- Das liebenswerteste ist das **Buffet da siora Rosa** (*siora* ist ein „weggenuscheltes" *signora*), auch *Mamma Rosa* genannt (Piazza Hortis n.3, Tel. 040 301 460, Mo–Fr 8–20.30 Uhr, Samstag bis 14 Uhr). Bei schönem Wetter und im Sommer ist die Piazza vor dem Lokal mit Tischen vollgestellt und man speist unter freiem Himmel.
- Als berühmtestes gilt das **Da Pepi buffet** (Via Cassa di Risparmio 3, Tel. 040 366 858, Mo–Fr ab 9 Uhr). Einzelpersonen werden abgewiesen, wenn die Gefahr besteht, dass sie einen ganzen Tisch blockieren, auch wenn es ein Millionär ist (und die Welt ist doch gerecht!). Da Pepi wird auch *Scavo* genannt, eine nur in diesem Fall geduldete Lässigkeit, bedeutet es doch „Sklave" und wurde einst als Schimpfwort für die slawischen Nachbarn benutzt.
- **Da Mario** ist eine weitere bekannte Adresse (Via Torrebianca 41, Tel. 040 639 324) für *caldeia* mit Bier (und, wer will, Kraut).
- **Da Giovanni** (Via San Lazzaro 14b, Tel. 040 639 396) serviert zusätzlich Gulasch, das bei ihm ganz speziell schmecken soll.
- **Al Canal** öffnet seine Pforten bereits um 6.30 Uhr und wird gern von den Gemüse- und Kleidermarktleuten am Platz besucht (Piazza Ponterosso 2, Tel. 040 366 274).

Tel. 040 322 02 24, Fax 040 322 17 84, info@bavisela.it, www.bavisela.spin.it).

- Im Juni findet eine **Regatta** zwischen Muggia und Portorož statt, an der fast 200 Segler teilnehmen (Info Circolo della Vela, Muggia Largo N. Sauro 5d, Tel./Fax 040 272 416).
- Die wesentlich größere Regatta mit fast 2000 Booten wird im Oktober abgehalten – **La Barcolana** (Info Società Velica Barcola, Grignano, Tel. 040 411 664, Fax 040 413 838). Die Regatten und auch der Marathon haben Volksfestcharakter mit einem breiten Rahmenprogramm; bei La Barcolana kann man sogar vom Ausnahmezustand in der Stadt sprechen.
- Die **Karsthochzeit** findet alle zwei Jahre im August/September statt (die nächste 2003). Eine Woche lang wird in historischen Kostümen mit viel Tanz ein Volksfest abgehalten.
- Im Teatro Miela, Piazza degli Abruzzi 3, Tel. 040 365 119, findet jedes Jahr im Oktober/November ein **lateinamerikanisches Filmfestival** statt.
- Im Dezember, nach Nikolaus, erwachen die **historischen Caffès** der Stadt nachts zum Leben: Eine bunte Mischung aus Lesungen, Konzerten und Vorführungen wird dargeboten, auch deutsche Texte werden zum Besten gegeben – Literarisches, Historisches, Modernes, Leichtes und Schweres.

Kinos

- Das **Eden/Ambassadori,** Viale XX Settembre 35, Tel. 040 662 424, ist wegen seiner Ju-

gendstilfassade einen Blick wert (es war über lange Zeit ein Kino mit hauptsächlich männlichen Besuchern, die es mit scheuem Blick betraten, bringt aber derzeit normale Filme).
- **Ariston** zeigt donnerstags englische Filme im Original, Viale Gessi, Tel. 040 304 222.

Theater

Eintrittskarten für die Theater und andere kulturelle Veranstaltungen werden zentral in einer kleinen Passage, Galeria Protti, verkauft, Tel. 040 630 063.
- Das Theater **Politeama Rosetti,** Piazza Libertà 11, Tel. 040 359 35 11, ist der Prosa und Dramen vorbehalten.
- **Teatro Lirico Giuseppe Verdi,** Riva Tre Novembre 1, Tel. 040 672 21 11, bringt Gesangsstücke und Opern.
- **Teatri Cristallo,** Via del Ghirlandaio 12, Tel. 040 948 471, widmet sich der leichteren Muse - man gibt Komödien.
- In der **Sala Tripcovih,** Corso Cavour, Piazza della Libertà, werden jeden Sommer Operetten gespielt.

Aktivitäten

Reiten

- **Circolo Ippico Alpe Adria,** Gabrovizza 117, bei Miramare im Hinterland, Tel. 040 225 005.
- **Circolo Ippico Triestino,** Villa Opicina, Tel. 040 214 521.

Fitness-Studios

- **Wellness Center Avalon,** Loc. Sgonico, Borgo Grotta Gigante, bei Miramare im Hinterland, Tel. 040 327 431; Aerobic, Step, Sauna, Spinning, Cosmetic Center, Massage, ärztliche Betreuung.
- **Twins Club,** Via Economo 5, Tel. 040 300 241.
- **Aquarium Club,** Via Coroneo 33, Tel. 040 637 337.

Tauchen

- **Full Immersion,** Baia di Sistiana, Tel. 0335 706 09 80.

Schwimmbäder

- **Piscina Federazione Italiana Nuoto,** Riva Gulli 3, Tel. 040 306 024, Hallenschwimmbad an der Molo Sartorio.
- **Piscina Aquamarina,** Molo Fratelli Bandiera 1, Tel. 040 301 100; offenes Meerwasserschwimmbecken, Männlein und Weiblein sind durch ein Mäuerchen anständig voneinander getrennt.

Strände

Zwischen Zentrum und Muggia scheint es wegen der Industrieanlagen nicht ratsam zu sein, auch nur den kleinen Finger ins Meer zu stecken, deshalb muss man Triest in nördlicher Richtung verlassen. Einen winzigen Sandstrand gibt es in **Sistiana;** er wird hauptsächlich von Familien mit Kleinkindern besucht. Die Jugend zieht den Küstenabschnitt ab **Barcala** vor; er ist mit Betonterrassen verschönert, die liebevoll als *topolini* bezeichnet werden. Sie beginnen an der Endstation der Buslinie Nr. 6 fast bei Miramare (wegen der Seeigel und Felsen hat man besser Badeschuhe dabei).

Segelclubs

- **Adriaco Yacht Club,** Molo Sartorio 1, Tel. 040 305 567.
- **Società Velica Barcola Grignano,** Viale Miramare 32, Tel. 040 411 664.

Kanuvereine

- **Società Cannottieri Triest,** Pontile Istria 4, Tel. 040 306 000.
- **Società Ginnastica Triestina,** Pontile Istria 6, Tel. 040 305 239.

Golf

- **Golf Club Triest,** 80 Loc. Padriciano, Tel. 040 226 159, 9-Loch-Platz.

Höhlenerkundung

- Für Höhlenerkundungen wende man sich an die **Società Alpino delle Giulie,** bg. Grotta Gigante 42a, Sgonico, Tel. 040 327 312, Fax 040 368 550.

305sl Foto: sk

Anhang

40sl Foto: sk

007sl Foto: sk

Kranjska Gora gehört zu den beliebtesten Wintersportorten des Landes

Der See von Bohinj (Wocheiner See) wurde von Gletschern gebildet und liegt inmitten der Bergwelt der Julier

Nach einer Wanderung nimmt man eine Vesper gern im Freien unter schattigen Bäumen ein

Höhlen in Slowenien

Schon Kaiser *Franz Josef* war sich der Schönheit der Höhlen in (damals noch) seinem Reich bewusst. Heute sind die Tropfsteingebilde in den weitgestreckten Höhlensystemen des Landes zum **Weltnaturerbe** erklärt und viele Höhlen sind touristisch aufbereitet. Doch gibt es im Karst eine Unmenge an Gangsystemen unter der Erde, die nur professionelle Forscher beschreiten, durchschwimmen oder durchklettern können. Fast allen ist gemein, dass der Kalk des Karstes unter der Wirkung des Wassers in Jahrmillionen bizarre und wunderschöne Kunstwerke geschaffen hat. Höhlen wie Postojna oder Škocjan nicht zu besuchen, ist ein Verbrechen gegen jeglichen naturästhetischen Verstand.

Im Folgenden sind die wichtigsten Höhlen im Gebirge und im Karst, die Besuchern zugänglich sind, aufgeführt. In der **Karte im vorderen Umschlag** sind sie verzeichnet.

(1) Postojnske jama
Jamska cesta 30, 6230 Postojna,
Tel. 05-700 01-00, Fax 05-700 01-30,
postojnska.jama@siol.net,
www.postojnska-jama.si.

Höhlensystem 13 km, Besichtigung mit Bahn 3,5 km, zu Fuß 1,7 km, ganzjährig offen, Führungen durchgängig.

(2) Škocjanska jame
Škocjan 2, 6215 Divača,
Tel. 05-708 21 00, Fax 05-708 21 05,
psj@psj.gov.si, www.gov.si/parkskj.

Höhlensystem 5,8 km, ganzjährig täglich offen, Führungen durchgängig.

(3) Otok
Jamska cesta 30, 6230 Postojna,
Tel. 05-700 01-00, Fax 05-700 01-30,
www.postojnska-jama.si.

Höhlensystem 630 m, Besichtigung zu Fuß 600 m, ganzjährig offen an Wochenenden.

(4) Pivka
Jamska cesta 30, 6230 Postojna,
Tel. 05-700 01-00, Fax 05-700 01-30,
www.postojnska-jama.si.

Höhlensystem 4 km, Besichtigung zu Fuß 1,9 km, im Sommer täglich offen, im Winter nach Vereinbarung.

(5) Predjama
Jamska cesta 30, 6230 Postojna,
Tel. 05-700 01-00, Fax 05-700 01-30,
sales.dpt@postojnska-jama.si,
www.postojnska-jama.si.

Höhlensystem 7,5 km, Besichtigung zu Fuß 0,9 km, im Sommer täglich offen, im Winter nach Vereinbarung.

(6) Planina
Jamska cesta 30, 6230 Postojna,
Tel. 05-700 01-00, Fax 05-700 01-30,
www.postojnska-jama.si.

Höhlensystem 6,1 km, Besichtigung zu Fuß 0,9 km, im Sommer täglich offen, im Winter nach Vereinbarung.

(7) Dimnice
Speläologische Gruppe Koper,
P.O.Box 74, 6001 Koper,
Tel. 05-652 60 36, Fax 05-652 60 36
franc.maleckar@guest.arnes.si,
www2.arnes.si/~kpjdd2/jama.htm.

Höhlensystem 6 km, Besichtigung zu Fuß 1,2 km, Führungen jeden Sonntag oder nach Vereinbarung; nach Absprache ist auch Trekking im „wilden Teil" der Höhle möglich.

(8) Vilenica
Jmarsko drustvo Sezana,
Partizanska 61, 6210 Sezana,
Tel. 05-734 42 59, Fax 05-734 62 04,
vilenica@siol.net, www.vilenica.com/slo/.

Höhlensystem 1300 m, Besichtigung zu Fuß 500 m, Führungen jeden Sonntag, im Sommer mehrmals (10, 15 und 17 Uhr).

(9) Paradana
Tristicno drustvo lokve, Lokve 26,
5000 Nova Gorica, Tel. 05-307 40 37.

(10) Železna
Dzrj Simon Robic, Cesminova 19,
1230 Domzale, Tel. 01-724 18 32,
ales.strazar@helios.si,
www2.arnes.si/~avidic/SimonRobic/.
Höhlensystem 120 m, Besichtigung zu Fuß 100 m, Führungen jeden Sonntag.

(11) Taborska-zupanova jama
Turisticno drustvo zupanova jama,
Taborska 6, 1290 Grosuplje,
Tel. 01-786 13 23, Fax 01-786 13 23,
meduzaclub@siol.net,
http://meduzaclub.si/jama/jama.htm.
Höhlensystem 360 m, Besichtigung zu Fuß 327 m, Führungen jeden Sonntag, im Sommer auch jeden Samstag.

(12) Rotovnikova
Rotovnik rozalija, Skorno 3, 3325 Šoštanj.
Führungen jeden Samstag und Sonntag.

(13) Pekel
Turistično društvo Šempeter, 3311 Šempeter,
Tel. 03-700 20 56, Fax 03-700 20 57,
info@td-sempeter.si, www.td-sempeter.si.
Im Sommer täglich, im Winter nur am Wochenende.

(14) Sveta jama
Speläologische Gruppe Koper,
P.O.Box 74, 6001 Koper,
Tel. 05-652 60 36, Fax 05-652 60 36,
franc.maleckar@guest.arnes.si,
www2.arnes.si/~kpjdd2/jama.htm.
Höhlensystem 200 m, Besichtigung zu Fuß 150 m, Führungen jeden Sonntag oder nach Vereinbarung.

Allgemeine Informationen zu den slowenischen Höhlen erhält man über:

- **Vereinigung für Höhlenkunde SPEGU,** Premančan 28, 6280 Ankaran,
Tel. 05-652 60 36, Fax 05-652 60 36,
franc.maleckar@guest.arnes.si.

Die Vereinigung organisiert auch geführtes Höhlen-Trekking und weitere Aktivitäten im Karst.

- **Geschäftsverband für touristische Höhlen Slowenien,** Postojnska jama turizem, Jamska cesta 30, 6230 Postojna,
Tel. 05-700 01-00, Fax 05-700 01-30,
postojnska.jama@siol.net,
sales.dpt@postojnska-jama.si.
- **Buchtipp:** *Alexander Maier,* „Höhlen erkunden", Praxis-Reihe, Reise-Know-How Verlag, Bielefeld.

Ein auf **speläologische Ausflüge** spezialisiertes Camp (Zeltplatz und Apartments) existiert im Ort Laze nahe Postojna bei Planinsko Polje (2 km außerhalb Planina). Von dort als Basis kann man geführte Ausflüge und Besichtigungen zu den bekannten, aber auch weniger bekannten Höhlen des ganzen Landes unternehmen.

- **Speleocamp Laze,** Tel. 01-754 47 60, franc.facija@siol.net, www.speleocamp.com.

HILFE!

Dieses Reisehandbuch ist gespickt mit unzähligen Adressen, Preisen, Tipps und Infos. Nur vor Ort kann überprüft werden, was noch stimmt, was sich verändert hat, ob Preise gestiegen oder gefallen sind, ob ein Hotel, ein Restaurant immer noch empfehlenswert ist oder nicht mehr, ob ein Ziel noch oder jetzt erreichbar ist, ob es eine lohnende Alternative gibt usw.

Unsere Autoren sind zwar stetig unterwegs und versuchen, alle zwei Jahre eine komplette Aktualisierung zu erstellen, aber auf die Mithilfe von Reisenden können sie nicht verzichten.

Darum: Schreiben Sie uns, was sich geändert hat, was besser sein könnte, was gestrichen bzw. ergänzt werden soll. Nur so bleibt dieses Buch immer aktuell und zuverlässig. Wenn sich die Infos direkt auf das Buch beziehen, würde die Seitenangabe uns die Arbeit sehr erleichtern. Gut verwertbare Informationen belohnt der Verlag mit einem Sprechführer Ihrer Wahl aus der über 160 Bände umfassenden Reihe „Kauderwelsch" (siehe unten).

Bitte schreiben Sie an:

REISE KNOW-HOW Verlag Peter Rump GmbH, Osnabrücker Str. 79
D-33649 Bielefeld, oder per e-mail an: info@reise-know-how.de

Danke!

Kauderwelsch-Sprechführer – sprechen und verstehen rund um den Globus

Afrikaans ● Albanisch ● Amerikanisch - *American Slang, More American Slang,* Amerikanisch oder Britisch? ● Amharisch ● Arabisch - Hocharabisch, für Ägypten, Algerien, Golfstaaten, Irak, Jemen, Marokko, ● Palästina & Syrien, Sudan, Tunesien ● Armenisch ● *Bairisch* ● Balinesisch ● Baskisch ● Bengali ● *Berlinerisch* ● Brasilianisch ● Bulgarisch ● Burmesisch ● Cebuano ● Chinesisch - Hochchinesisch, kulinarisch ● Dänisch ● Deutsch - *Allemand, Almanca, Duits, German, Nemjetzkii, Tedesco* ● *Elsässisch* ● Englisch - *British Slang, Australian Slang, Canadian Slang, Neuseeland Slang,* für Australien, für Indien ● Färöisch ● Esperanto ● Estnisch ● Finnisch ● Französisch - für Restaurant & Supermarkt, für den Senegal, für Tunesien, *Französisch Slang, Franko-Kanadisch* ● Galicisch ● Georgisch ● Griechisch ● Guarani ● Gujarati ● Hausa ● Hebräisch ● Hieroglyphisch ● Hindi ● Indonesisch ● Irisch-Gälisch ● Isländisch ● Italienisch - *Italienisch Slang,* für Opernfans, kulinarisch ● Japanisch ● Javanisch ● Jiddisch ● Kantonesisch ● Kasachisch ● Katalanisch ● Khmer ● Kirgisisch ● Kisuaheli ● Kinyarwanda ● *Kölsch* ● Koreanisch ● Kreol für Trinidad & Tobago ● Kroatisch ● Kurdisch ● Laotisch ● Lettisch ● Lëtzebuergesch ● Lingala ● Litauisch ● Madagassisch ● Mazedonisch ● Malaiisch ● Mallorquinisch ● Maltesisch ● Mandinka ● Marathi ● Mongolisch ● Nepali ● Niederländisch - *Niederländisch Slang,* Flämisch ● Norwegisch ● Paschto ● Patois ● Persisch ● Pidgin-English ● *Plattdüütsch* ● Polnisch ● Portugiesisch ● Punjabi ● Quechua ● *Ruhrdeutsch* ● Rumänisch ● Russisch ● *Sächsisch* ● *Schwäbisch* ● Schwedisch ● *Schwiizertüütsch* ● *Scots* ● Serbisch ● Singhalesisch ● Sizilianisch ● Slowakisch ● Slowenisch ● Spanisch - *Spanisch Slang,* für Lateinamerika, für Argentinien, Chile, Costa Rica, Cuba, Dominikanische Republik, Ecuador, Guatemala, Honduras, Mexiko, Nicaragua, Panama, Peru, Venezuela, kulinarisch ● Tadschikisch ● Tagalog ● Tamil ● Tatarisch ● Thai ● Tibetisch ● Tschechisch ● Türkisch ● Twi ● Ukrainisch ● Ungarisch ● Urdu ● Usbekisch ● Vietnamesisch ● Walisisch ● Weißrussisch ● *Wienerisch* ● Wolof ● Xhosa

Know-How auf einen Blick

Sylt
Syrien

Taiwan
Tansania, Sansibar
Teneriffa
Thailand
Thailand – Tauch- und Strandführer
Thailands Süden
Thüringer Wald
Tokyo
Toscana
Transsib
Trinidad und Tobago
Tschechien
Tunesien
Tunesiens Küste

Uganda, Ruanda
Umbrien
USA/Canada
USA, Gastschüler
USA, Nordosten
USA – der Westen
USA – der Süden
USA – Südwesten, Natur u. Wandern
USA SW, Kalifornien, Baja California
Usedom

Venedig
Venezuela
Vereinigte Arabische Emirate
Vietnam

Westafrika – Sahel
Westafrika – Küste
Wien
Wo es keinen Arzt gibt

Edition RKH

Abenteuer Anden
Burma – Land der Pagoden
Durchgedreht
Finca auf Mallorca
Geschichten/Mallorca
Goldene Insel
Mallorca, Leib u. Seele
Mallorquinische Reise
Please wait to be seated!
Salzkarawane, Die
Schönen Urlaub!
Südwärts Lateinamerika
Traumstr. Panamerikana
Unlimited Mileage

Praxis

Aktiv Algarve
Aktiv frz. Atlantikküste
Aktiv Gran Canaria
Aktiv Marokko
Aktiv Polen
All Inclusive?
Als Frau allein unterwegs
Bordbuch Südeuropa
Canyoning
Clever buchen/fliegen
Clever kuren
Daoismus erleben
Drogen in Reiseländern
Dschungelwandern
Essbare Früchte Asiens
Fernreisen a. eigene Faust
Fernreisen, Fahrzeug
Fliegen ohne Angst
Fun u. Sport im Schnee
Geolog. Erscheinungen
GPS f. Auto, Motorrad
GPS Outdoor
Heilige Stätten Indiens
Hinduismus erleben
Höhlen erkunden
Inline-Skaten Bodensee
Inline Skating
Internet für die Reise
Islam erleben
Kanu-Handbuch
Kommunikation unterw.
Konfuzianismus erleben
Kreuzfahrt-Handbuch
Küstensegeln
Maya-Kultur erleben
Mountain Biking
Mushing/Hundeschlitten
Orientierung mit Kompass und GPS
Paragliding-Handbuch
Pferdetrekking
Reisefotografie
Reisefotografie digital
Reisen und Schreiben
Respektvoll reisen
Richtig Kartenlesen
Safari-Handbuch Afrika
Schutz v. Gewalt/Kriminalität
Schwanger reisen
Selbstdiagnose unterwegs
Sicherheit/Bärengeb.
Sicherheit/Meer
Sonne/Reisewetter
Sprachen lernen
Survival/Naturkatastrophen
Tauchen kalte Gewässer
Tauchen warme Gewässer
Transsib – Moskau-Peking
Trekking-Handbuch
Trekking/Amerika
Trekking/Asien Afrika
Tropenreisen
Unterkunft/Mietwagen
Verreisen mit Hund
Vulkane besteigen
Wandern im Watt
Wann wohin reisen?
Was kriecht u. krabbelt in den Tropen
Wein-Reiseführer Dtschl.
Wein-Reiseführer Italien
Wildnis-Ausrüstung
Wildnis-Backpacking
Wildnis-Küche
Winterwandern
Wohnmobil-Ausrüstung
Wohnmobil/Indien
Wohnmobil-Reisen
Wracktauchen weltweit

KulturSchock

Afghanistan
Ägypten
Brasilien
China, VR/Taiwan
Golf-Emirate, Oman
Indien
Iran
Islam
Japan
Jemen
Leben in fremden Kulturen
Marokko
Mexiko
Pakistan
Russland
Spanien
Thailand
Türkei
Vietnam

Wo man unsere Reiseliteratur bekommt:

Jede Buchhandlung der BRD, der Schweiz, Österreichs und der Benelux-Staaten kann unsere Bücher beziehen. Wer sie dort nicht findet, kann alle Bücher über unsere Internet-Shops unter **www.reise-know-how.de** oder **www.reisebuch.de** bestellen.

Register

Die Autoren

Daniela Schetar, gebürtige Slowenin, und **Friedrich Köthe** haben vor Jahren ihre Leidenschaft, das Reisen, zum Beruf gemacht. Als Autoren haben sie zahlreiche Reiseführer, vor allem über afrikanische Länder, publiziert. Von den anstrengenden Recherchen auf dem Schwarzen Kontinent erholen sie sich gern in Slowenien, das sie in diesem Band in all seinen Facetten vorstellen. Bei Reise Know-How sind von ihnen bislang die Reisehandbücher „Namibia", „Sizilien" und „Madeira" erschienen.

653ma Foto: sk

Zeichenerklärung

0 — 10 km

1: 350 000

Autobahn	Schloss, Burg
Internationale Fernstraße	Kirche, Kloster
Regionale Fernstraße	Sehenswürdigkeit
Verbindungsstraße	Berghütte
Grenze	Höhle
Naturpark	Seilbahn

Nationalpark Triglav
A
B
Hermagor
Bleiberg Kreuth
Villach
Zilja
Nötsch
Fürnitz
Pöckau
Arnoldstein
0
10 km
1 : 350 000
Camporosso
E55
Tarvisió
Wurzen-Pass 1077
Fusine
Rateče
Gozd-Martuljek
Podkoren
Kranjska Gora
Maribor
Ljubljana
Triest
ITALIEN
Sprungschanzen
Mangart 2679
Vršič-Pass 1611
Cave del Predil
Predel-Pass 1156
Piani di La
Log pod Mangartom
Razor 2601
Trenta
Stolvizza
M.Canin 2587
Prestreljenik 2500
Rombon 2208
NATIONALPARK
Kluže
TRIGLAV
Coritis
Seilbahn
Soča
Bovec
Boka-Wasserfall
Čezsoča
Uccea
Žaga
Lepena
Klementa Juga
Wasserfall
Soča
Srpenica
Trnovo ob Soči
Krnsko j.
Koča pri Savici
Ukanc
Breginj
Borjana
Staro Selo
Drežnica
Krn 2244
Pološka-Höhle
Komna
Podbela
Kobarid
Vogel 1922
Prossenicco
Idrsko
Ladra
Tolminske Ravne
Robidišče
Vrsno
Kamno
Volarje
Kneške Ravne
Montefosca
Livek
Zatolmin
Tolmin
Poljubinj
Volče
X

Kartenatlas

Karawanken
A
B
Klagenfurt
Völkermarkt
Krka
Drava
Niederdorf
Tainach
Grafenstein
Kühnsdorf
Mittlern
Ebenthal
Gurk
1
91
Eberndorf
Gösselsdorf
III
Drava
St. Margareten
Freistritz
Ferlach
ÖSTERREICH
Maribor
Ljubljana
Triest
Zell-Freibach
Eisenkappel
Topla
Ebriach
Koprivna
Košutnikov
2133
Govca
1929
2
Vellach
Logarska Dolina
Solčava
Medvodje
Karawanken
Rodljubelj
Zg. Jezersko
Logarska dolina
Mrzla gora
2203
Wasserfall
Kamniško-Savinjske Alpe
Tržič
Grintovec
2558
Luče
Pristava
Križe
Golnik
Lučnica
Kamniška Bistrica
Trstenik
Preddvor
Kokra
Krvavec
1853
Velika planina
1666
Podvolovljek
Tenetiše
Seilbahn
Strahinj
Kokra
Šefanja Gora
Seilbahn
Kamniška Bistrica
Dol
3
Naklo
Kokrica
Brdo
Visoko
Črna
Sp. Besnica
Britof
Velesovo
Grad
Tirosek
Sava
Cerklje
Godič
Šenčur
Kranj
E61
Zg. Brnik
Tunjice
Mekinje
Sr. vas
Kamnik
Zg. Tuhinj
Zg. Bitnje
Hrastje
Vrhpolje
Voglje
Podgorje
Laze
Komenda
Križ
Ljubljana
XII

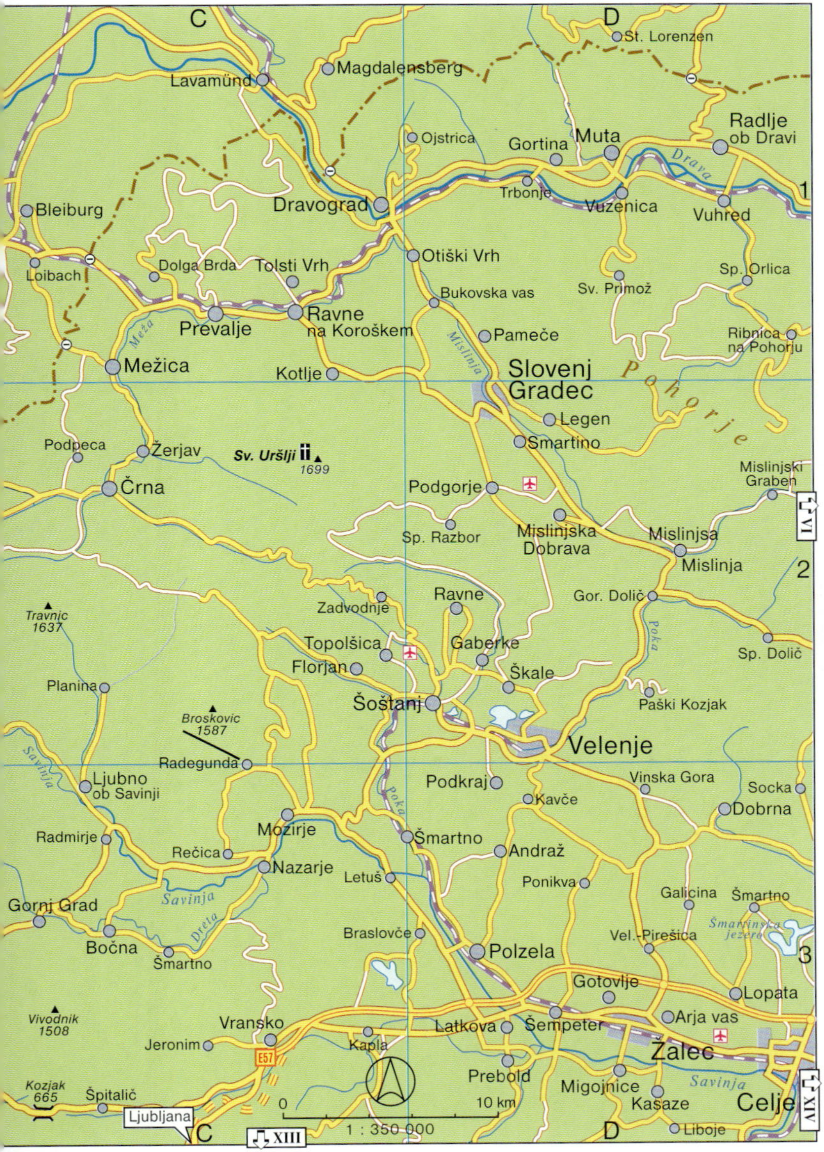

Kartenatlas

A
B
1
2
3
Maribor
Ljubljana
Triest
Graz
74
Metterlimberg
Brunn
Hormsdorf
Oberhaag
Eibiswald
Arnfels
ÖSTERREICH
0
10 km
1 : 350 000
Leutschach
Sclossberg
Vogau
Gamlitz
Strass
Ehrenhausen
Lichendorf
Spielfeld
Weitersfeld
Mura
Eckberg
Grassnitzbg.
Ciringa
Šentilj
Selnica ob Muri
E57
E59
Pössnitz
Zg. Kungota
Radelca
Remšnik
Zg. Kapla
Gradišče
Grosswalz
Gaj
Sv. Duh na Ostrem Vrhu
Pesnica pri Mariboru
Kozjak nad Pesnico
Brezno
Šober
Ožbalt
Pernica
Drava
Sp. Orlica
Selnica ob Dravi
Bistrica ob Dravi
Lehren na Pohorju
Fala
Ruše
Lovrenc na Pohorju
Ribnica na Pohorju
Smolnik
Seilbahn
Maribor
Zg. Duplek
V
Hočko Pohorje
Skoke
Šumik-Wasserfall
Pohorje
Mislinjski Graben
Frajhajm
Slivniško Pohorje
Dobrovce
Radizel
Hotinja vas
Lorenzer Seen
Rogla 1517
Schwarzer See
Fram
Rače
Lukanja
Morje
Planina pod-Šumikom
Zg. Polskava
Sp. Dolič
Hudinja
Boharina
Sp. Polskava
Zg. Bistrica
Pragersko
Oplotnica
Vitanje
Slov. Bistrica
Zreče
Stranice
Vrhloga
Tepanje
Socka
Pečke
Slov. Konjice
Štatenberg
Dravinja
Poljčane
Nova Cerkev
Kloster Žiče
Žiče
Zg. Poljčane
Šmartno
Loče
Rogaška Slatina
Celje
Vojnik
XIV
Stoperce

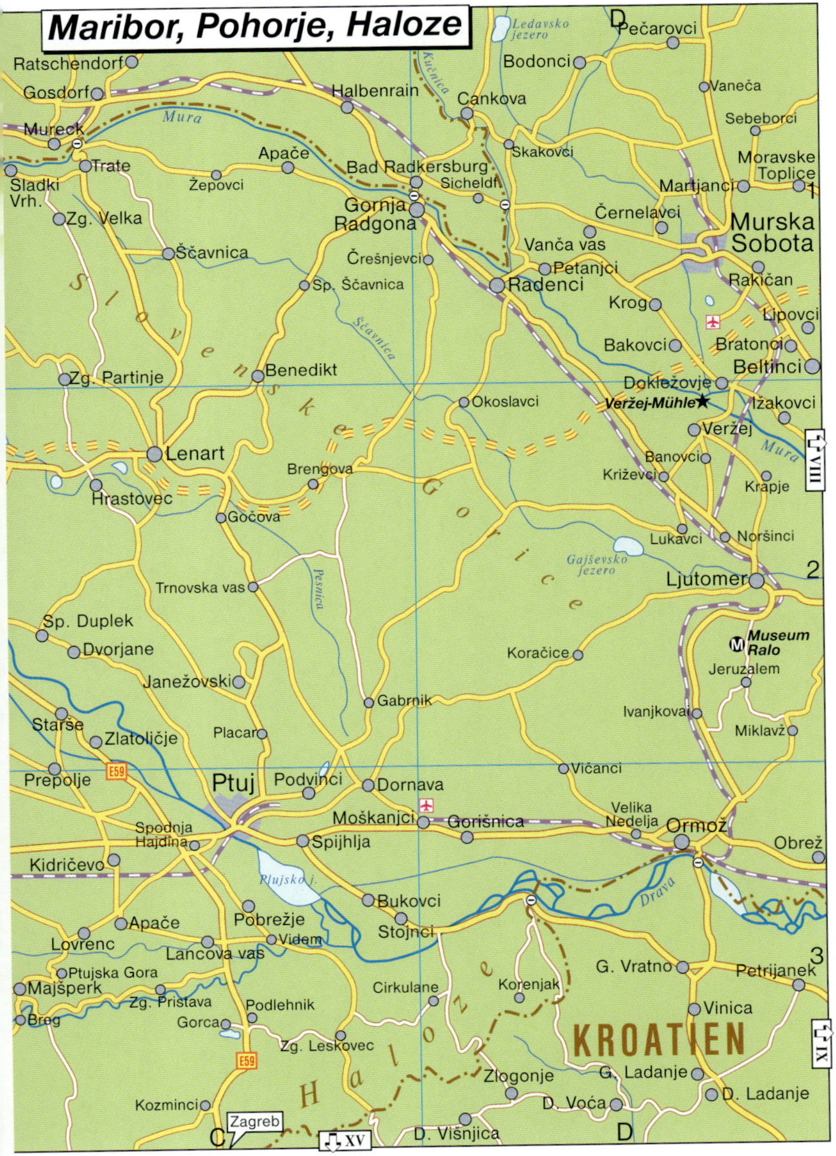

Kartenatlas

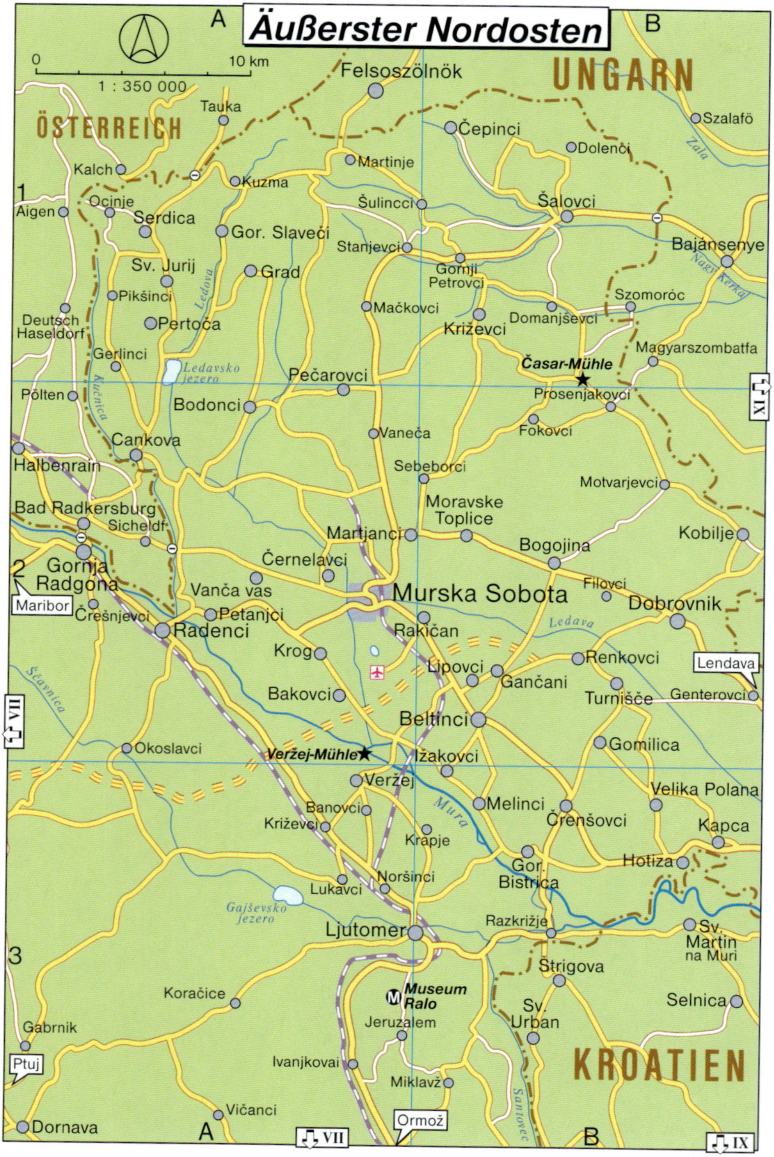
Äußerster Nordosten
0
10 km
1 : 350 000
A
B
1
2
3
UNGARN
ÖSTERREICH
KROATIEN
Felsoszölnök
Tauka
Čepinci
Szalafö
Dolenči
Zala
Martinje
Kalch
Kuzma
Ocinje
Šulinci
Šalovci
Aigen
Serdica
Gor. Slaveči
Stanjevci
Bajánsenye
Nagy Kerka
Sv. Jurij
Grad
Gornji Petrovci
Pikšinci
Ledava
Szomoróc
Mačkovci
Deutsch Haseldorf
Pertoča
Križevci
Domanjševci
Magyarszombatfa
Gerlinci
Ledavsko jezero
Čašar-Mühle
Pečarovci
Pölten
Kučnica
Prosenjakovci
IX
Bodonci
Vaneča
Fokovci
Cankova
Halbenrain
Sebeborci
Motvarjevci
Moravske Toplice
Bad Radkersburg
Sicheldf.
Martjanci
Kobilje
Bogojina
Gornja Radgona
Černelavci
Vanča vas
Filovci
Murska Sobota
Maribor
Črešnjevci
Petanjci
Dobrovnik
Radenci
Rakičan
Ledava
Krog
Renkovci
Lendava
Lipovci
Gančani
Ščavnica
Turnišče
Genterovci
Bakovci
VII
Beltinci
Gomilica
Okoslavci
Veržej-Mühle
Ižakovci
Veržej
Velika Polana
Banovci
Mura
Melinci
Črenšovci
Kapca
Križevci
Krapje
Hotiza
Gor. Bistrica
Noršinci
Lukavci
Gajševsko jezero
Razkrižje
Ljutomer
Sv. Martin na Muri
Strigova
Museum Ralo
Koračice
Selnica
Sv. Urban
Jeruzalem
Gabrnik
Ptuj
Ivanjkovai
Miklavž
Santovec
Vičanci
Ormož
Dornava
VII
IX

UNGARN
KROATIEN
Murska Sobota
Lendava
Ljutomer
Lenti
Čakovec
Stanjevci
Gornji Petrovci
Križevci
Domanjševci
Časar-Mühle
Prosenjakovci
Fokovci
Sebeborci
Moravske Toplice
Martjanci
Bogojina
Filovci
Dobrovnik
Motvarjevci
Kobilje
Bajánsenye
Szatta
Szomoróc
Magyarszombatfa
Velemér
Szentgyörgyvölgy
Csesztreg
Porszombat
Nemesnép
Zalabaksa
Lendvajakabfa
Kerkabarabás
Resznek
Lentikápolna
Szentistvánlak
Rakičan
Lipovci
Renkovci
Gančani
Turnišče
Genterovci
Rédics
Beltinci
Mostje
Gomilica
Máhomfa
Dolga vas
Ižakovci
Velika Polana
Lendvadeces
Melinci
Črenšovci
Széchisziget
Krapje
Kapca
Gaberje
Hotiza
Čentiba
Lováski
Noršinci
Gor. Bistrica
Petišovci
Razkrižje
Sv. Martin na Muri
Pince
Tornyiszentmiklós
Mursko Središće
Strigova
Kerkaszentkirály
Museum Ralo
Sv. Urban
Selnica
Perklenica
Jeruzalem
Štrukovec
Vratišinec
Podturen
Miklavž
Žiškovec
Sivica
Domašinec
Novo Selo-Rok
Lopatinec
Belica
Središće ob Dravi
Šenkovec
Obrež
Dunjkovec
Pribislavec
Trnovec
Nedelišće
Mala Subotica
Strahoninec
Petrijanek
Svibovec
Nagy Kerka
Kerka
Ledava
Mura
Santovec
Drava
Maribor
Ljubljana
Triest
C
D
1
2
3
VIII
VII

Maribor
Ljubljana
Triest
A
II
B
Kobarid, Bovec
Tolmin
Poljubinj
Volče
Modrej
Most na Soči
Bača pri Modreju
Idrija
Masarolis
S. Pietro al Natisone
Torreano
S. Leonardo
Campeglio
Kambreško
Ročini
1
Avče
Remanzacco
Cividale
Podresca
Lig
Kanal
Kal nad Kanalom
Idrija
Natisone
Gagliano
Goriška Brda
Banjška planota
Premariacco
Albana
Golo Brdo
Anhovo
Banjšice
Lokovec
Soča
Deskle
Bate
Orsaria
Plave
Pradamano
Grgarske Ravne
Buttrio
Lokve
Neblo
Šmartno
Kojsko
Grgar
Manzano
S. Andrat
Dobrovo
Hum
Medana
S. Giovanni
Percoto
Vipolže
Solkan
Trnovo
Cormons
Gorizia
Nova Gorica
2
ITALIEN
Capriva
Mossa
Ajševica
Lucinico
Šempeter
Šempas
S. Lorenzo
Torre
Mariano
Volčja Draga
Črniče
Palmanova
Gradisca
Vrtojba
Vogrsko
Romans
Miren
Bilje
Rence
Prvačina
Dornberk
Sagrado
Tabor
Strassoldo
Isonzo
Fogliano
Villesse
Opatjeselo
Lipa
Branik
Cervignano
Ruda
Ronchi
Doberdo
Kostanjevica na Krasu
Turriaco
Iamiano
Komen
Terzo
Staranzano
Brestovica
Gorjansko
Bistrigna
3
S. Valentino
Monfalcone
Malchina
Brje pri Komnu
Aquileia
Duino
Sistiana
Isonzo
Pliskovica
Aurisina
Sales
ADRIA
Giardino Botanico Carsiana
Belvedere
S. Croce
Triest
A
XVI
B
Rupingrande

Westslowenien
Bohinjska Bistrica, Bled
III
XII
XVII
Škofja Loka
Ljubljana
Cerknica
Koper
Pivka, Rijeka
Porezen 1630
Blegož 1562
Lubnik 1025
V. Golak 1495
1353
Pleša 1262
Davča
Martinj Vrh
Koritnica
Kneža
Grahovo
Bukovo
Gor. Novaki
Partisanen-Lazarett
Javorje
Volaka
Log
Visoko
Šentviška Gora
Cerkno
Poljane
Hotavlje
Slap
Ravenska-Höhle
Planina
Želin
Stara Oselica
Gorenja vas
Idrijca
Dol. Trebuša
Stopnik
Sovode
Trebija
Črni Vrh
Selo
Lučine
0
10 km
1 : 350 000
Čepovan
Žiri
Sp. Kanomlja
Stara vas
Gor. Trebuša
Vojsko
Sp. Idrija
Šentjošt
Sr. Kanomlja
Smrečje
Vrzdenec
Idrija
Podlipa
Rovte
Stara Vrhnika
Vrhnika
Idrijska Bela
Godovič
Medvedje Brdo
Predmeja
Zadlog
Hotedršica
Otlica
Črni Vrh
Logatec
Lokavec
Ajdovščina
Lome
Dobravlje
Vipavski Križ
Col
Kalce
Vipava
V. Žablje
Budanje
Vrhpolje
Podkraj
Laze
Zemono
Vipava
Štanjel
Kobdilj
Goče
Nanos
Studeno
Planina
Bukovje
Predjamski grad
Planina-Höhle
Podnanos
Landol
E70
Postojna-Höhle
E61
Škopo
Vrabče
Lozice
Hrašče
Postojna
Dutovlje
Kazlje
Tomaj
Razdrto
Križ
Orehek
Sajevče
Matenja vas
Storje
Prestranek
Dane
C
D
1
2
3

A
B
IV
XI
XVIII
1
2
3
Zg. Bitnje
Kranj
Hrastje
Voglje
Salzburg
Komenda
Podgorje
Križ
Kamnik
Crngrob
Praportno
Zarica-Schlucht
Mavčiče
Vodice
Moste
Arboretum
Šmarca
Godešič
Rafolče
Lubnik 1025
Reteče
Zbilje
Smlednik
Menges
Radomlje
Preserje
Lukovica
Prevoje
Škofja Loka
Skaručna
Vir
Dob
Krtina
Sora
Goričane
Medvode
Trzin
Domžale
Krumperk
Železna-Höhle
E61
E57
Tacen
Sr. Gameljne
Ihan
Trojica
0
10 km
1 : 350 000
Dragomelj
Selo
Črni Vrh
Trnovec
Beričevo
Senožeti
Dolsko
Dol
Polhov Gradec
Sava
Dobrova
Ljubljana
Besnica
Horjul
Brezovica
Vrzdenec
Dragomer
Sadinja vas
Vnanje Gorice
Plešivica
Ljublja
Drenov Grič
A10
Črna vas
Veliko Trebeljevo
Stara Vrhnika
Notr. Gorice
Bevke
Škofljica
Vrhnika
Jezero
Polica
Podpeč
Šmarje-Sap
E70
Verd
Iška
Ig
Želimeljščica
Kamnik
Pijava Gorica
Grosuplje
Bistra
Iška vas
Ponova vas
Borovnica
Želimlje
Pokojišče
Brezovica
Rakitna
Turjak
Laze
Ponikve
Zdenska vas
E70
Rašica
E61
Videm
Sv. Vid
Rob
Planina
Begunje pri Cerknici
Vel. Lašče
Unec
Rakek
Lovranovo
Kompolje
Postojna, Triest, Koper
Cerknica
Slavnica 1114
Dolenja
Vel. Bloke
Rakov Škocjan
Žimarice
Dolenje Jesero
Grahovo
Nova vas
Martinjak
Žlebič
Studenec
Sodražica
Žerovnica
Ribnica, Kočevje
Zamostec
Cerkniško j.
Križna-Höhle
Snežnik

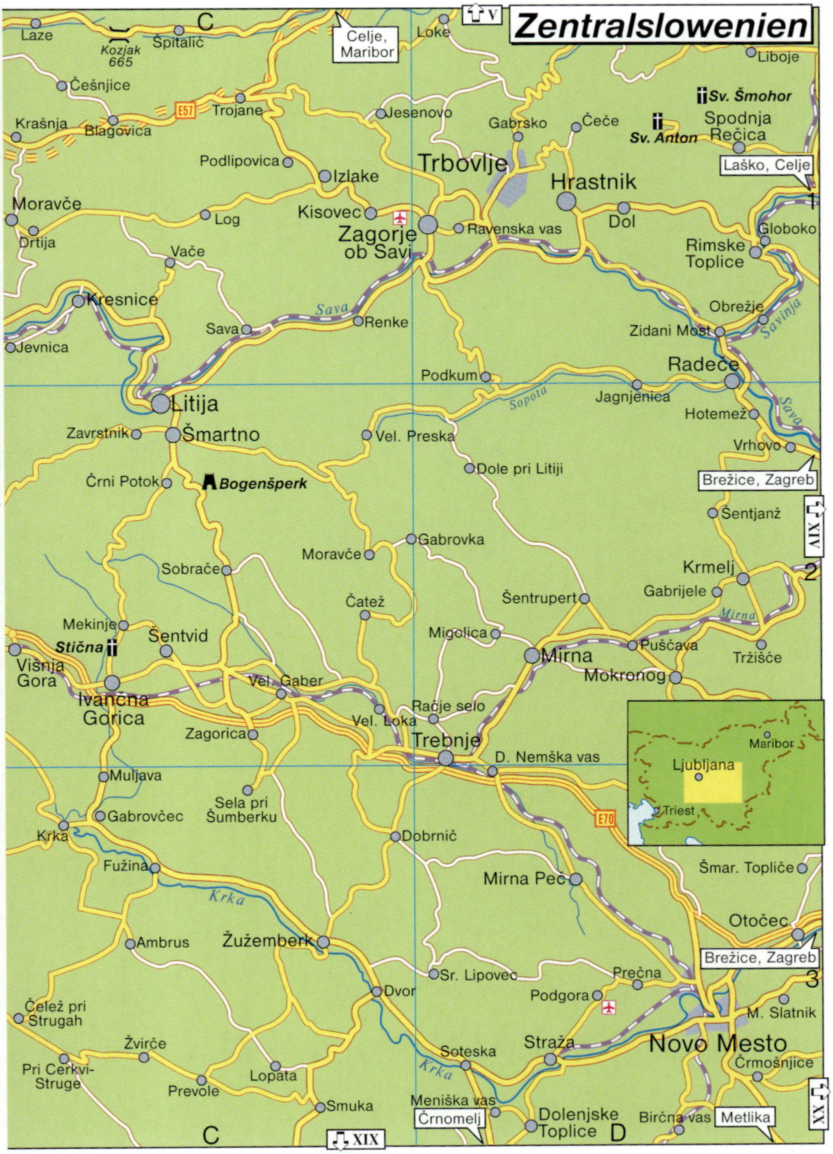
Zentralslowenien
Celje, Maribor
Laško, Celje
Brežice, Zagreb
Brežice, Zagreb
Metlika
Črnomelj
V
XIV
XIX
XX
Laze
Kozjak 665
Špitalič
Loke
Liboje
Češnjice
Sv. Šmohor
Kranšja
Blagovica
E57
Trojane
Jesenovo
Gabrsko
Čeče
Sv. Anton
Spodnja Rečica
Podlipovica
Izlake
Trbovlje
Hrastnik
Moravče
Log
Kisovec
Zagorje ob Savi
Ravenska vas
Dol
Globoko
Drtija
Vače
Rimske Toplice
Kresnice
Sava
Renke
Obrežje
Savinja
Sava
Zidani Most
Jevnica
Podkum
Radeče
Litija
Sopota
Jagnjenica
Hotemež
Zavrstnik
Šmartno
Vel. Preska
Vrhovo
Dole pri Litiji
Črni Potok
Bogenšperk
Šentjanž
Gabrovka
Moravče
Krmelj
Sobrače
Gabrijele
Šentrupert
Čatež
Mirna
Mekinje
Migolica
Stična
Šentvid
Puščava
Tržišče
Višnja Gora
Mirna
Mokronog
Vel. Gaber
Ivančna Gorica
Račje selo
Vel. Loka
Zagorica
Trebnje
D. Nemška vas
Maribor
Ljubljana
Triest
Muljava
Sela pri Šumberku
E70
Gabrovčec
Krka
Dobrnič
Šmar. Topliče
Fužina
Mirna Peč
Krka
Otočec
Ambrus
Žužemberk
Sr. Lipovec
Prečna
Dvor
Podgora
M. Slatnik
Čelež pri Strugah
Žvirče
Soteska
Straža
Novo Mesto
Krka
Črmošnjice
Pri Cerkvi-Struge
Prevole
Lopata
Smuka
Meniška vas
Dolenjske Toplice
Birčna vas
C
C
D
1
2
3

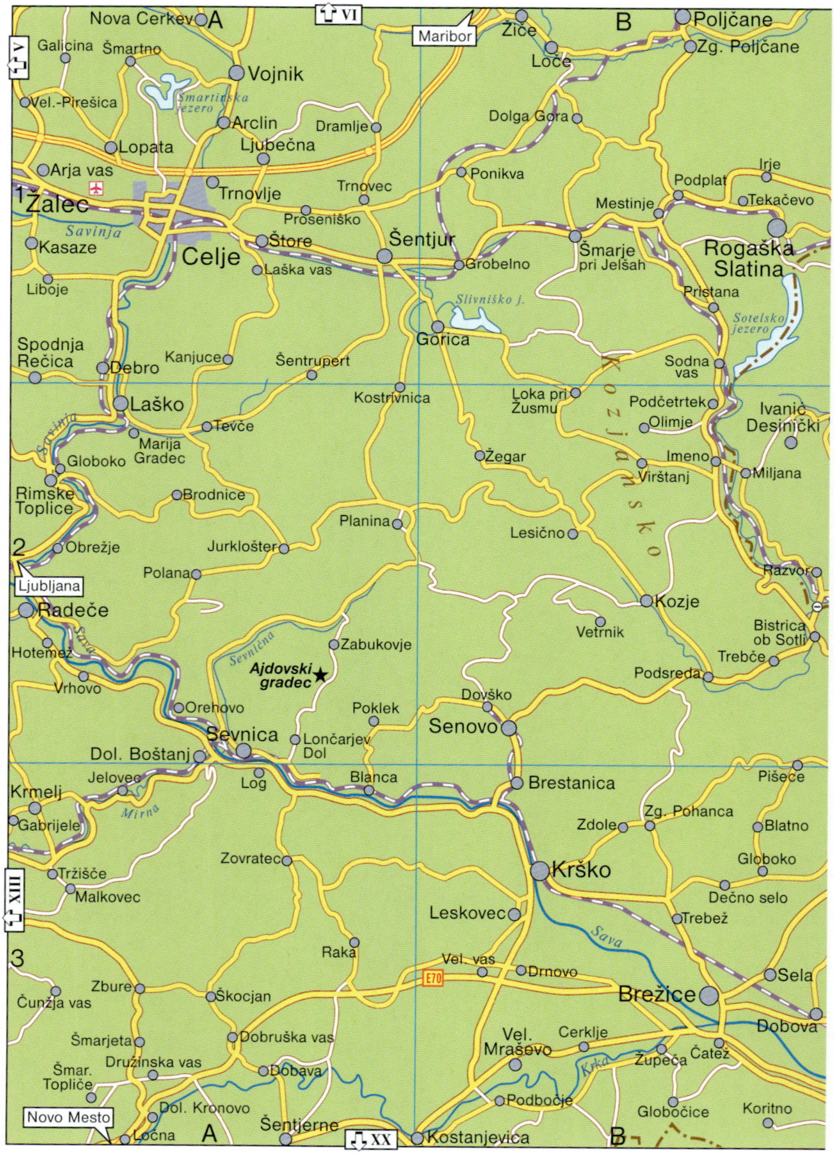
VI
V
XIII
XX
A
B
1
2
3
Maribor
Ljubljana
Novo Mesto
Nova Cerkev
Galicina
Šmartno
Vojnik
Vel.-Pirešica
Šmartinska jezero
Arclin
Dramlje
Lopata
Ljubečna
Arja vas
Trnovlje
Trnovec
Žalec
Proseniško
Savinja
Štore
Šentjur
Kasaze
Celje
Laška vas
Grobelno
Liboje
Slivniško j.
Gorica
Spodnja Rečica
Debro
Kanjuce
Šentrupert
Laško
Kostrivnica
Tevče
Marija Gradec
Globoko
Rimske Toplice
Brodnice
Planina
Jurklošter
Obrežje
Polana
Radeče
Hotemež
Vrhovo
Sava
Sevnična
Ajdovski gradec
Zabukovje
Orehovo
Poklek
Sevnica
Lončarjev Dol
Dol. Boštanj
Log
Blanca
Jelovec
Krmelj
Gabrijele
Mirna
Tržišče
Malkovec
Zovratec
Raka
Zbure
Čunžja vas
Škocjan
Šmarjeta
Dobruška vas
Šmar. Topliče
Družinska vas
Dobava
Dol. Kronovo
Ločna
Šentjerne
Kostanjevica
Žiče
Poljčane
Zg. Poljčane
Loče
Dolga Gora
Ponikva
Irje
Podplat
Tekačevo
Mestinje
Šmarje pri Jelšah
Rogaška Slatina
Pristana
Sotelsko jezero
Sodna vas
Loka pri Žusmu
Podčetrtek
Olimje
Ivanič Desinički
Žegar
Imeno
Virštanj
Miljana
Kozjansko
Lesično
Razvor
Kozje
Vetrnik
Bistrica ob Sotli
Trebče
Podsreda
Dovško
Senovo
Brestanica
Pišece
Zg. Pohanca
Zdole
Blatno
Globoko
Krško
Dečno selo
Leskovec
Trebež
Vel. vas
Drnovo
E70
Sela
Brežice
Dobova
Vel. Mraševo
Cerklje
Krka
Župeča
Čatež
Podbočje
Globočice
Koritno

Ostslowenien
VII
XXI
KROATIEN
D
C
1
2
Kozminci
Stoperce
E59
Cvetlin
Zlogonje
G. Ladanje
D. Voća
D. Ladanje
D. Višnjica
Klenovnik
Žetale
Donji
Žarovnica
Tlake
Bednja
Bedenec
Jerovec
Rogatec
Ivanec
Dobovec
D. Jesenje
Hum na Sutli
G. Jesenje
Lepoglava
Hromec
Djurmanec
Prigorec
Pregrada
Radoboj
Krapina
Desinić
Slatina Svedruška
Juranščina
Valentinovo
Krapinica
Mihovljan
Gorjakovo
Lepajci
D. Šemnica
Gornja-Batina
Velika Horvatska
Krapinske Toplice
Mače
Zlatar
Klokovec
Sv. Križ Začretje
Ciglenisa Zagorska
Zlatar Bistrica
Poznanovec
Orešje
Dubrovčan
Brezovo
Klanjec
Bedekovčina
Krapina
Gredice
Zabok
Hum Zabočki
Bizeljsko
Družilovec
Brezovica
Vel. Trgovišće
Podgorje Bistričko
Oroslavje
Donja Stubica
Kraljevec
Laz Bistrički
Gor. Stubica
Stubičke Toplice
Župelevec
Sv. Matej
Luka
Dubravica
Jakovlje
0
10 km
1 : 350 000
Kapele
Gor. Bistra
Sotla
Kraj Donji
Maribor
Pojatno
D. Bistra
Ljubljana
Šenkovec
Triest
Prigorje
Jablanovec
Brdovec
Mokrice
Jesenice
Zaprešić
Ivanec Bistranski
Zagreb
Popovec
Obrežje

Adriaküste und Hinterland
X
Monfalcone, Nova Gorica
Belvedere
ITALIEN
Grado
Sales
S. Croce
Prosecco
Miramare
GOLF VON TRIEST
Faro della Vittoria
Triest
ITALIEN
S. Rocco
Lazzaretto
Muggia
Maribor
Ljubljana
Triest
Hrvatini
Ankaran
Koper
Izola
Bertoki
Piran
Strunjan
Jagodje
Portorož
Lucija
Pomjan
PIRANSKI ZALIV
Savudrija
Šmarje
Korte
Koštabona
Salinen
Sečovlje
Sv. Peter
Zambratija
ADRIA
Dragonja
Dragonja
Krkavče
Kaldanija
Kaštel
Umag-Komunela
Umag
Momjan
Petrovija
Juricani
Buje
Martinčići
Lovrečica
Brtonigla
Krasica
Fiorini
Nova Vas
Dajla
Bužinija
Mirna
Vižinada
Novigrad
0
10 km
1 : 350 000
Tar
E751
Vabriga
Labinci
Višnjan
A
B
1
2
3

XI
Ajdovščina, Postojna
Postojna
Rijeka
Rijeka
XVIII
SLOWENIEN
KROATIEN
ISTRIEN
Giardino Botanico Carsiana
Grotta Gigante
Vilenica-Höhle
Škocjan-Höhlen
Dimnice-Höhle
Val Rosandra
Socerb
Opicina
Sežana
Divača
Senožeče
Prestranek
Pivka
Ilirska Bistrica
Podgrad
Buzet
Motovun
Karojba
Aquilinia
Koper
Reka
Mirna
Jezero Butoniga
V. Vremščica 1027
Slavnik 1028
M. Pleševica 953
V. Planik 1272
Crkveni vrh 1101
E61
E70
Kartenatlas

Maribor
Ljubljana
Triest
A
B
XII
XVII
1
2
3
Cerknica
Cerkniško j.
Žerovnica
Studenec
Križna-Höhle
Socražica
Žlebič
Zamostec
Jurjevica
Sv. Marija
Orok
Gorenje Jesero
Lož
Stari Trg
Retje
Hrib-Loški Potok
Travnik
Pudob
Kozarišče
Snežnik
Trnje
Palčje
Pivka, Postojna
Jurišče
Zagorje
Knežak
Koritnice
Mašun
Babno Polje
Prezid
Draga
Leskova Dolina
Šembije
Ropolc
Ilirska Bistrica
V. Snežnik 1796
Milanov Vrh
Parg
Čabar
Jasen
Koseze
Vrbovo
Sviščaki
Tršće
Plešce
Kuteževo
Zamost
Mali Lug
Smrekovac 1364
Veliko Brdo
Dolenje
Zabiče
Gomance
Gerovo
Novokračine
KROATIEN
Šapjane
Rupa
Koper, Triest
Lipa
Obruč 1376
Kolpa
NATIONALPARK RISNJAK
Škalnica
Klana
V. Risnjak 1528
Studena
Zvoneće
Podkilavac
Mučići
Marčelji
Podhum
Viškovo
Dražice
Jušiči
Gornje Jelenje
Rukavac
Matulji
Marinići
Čavle
E65
Buzdohanj
Veprinac
Opatija
Škrljevo
Poljane
Rijeka
Crkveni vrh 1101
Bakar
GOLF VON RIJEKA
Lovran
Meja-Gaj

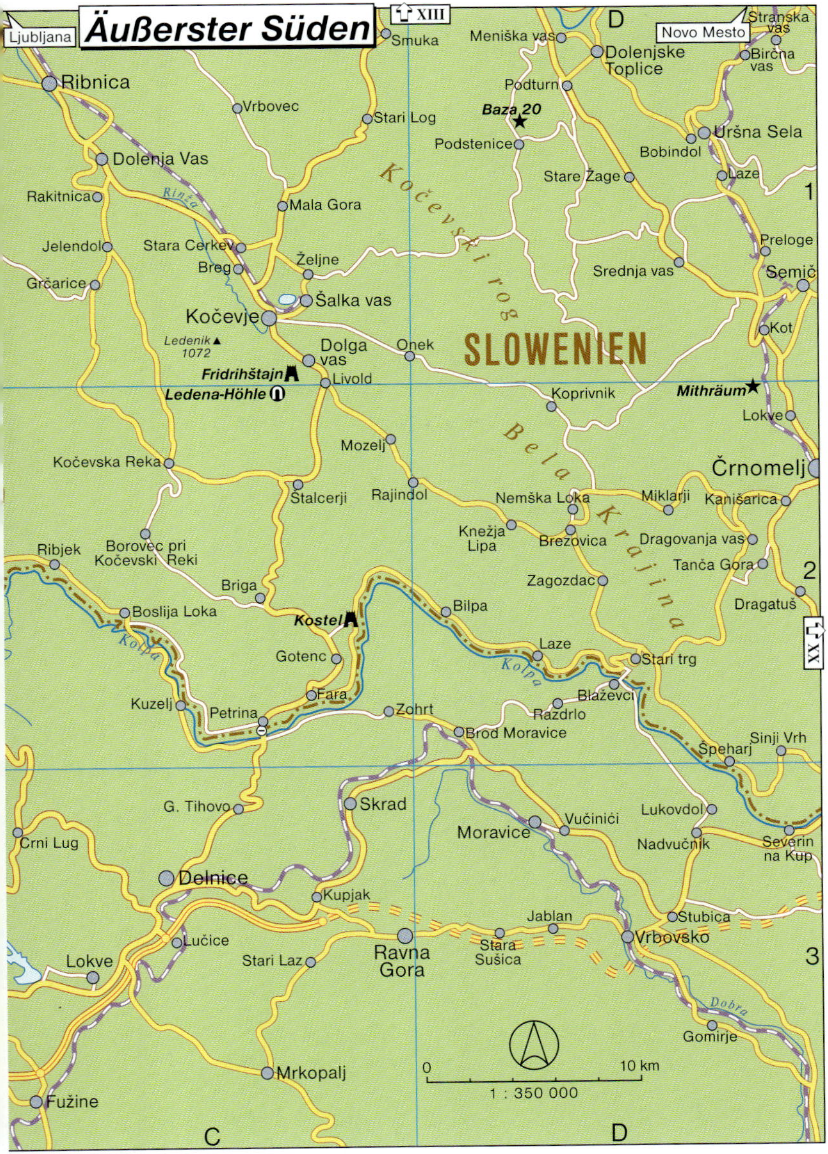

Kartenatlas

A
B
XIII
XIV
XIX
1
2
3
Krško, Brežice
Brežice
Krka
Dobava
Šmar. Toplice
Dol. Kronovo
Šentjerne
Kostanjevica
Podbočje
Globočice
Stojdraga
Planina
Ločna
Otočec
Dol. Mokro Polje
Kloster Pleterje
Orehovec
Ravnina 860
Ratež
Gor. Vrhpolje
M. Slatnik
Vel. Brusnice
Javorovica
Novo Mesto
SLOWENIEN
Budinjak
Gorjanci
Črmošnjice
Gabrje
Jarušje
Petričko Selo
Stranska vas
Dolž
Trdinov vrh 1178
Dragonoš
Birčna vas
Sošice
Podgrad
Vahta 615
Kuljaji
Uršna Sela
Ovančići
Jugorje
Laze
D. Oštric
Kostanjevac
Brezovica
Radovica
Preloge
Štrekljevec
Strmac
Petrovina
Metlika
Drašiči
Vrškovac
Semič
Krvavčji Vrh
Rosalnice
Krasić
Brezarić
Bubnjarci
Kot
Jurovski Brod
Kamanje
Podbrežje
Brlenić
Čelje
Gradac
Kolpa
Kupa
Guci
Mithräum
Ozalj
Polje
Lokve
Pravutina
Budrovci Draganički
Črnomelj
Griblje
Ribnik
Mali Erjavec
Kanišarica
Gor. Pokupje
Mahično
Dragovanja vas
Tribuče
E59
Tanča Gora
Dolenjci
Zadobarje
Dragatuš
Adlešiči
Donje Stative
Lahinja
Rosapajnik
Brdo
G. Stative
SLOWENIEN
Karlovac
Stara Lipa
Žunči
Kućevice
Vinica
Zilje
Gor.-
Špeharj
Sinji Vrh
Mrzlo Polje
D.-
Mrežničko
E65
Vukovci
Bosanci
Vukova Gorica
Duga Resa
Cerovac Tušilovački
Severin na Kup
Zdihovo
Belavići
Fučkovac
Mrežnica
Korana
E70

Kartenatlas

Slowenien und Nachbarländer
DEUTSCHLAND
SCHWEIZ
ITALIEN
ALPEN
LIECHTENSTEIN
Stuttgart
Rottweil
Donaueschingen
Saulgau
Augsburg
Nürnberg
München
Memmingen
Landsberg
Rosenheim
Konstanz
Friedrichs-hafen
Kempten
Garmisch-Partenkirchen
Kufstein
Bodensee
Bregenz
Zürich
St. Gallen
Telfs
Innsbruck
Schwaz
Zug
Vaduz
Luzern
Schwyz
Basel
Chur
Davos
Bruncio
Brixen
Bozen
Bellinzona
Sondrio
Morbengo
Belluno
Trento
Feltre
Varese
Como
Darfo Boario
Arco
Rovereto
Bergamo
Lago di Garda
Bassano del Grappa
Turin
Brescia
Vicenza
Treviso
Novara
Mailand
Verona
Padua
Venedig
Vigevano
Pavia
Cremona
Mantova
Legnago
Alessandria
Piacenza
Rovigo
Suzzara
Mirandola
Bobbio
Salsomaggiore Terme
Parma
Carpi
Ferrara
Reggio nell'Emilia
Modena
Rimini
Genua
Bologna
E43 E45 E52 E41 E54 E532 E533 E60 E45 E60 E43 E45 E66 E35 E43 E35 E62 E64 E64 E45 E55 E70 E70 E35 E45 E31 E62 E25 E55
9 8 96 81 7 96 95 8 7 1 A12 A13 2 13 A22 13 2 A9 A4 A21 A4 A27 A1 A22 A7 A21 A13 A1 A26 A15
1 2 3 A B